KB124502

대학 교육 필수화와 보편화의 함정

대졸 청년 실업과 하향취업의 역설

오욱환

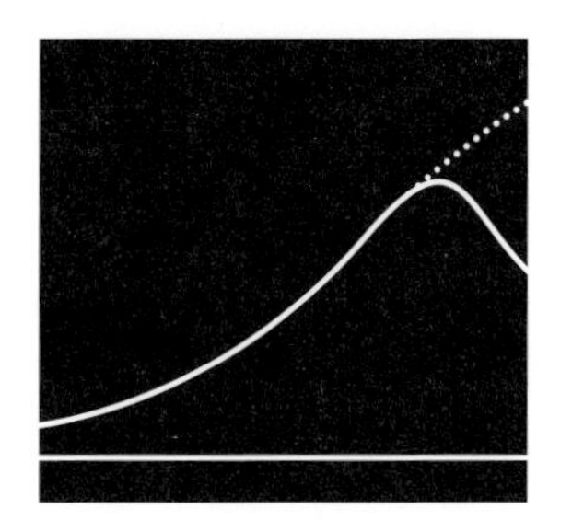

학지사

서문

과잉학력화의 필연: 대졸 청년 실업과 하향취업의 구조화

책을 구상하고 집필할 때마다 나는 출판의 필요성에 대해 심각하게 고민한다. 이 책의 경우, 이전에 출판했을 때보다 더 심각하게 고민하였다. 나는 이전에 출판한 책들을 통해 과잉교육, 대학 교육의 대중화와 보편화가 초래할 문제들에 대해 여러 차례 비판하고 경고하였다. 그런데도 다시 이 책을 집필하게 된 이유는 한국 부모들이 대학 교육을 도깨비방망이로 착각하고 자녀들의 대학 진학을 자신들의 경제력 그리고 자녀들의 지적 능력이나 의지를 고려하지 않고 당연한 절차로 진행하고 있으며, 정부는 집권 정당의 성향이나 노선에 상관없이 국민들의 열망에 동조하여 무의미하게 보편화하고 있기 때문이다. 한 국가의 교육 정책이 성공하려면 교육 기회를 균등하게 제공하고 교육받은 인력을 노동시장에 적합(適合)하게 배분해야 한다. 이를 위해서 국가는 학교교육의 기회 확대에 주력해야 하지만 높은 단계로 올라갈수록 점차 수월성을 추구해야 한다.

한국에서 벌어진 대학 교육 기회의 무한 확대는 집권을 노리는 정치가들이 거침없이 추진하는 선심 정치 또는 대중영합주의(populism) 정책의 산물이다. 이들의 무책임한 정책 때문에 대학 교육을 받고도 실업(unemployment)과 하향취업(underemployment)으로 내몰리는 청년들이 매년 대량으로 배출됨으로써 개인들과 국가가 감당할 수 없는 곤경과 낭패에 직면해 있다. 배움을 숭상하는 문화에 노력주의로 포장된 '교육출세론'이 접목되어 학교교육 연한의 상승을 끊임없이 부추기고 있다. 배움은 학교교육을 통하지 않고도 얼마든지 가능한데도 학력(學歷)과 학벌(學閥)[1]에 그토록 집착하는 이유는 출세하는 데 학교교육의 단계와 학교의 지명도가 결정적으로 작용해 왔기 때문이다. 학교교육의 출세 효과에 대한 신념화된 기대 때문에, 대학을 졸업한 청년들이 실업자, 하향취업자, 비정규

1) 학력(學歷: amount of schooling)은 학교교육을 받은 연한 또는 고졸, 대졸 등으로 표기되는 최종 졸업한 학교의 단계를 의미하며, 학벌(學閥: quality of school)은 재학했던 학교의 사회적 지명도를 의미한다.

직원, 일용직 직원 등을 감수할 수밖에 없는 현실임에도 불구하고 대학취학률은 여전히 높다.

한국 부모들과 그 자녀들은 대학에 진학하면 그 학력에 어울리는 일자리를 얻을 것으로 확신한다. 대졸 청년 실업과 하향취업이 심각하게 늘어나고 있지만, 진학을 앞둔 청소년들과 그 부모들은 자신들과는 무관한 현실로 인식한다. 그러나 최근에는 공급되는 대졸 인력의 양에 대해 냉정한 노동시장은 대졸 청년들 가운데 절반에게만 대학 학력에 어울리는 일자리를 제공하고 있다. 따라서 대졸 청년들 절반은 실업 또는 하향취업을 피할 수 없다. 대졸 청년들의 실업과 하향취업은 당사자들은 물론이며 그들의 가족들을 공황 상태로 몰아넣고 국가의 경쟁력을 급격히 하락시키며 총체적 위기에 빠뜨리고 있다. 한국은 엄청난 규모의 비용과 시간을 투입하여 대학졸업자들을 양산하고 있지만 그들의 인적자본(human capital)이 제대로 활용되지 못한 채 허비되거나 낭비되고 있어 국가경쟁력이 위협받고 있다. 1980년 이후 역대 정부들이 펼쳐 온 대학 교육 확대 정책은 현대전(現代戰)에 인해전술(人海戰術)로 맞서려는 무모함을 연상시킨다.

개별 부모들과 그들의 자녀들에게 사익(私益) 추구를 자제하고 공익(公益)과 국익(國益)을 추구하라고 요구하는 것은 정당하지만 실행될 가능성이 없어 무의미하다. 개인들의 이기주의적 행위로 공익이 침해되고 국가가 위기에 처하게 되는 사태를 막으려면 정부가 적합한 정책을 수립하고 집행해야 한다. 정부나 국회와 같은 정책 결정과 집행 기관에 종사하는 사람들은 반드시 국익을 추구해야 한다. 이들이 사익 증대와 집권 욕망에 사로잡혀 득표에 유리한 선심 정책을 펴면, 국가의 미래는 암울할 수밖에 없다. 오늘날 대졸 청년 실업과 하향취업 사태는 집권 정부들이 펼친 선심 정치의 산물이라고 말할 수 있다. 1980년 이후 정부들은 대학생들을 적극적으로 양산했으면서도 졸업 후 일자리를 마련하는 데에는 아주 소홀하였다.

대학 진학은 원하는 일자리에의 취업을 보장하지 않는다. 대학졸업자들이 늘어날수록 그들이 원하는 일자리를 얻을 가능성은 줄어든다. 고용주들은 고임금 일자리를 줄이기 위해 수단과 방법을 가리지 않는다. 4차 산업을 새로운 일자리의 출현으로 미화하는 사람들은 그 산업으로 사라질 일자리에 대해서는 무지하거나 외면하고 있다. 인류 역사에서 일어난 모든 유형의 산업혁명들은 일자리를 줄이는 데 효율적으로 이바지해 왔다. 대학 교육이 필수화(indispensability)되고 보편화(universalization)함으로써 대졸 청년들이 노동시장에 과도하게 공급되고 있다. 그렇지만 이러한 추세에 어울리지 않게 산업화, 자동화, 전산화, 경영합리화, 세계화 등으로 대졸 청년들에 대한 노동시장의 수요는 급속도로 줄어들고 있다.[2)]

대졸 청년들의 실업과 하향취업은 일시적 현상, 경기 불황, 대학 교육의 부실화, 대학생들의 안일함 등이 직접적 원인이 아니다. 대졸 청년 실업과 하향취업 사태는 고학력 노동시장의 수요를 무시하고 대학 교육의 취업효과를 맹신하여 자녀들의 대학 진학을 결행한 부모들에 의해 필연적으로 나타날 수밖에 없는 구조적이며 체계적인 결과이다. 정통성이 확보되지 않았던 정부들이 집권과 재집권을 위하여 대학 교육 기회의 확대를 선심성 득표 전략으로 이용함에 따라 대학취학률은 노동시장의 대졸 노동력 수요의 두 배 이상으로 높아졌다.

한국에서 극심한 과잉교육 사태가 일어나는 데에는 (1) 학교교육을 통한 출세지향, (2) 정부의 방만한 대학 교육 기회 개방, (3) 고등학교 단계에서 직업교육의 부실, (4) 초・중등교육[3]에서 진로교육 부실, (5) 대학 교육의 취업효과에 대한 맹신, (6) 학력의 출세효과가 인상적으로 실증된 현대사, (7) 대학의 시장화와 비대화, (8) 중도 탈락 제도의 미비와 학습능력 검증 부실, (9) 학력의 사회적 위세 효과, (10) 체면 문화의 만연, (11) 대학 미진학에 대한 사회적 낙인, (12) "많으면 많을수록 좋다"는 다다익선(多多益善)의 논리, (13) 대학 교육 비용의 부모 부담, (14) 대학 교육비 대출의 편이함과 안일함, (15) 노동시장의 냉혹함에 대한 무지, (16) 진로 선택의 지체(遲滯), (17) 취업 준비의 실기(失期)와 부적절함, (18) 부모에의 과도한 의존과 어른 되기 유예 등 다양한 요인이 작용하고 있다.

수많은 대졸 청년이 실업과 하향취업으로 고통을 받고 있어도 통계 자료는 "대학 나온 사람이 더 나은 기회를 얻는다"로 해석된다. 통계에 의하면, 일자리와 임금으로 드러나는 대졸 청년들의 평균 생애 기회는 대학 미취학자들의 평균 생애 기회보다 좋다. 수많은 사회문제가 통계 수치에 의해 그 심각성이 희석되고 있다. 그러나 어느 누구도 자료(data)에 포함된 숫자로 취급되어서는 안 된다. 고학력화는 고령화 사태만큼 심각하다. 고령화를 저지하려면 출산율을 높여야 하듯, 고학력화를 저지하려면 대학취학률을 낮추어야 한다. 출산율을 높이고 대학취학률을 낮출 수 있는 기관은 정부뿐이다.

대학은 분명히 존재 가치가 있다. 그러나 모두에게 그리고 누구에게나 가치가 있지는 않다. 누구에게는 아주 높은 가치가 있지만 다른 누구에게는 아무런 가치가 없거나 심지어 낭패만 안긴다. 소망으로만 추진한 대학 진학은 악몽으로 다가올 수 있다. 대학은 학생

---

2) 이 책의 영문 표기를 다음과 같이 제안한다. Oh, Ook Whan (2019). *The trap of indispensability and universalization of college education in Korea*. Seoul: Hakjisa.

3) 초등교육에는 초등학교, 중등교육에는 중학교와 고등학교 그리고 고등교육에는 전문대학, 대학, 대학원이 소속된다.

들을 고객으로 간주하여 환영하지만, 고용주는 입사 지원자들을 고객으로 생각하지 않으며 원료나 기자재를 구매할 때보다 더 세심하게 따져 가며 고용한다. 고용주는 확신이 서지 않으면 고용하지 않는다. 대학은 성적이 불량한 학생들도 붙잡아 두려고 학점을 후하게 주면서 관리하지만, 회사는 부적격 직원을 해고하기 위해 교묘한 방법도 동원한다. 회사는 비용 절감을 위해 사원 선발에 총력을 기울인다.

한국에서는 대학 교육을 개인들은 생애 기회를 위한 필수 과정으로 인식하여 추구하고, 국가는 경쟁력을 높이는 첩경으로 확신하여 무한히 확대하고 있다. 그 결과로 한국에서는 대학 교육이 개인적으로 필수화되고 국가적으로는 보편화되었다. 동령집단에서 60퍼센트 이상이 대학에 진학하고 거의 모두 졸업하더라도 대졸 청년들이 원하는 일자리는 30퍼센트 정도에만 할당될 수 있어 실업과 하향취업이 심각한 사회문제가 되었다. 한편, 고졸 청년들은 전통적으로 자신들이 맡아 왔던 일자리들을 하향취업한 대졸 청년들에게 빼앗기고 있다. 이처럼 난감한 사태를 맞게 된 고졸 청년들의 현실은 곧바로 모두를 대학에 진학하게 만드는 원인으로 작용하고 있다. 오늘날 한국에서 대학 교육은 보편화 수준을 넘어 초등교육처럼 의무화되고 있다. 그러나 대학 교육비용은 무상이 아니어서 가난한 부모들은 부담스러운 교육비를 지급하며 자녀들을 대학에 진학시키고 있다.

대학 교육이 보편화됨에 따라 대학 학력의 취업효과는 격감하면서 학벌이 취업에 중요한 변수로 작용하게 되었다. 다양한 유형의 입시 제도는 하나같이 경제자본(economic capital), 사회자본(social capital), 문화자본(cultural capital)이 풍부한 가정에 유리하게 작용한다. 전형 방법이 다양해지고 복잡해질수록 지배집단이 더 유리해진다. 따라서 가정의 빈부 격차가 자녀들의 학벌 격차에 미치는 영향은 적지 않다. 사회계층이 높은 가정은 자녀들이 학벌을 높이는 데뿐만 아니라 좋은 일자리를 찾는 데 필요한 비용과 시간도 더 풍부하게 제공할 수 있다. 결과적으로 사회계층이 낮은 가정이 상대적으로 더 부담스러운 교육비를 지급하면서도 그에 따른 보상은 덜 받음으로써 대학 교육의 보편화는 사회경제적 불평등을 완화하기는커녕 오히려 심화시킬 수 있다.

이러한 현실은 더욱 악화될 개연성이 높다. 그 이유는 개인들은 대학 교육을 필수 과정으로 확신하여 대학 진학을 지속해서 추진하고, 정부와 정당은 대중영합주의에 편승해 대학 교육 기회를 축소하지 않으며, 고용주들은 대졸 청년들이 기대하는 일자리를 최소화하는 데 적극적이기 때문이다. 대학 교육의 필수화와 보편화는 한국의 미래를 매우 암울하게 만들고 있다. 현재의 초(超)과잉학력 사태가 지속되면, 기대에 부풀어 대학에 진학한 청년들은 졸업 후 닥친 실업과 하향취업 현실에 낙망하고, 그 부모들은 대졸 자녀들의 실업과 하향취업으로 나타날 세대 간 계층 하강의 위기에 절망하며, 국가는 생산성 향상으로 이어지지 않으면서 엄청난 비용을 허비하게 만드는 고학력화로 국제사회에서 경쟁력을 상실하게 된다.

대학의 필수화와 보편화는 '공유지(共有地)의 비극'과 같은 공멸의 위기를 예견하게 하지만 득표와 집권에만 집착하는 정치권에서 해결책이 나올 가능성은 거의 없다. 실업과 하향취업에 내몰린 대졸 청년들은 현실로부터 개별적으로 도피하면서 룸펜 부르주아나 룸펜 프롤레타리아로 전락하거나 집단으로 문제를 해결하려 하면서 급진적으로 의식화하여 사회운동을 도모한다. 한국의 청년들은 미래에 대해 불안을 떨쳐 버리지 못하기 때문에 결혼을 피하거나 지연시키고 결혼한 경우에는 자녀를 최소화한다. 이러한 현실은 이미 위기 사태에 돌입한 고령화, 인구 격감, 경쟁력 하락, 사회 불안 등이 더욱 심각해질 수밖에 없음을 의미한다. 오늘날 한국은 총체적 위기에 직면해 있다. 대학 교육의 필수화와 보편화는 국가 위기를 초래하는 강력한 원인으로 작용하고 있다. 그렇지만 이 엄연한 사실이 모두로부터 외면되고 경시될 뿐만 아니라 방치됨으로써 잠복(潛伏)하고 있다.

한국에서 일어나고 있는 대졸 청년들의 실업과 하향취업은 자녀들의 출세에만 몰입한 부모들, 득표에만 집착한 정치가들, 재임 후의 미래에 무책임한 정부들, 노동시장의 공급과 수요에 무지한 지식인들, 대학의 상업화에 적극적인 대학인들, 학교교육의 확대를 최선으로 착각하는 교육자들에 의해서 유발되었다. 우리는 자연 발생의 늪(swamp)이 아닌 '우리에 의해 만들어진' 함정(trap)에 빠져들고 있다. 이 위기는 개별 국민들이 현실을 직시하여 사태의 심각함을 간파하고 책임을 절감해야만 그리고 정치권이 대중영합주의 유혹을 뿌리치고 공익과 국익을 위한 정책을 구상하고 시행해야만 극복될 수 있다. 한국의 현실은 성장 시대의 패러다임에 대한 집착을 버리고 창조 시대에 적합한 패러다임으로 전환하도록 촉구하고 있다.

감사문

구상에서 출판까지: 격려와 지원으로

책이 서점에 출하될 때까지 저자는 구상, 집필, 탈고 그리고 출판의 단계를 거친다. 각 단계는 즐거움, 괴로움, 시원함 그리고 두려움으로 이어진다. 책을 구상할 때에는 즐거움이 어려움을 압도한다. 이때 어려움이 지배하면 책은 시도되지 않고 당연히 출판되지 않는다. 저자는 그 즐거움이 탈고 때까지 이어질 것으로 착각하고 집필을 시작한다. 그러나 메모 형식으로 구상할 때의 즐거움은 문장 형식으로 집필하면서 돌연히 고통으로 반전한다. 나는 '다시 쓰기'를 수없이 반복한다. 다시 쓰기를 할 때, 나는 내가 쓴 글을 남의 글처럼 읽을 뿐만 아니라 신랄하게 비판하고 반박하는 토론자들을 연상하며 수정한다.

지독한 더위가 이어진 2018년 7월과 8월, 하필 그 시점에 집필이 막바지에 접어들었다. 이 단계에서는 집필을 멈출 수 없으므로 짜증을 부리면서 글쓰기를 계속하고 글쓰기가 지겨워지면 표지를 디자인하였다. 나는 숨이 막힐 것 같은 긴박한 초고 과정을 아내의 인내와 배려 덕분에 통과할 수 있었다. 삽화와 그래프 작업은 두 딸과 두 사위의 도움을 받았다. 더위가 수그러들 때쯤 초고를 완료하였다. 그다음 단계인 교정은 저자를 배려하여 수정해 주고 독자를 대신하여 냉정하게 비판해 줄 분들의 지원을 받아야 한다.

여러 지인에게 교정을 부탁할 때 큰 용기가 필요하다. 나는 학술지를 여러 차례 출판하면서 교정팀을 구성하였다. 이 팀의 구성원들은 매우 객관적이고 열정적이며 세심할 뿐만 아니라 경험이 풍부하다. 나는 교정에 참여해 줄 수 있는지를 간곡하게 물어보지만, 그들로서는 거부하기 어렵다는 사실을 잘 알고 있다. 이 때문에 교정을 부탁할 때에는 용기가 필요하다. 용기라고 말하지만, 제대로 표현하면 뻔뻔함이다. 수정 작업에 참여해 주신 곽윤숙 교수, 최윤진 교수, 유영미 박사, 김지영 박사, 함자영 박사께 진심으로 감사드린다. 이들은 내가 무슨 책을 쓰고 있는지를 수시로 질문한다. 내가 책을 쓰면 자신들이 수정 작업에 동원될 것임을 뻔히 알면서도 묻는 이유는 나를 격려하고 고무하기 위해서이다. 학술서의 원고 수정은 투고된 논문의 심사와는 전혀 다른 맥락에서 작업해야 한다. 저자의 아이디어, 표현, 의도 등을 헤아려야 할 뿐만 아니라 오·탈자까지 잡아내야 한다. 학회에 제출된 논문을 심사할 때처럼 익명성도 보장받지 못한다. 이들은 교정 작업을 심사받는다는 심정으로 오류를 찾았을 것 같다.

출판사를 선정하고 출판을 의논할 때도 용기가 필요하다. 예의를 지키면서 깔끔하게 계약하려면 조율해야 할 일들을 정확하게 소통해야 한다. 나는 학지사 김진환 사장님께 미안한 마음을 오랫동안 가지고 있었다. 오래전에 그는 내 연구실로 찾아와 학술서 집필을 제안하였다. 당시 나는 다른 출판사와 몇 차례 출판한 적이 있으므로 출판사를 바꿀 수 없다며 양해를 구하였다. 그때의 결례를 잊지 않고 있었는데 정년퇴직 후 떠난 여행지 안동의 병산서원에서 그를 다시 만났다. 그는 학술서 출판을 장려하고 상호 격려하기 위한 한국학술출판협회의 회장직을 맡고 있었다. 나는 이 만남을 우연으로 생각할 수 없었다. 그동안의 미안함과 학술서 출판을 위한 그의 집념을 지지하기 위해 이 책을 학지사에서 출판하기로 마음을 먹었다. 이번에는 내가 학지사를 찾아가서 그를 만나 나의 의사를 전하였고, 의견을 나눈 후 출판 계약을 맺었다. 이 책이 그 기대에 부합했으면 좋겠다.

차례

표 차례

그림 차례

1장

한국 대학 교육의 현실:
개인적 필수화와 국가적 보편화

대학의 목적과 사명은 시대와 사회에 따라 달리 설정되어 왔다(Clark and Neave, 1992). 초기 대학들은 국가와 사회를 이끌어 갈 엘리트의 양성을 목적으로 했지만, 현대 민주사회로 발전하면서 대학 교육이 대중화되고 일부 국가에서는 보편화 현상까지 나타나자 초기의 목적은 많이 희미해졌다. 대학 교육의 대중화는 대학의 사회경제적 유용성을 부각하고 있다. 대학이 오랫동안 속세와의 격리를 함의하는 상아탑(ivory tower)으로 상징되어 왔던 사실에서 알 수 있듯이, 대학의 변천사는 대학의 현실적 책임과 대중의 교육적 요구의 상승에 대한 응답의 형식으로 이어져 왔다. 대학의 목적은 크게 교양과 직업을 양극에 둔 진자(振子) 운동의 과정으로 볼 수 있다(Allen, 1988; Jaspers, 1959; Kerr, 1963; Newman, [1852] 1959; Ortegay y Gasset, [1930] 1946). 다시 말해서, 교양에 비중이 과도하게 주어지면 이에 대한 반발로 직업의 중요성이 강조되었다. 그러나 대학 교육 기회가 급격히 확대되어 대중화를 거쳐 보편화 단계에 이르게 되면서 취업에 절박해진 학생들이 교양보다는 취업으로 쏠리게 되었다.

한국 대학의 역사는 고구려 태학까지 거슬러 올라갈 수 있어도 현대 대학은 일제 강점시대 경성제국대학부터 시작되었다고 볼 수 있다. 한국의 근 · 현대사가 격변의 역사로 불리듯 한국의 대학도 급격한 변동을 경험해 왔다. 오늘날에는 전국 곳곳에서 대학 안내 표시를 볼 수 있다. 교육부와 한국교육개발원의 '2018 교육기본통계 개황'[1]에 의하면, 한국에는 일반대학 191개교, 교육대학 10개교 그리고 전문대학 137개교에 총 2,705,053명의 학생이 재학하고 있다(〈표 1〉 참조). 이제는 동령집단(birth cohort) 중 절대다수가 대학에 취학하고 있다. 한국의 대학들은 한국 사회의 높은 교육열로 잠재 지원자들이 충분히 확보되어 있었기 때문에 양적으로 급속히 성장할 수 있었다(오욱환, 2000: 312-336). 그렇지만 오늘날 한국 대학들은 대학 내·외부로부터 신랄한 비판을 받고 있으며 구조적이며 근본적인 변화를 강요받고 있다. 지금까지의 발상으로는 대학의 존립이 위협받을 수밖에 없는 절박한 상황에 놓여 있다.

〈표 1〉 2018년도 대학 유형별 현황

대학 유형 \ 학교·학생·교원	학교 수(개교)	학생 수(명)	교원 수(명)
일반대학	191	2,030,033	66,863
교육대학	10	15,788	835
전문대학	137	659,232	12,584

한국에서 대학 교육의 확대는, 미국 대학을 모형으로 삼았기 때문에 처음부터 이미 예견되었다. 미국의 국제적 경쟁력, 미국 대학의 국제적 우위, 미군 점령 시대의 영향력 등은 한국에서 대학 교육 정책을 결정할 때 미국을 준거로 삼고 적극적으로 모방하게 하였다. 미국은 독립 이전부터 대학 교육을 공격적으로 확대하였다. 미국은 유럽 국가들보다 후발국가였기 때문에 상대적 열세를 만회하는 데 매우 적극적이었다. 미국의 고등교육 정책은 양적 확대, 상호 경쟁, 질적 향상 등으로 정리할 수 있다. 대학 설립을 자유화하고 설립된 대학들이 서로 경쟁하게 하며 경쟁력이 없는 대학은 도태되도록 내버려 두었다(오욱환, 1999). 미군 점령 시대의 미(美)군정청은 미국을 모형으로 했기에 대학 설립을 규제하지 않았다. 한국 사회의 높은 교육열은 대학 교육의 수요를 충분히 창출했으며 미군정청의 대학 교육 정책은 대학 설립을 부추겼다. 대학 교육에 대한 수요가 충분히 마련되어 있는데다가 공급이 원활해지면서 한국에서는 대학 교육이 엘리트화에서 대중화로 바뀌기 시작하였다.[2]

---

1) http://kess.kedi.re.kr/frontPop/publView?publItemId=76775&survSeq=2018&publSeq=63
2) 엘리트 교육과 대중 교육을 가르는 정확한 기준은 없지만, 각각 취학률 10퍼센트와 30퍼센트를 대략적인 기준으로 제시할 수 있다. 취학률이 50퍼센트를 넘어서면 보편 교육으로 지칭할 수 있다.

한국 사회에서는 다양한 요인이 상호 밀접하게 작용함으로써 고학력화를 가속하고 있다. 고학력화를 촉발한 요인들은 (1) 경제 성장에 따른 가구당 소득의 상승, (2) 저출산으로 자녀 수의 감소에 의한 '자녀 1인당 투입 가능 교육비'의 상승, (3) '부모주의'(parentocracy)[3]에 의한 높은 자녀교육열, (4) 남아선호(男兒選好) 사상의 퇴조로 인한 여성 교육의 활성화, (5) '교육출세론'[4]의 체험과 목격에 근거한 확신, (6) 경제 성장과 사회 발전에 따른 관리 · 사무 · 전문 직종의 증가, (7) 노동시장의 학력에 따른 차별적 분절화(segmentation),[5] (8) 하위 단계 학교교육의 급격한 확대에 따른 여파, (9) 낮은 학력에 대한 사회의 부정적 인식, (10) 민주화에 따른 교육 기회의 확대와 균등화에 대한 강력한 요구, (11) 고등교육 기회의 확대에 따른 진학의 용이, (12) 학자금 대출과 같은 교육비 지원 정책의 확대, (13) 저학력 실업의 확산에 의한 고학력 기회비용[6]의 절감, (14) 지식정보사회의 도래에 대한 적응의 필요, (15) 기대소비 수준의 상승에 따른 고소득 직업에의 열망, (16) 저학력의 경제적 보상효과의 급락, (17) 고학력화의 자체 구동(驅動) 효과, (18) 중소도시의 대학 신설과 교통 발달 등으로 정리될 수 있다(오욱환, 2014: 203-207).

개인들이 대학 교육을 필수 과정으로 인식하고 대학 진학을 추진하면 국가적으로는 대학 교육이 반드시 보편화된다. 이렇게 되면 대학 교육은 엘리트 과정으로 인정될 수 없고 당연히 엘리트들에게 주어져 왔던 사회경제적 보상을 기대할 수 없다. 대학 교육을 받은 사람들이 과도하게 늘어나면서 대졸 학력을 요구하고 그에 걸맞게 보상하는 일자리가 턱없이 모자라 대졸 청년 실업자와 하향취업자가 대량으로 출현하였다. 공급 과다와 수요 과소의 불일치에 의한 구조적 고학력 실업과 하향취업 사태가 심각해지고 있음에도 불구하고 개인적 수준에서 돌파하려 할 경우, 너도나도 학력에서 차별적 우위를 차지하려고 학력 상승을 추진함에 따라 대학 교육의 확대는 더욱 가속된다. 그 결과로 대졸 학력을 가진 사람들이 지속해서 늘어나 제한된 일자리를 두고 벌어지는 취업 경쟁이 더한층 치열해진다. 대학 교육의 취업효과가 격감하면 '공유지의 비극'(tragedy of the commons)(Hardin, 1968)과 같은 공멸(共滅)의 위험을 피할 수 없게 된다.

---

3) 부모주의는 "자녀의 미래는 부모 하기 나름이다"로 풀이된다(Brown, 1990).

4) 교육출세론은 "(학교)교육은 출세의 지름길이다"라는 신념을 의미한다.

5) 분절화는 상호 이동이 가능하지 않을 정도로 확연히 나누어져 있음을 의미한다.

6) 경제학에서는 한 가지를 선택함에 따라 다른 것들을 할 수 없게 된 상황을 '기회비용'(opportunity cost)으로 개념화한다. 한 가지를 선택함에 따라 포기할 수밖에 없게 된 다른 재화는 '포기소득'(foregone earnings)으로 개념화한다.

> 사회가 안정되면 인구가 증가하고 이로 인해 목부(牧夫)들도 늘어난다. 이전보다 훨씬 많은 목부가 사적 이익을 극대화하기 위해 개별적으로 가축의 수를 최대한 늘리게 되면 결과적으로 제한된 면적의 초원이 감당할 수 없을 정도로 가축이 늘어나 가축들이 배를 채울 수 없게 된다. 굶주린 가축들이 풀뿌리까지 파먹으면서 초원이 재생력을 상실하고 황폐해진다. 가축들은 기하급수적으로 늘어났지만, 초원은 이전과 동일한 분량의 먹을거리만을 제공할 뿐이다. 결과적으로 가축들은 굶어 죽게 되고 가축들로 생계를 유지하는 목부들과 그 가족들도 기아와 빈곤에서 벗어날 수 없게 된다. 우리는 이 사례에서 "절제되지 않은 사적 자유는 비극을 초래할 수밖에 없다"라는 결론에 이르게 된다. 이러한 유형의 비극은 군비경쟁, 남획(濫獲), 공해, 천연자원 소비 등 도처에서 일어나고 있다.
>
> 공유지의 비극은 목초지나 저수지를 공유해야 하는 경우에만 일어날 수 있는 현상이 아니다. 지구온난화와 같은 세계적 위기는 물론이며 외화 부족과 같은 국가적 위기, 구조적 실업과 같은 사회적 위기, 은행파산과 같은 개인 예금주들의 위기에 이르기까지 다양한 위기는 이기적 타산에 집착함으로써 신뢰를 소홀히 할 때 얼마든지 일어날 수 있다. 한 사회에서 신뢰가 상실되면 모두가 불편해지며 극단적인 경우에는 공멸에 이를 수도 있다. 자유의 무한 확대는 방임(放任)으로 이어져 적자생존, 약육강식, 만인에 대한 만인의 투쟁 등으로 귀결된다. 개인들이 공적 정체성을 갖고 공익을 위해 자유를 자발적으로 절제함으로써 공동의 물적자본이 유지될 수 있다. 공익(公益)을 사익(私益)보다 앞서 고려할 때 개인들은 공인으로서의 정체성을 가지게 되고 공동체가 형성된다. (오욱환, 2013: 45-46)

한국에서 학교교육은 국가를 세우고 경제 성장을 이끌었으며 민주화를 이루는 데 크게 이바지했기 때문에 항상 기대와 희망을 상징해 왔다. 이러한 인정 아래 학교교육이 무한히 확대된 오늘날에는 교육에 대한 부정적 시각이 움트고 있다. 지금까지 교육의 공헌을 각각 교육중흥론(오천석, 1963), 발전교육론(정범모, 1966), 교육민주화론(教育民主化論)으로 지칭해 볼 수 있다. 그러나 현재 직면하고 있는 사교육 광풍, 고학력 청년 실업과 하향취업, 학교붕괴 등 부정적이며 자극적으로 표현되고 있는 사태들은 급기야 교육망국론(教育亡國論)이라는 말까지 등장하게 하였다. 과열된 학교교육은 학생들, 그 부모들 그리고 그들의 사회와 국가에 각각 고통, 부담, 난망을 안기고 있다.

초·중학생들은 세계 최고 수준의 학업 성취로 국제적으로 주목을 받고 있지만 배움을 지독히도 싫어하며, 부모들은 자녀들의 학업 성취를 높이기 위해 투기하듯 교육비를 투입하고 가정의 일상적 행복을 포기해 가며 자녀들을 닦달하고 있다. 정책의 결정과 집행 역할을 부여받은 정부는 장기적인 교육 계획을 내버려 둔 채 단기적인 입시관리에만 매달리고 있다. 대졸 청년 실업과 그보다 더 심각하고 방대한 문제인 대졸 청년 하향취업에 대한 정부의 문제 인식은 심각할 정도로 낮다. 정부들은 실업 문제를 해결하는 것보다 그 문제를 희석하는 데 더 집중하고 있는 듯하다.

1. 대학 학력의 필수화: 대학 취학의 자발적 의무화

학교교육은 사적으로도 그리고 공적으로도 가치 있는 투자로 인식되고 있다. 학교교육이 개인들과 국가에 경제 외적으로 다양한 이익을 가져다주더라도 개인들은 물론이며 국가도 일차적으로는 경제적 이점에 주목한다. 경제적 측면에서 학교교육의 이점은 세 가지 정도로 정리할 수 있다. 개인적 측면에서 학교교육은 개인별 생산성을 향상함으로써 소득을 증대시킨다. 그래서 가난한 사람들은 학교교육을 통해 소득을 높임으로써 부유한 사람들을 따라잡을 수 있다. 국가적 측면에서 학교교육은 국민들의 생산성을 높여 경제 성장에 이바지할 수 있다. 사회적 측면에서 학교교육은 개인들의 계층 이동을 원활하게 함으로써 사회경제적 불평등을 완화할 수 있다. 이러한 이점들이 실현되려면 학교교육 기회의 균등화가 실현되어야 하며 공적 가치가 사적 이익에 짓눌리지 않아야 한다.

학교교육은 공적 기능이 약화하고 사적 이익을 확보하기 위한 전략으로 이용될 경우 불평등을 재생산하는 도구로 전락한다(Apple, 1982; Bourdieu, 1973, 1974; Bourdieu and Passeron, [1964] 1977; Bowles, 1974; Bowles and Gintis, 1976; Duncan and Murnane, 2014; Oakes, 1985; Schneider, 2002; Shavit and Blossfeld, 1993). 한국인들은 출세[7]를 결정하는 최고의 도구로 학력과 학벌을 이용하기 때문에 학교교육의 공적 역할이 희미해지고 있다. 한국에서 학교교육은 경제 성장과 사회 발전의 견인차 구실을 충분히 수행해 왔지만, 이제는 출세의 도구로 전락하면서 사적 이익을 위해 철저히 이용되고 있다.

국제적 빈국에서 선진국으로 도약한 한국의 현대사는 가난한 가정의 자녀들이 열심히 공부해서 획득한 높은 학력으로 많은 사람이 부러워하는 직업을 갖게 된 사례들을 무수히

---

7) 출세라는 개념은 관심권에 있는 사람들로부터 상대적으로 돋보일 때 사용된다. 출세 여부는 외부의 평판으로 결정된다. 높은 지위를 가졌더라도 그보다 더 높은 지위를 가진 사람이 함께 있는 자리에서는 출세로 인정받지 못한다. 그래서 출세에는 상한선이 없다. 다시 말해서, 출세할 수 있는 여지는 얼마든지 남아 있으므로 출세 경쟁은 끊임없이 계속된다.

많이 만들어 내었다. 한국의 부모 중에는 교육출세론의 산증인으로 손색이 없는 사람들이 아주 많다. 지금도 여전히 학력이 높고 학벌이 좋으면 출세로 인정되는 직업들을 획득할 확률이 높다.[8] 출세로 인정되는 직업들은 소득, 위세, 권력에서 유리하다. 한국이 출세 지향 사회임은 모든 인간관계가 서열 또는 우열로 판정되는 현실로 증명된다. 한국인들은 대학의 전공 선택까지도 학생의 의지, 열망, 선호, 재능 등에 의한 결과로 인정하지 않고 점수에 따른 자동적인 배정처럼 간주한다.

대학에 진학하는 상식적 이유는 다음과 같다. 대학을 졸업하면 고등학교를 졸업한 경우보다 더 나은 일자리를 갖고, 더 많은 소득을 올리며, 더 안정된 직장에 취직할 뿐만 아니라 배우자 선택에서도 유리하다. 또한 더 여유로운 가족생활을 하고, 더 나은 건강을 즐기면서 더 오래 살 뿐만 아니라 범죄에 덜 개입되며 시민 생활에 더 많이 참가한다(Hout, 2012: 380). 한국에서는 대학에 진학하는 이유를 이처럼 복잡하게 설명할 필요가 없다. 모든 이점을 포괄하는 한국적 개념인 '출세'가 있기 때문이다. 한국에서 대학에 진학하는 이유는 출세하기 위해서이다. 교육을 통한 출세 의지는 한국을 세계 최고 수준의 교육열 국가로 만들었으며 대학취학률[9]을 급속도로 상승시켰다.

한국교육개발원이 2017년 11월 1일에 갱신하여 발표한 '교육통계분석자료집'[10]에 의하면, 고등교육기관 취학률이 2008년 70.5퍼센트, 2009년 70.4퍼센트, 2010년 70.1퍼센트였고 그 후 6년 동안 67퍼센트 이상을 유지하고 있으며, 2017년에는 67.6퍼센트였다(〈표 2〉 참조). 개인들은 대학 진학을 필수 과정으로 확신하고 국가는 대학 교육의 보편화로 국가경쟁력을 높이려 한다. 그 결과로 한국에서는 대졸 청년 실업과 하향취업이 체계적으로 출현하였고 점차 악화하고 있다.

〈표 2〉 2008년 이후 10년 동안 고등교육기관 취학률 변화

연도(년)	2008	2009	2010	2011	2012	2013	2014	2015	2016	2017
취학률(%)	70.5	70.4	70.1	68.4	68.4	68.7	68.2	67.5	67.4	67.6

출처: 한국교육개발원(2017). 교육통계분석자료집; 통계청(2010). 장래추계인구.

8) 심지어 높은 학력과 화려한 학벌이 출세로 인정될 정도이다. 한국에는 현재의 업적이나 성과보다 이전의 학력과 학벌로 위세를 떨치려는 사람들이 적지 않다.

9) '취학률'과 '진학률'은 혼용할 수 없다. 취학률은 [(취학 적령 재적 학생 수 ÷ 취학 적령 인구수) × 100]으로 산출되며 진학률은 [(해당 연도 졸업자 중 진학자 ÷ 해당 연도 졸업자) × 100]으로 산출된다. 학교교육 단계가 높아질수록 취학률이 진학률보다 많이 낮아진다.

10) http://www.index.go.kr/potal/main/EachDtlPageDetail.do?idx_cd=1520

대학의 목적은 개인적 측면에서는 매우 현실적인 이유가 부각된다. 학교교육이 출세의 지름길로 인식되고 있는 현실을 무시할 수 없다. 교육의 우아한 목적은 진리의 탐구로 표현되고 있어도 현실적 목적은 소득의 증대, 지위의 상승, 권력의 장악 등으로 구체화되며 훨씬 절실하게 다가온다. 교육과 관련될 때, 투자(investment)가 비용(expenditure)보다 선호되는 이유는 학교교육을 위해 사용된 금액이 추후 개인과 그 가족에게 보상된다는 확신이 있기 때문이다(McMahon, 1992: 136). 부모가 자녀교육을 위해 투입하는 것은 교육비뿐만 아니며 자녀가 학교에 다님으로써 사라지는 기회비용도 포함된다. 대학 교육비는 등록금, 교재비, 교통비 등 교육을 받는 데 직접 드는 비용뿐만 아니라 학교에 다니기 때문에 포기해야 하는 소득, 곧 학교에 다니지 않고 일을 하면 벌 수 있는 소득까지 포함해야 한다. 대학 교육의 기회비용은 고등학교 졸업 학력을 가진 청소년이 직장에서 4년 동안 벌 수 있는 소득을 의미한다.[11] 이렇게 산출할 경우 대학 교육비는 적지 않은 금액이며, 여기에 학교에 다니면 피할 수 없는 스트레스까지 더해져 대학 교육을 통해서 높은 보상을 기대하는 것은 당연하다.

물건을 살 때 누구의 돈으로 사느냐에 따라 구매 여부가 상당히 달라진다. 청소년들의 구매력이 왕성하고 과감한 이유는 그들이 자신들의 소득으로 지급하지 않기 때문이다. 장난감 가게에서 어린이들은 가격을 전혀 고려하지 않고 마구 집는다. 아르바이트로 학비를 충당하는 대학생들은 부모가 학비를 전액 지원하는 학생들보다 학업에 대체로 더 성실하다. 한국의 부모들은 자녀들이 학비 걱정을 하지 않도록 배려하는 경향이 있다. 그래서인지 대학생들은 학비가 얼마나 비싼지 잘 모른다. 부모가 자녀의 등록금을 은행 지로를 통해 납부할 수 없도록 조치하고 자녀들이 대학의 수납창구에 가서 등록금을 현금으로 지급하게 한다면 학비의 출처, 규모, 용도 등에 더 민감해지고 학업에 더 진지해질 수 있다. 대학등록금을 직접 지불하지 않기 때문에 적지 않은 대학생들이 공짜인 것처럼 생활하고 있다. 그 등록금이 수업을 담당하는 교수의 봉급, 사무직원의 봉급, 도서관의 도서 구입비와 유지비, 전산실이나 실험실의 기자재 구입비와 유지비 등에 사용된다. 대학생들 가운데 이 비용을 고려하여 수업에 충실하거나 도서관 이용이 활발한 학생은 의외로 많지 않다(EBS '왜 우리는 대학에 가는가' 제작팀, 2015). 그런데 직접 비용을 지불하는 학교의 구내식당 음식의 가격 대비 품질에 대해서는 상당히 민감하게 반응한다.[12]

11) 2018년도 최저 임금(시간당 7,530원)에 의해 산출되는 최저월급으로 4년 동안 일해서 받을 수 있는 금액을 계산해 보면 75,540,960원[1,573,770원(최저월급) × 48(개월) = 75,540,960원]이 된다.

12) 도서관에 대한 불만보다 구내식당에 대한 불만이 더 많이 제기된다. 도서관에서는 책을 공짜로 '빌린다'라고

대학 교육이 취업을 위한 투자가 아니라면 극단적으로는 과시를 위한 소비재로 분류될 수 있다. 생활 수준이 향상되면 자동차, 패션 의류, 해외여행, 미용을 위한 성형 등으로 소비 유형이 확대되면서 대학 교육도 여기에 포함될 수 있다. 대학 교육은 유식함을 과시할 수 있는 지위재(positional goods)로서 아주 적합하다. 더욱이 한국처럼 대인관계에서 사회적 위세(prestige)가 중요하게 작용하는 사회에서는 학력과 학벌은 결정적인 변수가 된다. 대학 교육이 확산되기 이전에는 고등학교 단계에서의 명문 여부와 대학 학력이 중요한 변수였지만 절대다수가 대학에 진학하는 상황에서는 대학 학력은 위세를 결정하는 데 도움이 될 수 없다. 이제는 대학의 지명도, 곧 학벌이 중요한 변수로 부상하고 있다. 대학 교육의 보편화는 대학 진학까지도 필수 조건으로 만들었다. 대학 진학은 이제는 선택이 아니며 필수 과정이다.

수치(數値)로 나타나는 경쟁률은 심리적 경쟁심을 제대로 표현하지 못한다. 다시 말해서, 경쟁률이 높다고 심리적 경쟁심이 유발되는 것은 아니다. 경쟁률이 아주 높더라도 사회적 압력을 느끼지 않을 수 있으며, 경쟁률은 극도로 낮은데도 사회적 압력은 엄청날 수 있다. 경쟁률이 아주 높으면 그 경쟁과 무관한 사람이 많지만, 경쟁률이 낮으면 경쟁에 참여하는 사람이 늘어날 수 있다. 동령집단에서 5퍼센트만 대학에 입학할 수 있도록 대학 정원이 결정되어 있으면 경쟁률은 치열할 수밖에 없다. 그러나 대학 진학을 염두에 두지 않는 사람들이 대부분이기 때문에 대학 진학이 사회적 압력으로 느껴지지 않으며 선택으로 받아들여진다. 한편, 대학의 문호가 대폭 개방되어 동령집단 가운데 60퍼센트 정도가 대학에 진학한다면 진학을 위한 경쟁률은 2 대 1도 되지 않더라도 대학 진학에 대한 사회적 압력은 피할 수 없다.

동갑내기들 가운데 절반 이상이 대학에 진학할 때 대학에 진학하지 않으면 낙오처럼 느끼게 된다. 그리고 현실에서는 모두가 대학에 가는 것처럼 체감된다. 이러한 상황에 이르면 대학과 무관하게 살아갈 수 없게 된다. 대학 진학은 선택 사항이 아닌 필수 과정이 되고 대학 미진학은 사회적 실패처럼 분류된다. 대학입시 공부를 하고 있던 아들이나 딸이 생뚱맞게 "대학에 가지 않겠다"라고 말하면, 한국 부모들은 거의 모두 충격에 빠진다.[13] 이 충격은 가정의 사회경제적 배경에 따라 다소 차이가 있겠지만 부모들을 혼란에 빠뜨리기

생각하고 식당에서는 음식을 돈을 내고 '사 먹는다'라고 생각하기 때문이다. 등록금의 가성비(價性比)를 챙긴다면 수업에 집중해야 하고 도서관을 자주 이용해야 한다.

13) 40년 전만 해도 아들이나 딸이 "대학에 가겠다"라는 말을 하면 충격에 빠지는 부모들이 많았다. 당시에는 논밭을 팔아야만 등록금을 마련할 수 있었기 때문에 자녀들의 대학 진학으로 집안이 거덜 나는 경우가 적지 않았다.

에는 충분하다. 한국 부모들은 대학을 졸업하지 않으면 살 수 없다고 생각하는지 "어떻게 살아가려고 하느냐"라고 되묻는다. 한국에서는 대학을 졸업하면 편하게 살 수 있다는 통념이 깊게 스며 있으며 넓게 퍼져 있다.

한 사회에서 일어나는 경쟁은 특정 개인들 사이에서만 벌어지지 않는다. 한국의 교육열은 개인들 간에 벌어진 경쟁의 결과이기보다는 사회 전체에 깊숙이 스며들어 있는 불특정 다수를 의식한 경쟁심의 발로이다. 그래서 '한국인'의 교육열보다 '한국사회'의 교육열이 현실을 더 정확하게 표현한다.

> 한국인들의 교육열은 유별난 것이지만, 그 특이함의 원인을 한국인들의 개인적 속성에서만 찾는 방법은 이 현상을 설명하기에는 한계가 있다. 한 사회의 교육 현상은 구성원들의 심리적 속성과 경제적 · 사회적 · 문화적 상황이 상호 작용하여 고유의 모습으로 나타난다. 한 개인의 행위는 작은 조직에서 넓은 사회에 이르기까지 개인적 인성(人性)과 사회적 역할(役割)이 상호 작용한 결과로 나타난다. 이 때문에 한국의 교육열 현상을 개인적 의지의 결과로 오해될 수 있는 '한국인의 교육열'로 규정하여 접근하는 것보다 '한국사회의 교육열'로 인식하고 파악해야 한다. …… '한국사회의 교육열'은 교육과 관련된 한국인들의 심리적 속성과 한국사회의 구조적 특성을 포괄하므로 개별 한국인들의 심리적 속성의 발현으로만 국한되는 '한국인의 교육열'보다 더 유용한 개념이 된다. (오욱환, 2000: 14, 17)

국가의 산업 발달 정도가 어떠하든 모든 국민은 빈부와 관계없이 일상생활을 한다. 일상생활이 원활하려면 의사소통에 막힘이 없어야 한다. 기능적 문해(functional literacy)는 현대 사회에서 의사를 소통하는 데 필요한 최소한의 능력이다.[14] 국가는 모든 국민이 이 조건을 갖추도록 일정 기간의 학교교육을 의무로 규정하고 무상으로 제공한다. 의무교육이 무상인 이유는 국가가 이 단계의 학교교육을 강제로 집행하기 위해서이다. 전통사회에서 부모들은 청소년 자녀들은 물론이며 그보다 더 어린 자녀들의 노동력을 가계 소득을 위해 활용하였다.[15]

---

14) 문해(literacy)는 문자 해독이 가능한 정도만 의미하며 기능적 문해는 최소한의 읽기, 쓰기, 셈하기 수준을 넘어서 일상생활을 할 수 있는 능력을 갖춘 상태를 의미한다. 기능적 문해는 초등학교 3학년을 마친 수준으로 간주한다.

15) 전통사회에서 농촌 가정의 어린이들과 청소년들은 중요한 노동력이었으며, 수공업 공장에서 어린이들과 청소년들은 보조 노동력으로 한몫을 하였다.

의무교육이 시행되면 부모들은 어린 자녀들의 노동력을 활용할 수 없게 된다. 부모에게 의무교육의 비용을 부담하게 한다면, 부모는 소득원 상실과 교육비용 부담으로 이중의 손해를 입게 된다. 국가는 이 불합리함을 다소 줄이고 어린이들을 학교로 유인하기 위해 의무교육을 무상으로 실시한다. 학교교육의 경제적 효과는 단계별로 격차가 있는데, 초등학교의 효과가 가장 확실하게 나타난다. 그 이유는 모든 국민이 기능적 문맹에서 벗어나기 때문이다. 한 국가의 개발 수준은 경제보다 국민의 문맹률로 더 실질적으로 파악된다. 국민의 문맹률이 높으면 저개발 상태에서 벗어나기 어렵다. 모든 국가는 재정이 허락하는 수준까지 의무교육 기간을 연장한다. 선진국들은 고등학교까지 의무교육 체제로 운영하고 있다.

한국은 중학교까지 의무교육으로 규정하고 있어도 완전 무상으로 실시하고 있다고 볼 수 없다. 그런데도 중학교는 물론이며 고등학교까지 의무교육처럼 인식되어 보편화되었다. 그래서 논리적으로 모순인 유상(有償) 의무교육이라는 용어가 등장하기도 하였다. 의무로 규정하고 무상으로 지원하면 학교교육은 보편화된다. 그러나 국가가 의무로 규정하지 않고 무상으로 지원하지 않더라도 개별 국민들이 의무로 인식하고 스스로 비용을 감당하려 한다면 보편화될 수 있다. 오늘날 한국에서는 고등학교가 유상 준(準)의무교육에 의해 보편화되었으며, 대학까지 이 과정을 밟아 보편화되고 있다. 실제로 한국의 부모들은 자녀의 대학 교육을 자신들의 의무로 생각한다.

한국의 고교평준화 정책은 고등학교 간의 서열화된 격차를 제거함으로써 고등학생들이 자신들의 지적 능력을 고려하지 않고 대학 진학을 기대하게 하였다. 평준화 이전 고등학교가 우열로 명확하게 구분되어 있을 때, 고등학생들은 재학 학교의 서열과 학교와 학급에서 자신의 석차를 감안하고 제한된 대학 교육 기회까지 고려하여 대학 진학 여부를 결정하였다. 절대다수의 고등학생들이 재학하고 있는 학교가 서열이 낮고 자신의 성적이 학내에서도 낮으면 대학에 합격할 수 없음을 미리 인정하여 대학 진학을 포기하였다. 그러나 평준화 실시로 고등학교 간 격차가 희미해지면서 대학 진학 여부를 일찍 결정할 필요가 없게 되었다.

여기에 더하여 대학이 급격히 늘어나면서 대학 진학이 점차 쉬워졌다. 이후 편입(編入) 기회가 늘어나자, 일단 대학에 진학해 놓고 추후 더 좋은 대학으로 옮긴다는 계획이 추가되면서 대학 진학을 더욱 쉽게 결정하게 되었다. 정부는 대학 보편화 추세에 맞춰 학업계열(academic track)을 확대하면서 직업계열(vocational track) 고등학교를 미련 없이 축소하였다.[16] 교육부와 한국교육개발원이 발표한 '2018년 교육기본통계 개황'에 의하면(〈표 3〉 참조), 직업계열의 고등학교는 536개교(특성화고 490개교 + 마이스터고 46개교)이며 학생 수는 270,365명(252,260명 + 18,105명)이다. 이는 각각 전체 고등학교 2,358개교의 22.7퍼센트와 전체 고등학생 1,538,576명의 17.6퍼센트에 해당한다. 고등학교에 진학하는 청소년들 가운데 82.4퍼센트가 학업계열을 선택하고 고작 17.6퍼센트가 직업계열을 선택하는 현실이기에, 학업계열 고등학교를 거쳐 대학에 진학하는 과정을 정상적인 절차로 인식하는 것은 자연스럽다. 대졸 청년 실업과 하향취업 사태의 발단은 직업계열 고등학교 축소 정책에서도 찾을 수 있다. 비유하면, 한국에서는 대학로(大學路)를 넓히려고 다른 길들을 모조리 없애거나 좁혀 버렸다. 그래서 대부분의 청년이 확 트인 대학로에 주저하지 않고 진입하며 거침없이 질주한다. 그러나 이 청년들은 곧이어 닥치는 좁은 병목(bottleneck)의 취업이라는 다리를 맞닥뜨리고 극심한 체증에 시달린다.

〈표 3〉 2018년도 고등학교 과정의 학교 수, 학생 수, 교원 수

계열 및 학교 유형 \ 학교, 학생, 교원 수		학교 수(개교)	학생 수(명)	교원 수(명)
전체		2,358	1,538,576	134,227
학업계열	일반고	1,556	1,096,331	90,855
	(마이스터고를 제외한) 특수목적고[17]	111	48,588	5,062
	자율고	155	123,292	9,966
직업계열	특성화고	490	252,260	25,619
	마이스터고	46	18,105	2,725

출처: 교육부, 한국교육개발원(2018). 교육기본통계 개황.[18]
마이스터고에 관한 자료는 별도로 구했음.

대부분의 사람이 불투명한 전망에도 불구하고 대학에 진학한다면, 대학 진학은 개인이

16) 이 글에서 직업계열 고등학교는 특성화 고등학교와 마이스터 고등학교(Meister School)를 모두 포함한다. 마이스터고는 「초·중등교육법 시행령」 제90조 제1항 제10호에서 산업 수요 맞춤형 고등학교로 정의되는 한국의 특수목적 고등학교의 한 종류이다. 이 학교는 산업계의 수요에 직접 연계된 맞춤형 교육과정을 운영하며 유망 분야의 특화된 산업 수요와 연계하여 예비 장인(匠人)을 양성하는 고등학교이다. 한편, 특성화 고등학교에는 전통적인 직업계열 고등학교뿐만 아니라 대안학교도 포함되어 있다.

17) 교육부와 교육개발원의 '교육기본통계 개황'에서는 마이스터고가 특수목적고에 포함되어 있지만, 이 글에서는 직업계열임이 더 중요하므로 특수목적고에서 제외하고 직업계열로 분류하였다. 그리고 여기서 특수목적고는 마이스터고를 제외한 외국어고, 국제고, 과학고, 예술·체육고 그리고 영재고를 포괄적으로 일컫는 용어로 사용된다.

18) http://kess.kedi.re.kr/frontPop/publView?publItemId=76775&survSeq=2018&publSeq=63

거스르기 어려운 사회적 압박으로 작용하게 된다. 대학 교육의 경제적 보상효과는 고등학교 교육보다는 평균적으로 더 높기 때문에 개인들은 대학 교육 보상효과가 대학에 진학하는 모든 사람에게 나타난다고 착각하게 된다. 이렇게 착각하는 개인들이 많이 늘어나면 집단착각 현상이 나타나고 마치 상식처럼 작용하게 된다. 이 상식은 대학 교육을 좋은 일자리, 많은 소득, 높은 권력 등이 합성된 출세와 인과적으로 연결한다. 부모들과 그 자녀들이 대학 진학을 필수적 과정으로 추진하고 국가가 대학 교육 기회를 대중화를 넘어 보편화 수준까지 확대하면, 그 사회에서 대학 교육은 법적으로 강제되지는 않더라도 실질적인 의무교육으로 변질된다. 이러한 유형의 의무교육은 국가의 권력에 의한 초등학교와 중학교 단계의 의무교육과 구별하여 '자의적 의무교육', '선택형 의무교육', '비(非)법률적 의무교육', '불가피한 의무교육', '제도화된 의무교육' 등으로 지칭될 수 있다.

대학 졸업 학력의 경제적 가치는, 대학 교육이 크게 확대됨에 따라 급격하게 하락하고 있어도, 고등학교 졸업 학력보다 평균적 가치가 여전히 높으므로 대학 진학은 더 나은 선택으로 인식된다. 대졸 청년 실업자들에게는 대학 진학이 악몽처럼 인식될 수밖에 없지만, 대학을 졸업하고 선망한 직장에 안착한 청년들이 두드러져 보이므로 대학은 경제적 보상이 확실한 선택으로 인정을 받고 있다. 사회는 항상 성공 사례들을 부각하며 실패 사례들을 감추거나 축소하는 경향이 있다. 오늘날에는 영상 매체가 인쇄 매체를 압도하고 있다. 영상 매체들은 무차별로 살포하며 시청자에게 쉽게 접근하지만, 인쇄 매체는 독자가 선택할 때만 접근된다.[19] 따라서 인쇄 매체는 영상 매체보다 비판적 성향이 높아도 독자들이 제한됨에 따라 사회문제들의 심각성이 제대로 알려지지 않는다. 영상 매체, 곧 텔레비전은 화면이 화려하고 예능 편향적이기 때문에 상대적으로 밝은 장면이 많이 등장한다.[20] 대졸 청년 실업이나 하향취업은 텔레비전 방송에서 뉴스로든 연예 프로그램으로든 중심 주제로 다루어질 가능성이 낮다. 정부는 대졸 청년 실업과 하향취업의 실상을 은폐하지는 않겠지만 사실 그대로 발표할 가능성은 높지 않다. 따라서 그 실상은 알려진 것보다 훨씬 더 심각하다.

대졸 청년들의 취업 상황은 매우 심각하지만, 수치로 드러난 자료는 그 실상을 제대로 알리지 못하고 있다. 그렇더라도 대졸 이상 학력을 가진 실업자가 얼마나 증가하고 있는

19) 영상 매체와 인쇄 매체의 접근성 격차는 텔레비전 시청이 신문 구독보다 월등히 높다는 사실로서 분명히 드러난다. 영화 보기는 소설 읽기보다 훨씬 편리하다.

20) 텔레비전 방송에서 시청률이 가장 높은 프로그램은 단연 연속극이다. 연속극에서 주인공들은 대개 사회계층이 높고 전문직을 가지고 있다. 드라마에서 대졸 청년 법관이나 의사는 주인공으로 등장하며 대졸 청년 실업자는 등장하지 않거나 비중이 낮은 역할로 등장한다.

지를 최근 10년간의 통계 수치로 표현해 보고자 한다. 통계청이 매년 보도자료로 발표하는『5월 고용동향』을 2008년부터 2018년까지 검색하고[21] '교육정도별 실업자 및 실업률'에서 대졸 이상 실업자 수를 발췌해서 정리해 보았다. 2008년 5월에는 대졸 이상의 학력을 가진 실업자가 28만 명이었지만 그로부터 10년이 지난 2018년 5월에는 두 배 정도로 늘어난 54만 7천 명이었다. 연도에 따라 등락이 있지만 10년 동안에 상당히 빠른 속도로 늘어나고 있음을 확인할 수 있다([그림 1] 참조).

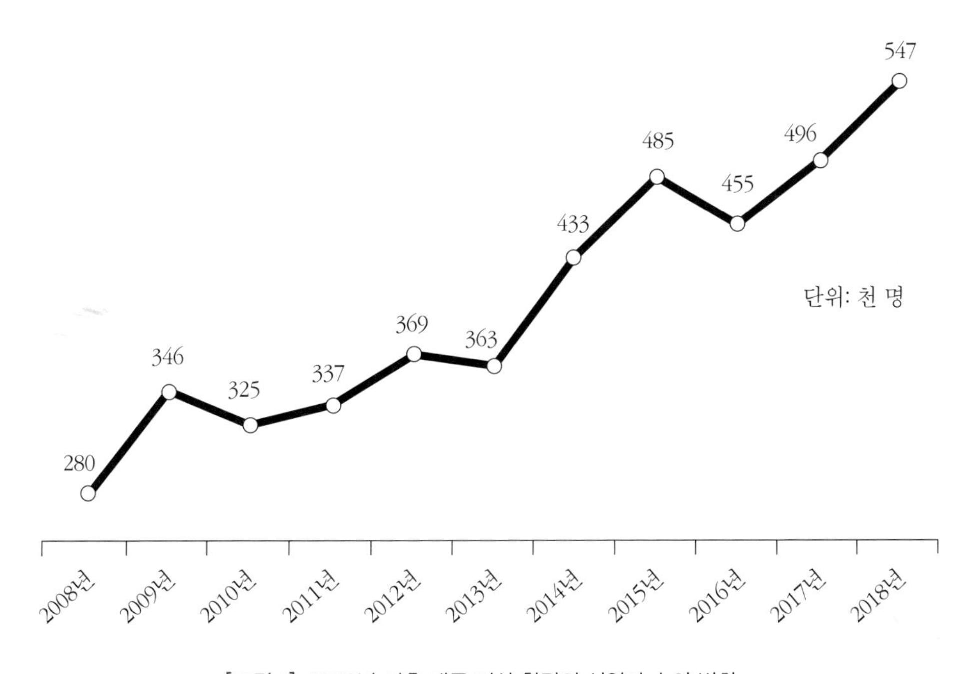

[그림 1] 2008년 이후 대졸 이상 학력의 실업자 수의 변화

부모는 자녀교육에서 법적 의무만 완수하는 수준에 그치지 않는다. 부모는 자녀에게 최고의 교육 기회를 제공하려 한다. 오늘날 한국의 부모들은 자녀들을 대학까지 졸업시켜야 부모로서 본분을 다했다고 생각한다. 생활고에 시달리는 부모들도 자녀들이 대학을 마치도록 지원했다면 스스로 만족스럽게 생각한다. 극도로 가난했던 시절, 부모들은 똑똑한 아들 하나라도 대학을 마치게 하면 그 아들이 좋은 일자리를 얻어 나머지 가족들을 먹여 살릴 수 있다고 확신하였다. 이처럼 온 가족의 기대를 안고 있었던 아들은 부모가 기대한 성공, 곧 출세를 하지 못하면 고향에 돌아갈 수 없었다. 성공하지 못한 채 부모가 보고 싶

21) 2018년의 경우, 5월 고용 동향을 파악하기 위해서『6월 고용동향』보도자료를 참조하였다.

어 고향을 찾아간 아들이 돌밭이나 염전에서 땀 흘리며 몹시 가난하게 살아가는 가족들을 대면할 수 없어 발길을 돌려야 하는 안타까움은 소설(박범신, 2013; 이청준, 2012)에서 표현된 장면이지만 1960년대 이전에는 사실인즉 실화였다.

대학 교육이 의무교육처럼 인식됨에 따라 자녀들의 대학등록금을 마련하기 위해 빚을 지는 부모들이 늘어나고 있으며 스스로 학자금을 마련하기 위해 대출을 받는 청년들도 늘어나고 있다. 미국에서는 대출받은 학자금을 상환하는 데 어려움을 겪는 젊은이들이 급속도로 늘어나면서 빚쟁이 대졸 청년들이 사회문제로 떠오르고 있다(Bennett and Wilezol, [2013] 2014; Gitlin, 2012; Lewin, 2011). 일본에서도 자녀의 학자금을 대출받는 부모들이 노후에 파산하는 사태가 늘어나면서 사회문제로 퍼지고 있다(세계일보, 2018. 2. 12.). 한국에는 학자금 대출을 장학금으로 오해하는 대학생들이 적지 않다. 대출금으로 대학등록금을 납부하고 대학을 졸업한 후 실업에서 벗어나지 못하는 대졸 빚쟁이가 출현하기 시작하였다. 이러한 사례는 앞으로 늘어날 것으로 예상할 수 있는데, 그 이유는 대학이 이미 필수화되었고 보편화되었으며 개인들은 물론이며 정부들도 이 상황을 당연한 듯 또는 어쩔 수 없다는 듯 수용하기 때문이다.

2. 국가주도의 대학 교육 보편화: 무지와 무모

조선 시대, 일제 강점 시대, 미군 점령 시대 그리고 6.25 전쟁을 거치면서 한국인들은 신분, 혈통, 종교, 이념, 지역 등 그 어떤 것에 의해서도 통제되거나 지배되지 않는 민주주의 사회를 갈구해 왔다. 한국인들은 사회계층 이동이 오직 자유로운 경쟁을 통해서 이루어지도록 열망해 왔으며 집권한 정부들은 국민의 요구를 거부할 수 없었다. 한국인들은 학교교육 기회 균등을 공정한 경쟁을 위한 필수 조건으로 확신하고 학교교육 확대를 줄기차게 요구해 왔다. 한편, 역대 정부들은 집권 과정이 투명하거나 정당하지 못함에 따라 정통성이 취약했으며 이 때문에 국민들의 학교교육 기회 확대 요구를 수용하였다. 초등학교, 중학교, 고등학교의 기회 확대는 세계 모든 국가에서 공통으로 나타난 현상이었기(Boli, Ramirez, and Meyer, 1985) 때문에, 시대적 상황에서 타당했으며 국제경쟁력을 갖추는 데 필수 조건이 되었다.

고등교육은 중등교육 취학률이 높을 때 급격히 확대된다(Schofer and Meyer, 2005: 905). 하위 단계에서 높아진 학교교육 취학률은 다음 단계의 학교교육 취학률을 상승시키는 데 직접 작용한다. 쓰나미처럼 강력한 파도는 그 여파도 만만치 않다. 초등교육은 물론이며 고등학교까지 완전 취학으로 볼 수 있을 정도로 취학률이 상승했을 때 대학 교육의 확대는 피할 수 없게 된다. 한국에서 초등교육은 의무화와 무상화에 의해 취학률이 100퍼센트(2010년 99.2%)에 도달했으며, 중학교도 1985년 이후 차례로 추진된 의무화와 무상화로 취학률이 100퍼센트(2010년 97.0%)에 육박하였다. 이처럼 높은 취학률은 다음 단계의 학교교육인 고등학교 취학률을 끌어올리는 동인이 되었으며 한국 사회 특유의 학교교육열로 취학률이 100퍼센트(2010년 91.5%)에 접근하고 있다. 이처럼 높은 취학률과 사회에 확산된 교육열이 다음 단계인 고등교육(대학) 취학률을 견인하여 세계적으로 유례가 없는 70퍼센트를 넘어서는 기록을 세웠다.

고등교육 확대는 중등교육 취학률이 높은 국가와 학교교육에 대한 국가의 통제력이 약한 국가에서 더 높게 나타난다(Schofer and Meyer, 2005: 898). 고등학교 취학률이 비교적 낮으면 졸업생들 가운데 절반이 대학에 진학하더라도 대학은 크게 확대되지 않는다. 그러나 고등학교가 보편화되면 그 가운데 일부만 대학에 진학하더라도 대학취학률은 급격히 상승한다.[22] 이러한 현상은 '파고효과'(波高效果)로 표현해 볼 수 있다. 높은 파도를 막으려면 방파제가 튼튼해야 한다. 한국은 중등교육 취학률이 아주 높았지만 1980년대 이전 박정희 정부는 강력한 통제력으로 대학 교육 개방을 저지하였다. 1980년도 고등학교 취학률은 48.8퍼센트였지만 고등교육, 곧 대학취학률은 11.4퍼센트로 저지되어 있었다. 그러다가 1979년 쿠데타로 집권하고 곧바로 정부를 구성한 전두환 정부는 1980년을 기점으로 고등교육을 급격히 확대하였다.

전두환 정부는 선심 정치의 하나로 대학 입학 정원을 대폭으로 증원하였다. 1985년 대학취학률은 1980년도보다 두 배 상승한 22.9퍼센트였다. 정부가 방파제 역할을 포기함에 따라 교육출세론을 확신하고 자녀교육열이 한없이 높은 한국의 부모들이 자녀들의 대학 진학을 온 힘을 다해 추진하였다. 부모로부터 대학 교육비를 전적으로 지원받는 젊은이들이 낭만적인 캠퍼스 생활을 기대하며 대학에 물밀 듯이 밀려 왔다. 그 높은 파도는 대학을 휩쓸고 있어도 노동시장이라는 견고한 방파제에 막혀 무참히 부서지도록 예정되어 있었다. 그러나 부모들도, 그 자녀들도, 심지어 정책결정권자들도 이 사태를 예견하지 못하였다.[23] 고용주들은 대졸 청년들이 해일처럼 밀려와도 꿋꿋하게 최소한도로 필요한 인원만

---

22) 고등학교 졸업생이 동령인구 집단의 50퍼센트라면 그들 가운데 50퍼센트가 대학에 진학할 경우, 대학취학률은 50퍼센트의 50퍼센트, 즉 25퍼센트가 된다. 그러나 고등학교 졸업생이 동령인구 집단의 90퍼센트이고 그들 가운데 40퍼센트만 대학에 진학해도 대학취학률은 36퍼센트(90%×40%)가 된다. 90퍼센트에 60퍼센트가 대학에 진학하면 54퍼센트가 된다.

23) 당시 대학 교육 기회의 파격적 확대를 주도했던 인사들 가운데에는 그 정책을 자랑하는 사람도 있다.

채용한다. 집권 정부는 대학 입학 정원을 늘리는 선심을 베풀어도 고용주들은 피고용자 최소화 원칙을 고수한다.

중등교육이 보편화되면 고등교육에 대한 요구가 강렬해질 수밖에 없다. 한국은 초등교육만 무상의무교육으로 시행될 때도 중학교 취학률과 고등학교 취학률이 아주 높았다. 1990년에는 중학교 취학률이 그리고 2005년에는 고등학교 취학률이 90퍼센트를 넘어섰다. 고등학교 취학률이 90퍼센트를 넘어선 데 더하여 종료 교육(terminal education)으로 제공되는 직업계열 고등학교까지 대학 진학지도를 취업 지도 못지않게 강조함으로써 고등교육의 확대에 대한 요구는 강렬하였다. 이러한 상황에서 정치권에서는 대학 입학 정원의 확대를 집권 또는 재집권의 전략으로 사용하였다. 이념을 달리할 뿐만 아니라 상대 정당을 적대시하는 정당들이었지만 집권한 후에는 대학 정원을 늘리는 데에는 아무런 차이가 없었다. 집권한 정부들은 이전 정부들의 정책들을 비판했을 뿐만 아니라 지속되어야 할 정책들까지 중단시킴으로써 실패로 종결지었지만, 대학생 증원 정책은 비판하기는커녕 오히려 더 적극적으로 집행하였다.

대학 교육 기회의 무한 확대 정책은 신자유주의에 근거하고 있다. 신자유주의는 개인에게 선택할 수 있는 자유를 무한히 제공하면서 선택 결과에 대해 책임지게 한다.[24] 미국은 신자유주의를 지향하여 모두가 대학 교육 기회를 가질 수 있는 정책을 펴 왔지만, 대학 교육을 받는 데 소요되는 경비는 국가에서 지급하지 않으며 다만 대출받기가 쉽도록 도와줄 뿐이다. 대학 교육을 통해 계층 상승을 도모하려는 가난한 젊은이들은 대출금으로 교육비를 충당하면서 대학에 다닌다. 미국 대학의 교육비는 아주 비싸고 학생의 배움은 너무 적다(Arum and Roksa, 2011). 미국에는 대학 졸업장으로 기대한 일자리를 얻지도 못한 채 과도한 빚에 시달리는 대졸 청년들이 늘어나고 있다(Delbanco, [2012] 2016).

최근에는 한국에서도 미국처럼 '많은 빚만 진 채 취업효과는 하락한 졸업장을 받은 청년들'이 늘어나고 있다. 자녀들의 대학 교육비를 지급하느라고 자신들의 노후 대책을 포기하는 부모들도 늘어나고 있다. 여기에 평균수명이 길어진다는 사실을 더하면 노인 빈곤층의 급격한 증가가 충분히 예견된다. 한국에서는 수많은 대학생이 비싼 교육비를 지급하고 졸업한 후 실업자가 되거나 마지못해 하향취업자가 되고 있다. 현실이 이러함에도 불구하고, 대학을 통해 출세하려는 젊은이들이 무엇을 배울지, 얼마나 배울 수 있을지 그리고 어떤 일자리에 취업할 수 있을지를 신중하게 생각하지 않고 대학에 진학한다. 그리고 학년

24) "신자유주의의 주요 교의는 정부나 다른 세력이 간섭하지 않은 채 상품 및 서비스의 수요와 공급이 가격 메커니즘을 통해 서로 조정하게끔 내버려 두면 최적의 결과가 달성된다는 것이다"(Crouch, [2011] 2012: 34).

이 올라가면서 취업 걱정을 떨쳐 버릴 수 없지만 별다른 대책 없이 졸업한다.

그러나 대학을 졸업한 후에 직면하는 실업은 심각한 압박으로 다가온다. 최근 대한의학회 영문판 학술지에 발표된 논문(Lim, Lee, Jeon, Yoo, and Jung. 2018)에 의하면, 대학을 졸업한 후 취업을 준비하는 청년 가운데 39.5퍼센트가 우울증 증상이 있으며 15.3퍼센트가 취업 스트레스를 견디기 어려워 자살을 생각한 적이 있다고 응답하였다.[25] 이 연구는 취업이 어려운 집단일수록 취업 스트레스를 더 강하게 받음을 밝혔다. 대졸 여성은 노동시장에 공개적으로 그리고 은밀하게 작동하는 성차별 때문에, 인문학 또는 사회과학을 전공한 청년들은 자연과학이나 공학에 비교 상대가 안 될 정도로 인력의 공급이 일자리 수요를 과도하게 초과했기 때문에 그리고 학자금 대출을 받은 청년들은 빚 상환의 절박함 때문에 취업 스트레스를 더 강하게 받고 있다. 이 연구는 문제 해결을 위해 사회적 개입이 절실하다고 역설하면서 적합한 사회적 분위기와 토대구조가 확립되고 정신건강 서비스가 제공되어야 함을 제안하였다. 그러나 이 사태의 원인은 역사적으로 뿌리가 깊고 문화적으로 넓게 퍼져 있으며 정치적으로 체계적이어서 해결이 난망하다.

오늘날 한국에서 나타난 60퍼센트를 훨씬 넘는 대학취학률은 베이비붐 여파에 의한 일시적인 현상이 아니며,[26] 모든 부모가 신념으로 굳혀 자녀들에게 타협 없이 강요하고 자녀들 또한 확신하는 '교육출세론'과 정통성이 취약한 정부들이 집권과 재집권을 위해 선심을 베풀 듯 실시한 대학 교육 기회 확대 정책의 체계적 합작의 결과이다. 부모들은 높은 자녀교육열로 대학 지원자들을 무한히 늘리고 정부들은 부모들의 기대에 부응하여 대학 문호를 적극적으로 개방하여 지원자들을 받아들였다. 1980년 이후 한국 정부들의 고등교육 정책은 엘리트 교육을 포기하고 대중화를 거쳐 보편화를 추진하였다([그림 2] 참조). 한국의 부모들은 1960년대부터 시작된 경제 성장에 힘입어 가정의 경제력을 강화하고 자녀 수를 줄임으로써 자녀들에게 투입할 수 있는 경제자본과 사회자본, 즉 돈과 시간, 열정을 확보하였다. 대학 입학 정원이 많이 늘어나면서 고등학교 단계에서 시행되는 직업교육이 약화하고 대학 미진학이 사회적 낙오처럼 인식됨에 따라 대학이 필수 과정으로 굳어졌다.

고졸 학력의 노동시장이 악화되면 대학 진학은 실업 상태에서 벗어나기 위해 어쩔 수 없이 선택해야 하는 진로가 된다. 대학취학률이 급격히 상승한 데에는 고등학교의 취

25) 이 연구는 표본 집단이 124명으로 적어 일반화하는 데 한계가 있다고 밝혔다.

26) 취학률은 취학 적령 인구의 규모에 의해 결정되지 않는다. 베이비붐 세대의 경우, 대학생 수가 늘어나더라도 대학취학률이 상승하지는 않는다. 취학률이 취학 적령 인구 대비 취학 적령 재적 학생들의 백분율로 산출되기 때문이다.

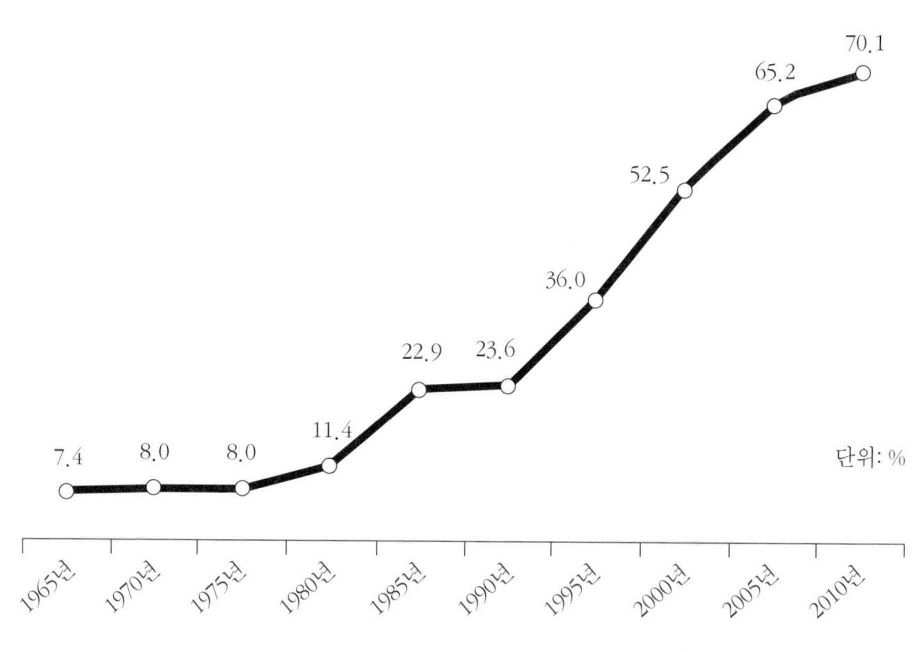

[그림 2] 1965년 이후 한국 고등교육취학률의 변화[27)]

업 기능 약화가 밀접하게 관련되어 있다. 박정희 정부가 추진한 중화학공업 육성 정책이 1979년 12월 12일 신군부 세력에 의한 군사반란으로 중단되면서 직업계열 고등학교는 쇠퇴하기 시작하였다. 군사반란으로 집권한 전두환 정부는 선심 정책의 표본이 될 수 있는 대학 정원 확대 정책을 시행하였다. 졸업정원제는 "입학생보다 졸업생을 적게 함으로써 열심히 공부하게 만든다"라는 취지로 시행되었지만, 표방한 취지는 얼마 지나지 않아 흐지부지되었으며 대학 정원만 급작스럽게 증가하였다. 예를 들면, 30명이 정원이었던 어떤 학과는 졸업정원제로 입학생이 66명으로 늘었으며 6명은 졸업 때까지 퇴출당하도록 예정되어 있었다. 66명 가운데 6명은 졸업할 수 없도록 규정되었어도 이후 졸업정원제가 모호해지면서 모두 졸업할 수 있게 되었다. 전두환 정부는 1983년 8월 졸업정원제를 대학이 책임지고 융통성 있게 운영하도록 허락하였다.[28)] 대학들은 이 조치를 학생 증원의 호기로 삼아 졸업정원제를 무력화하는 방향으로 운영하였다.

정통성 없이 출현한 전두환 정부는 한국 부모들의 높은 자녀교육열을 겨냥하여 대학 정원 확대라는 선심 정책을 폄으로써 직업계열 고등학교 기능을 극도로 축소했으며 대학 교

27) 오욱환(2014)의 『한국 교육의 전환: 드라마에서 딜레마로』 117쪽에 있는 〈표 12〉에서 고등교육취학률만 발췌하여 그래프로 구성하였다.

28) 이 정책은 책임을 회피하기 위해서 결정되었으며 또 다른 유형의 선심 정책이었다.

육의 가치를 희석하였다. 전두환 정부를 극복 또는 청산의 대상으로 삼은 이후의 정부들도 대학 교육 문호를 개방하는 데 주저하지 않음으로써 직업계열 고등학교 무용화(無用化)와 대학 교육 무기력화(無氣力化)에 동조하였다. 대학 교육 정책에만 초점을 맞춘다면, 1980년 이후의 정부들은 하나같이 신자유주의(neoliberalism)를 기조로 삼았다. 이 정부들은 대졸 청년 실업과 하향취업 사태가 발생한 데 대해 책임이 있다. 이 정부들은 대졸 청년들이 학력에 걸맞은 생애 기회를 얻는 데 필요한 일자리를 마련하지 않았다. 실업과 하향취업에서 벗어날 수 없는 대졸 청년들이 점차 늘어날 수밖에 없게 된 현실에서 판단하면, 대학 교육 보편화 정책을 정책결정권자들의 무지 또는 순진한 환상의 결과로 해석하게 된다.

1980년 이후 한국의 정부들이 이념의 차이에도 불구하고, 자녀교육에 연연하는 국민들에게 대학 정원 확대라는 선심 정책을 이어 가며 시행함으로써, 2010년대 들어서면서 고등교육 취학률이 70퍼센트에 육박할 만큼 상승하였다. 그러나 어떤 정부도 대졸 학력에 걸맞은 일자리를 입학 정원의 증원 속도에 맞추어 증가시키지 못하였다. 그 결과로 오늘날 한국은 대졸 청년 실업과 하향취업이라는 재앙을 맞고 있다. 이 사태를 원만하게 해결할 수 있는 묘책이 없고 또 다른 유형의 난제를 유발하는 대책밖에 없다는 점에서 한국은 심각한 위기에 직면해 있다. 혁명적이라고 수식되는 정책을 펴더라도 이 사태가 해결되려면 한국은 오랫동안 심각한 사회 갈등과 불안을 감수해야 한다. 정부만이 대학 인구의 증감을 결정할 수 있는데 집권 정부와 정당은 물론이며 어떤 야당도 국민들의 거센 저항을 감수해야 하는 대학 구조조정을 강행하거나 정책을 제안할 리 없다.[29] 사태는 심각한데 해결해야 할 주체는 없는 현실이기에, 이 문제를 들추어내고 쟁점으로 부각하는 사람들만 비난의 표적이 되기 쉽다.

대학 교육 보편화 정책을 시행한 정부는 늘어난 대학생들의 여러 가지 요구에 응답해야 한다. 대학 입학과 동시에 제기되는 문제는 등록금을 비롯한 대학 교육비용이다. 신자유주의는 선택의 자유와 결과의 책임으로 요약된다. 신자유주의에 의한 대학 개방 정책은 입학은 자유지만 그에 따른 비용은 개인들이 부담하도록 요구한다. 그러나 대학이 개방되면 학습능력이 부족한 청년들은 물론이며 교육비를 감당할 수 없는 청년들도 대거 입학한다. 정부는 가난한 청년들의 입학을 부추겼기 때문에 어떤 형태로든지 학자금을 지원해 주어야 한다. 이러한 맥락에서 학자금 대출이 늘어나게 된다. 대학생들에게 학자금을 대

29) 인구 감소에 따른 대학 정원 감축은 선호도가 낮은 대학들에 위기를 안기겠지만, 대학을 지원하는 학생들과 그 부모들에게는 경쟁률에 변화가 없으므로 특별한 의미가 없다.

출해 주거나 보조해 줌으로써 실업자로 전락하지 않도록 조치하는 방안은 은폐된 사회복지(hidden welfare)에 해당한다(Collins, 2002: 27). 정부가 대학 입학을 부추김에 따라 발생하는 또 다른 문제는 대학의 수업을 감당할 수 없는 학생들의 증가이다. 이 학생들은 쉬운 수업과 관대한 평가를 요구한다. 정부는 이 학생들의 요구를 수용하도록 대학에 권고하고, 대학은 학생들의 퇴출로 인한 수입 감소를 우려하여 안일하게 진행되는 수업과 느슨한 평가를 당연한 듯 수용한다.

학생들이 재학하고 있을 동안에 제기하는 요구들은 졸업 이후 대졸 청년으로 제기하는 요구들에 비하면 대수롭지 않은 것들이다. 대졸 청년들은 대졸 학력에 걸맞은 일자리를 요구하기 때문이다. 이 요구는 정부로서도 들어줄 수 없다. 정부가 최대의 고용주이기는 하지만 창출할 수 있는 일자리는 극히 제한되어 있다. 정부는 대학 교육 기회를 개방하고 학비를 지원하는 정책을 폄으로써 대학졸업자들을 급격히 늘릴 수 있어도 그들이 기대하는 일자리를 그만큼 늘릴 수는 없다. 대학졸업자들이 기대하는 일자리는 경제적 보상과 사회적 지위가 높기 때문에 대학졸업자의 증가 속도에 맞추어 늘어날 가능성은 전혀 없다. 대부분의 일자리는 민간 기업체에서 창출된다. 민간 기업체는 영리를 추구하므로 대학졸업자들이 기대하는 일자리, 곧 높은 임금을 지급해야 하는 일자리를 최소화하는 데 적극적이다. 기업이 지급하는 비용 가운데 중심 항목은 인건비이기 때문에 경영합리화는 최소 직원을 최대로 활용하는 수단을 취하는 데 집중된다.[30] 정부는 대졸 청년들을 위해 일자리 창출에 총력을 기울일지라도 그들의 주요 고용주들인 기업은 공기업이든 사기업이든 차이 없이, 피고용자를 최대로 줄이기 위해 가능한 방법을 모두 동원한다.

누구나 대학에 진학할 수 있더라도 누구나 대학 학력에 어울리는 일자리에 취업할 수는 없다. "모두 대학에 진학할 수 있다"라는 정책을 펴는 정부는 대학 학력에 어울리는 일자리도 모두에게 제공할 수 있을 만큼 준비해 두어야 한다. 그렇게 하지 않으면 의도하지 않았을지라도, 대졸 청년 실업자들과 하향취업자들을 양산한 정책을 편 것과 같은 결과에 도달한다. 그 이유는 정부가 대학 입학 정원을 규제할 수 있는 권한을 갖고 있기 때문이다. 모두가 대학에 진학하도록 부추기는 데에만 몰두한 정부는 무책임할 뿐만 아니라 결과적으로는 사기를 쳤다고 비난받을 수 있다. 일상에서 일어날 수 있는 경우를 가정해 보자.

---

30) 경영기법은 인적자원의 최대 활용에 집중되어 있다. 인본주의를 지향하는 경영기법도 활용도를 높이려는 방법에서 벗어나지 않는다. 『칭찬은 고래도 춤추게 한다』(*Whale done!: The power of positive relationships*) (Blanchard, Lacinak, Tompkin, and Ballard, [2002] 2003)라는 책은 경영지침서임에도 불구하고 인본주의 인간관계에 이용되기도 한다. 고용주는 조련사가 고래를 칭찬하듯 피고용자들을 칭찬할지라도 부모나 교사는 각각 자녀들과 학생들을 그와 같은 맥락과 목적으로 칭찬해서는 안 된다.

300명이 정원인 극장인데도 700명에게 입장권을 팔았다면 사기를 친 것이다. 좌석 수를 고려하지 않고 고객이 원한다고 입장권을 판 후 복도에 앉게 하거나 다음 상영에 입장하라고 말한다면 무책임보다는 사기에 더 가깝다.

좌석이 300개만 있는 극장이 700명에게 입장권을 팔면, 300명은 자리에 앉아서 영화를 보고 나머지 400명은 계단에 앉아서 또는 서서 보거나 영화 보기를 포기해야 한다. 입장권을 구입한 사람이 700명이더라도 300개 좌석이 곧바로 700개로 만들어질 수 없다. 700명을 모두 입장시키려면 좌석을 뜯어내고 멍석을 깔아야 한다. 멍석을 까는 데도 상당한 시일이 걸린다. 좌석에 앉아서 영화를 보기 위해 비싼 요금을 지불한 사람들이 멍석에 앉아서 영화를 볼 때 어떤 기분이 들까? 더욱이 자리가 없음에도 환불해 주지 않는다면 어떻게 대처해야 할까? 이 상황은 대학을 졸업하고 제대로 된 직장에 취업한 사람들, 대학을 졸업하고 대학 학력에 미치지 못하는 직장에 취업한 사람들 그리고 취업에 실패한 사람들을 은유한다. 극장에 입장하지 못한 사람들이 다음 상영 때 입장하더라도 좌석을 보장받을 수 없다. 다음 상영에 입장하려고 표를 구입한 700명의 관객이 대기하고 있기 때문이다.

대학을 졸업하면 그에 걸맞은 일자리에 당연히 취업할 것으로 예상하고 대학에 진학하도록 독려한 사람들은 부모이든, 교사이든, 사회지도자이든 대졸 청년 실업과 하향취업 사태에 대한 책임에서 벗어날 수 없다. 모두를 대학에 진학하도록 독려하면, 학생들을 속이기 위한 행위는 아니었더라도, 대졸 청년들 가운데 절대다수를 실업자가 되게 하거나 하향취업할 수밖에 없게 만든다. 대졸 청년들의 일자리에 관한 연구들을 검토하면, 세계 어떤 국가도 대학 학력에 걸맞은 일자리를 모든 일자리 가운데 30퍼센트 이상을 만들지 못했으며 앞으로도 만들 가능성이 없다는 결론을 내릴 수 있다(Alpin, Shackleton, and Walsh, 1998; Blumberg and Murtha, 1977: 45-47; Cohn and Ng, 2000: 165; Dolton and Vignoles, 2000: 179; Flanders, 1970: 2; Folger, 1972: 215; Froomkin, 1976; Hannum and Buchmann, 2005; Hecker, 1992: 5-7; Levin and Rumberger, 1987: 341; O'Toole, 1975a: 32-33; Soskice, 1994: 26). 기술공학이 발달할수록 그 점유율은 더 낮아질 수 있다. 자본가들은 경영합리화를 위해 기술공학을 적극적으로 도입한다. 그 결과로 좋은 일자리가 감소하고 기술공학을 도입할 필요가 없거나 도입할 수 없는 저임금 서비스 일자리가 늘어난다. 고학력자들의 일자리가 줄어들고 저학력자들의 일자리는 늘어난다.

위기 사태에 대한 정치가들의 낙관적 전망은 현재의 실상에 대한 두려움을 은폐하기 위한 순진한 환상일 수 있다. 이러한 전망과 환상에 무모한 의지가 더해지고 집권 또는 당선의 욕구가 발동되면, 정치가들은 호기 있게 선심 정책을 구상하고 집행한다. 한국의 대학 취학률이 세계의 모든 선진국과 부유한 국가들을 제치고 최고 수준에 도달하는 데에는 역대 정부들의 선심 정책이 결정적으로 작용하였다. 낙관적 전망, 현실 왜곡, 순진한 환상, 정치적 전략, 대중영합주의 등이 조합되어 결정된 정책은 쉽게 포기되지 않는다. 그 정책을 재고하기만 해도 실패를 자인하는 것으로 비칠 수 있으며 되돌리기에는 너무 늦었기 때문이다. 그래서 잘못되어 가고 있음을 감지하더라도 포기하지 않고 얼버무리며 지속한다. 그 결과로 사태는 걷잡을 수 없이 악화된다.

대학 교육의 무한 확대는 국가의 공익을 심각하게 훼손하지만 이로써 이익을 얻는 개인들과 집단들이 있다. 이들은 사회적 영향력이 높을지라도 국익을 위해 대학 교육을 축소하는 데 적극적으로 개입할 가능성은 아주 낮다. 사회지도자급 인사들이 얼마나 이기적인지를 우리는 청문회를 포함한 여러 가지 통로를 통해 익히 알고 있다. 그들은 이기주의 또는 가족이기주의 행위를 관행, 시대 흐름, 자녀의 선택 자유 등으로 정당화하고 있다.[31] 그들은 필요에 따라 평등주의자가 되기도 하고 자유주의자가 되기도 한다. 그들은 공식적 상황이나 타인들에게는 평등주의를 준거로 삼고 비공식적인 경우와 자신에게는 묵시적으로 자유주의를 선호한다. 그래서 그들은 이기주의자일 뿐만 아니라 기회주의자이기도 하다.

3. 대학 교육 필수화와 보편화: 상호 인과적 촉발에 의한 무한 지속

한국에서 대학 교육은 다음과 같은 절차로 보편화되었다. 초등학교 교육은 의무화로 공시되고 무상화를 통해 완전 취학률에 도달하였다. 중학교 교육은 외국에 비해 뒤늦게 의무교육으로 공시되었지만 제대로 된 무상화 단계에 이르지는 못하고 있다. 그러나 한국 부모들의 높은 자녀교육열에 의해 의무교육화 이전부터 완전 취학에 도달하였다. 고등학교 교육은 의무화가 지향되더라도 실현되기는 쉽지 않다. 그렇지만 한국 부모들의 높은 자녀교육열과 한국 사회에 널리 퍼져 있고 깊숙이 자리 잡은 교육출세론은 고등학교 취학률을 완전 취학에 가깝게 끌어올렸다. 대학 교육도 부모들의 자녀교육열과 교육출세론에 의해 지속해서 확대되었고, 정통성이 취약한 정부들에 의해 제도적으로 제한되었던 대학 입학 정원이 대폭 증가했으며 이제는 완전히 개방되었다. 한국에서 대학 교육은 부모들과 그 자녀들이 대학 진학을 필수 과정으로 인식하고 집권 정부들은 대학 교육을 보편화하는 정책을 이어 감으로써 공급과 수요가 절묘하게 조화되어 급격히 확대되었다. 대학 교육은

31) 사회지도자로 자처하는 사람들 가운데에는 위장전입으로 자녀들을 목표로 삼은 학교에 입학시키는 사람들이 적지 않다. 이러한 부류의 사람들은 아들이 병역 면제나 특혜를 받도록 온갖 전략을 구사한다.

개인적 측면에서 필수화되고 국가적 측면에서 보편화되어 상호 원인과 결과로 촉발하여 높은 대학취학률이 지속되고 있다.

한편, 한국의 부모들은 압축적으로 성장한 경제에 힘입어 소득이 급격하게 상승했으며 자녀 수를 최소화함으로써 자녀교육에 필요한 자본, 시간 그리고 에너지를 확보하였다. 한국의 부모들은 1~2명의 자녀들에게 확보된 자본과 시간을 집중적으로 투입하여 대학 진학을 독려하였다. 경제 성장에 의한 소득 향상과 자녀를 1~2명으로 줄임에 따른 지출 감소로 부모들이 자녀들을 대학에 진학시킬 수 있는 능력이 크게 향상되었다. 능력이 부족한 부모들은 자신들의 일상적 행복을 포기하고 희생함으로써 힘겨운 교육 경쟁에 동참하였다. 교육출세론이 팽배해 있는 한국에서 대학에 진학하지 않음은 낙오를 의미한다. 한국 부모들은 자녀들의 대학 졸업을 부모의 의무라고 생각한다. 국민들의 지지를 갈구하는 정치가들이 자녀들을 대학에 입학시키려는 부모들의 의지를 놓칠 리 없다. 쿠데타로 집권함으로써 정통성이 극도로 취약한 전두환 정부는 국민들의 지지를 얻기 위해 대학 입학 정원을 두 배로 늘렸다. 이후 정부들도 선심 정치에서 벗어나지 않은 대학 입학 정원 정책을 이어 감으로써 마침내 대학취학률이 70퍼센트에 도달하였다.

대학 교육의 필수화는 대졸 학력이 고졸 학력보다 사회경제적 보상에서 상대적 우위가 줄어들지 않는 한 계속된다. 대학졸업생들이 과도하게 늘어나서 대졸 학력에 걸맞은 일자리를 얻지 못하는 사례가 아무리 증가하더라도, 대학졸업자들은 고교졸업자들보다 평균적으로 사회경제적 보상을 더 많이 받는다.[32] 그 이유는 대학졸업자들 가운데 상당수는 여전히 대학 졸업에 걸맞은 일자리를 차지하고 나머지 졸업자들은 하향취업하여 고교졸업자들의 몫이었던 일자리를 빼앗기 때문에 고교졸업자들 가운데 상당수는 사회경제적 보상이 더 열악한 일자리로 하향취업할 수밖에 없다. 결과적으로 하향취업한 대학졸업자들도 고교졸업자들을 더 낮은 일자리로 몰아냄으로써 상대적 우위를 유지하게 된다([그림 3] 참조).

한 국가의 교육력은 고등학교 교육의 효율성에 따라 상당히 좌우된다. 그 이유는 고등학교 단계가 진로 선택이 본격적으로 이루어지는 시점이기 때문이다. 이 시점에서의 학교교육이 성공하려면 그 무엇보다 직업교육 프로그램이 다양해야 하고 학교에서 일자리로의 이전이 순조로워야 한다. 이 시기에 직업교육과 그 교육에 의한 취업이 부실하면 절대다수가 대학에 진학하고 그들 가운데 상당수는 실업자나 하향취업자가 될 수밖에 없는 사태가 발생한다. 한국의 경제가 급격히 성장할 때 직업계열 고등학교의 역할이 돋보였다.

32) 달리 표현하면, 대졸 평균 임금은 고졸 평균 임금보다 많다.

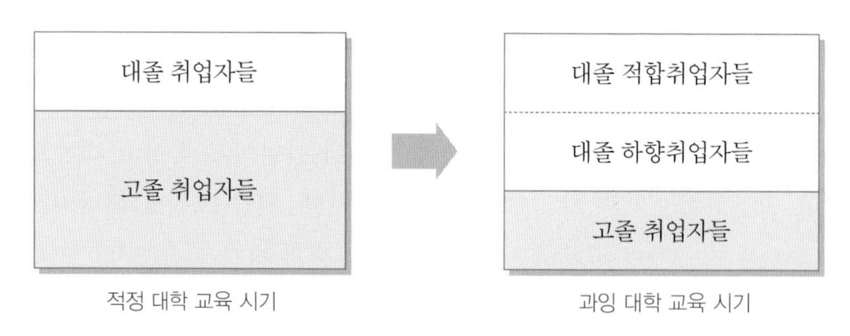

[그림 3] 대학 졸업 인구 증가에 따른 고졸 취업 구조의 축소

경제가 침체할 때 직업계열 고등학교는 기술 개발로 돌파구를 마련하는 중요한 역할을 할 수 있다.[33] 직업계열 고등학교를 업신여기면 대학 진학 이외의 진로가 없다. 상당히 많은 사람에게 그 길은 막다른 골목에 들어서는 것과 다름이 없지만, 그 외의 선택이 없으므로 그들도 어쩔 수 없이 동행한다.

대학 진학은 고졸 이하 학력으로 취업할 수 있는 일자리의 제한, 대학 미진학자에 대한 부정적 단정, 직업계열 고등학교의 부실 등에 의해서 고등학교 졸업 후 택할 수 있는 유일한 진로가 된다. 대학진학률이 과도하게 높아지면 대학 진학을 선택에서 필수로 인식하게 된다. 유학(儒學) 전통이 여전히 뿌리 깊은 한국 사회에서 지식은 사회적 위세의 중요한 준거가 된다. 대학에 다니더라도 공부를 하지 않으면 지식이 축적되지 않지만, 대학이 최고 학교라는 이유만으로 대학 졸업은 지식인으로 자처하거나 인정받는 데 효과적으로 작용한다. 한국에서는 대학 학력이 지위재로서 충분한 가치가 있다. 학교교육이 출세의 결정적 요인으로 굳어져 있는 한국에서는 학력 인플레이션이 한없이 지속될 가능성이 높다. 한국 사회에서 교육출세론은 종교, 빈부, 계층, 학력, 성별, 거주 지역 등에 상관없이 신봉되고 있어 시민종교(civil religion)로 규정될 정도이다.[34] 한국에서는 대학 학력이 취업효과를 얻지 못했을 때도 위치재로 작용하고 있다. 그래서 대졸 실업자들은 고졸 실업자들보다 자신들의 사회적 위세가 더 높다고 자처하기도 한다.

대학 교육이 보편화 단계에 이르렀기 때문에 엘리트 단계에서처럼 높이 인정받지는 못하지만, 대졸 학력을 갖추지 못했을 때는 사회로부터 부정적 명명(labeling)을 피할 수 없다.[35] 한국에서 고학력화가 급속히 진행되었기 때문에 부모들의 학력이 상당히 높아져 있

33) 세계 경제가 불황에 허덕일 때 독일은 높은 기술력에 의한 효율적 생산으로 흔들리지 않았다.

34) 입시 철이 되면 수많은 부모와 조부모가 교회, 성당, 사찰, 서낭당, 큰 바위, 오래된 나무, 조상 묘 등에서 (손)자녀들의 합격을 위해 다양한 유형의 말로 간절한 기도를 올린다.

다. 부모의 학력이 상승할수록 그 자녀들의 학력은 그보다 더 높아지는 경향이 있다. 학력이 아주 높은 부모들은 자녀들이 자신들과 같은 수준의 학력을 갖추도록 요구하며 그보다 낮은 학력을 가진 부모들은 자녀들이 자신들보다 더 높은 수준의 학력을 갖추도록 압박한다. 그보다 훨씬 더 낮은 학력을 가진 부모들은 자신들의 못 배운 한을 자녀들의 대학 진학을 통해서 풀려고 한다. 결과적으로 한국에서 모든 부모는 자녀들의 대학 진학을 당연하게 생각한다.

고등학교 교육의 취업효과와 소득효과가 하락하면 대학 진학은 더욱 절실해진다. 한편, 대학취학률이 상승하면 고등학교의 취업효과와 소득효과는 더욱 하락한다. 대학 교육의 보편화는 고등학교 직업교육을 초토화시키며, 초토화된 고등학교 직업교육은 대학 진학을 더욱 절실하게 만든다. 이러한 과정을 거치면서 대졸 청년의 수가 노동시장의 수요를 과도하게 초과하게 된다. 그 결과로 대학졸업자들의 취업은 급속도로 어려워져 실업률이 상승하고 하향취업이 불가피해진다. 이러한 사태는 대졸 실업자들과 하향취업자들에게 심리적 절망감과 경제적 난망함을 안기면서 동시에 고졸 적합 일자리들이 대졸 하향취업자들에 의해 잠식됨에 따라 고등학교 직업교육의 무용론이 제기된다.

학력에 걸맞은 취업이 어려워짐에 따라 학교교육의 사적 가치가 하락하면서 공적 가치도 동반하여 하락한다. 대학 교육이 보편화됨에 따라 대학 이전 단계의 모든 학교교육은 대학 진학 준비에 쏠려 전인 교육, 교양 교육, 특기 교육 등은 전폐된다.[36] 대학에 입학한 후 얼마 지나지 않아 대졸 청년 실업과 하향취업이라는 현실을 감지하게 된 대학생들은 지적 호기심을 접고 취업을 준비한다. 한국의 초 · 중 · 고등학생들과 대학생들이 각각 대학 진학 준비와 취업 준비에 매몰되어 있는데도 정부들은 창조교육, 지식경제, 창조경제, 혁신 등의 개념들로 수식된 정책 목표를 제시하는 현실은 “나무에 올라가서 물고기를 구한다”라는 ‘연목구어’(緣木求魚)로 절묘하게 비유될 수 있다.

고등교육의 양적 확대로 노동시장에서 학위의 가치가 하락하고 있다. 학위의 취업효과가 하락하면 학위를 취득해야 할 이유가 더욱 절실해진다. 이로써 학위증의 인플레이션(credential inflation)이 자동으로 추진된다(Collins, 2002: 23-24). 하위 단계의 학력일지라도 그 수준의 학력을 가진 사람이 적으면 그 학력만으로도 좋은 일자리를 얻을 수 있다. 어떤

---

35) 명명(命名)은 사실과 무관하게 미리 단정하여 사람들을 분류하는 것을 의미한다. 명명이론(labeling theory)에 의하면, 일탈(逸脫)은 행위 자체에 근거하여 판정되기보다는 그 행위에 대한 다른 사람들의 반응으로 규정된다. 이를테면, 바보가 아니더라도 많은 사람이 바보라고 부르면 바보가 된다.

36) 특기 교육은 교양이나 취미의 의미는 제한되고 대학입시의 전략 분야로서 추구된다.

학력의 취업효과가 증명되면, 그 학력을 갖추는 사람이 늘어나면서 그 학력의 취업효과가 하락한다. 이 상황에서 학력의 취업효과를 얻으려면 이전보다 더 높은 학력을 갖추어야 한다. 이러한 과정을 거치면서 점차 높은 학력에서 과잉 사태가 발생한다. 이제는 박사 학위가 필수 조건으로 요구되고 있는 교수직도 해방 후 한때는 전문대학 학위(오늘날 준학사 학위)만으로도 가능하였다. 초등학교 교사는 고등학교 단계의 사범학교에서 양성되었다가 2년제 교육대학을 거쳐 이제는 4년제 교육대학교에서 양성되고 있다. 교육대학교에도 대학원이 개설되어 있다.

과도하게 높은 학력으로 취업한 노동자들[credentialed workers]은 자신들의 일자리가 그 수준의 학력을 요구한다고 규정함으로써 그 학력에 미치지 못하는 사람들을 몰아낸다. 이러한 과정으로 취업에 필요한 학력이 직무에 필요한 능력과 무관하게 상향 조정된다. 이러한 진행 방향은 돌이킬 수 없다(Collins, 2002: 27). 화폐가 남발되면 실질 소득이 줄어들 듯, 대학졸업자들이 늘어나면 취업하더라도 소득 하락은 피할 수 없다. 노동예비군(reserve army of labor)이 충분히 확보되어 있으면 임금이 하락할 뿐만 아니라 업무에 대한 통제도 강화된다. 이러한 현상은 육체노동에만 해당하지 않으며 정신노동에도 그대로 적용된다. 대학졸업자가 노동시장 수요를 과도하게 초과하여 배출되면 고용주는 예비군처럼 확보된 대졸 인력을 이유로 삼아 임금을 낮추고 노동 강도를 높인다. 임금이 싸지면 고용을 늘릴 수 있어도 고용주들은 고용을 늘리기보다는 노동 강도를 높여 이익을 확대하는 방법을 택한다.[37] 세계화로 자본주의 시장의 경쟁이 치열해지면 고용주들은 이러한 전략을 선택하는 데 주저하지 않는다.

고등교육의 보편화로 대학 학력의 경제적 가치가 하락하고 있다. 대학 학력에 부합하는 일자리들조차도 경제적 보상은 이전보다 크게 줄어들고 있다. 여기에 대학 학력을 갖고 실업 상태를 벗어나지 못하는 사람들과 낮은 학력을 요구하는 일자리를 감수하는 사람들이 늘어나면서 대학 교육의 경제적 가치가 급락하고 있다. 소수 엘리트만 대학 교육을 받았을 때는 대학 교육의 경제적 가치는 아주 높았다. 대학 교육이 엘리트 과정처럼 인식될 때에는 인문학은 학문의 정수로 여겨졌다. 인문학 계열 졸업자들도 취업하는 데 큰 어려움을 겪지 않았다. 영리 기업체들도 인문학 출신들을 전공이 업무와 일치하지 않더라도 엘리트임을 인정하여 채용하였다. 그러나 대학졸업자들이 늘어나면 고용주들은 충원하려는 분야의 업무와 지원자들의 전공이 일치하는지를 따져서 채용 여부를 결정한다. 이로써

37) 고용주들은 피고용자들과의 갈등을 아주 싫어한다. 고용주들은 쉽게 통제하기 위해서 피고용자들을 최대한 줄인다. 고용주가 자동화에 적극적인 이유는 생산성 향상에 더하여 노동 통제가 쉬워지기 때문이다.

대학 교육의 확대가 인문학이 위기에 처하게 된 이유 가운데 하나로 작용하게 되었다. 인문학자들은 인문학 위기의 원인을 인문학 자체에서 찾기도 하지만 실제로는 대학 교육 확대로 인한 인문학 노동시장의 축소가 더 직접적인 원인이다.

국가는 학교교육의 기회 확대를 통해 평등화를 추구하지만, 개인들은 그 기회를 활용하여 차별적 우위를 점유하려 한다. 개인들은 대학 교육까지 필수 과정으로 받아들여 대학에 진학하며 국가는 대학 교육의 기회를 평등하게 제공하기 위해 대학 정원을 확대하면서 보편화한다. 결과적으로 대학 교육을 받은 인력이 노동시장의 일자리 수요를 과다하게 초과함에 따라 고학력 청년 실업과 하향취업이 필연적으로 나타나게 된다. 고학력 청년 실업과 하향취업 사태가 벌어질 때 합리적 사회라면 대학 진학이 줄어야 한다. 그러나 개인들은 이성보다는 감성에 의해 그리고 객관적 자료보다는 자신들의 주관적 의지로 대학 진학을 결정한다. 다시 말하면, 개인들은 대졸 청년 실업과 하향취업의 가능성이 확률로는 높더라도 자신들에게 닥칠 사태로 인정하지 않는다. 한국인들은 노력과 의지의 결정력을 강조하므로 중요한 의사결정에 감정을 많이 개입시킨다.

오늘날 한국에서는 대졸 청년 실업과 하향취업의 확률이 50퍼센트를 넘어섰지만, 청소년들과 그 부모들은 자신들과 무관하다고 생각한다. 대학 진학을 결정할 시점에 있는 한국 청소년들은 포부가 높고 야심만만하거나 근거 없이 미래를 낙관한다. 그리고 그 부모들은 현실을 외면하고 기대와 소망을 담아 자녀들의 장래를 계획하고 추진한다. 현실을 외면하거나 왜곡하면 자기기만(self-deception)이 쉬워진다.[38] 부모들은 자신들의 행위가 정당화될 수 있도록 객관적 현실을 외면하고 스스로 설정한 상황만을 실재라고 확신한다. 사람들은 객관적 현실(objective reality)에 의해서라기보다는 자신이 인식하고 해석한 현실(interpreted reality)에 의해서 의사를 결정한다. 그 이유는 각자에게 현실은 그 무엇도 아닌 그 자신의 인식에 따른 것이기 때문이다(Berger and Luckmann, 1967; Thomas and Thomas, 1928).[39]

한국의 청소년들은 객관적 자료에 근거하여 미래를 설계하지 않는다. 이들은 의지와 기대로 대학 진학을 결정한다. 더 현실적으로 말하면, 한국의 청소년들은 대학 진학 이외의 진로에 대해 생각하지 않는다. 이들은 대학 진학을 당연하게 여기면서도 그로부터 고작 4년 후에 닥칠 대학 졸업 후의 진로에 대해서는 알려고 하지 않는다.[40] 대학 교육이 필

38) 자기기만은 자신의 주장과 상반된 증거나 논리적 주장의 타당성, 의미, 중요성 등을 거부하거나 배제하게 만든다.

39) "If men define situations as real, they are real in their consequences"(The Thomas theorem).

수 과정처럼 인식됨에 따라 학업계열 고등학교는 졸업생들의 취업에 대해 전혀 관심을 두지 않으며 직업계열에서도 직업교육과 취업에 전력하지 않고 있다. 청소년들은 대학 진학을 당연하게 생각하는 또래 청소년들에 둘러싸여 있다. 모두가 대학에 진학하므로 누구나 대학 진학을 계획한다. 이러한 상황에서 대학 진학 이외의 진로는 집단으로부터 이탈을 의미한다.

대학 교육이 보편화되면 대학 미진학은 좋은 일자리를 구할 기회를 원천적으로 포기함을 의미한다. 오늘날 한국 사회는 청소년들을 대학으로 몰아넣고 있다. 대학취학률이 높지 않으면 대학 진학을 자의적인 판단에 따라 선택하게 되지만, 그 비율이 50퍼센트를 넘으면 대학 진학이 개인적으로는 필수 과정이 되고, 사회적으로는 보편적 절차로 인식되어 선택 여지를 남기지 않는다. 대학 진학이 강요되고 이에 불복할 때에는 사회적 낙오로 명명된다. 대학취학률이 10퍼센트 정도라면 대학 진학을 엘리트 코스로 인정하더라도 미진학을 부정적으로 분류하지 않는다. 그러나 그 비율이 70퍼센트에 육박하면 사회는 미진학자를 거리낌 없이 낙오자로 명명한다.

대학 교육의 보편화로 대중이 이전의 엘리트와 동일한 학력을 갖게 되었다. 엘리트와 같은 수준의 학력을 갖게 됨으로써 대중은 스스로 엘리트로 자처하고 그에 걸맞은 사회경제적 보상을 기대한다. 그렇지만 절대다수가 대학 학력을 갖게 되면서 어느 누구도 자신들과 같은 학력을 가진 사람들을 엘리트로 인정하지 않는다. 하물며 고용주들이 엘리트로 인정할 리 없다. 고용주들은 이전에는 극소수의 엘리트들을 높은 보상으로 채용했지만, 절대다수가 된 대학졸업자들을 우대하기는커녕 세심하게 따져 가며 채용한다. 대학을 졸업한 노동예비군이 확보된 상황에서는 고용주들이 대학졸업자들의 임금을 삭감할 수 있다. 대졸 청년들이 늘어나면서 그들의 실질임금(real wage)이 많이 줄어든다.[41]

실질임금을 따진다면 대졸 학력자들은 하향취업의 경우는 물론이며 적정 취업의 경우에도 임금이 줄어들고 있다. 대학 교육이 보편화되면 좋은 일자리에 취업하는 사람들과 실업 상태를 벗어나지 못하는 사람들의 학력 격차가 극도로 줄어든다. 동일 학력을 가진 사람들이 좋은 직장, 나쁜 직장, 실업 등으로 분명하게 나뉘면서 아주 다른 인생을 살게 된다. 고학력 사회에서는 생애 기회가 업적, 능력, 의지, 재능 등의 격차보다는 행운, 후광, 배경 등에 의해 구분될 수 있다. 그래서 업적주의(meritocracy)가 무의미해지고 불평등이

---

40) 대학입시 면접 때, 수험생들이 지원한 학과에 대해 제대로 파악하고 있지 않음을 확인할 수 있다. 상당수의 수험생은 학과에서 제공하는 홈페이지도 검색하지 않고 면접을 받으러 온다.

41) 실질임금은 물가상승의 영향력을 배제한 구매력으로 나타낸 임금이다.

재생산되면서 양극화가 뚜렷하게 나타나 계층 간 갈등이 깊어진다.

미국은 1970년대에 과잉교육[42] 현상이 나타났다. 미국에서는 대학졸업자들이 늘어나서 대학 교육의 취업효과와 소득효과가 하락하자 합리적으로 판단하여 대학 진학을 자제함에 따라 과잉학력[43] 사태가 잦아들었다(Murphy and Welch, 1989). 그러나 한국에서는 대학졸업자들의 증가로 대학 교육의 취업·소득효과가 하락하면 바로 그 이유로 대학 진학을 결행할 가능성이 오히려 높아진다. 한국에서는 대학취학률이 너무 높아졌기 때문에 대학 학력이 없으면 대학 졸업에 걸맞은 일자리를 얻기가 완전히 불가능할 뿐만 아니라 이전에 고등학교 졸업자들에게 돌아갔던 일자리를 얻기도 쉽지 않게 되었다.

오늘날 한국의 청소년들은 대학에 진학해도 취업을 걱정해야 하며 진학하지 않으면 일상생활에서도 무시당할 수 있다. 압축적 경제 성장 시대를 거치면서 교육출세론을 체험했거나 주위 사람들을 통해 확인해 온 한국의 부모들은 자녀들을 물질적으로 최대한 지원하면서 남보다 앞서도록 또는 뒤떨어지지 않도록 닦달하고 있다. 한국에서 대학 교육은 의무교육처럼 변질되었다. 한국의 부모들은 자녀들에게 사회심리적으로 의무화된 대학 교육을 제공하기 위해서 고액의 비용을 힘겹게 부담하고 있지만, 보상이 따르지 않을 가능성이 높아지는 현실을 서서히 감지하면서 당황하고 있다.

4. 70퍼센트에 도달한 대학취학률의 충격: 낭패와 위기

모든 국가에서처럼 한국에서도 대학은 오랫동안 희소성 때문에 위세를 유지해 왔다. 그러나 대학 취학 적령기 인구집단의 절반을 훌쩍 넘는 사람들이 대학에 다니고 있기 때문에 희소성은 완전히 무너졌다. 대학 교육은 극소수만이 기회를 가질 수 있었을 때는 절대적 가치를 발휘할 수 있었다. 대학 졸업 학력만으로도 사회지도자로 인정받았다. 일제 강점 시대에는 전문대학 졸업 학력이 최고의 지성인임을 증명하는 증표였다. 대학의 사회경제적 보상효과가 막대함을 지켜보면서 부모들은 자녀들을 대학에 진학시킴으로써 세대 간의 계층 상승 이동을 도모하였다. 대학 교육의 보상효과는 상당히 오랫동안 증명됨으로써

42) 과잉교육(overeducation)은 엄격한 의미에서 부적합한 개념이다. 교육에는 과잉이 있을 수 없기 때문이다. 과잉교육은 실제로는 과잉학교교육(overschooling)을 의미한다.

43) 과잉교육, 과잉학력 그리고 하향취업은 하나의 현상을 다르게 표현한 개념들이다. 노동경제학이나 노동사회학에서는 하향취업을 '노동 부적응'(labor inadequacy)이라는 개념으로도 표현하며, '노동 불충분 활용'(labor underutilization)은 실업과 하향취업을 포괄하는 개념으로 사용한다(Sullivan, 1978).

대학 교육을 통한 출세는 가설이나 이론 수준을 넘어 철칙처럼 작용하게 되었다. 그래서 출세하려고 대학에 진학하였다. 대학에 진학하지 않으면 경제적 불이익은 물론이며 사회로부터 모욕을 각오해야 하므로 대학 진학은 선택에서 필수로 전환되었다. 오늘날 한국에서 대학 학력은 생애 기회의 필수 조건이면서 사회적 멸시를 피할 수 있는 최소 조건이 되었다.

대학 교육 기회가 제한되었을 때에는 대학 진학을 자발적으로 선택할 수 있지만, 그 기회가 확대되면 될수록 선택할 수 있는 여지는 줄어들며 점차 필수 과정으로 강요된다. 대학 교육 기회가 극도로 제한되었을 때 대학 진학은 엘리트 과정으로 인정되었지만, 그 기회가 크게 확대되어 누구나 대학에 진학할 수 있을 정도가 되면 대학은 더 이상 엘리트 학교로 인정되지 않으며 대학 미진학이 부정적으로 분류된다. 누구나 대학에 진학할 수 있을 정도로 대학 기회가 개방되면 대학 교육은 마치 의무교육처럼 인식되어 대학 미진학은 의무 불이행이나 사회적 낙오처럼 분류된다. 극소수가 대학에 진학한다면 대학 교육으로 사회경제적 보상을 받을 수 있다. 대학의 사회경제적 보상효과는 대학 교육을 받은 사람이 적을수록 분명하고 높다. 그러나 그 수가 동령인구 집단의 30퍼센트에 이르면 그 효과는 급격히 줄어든다. 60퍼센트를 넘으면 대학졸업생들 가운데 절반 정도만 기대한 효과를 얻을 수 있다. 2008년부터 3년 동안에는 고등교육기관 취학률이 70퍼센트를 넘어섰다. 이 수치는 절대다수의 대졸 청년들이 노동시장의 현실을 접하면서 좌절할 수밖에 없게 됨을 의미한다.

동령집단에서 70퍼센트가 대학에 진학하지 않으면, 대학에 진학하지 않더라도 견딜 수 있다. 그러나 70퍼센트가 대학에 다닐 경우, 30퍼센트의 대학 미진학 청년들은 사회적 관심권에서 사라진다. 대학 학력이 없으면 열등감을 느끼지 않을 수 없고 기회를 잡을 가능성이 극도로 줄어든다. 70퍼센트라는 충격적인 고등교육 취학률은 다소 낮아지고 있어도 한국에서 대학 진학은 반드시 통과해야 하는 절차로 이미 굳어졌다. 그 이유는 대학 진학 이외의 대안이 대학 진학에 버금가는 가치가 있지도 않으며 사회적으로 배제되는 근거가 되기 때문이다. 미국은 '모두를 위한 대학'(college for all)이라는 구호 아래 대학 교육의 보편화를 실질적인 정책으로 채택하고 '권장'하고 있지만, 한국은 그보다 더 강력하게 대학 진학을 사회적 압력으로 '강제'하고 있다. 권장과 강제의 차이는 자녀가 "대학에 진학하지 않겠다"라고 부모에게 말했을 때 미국 부모들과 한국 부모들의 반응을 상상해 보면 충분히 짐작할 수 있다. 대학 교육을 받지 않은 청년에 대한 사회적 평가는 미국보다 한국이 훨씬 냉정하다.

한국에서는 유치원에서 고등학교에 이르는 단계들이 대학 진학으로 수렴되어 있다. 심

지어 종료 교육으로서 졸업 후 취업을 목표로 설립된 직업계열 고등학교까지도 내부적으로 대학 진학 과정을 운영하고 있으며 비중 있게 관리하고 있다. 대학 이전 단계의 학교교육이 대학입시를 겨냥하여 교과과정을 편성하고 있다. 한국의 부모들은 자녀들이 태어날 때부터 대학 진학을 반드시 실행해야 하는 절차로 받아들이고 있다. 한국 부모들은 자녀들을 소위 명문 대학에 진학시키는 데 도움이 되는 정보를 수집하기 위해 모든 방법과 통로를 이용한다. 조금이라도 여유가 있는 부모들은 명문 대학 진학에 유리한 궤도에 속한 하위 단계의 학교들에 자녀들을 입학시키기 위해 경제자본, 사회자본, 문화자본 등 모든 유형의 자본을 최대한 동원한다. 이러한 상황에서 어린이집에서 유치원, 초등학교, 중학교를 거쳐 고등학교까지 단계별로 소위 명문 학교가 출현하게 되었다. 이른바 명문 학교들은 전국 규모에서는 물론이며 지역에서도 형성되어 있다. 명문 학군으로 인정된 지역은 부동산 시장의 중요한 변수가 된다.

고등학교의 지명도는 명문 대학에 합격한 졸업생 수에 의해 좌우된다. 세칭 일류대학에 합격한 졸업생들의 명단이 교문 위에 또는 건물 벽에 게시된다. 명문 이외의 대학교에 진학했거나 대학입시에 실패한 졸업생들은 존재 가치가 인정되지 않는다. 이러한 행위로 학교는 '잘난 학생들의 명단'을 명시적으로 고시함으로써 '별 볼 일 없는 학생들의 명단'까지 잠재적으로 동네방네 알리고 있다. 공교육을 목적으로 설립된 학교가 아주 비교육적인 행위를 자랑하듯 하고 있다.[44] 이처럼 한국에서는 잘난 학생들을 부각하기 위해 그보다 훨씬 많은 학생이 마치 '열등생'처럼 취급된다. 일류대학에 합격한 학생들을 늘리기 위해 '우수반'을 공개적으로 또는 은밀하게 편성하면 수많은 학생이 자동으로 '열등반'에 배치된다. 우수반은 열등반과 대조됨으로써 존재할 수 있다. 우수반에 들지 못한 학생들이 속한 학급은 우수반과 구별되어야 하므로 어떤 이름으로 분류되든 실질적으로는 '열등반'이 될 수밖에 없다.

우수반에 속한 학생들은 긍정적 자아개념(self-concept)을 갖지만 이에 속하지 못한 학생들은 자존심이 손상될 뿐만 아니라 자신들에 대해 부정적인 자아개념을 갖게 된다. 교사들은 학생들에 대한 알려진 그리고 입수한 정보를 토대로 하여 개별 학생들의 추후 행동과 학업 성취에 대해 추론한다(Good and Brophy, [1973] 1997: 79). 학생들에 대한 교사의 추론, 곧 교사기대(teachers' expectations)는 자성예언효과(self-fulfilling prophecy effect)와 기대유지효과(sustaining expectation effect)를 발휘한다. 자성예언효과를 학교 상황에 적용하면, 학생들은 자신들의 능력을 미리 단정하고 그에 근거하여 자신의 미래 학업 성취 수준을 예

44) 영리를 추구하는 사설 학원은 광고 효과를 거두기 위해서 합격자 명단을 고시한다.

측한 후 그 예측이 실현되는 방향으로 행동함으로써 그러한 결과가 나타날 가능성을 높인다. 한편, 기대유지효과론에 의하면, 교사는 학생의 이전 발달 유형이 유지되기를 기대하고 그 유형이 해당 학생에게 당연하다고 생각하여 잠재력의 변화 가능성을 인정하지 않음으로써 학업 성취 향상이나 행동 수정의 가능성을 줄인다(Good and Brophy, [1973] 1997: 80). 교사들은 공부를 잘하는 학생들은 계속해서 잘할 것으로 기대하지만 못하는 학생들은 변함없이 못할 것으로 기대하며 그 기대에 맞추어 학생들을 차별적으로 상대한다. 그 결과로 학생 간의 학업 성취 격차는 지속되거나 더욱 확대된다.

학교에서는 열등반으로 명명하지 않더라도 학생들이 열등반으로 인식하는 이유는 모든 선발이 필연적으로 우열로 판정되기 때문이다. 특수목적 고등학교가 설립되면 일반계 고등학교는 자동으로 특수한 목적 없이 설립된 학교, 속칭 '그냥 학교'가 된다. 자율형 사립 고등학교가 설립되면 일반계 고등학교는 더욱 평범해지고 뒤처진 학교처럼 평가된다.

> 학생들의 학습능력을 고려하여 차등적으로 나누는 능력별 집단화는 학습능력이 높은 학생들의 수월성을 더 높이는 데 일차적인 목적이 있다. 다시 말해서, 집단화 정책은 학습능력이 낮은 학생들을 '먼저' 구원하기 위해서 취한 조치가 아니다. 학습능력이 낮은 학생 집단에서도 효과가 나타난다면, 그 효과는 엘리트 학생들에게 나타난 효과에 부차적으로 얻은 결과일 뿐이다. 실제 상황에서 부차적 효과가 나올 가능성은 낮다. 능력별 집단화가 효과적이라 하더라도 그 효과는 분류에 의한 효과라기보다는 분류 후 차별화된 교과과정과 교수-학습이 제공됨으로써 나타난 효과에 지나지 않는다. 교육장면에서 나타나는 집단화 효과가 '분류효과'가 아니고 '차별화효과'인 이유는 이 조치가 평등성보다는 수월성에 무게를 두고 실시되고 있기 때문이다. 능력별 집단화는 상위 집단에서는 효과가 나오지 않고 하위 집단에서만 효과가 나왔을 경우에도 지속될 가능성은 거의 없다. 그러나 상위 집단에서 효과가 나오고 하위 집단에서 효과가 없더라도 이 정책은 지속될 것이다. 그 이유는 일차적 목적이 달성되었기 때문이다. (오욱환, 2014: 215)

대학 교육이 보편화되면 고등학교 단계에서 진로지도는 사라지고 진학지도만 남게 된다. 진학지도도 대학에 진학하는 데 집중되며 대학 이후의 진로에는 관심을 두지 않는다. 고등학교에서 시행되는 진학지도는 학생들의 장래를 위한 사려 깊은 안내이기보다는 학교의 지명도를 높이기 위한 합격생 늘리기에 가깝다. 진학지도가 대상 학생의 대학 졸업 후 직업과 생활을 관심 밖에 두고 오직 대학 합격 여부에 집중되어 있다면 교육적 지도가 아닌 전략적 배치로 표현해야 맞다. 한국의 고등학생들은 인터넷을 통해 엄청난 양의 정보를 검색하고 있다. 그러나 대학 진학을 준비하는 고등학생들의 대학과 학과에 대한 이해도는 심각할 정도로 낮다. 자신들이 선택한 대학과 전공 학과에 대한 정보가 너무 빈약하여 놀랄 정도이다. 도저히 이해할 수가 없어 자세히 살펴보면, 지망 학과가 학생 자신들의 선호와 목적에 따라 선택된 것이 아니라 수능점수에 맞추어진 것임을 알 수 있다. '모두를 위한 대학'이 규범으로 작용하고 있는 미국에서도 대학 이전 단계에서 대학 진학지도 이외의 진로지도는 사실상 사라지고 있다(Rosenbaum, Miller, and Krei, 1996).[45] 한국에서는 학업계열 고등학교에서 대학 진학 이외의 진로지도는 있을 수 없으며 직업계열 고등학교까지도 대학 진학을 장려하고 있는 현실이다.

한국에서는 학부모들이 실제로 느끼는 부담을 고려하면 초등학교부터 대학까지 모든 단계의 학교교육을 의무교육이라고 말할 수 있다. 초등학교와 중학교는 법률로 규정한 의무교육이고, 고등학교는 무의식적으로 수용한 의무교육이며, 대학은 각오한 의무교육이다. 한국에서 부모들은 자녀들의 대학 진학을 부모로서의 의무로 생각할 뿐만 아니라 자녀들의 대학 진학에 자존심과 체면까지 걸고 있다. 한국에서 청소년들은 자신들의 의견과 상관없이 부모로부터 그리고 사회로부터 떠밀려 대학에 진학하고 있다.[46] 한국 부모들은 자녀들의 진로를 결정할 때 세인들의 평판, 즉 체면을 염두에 둔다. 부모들은 자녀들의 지적 능력, 의지, 특기, 장점, 단점 등을 객관적으로 판단하여 진로를 안내하기보다는 부모 자신들의 체면을 먼저 생각하기도 한다. 이러한 상황에서 자녀들의 의사는 무시된 채 부모의 기대만 충족시킨 비합리적인 결정이 내려지기도 한다. 학벌을 중시하는 부모들은 자녀의 적성, 흥미 그리고 의견을 무시한 채 소위 명문 대학을 지망하게 만든다.

체면을 아주 중요하게 생각하고 경제적 여유가 있는 부모들은 자녀들이 국내의 명문 대학에 입학할 가능성이 낮으면 해외로 유학을 보낸다. 이러한 맥락에서 조기유학이 추진된다(오욱환, 2008: 65-92).[47] 자녀들의 실존과 행복보다 자신들의 체면에 더 집착하는 부모들은 자녀들에게 소위 명문 학벌을 갖추어 주기 위해 모든 전략을 구사한다. 이 유형에 속하는 부모들 가운데 상당수는 외국 학교들이 한국의 학교들보다 명문이라고 확신한다. 이

45) 대학 교육이 보편화되면 중 · 고등학교에서의 진로지도는 사실상 사라진다. 미국에서는 대학이 개방되면서 고등학교의 진로지도 교사는 대학에 적응하기 어려운 학생들에게 대학 이외의 진로를 소개해 온 문지기(gatekeeper) 역할을 포기하였다.

46) 대학입시 때 수험생들을 면접할 때 이들이 자신의 선택으로 대학 입학시험에 응시하는지 의문이 생긴다. 도약(jump)을 위해서 왔는지 아니면 떠밀려(be pushed) 왔는지(Gambetta, 1987) 참으로 궁금한 적이 많았다.

47) 조기유학은 도전형, 도피형 그리고 과시형으로 나누어 볼 수 있다. 자녀들을 조기에 유학을 보내는 부모들은 자신들의 결정을 도전형으로 미화하지만 실제로는 도피형이거나 과시형이 대부분이다.

들은 한국 초·중학생들의 학업 성취가 세계 최고 수준에 있음에도 불구하고 외국의 학교들을 최고의 명문 학벌이라고 단정하고 조기유학을 밀어붙인다.[48] 그 결과, 부모들이 설정한 교육 유토피아를 향해 멋모르는 어린아이들이 이민 가듯 출국한다(오욱환, 2008). 그리고 상당한 세월이 흐른 후에 모국과 유학국 모두로부터 소외된 이방인이 되어 귀국한 후 모국에 다시 적응하는 곤욕을 치른다.

오늘날 대학 진학을 준비하거나 대학에 재학하거나 대학을 갓 졸업한 자녀들을 둔 한국의 부모들은 학력이 상당히 높다. 이들은 학교교육이 급격히 확대되고 경제가 압축적으로 성장하던 시대를 거치면서 학력·학벌과 좋은 일자리가 조응하는 사례들을 수없이 경험했기 때문에 교육출세론을 신뢰하고 있다. 이들은 체험과 목격을 통해 "하면 된다"로 축약될 수 있는 확고한 입시 전략을 갖고 있다. 이들은 타고난 의지결정론자들이며 경험을 통한 부모주의자들이다.[49] 이들은 자녀 수를 줄임으로써 자녀들에게 상당한 금액의 교육비와 충분히 많은 시간 그리고 다양한 전략을 구사할 준비를 하고 있다. 이렇게 열정적인 부모들이 발 벗고 나서서 자녀들의 진학과 진로를 설계하기 때문에, 그 자녀들은 자신들의 미래를 생각해 볼 이유도 없고 여유도 없다. 한국의 부모들은 자녀들에게 "너희들은 공부만 해라. 나머지는 엄마와 아빠가 다 해 줄게"라며 일방적인 교육 열정을 표출한다. 이러한 상황을 다소 극단적으로 표현하면, 한국의 청소년들은 "부모가 대학에 가라고 해서" 대학에 진학한다.[50]

일반 시민들은 대학에 진학하는 젊은이들이 신중하게 판단하여 대학 진학을 결정하고 학과를 선택한다고 생각한다. 그리고 대학에 진학한 학생들이 대학생답게 자신들의 미래를 위해 열심히 준비할 것을 기대한다. 그런데 시민들의 이러한 생각과 기대는 정확하지 않다. 동령집단의 70퍼센트에 도달할 정도로 절대다수가 대학에 다니는 상황에서는 준비된 대학생들이 의외로 적다. 오늘날 대학생들은 대학 진학 여부를 자신이 결정할 필요가 없다. 대학 진학이 필수 절차로 굳어졌기 때문이다. 대학 진학에 대해, 대학 학과에 대해, 대학 생활에 대해 진지하게 고민하지 않았다면 대학 졸업 후의 일자리에 대해 그리고 그

48) 평균적으로 비교하면, 한국의 초·중등학교는 외국의 초·중등학교들보다 낫다. 선진국에 있는 최고 명문 학교들로 유학을 간다면 외국 유학을 가는 것이 아니라 아주 '비싼' 외국 학교에 입학하는 것을 의미한다. 그런 학교는 엄청난 금액의 교육비를 요구하고 그곳에서 생활하는 데 드는 비용 역시 엄청나기 때문이다.

49) 의지결정론은 "의지가 굳으면 못 이룰 것이 없다"로 풀이된다.

50) 대학입시 때 면접해 보면 부모가 대학 진학 여부, 대학 선택, 학과 또는 전공 선택 등을 모두 결정하고 있음을 확인할 수 있다. 입시 일자가 임박해서 대학에서 입시상담소를 운영하는 경우, 자녀를 동반한 부모가 마치 자신이 입시생인 양 상담 교수 앞에 마련된 의자에 앉아 질문하고 답변하는 사례가 상당히 많다.

후의 사회생활에 대해 진지하게 고민하지 않았을 것이다. 계획 없이 대학에 진학하는 학생들이 늘어나고 있다. 대학 입학 후 첫 학기를 얼떨떨하게 또는 허망하게 보내는 학생들이 상당히 많다. 1학년 내내 갈피를 못 잡는 학생들도 있다. 이러한 학생들의 1학년 성적은 대개 엉망이다. 1학년 때 엉망이 된 성적은 나머지 3년 동안 노력하면 만회될 것 같지만 실제로는 상당히 어렵다. 2학년이 되면 대부분 학생이 학점의 중요성과 상대 평가의 냉혹함을 알게 되기 때문이다.

자발적으로 선택하지 않았음에도 불구하고 대학에 입학하게 된 학생들은 학업에 진지할 수 없고 흥미를 갖기도 어렵다. 이러한 학생들을 받아들인 대학은 이들의 이탈을 막아 학교를 유지해야 하므로, 이들과 묵시적으로 타협하여 학습 부담이 없도록 교과과정을 구성하고 수업을 진행하며 후하게 평가한다. 이러한 상황이 지속되면서 오늘날 한국의 대학들은 느슨해지고 있다. 공급자 중심 교육의 단점을 없애기 위해 채택한 수혜자 중심 교육이 '학생들을 편하게 해 주는 교육'으로 오해되어 학업 성취가 하락하고 있을 뿐만 아니라 학습 태도까지 문제가 되고 있다. 교사들은 학생들의 인권 침해를 우려한 나머지 내버려 둠으로써 문제의 소지를 아예 만들지 않는다. 그 결과, 간과할 수 없을 정도로 많은 중·고등학교 학생이 수업 중에 엎드려 있거나 잠을 잔다. 대학생들은 수업 부담이 많은 과목을 아주 싫어한다. 적지 않은 대학생들이 수강신청 후 강의를 들어보고 부담스러울 것 같으면 수강을 취소해 버린다. 모든 대학이 학기 초 수강신청 변경 때문에 난리를 치른다.

16년의 긴 학교교육 기간에 난관을 피하다 보면 게으름과 안일함이 습관이 된다. 게으르고 안일한 습관으로 취업할 수 있는 일자리는 없다. 운이 좋아 취업을 하더라도 얼마 지나지 않아 고용주에게 발각되거나 스스로 견디지 못해 퇴사할 가능성이 높다. 업무가 상호 관련된 조직사회에서는 게으름과 안일함은 은폐되지 않는다. 고용주들과 그들에게 고용된 인사담당자들은 자신들의 대학 시절 체험과 인사 업무 경험을 통해서 대학의 현실을 꿰뚫고 있다. 고용주는 절대로 후하지 않고 관대하지도 않다. 좋은 대학은 노동시장과 직장의 현실을 간파하고 있기 때문에 학생들에게 게으름과 안일함을 가르치지 않는다. 부지런함과 치밀함을 가르치지 않는 대학이라면, 의도적이지는 아닐지라도 게으름과 안일함을 잠재적으로 가르치게 된다. 평점이 후한 대학은, 의도하지는 않았더라도 학생들에게 게으름과 안일함을 가르치고 있다. 그런 유형의 대학은, 의도하지는 않았을지라도 학생들을 대졸 청년 실업자와 하향취업자로 양성한다. 오늘날 한국에 있는 대부분의 대학은 학사관리가 안일하고 평점이 아주 후하다.

대학에 입학할 인구가 줄어들면, 존립이 위태로워지는 대학들은 전통적 유형의 예비 대학생들에 집착하지 않고 새로운 유형의 잠재 대학생을 발굴한다. 새로운 유형의 잠재 대학생들을 대학으로 끌어들여야 하는 대학들은 매력적인 프로그램을 개발하고 학사를 유연하게 운영할 뿐만 아니라 학비 납부 방법을 다양화한다. 대학은 학생들을 유치하기 위해서 학교 이름 변경, 제도 유연화, 편의 시설 제공, 광고성 홍보 등 모든 방법을 동원한다. 독립 단과대학들과 전문대학들이 '대학'(college)을 '대학교'(university)로 개명하고, 전문대학들이 일부 학과를 2년 과정에서 3년 과정으로, 심지어 4년 과정으로 연장하며, 대도시에서 벗어나 있는 대학들은 장거리 통학버스를 제공한다. 대학의 홍보는 영리 기업의 광고와 비슷해지고 있다. 홍보를 광고처럼 변질시키고 있는 대학들은 성실하게 가르치고 열심히 공부하는 대학보다는 적당하게 공부하고 놀면서 학위를 취득할 수 있는 곳으로 인식하도록 유도한다.[51]

대학은 미사여구와 화려한 색상으로 입학 안내 책자를 만들어 널리 배포하고 있다. 대학 웹사이트는 입시생들을 끌어오기 위해 광고하듯 홍보하고 있다. 많은 대학은 수험생들을 유혹하기 위해 교육적 메시지보다 비교육적 메시지를 더 많이 그리고 강렬하게 사용하고 있다. 대학에 입학만 하면 공부가 저절로 될 것처럼 광고하는 대학도 있다. 신입생들이 석학(碩學)으로부터 친절하게 학문에 입문할 수 있는 것처럼 광고하는 대학도 있는데 이는 사실이 아니다. 학문에 전념하는 교수가 많지 않을 뿐만 아니라 석학으로 자처하는 교수들은 학부 수업, 특히 1학년 수업을 기피한다. 오늘날 한국의 대학생들은 학습 시간에 비해 과도하게 높은 평점을 받고 있다. 평점 인플레이션이 극심하여 적당히 공부해도 좋은 성적을 얻을 수 있다. 그래서 공부를 잘한다고 착각하는 학생들이 의외로 많다. 일상적으로 그리고 습관적으로 탐구하지 않는다면 열심히 공부한다고 말하기 어렵다. 대학에는 학문에 집중하지 못하게 만드는 것들이 너무 많다. 자신에게 엄격하지 않으면 학업에 집중할 수 없다.[52]

대학 학력이 취업에 필요조건(necessary condition)만 겨우 충족시킨다면 취업지망자들은 충분조건(sufficient condition)을 갖추는 데 몰두할 수밖에 없다. 그런데 충분조건은 매우 모호하고 고용주들의 취향에 따라 얼마든지 다를 수 있으므로 취업 준비는 매우 난망할 수밖에 없다. 이 틈새를 이용하여 영리를 취하려는 시도가 다양하게 전개된다. 이로써 새로운 사업 상품이 등장하고 취업준비생들에게 공포심을 안기면서 사업을 확장한다. 한국인

51) 놀라운 사실은 '노는 대학'처럼 광고하는 대학에도 지원자들이 몰리고 있다는 점이다.

52) 학습 시간은 많은데 학습량은 그에 어울리지 않게 적다면 '실제로 공부한 시간'이 적었기 때문이다. 열심히 공부하는 학생들은 '공부해야 할 분량'으로 계획을 세우지만, 게으른 학생들은 '공부해야 할 시간'으로 계획을 짠다. 학습량으로 계획한 학생들은 학업에 집중하지만, 시간으로 계획한 학생들은 시간을 보낸다.

들은 입시 준비, 취업 준비 등 준비하는 데 매우 심혈을 기울인다. 이 심리를 영리 추구에 이용하는 기업들과 개인들은 "준비하고 있는 데 그치지 말고 미리, 더 미리 준비해야 한다"고 공포심을 조장한다.[53] 학교 이외의 교육 관련 사업이 활성화되는 이유가 여기에 있다. 학생들의 취업에 대한 불안을 덜어 주기 위해 대학이 취업 준비 프로그램을 도입하는 사례가 늘고 있다. 대학에서 취업준비반을 별도로 구성하기도 한다. 이보다 더 적극적인 대학들은 전통적 교과목들을 취업에 필요한 교과목들로 대체하기도 한다. 심지어 교과목 명칭은 그대로 두고 취업에 필요한 내용을 가르치는 사례도 있다.

대학 교육의 취업효과는 대학에서 가르치는 내용에 따라 의미 있게 변화하지 않는다. 그 효과는 노동시장의 구조적 변화와 추세의 영향을 더 많이 받는다. 하향취업의 추세가 오랫동안 이어지다 보면 과잉학력이, 비록 공식적이거나 공개적인 기준은 아닐지라도, 실질적인 선발 기준으로 굳어진다. 이러한 과정이 지속되면 선발 기준이 되었던 학력이 높아져 과잉학력, 곧 하향취업이 줄어들 수 있다. 다시 말해서, 고졸 학력이 선발 기준이었던 일자리에 소수의 대졸 학력자들이 지원하여 채용되다가 그 수가 늘어나 다수가 되면, 대졸 학력이 묵시적 선발 기준이 되다가 최종적으로 공식적 선발 기준으로 자리를 잡는다. 이렇게 되면 이 일자리에 취업한 대졸자들은 하향취업자가 아닌 적합취업자가 된다. 대졸 적합 일자리가 늘어나면서 대학 학력의 적합 일자리 취업효과가 상승한다. 그리고 고졸 취업자는 상향취업자 또는 과소학력자로 분류되며 취업이 어려워진다. 이러한 상황이 전개되면 사회적 압력에 의한 학력 상승이 늘어난다. 예컨대, 앞줄의 관중이 일어서서 관람하는 바람에 그 뒤의 모든 관중이 일어서야 하는 사태가 발생한다. 좌석표를 구매했음에도 불구하고 입석표처럼 서서 관람해야 하는 어처구니없는 일이 벌어진다.

어떠한 이유에서든 대학 학력을 가진 사람들이 늘어나면 그 학력은 취업하는 데 결정적인 변수가 되지 못하고 필요한 조건들 가운데 하나로 전락한다. 고용주는 채용에 필요한 조건들을 갖춘 지원자들이 공고한 인원보다 많을 경우, 자체적으로 설정한 기준에 따라 그들을 서열 지운 후 순서대로 선발한다(Thurow, 1972). 지원자들은 상대적으로 돋보이려고 학력을 더 높이거나 학벌을 부각하거나 부수적인 장식들, 곧 스펙(specification)을 추가하게 된다.[54] 지원자들은 고용주가 서열화에 사용하는 준거를 알 수 없으므로 가능한 한 많

53) 최근에는 태교(胎教)가 영업 품목으로 등장하고 있다. 그러나 태교가 제대로 되려면 부모가 되기 이전부터 교양을 쌓고 지혜를 갖추어야 하며 품성을 가다듬어야 한다.

54) 취업을 준비하는 청년들은 '스펙'이라는 단어를 자주 사용한다. 스펙은 영어단어 'specification'의 준말이지만, 한국에서 신조어로 사용되고 있다. 2004년 한국 국립국어원에 등록된 이 조어(造語)는 학력, 학벌, 평점,

이 갖추어 보여 줄 수밖에 없다. 학력 인플레이션은 인력의 공급 과잉으로 나타난 기이한 현상이며 노동시장이 고학력 노동력을 요구한 데 대한 응답이 아니다(Collins, 2002: 26). 오늘날 한국에서 대학원 진학이 늘어나는 이유도 여기에 있다. 한편, 대학들은 다양한 명칭의 대학원을 개설함으로써 진학을 유도하고 있다.

한국 사회에서 고학력 청년들이 취업에서 차별적 우위를 점유하기 위해 스펙을 추가하고 높이는 이유는 고용주들의 주관적 기호(嗜好)에 호응하기 위해서이다. 더욱이 여러 회사에 지원할 경우에는 각기 다른 고용주들의 기호를 파악하기는 더욱 어렵기 때문에 스펙을 최대한 나열하게 된다. 채용 회사들이 저인망(底引網)식으로 나열된 스펙에 호감을 느끼지 않을 가능성이 높지만(김유빈, 2016: 52), 취업에 전력을 다해야 하는 지원자들은 위험 부담을 줄이기 위해서 모두 나열하는 방법을 선택한다. 한국 사회에서 직장을 구하기 위한 스펙 쌓기는 학력 높이기와 학벌 가다듬기에 그치지 않으며 평점(評點) 높이기, 토익[55] 점수 높이기, 자격증 늘리기, 수상(受賞) 경력 더하기 등으로 전개된다. 다른 지원자들보다 상대적 우위에 있어야만 차별화 효과가 나타나므로 모두가 모두를 상대로 하여 무한 경쟁을 벌이게 된다. 스펙이라는 신조어가 보통명사처럼 사용되고 있으며 스펙증후군이 젊은이들에게 퍼지고 있다.[56] 이러한 현실을 우려한 기업들은 스펙 기록을 규제하고 있지만, 이 조치로 인해 불안이 오히려 가중되는 청년들도 적지 않다.

> '스펙'을 강요하는 사회, '스펙'이 필수가 된 사회에서 20대들은 스펙을 취득하기 위해 아등바등 살고 있다. 그렇게 따낸 스펙으로 얻게 된 것은 겨우 '대기업 입사 지원 자격' 따위이다. 그렇기 때문에 대기업에 합격하지 못하면, 얻어 낸 스펙은 무용지물, 휴지 조각이다. '자격'을 갖추기 위해서가 아니라, 좋은 직장에 취직하기 위해 자격증을 따왔기 때문이다. (정상근, 2011: 116-117)
>
> 최근 들어 취업을 위해 공모전, 학점, 자격증, 어학 점수, 해외 경험 등 이력서용 스펙

토익 점수, 각종 자격증, 수상 경력 등으로 구성되며 구직자들은 이러한 것들이 자신들의 수월성을 나타내는 자료로 이용되기를 기대한다.

55) 토익(Test of English for International Communication: TOEIC)은 국제적 환경에서 일하는 사람들의 일상생활에서의 영어 구사 능력을 측정하기 위해 미국의 교육평가원(Educational Testing Service: ETS)이 개발한 영어 능력 시험이다. 한편, 토플(Test of English as a Foreign Language: TOEFL)은 영어를 모국어로 사용하지 않는 사람들을 상대로 학문적인 영어 구사 능력을 측정하는 시험으로 영어권 국가들의 대학에서 입학 자격 여부를 결정하기 위해서 요구한다.

56) 스펙증후군은 "스펙만 좋으면 취업할 수 있다"라는 스펙 결정론적 사고로 해석될 수 있다.

> 을 많이 쌓고 노력을 해도 취업이 되지 않아 백수로 전전하며 빈곤층으로 빠져드는 20대 와 30대 취업준비생들이 늘고 있다. 이들을 일명 '스펙푸어'라고 일컫는다. (임진국 · 추정남 · 채진솔 · 김나영 · 김현아, 2013: 31)

최근 극도로 낮은 출산율로 예측할 수 있듯이 한국에서 대학생의 수는 앞으로 줄어들 것이다. 그러나 대학생 수는 줄어들지언정 대학취학률은 약간의 변동이 있을 수 있어도 의미 있는 수준으로 낮아지지 않을 것이다. 대학 교육을 받은 사람의 수는 줄어들 수 있지만, 전체 인구 대비 대학졸업자들의 비율은 오히려 상승할 가능성이 높다. 이는 대학 교육에 걸맞은 일자리를 지망하는 사람들은 늘어나고 대학 교육이 요구되지 않은 일을 할 사람들이 줄어듦을 의미한다. 이러한 상황은 장교를 지원하는 사람들은 과도하게 많은데 병사 임무를 맡을 사람들은 심하게 줄어드는 데 비유할 수 있다. 회사를 운영할 사람들은 얼마든지 구할 수 있는데 제품을 생산하는 공장에서 일할 사람들은 구하기 어려워지는 상황에도 비유될 수 있다.

학사 학위를 가진 사람들이 어떤 일자리까지 감수할 수 있을까? 싱가포르에서는 미국 스탠퍼드대학교에서 박사 학위를 받은 사람이 택시 운전사로 취업한 경우가 있다(Mingjie, 2010). 그는 평생 과학자이면서 대학교수였지만 실직한 후 택시 운전사로 취업하여 1년간 일하였다. 이는 사실이지만 우리는 극단적인 경우로 간주하고 제외할 수 있다. 그러나 한국에서 학사 학위를 받은 청년들이 상상하기 어려울 정도로 낮은 일자리까지 감수해야 할 사태를 맞게 될 것이다. 대졸 청년들이 하루하루를 견뎌야 하는 절박한 처지에 놓이면 취업 자체를 다행스럽게 생각하게 되는 지경에 이를 수 있다. 대졸 청년 실업자들이 급격히 늘어나고 있는 현실을 감안한다면 이러한 예측이 충분히 가능하다. 10명 중 6~7명이 대학에 진학한다면 대학 졸업장의 희소가치는 이미 사라졌다. 70퍼센트에 육박한 대학취학률은 개인들을 곤경에 처하게 하고 국가를 위기에 빠뜨린다.[57] 엄청나게 높아진 대학취학률은 노동시장의 수요를 극도로 초과함으로써 개인들을 곤경에 빠뜨린다. 곤경은 실업 상태에서 극대화되고 하향취업으로 잠복된다.

> 실업 청년들은 빈곤, 범죄 유혹, 사회적 고립, 건강 손상 등에 노출된다. 이 외에도 다음과 같은 점들이 우려된다. 첫째, 실업은 개인이 보유한 인적자본과 사회자본의 활용도

57) 대학 졸업 시즌이 되면 졸업생들이 학사모를 하늘로 던지며 환호하는 사진이 등장한다. 졸업생들이 너무 많아지면 학사모를 하늘로 던지지 않고 화를 내며 땅으로 내동댕이칠 것 같다.

를 급락시킨다. 둘째, 사회생활을 시작하는 초기의 실업은 이후의 평생 소득에 지속적으로 악영향을 미친다. 셋째, 젊은 시절에 겪는 실업은 건전한 심리적 · 사회적 발달을 저해하고 삶의 질을 떨어뜨린다. 넷째, 실업은 자존감을 손상시키고 자살 위험을 높인다. 다섯째, 실업은 자립 불가능으로 가족의 도움을 받게 됨으로써 그들까지 빈곤의 늪에 빠뜨릴 수 있다. 여섯째, 졸업 후 곧바로 실업 상태가 되면 취업하는 데 필요한 직업가치와 직업의식을 고양할 기회를 얻지 못하여 추후 취업하기가 더 어려워진다. 일곱째, 실업에 시달린 부모는 부정적인 가치관, 윤리관, 생활방식 등을 자녀들에게 고스란히 물려줄 가능성이 높다. (Vogel, [2015] 2016: 81)[58]

5. 대학 미진학에 대한 압박: 강요된 진학 또는 사회적 방치

미국에서는 대학에 진학하지 않은 16세에서 19세까지의 후기 청소년들(youth)[59]을 '잊힌 절반'(the forgotten half)으로 지칭한다.[60] 미국 사회는 대학에 진학하지 않은 절반의 젊은이들이 경제적으로 자립하고 정신적으로 독립한 성인이 될 수 있는 길은 열어 주지 않고 있다. 이들은 제대로 된 일자리를 찾는 데 어려움을 겪을 뿐만 아니라 힘겹게 구한 일자리들도 지위가 낮고 현직훈련과 승진의 기회가 제한되어 장래성이 없으며 가족을 부양하기에 턱없이 모자라는 급여를 지급받는다. 이 젊은이들이 취업한 일자리는 고등학생 때부터 아르바이트로 지겹게 일해 왔던 막다른 길(dead-end)과 같은 것들일 뿐이다(Hamilton, 1990: 22). 고등학교 졸업은 이들에게 더 나은 일자리를 얻을 기회를 제공하지 못하기 때문에, 고등학교 졸업생들 대부분은 서른 살이 되어도 임금이 낮고 이직률이 높은 직업에서 벗어나지 못한다(Rosenbaum, 2001: 1). 이처럼 답답한 상황에 부닥친 잊힌 젊은이들에게 대학 진학이 생뚱맞은 해결책으로 등장하고 있다.

대졸 학력은 취업효과와 소득효과가 고졸 학력보다 상대적으로 높기 때문에 해결책으로 보일 수 있다. 이로써 대학 교육의 보편화를 의미하는 '모두를 위한 대학' 정책이 학생들의 진로에 심대한 영향을 끼쳤다. 그러나 안타깝고 한심하게도, '모두를 위한 대학' 프로그

58) 참고한 번역서에서 메시지는 거의 그대로 가져왔으며 표현을 다소 달리하였다.
59) 16세에서 19세에 이르는 청소년들은 그 이전의 단계, 곧 12세에서 15세에 이르는 청소년들과는 성장과 성숙에서 상당히 다르다. 이 때문에 청소년기는 필요에 따라 초기와 후기로 구분해야 한다.
60) 한국에서 대학 미진학자는 30퍼센트 정도라서 더 쉽게 잊힐 수 있다.

램을 수용한 학교의 교사들과 행정가들은 모든 학생이 대학졸업자가 될 때 어떤 일이 벌어질지는 검토하지 않았다. 1999년 발표된 자료에 의하면, 30세에서 34세의 미국 젊은이들 가운데 오직 28퍼센트만 학사 학위(bachelor's degree) 또는 그 이상의 학위를 가졌으며 8퍼센트가 준학사 학위(associate degree)를 가졌다(Rosenbaum, 2001: 2). 그 당시에는 대학졸업자 공급이 노동시장의 수요와 비슷했기 때문에 대학을 졸업하면 그 학력에 걸맞은 일자리를 기대해 볼 수 있었다. 그러나 만일 모든 학생이 대학졸업자가 되면 절대다수가 실업자나 하향취업자가 될 수밖에 없다. 대학은 일자리를 창출하는 곳이 아니며 대학 진학은 취업이 아니다. 대학의 총장들은 학생들로부터 등록금을 받는데 기업의 고용주들은 피고용자들에게 임금을 지급해야 한다.

미국의 최근 대통령들은 학생들에게 대학에 진학하라고 부추기면서 고등학교에서의 직업교육을 외면하고 방치해 왔다. 이러한 맥락에서 '모두를 위한 대학' 정책이 출현하였다. 그 결과, 1990년대 말 미국 고등학교 3학년 학생들 가운데 95퍼센트가 대학 진학을 계획하였다(Rosembaum, 2001: 1).[61] 모두가 대학에 진학하고 졸업하면 대학 학력에 걸맞은 일자리를 갖게 될까? 그렇게 환상적인 일이 일어나지 않을 확률은 100퍼센트이다. 이렇게 단정할 수 있는 근거는 대학 학력에 적합한 일자리가 시대와 국가를 불문하고 전체 일자리 가운데 30퍼센트를 넘은 적이 없었고 앞으로도 넘을 수 없다는 연구 결과들이다. 대졸 적합 일자리는 아무리 늘려 잡아도 기껏해야 30퍼센트이기 때문에 대학졸업자들이 동령집단의 30퍼센트를 넘어서면 대졸 청년 실업 또는 하향취업은 체계적이고 필연적으로 발생한다.

모두가 대학에 진학한다고 착각하게 만드는 사회에서 대학 진학은 필수 과정이 된다. 이러한 사회에서는 대학에 진학하지 않으면 사회적 관심권에서 벗어난다. 대학 미진학 청년들이 겪는 경제적 불이익은 적지 않으며 심리적 소외도 심각하다. 대학 미진학 청년들의 노동시장은 급속도로 좁아지고 있다. 대학 학력 소지자들의 하향취업으로 고졸 학력 소지자들의 전통적 일자리들이 심각하게 잠식당하기 때문이다. 따라서 고졸 학력으로는 안정된 취업이 불가능해지면서 대학 진학을 계획하지 않았던 청소년들도 대학에 진학하지 않을 수 없게 된다. 이렇게 쫓기듯 계획에 없던 대학 진학을 감행할 경우, 선택할 수 있는 범위는 질적 수준이 높지 않은 대학들로 제한된다.

학업에 대한 열정, 의지, 준비 등을 제대로 갖추지 않고 대학에 진학하면, 대학 생활에 어려움을 겪게 된다. 여기에 학비 마련까지 여의치 않으면 학업에 집중할 수 없다. 이러한

61) 자료의 출처는 National Educational Longitudinal Survey(NELS, 1992)이다.

과정을 거쳐 취득한 대학 학력은 취업효과를 발휘하는 데 한계가 있다. 고졸 학력으로 취업하는 데 한계를 느껴 대학에 진학하고 힘들게 졸업한 후 얻을 수 있는 일자리가 고졸 학력의 일자리뿐인 현실을 직면하면 좌절하고 배신감을 느낄 것이며 사기를 당한 기분도 들 것이다. 대졸 학력에 적합한 일자리를 마련해 놓지 않고 대학 진학을 부추긴다면 무책임 수준을 넘어 사기에 해당한다. 1980년대 이후 한국의 역대 정부들은 사기로 비난받을 수 있을 만큼 대학 입학 정원을 무책임하게 늘려 왔다.

학교교육이 상위 단계일수록 실업의 위험도가 낮고 하향취업 가능성이 높음은 너무나 당연하다. 자신의 학력보다 낮은 일자리를 취득하기는 높은 일자리를 취득하기보다 훨씬 쉽기 때문이다. 예컨대, 대학졸업자는 대졸 학력에 걸맞은 일자리뿐만 아니라 그보다 낮은 학력을 요구하는 일자리에도 취업할 수 있다. 그러나 고등학교졸업자는 고졸 학력보다 더 높은 학력을 요구하는 일자리에 취업할 수 없다. 취업할 때 학력 하한선은 있어도 상한선이 없기 때문이다. 따라서 학력이 높을수록 일자리의 범위가 넓어지며 낮을수록 범위가 좁아진다. 취업 조건에 학력의 상한선을 정하지 않는 한 하향취업을 막을 수 없다. 업무 특성을 염두에 두지 않으면, "학력이 높을수록 생산성이 상승한다"라고 말할 수 있다. 그러나 업무 특성을 고려하면 높은 학력이 높은 생산성을 발휘한다고 단정 지을 수 없다.

어떤 일자리에는 고등학교를 졸업하고 취업한 다음 4년 동안 현장에서 근무한 사람이 4년제 대학을 졸업한 사람보다 더 생산적이다. 고등학교를 졸업하고 6년 동안 현장에서 근무한 사람이 석사 학위를 받은 사람보다 그리고 10년 근무한 사람이 박사 학위를 받은 사람보다 생산력이 더 높은 일자리가 많이 있다. "정도를 지나침은 미치지 못함과 같다"라는 과유불급(過猶不及)[62] 논리를 노동시장에 적용한다면, 일자리에 따라 학력의 상한선을 적용해야 맞다. 낮은 학력을 요구하는 일자리일수록 쉽게 공략될 수 있으므로 더욱 보호되어야 한다. 사회복지, 인본주의, 평등, 정의 등을 지향하는 정부라면 낮은 학력을 요구하는 일자리일수록 더 적극적으로 보호해야 한다. 하향취업하는 사람들의 사정은 절박하지만, 그들에게 일자리를 빼앗긴 사람들은 비참한 상황으로 내몰린다. 침략은 정당한 이유 없이 남의 영역에 쳐들어가는 현상을 의미한다. 대졸 청년들의 하향취업은 의도한 바는 아닐지라도, 고졸 청년들의 전통적 노동시장을 침략하는 결과를 초래한다. 이로써 고졸 실업 청년들은 대졸 하향취업 청년들을 적으로 삼든지 아니면 투항하듯 대학에 진학하게 된다.[63]

62) 『논어』「선진(先進)편」에 나오는 말로 제자의 물음에 공자(孔子)가 중용을 강조하여 답하면서 사용하였다.
63) 피해를 보고 있는 고졸 실업 청년들을 만나 보면 이 비유가 적절함을 인정하게 된다.

학습의욕 없이 그리고 학업 능력을 갖추지 않은 채 마지못해 대학에 진학한 학생들은 중도에서 중단할 가능성이 높다. 2001년에 발표된 연구에 의하면, 미국의 경우 대학에 입학한 학생들 가운데 고작 절반 정도만 학위를 취득한다(Rosenbaum, 2001: 57). '모두를 위한 대학' 정책은 젊은이들에게, "학업 수행능력이 낮으면 학위를 받을 수 없다"라는 경고 없이, 졸업을 보장하듯 진학을 권장한다. 이 정책은 대학 교육을 필수 과정처럼 수용하게 하면서 미진학자들을 묵시적으로 교육적 낙오자처럼 분류한다. 대학 학위 취득을 계획한 고등학교 3학년 학생들 가운데 대략 60퍼센트는 이후 10년 안에 어떤 학위도 따지 못하며, 실패율은 학업성적이 낮은 학생일수록 더 높다.

그렇다면 한국처럼 대학에 입학한 학생들을 거의 모두 졸업시키면 결과가 더 나을까? 오늘날 한국의 대학들은 입학생들의 지적 능력 수준에 맞추어 교과과정을 구성하고 출제하며 평가한다. 대학생이 늘어나면서 대학 교육을 받는 데 필요한 지적 능력과 의지를 갖추지 못한 학생들이 대거 입학하고 있다. 중도 탈락 제도를 실제로 적용하지 않는 한국의 대학에서는 입학한 학생들을 모두 졸업시키기 위해서 교과과정, 수업, 평가를 학생들의 수준에 맞춘다.[64] 그 결과로 거의 모든 과목이 쉬운 내용으로 교과과정을 구성하고 과제를 대폭 줄이며 시험 문제를 쉽게 낼 뿐만 아니라 후하게 평가한다. 대학 교육의 보편화로 대학에 진학하지 않은 청년들은 사회로부터 외면을 당하고 대학을 졸업한 청년들은 엘리트로 인정받지 못한다.

대학의 현실을 이미 간파하고 있는 고용주들은 입사지망자들의 대학 성적에 관심을 두지 않는다. 고용주들은 오래전부터 입사지망자들에게 추천서를 받지 않았다. 추천서에 적힌 글을 신뢰할 수 없었기 때문이다. 대학졸업자들은 자신들이 대학에서 어떻게 생활했는지에 개의치 않고 대학 학력에 어울리는 일자리에 취업하기를 기대한다. 그러나 고용주들은 지원자들이 어떤 대학교의 어떤 학과에서 어떻게 공부했으며 어떤 능력을 갖추었는지를 파악하기 위해서 여러모로 노력한다. 대학 교육이 보편화된 사실을 익히 알고 있는 고용주들은 대학졸업자들을 엘리트로 인정하지 않는다. 고용주들이 선발에 까다로운 이유는 부적절한 사람을 고용하면 손실이 발생하고 해고도 쉽지 않기 때문이다. 오늘날 한국에서 기업들이 채용 인원을 극도로 줄이는 결정적 이유는 통제와 해고의 어려움이다. 기업은 신입 사원을 선발할 때에는 업무 능력을 추측할 수밖에 없기 때문에 방어적 자세를

64) 대학은 설립되면 어떠한 방법으로든 대학생들을 유치한다. 그리고 대부분의 대학, 특히 사립대학들은 학생들의 등록금이 대학 수입에 절대적 비중을 차지하기 때문에 입학한 학생들을 중도에서 탈락시키지 않는다. 그래서 한국에서는 입학한 학생들이 자퇴하지 않는 한 대부분 졸업한다.

취하고 미심쩍으면 선발하지 않는다. 기대가 어긋난 사례를 자주 경험한 고용주는 능력이 이미 실증된 사람들을 경력직으로 초빙한다.

모두를 대학에 진학하도록 독려하여 입학시킨 후 중도에서 많이 탈락시키는 미국의 제도와 모두에게 대학에 진학하도록 닦달하여 입학시키고 무사히 졸업시켜 그 절반에게 실업과 하향취업을 강요하는 한국의 제도 가운데 어떤 것이 더 나을까? 대학 재학 중 학습능력이 부족하여 탈락한 청년들이 낙망하듯이, 대학을 무사히 졸업하고 실업자가 된 청년들은 좌절한다. 대학 진학을 독려하고 재학 중 성적 미달을 이유로 탈락시키는 미국의 제도나 대학 교육을 의무처럼 부과하여 진학시키고 실력이 부족해도 관대하게 평가하여 무사히 졸업시켜 냉정한 노동시장에서 문전박대를 당하게 하는 한국의 제도는 하나같이 선택의 자유를 최대한 허용하고 그에 따른 책임을 당사자들에게 지우는 전형적인 신자유주의에 해당한다. 신자유주의 정책은 생색은 정책결정자들이 내고 피해는 고스란히 개인들에게 돌린다. 두 국가의 대학 정책이 모두 부적절하다면 어떻게 해야 할까?

2장

대졸 청년 실업과 하향취업 사태: 국가 위기의 징조

한국에서 개인들은 대학 교육을 출세를 위한 필수 절차로 인식하여 대학 진학을 결행해 왔고, 집권 정부들은 정치 성향이나 이념의 차이에도 불구하고 대학 교육의 보편화를 선심성 득표 전략으로 간주하여 대학 교육 기회를 무한 개방해 왔다. 그 결과, 1970년에 8퍼센트였던 한국의 고등교육 취학률이 1980년 11.4퍼센트, 1990년 23.6퍼센트, 2000년 52.5퍼센트로 치솟았으며 2010년에는 무려 70.1퍼센트에 이르렀다. 이 수치를 그대로 해석하면, 1992년에 태어난 아이들 가운데 70퍼센트가 대학에 진학한다. 이는 한국의 청년들 가운데 절대다수는 대학졸업자임을 의미한다. 이렇게 많은 대졸 청년이 어떤 일자리에 정착할까? 대졸 학력에 적합한 일자리는 그 수를 정확하게 파악할 수는 없어도 정원은 분명히 제한되어 있다. 대졸 일자리가 전체 일자리 가운데 차지하는 비율은 경제 상황에 따라 변동되고 고용주들에 의해 구체화된다. 경제 성장 속도가 둔화하고 있어 고용주들이 고용 인원을 늘릴 가능성은 낮다. 오늘날 한국의 대졸 청년들은 정원이 30명인 막차인 줄 모른 채 당연히 자리가 있는 줄 알고 줄을 서서 기다리고 있는 70명의 승객에 비유될 수 있다.

"학력이 높아지면 소득이 상승한다. 학력이 아주 높아지면 소득이 매우 상승한다. 중학교 졸업자보다 고등학교 졸업자가 소득이 더 높다. 고등학교 졸업자보다 대학교 졸업자가 소득이 훨씬 더 높다." 이러한 유형의 논리는 모든 가정에서 부모가 자녀들에게 인생을 가르칠 때 전개된다. 이 논리는 큰 무리가 없어 보인다. 이 논리는 경기가 좋을 때도 맞고 나쁠 때도 맞다. 그래서 이 논리는 상식으로 통한다. 그러나 이 논리에는 함정이 있다. 학력에 걸맞은 일자리가 충분하거나 최소한 부족하지 않다는 조건이 충족되지 않으면, 고학력자들 중에서 누군가는 실업자가 되거나 하향취업자가 되어야 한다. 고학력자가 늘어날수록 그리고 그들이 원하는 일자리가 줄어들수록 그들 가운데 상당수는 학력에 어울리는 일자리를 차지하지 못한다. 그 가능성이 이미 현실이 되어, 오늘날 한국에서는 대학졸업자들 가운데 절반 이상이 대학 학력이 필요하지 않은 일자리를 감수하거나 실업 상태에 있다.

대학을 졸업하고 취업하지 못하고 있는 자녀 때문에 그 부모들이 밤잠을 설치고 있다. 이 부모들은 그 원인으로 경기 불황을 탓하며 스스로 위로하지만, 친구들이나 친척들도 비슷한 상황에 부닥쳐 있음을 알게 되면서 사태의 심각성을 인정한다. 이 부모들은 자신들이 이룩한 세대 간의 계층 상승 이동이 자녀세대에서 계층 하강 이동으로 반전되는 현실에 몹시 당황하고 있다. 이러한 상황을 예전에는 집안이 망한다고 표현하였다. 한국의 부모들은 자신들과는 비교가 되지 않을 정도로 전폭적인 지원을 받으며 자란 자녀들이 높은 학력을 갖고도 그럴듯한 직장에 취업하지 못하는 현실을 이해할 수 없다. 실업 상태에서 벗어나지 못하는 대졸 청년들 가운데 일부는 부모 속을 아는지 모르는지 태평스럽고 다른 일부는 자신들을 너무 자책하여 부모들의 애를 태운다.

실업은 하향취업의 극단적 형태이다. 대졸 청년의 실업은 대학 교육이 제대로 활용되지 못하고 있는 현실의 극히 일부분에 지나지 않는다. 더 거대하고 심각한 문제는 대학 학력을 가진 청년들의 하향취업이다. 오늘날 한국 사회에서 '일자리'만큼 많이 그리고 심각하게 사용되는 단어는 아마 없을 것이다. 일자리가 없는 사람들은 물론이며 일자리가 있는 사람들도 일자리를 걱정하고 있다. 일자리를 오랫동안 가졌던 사람들도 다시 일자리를 구하려 한다. 일자리를 갖는 것이 중요하지만 좋은 일자리를 갖는 것도 이에 못지않게 중요하며 좋은 일자리에 안착하는 것은 아주 중요하다. 실업과 하향취업은 일시적일 경우조차도 추후의 생애 소득과 생애 기회에 적지 않은 영향을 미친다. 대학을 졸업하고 제대로 취업하지 못했을 때 나타날 수 있는 유형은 취업 준비, 대학 학력에 걸맞지 않은 일자리에 정규직으로 취업, 임시직으로 취업, 다양한 유형의 아르바이트, 군에 입대(남자의 경우), 결혼(여성의 경우), 무위도식(無爲徒食) 등이 있다. 이 유형들은 일시적인 미봉책일 뿐이어서 잠재실업으로 분류될 수 있다.[1)]

---

1) 취업을 열망하는 주부들은 실제로는 잠재실업에 해당한다. 기대소비 수준이 높아졌기 때문에 부부가 맞벌이하지 않고서는 생활비를 충당하기 어렵게 되었다.

대졸 청년의 실업은 그가 받은 대학 교육은 물론이며 그 이전에 받은 초등학교, 중학교, 고등학교 교육까지 무의미하게 만든다. 고학력 실업은 저학력 실업과는 비교될 수 없을 정도로 국가 경제를 침체시킨다. 대학 교육을 받은 사람들의 하향취업은 고등학교 교육을 받은 사람들의 하향취업보다 국가 경제에 미치는 부정적 영향이 더 심각하다. 대학 교육을 받는 시기는 생애 가운데 지적 · 정서적 · 신체적 발달이 최고 수준에 도달했을 때이며 대학 교육에 투입되는 비용은 그 이전 단계의 학교교육 비용보다 월등히 많다. 현대 사회에서는 상아탑으로 수식되던 전통적 대학을 허용하지 않는다. 대학은 소수의 현학자(衒學者)를 양성하는 기관이 아니며 지식과 기술을 창출하고 전수하여 노동시장에 필요한 생산 인력을 공급하는 기능적 역할을 충실히 담당해야 한다. 오늘날 대학은 국가가 직간접적으로 엄청난 규모의 재정과 특정 혜택을 통해 지원하는 공익 제도이다. 지식경제사회로 지칭되는 현대 사회에서 대학 교육은 국가의 미래를 좌우할 정도로 중요한 역할을 담당하고 있다.

세계의 모든 국가는 이념, 종교, 산업화 등의 차이나 격차와 관계없이 학교교육의 성장과 발전에 매진함에 따라 학교교육은 하나의 제도로 굳어지고 있다(Boli, Ramirez, and Meyer, 1985; Meyer, 1972, 1977). 한 국가의 학교교육은 노동시장의 수요와 추세를 수용하여 구성되어야 한다. 중학교 단계에서부터 진로교육이 시행되어야 하며 고등학교 단계에서는 취업을 준비시켜야 한다. 직업계열(vocational) 고등학교는 학생들의 취업을 절대 목표로 삼아야 한다. 학업계열(academic) 고등학교가 대학 예비학교로서 목적을 달성하려면, 학생들을 대학에 진학시키는 수준을 넘어 대학에서 학습하고 탐구하는 데 필요한 지적 능력과 의지를 갖추게 해야 한다. 하물며 학교교육의 종료 단계에 있는 대학은 노동시장의 수요와 추세를 단기적 · 중기적 · 장기적 측면에서 예측해야 한다. 대학은 노동시장에 종속되지 않기 위해 이 작업을 필수적 과제로 삼고 적극적으로 수행해야 한다. 대학은 발견, 발명, 개발, 활용 등을 통해서 경제 성장과 사회 발전을 선도해야 한다.

오늘날 한국 사회가 당면한 대졸 청년 실업과 하향취업의 대량화와 체계화는 부모, 교사, 사회가 협력하여 후속 세대에게 세상에 대한 비현실적 허상을 심어 주었음을 의미한다. 노동시장의 인력 수요를 좌우하는 고용주들은 영리를 추구하므로 지극히 현실적이다. 개인이 설립한 사기업이든, 국가의 자금이 투입된 공기업이든, 심지어 공무원을 직접 고용하는 정부든 모든 조직은 최소 인력으로 최대 효과를 도모한다. 이 원칙을 따르지 않으면 부실을 피할 수 없다. 유휴 인력은 인건비를 낭비하게 할 뿐만 아니라 업무를 뒤틀리게 만든다.[2)]

2) 조직에서 업무에 충실하지 않은 사람들은 일을 복잡하게 만든다. 이런 이유로 업무의 효율성을 높이기 위해 충원하면 일이 덜어지기는커녕 더 많아지기도 한다.

정부는 교육 정책을 통해 노동시장에 투입되는 인력의 양과 질을 통제할 수 있으며 경제 정책과 노동 정책을 통해 일자리 수요를 상당히 조정할 수 있다. 그리고 정부는 인력의 공급과 수요를 종합적으로 파악하여 정책을 구상하고 집행할 수 있다. 대졸 청년 실업과 하향취업 사태가 심각할수록 정부의 역할이 한층 더 중요해진다. 집권하고 있는 정부가 이 사태에 대해 이전 정부들에게 책임을 묻고 다음 정부에 책임을 떠넘기려 한다면, 국가는 총체적 위기에 봉착한다.

자료(data)는 현실(reality)과 거리가 멀다. 아주 높은 실업률로도 실업 상태인 사람들의 괴로움과 어려움을 표현할 수 없다. 수치상으로 발표된 실업률은 현실에서 실업 상태인 사람들의 난감한 생활을 알려 줄 수 없다. 실업률이 상당히 높은 사회에서는 실업과 별 차이 없는 취업이 늘어난다. 통계상으로는 취업으로 간주하지만 실제로는 실업에 더 가까운 유형의 취업이 널리 확산된다. 실업률이 상승하면 국민은 정부의 역량을 의심하게 된다. 그래서 모든 정부는 실업률을 낮추기 위해 노력한다. 어떤 정부는 실업을 줄이는 데 힘이 부치면 통계 수치로 표기되는 실업률을 낮추는 전략을 구사하기도 한다. 통계 수치는 산출하는 준거에 따라 상당히 다르게 나타난다. 실업률은 경제활동인구 중에서 실업자가 차지하는 비율을 말한다.[3] 경제활동인구가 줄어들수록 그리고 실업자는 늘어날수록 실업률은 높아지며, 경제활동인구가 늘어날수록 그리고 실업자가 줄어들수록 실업률은 낮아진다. 실업 문제를 직시하고 실질적인 해결책을 모색하는 정부는 수치로서의 실업률을 낮추는 데보다는 국민들의 일상을 각박하게 만드는 실업을 실제로 줄이는 데 진력한다.

1. 학교교육과 취업의 관계: 개념, 이론 그리고 현실

한국에서는 학교교육을 통한 문제 해결의 구도가 학교의 단계에 상관없이 적용되었다. 그 결과, 대학 교육까지 무한 확대하는 정책이 집권 정부가 바뀌어도 지속되어 왔다. 학교교육이 모든 사회 현상의 원인으로만 작용하는 것은 아니다. 학교교육이 경제 성장을 견인하지 않고 경제 성장이 학교교육 기회를 확대한 국제 사례도 있다.[4] 학교교육이 순기능만 하는 것도 아니다. 오늘날 한국에서는 적지 않은 사회문제들이 학교교육에 의해 유발

---

3) 실업률(%) = (실업자 ÷ 경제활동인구) × 100

4) 예컨대, 영국의 학교교육 기회 확대는 경제 성장을 위한 요구 때문에 이루어진 것이 아니라 경제 성장으로 충분히 확보된 국가 재원에 의한 복지 정책의 산물에 더 가깝다.

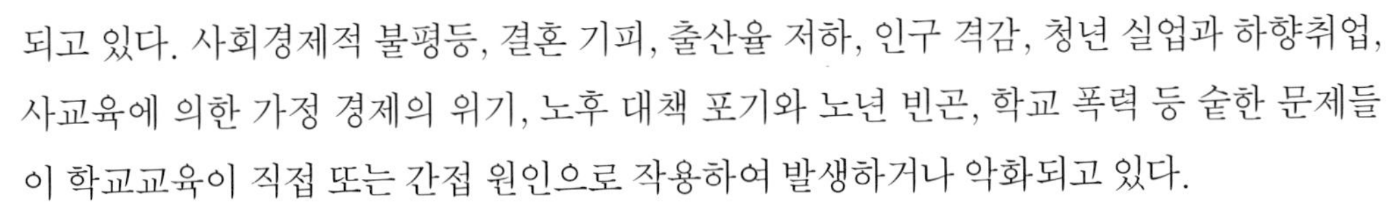

되고 있다. 사회경제적 불평등, 결혼 기피, 출산율 저하, 인구 격감, 청년 실업과 하향취업, 사교육에 의한 가정 경제의 위기, 노후 대책 포기와 노년 빈곤, 학교 폭력 등 숱한 문제들이 학교교육이 직접 또는 간접 원인으로 작용하여 발생하거나 악화되고 있다.

학교교육과 취업의 관계는 인적자본론(human capital theory), 서열론(queuing theory), 사회폐쇄론(social closure theory)의 세 가지 이론 모형으로 설명될 수 있다.[5] 학교교육이 절대적 가치로 활용되느냐 아니면 상대적 가치 또는 위치적 재화로 이용되느냐에 따라 이론 모형이 구별된다. 경제학자들이 개발한 인적자본론은 학교교육의 절대적 가치를 확신한다. 인적자본론에 기반을 둔다면, 학력 상승은 인적자본을 축적하기 위한 합리적 선택의 결과이다. 이 이론은 과잉학력 사태를 일시적 현상으로 보고 하향취업을 현직 기술과 경험의 부족에 대한 대안으로 설명하며 경력이 쌓이면 전직, 승진, 보상 등으로 해소된다고 주장한다. 인적자본론을 고수하는 학자들은 현직에서의 훈련이나 현장 경험이 부족한 사람들이 이를 만회하기 위해서 과잉학력으로 취업한다고 설명한다. 이 학자들은 과잉학력으로 취업한 사람들이 때가 되면 자신들의 학력에 걸맞게 승진하거나 더 나은 일자리를 찾아서 정착하기 때문에 긴 생애주기로 보면 과잉학력은 일시적 현상에 지나지 않는다고 주장한다.

과잉교육 또는 하향취업은 기술 수준이 낮은 사람들이 담당해 왔던 일자리를 그보다 더 높은 학력을 가진 사람이 갖게 되는 상황을 표현한 개념이지만 이 상황은 기술의 상향화(upgrading of skills)에 대한 응답으로도 해석될 수 있다. 과잉교육이 높은 기술을 가진 노동자의 과다 공급 때문이라면, 이와는 대조적으로 기술의 상향화는 해당 일자리의 업무가 어려워지면 발생한다. 해당 일자리에 대한 임금 추이를 살펴보면 과잉교육인지 아니면 기술의 상향화인지를 구분할 수 있다. 기술의 상향화일 경우에는 임금이 인상될 수 있지만, 과잉교육은 임금에 반영되지 않는다. 과잉교육은 취업을 원하는 사람이 자진해서 학력보다 낮은 일자리를 감수하기 때문에 고용주가 임금으로 보상할 이유가 없다. 그러나 기술의 상향화일 경우에는 학력이 높은 사람들에 대한 고용자의 필요나 선호도가 반영되기 때문에 임금으로 보상할 가능성이 높다.

과잉학력으로 취업한 피고용자의 경우, 입사 후 학력에 따른 능력을 인정받아 임금이 상승하거나 중요한 부서로 옮기거나 승진한다면 과잉학력 현상은 사라질 수 있다. 그리고 과잉학력으로 취업한 사람이 자신의 학력에 걸맞은 직장으로 옮긴다면 과잉학력은 일시적 현상으로 종료될 수 있다. 그러나 취업지망자들이 모든 취업지망자를 상대로 우위를

---

5) 교육과 취업의 관계를 설명하는 데 인적자본(human capital), 신호(signaling), 선별(screening), 신용증명(credential), 노동 서열(labor queue) 등 다양한 개념이 동원된다.

점유하기 위해 학력 경쟁을 벌인다면 사회적 수준에서 과잉학력은 영원히 지속된다. 어떤 일자리에 취업한 개인들에게 과잉학력은 일시적일 수 있지만, 학교교육이 출세의 도구로 정착된 사회에서 그리고 자동화, 전산화, 경영합리화 등으로 좋은 일자리가 점차 줄어드는 산업사회에서 과잉학력 현상은 사라질 가능성이 거의 없다. 한국처럼 학력이 중요한 지위재로 인정된 사회에서는 고학력화는 좀처럼 약화되지 않는다. 상대적 우위를 의미하는 출세와 타인들의 평판을 의식하는 체면이 일상생활에 깊숙이 침투해 있는 한국에서 학력과 학벌을 두고 벌어지는 경쟁은 수그러들지 않는다.

서열론(queuing theory) 또는 일자리경쟁론(job competition theory)[6]은 인력의 수요 측면에서 과잉학력 사태를 설명하는 데 유용하다. 일자리는 고용주와 지원자의 합의로 결정된다. 다시 말하면, 고용주가 지원자들 가운데 적합한 사람을 선발하듯이 취업지원자도 여러 일자리 가운데 마음에 드는 일자리를 고른다. 이러한 상황은 일자리가 충분할 때 일어난다. 그러나 일자리가 부족하거나 선호될 때에는 고용주가 결정권을 갖게 된다. 좋은 일자리에는 지원자들이 많이 몰리기 때문에 고용주는 요구한 조건을 갖춘 지원자들 가운데 선발해야 한다. 이 경우, 고용주는 필요조건을 갖춘 사람들 가운데 아무나 선발하지 않으며 상대적으로 돋보이는 사람을 뽑는다.

고용주는 상대적으로 더 나은 사람들을 찾기 위해 지원자들을 우열에 따라 행렬(queuing)로 만든다. 지원자들은 서열에서 앞서기 위해, 곧 상대적 우위가 드러나도록 하기 위해 학력을 높이고 경력을 장식한다. 이러한 상황에서 갖추어진 학력과 경력은 생산능력을 정확하게 예측하지 못할 수 있다. 상대적 우위를 차지하기 위한 경쟁은 경쟁자들 간에 합의가 이루어질 수 없으므로 끊임없이 계속된다. 서열을 매기는 데 학력이 가장 선호되기 때문에 학력 경쟁이 치열해지며, 학력으로 서열화가 제대로 이루어지지 않으면 부차적으로 학벌, 경력 등이 추가된다. 오늘날 한국에서 학벌 경쟁이 과열되는 이유는 학력으로 서열화하는 데 한계가 있기 때문이다.

사회폐쇄론은 사회학에서 베버(Max Weber)의 아이디어를 이용하여 개발된 이론이다(Parkin, 1979: 44-88). 이 이론으로 과잉학교교육을 설명하면, 지배계층은 자신들의 기득권을 피지배계층이 침해할 수 없도록 온갖 폐쇄(closure) 전략을 구사한다. 지배계층은 기

6) 영어 개념 'job competition theory'는 '일자리경쟁론'으로 번역될 수 있다. 이 개념을 '지위경쟁론'으로 번역하면 오해가 발생한다. '지위경쟁론'은 사회학에서 사용하는 'status competition theory'라는 상당히 다른 개념의 번역에 적합하다. 일자리경쟁론은 제한된 일자리를 두고 많은 지원자가 경쟁하는 상황을 전제로 하고 있다. 그래서 지원자들이 취업을 갈망하는 상황일 때 설명력이 높아진다.

득권이 자녀들에게 순조롭게 이전될 수 있도록 보유한 경제·사회·문화자본을 활용하여 자녀들의 학교교육 수준을 최대한 높임으로써 피지배계층 자녀들에 대해 차별적 우위를 확보한다. 한편, 피지배계층 부모들은 자녀들에게 계층 상승 기회를 마련해 주기 위해 희생을 감수하며 자녀의 학교교육에 투자한다. 지배계층과 피지배계층의 전략은 각각 배제(exclusion)와 권리침해(usurpation)로 개념화되고 있다(오욱환, 2010: 224-242).[7] 지배계층이 학력 경쟁을 허용하는 이유는 승리를 자신하기 때문이다. 지배계층은 학력 경쟁을 소모전(war of attrition)처럼 전개함으로써 피지배계층을 배제하는 전략을 구사한다. 한편, 피지배계층이 학력 경쟁에 참여하는 이유는 계층 상승 이동을 위한 유일한 통로이기 때문이다. 학력 경쟁에 자본을 투입하기 위해서 피지배계층은 많은 것을 희생한다.

고등 전문직을 위한 훈련을 대학이 거의 배타적으로 독점하는 관행이 오래전부터 수용되어 왔다. 대학의 독점은 여러 가지 준(俊)전문직(sub-professional)과 기술직(technical)에까지 확장되어 왔다. 심지어 이전에는 현장에서, 견습생으로서 또는 고등학교의 직업 교과과정을 통해 습득되었던 기술 육체노동직과 하위 정신노동직에서 요구되는 훈련조차도 점차 고등교육 기관으로 이전되고 있다(Sewell, 1971: 793). 이에 따라 대학 졸업장이 실제 업무 수행능력의 완비를 의미하지 않음에도 불구하고 신임장이나 증명서처럼 활용되는 데 대한 비판이 쏟아져 나왔다. 대학 학위가 공증용(公證用)으로 이용되면 업무 수행능력을 대학을 통하지 않고 습득한 사람들이 좋은 일자리들로부터 체계적으로 배제된다. 이들은 대부분 가난한 가정의 자녀들이기 때문에, 대학 학위가 취업지원자들의 신임장 또는 증명서처럼 활용될수록 대학 교육은 불평등을 고착시키는 역할을 하게 된다. 사회·경제·문화적으로 유리한 집단은 기득권을 유지하기 위해 학교교육을 배제 전략으로 사용한다.

> 합리성과 정당성을 두고 벌어지는 경쟁은 준거 설정에서부터 치열해진다. 기회는 선발에 의해 차별적으로 분배되므로 선발 기준이 쟁점이 될 수밖에 없다. 기득(旣得)집단이 사회경제적 보상이 좋은 일자리들로부터 미득(未得)집단을 배제하기 위해 학위증이나 시험점수를 준거로 사용하는 것은, 이 기준이 합의에 의해 설정된 것이 아니기 때문에, 임의적으로 차별하는 것과 크게 다르지 않다.[8] 기득집단은 자신들에게 유리한 방향

7) 배제는 어떤 사회 집단이 상대 집단을 기준에 미달한다고 판정하여 예속시킴으로써 자신들의 특권을 유지하거나 강화하는 과정이며 결과이다. 권리침해는 지배집단에게 돌아간 재원이나 이익을 잠식하여 부분적으로 재분배하거나 완전히 몰수하려는 목적으로 추진된다. 권리침해의 전형은 노동조합이 고용주인 자본가들을 상대로 하여 전개하는 투쟁이다(오욱환, 2010: 227, 236).

으로 결과가 나오도록 자의적 규정(arbitrary definition)을 설정하고 이를 (공식) 기준으로 하여[9] 내부인들(insiders)과 외부인들(outsiders)을 구별한 다음, 구별된 집단에 차별적 보상을 제공하는 조치를 정당화하고 실행함으로써 지배적 위치를 고수하고 강화한다. (오욱환, 2010: 171-172)

대학 졸업장은 전문성을 보장하는 듯이 인식됨으로써 이를 획득하기 위한 경쟁이 지식이나 기술의 습득과 무관하게 가열되어 왔다. 대학 교육의 취업효과는 대학이 높은 능력을 공증하는 업무를 독점함으로써 더 높아졌다. 그러나 대학 교육의 보편화는 공증의 남발로 이어져 대학 교육의 취업효과를 급격히 하락하게 하였다. 가난한 사람들은 좋은 일자리에 취업하는 데 필요한 공증된 서류로서 대학 졸업장을 힘겹게 취득한다. 그들까지도 대학 졸업장을 취득할 때가 되면 졸업장이 너무 많이 발급되어 차별적 우위를 인정받을 수 없다. 학력 인플레이션은 지배집단의 폐쇄 전략에 의해 유발되었다. "학력 인플레이션은 현대 교육의 추잡한 비밀이다"(Collins, 2002: 29). 학력이 인플레이션 되더라도 지배집단은 정당한 절차를 거쳐 기득권을 보호받는 이점을 챙기며, 피지배집단은 정당한 절차를 거쳤다는 이유로 결과를 수용할 수밖에 없다. 그 결과는 피지배집단의 기대와는 다르게 학력 인플레이션 이전과 마찬가지로 불평등하다.

대학 교육 기회의 확대는 상대적으로 경쟁력이 낮은 대학들이 늘어남으로써 가능해진다. 따라서 이러한 대학들이 늘어난다고 대학 교육의 적합 직업에의 취업효과가 높아지지는 않는다. 오히려 대학 교육의 적합취업의 효과는 평균적으로 낮아진다. 대학 교육의 적합취업의 효과는 대학생이 동령집단의 30퍼센트를 넘지 않을 때까지 발휘된다. 30퍼센트가 대학 교육에 걸맞은 일자리가 마련될 수 있는 최고 비율이기 때문이다. 고용주들이 대졸 청년들을 선호했던 이유 가운데 하나는 희귀성이다. 대졸 청년들이 동년배 중에서 10퍼센트일 때 나타난 취업효과는 60퍼센트로 증가했을 때에는 나타날 수 없다.

학교교육과 취업의 관계를 설명하기 위해 다양한 이론이 개발되고 있지만, 한국의 역사와 현실을 통해 그 관계를 해석해 볼 필요도 있다. 한국에서 학교교육은 국가의 존립, 경제적 성장, 사회적 평등화, 정치적 민주화 등 모든 문제를 해결하기 위해 처방되는 만병통치

---

8) 원저에 대한 출처는 다음과 같다. Jencks, C., M. Smith, H. Acland, M. J. Bane, D. Cohen, H. Gintis, B. Heyns, and S. Michaelson (1972). *Inequality: A reassessment of the effect of family and schooling in America*. New York: Harper Colophon Books.

9) 불평등한 규정에 따라 진행되는 스포츠가 이에 해당한다. 축구경기에서 한 팀이 상대 팀의 골문을 더 넓게 설치하는 경우로 비유할 수 있다.

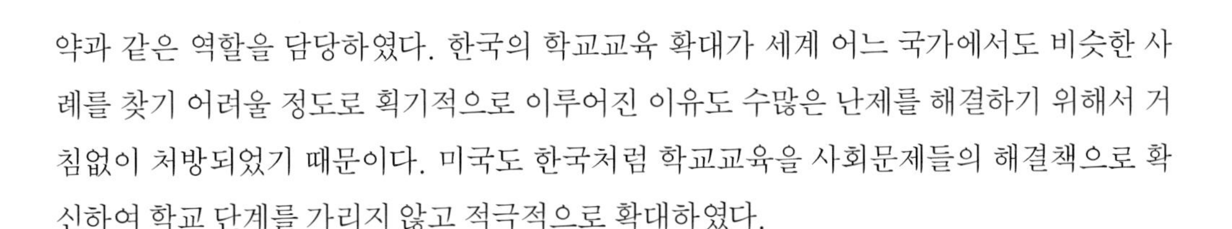

약과 같은 역할을 담당하였다. 한국의 학교교육 확대가 세계 어느 국가에서도 비슷한 사례를 찾기 어려울 정도로 획기적으로 이루어진 이유도 수많은 난제를 해결하기 위해서 거침없이 처방되었기 때문이다. 미국도 한국처럼 학교교육을 사회문제들의 해결책으로 확신하여 학교 단계를 가리지 않고 적극적으로 확대하였다.

> (미국에서는) 좌파, 중도파 그리고 우파는 다른 문제들에 관련해서는 의견을 달리할지언정 사회문제들, 특히 빈곤 문제를 해결하는 수단으로서 교육의 중요성에 대해서는 하나같이 강조한다.[10] 좌 · 우 · 중도파는 교육의 중요성을 강조하는 점에서는 차이가 없지만, 관점과 설명에서는 현격한 차이를 드러낸다. 좌파는 빈곤한 사람들과 소수집단들이 열등한 교육 성취 때문에 더 좋은 교육을 받은 집단들과의 경쟁에서 불리해져 하찮고 낮은 소득의 일자리로 내몰린다고 주장한다. 우파는 가난은 열심히 일하지 않고 개방된 교육 기회를 활용하는 데 실패한 결과라고 주장한다. 중도파는 앞의 두 가지 견해를 혼합한다. 가난한 사람들은 부실한 교육을 받았기 때문에 가난하다. 부실한 교육을 받게 된 데에는 한편에서는 재정적 지원이 부족한 열등한 학교에 원인이 있고 다른 한편에서는 가난한 아이들이 주어진 교육 기회를 활용할 수 없게 만든 (파괴된 가정처럼) 사회적 요인들에 원인이 있다. 좌 · 우 · 중도파는 이처럼 극명하게 다른 해석을 내놓지만, 불평등 문제들을 해결하는 데 교육을 비중 있게 이용하려는 태도에 있어서는 차이가 없다. (Thurow, 1972: 66)

한국의 학교교육은 해방 후 미군 점령 시대(1945년 8월부터 1948년 8월까지)를 거치면서 양적으로 확대되었다. 미군정청은 학교교육 기회가 보편화된 미국을 모형으로 삼았기 때문에, 한국의 초등교육 기회를 확대하는 데 적극적이었다. 국가의 재정이 감당할 수 없는 상태였음에도 불구하고 초등교육의 보편화가 추진되었다(오욱환 · 최정실, 1993: 177-180, 245-249). 이후 한국에서는 6.25 전쟁 중에도 학교교육열이 식지 않았으며,[11] 전쟁 후 열악한 환경이 연속되어도 한국 사회의 교육열은 누그러지지 않았다. 1960년대에 접어들어 국가주도 경제개발계획이 공격적으로 추진되면서 산업인력 수요가 급증했지만, 이전에 확대된 초등교육 기회를 통해 배출된 졸업생들로 적절하게 충족되었다. 초등교육의 확대로 국민들은 기본적인 지식과 기술을 익혔을 뿐만 아니라 성취동기도 높였다.

---

10) 원문에 'education'으로 표현되었기 때문에 '교육'으로 번역했어도 그 의미는 '학교교육'(schooling)이다.
11) 전쟁 중에도 피란지역에 천막 교실이 설치되었다.

학교교육의 양적 확대와 경제 성장이 맞물려 진행되면서 학교교육이 경제 성장의 동인으로 인정되었다. 아울러 개인적 수준에서는 학교교육이 취업과 소득의 원천으로 인식되었다. 이후 한국에서 학교교육은 개인적으로는 출세 그리고 국가적으로는 성장과 발전의 필수 선행 조건으로 굳어졌다(오욱환, 2000). 한국에서는 학교교육이 원인으로 설정된 후 다른 변인들과의 관계가 설명되었다. 이에 따라 학교교육은 경제의 성장, 사회 불평등의 해소, 정치의 민주화 등을 구현하는 원동력으로 인식되었다. 그러나 학교교육이 원인으로 설정되는 이유는 분명하지 않으며 대부분 임의적이다.

한국의 경우, 1960년대부터 시작된 국가주도 경제계획이 성공할 수 있었던 이유 가운데 중요한 부분은 그 이전에 있었던 그리고 경제 성장과 동반했던 학교교육의 확대로 교육된 노동력(educated labor force)의 충분한 확보였다. 한국 부모들은 해방 이후 온갖 악조건에도 불구하고 자녀들에게 학교교육 기회를 제공하였다. 한국 부모들은 자녀들을 무상의무교육인 초등학교에 입학시켰을 뿐만 아니라 교육비를 부담하며 중학교와 고등학교로 진학시켰다. 초등교육은 공식적으로는 무상의무교육을 표방했지만 실제로는 학부모들이 '월사금'(月謝金)을 납부하였다. 가난했던 시절에 월사금을 제때에 내지 못한 부모들은 한숨을 지었으며 아이들은 눈물짓고 분노하였다. 이러한 상황에서 학교교육을 받은 청소년들과 청년들은 빈곤에서의 탈출과 사회계층 상승 이동이라는 확고한 목표를 달성하기 위해 강도 높은 노동을 감수했으며 더 나은 미래를 위해 절약하고 저축하였다. 긴 시간과 강도 높은 노동의 감수는 국가의 생산성을 더 높였으며 절약에 의한 저축은 경제자본으로 조성되어 산업 발전을 위한 자금으로 투자되었다.

학교교육은 그 무엇보다도 성취동기를 높이는 데 결정적으로 작용하였다. 학교교육을 통해 농어촌 중심적 사고가 도시 지향성으로 변화했으며 높은 성취동기는 해외 진출까지 감행하게 하였다. 광부와 간호사로 취업하여 서독으로, 원양어선을 타고 오대양으로, 해외 유학을 위해 미국으로 떠나게 했던 동인(動因)은 학교교육으로 길러진 높은 성취동기였다. 한국에서는 전통적으로 노력주의, 의지주의 등에 의한 감성이 합리성보다 더 지배적이었다. 학교교육이 개인적으로는 물론이며 국가적으로도 경제적 가치가 있으려면 교육받은 사람들이 취업해서 교육효과가 생산성으로 나타나야 한다. 학교교육 확대와 경제 성장이 맞물려 일어남으로써 한국에서는 학교교육의 경제 효과가 인상적으로 나타났다. 때맞추어 교육부흥론, 발전교육론 등이 등장하였다.

학교교육은 취업과 승진에 영향을 미치며 그 영향은 학교교육 수준에 따라 다르다. 취업할 때 효과를 발휘한 높은 학력과 좋은 학벌은 승진할 때 다시 작용한다(O, 1983). 학력이 낮으면 취업효과는 있을지라도 승진효과는 없거나 낮을 가능성이 높다. 낮은 학력으로 구할 수 있는 일자리들은 대개 승진 단계가 없거나 아주 짧거나 단계별 격차가 적다. 학력이 취업과 승진에서 효력을 발휘하는 일자리들은 중심산업(core industry)에 속하고 정신노동(white collar)에 편중되어 있다(〈표 4〉 참조). 중심산업에서 정신노동 업무를 담당하는 사람들은 소득에서 아주 유리하지만, 주변산업(periphery industry)에서 육체노동(blue collar) 작업을 수행하는 사람들은 소득에서 아주 불리하다.[12] 한국에서는 국가 산업이 경공업 중심에서 중화학공업 중심으로 바뀌고 사회가 발전하면서 중심산업 분야와 정신노동 분야에서 일자리가 많이 창출되었다. 이 일자리들은 승진 단계가 여러 층이기 때문에 출세의 기회를 많이 제공한다. 국가 산업이 발달할 때 국민들의 학력도 상승함에 따라 학교교육의 출세효과가 뚜렷하게 나타날 수 있었다. 높은 학력을 인정받아 좋은 일자리에 취업한 사람들은 임금과 승진에서 상대적 이점을 누릴 수 있었다.

〈표 4〉 노동시장의 가설적 이원 모형[13]

산업 \ 직종	정신노동	육체노동
중심산업	+ + (1)	− + (2)
주변산업	+ − (2)	− − (3)

+: 소득에 유리함, −: 소득에 불리함
(1) 상위 노동시장, (2) 중간 노동시장, (3) 하위 노동시장

대학졸업자의 과잉 배출은 대졸 학력에 적합한 일자리를 구한 청년과 학력보다 낮은 일자리로 하향취업한 청년의 소득과 생애 기회를 분절시킨다. 고학력 사회에서는 취업지원자들 간의 격차가 극도로 좁혀진다. 고학력 사회에서는 취업된 사람과 거부된 사람의 인적자본 격차는 무시될 수 있을 정도가 된다.[14] 그러나 취업한 사람과 거부된 사람의 그

---

12) 중심산업인 자동차 생산 회사에는 경영직과 생산직이 있으며, 주변산업인 의류 생산 회사에도 경영직과 생산직이 있다.

13) 이 표는 저자가 1983년 미국 일리노이대학교(UIUC) 박사 학위논문으로 제출했던 'Education and personal earnings determination: A synthetic approach'의 60쪽에서 처음 제시하였다. 귀국 후 학술지에 게재한 논문들을 묶은 책인『학교교육과 불평등: 교육사회학 논문묶음 I』을 1990년에 출판하면서 학위논문을 축약 번역하여 소개하였다. 이 책의 305쪽에 이 표를 제시하였다.

14) 고용주가 대졸 출신 100명을 신입 사원으로 선발하려는데 대졸 출신이 90명만 지원했을 경우 고용주는 어쩔 수 없이 고졸 출신 가운데 10명을 선발한다. 고용주가 대졸 출신 100명을 선발하려는데 대졸 출신 200명이 지원했을 경우 고용주는 이들을 순위 매겨 100등까지만 선발한다. 나머지 100명은 대졸 출신이지만 탈락하게 된다.

이후의 생애 기회는 극명하게 달라진다. 노동사회학에서는 노동시장분절론(labor market segmentation)을 핵심 이론으로 활용한다. 이 이론은 생애 기회의 분절화에도 그대로 적용될 수 있다. 분절된 노동시장에서 어느 쪽에 속하느냐에 따라 노동시장 이외의 상황, 예컨대 배우자, 거주지, 건강, 성취감 등에도 상당히 의미 있는 차이와 격차가 발생한다. 대졸 학력에 적합한 일자리에 취업하는 대졸 학력자들은 그 학력으로 취업효과뿐만 아니라 추후 승진효과까지 거둘 수 있다. 그러나 대졸 학력자들이 대졸 이하 학력의 소지자들이 취업하는 일자리에 하향취업할 경우 학력의 취업효과를 얻을지라도 그 후의 승진에는 그 정도의 효과를 기대하기 어렵다. 이러한 일자리에서는 승진 단계가 상당히 제한되어 있고 일정 수준 이상으로 승진할 기회도 봉쇄되어 있기 때문이다.

학교교육 기회의 확대는 사회 평등화 목적으로도 추진된다. 학교교육 기회를 확대하는 데 성공한 국가들은 많지만 상승한 학력에 어울리는 일자리를 늘리는 데 성공한 국가는 그만큼 많지 않다. 사회 평등화는 학력 상승으로보다는 적합한 일자리에 취업함으로써 이루어질 수 있다. 학력에 조응하는 일자리가 마련되지 않은 채 학력 상승만 부추겨지면 평등화는커녕 오히려 불평등이 악화된다. 어떤 경제 체제도 고학력화와 함께 팽창하는 취업기대(employment expectation)를 충족시킬 수 없다(O'Toole, 1975b: 26). 학력을 높였는데 그 학력에 적합한 일자리를 얻지 못하면 상승한 교육비(직접교육비와 기회비용)에 대한 보상을 제대로 받지 못해 손해를 볼 수 있다. 사회계층이 높을수록 상승시킨 학력에 대한 경제적 보상을 받을 가능성이 높기 때문에 고학력화는 기대와는 다르게 평등화 효과가 미약하다.

웬만한 일자리에 취업하는 데 대학 학위를 필수 조건으로 구비해야 하는 상황이 되면 가난한 부모들은 자녀들을 대학에 보내기 위해 많은 것을 희생하게 된다. 오늘날 한국에서는 이러한 사태가 벌어지고 있어 자신들의 노후를 아무 대책 없이 맞는 노인들이 늘어나고 있다. 가난한 부모들은 자녀들의 교육을 위해 힘겨운 지출을 계속하지만, 그 투자에 대한 보상은 부담 없이 투자한 부유한 부모들보다 적게 받을 가능성이 높다. 그 이유는 대학 교육이 보편화되면 대학 교육의 취업효과는 감소하고 부모의 후광효과가 의미 있게 작용하기 때문이다. 부모의 경제자본과 사회자본은 대학 졸업장 이외의 스펙을 갖추는 데 투입될 뿐만 아니라 좋은 일자리를 선택하는 데 필요한 시간과 인맥을 확보하는 데에도 동원된다.[15)]

---

15) 재벌 기업의 자녀들은 부모로부터 물려받게 될 재산만으로도 최상위 집단에 속할 수 있어도 그 재력에 어울리는 학력과 학벌을 갖추기 위해 학력 경쟁과 학벌 경쟁에 적극적으로 참여하며 예외 없이 모두 승리한다. 그리고 그 학력과 학벌을 업무에서뿐만 아니라 장식으로도 활용한다. 이들은 극히 소수이지만 대학 학력의 취업효과를 실증하는 사례가 된다.

가난한 대학졸업생은 경제적 그리고 시간적 여유를 갖고 일자리를 선택할 수 없다. 빈곤 때문에 대학과 전공의 선택폭도 좁았는데 취업을 준비할 때도 불리함은 이어진다. 지방에 거주하는 가난한 학생들은 별도의 생활비가 필요한 서울 또는 대도시에 있는 대학을 선택하기 어려우며 교육 기간이 길고 등록금이 비싼 의학이나 법학을 전공으로 선택하기가 쉽지 않다.[16] 선택의 자유를 누리려면 경제적 조건을 갖추어야 한다.[17]

한국에서 지배계층은 자녀들의 학력을 높이는 데 그치지 않고 학벌을 돋보이게 하는 데에도 열성이다. 그들은 유아교육에서부터 고액의 사립학교를 선택하며(오욱환, 2017), 추종을 불허하기 위해 조기에 유학을 보내기도 한다(오욱환, 2008). 피지배계층이 불리할 수밖에 없는 학력 경쟁에 참여하는 이유는 계층 상승을 도모할 수 있는 거의 유일한 방법이기 때문이다. 피지배계층 부모들은 경쟁의 불리함을 익히 알고 있기 때문에 이를 극복하기 위해 희생을 감수한다. 이 때문에 이들의 일상은 각박하고 미래는 불안하다. 따라서 학력 경쟁이 불공정하게 이루어지거나 학력의 취업효과가 지배계층에만 유리하게 나타날 경우, 피지배계층이 불만을 토로하고 부당함을 성토하면서 집단적 저항을 일으킬 수 있다. 그러나 학력 경쟁의 성패는 학교교육에서만 이루어지지 않으며 취업에까지 연장된다. 피지배계층이 지배계층의 학력을 따라잡을 즈음에는 학력의 취업효과는 급격히 약화되고 학벌이 더 결정적 변수로 부각되며 심지어 부모의 후광도 영향을 미친다.

2. 공급 과잉과 수요 부족의 노동시장: '일자리경쟁론'의 적용

표준 경제학 이론(standard economic theory)은 노동시장 현상을 '임금 경쟁'(wage competition)에 기반을 두고 설명한다. '임금경쟁론'에 의하면, 사람들은 각자 확보한 지식과 기술을 가지고 노동시장에서 임금을 더 받기 위해 경쟁을 벌인다. 이 경쟁에서 학교교육은 사람들이 노동시장에서 거래하기 위해 가져오는 기술의 수준을 결정하기 때문에 매우 중요하다. 임금경쟁론에 의하면, 고학력자들은 경쟁력이 있는 지식과 기술을 보유하고 있기 때문에 상대적으로 더 많은 임금을 받을 수 있는 일자리를 선택할 수 있다. 이 이론에

16) 해외 유학의 경우에는 가정의 경제적 배경이 결정적 변수로 작용한다. 유학 대상 국가의 명문 사립대학은 학비와 생활비가 너무 부담스럽기 때문에 가난한 유학생들은 아예 지원하지 않는다.

17) 자유가 법률적으로 허용된다고 실질적으로 누릴 수 있는 것은 아니다. 예컨대, 해외여행이 1989년에 자유화되었어도 여행비용을 마련할 수 없는 사람들은 아직도 그 자유를 누리지 못하고 있다.

는 학력을 높일수록 더 고급 지식과 기술을 갖출 수 있고 그 지식과 기술에 대한 수요는 충분하다는 전제가 깔려 있다. 달리 표현하면, 학력을 높이면 더 많은 임금이 지급되는 일자리를 '언제나' 얻을 수 있다. 임금경쟁론은 인적자본론에 기반을 두고 있다. 인적자본론은 학교교육의 기술・도구적 기능, 기술적 능력에 따른 경제적 보상, 완전 자유경쟁의 노동시장 등을 전제하고 있다. 인적자본론은 학교교육, 인적자본, 생산능력, 생산성 그리고 경제적 보상을 순서대로 인과적으로 연결한다.

인적자본론자들은 개인이 가진 인적자본의 축적량에 따라 그의 생산력이 결정되고 이 수준에 의해 소득의 규모가 좌우된다고 주장한다. 다시 말해서, 고용주는 생산능력이 많은 피고용자에게 그에 부합하는 경제적 보상을 제공하고 피고용자의 생산능력은 학교교육 수준에 따라 상당히 좌우되기 때문에 학교교육은 소득과 밀접한 인과관계를 갖게 된다. 그러나 미국 노동시장의 현실을 직시한 연구들은 노동시장에는 '임금 경쟁'보다는 '일자리 경쟁'(job competition)이 작용하고 있음을 실증하였다(Thurow, 1972: 68). 다시 말하면, 사람이 일자리를 선택하는 것이 아니라 일자리, 곧 고용주가 적합한 사람을 선발하고 있다. 일자리경쟁론에 의하면, 학교교육의 기능은 훈련가능성(trainability)을 증명해 주는 데 그친다. 고용주들은 학교교육을 많이 받을수록 입사 후 현직에서 훈련을 잘 받을 수 있을 것으로 기대하고 고학력자를 선발한다. 고용주의 선발기준은 훈련가능성이지 학력이 아니다.

임금경쟁론에 따르면, 대학 교육을 받은 노동자들의 공급이 늘어나면 그들의 임금이 하락하지만 대학 미진학 노동자들의 임금은 공급이 줄어듦으로써 상승한다(Thurow, 1975: 96). 그러나 현실에서는 전혀 다른 현상이 일어난다. 대학 교육을 받은 노동자들의 공급 과잉은 그들의 임금을 하락시킬 뿐만 아니라 대학 미진학 노동자들의 임금도 하락시킨다. 대학 미진학자들의 노동시장 공급이 줄어듦에도 불구하고 임금이 하락하는 이유는 대학 교육을 받고 그 학력에 조응하는 일자리를 찾지 못한 노동자들이 낮은 학력의 일자리로 하향취업하기 때문이다. 고용주들은 대학 학력 노동자들이 고등학교 학력 일자리들에 침투하는 것을 묵인하거나 심지어 환영하기 때문에[18] 고등학교 졸업자들은 전통적으로 자신들이 차지해 왔던 일자리들을 빼앗기게 됨으로써 임금 하락과 실업의 위험을 피할 수 없다.

고학력 사회에서는 임금경쟁론보다는 일자리경쟁론이 현실을 이해하고 간파하는 데 더 적합하다. 일자리경쟁론에 따르면, 학교교육은 일자리를 방어하는 데 필수 조건이 된다.

---

18) 고용주가 대학 학력을 갖고 고등학교 학력의 일자리에 취업하려는 사람들을 환영한다면, 그 이유는 고졸 학력의 임금으로 대학 학력자를 채용할 수 있기 때문이다.

학력 상승 추세에 맞추어 학력을 높이지 않으면 종전까지 할당되었던 일자리조차도 지키지 못한다. 임금경쟁론은 노동시장을 생산성이 검증된 기술을 확보한 노동자가 고용주들 가운데 최고의 임금을 지불할 의사가 있는 고용주를 선택하는 곳으로 상정한다. 한편, 일자리경쟁론에서 노동시장은 고용주가 취업을 원하는 노동자들 가운데 훈련가능성과 현장적응력이 높아 보이는 사람을 골라내는 곳으로 묘사된다. 시장성이 높은 독보적인 기술을 가진 노동자는 자신을 초빙하려는 고용주들 가운데 가장 좋은 조건을 제시하는 고용주를 선택할 수 있다. 그러나 학력이 동일한 수많은 청년이 제한된 일자리를 두고 경쟁할 때, 그들은 하나같이 고용주로부터 선택되기를 갈망한다. 대졸 청년들이 남아도는 상황에서 임금경쟁론은 설명력이 낮다.[19)]

임금경쟁론에 의하면, 노동자는 자신의 노동력을 가장 높은 임금으로 구매하는 사람을 고를 수 있다. 임금경쟁론은 자신의 가치를 흥정하는 최고 수준의 프로 스포츠 선수를 연상시킨다. 기량이 뛰어난 선수들은 여러 구단을 상대로 임금 협상을 벌일 수 있다. 고용주들은 우수한 운동선수, 재능이 탁월한 연예인, 시장성 높은 기술을 가진 기술자를 물색하고 발탁하지만, 대량으로 쏟아져 나오는 대졸 청년들을 스카우트하지는 않는다. 일자리경쟁론에 의하면, 고용주는 채용할 인원을 먼저 정한 다음 지원자들 가운데 상대적으로 나아 보이는 사람들을 선발한다. 이 경우, 노동자들은 수동적인 처지에서 선발되기를 고대하는 처지에서 벗어나지 못한다. 고용주들은 '노동 대기 행렬'(labor queue)에서 필요한 인원을 선발한다. 취학률이 60퍼센트를 넘어선 대학에서 배출되는 청년들이 보유한 지식과 기술은 고용주들이 높은 보상과 좋은 근무조건을 제시하며 초빙할 수준이 아니다. 이 청년들은 대부분 입사원서를 제출하고 노동 대기 행렬에서 선발되기를 소망한다.

정부의 학교교육과 훈련에 관한 정책들은, 노동시장에서 작용하는 일자리 경쟁을 무시함으로써 예상한 효과를 거두지 못한다. 일자리 경쟁이 작용하는 노동시장에서 개인들의 임금은 (1) 노동 대기 행렬에서 각자의 상대적 위치 그리고 (2) 일자리 기회의 분배에 의해서 결정된다(Thurow, 1972: 71). 다시 말하면, 고용주는 요구한 조건들을 갖춘 지원자들 가운데에서 무작위로 피고용자들을 선발하지 않으며 순위를 매겨 차례대로 선발한다. 임금은 일의 특성에 근거를 두고 책정된다. 고용주가 가장 선호한 노동자가 가장 좋은 일자리를 얻는다. 이 이론에 의하면, 취업 후 곧바로 사용되는 노동 기술(labor skills)은 노동시장에 존재하지 않는다. 이와는 다르게, 실제로 활용되는 일자리 기술들(actual job skills)의 대

---

19) 임금경쟁론과 일자리경쟁론은 각각 공급 측면과 수요 측면에서 노동시장을 설명한다. 인력이 부족하다면 공급자가 시장을 주도할 수 있지만 남아돌 때는 수요자가 주도권을 갖게 된다.

부분은 노동자가 취업 후 받는 현직훈련을 통해서 비공식적으로 습득된다.

일자리 경쟁에 의해 지배되는 노동시장에서 고용주들은 예상되는 훈련비용을 근거로 하여 잠재력이 가장 많은 노동자부터 잠재력이 가장 적은 노동자까지 순위를 매긴다. 그러나 고용주들은 개별 노동자별로 훈련비용을 산출하는 데 이용될 수 있는 직접적이고 명료한 증거들이 없기 때문에, 노동자들을 배경 특성들—나이, 성별, 학력, 보유한 기술들, 심리검사 점수 등—에 따라 순위를 매긴다(Thurow, 1972: 73). 고용주들이 순위를 매길 때 주관적이며 임의적인 요소들이 개입될 여지는 많으며, 주관적인 선호가 최종 순위 결정에 개입될수록 훈련비용이 늘어난다. 주관적인 선호가 결정적으로 작용하는 정실(情實) 선발은 조직의 생산력을 심각하게 떨어뜨린다. 그러나 정실 선발 또는 부당 선발을 막기 위한 정부의 개입이, 기업의 현실을 무시하고 강행될 때, 역설적으로 기업의 효율성을 저해할 수도 있다. 영리를 추구하는 기업은 도덕이나 정의보다 이익을 먼저 고려한다.

임금경쟁론에 의하면, 타인들의 학력이 나의 학력보다 높아지더라도 그들의 높아진 학력이 내가 나의 학력으로 임금 협상을 벌이는 데 영향을 미치지 않는다. 그러나 일자리경쟁론에 의하면, 학력은 방어적 필수품이 된다. 고학력 노동자의 공급이 늘어나면, 개인들은 현재의 임금 지위를 방어하기 위해서라도 자신들의 학력을 반드시 높여야 함을 알게 된다. 학력을 높이지 않은 사람들은 학력을 높인 사람들에 밀려 현재의 일자리를 유지할 수 없게 된다. 학교교육은 노동시장 지분(持分)을 지키려면 반드시 지불해야 하는 방어적 비용이 된다. 고학력 노동자 집단이 비대해지고 그 증가 속도가 빠를수록 방어적 비용을 반드시 더 많이 투입해야 한다(Thurow, 1972: 79). 고등교육 취학률이 급속도로 상승한 한국에서 각 가정의 자녀교육비가 소모전을 치르듯 지불되는 이유도 바로 여기에 있다.

실업은 미시경제적(micro-economic) 관점으로는 설명될 수 없는 노동시장의 중요한 일탈 현상이다(Thurow, 1975: 55). 전통적 미시경제학에 의하면, 실업은 일시적 현상에 지나지 않으며 임금에 의한 조정을 통해서 사라진다. 다시 말해서, 실업은 노동력의 공급과 수요가 임금으로 조절되면서 없어진다. (1) 실업 상태의 노동자들은 현재의 임금보다 낮은 임금을 감수하고 취업하려 함에 따라 임금 하락에 영향을 미친다. (2) 실업자들이 절박하게 일자리를 구하면서 임금이 하락한다. (3) 실업자들이 저임금을 감수함에 따라 취업이 용이해진다. (4) 취업이 늘어나면서 공급되는 노동량이 줄어든다. (5) 저임금이 노동 수요를 증가시키면서 실업이 사라진다. 임금경쟁론의 주장대로라면, 노동에 대한 수요가 줄어들면 임금은 모든 사람이 완전히 고용될 수 있을 만큼 충분한 일자리가 만들어질 때까지 하락해야 맞다. 그러나 현실 세계에서는 고용된 사람들의 임금이 실업자들이 구제될 때까지 하락하지 않는다.[20] 실업자들이 늘어나더라도 고용된 사람들의 임금이 크게 하락하지 않는다. 그 결과, 현실에서 실업은 사라지지 않으며 오히려 다양한 형태로 변질되어 지속된다. 구조적 실업, 지속적 실업, 체계적 실업 등은 전통적 미시경제학에서 벗어난 관점에 의해서 출현한 개념들이다.

임금 경쟁과 일자리 경쟁은 상호 배타적 관계가 아니며 두 가지 유형은 노동시장에서 공존한다(Thurow, 1975: 76).[21] 어떤 노동시장에서는 임금 경쟁이 작동하지만, 다른 노동시장에서는 일자리 경쟁이 지배한다. 예컨대, 기량이 탁월한 프로 선수는 여러 구단 가운데 최고 조건을 제시하는 구단을 선택함으로써 엄청난 계약금과 연봉을 받지만, 연습생 수준의 선수는 구단주의 기호에 맞아야만 박봉의 후보 선수 자리라도 얻을 수 있다. 두 선수는 스포츠 종목은 같더라도 직면한 노동시장은 전혀 다르다. 일자리경쟁론의 핵심은 업무 기술들이 노동자가 노동시장에 진입하기 이전에 습득되지 않고 입사 후 현직훈련 프로그램들을 통해서 습득된다는 점이다(Thurow, 1975: 76). 따라서 인력의 공급이 수요를 초과했을 경우, 노동시장은 노동자가 자신이 보유한 기술을 판매하기 위해 고용주들과 흥정하는 장소이기보다는 고용주가 지원한 노동자들이 적합한 인물인지를 점검하고 선별하는 장소가 된다.

고용주들의 선발기준은 "현직에서 훈련을 시키면 작업에서 활용될 기술을 습득하여 업무를 원활하게 수행할 수 있는가"로 압축된다. 고용주들은 소요될 훈련비용에 근거하여 잠재적 피고용자들의 서열을 매겨 '노동 대기 행렬'을 만든다. 이때 고용주들은 잠재적 피고용자들에게 소요될 훈련비용을 산출하는 데 필요한 직접적인 정보가 없기 때문에 그들의 배경 특성들로 추정하여 순위를 매긴다(Thurow, 1975: 87). 학력은 이러한 맥락에서 중요하지만, 고학력화로 변별력이 사라지면 학벌의 중요성이 부각된다. 또한 지원자들이 선발 과정에 영향을 미칠 것 같은 조건들을 예상하고 준비함으로써 소위 '스펙'도 늘어나게 된다.

고용주들이 훈련비용을 고려하여 피고용자들을 선발한다면 지원자들의 배경 변인들 가운데 학교교육의 연한(학력), 학업 성취 결과(성적) 그리고 재학한 학교의 종류(학벌)를 중요한 변수로 고려하는 점은 충분히 타당하다. 학교교육은 훈련의 한 종류이기 때문이다. 학교교육 연한이 길고 학업 성취가 높음은 각각 훈련을 오래 받았고 훈련 효과가 높았음을 의미하기 때문이다. 재학한 학교의 종류는 훈련의 질적 수준과 강도의 격차를 시사한다. 고용주들이 지원자들 가운데 학력과 학업 성취가 높은 사람들을 입사 후 현직훈련에 성실히 임하고 적응력도 높을 것으로 예견하여 선호하는 것은 선발하는 상황에서는 타당하다.

---

20) 고용주가 노동예비군을 믿고 피고용자들의 임금을 낮출 수는 있다.

21) '일자리 경쟁' 관점은 '임금 경쟁' 논리로 노동시장에서 일어나는 모든 현상을 설명하는 것이 무리임을 지적하면서 등장함에 따라 '대체 이론'으로 오해될 소지가 있음을 경고한다.

고용주들이 일을 시켜 보고 선발하지 못하는 이유는 비용이 많이 들기 때문이다. 일자리를 구하는 사람들은 구직난을 호소하지만, 일자리를 제공하는 사람들은 구인난으로 애를 태운다. 고용주들이 가장 어려워하는 과제는 직원의 선발이다. 신입 사원들의 입사 후 자진 퇴직이 의외로 많듯이, 고용주들이 하루라도 빨리 내보내려는 신입 사원도 이에 못지않게 많다.

고학력 노동자들의 규모가 거대해질수록 그리고 그 확대 속도가 빠를수록 방어를 목적으로 하는 학력 상승과 그에 따르는 교육비 지출은 피할 수 없다(Thurow, 1975: 97). 개인적 수준에서 실행한 방어 목적의 학력 상승과 교육비 지출은, 너도나도 같은 이유로 동일한 행위를 하게 됨으로써, 사회 전체가 학교교육에 과도하게 그리고 소모적으로 지출하게 되어 공유지의 비극과 같은 사태가 발생한다. 누군가는 차별적 우위에 있기 위한 교육 투자로 경쟁자들을 따돌려 사적 이익을 쟁취할 수 있을지라도 그러한 유형의 교육 투자가 당연하게 받아들여지는 국가에서는 생산력이 하락하고 국제경쟁력이 뒤처질 수밖에 없다. 비유하면, 내전(內戰)을 치르고 있는 국가는 비극적 종말을 피하기 어렵다. 한국에서는 부모들이 자녀들의 출세를 위해서 다른 부모들을 상대로 전쟁하듯 학교교육 경쟁에 몰두하고 있다. 대학 진학이 어떤 개인에게 좋은 투자일지라도 모든 개인의 대학 진학은 국가적 차원에서 최악의 투자일 수 있다. 국가적 수준에서 최고의 교육 투자는 학교교육 단계별로 최적화(optimization)가 이루어졌을 때 가능하다.

개인들의 소득은 그들의 개별적 속성들에 의해 직접 결정되지 않고 그들이 취업한 일자리에 의해 간접적으로 결정될 뿐이다. 다시 말해서, 소득은 개인들이 보유한 기술 수준에 따라 결정되지 않으며 개인들이 취업하여 업무를 수행함으로써 받게 되는 보상이다. 아무리 높은 지식과 기술을 보유하고 있더라도 일자리가 없으면 소득을 얻을 수 없다. 창업도 취업의 일종이며 자신이 고용주가 되어 자신을 고용하는 형태를 띤다. 노동시장은 충분히 개발된 기술들을 가진 노동자들이 최고가를 제시하는 고용주를 고르는 경매장이 아니다. 오히려 노동시장은 훈련을 받으면 기술을 발휘할 가능성이 있는 노동자들에게 훈련을 받을 기회와 맞추어 주는 시장이다(Thurow, 1975: 79). 이 기회는 일자리와 직결되어 있으므로 훈련 기회를 얻은 노동자는 취업한 것과 마찬가지이다.

노동시장에서 임금 경쟁과 일자리 경쟁 중 어느 모형이 작용하는지는 거래되는 인력의 공급과 수요에 의해 결정된다. 공급이 수요보다 부족하면 임금 경쟁 모형이 작동하지만, 공급이 수요를 초과하면 일자리 경쟁 모형이 작동한다. 정보통신산업이 급속도로 발달하면서 첨단 기술의 경제적 가치가 치솟고 있는 오늘날, 최첨단 정보통신 기술을 개발한 사람들은 천문학적 연봉과 최고의 조건을 제시하는 회사를 고를 수 있다. 그러나 사무

자동화가 급속도로 확산되면서 일자리가 줄어들고 있는 오늘날, 사무직을 지망하는 사람은 어떤 고용주의 눈에 들어 입사되기를 갈구하며 지원서를 최대한 여러 곳에 제출하고 있다.[22] 대학을 졸업한 청년들은 개별적으로 자신의 능력을 높이 평가할지 몰라도 그들을 채용하려는 고용주들에게는 대체 가능한 예비군이 충분히 확보된 노동력에 불과하다.[23]

가능한 최고의 일자리에 취업하기를 갈망하는 지원자들은 학교와 노동시장 간에 자연스러운 조정이 이루어질 때까지 마냥 기다릴 수 없다. 지식정보사회로 불리고 있는 현대사회에서 개인들이 보유한 지식과 정보의 효력은 생각만큼 길지 않다. 특히 취업을 겨냥한 지식과 정보가 효력을 발휘할 수 있는 기간은 상당히 짧다. 기초 단계의 학교에서 습득한 지식과 기술일수록 유효 기간은 길어 평생 사용할 수 있다. 우리는 기초적인 읽기, 쓰기, 셈하기(The three Rs)를 초등학교 때 배워서 평생 사용한다.[24] 그러나 높은 단계의 학교, 예컨대 대학원 박사과정에서 습득한 지식과 기술의 유효 기간은 의외로 짧다. 대졸 청년들이 마음에 드는 일자리를 얻을 때까지 줄곧 기다릴 수 없는 이유는 대학 때 습득한 지식과 기술의 유효 기간이 줄어들고 자신들보다 더 새로운 지식과 기술을 가진 후배들이 연이어 배출되기 때문이다. 실업 상태에 있는 대졸 청년들은 마치 유행을 타는 상품처럼 쫓기고 있다. 유행을 타는 상품은 진열창이나 진열대에서 사라지면 재고 상품으로 취급되어 가격 할인 상품이 된다. 공급 과잉 문제는 농산물에서 가장 뚜렷하게 드러난다. 과잉 재배로 가격이 폭락하여 출하하더라도 인건비조차 건질 수 없다고 판단되면, 농부는 다 자란 배추를 수확하지 않고 그대로 갈아엎어 버린다.

지원자들은 노동시장의 수요와 공급의 조정에는 관심이 없으며, 자신의 상대적 우위가 드러나 선발되기만을 갈구할 뿐이다. 지원자들은 누구 할 것 없이 상대적 우위에 있기 위하여 또는 상대적 열등이 드러나지 않기 위하여 학력을 최대한 높이려 한다. 개인별로 추구하는 학력 상승 의지와 실행은 의도하지 않은 결과로서, 집단적 과잉학력 사태를 유발한다. 오직 상대적 우위만을 위해 추구한 학력의 상승은 생산성과 직결되지 않을 뿐만 아니라 개인과 국가의 재원을 허비하게 만든다. 채용박람회(job fair)에 몰려드는 구직자들이나 기업 인사과에 높이 쌓여 있는 입사원서들을 보면 일자리경쟁론이 실증되고 있음을 알 수

---

22) 특정 노동자들은 고용주들의 선호도에 따라 최고 또는 최악의 노동자로 평가될 수 있다. 고용주에 따라 선호하는 특성이 다르므로 구직자들은 지원서를 작성할 때 매우 혼란스럽다. 여러 곳에 지원서를 제출하는 이유도 고용주의 기호에 맞는 행운을 바라기 때문이다.

23) 오늘날 한국에서 배출되는 대졸 청년들은 고용주들이 채용하려는 인원수의 두 배를 넘어서고 있다.

24) 미국에서는 읽기(reading), 쓰기(writing), 셈하기(arithmetic)를 각 단어에 포함된 'r'을 부각하여 'The three Rs'로 축약해서 사용한다.

있다. 대학 교육이 필수화되고 보편화된 한국에서 대졸 청년들이 직면하는 노동시장에는 일자리경쟁론이 유일하게 적용되고 있다.

3. 학교교육의 취업효과 격감: 과잉교육의 필연

한국에서 일어나고 있는 대졸 청년 실업과 하향취업, 곧 과잉교육을 경기 불황으로 인한 일시적 현상으로 이해하는 사람들이 상당히 많다. 이러한 인식은 너무 순진하고 한심할 정도로 안일하다. 이 사람들 가운데 교육 관련 업무에 종사하는 인사들도 있으며, 더 솔직하게 말하면 교육학자들 가운데에도 적지 않다. 대졸 청년 실업과 하향취업 문제는 경기가 호황에서 불황으로 접어들면서 불거져 나오지만, 경기가 호황으로 전환되더라도 저절로 해결되지 않는다. 대졸 청년들이 동령 인구집단에서 차지하는 비율이 30퍼센트 이하라면 경기 호황으로 문제가 해결될 수도 있다. 그러나 60퍼센트에 이른다면 경기가 아무리 좋아지더라도 해결되지 않는다. 그 이유는 경기가 호황을 거듭하더라도 동령 인구집단 가운데 60퍼센트에 달하는 대학졸업자들 모두에게 대학 졸업에 어울리는 또는 대졸 청년들이 기대하는 좋은 일자리가 만들어질 수 없기 때문이다.

하향취업과 같은 의미로 사용되는 과잉교육은 개념 규정이 모호하다고 지적되고 있을 뿐만 아니라 노동시장에서의 부정적 영향에 대해서도 우려되고 있다(Battu, Belfield, and Sloane, 2000: 82). 과잉교육을 우려하지 않는 학자들은 이를 일시적 현상이거나 신화에 지나지 않는다고 주장한다(Alpin, Shackleton, and Walsh, 1998; Mason, 1996). 이들의 주장에 따르면, 과잉교육 상태로 취업하더라도 추후 학력에 걸맞은 업무를 맡거나 승진함으로써 과잉교육 상태에서 벗어난다. 그러나 이 주장과는 다르게, 과잉교육은 실질적이고 그 영향은 지속적이다. 취업할 때의 불리함은 좀처럼 사라지지 않는다. 과잉교육 사회에서는 고학력자들이 계속해서 노동시장에 공급되어 고학력 노동예비군이 충분히 확보되기 때문이다. 이러한 상황에서 고용주들이 취업한 과잉학력자들을 배려해 줄 이유가 없다.

과잉교육과 과소교육 또는 하향취업과 상향취업은 일자리에서 업무 수행에 '필요한 학교교육 수준'의 초과 또는 미흡에 따라 판정된다. 필요한 학교교육은 직무 분석(job analysis), 취업자 자기평가(worker self-assessment), 실현된 일치(realized matches)의 세 가지 방법으로 측정된다(Hartog, 2000: 132). 첫째, 직무 분석에 의한 측정은 전문적 지식을 갖춘 직무분석가들에 의해 이루어진다. 미국의 '직업 사전'(Dictionary of Occupational Titles: DOT)이 가장 적합한 사례에 해당한다. 둘째, 취업자 자기평가는 취업하고 있는 사람들이

자신들의 직무 수행에 요구되는 학력 정도를 제시하는 방법이다. "당신의 일자리를 얻으려면 어느 정도의 공식적 학교교육이 필요한가" 또는 "당신이 맡은 업무를 수행하려면 어느 정도의 학교교육이 요구되는가" 등의 물음에 대한 응답으로 측정한다. 셋째, 실현된 일치의 측정 방법은 해당 일자리 또는 직업에 취업한 사람들의 평균치(mean) 또는 최빈치(mode) 학력으로 산출한다(Hartog, 2000: 132).[25] 일정 직업에 속한 사람들의 평균 학력(years of schooling)에서 표준편차(standard deviation)가 1 이상인 경우가 과잉교육에 해당한다.[26] 이 방법을 사용할 경우 앞의 두 가지 방법보다 과잉교육이 가장 적게 산출된다. 기혼 여성들은 기혼 남성들, 미혼 남성들 그리고 미혼 여성들보다 과잉교육, 곧 하향취업의 정도가 더 심하다. 그 이유는 기혼 여성들이 남편의 소득을 최대화하기 위해 남편의 직장을 먼저 구한 후 그 지역 내에서 일자리를 구해야 하는 '공간 제약'을 받기 때문이다.[27]

과잉교육 또는 하향취업은 미국에서 가장 먼저 화제가 되었다. 1776년 독립 국가로 선언한 미국은 유럽 국가들을 따라잡으려는 열정이 충만하였다. 뉴잉글랜드 지역에 정착한 이주민들은 교회를 세우는 일만큼 교육을 중요하게 생각하고 1636년에 하버드대학교를 설립하였다(Rhodes, 2001: 1-16). 미국의 열정은 개척정신으로 표현되며 '일단 해 보는' 전략으로 표출된다. '시작한 후 갖추어 가는 방식'의 미국의 원칙은 대학 교육 정책에서도 그대로 적용되어 "없는 것보다 있는 것이 낫다"며 대학 설립을 권장했기 때문에 대학졸업자의 과다 배출은 처음부터 예견되었다.

1970년대에 접어들면서 과잉교육이 화두로 등장하였다(출판연도 순서로 나열하면, Berg, [1970] 1971; Folger, Astin, and Bayer, 1970; Treiman, 1970; Freeman, 1971, 1976; Crowley, 1972; Folger, 1972; Thurow, 1972, 1975; Trow, 1972, 1973; Carnegie Commission on Higher Education, 1973; Baldi de Mandilovitch and Quinn, 1975; Bird, 1975; Dresch, 1975; Freeman and Hollomon, 1975; O'Toole, 1975a, 1975b; Blumberg and Murtha, 1977; Duncan and Hoffman, 1978; Collins, 1979; Squire, 1979). 한편, 유럽 국가들은 1990년대에 들어서면서 대학 교육 기회가 확대되어 하향취업이 늘어나자 과잉교육을 주목하기 시작하였다.

1970년대 초에 이미, 미국의 대학은 학생들에게 보상을 지나치게 약속하면서 취업에 필요한 지식과 기술을 교육하는 데에는 소홀하였다. 이러한 이유로 미국 대학들은 비싼 학

---

25) 평균치는 한 집단에 속하는 모든 점수의 합을 이 집단의 사례 수로 나눈 값을 말하며, 최빈치는 점수 분포에서 빈도가 가장 많이 나온 점수를 말한다.

26) 평균으로부터 1 표준편차 이내에 관측치들의 약 68퍼센트 정도가 포함된다.

27) 최근 한국에서는 기혼 여성들이 공간 제약을 받지 않으려고 '주말부부'로 별거를 감수하기도 한다.

비를 받는 '거대한 강도질'(great training robbery)을 하고 있다고 비판받았다(Berg, [1970] 1971). 이 문헌에 의하면, 당시 미국 대학졸업생들 가운데 하향취업자는 약 80퍼센트에 달하였다. 더 높은 학력을 가진 사람들이 승진이나 소득으로 보상받게 될 것이라는 인적자본론 방식의 설명은 허구라고 비판되었다. 과잉교육을 비판하는 학자들은 학력과 직장의 부조화, 곧 과잉교육 또는 하향취업의 부정적 결과는 일시적 현상에 그치지 않고 영속된다고 주장하였다. 또 다른 문헌은 1976년 미국 노동인구 가운데 거의 절반이 자신들의 학교교육 수준이 일자리에서 요구되는 학력을 초과한다고 발표하였다(Duncan and Hoffman, 1978: 33).

고용주들은 더 나은 교육을 받은 피고용자들이 조직에서 더 나은 성과를 가져올 것으로 기대한다. 사적 기업의 관리자들은 학교교육 성취를 자기수양(self-discipline)과 승진 잠재력의 증거로 그리고 훈련가능성, 생산성, 인성, 적응성 등의 지표처럼 취급한다(Berg, [1970] 1971: 12). 신입 노동자들의 업무 수행능력에 대한 고용주들의 불만은 주로 직업교육 경시와 진로에 대한 준비 부족에 집중되었다(Berg and Freedman, 1977: 24). 대학 교육 기회가 과도하게 확대되면, 대학을 졸업하고 취업하지 못하는 청년들이 늘어나고, 대학 학력에 어울리지 않게 낮은 일자리를 수용해야 하는 청년들도 늘어나며, 취업하는 데 필요한 학력이 업무 수행과 무관하더라도 선발의 필요 때문에 상향 조정된다(Berg, [1970] 1971: 68-69).

1970년대 초부터 미국에서는 대학졸업생의 과다 배출에 대한 경고가 나타나기 시작하였다(Folger, Astin, and Bayer, 1970; Crowley, 1972). 1980년대에 접어들면서 미국 학계는 노동시장의 수요와 공급의 불균형을 다시 주목하였다(Berg and Shack-Marquez, 1985; Farkas and England, 1988; Granovetter, 1981, 1995; Kalleberg and Berg, 1987). 이들의 경고에 의하면, 1950년대 이후 미국 일자리들의 업무에 필요한 지식과 기술 수준이 높아졌지만 대학은 이 속도를 넘어서 졸업생을 대량으로 배출하였다. 대졸 인력이 노동시장의 수요를 초과하여 공급됨에 따라 실업과 하향취업이 필연적 결과로 나타날 수밖에 없었다.

미국에서는 고학력자들의 실업과 하향취업이 늘어나면서 육체노동자의 노동예비군(reserve army of labor)을 연상시키는 '지적 예비군'(intellectual reserve army)이라는 용어가 만들어져 사용되었다. 이러한 추세가 가속되면서, 한때 미국의 꿈을 실현하는 첩경으로 알려져 왔던 대학 교육이 빛을 잃어가기 시작하였다(Blumberg and Murtha, 1977: 45-46). 인도에서는 산업 발달의 지연으로 노동시장의 수요가 극도로 부족하여 대졸 실업자의 대량 출현 사태가 이미 여러 세대를 이어져 왔다. 멕시코처럼 경제 성장이 늦은 국가들에서는 지식인 실업자들이 대량으로 배출되고 있다. 시장의 수요를 과도하게 초과하여 공급되면 그것이 농산물이든, 수산물이든, 공산품이든 그리고 고학력 인력이든 심각한 문제를 일으

킨다. 과잉교육은 고학력 인력의 공급이 수요를 훨씬 초과하면서 노동시장을 위기로 몰아넣는다. 과잉 생산된 상품은 생산비에도 미치지 못하는 헐값으로 판매(dumping)되거나 폐기 처분된다. 노동시장의 수요보다 과도하게 초과하여 배출된 대졸 학력자들도 이와 비슷한 상황에 부닥치게 된다. 사람을 상품에 비유하는 것이 언짢지만 노동시장의 구매자들, 곧 고용주들은 기자재나 원료를 구매할 때 철저하듯 직원들을 채용할 때 냉정하다.

과잉 공급된 농수산물은 창고에 보관될 수 있어도 과잉 공급된 인력에 그 방법을 적용할 수 없다. 인력에도 유통기한처럼 효과를 발휘할 수 있는 시기가 정해져 있다. 현대 사회에서는 지식과 기술이 급속도로 발달하기 때문에 취업이 지연되면 확보한 인적자본의 가치가 하락한다. 그뿐만 아니라 취업이 지연되면 취업 후 직장에서 배우고 쌓을 수 있는 경험과 경력이 단절된다. 이러한 기간이 아주 길어지면 대학에서 배운 지식과 기술의 효용 가치가 소멸할 수도 있으며 자신감도 급락한다. 주부들이 슈퍼마켓에서 포장된 식재료를 살 때 유통기한을 아주 세심하게 살피듯이, 고용주들도 채용 후 지급해야 할 엄청난 인건비를 고려하여 지원자들의 자질을 신중하게 점검한다. 이러한 이유로 실업 기간이 길어지면 취업 기회가 점차 줄어든다. 대졸 청년들은 적합한 일자리를 구할 때까지 실업 감수와 실현 가능한 하향취업 조기 감행이라는 갈림길에서 딜레마에 빠지게 된다.

과잉학력으로 취업한 사람들은 이직이나 승진을 통해서 불리함을 해소하기도 한다(Rosen, 1972; Sicherman and Galor, 1990). 일자리에 대한 기대는 장래 노동시장 행동과 최초의 일자리 선택에 영향을 미친다(Freeman, 1971: 9). 다양한 이유로 기대가 충족되지 않으면, 노동자는 자신의 최초 계획을 수정하고 새로운 일자리로 이직한다. 직장을 옮기거나 직업을 바꾸는 데 비용이 수반되지 않으면, 기대가 충족될 때까지 변화는 시도될 것이다. 그러나 이직에는 비용이 수반될 수밖에 없다. 이직할 경우, 이전 직장에서 새로운 직장으로 곧바로 옮기지 못하면 기간(期間) 손실이 일어나며 이전의 경력을 새로운 직장에서 인정받지 못할 수도 있다. 일자리가 남아돌 때는 이직이 쉽게 이루어지고 경력을 인정받을 수 있다. 그러나 일자리가 부족할 때에는 이직이 쉽지 않을 뿐만 아니라 예기치 못한 장기 실업, 경력 단절 등 위험 부담이 많다.

일자리경쟁론(job competition model)(Thurow, 1975), 일자리신호론(job signaling model)(Spence, 1973)[28] 그리고 신용증명론(credential theory)(Collins, 1979)은 과잉학력이 사회 현

28) 일자리신호론에 의하면, 노동시장에서 이용되는 정보는 완전하지 않다. 정확한 정보가 없는 상황에서 고용주들은 높은 학력이 더 유능하고, 더 열정적이며, 더 생산적임을 의미한다고 간주하여 학력을 선발 준거로 사용한다. 고용주들의 이러한 선발 방법을 간파한 취업지망자들은 다른 지망자들로부터 차별적 우위를 확보하기 위해서 학력을 높이는 데 몰두하게 된다.

상으로서 지속된다고 전망하였다. 고학력 사회가 되면, 더 나은 일자리를 기대하며 애써 높인 학력이 동일한 일자리에 취업하는 데 요구되는 조건을 충족시키는 데에만 이용된다. 고학력 노동예비군이 충분히 확보되어 있으면, 고용주들은 동일한 경제적 보상을 지급하면서 더 높은 학력을 가진 사람을 채용하기도 한다. 이러한 과정으로 고용된 사람들은 확보한 능력을 업무에서 발휘할 기회를 얻기 어렵다. 한편, 업무의 전문성이 높아지면 고용주들은 그 업무가 제대로 수행되도록 이전보다 훨씬 더 높은 학력을 가진 사람을 초빙한다.[29] 이 경우, 고용주들은 피고용자에게 학력에 조응하도록 경제적 보상을 하며 피고용자는 고학력으로 확보한 인적자본으로 생산성을 높인다.

미국의 경우 1970년대에 시작된 과잉학력에 대한 비판은 1980년대에 접어들면서 많이 줄어들었지만, 과잉학력 문제가 해결되지는 않았기 때문에 다시 등장할 가능성은 충분히 있었다. 2010년과 2011년 대학졸업자들 가운데 절반이 실업 상태이거나 심각하게 하향취업하였다(Bennett and Wilezol, [2013] 2014: viii).[30] 대학 학위를 취득한 사람들이 과잉배출되어 부족한 일자리를 두고 벌이는 경쟁이 치열해진 데에는 2008년의 금융위기로 인한 경기 침체가 상당히 작용하고 있다(Vogel, [2015] 2016: 25). 그러나 이 사태의 근본적 원인은 미국에서 1980년대부터 시작된 '모두를 위한 대학'이라는 정책의 실현이다. 부모가 대학 비용을 지불하는 경우, 그 자녀들에게 대학은 마땅히 거쳐야 할 과정으로 인식된다(Bennett and Wilezol, [2013] 2014: 10-11). 한국에서도 자신이 등록금을 지불하지 않는 대학생들은 대학 교육을 마치 공짜처럼 생각한다. 등록금이 공짜라면, 낭만과 열망으로 상징되는 대학 생활만큼 매력적인 것도 별로 없다.

고액의 비용과 4년의 세월을 투입하여 취득한 학사 학위는 대부분의 일자리에 필요한 기술을 습득하는 데 한계가 있다. 직무에 실제로 활용되는 기술은 현장 훈련을 통해 배운다. 그럼에도 불구하고 고용주들이 학사 학위에 가치를 부여하는 이유는 그 학위가 채용하고자 하는 사람의 유형을 가늠하는 데 도움이 되는 신호를 보내 주기 때문이다(Bennett and Wilezol, [2013] 2014: 87).[31] 그러나 학사 학위를 소지한 사람들이 넘쳐나면 그 신호 효과는 사라진다. 대학졸업자가 동령집단 중 10퍼센트에 속할 때라면 신호 효과가 분명히 나타나지만, 그 비율이 60퍼센트에 이른다면 나타날 리 없다. 고등학교를 졸업한 사람들

29) 초빙 형식의 채용은 대부분 경력직에 해당하며 신입 사원 선발에 적용되는 경우는 아주 드물다.

30) 한국의 경우, 고등교육취학률이 2000년에 52.5퍼센트 2010년도에 70.1퍼센트에 도달했기 때문에 실업 및 하향취업 사태가 미국보다 훨씬 심각하다.

31) 학교교육의 신호 효과(signaling effect)와 비슷한 용어로 신용증명 효과(credential effect), 졸업장 효과(sheepskin effect) 등이 있다.

이 동령집단 중 30퍼센트 정도였을 때 고등학교 졸업장은 오늘날 학사 학위보다 가치가 더 높았다. 오늘날처럼 학위 소지자가 너무 많아 학위 소지자의 상대적 우위에 대해 신뢰할 수 없게 되면, 고용주들은 우수함에 대한 신호를 보내 줄 수 있는 다른 조건들을 찾게 된다. 학벌이 부각되고 있는 이유도 여기에 있으며, 스펙 열풍은 이러한 맥락에서 출현하였다.

한 개인이 보유한 학교교육의 가치는 절대적으로 평가되기보다는 상대적 위치에 의해 평가된다. 한 개인의 학력은 절대량(amount)에 의해서라기보다는 학력 서열에서의 상대적 위치(relative position), 곧 '학력 위치'(educational positionality)에 의해 보상이 결정된다(Bills, 2016: 65). 대졸 학력이 고졸 학력보다 취업에서 유리한 이유도 학력 지위가 상대적으로 높기 때문이다. 대학졸업자는 아주 높은 학력을 가졌지만, 그보다 더 높은 학력을 소지한 사람이 나타나면 서열이 뒤처지면서 이전에 받았던 기회를 얻지 못하게 된다. 고학력화는 학력의 서열화를 더욱 부추긴다. 대학 교육이 보편화되면 대졸 학력으로 상대적 우위를 확보하기 어렵게 되면서 동일 학력 내에서는 학벌로 순위를 가리게 된다. 학력으로 상대적 우위를 확보하려면 실용적 가치 유무에 상관하지 않고 다음 단계인 석사나 박사를 추구하게 된다. 상대적으로 돋보이려고 석 · 박사 과정에 진학한 학생들은 학문 탐구에 열정을 쏟지 않기 때문에 지적 성취가 높지 않다.

고학력자들이 남아돌 정도로 충분히 공급되고 있는 상황에서 고용주는 노동자들이 일반 기술(general skill)을 습득하는 데 드는 비용을 지급하지 않는다(Acemoglu and Pischke, 1999: 539). 고용주들은 취업 이전에 피고용자가 가진 지식과 기술을 일반 기술로 간주한다. 일반 기술은 특수 기술과 구별되며 각각 일반 훈련과 특수 훈련을 통해 습득된다. 학교교육은 일반 훈련의 전형적 유형이다.

> 일반 훈련과 특수 훈련의 차이는 주도(主導), 비용 부담, 일차 수혜자, 전이성, 활용 속도, 지속도 등으로 나누어 보면 더욱 분명하게 드러난다(〈표 5〉 참조). 일반 훈련은 훈련생이 프로그램을 선정하고 비용을 부담하며 일차적으로 보상을 받는다. 이 훈련에서 습득한 능력은 다양한 직장에 취업하는 데 도움이 되며 그 효과도 오랫동안 얻을 수 있다. 한편, 특수 훈련은 고용주가 주도하며 비용도 부담한다. 고용주는 기업의 이익을 확대하기 위해서 특수 훈련을 실시하며 그 효과는 곧바로 나타나지만, 오랫동안 지속될 가능성은 높지 않다. 이 훈련은 특정 생산과정에 필요한 능력을 배양하는 데 목적이 있기 때문에 훈련을 받은 피고용자가 이직하는 데에는 큰 도움이 되지 않는다. (오욱환, 2014: 499-500)

〈표 5〉 일반 훈련과 특수 훈련의 차이

분류 \ 항목	주도자	비용 부담자	수혜자	전이성	활용 속도	지속 정도
일반 훈련	훈련생	훈련생	훈련생	높음	완만	장기적
특수 훈련	고용주	고용주	고용주	낮음	즉시	단기적

고학력 지원자들이 늘어날수록 고용주들은 인위적인 증명서(artificial certification)를 더 많이 요구한다. 지원자들은 고용주들의 요구가 부당하더라도 무시할 수는 없으므로 학력을 더 높이거나 상대적으로 돋보일 수 있는 경력, 수상(受賞), 면허증 등을 최대한 기록한다. 이러한 능력 미화 작업은 채용에 미치는 영향이 어떠하든 지원자들로서는 최대한 집착할 수밖에 없다. 한국에서는 거의 모든 대학이 고학력임을 증명하려는 사람들의 요구를 간파하여 다양한 유형의 대학원 과정 또는 유사 프로그램을 전시하고 있으며 자격증, 상장 등을 남발하고 있다. 한국에서는 학력에서 차별적 우위를 점유하기 위해서 대학원 진학이 급속도로 성행하고 있다.

그러나 석사 학위는 물론이며 박사 학위도 투자한 교육비와 기회비용을 보상받기가 상당히 어려워지고 있다. 실업 상태에서 벗어나기 위해 석사과정이나 박사과정에 진학하는 경우에는 지적 호기심과 학문적 열정이 기반이 되지 않아 재학 기간을 상당히 불편하게 보낸다. 학위 청구 논문도 지적 호기심을 접고 심사를 통과하는 데 초점을 맞추어 해치우듯 작성한다. 석사 및 박사 학위에 적합한 일자리는 매우 부족하기에 취업 전략으로써 대학원 진학은 기대하는 효과를 얻기 어렵다. 오늘날 한국에는 석사 학위를 요구하는 일자리가 아주 적으며 박사 학위를 요구하는 일자리에는 학벌주의, 학맥, 인맥 등이 극성스럽게 작용하고 있다.

상대적 우위가 드러나지 못한 학력은 취업하는 데 영향력이 없기 때문에 지원자들은 업무 수행에 필요한 학력이나 지원 조건에 명시된 학력을 갖추는 데 그치지 않고 능력이 닿는 한 최대로 높이려 한다. 지원자들은 누구나 이러한 전략을 구사하기 때문에 학력 높이기 경쟁이 치열하게 전개된다. 이러한 경쟁으로 패자뿐만 아니라 승자도 상당한 손해를 입게 된다. 패자는 투입한 교육비와 기회비용에 대한 보상을 전혀 얻지 못하고, 승자는 다른 경쟁자들을 제치기 위해 취업에 필요한 학력을 넘어서 추가한 학력을 갖추는 데 투입된 교육비와 기회비용의 보상을 얻지 못한다. 이러한 상황에서 학교교육은 사회적 배제의 도구로 이용된다. 고등교육 기회가 확대되고 고용자들이 학위를 선발 조건으로 요구함에 따라 학위증 경쟁이 현대 사회의 특징으로 나타나고 있다(Brown, 2001: 19). 상대적 우위를

점유하기 위한 학력 높이기는 절대적 기준이 없기에 학력의 상한선인 박사 학위까지 계속된다. 심지어 '박사 후 연구원'(postdoctoral researcher: PoDoc)은 경력일 뿐이며 학위가 아니지만 마치 박사 학위 취득 후에 추가로 취득한 상위 학위처럼 제시되고 있다.

신용증명론의 설명에 따르면, 학력이 취업 자격 증거로 이용되는 이유는 업무를 수행하는 데 필요한 지식과 기술의 소지 여부보다 학교에서 습득되는 권위 인정, 질서 존중, 적응력, 성실성 등 문화적 성향을 갖추었는지를 확인하기 위해서이다. 고용주들은 피고용자들의 업무 생산성을 가늠하는 방법으로 학력을 사용함으로써 결과적으로 비합리적 '자격 편중주의'(credentialism)를 확산시킨다(Berg, [1970] 1971; Bills, 1988, 2003; Brown, 1995, 2001; Collins, 1979; Labaree, 1997). 지원자들은 취업의 절박함 때문에 고용주들의 자격 편중주의에 부응할 수밖에 없다. 개별 지원자들이 선발 과정에서 상대적 우위를 점유하기 위해 학력을 높이면, 결과적으로 모든 지원자가 학력을 높이게 되어 상승한 학력도 차별화 효과를 거둘 수 없게 된다. 이러한 과정을 거치면서 학력이 팽창되어 그 액면 가치가 계속 하락한다. 한국의 경우, 1985년에 대학에 입학한 아버지는 대졸 학력으로 좋은 일자리를 구할 수 있었지만 2015년도에 대학에 입학한 그의 아들은 대졸 학력으로 그 수준의 일자리를 구하기 어려울 뿐만 아니라 고졸 학력에 적합한 일자리도 구하지 못할 수 있다.[32] 부모는 대졸 학력으로 일자리 서열(job queue)에서 상위 20퍼센트에 속했지만, 그 자녀들은 대졸 학력으로 상위 60퍼센트에 속하기 때문이다. 대학 졸업 학력이 요구되는 일자리는 상위 30퍼센트를 넘지 않는다는 사실과 관련지으면 대졸 청년들의 실업과 하향취업이 구조적 필연임을 알 수 있다.

과도하게 배출된 대학졸업자들이 학력에 걸맞은 일자리에 취업할 수 있으려면 대학 학력을 요구하는 일자리들이 새로 많이 만들어지거나, 대학 학력의 일자리를 차지해 왔던 기존 취업자들이 퇴직하거나 이직함으로써 일자리가 많이 비어야 하며, 지금까지 대학보다 낮은 단계의 학력자로 충원되었던 일자리들이 대학 학력을 취업 조건으로 요구해야 한다. 그러나 취업 조건으로서 학력의 상향화(upgrading) 이외의 변화들이 일어날 가능성은 높지 않다. 첫째, 한국의 경제는 정체기 또는 침체기에 접어들었기 때문에 새로운 일자리의 창출은 기대하기 어렵다. 둘째, 기존의 일자리들이 퇴직, 이직 등으로 비워지겠지만 일자리를 의미 있을 만큼 늘리지는 못한다. 한편, 대학 이하 학력이 업무 수행에 필요하고 충분한 조건이었던 일자리들이 점차 대학 학력을 요구하게 되더라도 이는 대학 학력 취업지원

32) 1985년도에는 동갑내기 10명 중에서 2명 정도가 대학에 입학했는데 2015년도에는 10명 중 6명 정도가 대학에 입학하였다([그림 2]와 〈표 2〉 참조).

자들이 자진해서 하향 지망하는 데 따른 비의도적인 결과(unintended consequence)에 지나지 않는다.

고용주들은 요구한 학력보다 더 높은 학력을 가진 지원자를 선발할지라도 그에게 학력에 어울릴 만큼 보상을 지급하지는 않는다. 대학졸업자의 과잉 공급으로 오로지 취업 조건으로서 학력이 높아진 일자리들은 취업자들에게 대학 교육에 걸맞은 능력을 요구하지도 않고 동기를 부여하지도 않는다. 업무의 상향화와 무관하게 입사 조건이 까다로워지면, 개인들은 물론 국가도 막대한 손해를 보게 된다. 대학 학력에 필요한 직접 경비와 대학 교육 기간이라는 기회비용에 대한 보상은커녕 본전도 찾을 수 없기 때문이다. 학교교육이 그 자체로 가치를 갖는 절대적 재화(absolute good)로 인정받는다면, 개인들이 학력을 높이기 위해 과도하게 투자할 이유가 없으며 사회 전반적으로 무의미한 결과로 귀결되는 학력 경쟁도 일어나지 않는다(Di Stasio, Bol, and Van de Werfhorst, 2017: 53). 그러나 학교교육이 지위재로서 취업에 작용할 경우, 그 가치는 다른 지원자들의 학력과의 상대적 격차에 따라 좌우된다. 한국에서 각 가정이 다른 모든 가정을 상대로 소모전을 펼치듯 학력 경쟁을 치르고 있는 현실은 한국에서 학력이 전형적인 지위재로 활용되고 있음을 분명하게 증명한다.

대학 진학이 쉬워지고 졸업은 더 쉬워지겠지만 대졸 학력에 걸맞은 일자리에의 취업 기회는 대학생이 늘어나더라도 상승하지 않으며 오히려 줄어든다. 대학 교육의 보편화는 절대다수의 젊은이들을 24세까지 16년 동안 학교에 다니게 만듦으로써 대학 졸업 후 취업 단계에서 심각한 병목 현상이 일어나게 만든다. 생애 기회를 좌우하는 병목은 좋은 일자리 수이기 때문에 대학생 수를 늘려도 생애 기회가 확대되지 않는다. 그러나 좋은 일자리에 대한 개념을 폭넓게 설정한다면 생애 기회는 얼마든지 확대될 수 있다. 병의 모양이 바뀐다고 병목이 없어지는 것은 아니지만 병의 목을 넓히면 병 속에 든 액체는 쉽게 빠져나온다([그림 4] 참조). 직업이 위계적으로 서열화되고 그에 따라 소득, 위세, 권력이 극명하게 결정되는 사회는 병목이 좁은 병과 유사하다.[33] 이러한 사회에서는 출세 여부로 생애 기회는 물론이며 존재감까지 영향을 받는다.

대학이 보편화되면서 선택의 여지없이 대학에 진학하고 졸업한 청년들은 대학 교육에 어울리는 일자리가 마련되어 있지 않음에 따라 이전까지 경험했던 학교 내 경쟁들과 진학을 위한 경쟁들이 무색할 정도로 냉엄한 취업 경쟁을 피할 수 없다. 취업 경쟁의 결과로 직장과 업무가 결정되면서 생애 기회가 확연히 갈라지게 된다. 대학 학력에 적합한 일자리

33) 조선 시대에는 사농공상(士農工商)으로 신분이 가려졌다. 조선이 붕괴하면서 이 신분제도는 거의 사라졌는데 출세라는 개념이 경제적 재산, 사회문화적 위세, 정치적 권력을 통합하여 우열을 가리기 위해 등장하였다.

[그림 4] 병목이 다른 병들: 생애 기회에 대한 시사

에의 취업, 대학 학력에 어울리지 않게 낮은 일자리에의 하향취업, 스스로 선택한 실업, 구직 실패에 따른 불가피한 실업 등으로 구분되기 시작한 생애 기회 격차가 점차 확실하게 다른 인생을 살아가게 만든다. 실업 또는 하향취업으로 내몰린 대졸 청년들은 동일한 학력으로 적합한 일자리에 취업하여 높은 소득과 안전을 확보함으로써 밝은 생애 기회를 갖게 된 동년배들에 대해 극심한 상대적 박탈감을 갖게 된다. 대졸 청년 실업은 우울증과 자살 충동을 일으키며(Lim, Lee, Jeon, Yoo, and Jung. 2018), 실업 상태가 길어지면 정신 장애를 남길 수 있는 트라우마(trauma)에 시달리게 된다(Cottle, 2001). 현실에 좌절한 실업 상태의 청년들은 현실도피자, 룸펜 부르주아(Lumpenbourgeoisie),[34] 의식화된 급진주의자 등으로 변화할 수 있다. 어느 쪽이든 개인과 국가의 비극을 예견하게 한다.

첨단 기술로 소득이 엄청나게 많은 소수의 사람이 두드러져 보임으로써 지식 · 기술과 소득이 인과적(因果的) 관계로 연결되고 있다. 그리고 지식 · 기술의 원인으로 학교교육이 설정됨으로써 학교교육의 소득효과가 진리처럼 확산되고 있다. 그러나 스포트라이트를 받는 곳은 아주 밝더라도 그 뒤는 암흑이 될 수밖에 없듯이 과도하게 부각된 진실은 허구를 담고 있다. 학교교육의 소득효과는 부정되지는 않지만, 학교교육의 상향화가 더 많은 소득을 보장하지는 않는다. 대학 교육에 걸맞은 소득을 얻으려면 대학 교육 이수자가 대학 교육을 요구하는 일자리보다 많지 않아야 한다. 오늘날 한국에서는 그 일자리 수보다 두 배 이상의 청년들이 대학을 졸업하고 있다.

학교는 다양한 기능이 있지만 가장 명료하게 인정되고 지정된 목적은 미성년자들에게

---

34) 부유한 백수로 번역될 수 있다. 가난한 백수, 곧 룸펜 프롤레타리아(Lumpen proletariat)도 있을 수 있으나 그 기간은 한시적이다. 가난에 쪼들리면 실업보다는 하향취업을 선택할 수밖에 없기 때문이다.

성인으로 갖게 될 직업에서의 업무를 적절하게 수행할 수 있도록 지식과 기술을 습득하게 하는 것이다. 취업 후 밟게 되는 직업적 경력은 현직에 있을 때는 물론이며 퇴직 후의 생애 기회를 좌우한다(Mortimer and Krüger, 2000: 475). 학교교육을 종료한 후 그 학력에 걸맞은 일자리를 갖지 못할 경우, 학교교육은 실패로 판정되어야 한다. 오늘날 한국에서는 대학 교육을 받고도 직장에 안착하지 못하고 있는 젊은이들이 아주 많으며 점차 늘어나고 있다. 오늘날 한국의 학교교육은 성공적으로 평가될 수 없다. 최고 학력인 대학을 졸업한 청년들 가운데 절반 이상이 실업자나 하향취업자가 되는 현실을 고려한다면, 학교교육이 실패하고 있다고 말할 수 있다. '실업을 위한 학교교육'(schooling for unemployment), '하향취업을 향한 대학 진학'(college-going to under-employment) 등의 풍자가 출현하고 있다. 한국의 청년들도 돌파구 없는 상황을 직면하고 여러 가지 신조어로 스스로 비하하고 있다(우석훈 · 박권일, 2007; 정상근, 2011).[35]

4. 대졸 청년 실업의 체계화: 공급 과잉과 수요 감소의 이중고

대학졸업생들이 아주 적었을 시절에는 대학을 졸업하면 일자리를 쉽게 구할 수 있었다. 대학졸업생들이 어느 정도 늘어났을 시절에도 대학을 졸업하면 일자리를 구할 수 있었다. 한국에서 1965년도에 출생한 아이가 대학을 입학할 때인 1985년에 고등교육 취학률은 22.9퍼센트였다. 그 아이는 청년이 되어 대학을 졸업하면서 괜찮은 일자리를 구할 수 있었다. 그 청년이 1995년에 결혼하고 몇 년 후 아이가 태어났다면 그 아이는 지금쯤 21세 정도일 것이다. 그 아이가 대학에 입학할 때(2015년) 고등교육 취학률은 이미 65퍼센트를 넘어섰다. 부모세대와 자녀세대의 고등교육 취학률 격차는 얼추 42퍼센트포인트(%p)에 이른다. 이 격차는 실로 엄청난 변화를 의미한다. 부모세대에서는 대학을 졸업한 청년들 대부분이 대학 학력에 적합한 일자리를 구할 수 있었지만, 자녀세대에서는 대학을 졸업한 청년들 가운데 절반 정도만 대학 학력에 어울리는 일자리를 구할 수 있다.

부모들은 자녀들이 대학에 진학하면 그에 걸맞은 일자리를 얻을 것으로 확신하고 대학 정원을 늘려 달라고 요구했고 1980년 이후의 정부들은 선심을 베풀 듯 대학 정원을 획기

35) 오늘날 한국의 청년들은 연애 · 결혼 · 출산을 포기한 '3포세대', 월 소득이 88만 원을 넘지 않는 '88만원세대', 20대 청년들 태반이 백수라는 의미의 '이태백', 교육 · 취업 · 훈련을 거부하는 '니트족'(not in education, employment or training: NEET), 남아도는 인적자원을 의미하는 '잉여세대' 등의 부정적이거나 자조적인 신조어로 묘사되고 있다.

적으로 확대하는 정책을 폈으며 대학들은 교문을 활짝 열어 학생들을 받아들였다. 그러나 부모, 정부, 대학은 청년들에게 대학 졸업장을 안겨 주었어도 일자리를 제공하지는 않았다. 이는 마치 여권(passport)을 발급받고 해외여행을 떠난 사람이 여행 대상 국가의 공항에서 입국을 거부당하는 상황과 유사하다. 여권은 비자(visa)를 보장하지 않는다. 한국 대학의 중요 수입원은 재학생들의 등록금이며 졸업생들의 기부금이 아니다. 대학은 수입원으로서 학생들을 환영하여도 기업은 피고용자들을 통해 이익을 창출해야 하고 그들에게 소정의 임금을 지급해야 한다. 따라서 기업은 대학이 학생들을 받아들이듯이 피고용자들을 선발할 수 없다.

일자리는 부모, 정부, 대학이 아니라 영리를 추구하는 기업들에 의해 주로 창출된다. 고용주들은 일자리를 늘리는 데보다는 줄이는 데 심혈을 기울인다. 자본가들은 생산에 필요한 기술을 최대한 단순화시킴으로써 노동자들이 보유한 기술을 하찮게 만들어 임금을 삭감하고 노동에 대한 통제력을 확보한다(Braverman, [1974] 1998; Brynjolfsson and McAfee [2011] 2013; Rifkin, [1995] 1996). 자동화, 전산화, 세계화 등 다양한 개념으로 표현되는 현대 사회의 변화들은 모든 기업체로 하여금 생산성을 극대화하도록 강요하고 있다. 생산성 향상은 비용을 줄임으로써 가능하며 인건비 절약이 가장 먼저 시도된다. 일자리를 효율적으로 줄이는 데 실패한 기업은 경쟁력을 상실하게 되어 도태될 수 있다. 경영자들은 피고용자들을 줄이면서 업무의 효율성을 높이는 데 몰두하고 있다. 그 결과로 업무의 강도가 점점 높아지고 있다. 사무자동화, 전산화, 비정규직 활용, 외부용역(outsourcing)[36] 등은 최소인력으로 업무를 효율적으로 수행하려는 방안이다.

산업혁명을 예찬하는 사람들은 산업이 발달하면 새로운 기술이 적용된 장비들이 늘어나고 그 장비들을 다루어야 하는 일자리가 늘어난다고 예측한다. 그러나 이러한 예측은 새로운 장비들과 함께 그 장비들을 쉽게 다룰 수 있는 기술이 함께 발달한다는 사실을 간과하고 있다. 예컨대, 컴퓨터를 활용하는 기술은 점차 단순해져 왔다. 제품의 생산에 동원되는 기술 수준 측면에서 보면, 가마솥은 전기밥솥과 비교될 수 없다. 그러나 두 솥을 사용하는 데 동원되는 기술의 수준은 제품 생산에 동원되는 기술 수준과 비례하지 않는다. 과학기술의 발달은 일자리를 줄이지만 경제의 성장은 일자리를 늘리는 데 공헌한다. 과학기술의 발달은 일자리를 줄여 왔으며 일자리 창출에는 기대만큼 기여하지 않았다. 경영의 합리화도 일자리를 창출하기는커녕 오히려 줄인다. 기술공학의 발달은 자동화, 전산화 등

36) 기업의 업무들 가운데 일부를 외부의 제삼자에게 위탁하는 것을 말한다. 외국에 용역을 위탁할 때는 일자리가 외국으로 빠져나간다. 제3세계에는 아주 값싼 노동력이 얼마든지 있다.

을 통해 경영합리화를 가속한다. 그러나 경제의 성장은 새로운 일자리들을 만들어 낼 수 있다. 기술공학의 발달은 경영합리화를 지원함으로써 일자리를 줄이고 경제 성장을 통해서 일자리를 창출한다.

자동화, 외부용역 그리고 경제 불황으로 인해 업무가 축소되거나 공장이 폐쇄되어 일자리를 잃은 사람들은 새로운 일자리를 찾는 데 어려움을 겪는다. 이들 가운데 상당수는 일자리를 구하지 못하며 일자리를 새로 구하더라도 이전 일자리만큼 임금을 받지 못한다. 새로 출현하는 일자리들은 저임금 서비스 업종에 편중된다(Levin and Rumberger, 1987: 336). 대체되는 일자리는 높은 학력이 요구되지 않는 일자리로 채워진다. 결과적으로 좋은 일자리는 줄어들고 좋지 않은 일자리가 늘어난다. 이 때문에 부의 편중이 가속되어 사회가 소수의 부자와 절대다수의 빈자로 양극화된다(Reich, 1991). 대학졸업자들은 좋은 일자리들을 차지해 왔기 때문에 대학 교육이 보편화되면 고학력 인력의 공급은 과도하게 늘어나고 수요는 급격하게 줄어들어 취업의 불리함이 이중으로 겹치게 된다.

기술공학은 업무의 효율화를 지상 목표로 하여 발달한다. 기술공학은 인력을 대체하는 기계와 도구를 만드는 데 집중되어 왔다. 생산성을 높이는 기계가 발명되면 수많은 일자리가 사라진다. 기계를 구상하고 제작하는 사람들은 소규모로 늘어나지만, 그 기계가 활용되면 지금까지의 방법으로 일했던 사람들이 대규모로 실직한다. 그래서 실직자를 줄이려면 개인별로 일하는 시간을 줄여 일을 나누어야 한다. 그러나 '일자리 나눠 갖기'(job-sharing)는 기득권을 포기해야만 가능한데 기득권을 가진 사람들은 자신들이 불리해지는 결정을 내리지 않는다. 일자리 나누기는 일자리를 가진 사람들이 결정권을 갖고 있다. 미국 거대 기업의 최고경영자들은 엄청난 금액의 연봉과 상여금을 받지만, 이들 가운데 대다수는 기업이 존폐의 갈림길에 몰릴 때도 탐욕을 버리지 않는다. 불평등의 대가는 가난한 사람들이 고스란히 치른다(Stiglitz, 2013).

컴퓨터는 과학, 공학, 기술의 결정체로 격찬을 받고 있어도 컴퓨터를 이용하는 일자리들 가운데 컴퓨터 관련 훈련을 장기적으로 받아야만 수행할 수 있는 일자리는 기껏해야 5퍼센트 정도에 지나지 않는다. 이용자들이 쉽게 사용할 수 있도록 표준화되고 체계화된 소프트웨어와 자세한 설명서가 제공되기 때문에 간단한 훈련만으로도 컴퓨터로 업무를 수행할 수 있다. 컴퓨터를 효율적으로 활용하는 데에는 사전 경험이나 훈련보다 열정이 더 필요하다(Levin and Rumberger, 1987: 344). 어린아이들이 컴퓨터를 빨리 배우고 거침없이 활용하는 이유는 호기심이 많고 오류를 개의치 않는 열정이 있기 때문이다. 장기간의 훈련을 받아야만 컴퓨터를 사용할 수 있다면, 컴퓨터는 지금처럼 널리 보급되지 않았을 것이다. 기술공학이 아무리 발달하더라도 그러한 기술공학이 전혀 적용되지 않는 일자리들이

있다. 예컨대, 컴퓨터로 할 수 없는 일과 컴퓨터로 처리할 필요가 없는 일이 있다.

고용주의 관점에서 보면, 대졸 청년들이 주로 갖게 되는 중간 수준의 일자리들은 조직의 효율성에 공헌할 수는 있어도 조직을 선도하지는 않는다. 심지어 이 일자리들은 업무의 원활한 소통을 방해할 수도 있다. 경영합리화는 신속하고 정확한 소통을 중요하게 고려하여 상하로 높은(tall) 조직구조를 평평하게(flat) 만드는 방향으로 이루어지고 있다. 심지어 최근에는 상하 위계 절차를 밟는 의사 전달의 비효율성을 극복하기 위해서 관리자 직급을 폐지하고 구성원 모두가 동등한 위치에서 업무를 수행하는 제도[holacracy]가 도입되고 있다(Robertson, 2015). 이러한 추세는 정보공학의 발달과 사무자동화에 의해 더욱 빨라지고 있다. 경영합리화는 불필요한 인원을 감축하고 상대적으로 저렴한 인력으로 대체하는 데 아주 적극적이다. 경영합리화는 생산직 노동자들만이 아니라 사무직 노동자들도 겨냥하고 있다. 이러한 추세는 대졸 청년들이 취업하는 일자리가 체계적으로 감소할 것임을 의미한다.

> 1990년대 기업이 높은 이윤을 얻을 수 있었던 이유는 고용주들이 상당 부분 경영비용 삭감, 그중에서도 특히 임금 상승을 성공적으로 억제할 수 있었기 때문이었다. 그들이 사용한 비용 절감의 방법으로는 정리해고, 조기 퇴직제, 업무 흐름(job flow)을 재설계하는 리엔지니어링(re-engineering) 등이 있다. 일부 기업은 정리해고 직후나 아니면 그 와중에서도 상당한 규모의 신규 채용을 시행하기도 한다. 이를 통해 높은 임금을 받는 나이 든 직원을 싼 임금의 젊은 사원이나 값비싼 후생복지제도에 돈을 들일 필요 없는 시간제 근무자 또는 컨설턴트들로 대치한다. (Fraser, [2001] 2004: 65-66)

자본가들 간에 생존을 두고 벌어지는 치열한 경쟁이 계속되는 한 인력을 최대한 줄이는 데 집중된 경영합리화는 더욱 가속될 것이다. 첨단 산업의 발달로 자동화 기계의 가격이 가파르게 하락하므로[37] 그에 따라 피고용자의 소득도 급락하게 된다. 자본가와 노동자의 대립만 주목받고 있지만, 자본가들 간의 경쟁과 갈등도 이에 못지않게 치열하다. 자본가와 노동자는 임금과 근무조건으로 협상하고 대립하지만, 자본가들끼리는 존망을 걸고 대결한다. 자본가들은 이윤을 극대화하기 위해서 로봇으로 인력을 대체하는 데 주저함이 없다. 자본주의사회에는 다른 회사들을 흡수하려는 기업사냥꾼(corporate raider)들이 즐비하

37) 노트북은 가격 하락 속도를 실감하는 데 도움이 된다. 20년 전에 거금을 투자하여 구입한 노트북의 무게, 용량, 속도, 기능 등을 고려하면 지금 판매되는 노트북은 공짜나 다름없다.

다. 기업의 통폐합은 국내에서는 물론이며 국제적으로도 흔하게 일어나고 있다.

자본가들의 세계는 약육강식을 상징하는 밀림처럼 그 어떤 일자리들보다도 더 무자비하다. 자본가들은 생존하기 위해서 비용을 최소화하고 이익을 최대화해야 한다. 비용을 최소화하려면 최소 인력으로 기업을 효율적으로 운영해야 한다. 자본가들, 곧 고용주들은 오랫동안 생산직 노동자들을 줄이는 데 집중했지만, 이제는 경영, 사무, 관리 등에 종사하는 화이트칼라 노동자들을 줄이는 데 주력하고 있다. 고용주들이 화이트칼라 노동자들을 줄이려면 통제가 쉬워야 한다. 마침 정보통신 기술이 발달하면서 널리 보급된 컴퓨터, 인터넷, 휴대전화 등은 시간과 공간의 제한 없이 소통할 수 있게 해 줌으로써 통제가 아주 쉬워졌다. 인터넷은 근무 시간을 무한히 늘리고 스마트폰은 실시간 통제를 가능하게 한다. 정보통신 기술의 발달은 일자리를 늘리는 데보다는 줄이는 데 더 강력하게 작용해 왔다.

현대인들은 기술공학의 급속 발달과 첨단 기술에 매료되어 학교교육의 확대를 정당화하는 주장에 쉽게 동의한다. 그러나 컴퓨터와 같은 최첨단 기술은 작업 현장과 개인적 경험에 의해서 발명되고 있으며 공식적 관료적 기구인 학교교육의 산물이 아니다(Collins, 2002: 26). 첨단 기술 사회에서도 인구 대비 전문가의 비율이 높은 것도 아니다. 이 사회에서도 전문가 영역에 속하는 일자리는 약 20퍼센트로 소수이며 대부분의 일자리는 일상적이거나 심지어 단순한 서비스직에 지나지 않는다. 첨단 기술 산업은 비정규직 노동자들을 고용함으로써 화이트칼라 노동자들을 착취한다(Fraser, [2001] 2004: 216). 기술공학이 발달할수록 한편에서는 첨단 기술을 요구하고 고액 연봉으로 보상하는 아주 좋은 일자리들이 창출되지만 다른 한편에서는 단순 기술을 요구하거나 아무런 기술도 요구하지 않고 최저임금 수준으로 보상하는 열악한 일자리들이 급격히 늘어난다. 그리고 이 두 가지 유형의 일자리들 사이에 있는 중간 기술과 중간 보상의 일자리들은 줄어들거나 사라진다. 그 결과로 사회는 중간이 협소한 호리병 모양의 양극화 사회로 변화한다.

전산화와 자동화가 고속으로 진행되면 중류 계층이 주로 차지해 온 단조로운 화이트칼라 일자리들이 사라진다(Levy and Murname, 2004). 이로써 극소수의 기술 · 관리 · 금융 엘리트들과 그 외의 많은 사람 사이에 사회경제적 격차가 엄청나게 벌어지게 된다. 오늘날 고용주는 인건비를 절감하고 노동분쟁에 휘말리지 않기 위해서 피고용자를 최소화하는 경영을 적극적으로 추진하고 있다. 고용주는 로봇으로 인력(人力)을 대체할 수 없거나 비용이 절감되지 않을 경우만 사람을 채용할 것이다. 그래서 앞으로는 대부분의 성가신 사회문제들이 인종이나 성별에 의한 차별보다는 계급 차별 때문에 유발된다(Collins, 2002: 27). 이미 화두가 된 양극화는 현대 사회가 계층으로 분리(分離)되는 수준을 넘어 계급으로 단절(斷切)되고 있음을 의미한다. 단절된 사회일수록 이질감이 쉽게 적대감으로 변화한다.

고용주는 컴퓨터, 인터넷 그리고 스마트폰을 통해 피고용자들을 언제 어디서나 통제권 안에 둘 수 있다. 이 놀라운 기기들은 언제 어디서나 업무를 처리하게 만듦으로써 사무실의 공간을 무한대로 넓혀 놓았다. 이로써 퇴근은 물론 휴가까지도 사라지고 있다. 육체노동자는 시설과 재료가 있는 현장에서 주로 일하지만, 정신노동자는 어디서나 일을 할 수 있게 됨으로써 업무 시간이 따로 없으며 언제나 지시와 통제를 받을 수밖에 없다. 첨단 통신기기로 항상 소통할 수 있게 됨으로써 정신노동자들은 마치 조립공정 라인에서 일하는 육체노동자처럼 업무를 쫓기듯 처리하고 있다. 더욱이 한국인들은 자신의 휴대전화 번호와 전자우편 주소를 거침없이 공개함에 따라 사생활을 스스로 포기하고 있다.[38] 기술의 발달은 인간을 마냥 자유롭게 해 주지 않는다. 그 기술은 인간을 자유롭게 해 주는 데보다는 통제하는 데 더 효율적으로 이용되기 때문이다.

상식적으로 생각하면, 지식과 기술이 발달할수록 이전보다 더 높은 수준의 지식과 기술을 갖춘 인력이 필요하기에 고학력자의 수요가 늘어나야 한다. 그러나 고용주들은 기술공학이 발달할수록 업무의 효율성을 최대한 높여 고용 인력을 최소화하는 방안을 연구한다. 지식과 기술의 발달은 새로운 제품을 창조하는 최고 인력을 조금 늘리면서 전문성이 상대적으로 낮은 일자리를 급속도로 감소시킨다. 적합한 사례로 편집과 인쇄 기술의 발달은 각각 가공할 정도의 효율성을 가진 편집 소프트웨어와 인쇄 기계를 출고함으로써 수많은 편집 전문가와 인쇄공을 사라지게 하였다. 전화교환수도 비슷한 절차로 사라졌다. 시계는 아주 중요한 생활필수품이었지만, 이제는 사치품과 소모품으로 양극화되고 있으며 수요가 급속도로 줄어들고 있다. 은행의 업무도 자동화와 전산화에 의해 서비스 창구의 수가 줄어들다가 이제는 지점들까지 속속 사라지고 있다. 은행은 고객들에게 예금, 출금, 송금 등의 업무를 스스로 처리하도록 요구하고 있다. 이러한 변화로 은행 일자리가 감소하고 있다.

통신기기와 사무기기가 2018년 오늘에 비해 엄청나게 뒤떨어져 있던 1988년에 이미 화이트칼라 직업의 비극이 정확하게 예견되었다. 『전자 노동착취』(*The electronic sweatshop*)라는 책(Garson, 1988)은 전자 기기의 발달로 고용주들은 화이트칼라를 원하는 방향으로 훈련하고 쉽게 대체할 수 있는 존재로 만든다고 단언하였다. 전자 기기가 발달하면서 처음에는 단순 사무직과 전화교환원이 사라지고 그다음에는 비서, 은행원, 서비스업 종사자가 줄어들며 곧이어 전문직 종사자와 기업의 간부들이 퇴출 표적이 된다. 기술의 발

---

38) 고용주는 물론이며 은행과 같은 서비스 기관까지도 휴대전화 번호와 전자우편 주소를 기입하도록 강요하고 있다.

달로 일자리의 감소에 대한 경고는 이어지고 있다(Brynjolfsson and McAfee, 2012; Rifkin, 1995). 고용주들은 자동화로 블루칼라 일자리를 줄였으며 전산화로 화이트칼라 일자리를 줄이고 있다.[39] 여기에 노동력을 소모품처럼 필요할 때 사서 쓰고 버리는 형식, 곧 상품화(commoditization)를 하면 노동시장은 더욱 악화될 수밖에 없다.

오늘날 최고의 실용주의 학문처럼 부각되고 있는 경영학은 고용주들을 일방적으로 지원하는 데 주력하고 석사과정으로 승격했으며 세계 최고 수준의 대학들도 실무 중심의 경영학 석사(master of business administration: MBA) 프로그램으로 영리를 추구하고 있다. 경영학은 때로는 인본주의를 표방하며 인력의 효율적 활용을 추구한다. 한편, 피고용자나 노동자의 일상과 일생을 주목하는 학문은 좌파로 분류되거나 사회주의 학문으로 오해되고 있다. 오늘날 평생직장이라는 개념이 사라졌으며 고용주가 피고용자들을 가족으로 묘사하는 데 대하여 피고용자들은 반기지 않는다. 고용되면 임금을 받아 가족을 부양할 수 있지만, 노동자들이 받은 임금은 노동에 대한 대가일 뿐 고용주의 선심도 자선도 아니다. 고용주들은 자신들의 가족을 부양하듯 피고용자들에게 임금을 지급하지 않는다. 마찬가지로 노동자들도 자신들의 가족에 봉사하듯 업무에 종사하지 않는다.

대학 진학을 폭발적으로 증가시키는 기본 동력은 육체노동을 피하고 정신노동직 또는 전문직을 가지려는 욕구이다. 그러나 대학 교육을 통해 쟁취하려는 일자리는 미국에서도 전체 일자리의 20퍼센트나 될지 의문이다. 대졸 학력을 요구하는 일자리는 최대한으로 늘려 잡아도, 전체 일자리 가운데 30퍼센트를 넘지 않는다. 세계 여러 국가, 예컨대 영국, 프랑스, 일본 등에서도 대학 교육에 걸맞은 일자리는 미국 정도에 그치고 있다(Blumberg and Murtha, 1977: 45-47). 1970년대 중반 미국의 경우 대졸 학력에 걸맞은 일자리가 전체 일자리 가운데 20퍼센트를 넘지 않았다면, 대졸 학력자가 40퍼센트일 때 그들 가운데 절반 정도는 제대로 취업했지만, 나머지는 저학력 일자리에 취업했거나 실업 상태에 처했음을 의미한다(Blumberg and Murtha, 1977: 48).

학력이 높아질수록 선호하는 일자리를 가지려는 열망은 상승한다. 그 이유는 학교교육에 투입된 직접 비용과 재학 기간이라는 기회비용이 늘어나기 때문이다. 여기에 더하여 취업에 요구되는 능력을 갖추었을 가능성도 높아졌기 때문이다. 그러나 사회 전반적으로 학력이 상승하면 선호하는 일자리에 취업할 가능성은 낮아진다. 그 이유는 선호하는 일자리는 그 수가 많지 않은데 그 일자리를 갈망하는 사람들은 많기 때문이다. 이러한

---

39) 산업혁명은 1차(증기기관), 2차(자동화), 3차(전산화)를 거치면서 인력을 대체해 왔다. 최근 4차 혁명(융합화)이 회자하고 있으나 이 변화가 인간에게 어떤 재앙으로 다가올지는 경시하고 있는 것 같다.

상황에서 기대하는 일자리에 취업하려면 경쟁자들을 제칠 수 있을 정도로 학력을 더 높여야 한다. 누구나 이러한 논리로 학력을 높이면, 각자가 높인 학력은 상대적 우위를 드러낼 수 없다. 이러한 절차로 고학력 사회가 딜레마에 봉착하게 된다. 모두를 비극으로 이끌 수 있는 고학력 사태를 막으려면 조정이 필요하다. 그러나 대표성 없는 개인이나 정통성(legitimacy) 없는 기관의 조정은 자유를 침해하고 부당할 수도 있다. 상황이 이렇게 전개될 수 있기 때문에, 정통성을 갖춤으로써 대중영합주의를 초월하고 공익을 앞세우며 통찰력과 추진력이 있는 정부의 출현을 고대하게 된다.

고등교육 취학률이 상승하면 실업률도 상승한다(Hannum and Buchmann, 2005: 337). 대학졸업자들이 기대하는 일자리는 그들이 늘어나는 속도에 맞추어 증가하지 않는다. 대졸 인구가 노동시장 수요를 초과하면 대학 교육의 취업효과와 소득효과가 하락한다. 취업에는 노동시장의 구인(求人) 수요가 결정적 변인으로 작용한다. 동령집단 내 대졸 학력자의 비율이 낮더라도 노동시장의 고급 인력에 대한 수요가 적어 그 비율을 감당할 수 없으면 대졸 청년들 가운데 상당수는 실업을 피할 수 없다. 1960년대 중반 한국의 대학취학률이 10퍼센트에도 미치지 못했지만, 그 당시 노동시장의 수요가 너무 적어 수많은 대졸자가 실업 상태에서 벗어날 수 없었다. 심각한 취업난 때문에 대졸 청년들이 서독 광부 모집에 지원하였다. 탄광에서의 석탄 채취는 전형적인 기피업종이었지만, '신사 광부'라는 역설적 명칭을 가진 대졸 청년들이 실업난을 벗어나기 위해 선택하였다. 이와는 반대로, 경제가 압축적으로 성장할 때 대졸 출신에 대한 노동시장의 수요가 증가하여 인문계 대졸 청년들도 전공과 업무가 일치하지 않았음에도 불구하고 대기업에 취업하였다. 통화 팽창이 심각한 경제 문제를 일으키는 것처럼 대학 교육을 받은 인구의 팽창도 그에 못지않게 심각한 문제들을 유발한다.

한국에서는 대졸 취업지망자의 공급 과잉이 이미 심각한 사태로 악화되고 있다. 고용주들은 자신들에게 필요한 인력을 구하는 데에만 주력할 뿐 대졸 구직자들이 늘어나는 데 대해서는 관심이 없다. 대학졸업자들이 엄청나게 늘어났기 때문에 웬만한 회사라면 대졸 지원자들이 넘쳐난다. 산더미처럼 쌓여 있는 지원서들은 채용담당자들에게 효율적으로 처리해야 할 일거리일 뿐 일일이 배려해야 할 사안이 아니다. 개별 지원자들이 미래를 위해 과거를 곱씹어 가며 정성 들여 작성한 입사원서들은 채용담당자들에게 '이야기 없는 자료'(data without a story)에 지나지 않는다. 대학 교육을 받은 인력에 대한 수요는 제조업 분야보다 재무, 관리, 보험, 부동산, 관청(government agencies) 등 서비스 영역이 확대되면서 이루어졌다. 그러나 제조업 일자리가 기계화, 자동화, 세계화 등에 의해서 급속도로 줄어든 것처럼 서비스 영역의 일자리도 사무기기의 발달과 사무자동화 시스템 그리고 세계화에 의해서 상당히 빠른 속도로 줄어들고 있다. 고용주는 봉급을 많이 지급해야 하는 고급 서비스직을 일차적인 축소 대상으로 삼는다. 예컨대, 은행은 현금자동인출기, 인터넷뱅킹, 모바일뱅킹, 로보틱 프로세스(robotic process automation: RPA) 등 자동화와 디지털화로 은행원을 크게 줄였다.

고학력 노동자들의 현실에 대한 실망은 더 깊어질 가능성이 아주 높다. 한국의 경제는 1960년대 이후 초고속으로 성장했지만, 이제는 그러한 성장 속도가 실현될 수 없는데도 기대 수준은 학력 상승과 함께 지속되었다. 그 결과, 한국은 대학 교육을 받은 청년들이 매년 엄청나게 쏟아져 나오고 있으나 그들이 기대한 일자리는 턱없이 부족할 뿐만 아니라 점차 줄어들고 있다. 고학력 인력의 공급 과잉으로 대학 교육을 받은 청년들 가운데 상당수는 실업 또는 하향취업을 피할 수 없다. 상품을 사고파는 시장에서 수요와 공급에 의해서 가격이 결정되는 것처럼, 노동시장에서도 인력의 수요와 공급에 따라서 임금이 결정된다. 아무리 비싼 재료로 만들어졌더라도 공급이 수요를 초과하면 가격이 하락하며 과도하게 초과하면 덤핑 가격으로 처리될 수밖에 없다. 똑같은 논리로 아무리 높은 단계의 학교교육을 받았더라도 그 수가 일자리 수요보다 과도하게 초과하면 상당수는 기대한 보상을 받을 수 없다.

학교교육을 많이 받은 실업자들은 학교로부터, 기성세대로부터 그리고 정책을 결정하는 주체들로부터 사기와 배신을 당했다고 생각할 수 있다. 한국의 어린이들, 청소년들, 청년들은 가정에서는 부모로부터, 학교에서는 교사로부터, 학원에서는 강사로부터, 대학에서는 교수로부터, 직장에서는 고용주로부터, 사회에서는 기성세대로부터 결국 모든 곳에서 모두로부터 학교교육이 출세의 지름길임을 설득, 주입, 강요당하고 있거나 당하게 된다. 출세는 경제적 소득, 사회문화적 위세, 정치적 권력을 의미한다. 출세 여부는 소득, 직장, 직위, 직무, 배우자, 거주지, 의식주 등 다양한 요인에 의해 판정되어도 일자리가 결정적 변수가 된다. 그런데 대졸 학력이 있어도 그에 걸맞은 일자리를 얻을 가능성은 50퍼센트보다 낮다. 한국의 대졸 노동시장은 전형적인 일자리 경쟁 모형에 지배되고 있다. 동일한 학력을 가졌더라도 선발권을 갖고 있는 고용주의 기준에 따라 채용 여부가 결정되며 입사 후에는 업무가 갈린다.

대학 교육이 보편화됨에 따라 대졸 학력의 노동예비군이 충분히 확보되었을 뿐만 아니라 앞으로도 지속적으로 양산될 수밖에 없기 때문에 취업에 필요한 학력 조건은 더욱 상승할 수 있지만 하강할 가능성은 전혀 없다. 이로써 대학 학력이 좋은 일자리로 연결되지 않을 가능성이 높음을 알면서도 대학 진학을 강행할 수밖에 없게 된다. 자녀들에게 일자리 경쟁에서 차별적 우위를 점유할 기회를 제공하는 데에만 몰두한 부모 중에는 임의로 출세 궤도를 구상하고 그 궤도에 자녀들을 올려놓는 부모들도 있다. 부모들이 자의적으로 설정한 출세 궤도는 유치원부터 대학까지 소위 명문 학벌로 이어져 있다. 명문 학교에 진학시키기 위해서 부모들이 사용하는 전략은 '쑤셔 넣기' 학습법이다. 과외 수업에 전적으로 의존함으로써 한국의 어린이들과 청소년들은 혼자 공부하는 방법을 잘 모른다. 한국의 학생들은 문제가 요구하는 정답 찾기에는 익숙해도 문제를 스스로 제기하고 탐구하는 데는 취약하다.[40] 창조성과 독창성이 아주 강조되는 시대이지만 학교 현장에서는 철저히 무시되고 있다.[41]

합리성이 지배하는 사회라면 구직난과 구인난이 동시에 일어날 수 없다. 실업 상태로 있는 것보다 기대에 미치지 못하는 낮은 임금일지라도 취업하는 편이 경제적으로는 합리적이기 때문이다. 구직난과 구인난의 공존은 비합리적인 요인이 노동시장에 작용하고 있음을 의미한다. 비합리성을 설명하는 데 준거집단(reference group)과 상대적 박탈(relative deprivation) 개념이 아주 유용하다. 준거집단은 비슷한 조건에 있는 사람들로 설정된다. 학력이 상승할수록 준거집단의 학력도 높아져 제대로 취업한 준거집단들은 사회경제적 보상이 높다. 자신의 학력보다 낮은 수준의 일자리에 취업하는 고학력자들은 상대적 박탈을 절감할 수밖에 없다. 오늘날 한국 사회에서 나타나는 대졸 청년 실업 현상은 이러한 맥락에서 나타난 결과이다. 대졸 청년들은 자존심 때문에 그리고 그들의 부모들은 체면 때문에 하향취업을 각각 거부하고 저지하면서 자발적 실업(voluntary unemployment)이 적잖이 발생한다.

고학력화가 약화될 가능성이 거의 없고 준거집단의 영향력은 한국 특유의 자존심과 체면 문화로 강화되어 있기 때문에, 대졸 청년 실업 사태는 점차 심각해질 것이다. 더욱이 한국의 현대사는 신분, 계급, 계층 등에 의한 구조적 격차를 무너뜨리고 국민 모두에게 거의 비슷한 출발선에서 생애 기회를 추구하게 하였다.[42] 이러한 현대사는 한국인들로 하여금 "하면 된다", "꿈은 이루어진다" 등과 같이 의지에 기반을 둔 생활신념을 갖게 하였다. '교

40) 이런 유형의 학습은 식재료를 갈아서 죽으로 만들어 식사하는 방법에 비유할 수 있다.

41) 한국 최고의 명문 대학교로 알려진 서울대학교에서도 교수의 강의를 그대로 복사하듯 답안을 작성하는 학생들이 A+를 받는다는 충격적인 사실이 발표되었다(이혜정, 2014). 이러한 결과는 교수와 학생의 합작품이지만, 교수가 교과과정을 구성하고 수업을 전개할 뿐만 아니라 문제를 내고 평가하기 때문에 책임을 져야 한다. 배움이 가르침을 넘어서지 못한다면 창조교육이 될 수 없다.

42) 조선의 몰락으로 신분제도가 붕괴하였으며 6.25 전쟁으로 모든 국민이 가난해졌다. 그 결과, 기득권 집단이 여전히 존재했지만, 대부분 국민이 이전 사회와는 다르게 동일 선상에서 동시에 출발하는 경기에 참여하듯 생애 기회 경쟁을 시작하게 되었다.

육출세론'은 이러한 상황에서 구체적 목표로 굳어졌다. 모든 부모가 자녀들의 대학 졸업을 자신들의 의무로 삼았기 때문에 대학 교육이 청년들과 그들의 가족들에게 필수화되었고 그로 인해 사회적으로는 당연시되었으며 국가적으로는 보편화되었다. 그 결과, 한국의 모든 청년이 대졸 학력으로 좋은 일자리를 가진 청년들로 상상된 준거집단을 갖게 되었다.

대학은 오랫동안 낭만적으로 수식되어 왔고 청소년들을 지성, 감정, 의지를 균형 있게 갖춘 원만한 인격의 청년으로 육성하는 곳으로 기대를 받아 왔다. 그러나 오늘날에는 학생들이 이보다는 시장성 있는 지식과 기술을 습득하여 사회경제적 보상이 좋은 일자리를 차지하는 데 관심을 집중하고 있다. 동령집단 가운데 절반을 훌쩍 넘는 젊은이들이 대학에 진학하고 있는 상황에서, 교양을 먼저 떠올리게 하는 인문학과 비판력을 북돋우는 사회과학 분야는 졸업생들의 취업을 알선하는 데 극도로 무력하다. 취업이 쉬울 것 같은 공학과 자연과학, 심지어 취업과 직결되는 자격증까지 제공하는 분야들까지도 졸업생들의 취업에 무기력해지고 있다.[43] 이러한 상황은 대졸 청년들이 노동시장의 수요를 과도하게 초과하여 공급되는 데 따른 필연적 결과이어서 안타까울 수밖에 없다.

한국에서 고학력화가 멈출 가능성이 거의 없기에 청년들은 대졸 학력자로 준거집단이 형성된다. 그렇지만 그 학력에 걸맞은 일자리가 대학졸업자들의 절반에게만 할당될 수밖에 없어 하향취업으로 상대적 박탈감을 안고 살아야 하는 청년들과 합리적 판단보다는 자존심과 체면 손상을 우려하여 의지로 실업을 선택하는 청년들이 늘어날 것이다. 한국의 노동시장은 학력에 걸맞은 일자리를 찾는 사람들은 구직난에서 벗어나기 어렵고 고학력자들로부터 거부당하는 중소기업의 고용주들은 구인난을 해결하기 어려운 상황이어서 생산성 하락을 피할 수 없다. 청년 실업이 퍼져나가고 상대적 박탈감에 시달리는 청년들이 늘어나는 현실임을 고려한다면, 결혼 기피 및 지연, 출산 억제, 한 자녀 고수 등이 충분히 예상된다. 그리고 대졸 청년들의 실업 또는 하향취업 사태가 국가 정책의 실패에 따른 구조적 산물이기에, 절박한 위기에 처한 청년들의 불만은 개인적 차원에서 멈추지 않는다.

해방 이후 한국의 정부들은 과거의 청산 또는 미화에 몰두하느라 미래의 설계에 너무 소홀하였다. 과거의 말끔한 청산으로 미래가 산뜻하게 펼쳐지는 것이 아니므로 과거에 집착하는 정부들은 미래에 소홀할 수밖에 없다. 비유컨대, 불량품을 걸러 낸다고 새로운 제품이 개발되는 것은 아니다. 품질 관리와 새로운 제품의 개발은 동일 작업이 아니다. 지금 한국은 선심 정치로부터 자유롭고 미래에 대한 비전을 제시하며 과감하게 추진하는 정부의

43) 교사 수급은 비교적 정확하게 예측될 수 있다. 그런데도 취업난이 심각한 사태로 벌어지고 있다.

출현을 간절히 고대하고 있다. 한국의 현실은 그러한 정부가 출현하고 정착되어야 하는 절박한 시점에 놓여 있다. 한국 교육은 극대화(極大化) 패러다임에서 최적화(最適化) 패러다임으로 전환해야 하는데 정책결정권자들은 이에 관해서는 관심을 보이지 않고 있다. 교육부는 입시 정책의 굴레에서 벗어나지 못하고 있으며, 국가의 장기적인 교육 기조와 정책을 마련해야 하는 기구의 설립은 요원하다.[44] 그 기구는 정당은 물론이며 정부도 초월해야만 장기적인 기조와 정책을 구상하고 제안할 수 있다. 그 이유는 집권 정부가 바뀌면 중단될 기조와 정책이라면 장기적일 수 없고 공익이 우선될 수 없으며 밝은 미래를 펼칠 수 없기 때문이다.

5. 대졸 청년들의 하향취업: 노동시장 질서의 붕괴

하향취업은 자신의 학력보다 낮은 학력을 요구하는 일자리에 취업하는 것을 의미한다. 학교교육과 일자리의 부조응(mismatch)은 학력에 어울리지 않게 낮은 일자리에 취업하는 하향취업과 학교교육을 통해 습득한 지식과 기술이 적용되지 않는 분야에 취업하는 전공 불일치 취업의 두 가지 유형으로 나누어 볼 수 있다. 전공 불일치 취업은 대개 하향된 취업이겠지만 개념상으로는 분리될 수 있다. 이 두 개념은 각각 수직적 부조응과 수평적 부조응으로 구분할 수도 있다. 학교교육 측면에서 하향취업은 과잉학력 또는 과잉학교교육으로 표현된다. 과잉교육은 아주 일반화된 개념이지만, 교육의 의미가 모호하고 측정이 어려워 사회과학적 용도로는 부적합하다. 과잉학교교육이 상황을 정확하게 표현한다.

우리는 교육(education)과 학교교육(schooling)을 엄격하게 구분할 필요가 있다. 교육은 배움(learning), 터득(apprehension), 통찰(insight) 등과 마찬가지로 가르치는 사람, 기관, 시설이 없어도 얼마든지 가능하다. 그러나 학교교육은 가르치는 사람, 기관, 시설 등이 갖추어져야 하며 제도화되었을 뿐만 아니라 학교 단계(level of schooling)나 학교 다닌 기간(amount of schooling)을 연수(years)를 단위로 하여 측정할 수 있다. 과잉 여부는 비교와 측정으로 판단되므로 개념으로서 과잉교육은 적합하지 않으며 과잉학교교육을 용어로 사용해야 한다. 학교에서 습득한 지식과 기술을 충분히 사용할 필요가 없는 일자리에 고용된

44) 2017년 12월 대통령 직속 자문기구로 출범한 국가교육회의는 이 임무를 수행하기에 부적합하다. 그 근거는 국가교육회의가 교육부로부터 '단일 대입개편 권고안'을 마련해 달라는 요청을 수락하였다는 사실이다. 국가 교육의 미래를 설계하는 기구라면 교육부의 산하 기관일 수 없다.

경우도 과잉학교교육으로 규정할 수 있다. 과잉훈련(overtraining)은 훈련이 업무 수행에 필요한 정도를 넘어선 경우에 사용될 수 있다.

상위 학력을 요구하는 일자리에 취업한 경우는 상향취업(overemployment) 또는 과소학력(underschooling)이라는 용어를 사용할 수 있어도 사례가 많지 않기 때문에 생소하게 느껴질 수 있다. 일자리에서 요구하는 학력에 조응한 학력으로 취업하고 학교에서 배운 지식과 기술을 충분히 사용해서 업무를 수행하며 그 일에 걸맞은 사회경제적 보상을 받는다면 학교교육이 최적화(optimization)되었다고 볼 수 있다. 고용주가 요구하는 학력으로 취업한 경우는 적합취업(appropriate employment, suitable employment)으로 표현해 볼 수 있다. 과잉학력과 하향취업 그리고 과소학력과 상향취업은 같은 의미로 사용되며 모두 일자리 부조응(job mismatch) 또는 직업적 부조응(occupational mismatch)을 의미한다.

일자리에서 통상적으로 요구하는 학력보다 더 높은 학력으로 취업하는 하향취업은 불완전한 취업 정보 또는 실무 경력 부족이 원인으로 지목되고 있지만, 오늘날 한국 사회에서 일어나는 하향취업 사태는 정보나 경력 부족에 의한 일시적인 현상이 아니다. 한국 사회의 고학력 청년 실업과 하향취업은 대학 학력까지 갖춘 인력이 노동시장의 수요를 고려하지 않은 채 대량으로 배출됨으로써 유발된 공급 과잉에 의한 필연적이고 체계적인 결과이다. 한국의 대학 교육은 너무나도 순조롭게 당연한 과정으로 모두의 소망과 기대에 부응하여 확대됨으로써 이제는 보편화 단계에 이르렀다. 스무 살 즈음의 청년들 가운데 대학생이 절대다수를 차지하고 있다. 대학은 이제 엘리트 과정이 아니며 누구나 반드시 거쳐야 하는 절차처럼 인식되고 있다. 그 결과로 대학을 졸업하고 취업하지 못한 청년들이 꾸준히 늘어나서 이제는 주변에서 대졸 청년 실업자를 흔히 볼 수 있게 되었다.

대졸 청년 실업자들의 수가 비교 대상이 되지 않을 정도로 엄청난 규모의 대졸 청년들이 대학 학력에 어울리지 않는 일자리들에 취업하고 있다. 대졸 하향취업자들로 지칭되는 이 청년들은 고등학교나 그보다 아래 단계의 학교를 졸업한 청년들과 청소년들이 마땅히 차지해야 할 일자리들에 침투하고 있다. 이들의 침투로 고졸 이하 청년들의 일자리는 크게 줄어들고 남아 있는 일자리들은 열악해지고 있다. 이로써 학력별로 구분되었던 노동시장의 질서가 붕괴하고 있다. 대졸 청년들의 하향취업은 그들이 의도하지는 않았더라도, 고졸 이하 청년들을 더 낮은 일자리로 밀어냄으로써 힘겨운 인생을 떠안기고 있다. 이 청년들이 난관을 헤쳐 나가기 위해 대학 진학을 결행하면 대학취학률은 더욱 상승한다. 이 안타까운 사태는 해결될 가능성이 거의 없을 뿐만 아니라 더욱 악화될 수 있기에 한국의 미래가 암울하다. 대학을 졸업하는 청년들 가운데 절반 이상이 청년 실업자 또는 청년 하향취업자가 될 수밖에 없는데도 불구하고 청소년들은 개인적으로는 필수 과정이 되었고 사회적으로는 보편화된 대졸 학력을 갖추기 위해 대학 진학을 준비하고 있다.

자신의 학력보다 더 낮은 학력을 요구하는 일자리에 하향취업한 사람들은 같은 학력으로 적합(適合)하게 취업한 사람들보다 보상을 적게 받는다. 그러나 통상적으로 요구하는 학력보다 더 높은 학력으로 하향취업한 사람들은 요구한 학력에 맞추어 취업한 사람들보다는 보상을 더 많이 받는다(Cohn and Khan, 1995; Duncan and Hoffman, 1981; Hartog and Oosterbeek, 1988; Hersch, 1991; Sicherman, 1991; van Smoorenburg and van der Velden, 2000). 다시 말해서, 고등학교 졸업자들에게 적합한 일자리에 취업한 대학졸업자는 대학졸업자들에게 적합한 일자리에 취업한 대학졸업자보다 소득이 낮다. 하지만 고등학교 졸업자들에게 적합한 일자리에 취업한 대학졸업자는 그 일자리에 취업한 고등학교 졸업자들보다는 소득이 높다. 그러나 미국과 유럽 국가들에서 나타난 대졸 하향취업자들의 고졸 적합 취업자들에 대한 상대적 유리함이 대규모로 그리고 급속도로 하향취업이 진행되는 한국과 같은 상황에서는 나타나지 않을 가능성도 충분히 있다.

학력은 객관적으로 그리고 가시적으로 드러난 정보이기 때문에 고용주들이 선호하는 채용 조건이 된다. 학력의 생산성은 그 학력에 걸맞은 업무를 수행할 때 발휘될 수 있다. 고용주는 업무에 따라 임금을 지급하므로 업무 수행에 요구되는 학력보다 더 높은 학력을 가진 피고용자에게 그의 학력에 맞추어 임금을 결정하지 않는다. 고용주들은 일자리에 적합한 학력의 하한선을 정하지만, 최적의 학력을 고수하기 위하여 상한선을 정하지는 않는다. 따라서 설정한 학력 수준보다 낮은 사람들은 취업할 수 없지만, 그 수준을 넘어서는 학력 소지자들은 허용된다. 그리고 고용주들은 학력이 상대적으로 높은 사람들을 선호하는 경향이 있다. 고용주들은 지원자들 가운데 더 나은 사람들을 선발하려는 의지가 있기 때문에 상대적으로 돋보이면 채용에 유리하게 작용한다. 학력은 차별화 기능을 해 왔으며 학벌이 여기에 추가되었다. 고용주들은 채용 조건을 갖춘 지원자들을 모두 선발한 후 이들 가운데 무작위로 일정 인원을 채용하는 방법을 택하지 않는다. 고용주들은 지원자들이 갖춘 인적자본을 통해 서열을 매기고 그 순서에 맞추어 채용한다(Thurow, 1975).

학교교육은 취업에서뿐만 아니라 현직훈련 기회와 승진에서도 작용한다. 취업 후 개인들의 생산적 능력은 서서히 드러나므로 고용주들은 상당 기간 학력을 능력 평가 기준으로 이용하게 된다. 이 때문에 학력이 높을수록 취업효과에 더하여 승진, 보상, 직업 안정 등으로 소득이 상승하는 기회도 얻을 수 있다. 학교교육 수준이 낮은 직업일수록 승진의 폭과 기회가 제한되어 소득효과가 제한된다(O, 1983). 하향취업은 학력이 상대적으로 덜 중요한 일자리에의 취업을 의미하므로, 학교교육이 취업 이후에 미치는 소득효과와 승진효과를 제한시킨다. 그 이유는 학력이 낮은 사람들이 취업하는 일자리들은 대개 승진 단계가 적거나 없기 때문이다. 승진에 의하지 않고 소득을 높이려면 근무 시간을 늘려야 한다. 그러나 근무 시간은 법적 규제와 건강 때문에 무한히 늘릴 수 없다. 승진이 제한된 일자리들은 소득을 높이는 데 한계가 있다.

노동예비군이 확보되어 있으면 착취도 쉬워진다.[45] 노동예비군의 출현은 육체노동에서만 일어나는 현상이 아니며 정신노동에서도 얼마든지 일어날 수 있다. 대졸 청년 실업과 하향취업이 심각하게 회자하고 있음은 한국에서 대졸 노동예비군이 급격히 증가하고 있다는 징후이다. 하향취업은 노동자가 자신의 노동력을 헐값에 파는 것을 의미하며 이러한 상황이 악화하면 덤핑 가격으로 팔아야 하는 극단적 사태가 도래할 수 있다. 오늘날 한국에서 대졸 청년 실업자가 늘어나는 이유 중에는 대졸 청년들의 하향취업 거부도 포함된다. 그러나 취업을 거부하려면 생활비가 확보되어 있어야 한다. 오늘날 한국에서는 부모들이 미취업 대졸 자녀들에게 자원해서 또는 마지못해 생활비를 지원하는데, 이로 인해 자발적 실업자가 늘어나고 있다.[46] 그러나 부모의 지원이 영원히 계속될 수는 없으므로 하향취업을 외면하는 데에는 한계가 있다.

학교교육과 일자리의 부조응은 소득을 포함한 노동시장의 결과에 심각한 영향을 미친다. 과잉학교교육은 직업 선택, 일자리 만족도, 이직 등에 영향을 미친다(Allen and Van der Verden, 2001: 434). 상대적으로 높은 학력은 실직 상태에서 재취업할 때 더 유리하게 작용한다. 고등학교 교육과 비교할 때 대학 교육은 부정적인 고용 충격에 적응하는 능력을 상승시킨다(Riddle and Song, 2011: 462). 그러나 재취업의 일자리를 학력에 적합한 일자리로 제한하면 이러한 결론이 나오지 않을 가능성이 있다. 대학 교육이 보편화되고 있다면 대학 학력에 적합한 일자리에 취업하기가 상당히 어렵다. 따라서 재취업할 경우, 경력이 쌓여 있지 않다면, 이전과 같은 수준의 일자리를 구할 가능성은 첫 취업 때보다 오히려 낮을 수 있다. 대학취학률이 60퍼센트를 넘어선 한국에서 대학 학력에 걸맞은 일자리에 취업하는 대졸 청년들은 절반에도 미치지 못한다. 재취업하려는 사람이 경력을 인정받는다면 이전 수준 또는 그보다 더 높은 수준의 일자리를 구할 수 있을 것이다. 그러나 경력을 인정받지 못하면 취업했던 사실이 재취업에 오히려 부정적으로 작용할 수 있다.

노동시장에서 학교교육의 중요한 이점은 학력이 높을수록 실업의 위험이 줄어든다는

45) 정규직으로의 전환을 미끼로 비정규직 노동자들의 헌신을 끌어내는 고용주들이 출현하고 있다. 그러나 정규직으로의 전환은 비정규직 노동자들의 기대보다 턱없이 적어 '사기를 치는' 것으로 보일 정도이다. 비정규직 노동자들은 수렁에 더 깊이 빠지게 된다. 비정규직은 가교(bridge)이기보다는 함정(trap)일 가능성이 더 높다(남재량 · 김태기, 2000).

46) 연로한 부모들이 고학력 청년 자녀들을 기약 없이 부양하는 어이없는 상황이 한국에서 증가하고 있다.

점이다(Mincer, 1991: 22). 그 이유는 일자리에서 요구되는 학력에 위로는 한계선이 없기 때문이다. 고학력화가 진행되더라도 높은 학력을 가진 사람들은 낮은 학력의 일자리에 취업할 수 있지만, 낮은 학력을 가진 사람들은 높은 학력을 가진 사람들이 차지하고도 일자리가 남아돌 때 그제야 취업 기회를 얻을 수 있으므로 실업 가능성이 상대적으로 훨씬 높다. 물론, 고학력자들도 노동시장 수요를 과다하게 초과하여 공급되면 일자리가 부족해지면서 하향취업이나 실업으로 몰릴 가능성이 높아진다.

1975년 미국에서는 1,400만 취업 대졸자들 가운데 약 45퍼센트가 하향취업하였다(Berg and Freedman, 1977: 26). 미국에서 1970년대에 집중적으로 발표된 과잉학교교육의 부정적 측면에 관한 연구에 의하면(Tsang and Levin, 1985: 93-94), 업무에서 요구되는 학교교육 수준보다 더 높은 학력을 가진 노동자들은 자신들의 일자리에 대해 불만이 더 많고 결근, 이직, 업무 방해와 같은 부정적인 노동행위를 더 자주 하며 건강도 좋지 않다. 그 결과로 업무에 대한 열정이 줄어들면서 생산성이 떨어지고 생산비가 늘어나게 된다. 고용주들은 생산성이 떨어져 불필요한 비용을 부담시키는 피고용자들을 주시하고 과실(過失)이 누적되면 경고하며 그런데도 변화가 없으면 해고한다.

조직사회로 지칭되는 현대 사회에서 개인들의 생산성은 조직 속에서 발휘된다. 취업은 조직의 일원이 됨을 의미한다. 한 직원의 업무는 다른 직원들의 업무와 깊이 연관되어 있다. 개인들의 업무 능력은 그 자신들의 개성과 일자리의 특성이 상호 작용함으로써 발휘된다. 한 개인의 업무 능력이 탁월할지라도 소속된 조직의 구성원들과 조화롭지 못하면 그의 능력은 제대로 발휘되지 못한다. 과잉학교교육은 개별적으로도 확인될 수 있으나 조직 내 다른 구성원들과의 비교를 통해서 더 분명하게 파악된다. 다른 구성원들과 비교함으로써 자신의 학교교육이 제대로 평가받지 못하고 있음을 알게 된 피고용자들은 상대적 박탈감과 부당함을 느끼게 되고 그 감정은 업무 수행에 부정적으로 작용하게 된다.

대졸자의 하향취업은 고등학교를 졸업한 후 곧바로 취업한 고졸 적합취업보다 생산성에서 떨어질 가능성도 있다. 4년제 대학을 졸업한 하향취업자와 고졸 적합취업자의 연령이 같다면, 고졸취업자는 4년의 실무경험을 인적자본에 더할 수 있다. 그렇지만 대졸 하향취업자는 대학 교육 4년을 인정받지 못한다. 그 직업이 작업 현장에서의 노동으로 기술을 익히고 실무를 통해 생활 지혜를 터득하는 업종이라면 고졸 적기(適期) 취업자의 인적자본이 월등히 높을 수 있다. 여기에 대졸 하향취업자가 학력에 걸맞지 않은 일자리에 있음을 자책하면서 적응하는 데 주저하거나 심리적으로 거부한다면 그 격차는 더 커질 수 있다. 학력이 강력한 지위재로 활용되고 있는 한국 사회의 경우, 고졸 적합취업자들과 같은 공간에서 같은 직위로 일하는 대졸 하향취업자들은 자존심이 상하고 체면이 손상될 개연성이 높다.

학력보다 낮은 일자리에 취업한 피고용자는 자신이 가진 지식과 기술을 충분히 활용하지 못한다. 이들은 입직(入職) 후에도 자신의 지식과 기술을 발휘할 수 있고 그에 걸맞은 보상을 받을 수 있는 일자리를 내부에서뿐만 아니라 외부에서 찾는다. 어느 곳에서도 찾지 못한 사람은 보유한 인적자본의 상당 부분을 활용하지 못한다. 국민들의 인적자본이 이렇게 낭비되는 국가의 경쟁력이 높을 리 없다. 문제의 심각성은 각 개인이 인적자본을 축적하는 데 개인뿐만 아니라 국가가 지원한 비용이 적지 않다는 데 있다. 의무교육 단계인 초등학교와 중학교뿐만 아니라 고등학교와 대학교에도 상당한 금액의 국가 재원이 투입되고 있다. 실업자의 학력이 높을수록 투입된 비용과 시간이 많아 그에 따른 손실은 더 크다. 한국은 대졸 청년 실업과 하향취업 때문에 국제경쟁력의 하락을 피할 수 없다. 학력에 적합한 일자리에 취업하여 자신들이 가진 인적자본을 최대한 발휘하는 독일이나 스위스와 같은 국가들과 비교하면, 1980년 이후 정부들의 대학 확대 정책은 최악의 정책들 가운데 하나로 꼽혀야 마땅하다.

대학 교육을 받은 하향취업자들은 고졸 출신 사람들을 그들의 일자리로부터 축출한다. 하향취업자들은 의도하지 않았을지라도, 상대적으로 불리한 처지에 있는 사람들을 더 불리하게 만든다. 젊은 하향취업자들은 나이가 많은 피고용자들을 조기에 퇴출시킨다. 청년 실업과 하향취업은 노동시장의 취업 구조를 혼란에 빠뜨리고 수많은 사람의 생활 터전을 박탈한다. 대졸 하향취업자들은 자신들이 의도하지는 않았을지라도, 고졸자들의 생애 기회를 잠식함으로써 그들의 생활을 팍팍하게 만든다. 대졸 학력자들이 초과 양산되고 있음에도 불구하고 낮은 학력자들보다 실업의 위험을 덜 겪는다면, 저학력자들에게 할당되었던 일자리들을 빼앗아 가질 수 있기 때문이다. 대학졸업자들이 고교졸업자들의 일자리에 취업할 때 수치심을 느낀다면, 그들에게 일자리를 탈취당한 고교졸업자들은 절망하고 생존을 위협받는다.

6. 잠복된 위험: 여성, 병역, 졸업 유예, 사교육, 고령화, 부모의 지원 등

대졸 청년들의 실업과 하향취업이 사회문제로 언급되고는 있으면서도 주요 쟁점으로 부각되지 않는 이유는 무엇일까? 실업 상태에서 좀처럼 벗어나지 못하는 대졸 청년들은 왜 침묵하고 있을까? 한국의 대졸 청년 실업과 하향취업은 불경기에 따른 일시적 현상인가? 우리는 대졸 청년 실업과 하향취업의 잠복된 진실을 알고 있는가? 정부는 대졸 청년 실업과 하향취업의 실상을 파악하고 있는가? 이러한 질문들은 대졸 청년 실업과 하향취업이 드러난 사실만으로도 이미 심각한 상태임을 경고하면서 잠재되어 있거나 은폐된 진실들을 간파한다면 한국 사회가 이미 위기에 처했음을 강조하기 위해서 제기된다.

한국에서 대졸 청년 실업과 하향취업 사태는 개인적 문제로 간주하거나, 경기 불황이라는 아무도 책임지지 않는 이유를 들어 얼버무리거나, 해당하는 사람들의 힘겨운 인생은 전혀 포착되지 않는 통계 수치로만 알려짐으로써 구조적 · 체계적 · 지속적 난제임이 드러나지 않고 있다. 이 문제는 개인들과 그 가족들뿐만 아니라 국가까지도 위기에 처하게 할 만큼 심각하다. 청년들의 실업과 하향취업은 그들의 최고 관심사이어야 하는 결혼, 출산, 육아 등을 외면하거나 포기하게 만든다. 청년들이 실업 또는 하향취업으로 소득이 없거나 적어 구매력을 상실함에 따라 내수 경기가 침체하면서 국가 경제가 위기에 직면하고 있다. 어린아이들의 재잘거림과 웃음소리가 농촌이나 낙도에서 사라진 지 오래되었으며 이제는 도시에서도 사라지고 있다. 도시에서 볼 수 있는 어린이들과 청소년들은 하나같이 아침에는 학교에 가고 저녁에는 학원에 가면서 지쳐가고 있다. 한편, 농어촌에서는 물론이며 도시에서도 노인들이 급속도로 늘어나고 있다. 출근 시간이 지난 후 지하철을 타면 노인 전용 칸에 들어선 것 같은 느낌을 받을 수 있다.

한국에는 대졸 청년 실업과 하향취업 사태가 사회 쟁점으로 분출되지 않게 하는 요소들이 많이 있다. 수치로 발표되는 대졸 청년 실업은 현실을 제대로 반영할 수 없다. 대졸청년 실업률은 어떻게 산출되든 실업자가 소수임을 밝힌다. 지수물가(指數物價)는 체감물가(體感物價)와 상당히 다르다. 지수로서의 대졸 청년의 실업률은 실업 상태에 있는 대졸 청년들의 자괴감과 난감한 일상 그리고 암담한 미래를 설명하지 못한다. 그리고 여성 취업률이 남성 취업률만큼 높아져야 한다면, 병역이 의무가 아니라면, 졸업을 미루지 못한다면, 대학원 진학이 자제된다면, 대학 졸업 후 취업 준비가 허용되지 않는다면, 사교육 시장이 사라진다면, 노인들이 재취업에 적극적이라면, 부모들이 실업 청년 자녀들의 생활비를 지원하지 않는다면, 잠재실업이 실업으로 분류된다면 대졸 청년 실업과 하향취업은 재앙처럼 다루어졌을 것이다.

열악한 일자리에 임시로 하향취업하고 있는 사람들은 자신을 실업자처럼 생각하더라도 통계 자료에서는 취업자로 간주된다. 통계 수치는 개인들의 현실이나 감정을 전혀 고려하지 않는다. 임금과 근무조건이 비참한 수준일지라도 직장이 있다면 통계 자료에서는 취업자로 취급된다. 실업 상태와 하등 다름없는 처지에 있는 사람들은 정부가 실업률의 등락을 발표할 때 적개심을 갖기도 한다. 개별적 개인들은 자료의 수치가 아니며 실존하는 사람들이다. 적지 않은 대학졸업자가 실업 상태에서 벗어나지 못하고 있으며 그보다 훨씬 많은 대학졸업자가 학위에 걸맞지 않게 낮은 조건의 직장에서 일하며 좌절하고 있다. 수치로서의 실업률을 낮추는 데 집착하는 정책은 실업 문제를 해소하는 데 도움이 되지 않는다. 이러한 정책은 또 다른 유형의 기만일 수 있다. 좋은 정부는 국민들을 자료(data)로 취급하지 않으며 이야기(story)를 가진 실존하는 존재로 배려한다.

한국 사회에서는 여성의 취업이 아직도 당연하게 받아들여지지 않고 있다. 여성에게 취업 기회는 제한되어 있지만 이와는 다르게 학교교육 기회는 평등하다. 그래서 여성들은 학력에서 남성과 거의 같은 수준이며 대졸 여성들도 대졸 남성 못지않게 양산되고 있다. 대졸 여성들에게 취업 기회가 구조적으로 그리고 문화적으로 제한되어 있기 때문에 취업률이 낮으며 취업 기간도 상당히 짧고 취업 유형은 매우 불리하다.[47] 대학을 졸업한 여성들이 취업을 당연하게 생각하고 남성들만큼 취업률을 높이려 한다면[48] 한국의 대졸 청년 실업률은 지금보다 더 상승한다. 대졸 여성들이 미혼, 결혼, 유자녀 등을 개의치 않고 취업한 후 정년까지 일자리를 고수하면 대졸 청년 실업률은 더욱 상승할 것이다.

만일 한국의 대졸 여성들이 서구 사회의 대졸 여성 취업률 정도로 취업한다면 한국 대졸 남성들의 취업 상황은 지금보다 훨씬 악화될 것이다. 노동시장이 여성을 차별하지 않는다면, 한국 대졸 남성들의 실업 및 하향취업은 지금과는 비교가 될 수 없을 정도로 훨씬 심각한 사태가 될 것이다. 예를 들어, 모든 직장의 성비(性比)가 성차별이 상대적으로 덜한 교직(敎職)처럼 구성된다면, 대졸 남성 청년들의 일자리는 격감할 수밖에 없다. 유리천장 지수(glass-ceiling index)가 한국보다 서너 배 더 높은 핀란드, 아이슬란드, 스웨덴, 노르웨이 등 북유럽 국가들의 관점을 적용한다면, "한국은 남성들에게 일자리를 마련해 주기 위해서 여성들을 제도, 문화, 관습 등으로 노동시장에서 공식적으로 그리고 잠재적으로 축출하고 있다"라는 주장도 제기될 수 있다.

한국에는 남성에게 의무로 규정된 군 복무가 노동시장에 공급되는 인력을 한시적으로

---

47) 여성들의 취업 기간은 타의에 의해서거나 자의에 의해서 결혼 때까지 또는 자녀 출산 때까지로 한정되고 있다. 취업 여성들은 성별로 분절된 이중노동시장(dual labor market)에서 차별을 당하고 있다. 성차별이 없다고 주장하는 직장은 식별하기 어려운 낮은 유리천장(glass ceiling)으로 여성의 승진과 근무 기간을 통제한다. 2017년도 한국의 '유리천장 지수'(glass−ceiling index)는 OECD 평균의 3분의 1 수준이며 가장 높은 스웨덴의 4분의 1에도 미치지 못한다(*The Economist*, Feb 15th 2018). 2016년 기준 국내 500대 기업의 여성 임원은 총 406명으로 전체 임원 중 2.7퍼센트에 지나지 않는다(여성가족부).

48) 이 가정이 실현될 가능성이 높아지고 있다. 한국 여성들의 세대 차이는 남성들보다 더 뚜렷하게 나타나고 있다. 20대와 30대 여성들은 소위 386세대의 여성들과는 판이한 시각을 갖고 있다. 386세대임을 자처하는 여성들이 민주화운동에 주력했다면, 오늘날 젊은 여성들은 여권운동에 더 집중하고 있다. 여성 취업은 경제적 자립과 그에 따른 정신적 독립을 의미하기 때문에 여권운동의 핵심이다.

지체시키는 역할을 톡톡히 하고 있다. 대한민국 국민인 남자는 19세부터 징병검사 대상자가 된다. 이 나이는 대학에 진학하는 때와 겹친다. 그래서 대학에 진학한 남성들은 대학 재학 중 또는 졸업 후 곧바로 입대한다. 현역 복무 기간은 현재 육군은 21개월, 해군 23개월, 공군 24개월, 공익근무요원 24개월이다. 그래서 재학 중에 입대하는 경우 졸업이 2년 이상 늦어진다. 졸업 후에 입대하더라도 노동시장에 진입하는 시기는 비슷해진다. 만약 병역이 의무가 아니라면 노동시장에 진입하는 시기가 2년 이상 빨라진다. 모병제로 전환되면 일자리가 창출되지만, 대졸 청년들이 부사관 이하의 군인, 곧 병사로 취업하지 않으면 대졸 청년 실업률을 낮추는 데 의미 있게 작용하지 못한다. 한편, 모병제는 병역 의무 기간의 창고효과(warehouse effect)를 사라지게 만든다. 그리고 복무 기간이 단축되면 창고효과가 그만큼 약화된다.

학력 인플레이션은 다음과 같은 이유로 더욱 심해질 것이다. 첫째, 좋은 일자리가 급속도로 감소하고 있기 때문에 그 일자리를 두고 벌어지는 경쟁은 점차 치열해진다. 취업 경쟁에서 상대적으로 돋보이려면 또는 뒤처지지 않으려면 인플레이션이 진행되는 학력이라도 확보해야 한다. 둘째, 학교교육 체제는 인력을 일자리 진입으로부터 유예하는 역할도 수행하고 있다. 노동시장의 수요를 초과하여 유입되는 인력은 실업으로 귀결될 수밖에 없다. 학교는 이러한 사태가 일어나기 이전에 노동시장에 유입될 인력을 일시적으로 멈추게 하는 창고 역할도 한다(Collins, 2002: 27).[49] 긴 학력은 만성적 실업 문제를 감출 수 있는 효과가 있다(Brown, 1995). 대졸 실업자로 전락하는 사태를 모면하는 방법의 하나로 이용되고 있는 대학원 진학은 청년 실업 문제를 더욱 악화시킬 수 있다. 대학 졸업 청년 실업자가 대학원 졸업 청년 실업자가 될 가능성이 높기 때문이다. 병목 현상은 병목 아랫부분을 길게 만든다고 해결되지 않으며 병목을 아무리 길게 늘여도 병목 통과의 어려움은 사라지지 않는다.

최근에는 2년제 대학과 4년제 대학을 각각 2년과 4년 만에 졸업하지 않는 학생들이 의외로 상당히 많다. 이들이 졸업 시기를 늦추는 이유는 다양하지만, 결정적인 이유는 소속감 유지와 취업 불안 해소이다.[50]

---

49) 오늘날 한국에서는 대학생들이 졸업 후 실업을 피하고자 졸업 일정을 늦추고 있다. 졸업이 임박한 고학년생들 가운데 상당수가 대학을 적정 출고 시기를 위해 제품을 임시로 보관하는 창고와 같이 활용하고 있다.

50) 기업의 인사담당자들은 8학기를 초과하여 4년제 대학을 졸업하면 취업 공백으로 간주한다. 그 공백 기간에 대한 취업지원자들의 설명이 인사담당자들을 이해시키지 못하면, 그 기간은 취업에 불리하게 작용할 수 있다.

> 졸업 유예를 통해 재학생 상태를 연장하고자 하는 데에는 졸업 후 어디에도 속하지 않고 취업하지 않은 일명 '백수 상태'에 있지 않을 수 있기 때문이며, 대학생으로 있다는 사실만으로 주변의 부정적 시선과 스스로에 대한 기대에서 비롯되는 압박감에서 잠시나마 벗어날 수 있기 때문이다. 이들이 말하는 대학 재학생은 단순히 학생 신분의 유지에 있지 않다. 다시 말해, 대학생이라는 상태의 유지는 어딘가에 소속되어 무엇인가를 하고 있음을 한 단어로 설명해 주는 것이다. 졸업한 상태에서는 동일한 취업 준비 활동을 할지라도 아무것도 하지 않는 상태라고 인식한다. (김지경 · 이상호, 2016: 136)

고학력 청년 실업과 하향취업이 심각한 문제로 부각되어 있고 조만간 해결될 수도 없기 때문에 정부는 대학생을 과감하게 줄이는 정책을 펴지 않을 것이다. 대학생 수가 일자리 수를 초과하여 늘어났기 때문에 대졸 청년 실업과 하향취업 문제가 발생했는데, 대학생 수를 과감하게 줄이면 그만큼 일자리를 마련해야 하는 과제가 돌출한다. 대학이라는 '취업 대기실'에 머물면서 적기(適期)를 노리더라도 좋은 일자리에 조만간 취업할 수 있는 것도 아니다. 오늘날 한국에서 벌어지고 있는 대졸 청년 실업과 하향취업은 경기 불황 때문이 아니다. 절대다수의 청소년들이 통과 절차처럼 대학까지 진학하고 그들 가운데 절반 이상이 졸업 후 제대로 된 일자리를 구하지 못하게 된 사태에 대한 책임은 누가 져야 할까? 일차적인 책임은 대학 교육을 무분별하게 확대시키고 노동시장과 조율시키지 못했던 정부들이 져야 한다.

대졸 청년 실업과 하향취업은 기회비용을 각각 없게 해 주거나 줄여 줌으로써 이들이 대학원에 진학할 경우 소요되는 경비를 직접교육비(등록금, 도서 구입비 등)로 국한되게 하여 비용이 절감되는 효과를 얻게 만든다. 다시 말해서, 대학을 졸업하고 취업한 사람이 대학원에 진학하는 경우보다 대졸 실업자가 대학원에 진학하는 경우가 교육비용이 적게 든다. 대졸 취업자가 대학원에 정규 학생(full time student)으로 진학하면 대학원 교육비에 취업 포기를 의미하는 기회비용까지 추가되지만, 대졸 실업자의 경우에는 기회비용 없이 대학원 교육비만 필요하기 때문이다. 이러한 이유로 대졸 청년 실업률이 높아질수록 대학원 진학이 쉽게 결정될 수 있다. 오늘날 한국에는 대학원 과정이 아주 다양하게 세분되고 있으며 학문 탐구보다는 취업을 겨냥한 프로그램이 증설되고 있다. 심지어 어떤 학문을 다루는지 알기 어려운 프로그램도 적지 않으며 대학원 과정처럼 보이지만 실제로는 평생교육 과정인 경우도 적지 않다. 이러한 유형의 대학원 과정은 대학교의 재정에 큰 도움이 된다. 결과적으로 대학원마저도 노동시장의 창고와 같은 역할을 부수적으로 수행하게 된다.

한국에는 대졸 청년 실업을 줄이는 데 크게 기여하는 거대한 노동시장이 있다. 그 노동시장은 역설적으로 대졸 청년 실업을 부추기는 역할도 충실히 수행한다. 그 노동시장은 사교육 시장이다. 사교육 시장은 청소년들이 대학에 진학할 수 있는 지식과 비결을 전수함으로써 대학취학률을 높이는 데 관여한다. 사교육 기관들은 어린이들과 청소년들 그리고 그들의 부모들에게 대학 진학을 필수 과정으로 인식시키고 그에 필요한 지식과 정보를 상업적으로 제공함으로써 영리를 추구한다. 이 노동시장은 자신들의 학력과 학벌에 걸맞은 일자리를 구하지 못한 청년들을 엄청나게 확보하고 있다. 이 노동시장의 일자리는 정규직으로 분류되기 어렵고 시기에 따라 경기가 급변하기 때문에 매우 불안하다. 이 노동시장에는 취업할 때까지 한시적 대안으로 진입한 후 떠나지 못하고 있는 대졸 이상의 학력자들이 적지 않다. 이 노동시장도 일종의 창고 역할을 담당하고 있다. 대졸 실업의 위기에 몰린 청년들이 대학 진학을 부추기는 사교육 노동시장에 진출함으로써 역설적으로 대학 청년 실업을 지원하고 있다.

대학 교육이 필수화되고 보편화되면서 입시 산업이 출현하였다. 입시 산업은 대학 교육 확대로 창출된 일자리들 가운데 규모가 가장 크지만, 공익에는 그다지 도움이 되지 않는다. 이 산업은 자녀들을 출세시키려는 부모들의 가족이기주의적 욕구를 부추김으로써 영업 영역을 고수하고 확장한다. 이 산업에 속하는 일자리들은 입시 학원, 보습 학원, 학습지 제작사, 입시 상담, 개인 교습, 유학 안내 등 다양하다. 이 산업은 고객의 학습능력을 높이고 의지를 북돋우는 것을 목적으로 삼을지라도 고객은 그보다는 석차가 높아지기를 갈망한다. 그래서 이 산업에서는 우수, 합격 등의 단어를 사용하며 고객의 요구에 부응하고 열등, 불합격 등의 단어를 사용하며 고객을 절박하게 만드는 영업 전략을 사용한다. 입시 산업이 확대될수록 고객의 성적은 향상되더라도 서열에서는 앞서지 못하는 현상이 나타난다.[51] 이러한 현상 때문에 고객은 사교육에 더욱 의존하게 된다. 이러한 상황에서 "공교육의 내실화로 사교육을 없애자"라는 주장이 제기된다. 단호하게 말해서, 공교육을 아무리 내실화하더라도 사교육은 없어지지 않는다. 사교육을 받는 이유가 공교육의 부실 때문이기보다는 공교육에서 시행하는 평가에서 앞서는 데 있기 때문이다.[52]

사교육 기관은 교육을 상품으로 판매한다. 이 기관들은 영업 이익을 극대화하기 위해

51) 모두 걸어갈 때 뛰면 앞설 수 있지만, 모두 뛰어갈 때는 뛰더라도 앞서기 어렵다. 모두 뛰어갈 때 뛰지 않으면 뒤처진다. 한국의 교육 현실은 걸어가야 하는 길을 한두 사람이 뛰기 시작하면서 모두가 뛰어가며 지쳐가는 현상에 비유될 수 있다. 서로 앞서려고 뛰어감으로써 한국인들은 모두가 모두를 쫓고 모두가 모두에게 쫓기고 있다.

52) 사립초등학교 학생들이 공립초등학교 학생들보다 사교육을 더 많이 받는다. 소위 일류 학교에 재학하는 학생들이 사교육을 더 많이 받는다. 그런 학교는 상대적으로 더 내실화되었을지라도 경쟁이 치열하다.

공격적 마케팅 전략도 거리낌 없이 구사한다. 그 전략들은 "부모들의 안일함 때문에 자녀들이 학교 시험과 상급학교 진학에 실패한다"라며 공포심을 갖게 만든다.[53] 대졸 학력을 요구하는 일자리는 전체적으로 줄어드는데, 교육 소비 산업들(education-consuming industries)은 대학 교육이 보편화되면서 급격히 증가하였다. 이 산업 분야의 규모는 실로 막대하여 대학 교육이 정상화되고 최적화되어 그 수요가 사라지면 엄청난 수의 실업자들이 발생할 것이다. 입시 산업에 종사하는 사람들은 대부분 대학 졸업 이상의 학력을 갖고 있다. 이들은 입시 산업에 종사하기 위해 또는 구체적으로 입시 학원 강사를 목표로 삼고 대학 입학시험을 준비하지는 않았을 것이다. 이들은 아마 졸업 후 닥쳐온 실업의 위기를 모면하기 위해 학원 강사가 되었을 것이다. 그러나 결과적으로 이들은 고객들을 졸업 후 절반 이상이 실업 또는 하향취업을 피할 수 없는 대학에 진학하도록 지원하고 있다.

청년들에게 일자리를 마련해 주기 위해서 정년(停年)을 낮출 수도 없다. 고령 단계로 진입한 한국인들은 정년으로 퇴직한 이후에도 오랜 세월 동안 소득을 확보해야 한다. 정년 이후의 세월 동안에는 질병 때문에 필수 생활비가 오히려 늘어난다. 최근 한국에서는 생활비가 필요한 노인들이 청년들과 일자리 경쟁을 벌이고 있다. 노인들은 승진, 경력 인정, 정년 보장 등을 요구하지 않을 뿐만 아니라 업무 수행에 필요한 요령과 지혜도 갖추고 있어, 체력에서는 불리하지만 청년들과 경쟁할 수 있다. 그리고 취업을 원하는 노인들이 대졸 출신이라면 젊었을 때는 엘리트였을 가능성이 높다.[54] 대졸 학력을 요구하는 일자리들은 강인한 체력이 필요하지 않기 때문에 노인들의 불리함은 의외로 적을 수 있다. 청년들이 노인들과 경쟁하는 일자리들은 대부분 매력적이지는 않지만 더 나은 일자리로 도약하는 데 필요한 발판이 될 수 있다는 점에서 의미가 있다. 고령사회가 되면 노인들도 일자리를 구함으로써 노동시장에 공급되는 인력을 증가시킨다. 한국은 2000년에 고령화 사회였으나 2017년에 고령사회가 되었으며 2026년쯤에 초고령사회가 된다.[55]

대학졸업자가 급증하여 노동시장 수요를 과도하게 초과하면서 대학 학력이 필요하지 않았던 일자리들도 대학 학력을 취업 자격으로 요구하게 되었다. 이러한 변화는 대학졸업자들의 취업문을 비정상적인 방향으로 그리고 역설적으로 넓히는 효과를 가져왔다. 노동시장이 대졸 학력이 필요한 일자리의 범위를 종전처럼 합리적으로 설정한다면, 대졸 청년

---

53) 입시 학원에 가서 상담을 받는 부모들 가운데 상당수는 학원 측으로부터 "자녀를 내버려 두었다"라는 요지의 공격적인 말을 듣고 모욕감을 느끼게 된다.

54) 오늘날에는 고등교육 취학률이 60퍼센트를 넘어섰지만 1970년대에는 10퍼센트에도 미치지 못하였다.

55) 고령화 사회(ageing society), 고령사회(aged society), 후기고령사회 또는 초고령사회(post-aged society)는 각각 총인구 중 65세 이상 인구가 차지하는 비율이 7% 이상, 14% 이상, 20% 이상을 의미한다.

들의 하향취업은 지금보다 훨씬 늘어날 것이다. 대학 교육의 과다 확대로 대학 학력의 가치가 절하되면, 고용주들은 굳이 대학 학력이 필요하지 않더라도 이전보다 낮은 임금으로 대학졸업자를 채용한다. 고졸자를 채용하는 데 소요되는 금액으로도 대졸자를 채용할 수 있다면 고용주로서는 마다할 이유가 없다. 이러한 고용 관행이 일반화되면 그 일자리는 대학 학력이 필요한 일자리로 승격하게 된다. 그리고 수치상으로 대졸 청년 실업률이 낮아진다. 좋은 정부는 이러한 수치를 공표하여 업적을 부풀리지 않지만, 실업률의 상승으로 위기에 처한 정부는 유혹을 받기 쉽다.

대학 교육이 확대되는 데는 학교교육 제도가 크게 기여하였다. 교사당 학생 수 줄이기, 교사 책임 시간 줄이기, 유치원의 보편화 등으로 대학 교육을 받은 인력의 수요가 급격히 증가하였다. 어떤 국가든지 학교교육 기회가 확대되고 질적 수준이 향상되면 일자리도 늘어난다.[56] 1960년대의 대도시 초등학교의 교실은 '콩나물시루'에 비유되어 '콩나물교실'로 불리었다. 학급당 학생 수가 100명에 육박하는 학교도 있었다. 최근에는 학급당 학생 수가 30명을 넘지 않아도 학부모들이 과밀학급으로 규정하고 강력하게 항의하는 사례도 발생하고 있다.[57] 교육환경 개선에 대한 강한 의지를 보였던 정부들에 의해 교사가 급격하게 늘어났다. 이처럼 대졸 청년들에게 적합한 일자리를 상당히 많이 제공해 왔던 교직이 최근에는 전혀 다른 상황에 직면하고 있다. 자녀 수를 극소화하는 추세에 휘말려 교직 일자리가 줄어들고 있다.[58] 출산율의 하락 추세가 지속되면 대졸 청년 일자리의 감소는 피할 수 없다. 대졸 청년들의 일자리들은 삶의 질을 높이는 데 관련된 분야들이 많기 때문에 인구 감소는 그러한 일자리들이 줄어들게 만든다.

고대 사회부터 현대 사회에 이르기까지 국가는 항상 최대의 고용주였다. 조선 시대에는 교육받은 사람이 취득할 수 있는 일자리는 관직뿐이었다. 교육의 중요한 목표가 과거 시험을 통한 관직에의 임용이었다. 과거 시험은 오늘날 공무원 시험으로 변형되고 확산되어 여전히 '고시 열풍'을 일으키고 있다. 최근에는 정년이 보장된 공무원에 대한 선호도가 아주 높아졌다. 공무원이 되면 적지 않은 소득, 안전한 직장 그리고 승진을 통한 계층 이동의

---

56) 미국에서 교육은 가장 큰 산업이다. 미국 인구의 거의 30퍼센트가 이런저런 역할로 교육에 관련되어 있다(O'Toole, 1975a: 30). 한국에서 교육은 어떤 산업보다 일자리를 더 많이 만든다. 그 일자리들 가운데 상당수는 대학입시와 관련되어 있다. 이 일자리들이 사라지면 실업률은 더 높아진다.

57) 어떤 학부모들은 자녀들이 다니는 학교의 학급당 학생 수가 이웃 학교보다 많으면 과밀학급이라고 규정하고 이웃 학교와의 형평성을 문제로 제기한다.

58) 이전에는 학생 수 격감으로 폐교되는 사태가 도서 · 벽지에서나 일어났다. 그러나 최근에는 농어촌 학교들은 물론이며 대도시 학교들도 학생이 줄어 폐교되고 있다.

기회를 가질 수 있다.[59] 전통적으로 공적 영역의 일자리는 고학력자들이 차지해 왔다. 경제 성장과 사회 발전은 공적 영역의 일자리를 증가시켰다. 그렇지만 국가는 민영 기업처럼 공무원을 선발하고 해고하지 않는다. 만일 정부가 민영 기업처럼 경영합리화를 적극적으로 추진한다면 수많은 공적 일자리가 사라질 수 있다.

민영화 정책에 의해 정부로부터 적자 공기업을 인수한 자본가들은 거의 예외 없이 인력을 감축하면서 흑자로 전환시킨다.[60] 이 사실은 정부와 공기업이 자본가들처럼 인력 규모를 최적화하고 있지 않음을 의미한다. 예컨대, 국립대학교의 교직원 수를 사립대학교처럼 조정한다면 수많은 교수와 직원이 학교를 떠나야 한다. 국립대학교를 민영화하면 이러한 사태가 일어날 것이다.[61] 공무원들은 직급에서 격차가 있을 뿐이지 모두 업무의 중요함과 과중함 그리고 인력의 부족을 이유로 충원을 요구한다. 그래서 공무원 수가 늘어 갈수록 공무원 부족이 더 강력하게 제기된다. 그러나 직원의 수가 늘어난다고 업무가 효율적으로 수행되지는 않는다. 오히려 늘어난 사람만큼 업무가 더 늘어나기도 한다. 파레토 법칙(Pareto's law)으로 알려져 있으며 세상살이에 널리 적용되는 '20 대 80 법칙'에 의하면, 조직은 20퍼센트에 의해서 운영되며 나머지 80퍼센트는 업무에 도움이 되지 않으며 심지어 방해하기도 한다(Koch, 1998).

공무원은 민영 기업의 사원들처럼 해고되지는 않기 때문에 안일해지기 쉽다. 안일한 사람의 특징 가운데 하나는 업무의 과도함을 과장한다는 점이다. 그래서 이러한 사람들은 업무 효율화를 명분으로 내세우며 충원을 요구한다. 우리는 공기업이 부실해지면 그 해결책으로 민영화를 추진하는 이유에 대해 생각해 볼 필요가 있다. 그리고 민영화된 기업은 첫 작업으로 인원을 감축하는 구조조정을 단행하는 이유도 생각해 볼 필요가 있다. 그리고 또 하나, 규제 폐지에 대해 누가 가장 적극적으로 반대하는지도 생각해 볼 필요가 있다. 규제를 줄이면 업무가 줄어들 수 있는데도 불구하고 규제 유지에 집착하는 이유는 무엇일까? 민영 기업들이 사원을 채용하는 비율대로 공공 기관이 직원들을 채용한다면 상당히 많은 일자리가 사라질 것이다. 민영 기업들이 사원들을 해고하는 것처럼 공공 기관들이 직원들을 해고한다면 의미 있는 수의 일자리가 사라질 것이다.

---

59) 심지어 퇴직 이후에는 재직 때의 업무와 관련된 기업체에 다시 채용될 수도 있다.

60) 후퇴하는 정부는 모든 공적 문제들의 해결책으로 민영화를 선호한다(Labaree, 2000: 111). 정부는 민영화를 통해 역할을 최소화한다. 민영화하면 정부의 실책이 줄어들 수 있어도 정부가 인정받을 기회는 줄어든다.

61) 규모가 같은 국립대학교의 단과대학과 사립대학교의 단과대학에 근무하는 직원의 수를 비교해 보면 경영합리화 측면에서 국립대학교는 사립대학교의 비교 상대가 될 수 없음을 알 수 있다.

한국에서는 남성의 병역 의무와 여성의 결혼 후 전업주부 역할이 대졸 청년들의 노동시장 유입을 각각 유예시키며 저지하고 있다. 병역 의무를 수행하고 있는 청년들과 기혼 여성들이 각각 병역 의무가 면제되고 취업의 필요성이 절박해져 일자리를 요구한다면 청년 실업과 하향취업은 지금보다 훨씬 악화된다. 여기에 취업자들로 간주되지만 실질적으로는 실업 상태에 있는 것과 크게 다르지 않은 여러 가지 유형의 잠재 실업자들이 안정된 일자리를 요구한다면 어떤 상황이 벌어질까? 일자리가 부족해져 실업의 위기에 몰리는 사람들이 늘어나면 필요하지 않고 생산적이지도 않은 일자리들이 만들어진다. 심지어 생존의 위험에 빠져드는 사람들이 늘어나면 반사회적 일자리들이 출현하고 증가할 수 있다. 책임 있는 정부는 수치로서 실업률을 낮추는 데보다는 실업자들을 구출하는 데 집중한다. 우리는 민주화를 정치적 측면에서만 언급하고 있지만 진정한 민주화는 오히려 경제적 측면에서 완성된다. 그 이유는 정치는 자유를 허용할 뿐이지만 경제는 자유를 보장할 수 있기 때문이다.

3장

고학력화로 인한 공교육의 변질: 공익성 실종

우리가 우려하는 사태는 과잉교육이 아닌 과잉학교교육이다. 교육이 배움을 의미한다면 과잉 상태란 있을 수 없다. 과잉 상태는 배움을 의미하는 교육에서는 일어나지 않으며 학력과 학벌이 결정되는 학교교육에서 일어난다. 학교교육을 받으려면 돈과 시간, 곧 직접교육비와 기회비용을 투입해야 한다. 우리는 학교교육을 위해 돈과 시간을 투입할 때 그에 따른 보상을 기대한다. 과잉학교교육 문제는 돈과 시간을 많이 투입하여 학교교육을 오랫동안 받았는데도 그에 따른 보상이 기대에 턱없이 못 미칠 때 발생한다. 학교교육의 보상이 기대에 미치지 못하면 우리는 먼저 자탄한다. 그리고 곧이어 국가와 사회를 비판하고 비난하며 규탄하는데, 그 이유는 국가가 학교교육을 제도로서 관리하고 있으며 사회가 학력을 높이도록 부추겼다고 생각하기 때문이다.

개인적 과잉학교교육 문제가 사회적 사태로 확산되는 이유는 너도나도 학력 상승의 보상효과를 학교 단계를 높이면서 더 높게, 더 강력하게 그러나 더 모호하게 갖기 때문이다. 교육에 대한 기대는 앎의 즐거움처럼 우아하게 설정될 수 있지만, 학교교육에 대한 맹신은 소득, 위세, 권력의 상승이라는 지극히 현실적인 조건의 충족으로 표출된다. 앎의 즐거움을 위해서라면 내적 만족이기 때문에 학력이 아무리 높아지더라도 상관없다. 그러나 소득, 위세, 권력을 한국적 상황에서 두루 일컫는 출세를 위해서 학력을 높이는 경우에는 그 학력에 조응하는 일자리에 취업해야 한다. 따라서 출세를 위해서 학교교육을 추구할 때에는 동일한 이유로 학력을 높이는 사람들이 많다는 현실을 직시하고 노동시장의 수요를 파악해야 한다. 사회경제적 보상이 좋은 일자리일수록 그 수는 적고 원하는 사람은 많다. 상품이든 노동력이든 수요보다 공급이 많아지면 가격은 하락하기 마련이다. 특히 농수산물처럼 유효 기간이 짧은 상품일 경우에는 과잉 공급은 필연적으로 가격 하락을 초래한다. 고학력자의 과잉 공급도 비슷한 상황에 처하게 된다.

학교교육과 교육이 혼용되는 데에는 학교교육이 시작될 때에는 앎이 목적이었더라도 학교 단계가 높아지면서 사회경제적 보상이 주요 목적으로 자리를 잡는 이중적 속성이 있기 때문이다. 초등학교에 입학할 때에는 배움을 목적으로 하지만 대학에 진학할 때에는 배움보다는 취업이 더 구체적인 목적이 된다. 그래서 초등학교만 졸업한 사람들은 학교교육에 대한 경제적 보상을 기대하지 않지만, 대학을 졸업하는 사람들은 경제적 보상을 강력하게 요구한다. 배움을 즐기는 사람이 아무리 많아지더라도 아무런 문제가 발생하지 않는다. 그러나 최고 단계의 학교교육을 받은 사람이 급격히 늘어나면 심각한 문제가 발생한다. 그 이유는 학력이 높은 사람들에게 제공될 수 있는 일자리가 그들이 늘어나는 속도에 맞추어 늘어날 수 없으며 일정한 정도 이상은 늘어나지 않기 때문이다. 대학 교육이 필요한 일자리는 아무리 높게 잡아도 노동시장의 30퍼센트를 초과하지 않는다. 그러나 대학 교육을 받은 사람들은 동령집단의 60퍼센트도 넘어설 수 있으며 그보다 더 상승할 수도 있다. 최근 한국이 그 사례에 해당한다. 대학 교육이 필요한 일자리와 대학 교육을 받은 사람들의 일자리는 같지 않다. 대학 교육을 받은 사람들의 일자리가 모조리 대학 교육이 필요한 일자리로 굳어지는 국가는 매우 절망적이다.

대학 교육의 취업효과는 대학에서 습득한 지식과 기술의 경제적 가치보다는 희소가치에 더 근거하고 있다. 그래서 그 효과는 대학 교육이 확대되어 희소가치가 줄어들면 하락할 수밖에 없다. 대학이 소수의 엘리트를 교육할 때에는 그들의 취업을 걱정하지 않고 폭넓은 지식과 교양을 가르칠 수 있다. 그러나 대학이 대중화되고 더 나아가 보편화되면 대학생들은 엘리트효과를 기대할 수 없다. 대학 교육을 받은 사람들에게 적합한 일자리가 대학 교육의 확대에 따라 늘어나지 않기 때문이다. 대학 교육 기회의 확대는 대졸 청년들이 괜찮은 일자리에 취업할 수 있는 여지를 좁힌다. 10퍼센트의 엘리트나 30퍼센트의 소수 대학졸업자에게 할당되었던 일자리를 60퍼센트를 넘어선 절대다수의 대학졸업자에게 나누어 줄 방법은 전혀 없다. 오늘날 한국의 대학들은 60명을 가르쳐 30개의 일자리에 취업시키기 위해 학문의 탐구를 포기하고 있다.[1] 이러한 상황이 계속된다면 대학에서 지식경제 또는 창조경제를 선도할 인재가 배출될 수 없다. 이러한 대학에 진학하기 위해 사투를 벌이는 청소년들이 창의성을 발휘할 가능성도 거의 없다.

한국의 경제는 선진국들을 열심히 모방하여 따라잡던 수준을 넘어섰다. 이제는 창조로 선도해야만 현재의 경제를 유지할 수 있으며 성장을 지속할 수 있다. 지금은 한국 경제를 압축적으로 성장시켰던 노력주의 패러다임에 대한 집착을 버리고 창조주의 패러다임으로 전환해야 하는 절박한 시점이다.

> 우리는 한국이 수출하는 품목들을 확인해 봄으로써 창조 패러다임의 교육이 필요함을 파악할 수 있다. 2000년 이후 한국의 10대 수출 상품들이 모두 첨단 산업 제품임을 확인하면, 한국 교육이 창조적 지식과 기술을 얼마나 강조해야 하는지를 분명하게 알 수 있다. 한국은 이제 모조품을 만들거나 주문자 상표[original equipment manufacturing: OEM]를 붙이거나 선진국들을 따라 할[benchmark] 수 없다. 우리는 앞에 서 있기 때문에 발걸음을 멈추면 곧바로 뒤처질 뿐만 아니라 나락으로 떨어질 수도 있다. 성공 패러다임은 거기에 안주하게 할 가능성이 높기 때문에 실패의 원인으로 작용할 수 있다. 앞으로 나아가려면 뒤의 것을 밀어내어야 한다. 창조는 과거에 대한 집착을 떨쳐 버림으로써 시작되며 회의하고 거부함으로써 가속된다. 한국은 성공을 이끌었던 패러다임을 창조적으로 파괴할 시점에 있다. (오욱환, 2014: 48-49)

학교교육의 양적 확대에 대한 기능주의 학자들의 설명에 따르면, 산업이 발달하고 사회가 복잡해지면 고도의 지식과 기술을 갖춘 인력이 요구된다. 산업과 사회의 고급 인력 수요에 부응하기 위해서 학교교육, 특히 고등교육이 확대되었다(Goldin and Katz, 2008). 기능론자들의 설명에 따르면, 현대 사회는 업적주의 사회로서 개인의 사회적 위치가 자신의 재능과 노력에 의해 결정된다(Hurn, 1978: 32-37). 현대 사회에서 개인의 사회적 위치는 자신이 이룬 업적에 근거한 직업적 지위에 의해 결정된다. 사회적으로 선호되는 직업일수록 가시적이며 객관적인 선발 준거가 적용된다. 학력은 가시적이며 객관적인 준거로 인정되기 때문에 학력 경쟁이 과열되고 학교교육이 급속도로 팽창된다. 이처럼 학교교육의 순기능은 때로는 법칙처럼, 때로는 상식처럼, 때로는 기대에서 주장되어 왔다. 극히 최근에도 세계적으로 주목받은 경제학자가 "노동과 관련하여 불평등을 줄이고 노동력의 평균 생산성을 높이며 전반적으로 경제 성장을 도모할 수 있는 최고의 방법은 교육에 투자하는 것이

---

1) 취업에 쫓기는 대학생들은 대학보다 취업 준비 학원을 더 중요하게 생각한다. 이 현실에 적극적으로 타협하는 대학교들은 취업 대비 학원 방식의 수업을 대학에서 제공한다.

다"라고 주장하였다(Piketty, 2014: 306-307). 그러나 학교교육 확대와 경제 성장의 적극적인 인과관계는 단언할 정도가 아니라는 주장도 제기되었다(Bils and Klenow, 2000). 학교교육에 투자하여 경제 성장을 도모하려면 그 투자는 반드시 적합해야 한다. 학교교육에 퍼붓듯 투자하면 기대한 성과가 나올 수 없다. 이 사실은 많이 먹는다고 건강해지는 것이 아님에 비유될 수 있다.

학교교육에 대한 과잉 투자로 최고 학력인 대학 교육까지 보편화되면 불평등은 오히려 심해지고 생산성은 떨어져 경제가 침체될 수 있다. 대학 교육이 보편화되면 학교교육의 취업효과는 하락하고 가정의 사회경제적 배경이 더 의미 있게 작용하게 된다. 노동시장 수요를 과도하게 초과하여 공급되는 대학 학력 소지자들이 실업 또는 하향취업으로 내몰리게 되면, 학교교육의 생산성 향상 효과는 줄어든다. 대학 교육에 조응하는 일자리가 절대적으로 부족하면, 대학 교육이 생산성을 발휘할 기회가 원천적으로 줄어들게 되어 경제 성장에 기여할 수 없다. 심지어 대학 교육에 투입된 직접 비용과 기회비용이 허비되어 경제 성장이 저해된다. 그러나 대학취학률을 적정 수준에서 조정하고 대학의 질적 향상에 자원이 투입되면 긍정적인 결과를 얻을 수 있다. 최근에는 국가의 경쟁력이 그 국민들의 창조력에 의해 좌우되므로 국가의 경제력이 학교교육에 적합하게 투입되면 경제 성장의 가능성은 높아진다. 창조력을 발휘하려면 쫓기지 않아야 한다. 한국의 젊은이들은 입시(入試)와 입사(入社)에 쫓기고 있기 때문에 창조력을 발휘할 수 없다.

학교교육이 경제 성장에 도움이 될 때도 국가의 발전 정도에 따라 필요한 학교교육 단계에 차이가 있다. 경제협력개발기구(OECD)[2] 국가들의 경제는 고등교육에 상당히 의존하지만, 저개발 국가들의 경제 성장에는 초·중등교육의 확대가 더 중요하다(Petrakis and Stamatakis, 2002: 513). 그러나 이 결론이 오늘날 한국의 상황에 적용되려면 좀 더 세련된 해석이 필요하다. 고등교육이 선진국들의 경제 성장과 발전에 공헌하기 위해서는 양적으로는 적정해야 하며 질적으로는 적합해야 한다. 초과잉 상태가 된 고등교육은 경제 성장을 견인하기는커녕 오히려 걸림돌이 된다. 초등교육은 완전 취학이 마땅히 이루어져야 하고 중등교육도 완전 취학이 바람직하지만, 고등교육의 완전 취학은 전혀 바람직하지 않다.

학교교육의 확대와 경제 성장 간의 적극적 인과관계에 동의하지 않는 학자들은 20세기 후반 여러 국가에서 거의 동시에 일어난 학교교육의 확대를 일종의 '신화'(myth)로 해석

---

2) 경제협력개발기구(Organization for Economic Cooperation and Development: OECD)는 정부 간 상호 정책을 조정하고 협력함으로써 소속된 국가들의 경제 성장과 발전을 도모한다. 선진국 대열에 포함된 국가를 의미할 때 일반적으로 'OECD 국가'라고 표현한다.

하면서 '제도화'(institutionalization)라는 개념을 제안하였다(Boli, Ramirez, and Meyer, 1985; Meyer, 1977; Meyer and Rowan, 1977; Schofer and Meyer, 2005). 제도화이론에 의하면, 현대 사회에서 집권 정부는 국가권력의 정통성(legitimacy)을 인정받기 위해 교육을 학교교육으로 체계화하고 그 기회를 적극적으로 확대한다. 학교교육 기회가 제한되면, 국민들은 학교교육 기회가 충분히 제공되고 있는 국가들과 비교함으로써 집권 정부를 지지하지 않을 수 있다(오욱환, 2004). 이 외에도 학교교육 확대 현상을 고학력의 신용증명 효과의 하락, 곧 학교 졸업장의 인플레이션으로 설명하는 학자들도 있다(Archer, 1982; Brown, 1995; Clogg and Shockey, 1984; Collins, 1979; Dore, 1976). 1970년대부터 제기되기 시작한 학력 인플레이션은 2000년대 이후에는 문제로 인식하지 않게 되었다. "대학 학위가 새로운 종류의 고등학교 학위가 되었기"(Rampell, 2014) 때문이다.[3)]

> 고학력자의 공급이 수요를 초과하게 되면, 과거에는 고졸자가 능히 수행하던 직종에 이제는 대학의 졸업장을 요구하게 되는 채용기준의 상승, 즉 학력 인플레이션만을 결과하게 되어 사회는 각 직종의 업무 수행능력과 직접 관련 없는 필요 이상의 교육 수준을 요구하게 된다. …… 더 나아가 학력 인플레이션은 제한된 수의 고임금 · 근대적 직장에의 취업 가능성을 높이기 위한 경쟁을 더욱 가열화시켜, 취업자격증 획득을 위해 고학력에의 (학교)교육 수요만을 끊임없이 높이게 된다. (박세일, 1982: 150)

1. 학력과 학벌: 사익 극대화의 도구

학교교육에 문제가 발생했더라도 학교교육 안에서 해결되지 않는 경우가 많다. 대학 교육의 비대화(肥大化)는 대학 교육으로 해결되지 않으며 학교 바깥에서의 조치로 해결될 수 있다. 너무 많은 사람이 대학에 진학함으로써 발생한 문제를 입학생을 더 많이 받으려고 애쓰는 대학들에게 해결하도록 촉구한다면 논리에 맞지 않는다. 대학이 절제력을 갖춘 정신적 권위의 상징이었던 시대는 오래전에 지나갔다. 전통적으로 대학생들은 대학을 생활 전부로 받아들였지만, 요즈음 대학생들은 대학을 일부분으로 취급한다. 한편, 오늘날 대학은 '부모와 같은 책임'(in loco parentis)을 갖지 않는다. 대학에서 학생들은 주체임을 주장하기도 하지만 실제로는 실리에 밝은 한시적 고객처럼 행동할 뿐이다. 심지어 교수들도

3) "The college degree has become the new high school degree"는 논평(opinion)의 제목으로 제시되었다.

보직을 담당하는 제한된 기간을 제외하면, 주인의식은커녕 구성원으로서보다는 피고용인으로 자처한다. 대학에는 경우에 따라 자신들이 주체임을 주장하는 집단들, 곧 학생들, 교수들, 직원들이 있지만 지속적으로 책임지는 주체는 없다.

교육은 그 자체로 좋은 것이지만 학교교육은 그 자체로 좋은 것이 될 수 없다. 학교교육은 본래 좋은 의도로 시작되었더라도 기대한 방향으로 나아간다고 볼 수 없는 사태가 발생한다. 더 높은 학력과 더 나은 학벌을 위한 경쟁이 치열하게 벌어지는 이유는 학력과 학벌로 차별적 우열이 정당화되기 때문이다. 지배집단은 유리한 조건에서 학력 · 학벌 경쟁을 벌이고 그 결과로 갖게 된 높은 학력과 나은 학벌로 사회경제적 보상을 상대적으로 더 많이 쟁취한다. 피지배집단은 비록 학교교육 기회를 허용받더라도, 경제적 · 사회적 · 문화적 자본이 취약하여 학력 · 학벌 경쟁에서 불리하며 그 결과로 학력과 학벌 열세를 피할 수 없다. 학교교육이 공식적 교육이기 때문에, 학력과 학벌의 격차는 개인적 재능과 노력의 산물로 인정을 받는다. 학교교육 기회가 확대될수록 학력 · 학벌 격차는 더욱 정당화된다. 기회의 허용은 기회의 평등화로 인식되지만, 기회의 평등화는 결과의 불평등을 정당화하는 데 이용된다.

대학 교육은 좋은 일자리를 얻는 데 필수적이고 효과적인 방법으로 인식되어 왔다. 좋은 일자리는 소득, 위세, 권력 등이 높고 흥미를 돋우며 의미가 있게 할 뿐만 아니라 실직의 위험이 없음을 뜻한다. 한국에서는 변호사와 의사가 대표적으로 좋은 일자리로 알려져 있으며 고령사회로 접어들면서 정년이 없다는 점 때문에 선호도가 더욱 높아지고 있다. 이 일자리들은 오랫동안 독과점처럼 일자리 수가 묵시적으로 제한되었지만, 최근에는 의학전문대학원과 법학전문대학원의 신설로 인력 공급이 급속도로 늘어나면서 매력을 상당히 상실하고 있다. 그렇더라도 변호사와 의사는 여전히 가장 선호되는 일자리로 인식되고 있다. 전문대학원의 신설을 둘러싸고 벌어진 심각한 논쟁은 전문성이 주제가 되었지만, 심층에는 기득권을 고수하려는 집단과 기회를 쟁취하려는 집단의 이기주의가 숨겨져 있다.

대학 교육은 좋은 일자리를 갖는 데 최적의 통로로 이용되어 왔을 뿐만 아니라 교양, 지성, 시민 정신, 건강 등에도 효율적으로 작용하였다. 그러나 대학 교육이 과도하게 확대되면서 취업 기능이 격감하자 그 밖의 효과들도 하락하고 있다. 최근에는 취업이 절박해지면서 전통적인 대학의 이상을 강조하면 거센 반박을 피할 수 없다. 대학 교육에 대한 우아한 수식은 취업이 보장되었을 때에만 수용될 수 있다. 초등학교에 입학하여 대학을 졸업할 때까지 16년 동안 학교교육을 받고 실업자가 되거나 대졸 학력에 어울리지 않는 일자리에 하향취업할 수밖에 없는 상황에서는 대학의 이상이 추구될 리 없다. 대졸 청년들의 취업난이 심각해지면 소위 상위권 대학에 다니는 학생들도 취업에 대한 압력에서 벗어날 수 없다.

더욱이 선발 과정에 공정성이 강력하게 요구되면 절차가 까다로워진다. 그 절차들을 통과하려면 그에 대해 세심하게 대비해야 하므로 모든 청년은 취업 준비에 소심해질 수밖에 없다. 그 결과, 대학에서 학문의 탐구는 점차 시들해지고 취업 준비가 높은 비중을 차지한다. 이러한 현실은 대학 도서관 이용에서 극명하게 드러나고 있다. 대학 도서관에서 취업준비생들이 주로 이용하는 독서실처럼 꾸며진 공간은 복잡해도 지적 업적들을 체계적으로 갖추어 놓고 학문 탐구를 지원하는 서가와 넓은 테이블이 있는 공간은 너무 한가하다.

한국의 경우, 경제가 경이로운 속도로 성장하던 시절에는 소득, 지위, 권력이 높은 일자리가 급격하게 늘어남에 따라 계층 상승 이동의 기회가 많았다. 그 시절에는 경제 성장에 따라 가정의 경제력이 향상되었을 뿐만 아니라 국가가 학교교육의 기회를 급격하게 확대함에 따라 누구나 학력을 높임으로써 세대 간의 계층 상승 이동을 도모할 수 있었다. 개인들은 교육 성취 수준을 높여 계층 상승 이동의 조건을 갖출 수 있었으며, 국가는 높은 계층의 일자리를 많이 만들어 냄으로써 학교교육에 의한 계층 상승 이동이 활발하게 일어날 수 있는 여건을 마련할 수 있었다. 이처럼 학교교육과 일자리가 조응한 시절을 거치면서, 한국에서는 교육출세론이 상식이나 철칙으로 굳어졌다.

> 한국 교육의 극적인 효과는 "개천(開川)에서 용 난다"라는 말로 신화처럼 회자되어 왔다. …… 1980년대 이전, 한국의 가정들은 대부분 개천에 비유될 정도로 몹시 가난했으며 도회지에서 웬만한 직업을 얻기만 해도 출중한 인물로 인정되었다. 이처럼 개천이 많았으며 용으로 부각될 수 있는 직업도 많았기 때문에 개천출용설(開川出龍說)이 확산될 수 있었다. 웬만한 직업은 대부분 공개적인 절차를 통해 선발함에 따라, 학력, 학벌, 성적 등 학교교육과 관련된 업적이 중요한 변수로 작용하였다. 이로써 미천한 가정, 학교교육, 사회경제적 성공이 인과적으로 연결되면서 '교육출세론', '개천출용설' 등으로 표현될 수 있는 신화들 또는 예화들이 만들어지고 확산되었다. (오욱환, 2014: 9)

자녀 수가 급감하면서 자녀교육비 지원이 한층 쉬워진 부모들은 자신들이 경험한 교육출세론을 자녀들이 더 적극적으로 재현할 수 있도록 학교교육에 총력을 집중하는 전략을 구사하고 있다. 한국 사회에서 출세는 상대적 우위가 가시적으로 드러나는 직업의 획득을 의미하므로 출세한 부모일수록 자녀들의 출세 범위를 더 좁힌다. 한국 사회에서 출세를 의미하는 직업을 극단적으로 줄이면 법관과 의사로 국한된다. 이 사실을 반영하듯 법학전문대학원과 의학전문대학원에 대한 선호도가 아주 높다. 법관들과 의사들의 일상적 삶의 질이 어떠하든 부모들은 자녀들이 이 직업을 갖기를 열망한다. 한국의 부모들은 자녀들의 행복보다는 출세를 더 열망한다. 한국의 청년들은 홀로서기에 아주 취약한데 그 이유는 어릴 때부터 청년이 될 때까지 부모들이 마련해 준 노선을 따라 성장했기 때문이다.

출세한 부모일수록 자녀들에게 더 좁은 노선을 따르도록 강요한다. 극단적인 부모들은 자녀들을 소위 명문 유치원에서 출발하여 단계별 명문 학교를 거쳐 출세로 인정받는 직장으로 이어지는 궤도에 올려놓는다. 이러한 유형의 부모들은 학력과 학벌을 사익 극대화의 도구로 철저히 이용할 뿐이며 공익에는 관심을 기울이지 않는다. 출세지향 사회에서는 학력 · 학벌 경쟁이 치열해져 창조적 엘리트가 출현할 수 있는 풍토가 조성될 수 없다. 초 · 중 · 고등학교 취학률은 해당 국가의 교육경쟁력을 나타내지만, 대학취학률은 교육경쟁력 지표로서 한계가 있다. 한국은 대학취학률에서 세계 최고이지만 우리 자신을 포함한 어떤 사람도 한국의 대학 교육이 세계 최고 수준이라고 말하지 않는다.

대학 교육의 효과를 기업의 생산성처럼 측정한다면, 한국의 대학 교육은 아마도 세계 평균에도 이르지 못할 것 같다. 더욱이 공익적 가치를 따진다면 한국의 대학 교육은 아주 실망스러운 결과가 나올 것이다. 그 이유는 한국에서 대학 진학은 개인적 출세, 곧 사익의 극대화를 위해 추진되기 때문이다. 개인적으로는 출세했더라도 국가적 공헌도는 거의 없는 직업이 많다. 같은 직업을 가졌더라도 공익에 공헌하는 사람이 있는가 하면 사적 이익에만 매몰된 사람도 있다. 한국의 학교에서 가장 중요한 작업은 우열을 가리는 것이다. 한국의 학생들과 그 부모들은 학교를 전형적인 영합 게임(zero sum game)[4]이 벌어지는 곳으로 인식하고 있다. 한국에서는 학교가 상대를 제쳐야만 나의 이익이 확보되는 전투장처럼 설정되어 있기에 학교에서 공익이 추구될 가능성은 낮다.

조상들이 거부감 없이 또는 생활을 위해서 선택해 왔던 적지 않은 직종들(occupations)을 그 후손들은 학력이 상승하면서 '3D업종'이라는 오명(汚名)으로 분류하고 공개적으로 기피하고 있다. 그러나 이 일들은 누군가에 의해서 반드시 수행되어야만 사회가 유지될 수 있다. 선진국의 선례를 살펴보면 이러한 일들이 저개발국가에서 한시적으로 또는 불법으로 유입된 노동자들에 의해 충당되었다. 이로써 선진국에서는 인종 · 민족 차별이 심각한 사회문제로 확산되고 있다. 우리가 육체노동을 꺼린다면 그와 관련된 일자리들은 유입노동자들의 차지가 될 가능성이 높다. 외국의 선례들로 유추하면, 우리는 해외 노동자들이 필요하여 유입했음에도 불구하고 그들을 비하하거나 차별하게 될 것이다. 고학력화는 3D업종의 수를 더 늘리고 더 적극적으로 기피하게 만든다. 최근에는 원거리(distant)가 추

4) 쌍방 득실(得失)의 차이가 무(無)인 경우를 의미한다. 한 사람에게 돌아간 이익만큼 다른 사람이 손해를 보아야 하는 상황을 의미한다.

가되어 '4D업종'이라는 용어가 사용되고 있다.[5] 원거리 업종을 사전에는 원양업계로 풀이하지만, 실제로는 일터가 인기 있는 주거지에서 멀리 떨어져 있거나 가고 싶지 않은 곳에 있으면 4D업종이 된다. 예컨대, 서울 거주를 고수하는 청년이 지방에 있는 일자리를 기피하면 그 청년에게 지방 일자리는 모조리 4D업종으로 분류된다.

학력에서 상대적 우위를 점유하기 위한 경쟁은 국가 간의 군비경쟁(arms race)처럼 벌어진다. 군비경쟁은 공유지의 비극을 설명할 때 전형적으로 등장하는 사례이다. '교육 군비경쟁'(educational arms race)은 상대편이 포기할 때까지 소모전으로 지속되므로 모두를 지치게 하며 때로는 황폐하게 만든다. 초(超)상류층이 자본력으로 밀어붙인 조기유학은 교육 소모전의 전형에 해당한다. 이들을 따라 중상류층에서도 조기유학이 성행하여 한때 유행처럼 퍼져나갔다. 지금도 그 환상에 젖어 있는 부모들이 적지 않다. 교육 유토피아(Utopia)를 향해 떠난 조기유학으로 가정이 파탄이 나거나 파산한 사례도 적지 않다(오욱환, 2008). 자녀의 조기유학을 지원하기 위해 어머니는 자녀와 유학 국가에서 생활하고 아버지는 유학비용을 마련하기 위해 한국에서 생업(生業)[6]에 종사함에 따라 가족이 별거하면서 심리적 갈등과 경제적 문제들이 발생하고 있다. 어린 나이에 한국을 떠나 외국에서 오랫동안 생활한 조기유학생들은 대학을 졸업하고 귀국한 후에는 한국에 재적응하는 데 어려움을 겪는다. 오늘날 한국에서는 조기유학의 부작용으로 어느 국가에서도 제대로 정착하지 못하고 정체성 혼돈을 겪고 있는 주변인(marginal man)이 늘어나고 있다.

조기유학의 경우, 처음 기대와는 사뭇 다른 상황이 유학을 마치고 귀국했을 때 전개되고 있다. 조기유학으로 외국에서 대학을 졸업한 한국의 젊은이들은 유학한 국가에서 취업하기 어렵다. 외국 대학들은 학자금을 지원하지 않아도 되는 한국의 유학생들을 환영하지만, 외국의 기업들은 문화와 언어에서 한계를 가진 그들을 고용하기를 꺼린다. 한편, 외국에서 청소년기와 청년기를 보낸 한국의 유학생들은 외국 대학의 학위와 외국 거주 이력을 갖고 귀국하여 취업하려 하지만 고용주들의 반응은 기대와 상당히 다르다. 한국인 고용주들은 청소년기와 청년기를 외국에서 보낸 조기유학 출신 청년들이 한국의 문화와 조직에 거부감을 느끼고 있음을 간파하고 있을 뿐만 아니라 그들의 업무 수행능력에 대해서도 확신하지 못하고 있다. 이러한 상황을 접하면서 조기유학 출신 젊은이들은 한국에서 오히려 이질감을 느끼게 되고 재적응에 어려움을 겪는다.

---

5) 더럽고(dirty), 힘들고(difficult), 위험한(dangerous) 일들은 3D업종이며 원거리(distant)가 추가되면 4D업종이 된다.

6) 생업은 '살기 위해서 하는 일'을 의미한다. 생업은 직업(職業)보다 절실함이 더 강조되어 있다.

군비경쟁처럼 치러진 학력 경쟁으로 상승한 학력은 생산적 가치가 없다. 한국에서 벌어지고 있는 과잉학력화는 학력 경쟁에서 패배한 사람들을 좌절하게 할 뿐만 아니라 승리한 사람들도 탈진하게 만든다. 그리고 이러한 경쟁을 전쟁처럼 치르면서 한국은 내전으로 자멸하는 국가처럼 위기에 직면한다. 한국에서 학생들은 사교육을 통해 전투력을 강화시켜 공교육에서 전쟁을 치른다. 한국의 청소년들은 학원에 가서 예상 문제들을 풀고 학교에 가서 시험을 치른다. 이러한 과정이 일상처럼 반복됨에 따라 한국에서 교육은 인적자본으로서의 가치를 상실하고 있다. 이처럼 치열한 과정을 거친 후 학교교육을 마칠 때, 한국인들은 마치 병역 의무를 마치고 제대하듯 홀가분하게 졸업한다. 그리고 이후 공부하는 상황을 최대한 꺼린다. 한국인들은 배움을 극도로 싫어하지만, 한국 사회에는 교육만능주의가 널리 퍼져 있고 뿌리를 깊게 내리고 있다. 한국의 가정에서는 배움을 철저히 기피하는 부모들이 교육만능주의 신념을 가지고 자녀들에게 배움의 중요성을 강조하면서 학업을 닦달하고 있다.

한국인들은 타인들의 인생에 간섭하려 들며 타인들의 시선과 평가에 예민하게 반응한다. 한국에서 유행은 매우 빨리 그리고 넓게 퍼지고 순식간에 사라진다. 한국인들의 비주체적인 삶은 '따라 하기'에서 극명하게 나타난다. 한국 사회에서 실제로 작용하는 생활 준거는 비교 우위를 나타내는 '출세'라는 개념과 타인들의 평판을 의미하는 '체면'으로 축약된다. 한국인들은 모든 것에 순위를 매기는 습관이 있는데 이 서열화가 출세와 체면에 더욱 집착하게 만든다.[7] 한국에서는 차이(difference)가 순위(ranking)로 전환되고, 그 순위는 격차(gap)로 구별되며 차별(discrimination)로 종결된다. 한국 부모들이 자녀교육열을 강렬하게 발휘하는 이유는 자녀의 학업 성취가 자녀의 출세와 자신들의 체면을 결정한다고 확신하기 때문이다. 출세한 부모들은 자녀들로 인한 체면 손상을 우려하고[8] 출세하지 못한 부모들은 자녀들을 통해 체면을 회복하려고 애쓴다. 결과적으로 체면을 중시하는 한국 사회에서 부모들은 자녀들의 인생에 깊이 개입한다.

대학 교육의 경제적 보상효과가 줄어들면 대학취학률이 하락하는 것이 경제적으로 합리적이지만, 한국에서는 이러한 합리적 대응보다는 의지적 결단이 더 강력하게 작용하므로 대학취학률이 하락하지 않는다. '한국인'의 교육열은 한국 사람들의 학구열이 높음을

7) 한국인들은 아파트, 거주 지역, 자동차, 의복, 신발, 소장품 등 모든 것을 비교함으로써 우열을 가린다. 오랜만에 만난 친구들도 정감을 나누기보다는 우열을 가리는 데 필요한 정보들을 습득하는 데 더 예민하다.

8) 자녀의 학업 성취가 너무 낮아 자신들의 체면이 서지 않는다고 생각하는 부모들은 자녀의 조기유학을 계획한다. 이러한 이유로 떠나는 조기유학은 도피성 유학으로 분류될 수 있다.

연상시키므로 한국 사회에 확산된 학교교육열을 표현하는 데 부적합하다. '한국 사회'의 교육열은 개별 한국인들이 지적 탐구에 열성적임을 의미하지 않으며 출세와 체면을 위해, 곧 타인들과의 경쟁에서 우위에 있거나 최소한 뒤처지지 않기 위해 학력과 학벌의 수준을 경쟁하듯 높이고 있는 결과로 나타난다(오욱환, 2000). 다시 말해서, 한국에서 일어나고 있는 강렬한 교육열은 출세와 체면 그리고 질투와 시기가 널리 퍼져 있는 '한국 사회'의 산물이다. 한국 사회의 고조된 교육열은 사익을 극대화하는 과정의 부산물일 뿐 국가의 경제 성장과 사회 발전을 이끄는 원동력은 아니다. 청소년들이 사익보다 공익을 더 중요하게 생각한다면, 지식경제와 창조경제를 이끄는 데 도움이 되는 전공 분야들이 지금처럼 외면되지 않을 것이다. 그리고 최고의 엘리트로 자처하는 특목고 학생들도 학교의 설립 목적에 부합하는 학문 분야를 그토록 외면하지 않을 것이다.

취학률이 100퍼센트에 이르고 취학이 법적으로 의무화가 되더라도 학교교육에서의 불평등은 사라지지 않는다. 의무교육이 오래전부터 시행된 초등학교 단계에서는 물론이며 비교적 최근에 시작된 중학교 단계에서도[9] 자녀들이 학업 성취에서 앞서게 하려는 부모들을 위하여 차별적 우위에 있는 학교들이 별도로 설립되었다. 의무교육 이전의 유치원 그리고 이후의 고등학교와 대학 단계에서는 차별화된 학교들이 더욱 다양하게 준비되어 있다. 자본력을 갖춘 부모들은 자녀들을 더 나은 생애 기회를 가지는 데 유리한 학교에 입학시키기 위해 확보한 자본을 소모전을 치르듯이 투입한다.

소모전을 방불케 하는 공교육과 사교육 경쟁으로 자녀들의 학업 성취는 그 부모들의 사회 · 경제 · 문화적 자본력에 따라 상당히 좌우된다. 부모주의는 부모의 의지와 열정만으로는 한계가 있으며 여기에 다양한 유형의 자본이 지원될 때 효과가 발생한다. 부모의 자본력 효과는 입시 제도가 공정화, 효율화, 다양화, 정교화 등 그 어떤 목적을 위해 변화하더라도 사라지지 않는다. 입시 제도가 다양해질수록 부모의 자본력 효과는 더 강력하게 작용한다. 입학 전형 방법이 복잡해지면 그 방법을 이해하고 그에 대처하기 위해 자본이 투입되어야 한다. 가장 간단한 예로, 입시설명회에 참석하는 데에도 시간이 필요하며 강사가 제공하는 정보를 해석하고 판단할 수 있는 능력이 요구된다. 대학입시에 관해 자문을 받거나 자기소개서를 작성할 때 도움을 받으려면 상당한 비용을 지불해야 한다. 대학 교육이

9) 1985년 대통령령 '중학교 의무교육 실시에 관한 규정'이 발표되었다. 그러나 재정적인 문제로 인해, 1986년에는 도서 · 벽지 지역의 중학생, 1992년에는 읍 · 면 지역의 중학생, 1994년에는 군 단위 이하 지역의 중학생이 순차적으로 의무교육의 대상에 포함되었다. 2002년부터 광역시를 포함한 모든 도시지역으로 확대되었으며, 학년에 따라 순차적으로 의무교육이 적용되어 2004년에 전국의 모든 중학생이 무상의무교육을 받을 수 있게 되었다(국가기록원).

보편화될수록 그리고 입시 제도가 복잡해질수록 부모주의는 더 극성스럽게 작용한다.

2. 대학 목적의 변질: 취업 예비학교로 전락

국가는 학교교육을 확대함으로써 경제 성장을 도모한다. 특히 저개발 국가들은 학교교육을 통해서 빈곤으로부터 탈출을 시도하며 국제기구들도 이러한 정책을 적극적으로 유도하고 지원한다. 그러나 저개발 국가에서 학교교육이 확대됨에도 불구하고 경제 성장이 기대에 미치지 못하였다. 그 이유는 다섯 가지로 정리해 볼 수 있다. 첫째, 학교의 교과과정과 훈련 프로그램들이 산업화에 요구되는 직업적 기술과 조응하지 않는다. 둘째, 교과과정이 경제 발달 과정과 무관하다. 셋째, 국민들이 육체노동, 기술 그리고 과학적 훈련보다 인문학적 교양교육을 전통적으로 더 선호한다. 넷째, 정부가 경제 효과가 나타나기 어려운 중등교육과 고등교육에 편향적으로 재정을 지원한다. 다섯째, 정부가 대학졸업자들을 과도하게 채용함으로써 고등교육의 필요를 부추긴다(Irizzarry, 1980: 338-339).

국가가 노동 정책과 학교교육 정책을 결정하기 때문에 과잉학교교육에 대한 책임의 상당 부분은 국가에 있다. 높은 보수와 안정된 직장을 보장하는 공공 일자리들, 곧 공무원들과 준(準)공무원들이 국가 관료체제에 의해 많이 창출된다. 공적 일자리들은 교육적 자격을 갖추도록 요구하므로 고등교육에 대한 수요를 크게 부추긴다. 국가는 고학력자들을 가장 많이 채용하는 중요한 고용주이기도 하다. 국가가 공적 일자리를 늘릴수록 고등교육에 대한 수요는 그에 부응하여 상승한다. 인도의 경우, 고등교육 기관의 졸업자들 가운데 3분의 2가 국가 관료체제에 의해 채용되었다(Blaug, Layard, and Woodhall, 1969). 더욱이 공적 관료 일자리들은 법학과 같이 정부에 채용되는 데 유리한 인문학 계열로 학생들을 몰리게 한다(Irizzarry, 1980: 343).

난세를 겪으면 그 무엇보다 생존에 집착하게 된다. 한국의 현대사는 난국의 연속이었다. 부모들은 자녀들이 안정된 직업으로 평안하게 살기를 갈망한다. 난세에 안정된 직업은 공무원 또는 공기업 직원이다. 공무원 또는 준공무원은 국가가 선발하므로 그 과정은 공정해야 한다. 공무원과 준공무원 선발이 공개 채용 형식을 취하면서 규모가 큰 민간 기업에서도 공채가 시작되고 점차 확산되었다. 공개 채용 방식에서 선발되려면 지원자들 가운데 객관적 준거에 근거하여 상대적으로 돋보여야 한다. 지원자들 간의 우열은 다양한 방법으로 가릴 수 있겠지만 실제로는 학력, 학벌, 경력 등이 업무 능력을 가늠하는 데 이용되어 왔다. 경력직이 아닌 경우, 지원자들의 능력을 파악하는 데 이용할 수 있는 정보는 그

들의 학력과 학벌 이외에는 거의 없다. 자기소개서나 추천서는 객관성을 인정받기 어렵다.[10)] 고용주들은 지원자들의 능력을 파악하는 데 비용과 시간을 많이 투입하지 않는다. 이 이유로 이미 드러난 학력과 학벌이 채용에 중요한 변수가 된다.

탈식민지화(decolonization) 단계에서는 공식 학력과 학벌이 정치지도자를 모집하고 선발하는 데 있어 극도로 중요하게 이용된다. 신생 독립국가의 지도자들은 모두 식민통치 아래 최고 수준의 학교교육을 받은 사람들이다. 어떤 경우든지 그들은 상대적으로 학력이 높고 학벌이 더 낫다(Hanf, Ammann, Dias, Fremerey, and Weiland, 1975: 72). 정치지도자들의 높은 학력과 나은 학벌 배경은 이후 "학교교육이 출세에 결정적으로 작용한다"라는 증거로 이용된다. 역설적으로 한국에서는 독재 체제에 반대하고 민주화운동을 주도했던 대학생들 가운데 상당수가 정계(政界)와 관계(官界)에 진출하면서 교육출세론을 실증해 왔다. 어떤 체제에서든 출세하는 데 학력주의와 학벌주의가 무력해진 적이 없다.

사회주의 국가에서도 학력과 학벌은 출세하는 데 이용되었으며 재생산의 도구였다(오욱환, 1992). 옛 소련의 경우, 특권 직업인 당-국가 관료들(party and state bureaucrats)과 지식인들(intelligentsia)이 각각 자녀들에게 학교교육의 이점을 제공하기 위해 이기적으로 경쟁하였다. 그에 따른 결과로 일반 시민 자녀들의 학교교육 기회는 더욱 불리해졌으며 자본주의 국가들 못지않게 악화되었다(오욱환, 1992).

> (학교)교육의 직업 결정 효과는 사회주의 국가에서 더욱 두드러지게 나타난다. 1960년대 소련의 경우, 고등교육 이수자들이 당원이 될 수 있는 가능성은 초등교육 이수자들의 가능성보다 세 배나 많았다. …… 교육과 직업 간의 밀착된 관계가 지속되고 강화되면, 당연한 결과로서 사회계급의 자체충원 정도가 높아지고 계급의 고정화가 일어난다. (오욱환, 1992: 17)

벽돌이나 콘크리트 건물들로 구성된 캠퍼스가 있는 전통적 대학이 존재하는 이유는 세 가지로 정리해 볼 수 있다. 첫째, 좋은 도서관은 높은 수준의 학습에 필수 조건이다. 둘째, 학문은 동료들과의 교류로 융성해진다. 캠퍼스는 학자들을 물리적으로 가깝게 만든다. 셋째, 최고의 수업은 교수들과 학생들 간의 상호교섭으로 이루어진다. 물리적 인접성은 그

10) 자기소개서만큼 쑥스러운 글쓰기는 없다. 자랑과 겸손을 스스로 중재하다 보면 무미건조한 사실만 나열하게 된다. 이렇게 작성된 자기소개서는 이력서를 문장으로 표현한 수준을 넘기 어렵다. 한편, 추천서는 결혼식 주례사처럼 미화로 일관하기 쉽다.

러한 상황을 만드는 데 가장 적합하다. 그러나 전통적 캠퍼스 대학이 가진 세 가지 이점이 점차 약화되고 있다(Murray, 2008b: 44). 도서 활용, 학자들의 교류 그리고 가르치는 사람과 배우는 사람의 상호교섭이 캠퍼스 이외의 장소에서도 가능할 뿐만 아니라 심지어 물리적 공간 없이도 구현될 수 있다. 인터넷은 시간과 공간의 제약을 거의 극복하였다. 의사소통의 효율화를 위한 하드웨어와 소프트웨어의 무한 발달로 가르침과 배움이 시간과 공간의 구속을 당하지 않고 이루어질 수 있게 됨으로써 전통적 캠퍼스 유형의 대학에 대한 집착이 희미해지고 있다. 그러나 전통적 대학의 강점은 교수(teaching)와 학습(learning)의 생산성보다는 학위증을 수여하는 공인(公認) 기관이라는 점에 있다. 대학 졸업장은 대학 교육의 보편화로 이제는 취업의 충분조건이 아니지만 필요조건으로는 더욱 굳어지고 있다. 고용주들은 지원자들이 전통적 대학을 거침으로써 조직 활동을 실습했을 것으로 간주한다.

전통적으로 이어져 온 대학에 대한 고고한 인식에 의하면, 대학은 취업에 필요한 지식과 기술을 가르치는 곳이 아니다. 인문학적 대학론에 의하면, 대학의 목적은 기술을 갖춘 변호사, 의사, 엔지니어의 양성이 아니며 능력과 교양이 풍부한 지성인의 배출이다. 이러한 관점에 의하면, 우리는 대학에 진학하는 사람이 너무 많다고 우려할 필요가 없다. 그리고 인문학 계열을 줄일 이유도 없다. "너무 많은 사람이 대학에 간다"라는 말은 평균적인 학생은 역사, 과학, 미술, 음악, 문학에 대해서 알 필요가 없다는 말이 아니다. 누구라도 이에 대해 알 필요가 있으며 더 많이 알아야 할 이유도 있다. 따라서 가르칠 필요가 있다. 그러나 대학이 가르칠 때까지 기다려야 할 이유는 없다(Murray, 2008b: 41-42). 우리는 "왜 굳이 대학에 가서 능력과 교양을 습득해야 하느냐"고 반박할 수 있다. 초등학교와 중·고등학교에서도 교양을 가르칠 수 있으며 제도적 유형을 띤 학교가 아니어도 교양을 가르칠 방법은 많다. 더욱이 정보통신공학의 발전은 가르침과 배움이 시간과 장소의 제약을 받지 않도록 지원하고 있다. 심지어 우리는 가르침이 없어도 배울 수 있다.

학력의 취업효과는 일자리가 부족해지면 하락한다. 일자리가 부족해지면 대학취학률이 10퍼센트일지라도 대졸 청년 실업률은 상승한다. 학벌의 취업효과도 그 학벌을 요구하는 일자리가 부족해지면 하락하거나 무의미해진다. 일자리가 전혀 없을 때는 학력은 물론이며 학벌도 취업효과를 거둘 수 없다. 학력이 상승하면 기대 또한 상승하여 그 기대에 걸맞은 일자리를 찾기가 어려워진다. 대학 졸업 학력으로 취업할 수 없을 경우, 대학원에 진학하여 돌파구를 마련하려는 전략을 구상할 수 있다. 석사 학위 또는 박사 학위를 취득하면 각각 그 학위에 부합하는 일자리를 기대하게 된다. 그러나 석사 또는 박사 학위를 요구하는 일자리는 많지 않다. 석사 또는 박사로 학위가 높아질수록 전공과 일치하는 일자리의 문호는 급격히 좁아진다. 박사 학위에 적합한 일자리는 극도로 줄어든다. 미국의 경우, 동

부의 8개 명문 사립 대학교로 구성된 아이비리그(Ivy League)에서 한 해에 배출하는 철학 분야 박사의 수는 미국 전역에서 제공되는 일자리 수보다 월등히 많다.[11] 한국에서도 박사 학위를 취득한 후 해당 전공 분야에서 그 학위에 조응하는 일자리에 취업하는 박사들은 의외로 적다. 석사 학위는 박사 학위로 가는 단계로 인식되어 고유한 가치를 인정받기 어려워 취업효과는 아주 낮다.

일자리가 줄어들지 않더라도 공급되는 인력이 급증하면 일자리는 필연적으로 부족해진다. 한국에서 의사, 변호사, 교사 등은 일자리가 꾸준히 늘어났는데도 불구하고 일자리 부족이 심각해지고 있다. 의료 서비스와 법률 서비스에 대한 수요는 엄청나게 늘었으며 교사 1인당 학생 수는 획기적으로 줄어들었다. 그렇지만 의사나 교사의 공급이 수요를 과도하게 초과하면서 이전의 명성이 무색해질 정도로 취업난이 심각해지고 있다. 변호사도 공급 과잉으로 변호 업무만으로 생활할 수 없는 경우가 늘어나고 있다.[12] 의사, 변호사, 교사 등 자격소지자들도 일자리가 부족해지면 실업 사태를 피할 수 없다. 고소득 직업에 필요한 자격을 갖추더라도 일자리가 부족해지면 실업 상황에 직면하게 된다. 졸업 후 취업을 보장하는 고등교육 기관은 사관학교, 경찰대학 등으로 제한된다. 취업 보장이 강점이었던 교육대학교도 취업난에 휩싸이고 있다.

대학생의 급격한 증가는 그 속도에는 미치지 못하지만 필연적으로 대학원생을 증가시킨다. 대학생이 급증하면, 마치 통화 팽창으로 돈의 가치가 하락하여 더 많은 돈이 필요해지듯 대학 졸업장의 액면 가치가 하락하게 되어 상급 학위를 추구하게 만든다. 대학원생의 증가는 학력에서 차별적 우위를 차지하려는 학생들의 의중을 간파한 대학교에 의해서 더욱 부추겨진다. 최근 한국에서는 기이한 명칭의 대학원 과정이 급격하게 늘어나고 있다. 대학원은 일반대학원, 특수대학원, 전문대학원으로 구별된다. 특수대학원에는 교육대학원, 행정대학원, 법무대학원, 보건대학원, 언론홍보대학원, 공학대학원, 정책과학대학원, 공연예술대학원, 노동대학원, 문화스포츠대학원, 부동산융합대학원 등 다양한 분야의 대학원이 있다.

전문대학원에도 법학전문대학원, 의학전문대학원, 국제대학원, 경영전문대학원, 통역번역대학원, 도시대학원, 첨단영상대학원 등 독특한 명칭을 가진 대학원들이 있다.[13] 대

---

11) 아이비리그는 학문적 수월성, 입학에서의 선택력(selectivity) 그리고 사회적 엘리트를 지향한다. 미국에는 4,000개가 넘는 대학이 있다. 이 가운데 규모가 비교적 큰 대학교에는 철학과가 있으며 박사를 배출한다.

12) 최근 텔레비전 방송에 출연하는 의사와 변호사가 급증하고 있음을 주목할 필요가 있다.

13) 최근에는 대학원 졸업생들이 학부 졸업생들만큼 많은 졸업식도 출현하고 있다.

학교들은 대학원 과정을 이익이 보장되는 좋은 영업 아이템으로 간주하고 차별화된 이름으로 신설하는 데 적극적이다. 취업을 겨냥하여 학과나 전공의 명칭을 세분화할 경우, 그 명칭의 범위가 협소해져 취업하는 데 불리하게 작용하기도 한다. 대학원은 명칭을 업무와 관련지으면서 지원자들을 유인하지만 그들의 졸업 후 취업에는 관심을 기울이지 않는다. 한편, 대학원에 진학하는 학생들은 기대는 높아도 실현이 가능한 계획을 수립하고 추진하는 데에는 소홀하다.

한국에서 대학 교육은 위치재로서 위력을 가지고 있다. 대학 교육 기회가 극도로 제한되었을 때에는 대학에 진학하는 것만으로도 엘리트로 자처할 수 있었다. 전공이 무엇이든 취업하는 데 큰 어려움이 없었기 때문에 실용보다는 교양이 선호되었다. 대학들도 인문학과 사회과학 분야를 확대함으로써 비용을 절감하고 이윤을 확보하였다. 오늘날 문제가 되는 대졸 청년 실업과 하향취업의 원인 가운데 하나는 직업을 고려하지 않은 전공 영역이 많다는 점이다. 인문학이 위기에 처하고 있다면, 결정적인 이유는 인문학 전공자들의 취업이 어렵기 때문이다. 대학 교육이 엘리트 교육일 때에는 고용주들이 전공 일치 여부를 따지기보다는 훈련가능성만으로 대학졸업자들을 채용했지만, 동령집단의 70퍼센트에 육박할 만큼 대학 교육이 보편화된 현실에서는 전공 불일치가 채용 거부의 결정적인 이유가 된다. 고용주들은 훈련가능성을 애써 고려해 주기보다는 이미 훈련 과정을 거친 사람을 뽑는 방법을 택한다. 그 방법이 채용에 따른 비용을 절감하게 해 주고 채용 후 이직의 위험도 줄여 주기 때문이다.

신뢰할 수 없는 정보는 이용될 수 없다. 한국의 고용주들은 피고용자들을 선발할 때 학교가 제공하는 정보를 신뢰하지 않는다. 지원자가 제출해야 하는 서류들 가운데 추천서가 사라진 지는 오래되었다. 추천서는 물론이며 학교 성적표와 기록까지도 신뢰를 얻지 못하고 있다. 그래서 고용주들은 자신들이 정보를 수집하려 한다. 신뢰할 수 있는 정보망이 동원되고 면접이 강화되는 이유도 여기에 있다.[14] 고용주들이 학력보다 학벌을 더 중시하는 이유는 어려운 과정을 통과했음을 인정하는 데 더 적합하다고 판단하기 때문이다. 미국의 고용주들도 소위 일류대학 출신 지원자들을 먼저 채용한다. 이 고용주들은 일류대학 졸업을 높은 지적 능력과 근면성의 징표로 간주한다. 그리고 일류대학 졸업생들은 취업 후 높은 자리로 올라가면서 자신과 비슷한 학벌을 가진 후임 직원들과 인맥을 맺는다(Bennett and Wilezol, [2013] 2014: 101-102). 소위 일류대학 출신일수록 동문(同門)효과를 얻을 가능

14) 면접은 의상, 자세, 화법, 머리 모양, 시선 맞추기 등 피상적 속성에 따라 선호도가 좌우되는 경향이 있다.

성이 높다.

국민들의 평균 학력이 낮았을 때는 학력이 우열의 준거가 되었다. 그러나 평균 학력이 대졸 학력에 육박하면 변별력이 사라진다. 학력이 변별력을 상실하면 차별적 우위를 드러내는 데 학벌이 중요한 변수로 작용하면서 학벌 경쟁이 이전의 학력 경쟁보다 더 치열해진다. 경쟁력 있는 학벌을 갖추지 못한 취업지원자들은 이를 보완하기 위해 다양한 능력과 경력을 제시한다. 한국의 청년들은 상대적으로 돋보이려고 또는 최소한 밀리지 않기 위해 학력을 더 높이고 학벌을 가다듬으며 스펙도 자꾸 늘리고 있다.[15)]

공개 채용은 선발 조건들이 명시적이어야 하고 사전에 공개되어야 한다. 시험은 그에 부합하는 방법이다. 규모가 큰 기업체는 공개 채용 방법을 택하고 입사 시험을 치르고 있다. 최근에는 시험과 면접으로 피고용자들을 선발하는 추세이다. 취업을 준비하는 사람들의 상황에서는 이러한 과정이 상급학교 입학시험과 하등 다르지 않다. 그래서 취업준비생들은 대학입시를 준비할 때처럼 이전에 출제된 문제들과 예상 문제들을 풀고 면접에 대비하여 예행연습을 한다. 한국에서는 학교교육 단계에서 형성된 출세 궤도가 취업 과정까지 이어지면서 교육출세론이 신화 수준을 넘어 생활지침으로 굳어져 왔다.

대학의 신설이 쉬워지면 대학생은 반드시 증가한다. 설립된 대학이 수단과 방법을 가리지 않고 학생들을 유치하기 때문이다. 한국에서는 지역의 균형 발전이라는 명분 아래 소도시에도 대학이 신설되었다. 자신의 지역구에 대학이 없는 국회의원들과 자치단체장들은 대학 신설 또는 분교 유치를 위해 모든 방법을 동원하였다. 집권 정부는 국회 의석을 확보하기 위해서 대학 신설을 지원하였다. 지방의 중소도시들은 지역의 자존심을 걸고 교육 기회 균등을 명분으로 내세우며 대학을 유치하였다. 한국에는 극단적인 오지나 외딴섬이 아니면 3시간 이내로 도청 소재지에 도착할 수 있다. 도청 소재지에는 국립 대학교, 사립 대학교, 4년제 대학, 2년제 대학 등 다양한 대학이 충분히 있다. 따라서 지역의 자존심을 걸거나 지역 경제의 활성화를 이유로 대학을 신설할 필요가 없다. 이렇게 신설된 대학은 가장 먼저 폐교 위기에 봉착할 가능성이 높다. 출산율의 저하와 농어촌 인구 감소로 그 가능성이 급속도로 높아지고 있다.

오늘날 대학을 졸업한 사람들 대부분은 대학이 실망스럽다고 말한다. 실망하게 된 원인은 대학 진학을 선택한 자신들에게도 있지만 뭉뚱그려 대학이 실망스럽다고 말한다. 대학에 대한 기대와 희망이 엄청나게 부풀려져 있기에 실망하지 않기가 어렵다. 기대와 희망

15) 학력, 학벌, 스펙에는 각각 대학원 진학, 상위권 대학으로 편입, 해외 어학연수가 해당한다. 미국 대학에 부설된 공개강좌(extension course)의 과목들을 수강하고 그 대학에 유학한 것처럼 포장하는 사례도 있다.

을 과도하게 부풀리는 이유의 내면에는 현실에 대한 두려움이 잠재되어 있다. 닥쳐올 현실이 두려워서 외면하는 행위는 자기기만에 지나지 않는다. 이러한 기만은 난관을 예견하거나 인지하면서도 그에 대해 아무런 대책을 마련하지 않게 만듦으로써 낭패에 직면하게 한다. 그에 대한 변명으로 불운을 내세우거나 부당한 사회구조를 비난해도 일차적인 피해는 고스란히 자신의 몫이 된다. 대학은 학교교육의 종료 단계이므로 대학에 진학할 때 취업 가능성을 반드시 고려해야 한다. 대학이 보편화되면 대학졸업자들이 절대다수가 된다. 대학이 취업을 지원하기 위해 사투를 벌이더라도 일자리를 창출할 수 없다. 일자리가 제한되면 취업은 영합 게임이 될 수밖에 없다(Thurow, 1980). 누구라도 대학에 진학할 수 있게 되면서 대학의 취업효과는 급락하였다. 이 현실을 직시하고 적절한 대책을 마련하지 않으면 대학을 졸업한 후 실업 또는 하향취업 위기를 맞게 된다.

한편, 대학 교육이 보편화되어 절대다수의 젊은이가 대학에 진학하면서, 미진학 젊은이들이 소수가 되어 낙오자로 분류되는 사회심리적 폭력을 당하고 있다. 대학취학률이 상승할수록 이 폭력은 거리낌 없이 행사된다. 이 폭력은 매우 부당한데, 그 이유는 등록금을 지불할 수 있고 대학 재학 동안 취업을 하지 않아도 된다면 누구라도 초등학교나 중·고등학교에 진학하듯 대학에 진학할 수 있고 졸업할 수 있기 때문이다. 대학이 보편화되면서 대학생들은 더 이상 선발된 사람들이 아니다. 미국에서도 "쉬운 대학에서 쉬운 전공으로 쉬운 과목들만 선택해서 수강한다면 누구라도 대학을 졸업할 수 있다"(Murray, 2008a: 68). 쉬운 졸업은 미국 대학 전체에 적용되지는 않는다. 미국의 경우, 대학에 입학하기는 쉬워도 졸업하기는 만만치 않았다. 1995년 4년제 대학에 입학한 학생들 가운데 고작 58퍼센트만이 5년 이내에 졸업했으며 14퍼센트는 5년 후에도 학업을 계속하였다. 이들 중 절반이 졸업하더라도 입학생들 가운데 3분의 1은 탈락한다(Murray, 2008a: 104). 대졸 청년 실업과 하향취업 문제는 미국보다 한국이 훨씬 심각할 가능성이 높다. 이렇게 추측할 수 있는 근거들 가운데 하나는 대학을 졸업한 청년들의 비율, 곧 '고등교육 취학률'과 구별되는 '고등교육 졸업률'이 미국보다 더 높다는 사실이다.[16] 한국에서는 대학에 입학한 학생들이 대부분 졸업하지만, 미국에서는 3분의 2 정도만 졸업한다.

취업 불안이 사회 전체에 퍼져 있는 상황에서는 누구라도 취업 준비에 매몰될 수밖에 없다. 취업 불안을 느끼는 대학생은 학문을 탐구하기 어려우며 취업 준비에 매진할 수밖에 없다. 부귀영화를 누릴 정도는 아닐지라도 먹고 사는 일이 해결되어야만 학문에 전념

16) 한국 대학에서 성적이 학교 규정에 미달하여 중도에 퇴출당하는 학생은 거의 없다.

할 수 있고 창의성도 발휘할 수 있다. 대졸 청년 실업을 절감하는 대학생들은 취업 준비 이외의 것에 몰두할 수 없다. 학업계열 고등학생들은 물론이며 직업계열 고등학생들까지도 대학 진학에 매진함으로써 고등학교가 대학 예비학교로 전락했듯이, 대학 졸업 후 취업이 매우 어려워지면서 모든 대학이 취업 예비학교로 변질되고 있다. 오늘날 한국에는 학문의 전당임을 자처할 수 있는 대학이 없다. 취업이 어려워지면 소위 명문 대학들도 취업 준비 압박에서 벗어날 수 없기 때문이다. 예컨대, 변호사 시험의 합격률을 낮추면 명문으로 자처하는 대학의 법학전문대학원도 교과과정을 변호사 시험 대비로 전환하게 된다. 만일 그 합격률을 30퍼센트로 낮추면 모든 법학전문대학원에서 지적 탐구는 사라질 것이다.

한국의 공교육과 사교육은 하나같이 정답 맞히기에 전념하고 있다. 대학마저도 이러한 유형의 수업에서 크게 벗어나지 못하고 있다. 한국의 학교교육은 단계의 낮고 높음에 상관없이 출세라는 표적을 맞추는 데 주력하고 있다. 한국 사회에서 출세는 재산, 명예, 권력을 갖는 것을 의미한다. 그 유형에 가장 잘 맞는 직업으로 법관과 의사가 선호되고 있다. 국가는 다양한 외국어를 국제 관계에서 원활하게 사용함으로써 국익에 도움을 줄 수 있는 인재가 양성되기를 기대하고 외국어고등학교를 평준화 정책에 어긋남에도 불구하고 특수목적고등학교로 인가해 주었다. 그리고 국가는 자연과학과 공학의 발전이 국가경쟁력의 핵심임을 인식하고, 역시 평준화 기조를 거스르면서 과학고등학교를 특수목적고등학교로 인가해 주었다.

국제고등학교, 국제중학교 등도 이러한 맥락에서 인가되었다. 이러한 학교들을 졸업한 학생들이 학교의 설립 목적에 충실했다면 한국의 대학들은 지금보다는 좀 더 학구적이었고 탐구적이었을 것이다. 그러나 국가의 기대는 그 졸업생들이 법학, 경영학, 의학 등에 쏠리고 법관과 의사를 지망하면서 무너지고 있다. 한국에서는 이러한 약속 위반이 기득권층에 의해서 저질러지고 있으며 소위 사회지도층 인사들에 의해 거침없이 자행되고 있다. 그리고 그러한 과정으로 대학에 진학하고 목표한 직업을 갖게 된 사람들이 추후 기득권층에 유입되고 사회지도층 인사로 자처하면서 여론을 주도하려 한다. 이처럼 사익(私益)에 매몰되었던 사람들도 출세한 다음에는 공익(公益)이 먼저 추구되어야 한다고 역설한다.

3. 대학 보편화 시대 대학생의 현실: 강박과 회피

오늘날 대학은 수혜자 중심이라는 구호 아래, 재학생들의 지적 능력에 맞추어 교과과정을 구성하고 수업 방법을 선택한다. 오늘날 한국의 대학들은 학문의 전당이라는 이름에 어울리는 교과과정과 수업 방법을 확정한 후 그 수준에 맞는 학생들을 선발하지 못하고 있다. 대학취학률이 높아지면서 전통적으로 인식되어 왔던 지적 능력이 우수하고 지적 호기심이 충만한 젊은이들이 학문을 탐구하는 곳으로서의 대학의 이미지는 사라졌다. 대학이 최고 수준의 교육 기관에 어울리는 학생들로 구성되던 시대는 지나갔으며, 대학이라는 이름 아래 설립된 교육 기관에 등록한 학생들로 구성되고 있다. 대학은 지적 엘리트의 교육기관으로 기능하고 상아탑으로 은유되기를 기대할지 모르지만, 그곳에 다니는 학생들이 동령인구 집단의 60퍼센트를 넘어서고 있어 엘리트들의 고고한 전당(殿堂)이 될 수 없다. 누구나 들어갈 수 있는 곳이라면 광장(廣場)에 비유되어야 타당하고, 그곳에서 사적 이익이 추구되고 거래가 이루어진다면 시장(市場)으로 은유되어야 적합하다.

대학 교육이 대중화를 넘어 보편화되면, 대학은 설립 목적을 어떻게 설정하든 직업교육기관으로 전환된다. 대학 교육의 보편화는 대학 학력에 걸맞은 일자리 수보다 대학 교육을 받은 사람의 수가 월등히 많아짐을 의미한다. 대학 교육에 어울리는 일자리 수가 부족해지면 취업 과정에 심각한 병목 현상이 나타난다. 대학생들은 학년이 올라가면서 취업이 쉽지 않음을 때늦게 절감하게 된다. 그들은 그보다 훨씬 이전, 곧 고등학교에 진학할 때쯤 자신의 능력을 고려하여 진로를 진지하게 숙고했어야 했다. 대학 진학 즈음에 청소년에서 청년으로 성장한 대학생들은 자신들의 졸업 후 인생을 너무 늦게 설계하고 있다. 절대다수의 대학생은 3학년으로 진급하면서 취업이 생애 최대의 과제임을 인지하고 취업 준비에 돌입하며 취업에 필요한 과목을 중심으로 수강신청을 한다. 이들이 구성한 교과과정은 소속된 학과의 범위를 넘어설 뿐만 아니라 소속된 단과대학의 범위도 넘는다. 심지어 캠퍼스를 벗어나 취업학원에 등록하기도 한다.

취업에 몰두하기 시작한 대학생들은 대학생으로서의 정체성을 접고 취업준비생으로 생활하게 된다. 이후 대학생들은 취업에 도움이 될 수 있는 다른 학과의 교과목들을 수강하고 학교 바깥에서의 학습과 활동을 통해 '스펙'을 쌓는다. 취업이 절박해진 대학생들은 전공에 구애받지 않고 취업 준비를 최우선으로 삼는다. 이즈음에 대학생들은 수시로 취업과 미래에 대한 압박감을 느끼며 현실로부터 도피하려는 욕구를 억제하느라 애를 쓴다. 이들은 경제적 자립과 정신적 독립의 어려움을 절감한다. 대학 진학 때까지 부모의 전폭적인 지원을 받은 대학생일수록 이 과정을 더 힘겨워한다. 대학의 교과과정과 수업은 취업에 절박해진 학생들을 적극적으로 배려하면서 변질된다. 직업과 직결된 전공 분야에서는 교과과정의 변질이 덜하지만, 전통적으로 교양 교육을 추구해 온 인문학 분야는 교과과정이 심각하게 변질되고 있을 뿐만 아니라 학생들로부터 외면됨으로써 존폐 위기에 직면하게 된다.

오늘날 대학생들은 대학을 경제적 가치로서만 의미를 부여한다. 오늘날 대학생들은 취업하는 데 필요하므로 대학에 진학한다고 말한다. 그런데 취업을 위한 그들의 계획, 준비, 실행 등은 말과 사뭇 다르다. 교수가 수업에서 책을 독파하도록 요구할 경우, 학생들은 "조깅하는 사람에게 마라톤을 강요하지 말라"며 반발한다(Delbanco, [2012] 2016: 21).[17] 인터넷은 이러한 사고방식을 더욱 부추기고 있어 지식이 정보처럼 단편화되고 이해와 탐구의 목표에서 검색의 대상으로 전락하고 있다. 현대 사회를 지식정보사회로 지칭하지만 실제로는 정보사회가 더 적합하다.[18] 한편, 대학교수들의 수업 방식은 생산성을 고려하지 않으며 구태의연할 뿐만 아니라 '최소 부담의 원칙'을 적용하고 있다. 대학에서 상당히 많은 교수와 역시 상당히 많은 학생이 마치 합의한 듯 적게 가르치고 적게 배우며 상대편의 안일함과 게으름을 상호 묵인하고 있다.

진정한 의미에서 대학 수준의 학문은 어렵기 때문에 소수만이 대학에서 잘 해낼 수 있다(Murray, 2008a: 70). 대학 교육의 효과는 대학을 통과 절차로 생각하며 거쳐 가는 사람들에게 제공되지 않으며 열심히 학습하고 탐구하는 사람들, 곧 자신들의 업무에 온 힘을 쏟는 학생들과 교수들에 의해서만 결실될 수 있다. 따라서 대학을 신설하고 대학생을 늘림으로써 대학 효과를 증대시키려는 발상은 애초부터 잘못된 것이다. 기회의 균등화는 기회의 무한 제공을 의미하지 않는다. 한 국가의 대학교육경쟁력은 대학과 대학생의 수에 의해서 결정되지 않는다. 대학과 대학생의 많음이 경쟁력을 결정한다면, 한국은 유럽 어느 국가들보다도 절대적 우위에 있어야 한다. 책 읽기를 싫어하고 글쓰기를 더 싫어하여 단답형이나 선택형 시험으로 평가하는 강의를 애써 찾아 수강함으로써 졸업한다면 대학의 진수를 습득할 가능성은 전혀 없다.

수업 중 부과하는 소논문(essay) 과제를 인터넷으로 검색한 자료들에서 부분들을 뽑아 짜깁기 방식으로 편집하여 제출한다면 지적 탐구와는 거리가 멀며 표절에 아주 가깝다. 대학에 재학할 동안 교과서 이외의 학술서를 읽어 본 적이 없다면 대학을 '거쳐 간'(pass through) 수준보다 높지 않다. 심지어 교과서조차도 제대로 읽지 않는 학생도 상당히 많다. 이러한 유형의 학생들은 파워포인트 화면을 인쇄한 A4 용지 몇 장을 가지고 시험공부를

---

17) 학생들은 '최소 학습의 원칙'이라도 있는 것처럼 공부한다. 최소 학습의 원칙은 상품을 살 때 최대한 에누리해서 사는 데 비유할 수 있다. 학생들은 중간시험과 기말시험 때, 공부를 너무 많이 하게 될까 우려해서인지 범위에 대해 꼬치꼬치 묻는다. 공부에 게으른 학생들의 공통된 특징들 가운데 하나는 시험 범위를 임의로 줄인다는 점이다.

18) 정보와 지식은 엄연히 다르다. 정보가 아무리 많더라도 논리적으로 연결되지 못하면 지식이 될 수 없다. 생각하기를 싫어한다면 지식을 습득할 가능성은 없지만, 정보를 검색할 수는 있다.

해치운다. 파워포인트 화면은 정보를 인상적으로 담을 수 있지만, 체계적인 논리를 전개하는 데에는 한계가 있다. 파워포인트 화면에는 개념들과 용어들만 있을 뿐 문장이 없다. 따라서 파워포인트 화면으로 공부하는 학생들은 글을 읽지 않는다. 이러한 유형의 학생들은 글을 읽지 않았으니 글을 제대로 쓸 수 없고 글을 많이 써 보지 않았으니 잘 쓸 수 없다.[19] 교수가 수업시간에 올려놓은 파워포인트 화면들을 스마트폰으로 찍는 학생들이 늘어나고 있다. 수업시간에 딴짓하면서 강의를 녹음하는 학생도 있다. 이 학생이 녹음을 재생할 때 수업을 연상할 가능성은 거의 없다.

오늘날 한국의 대학에서 엘리트 과정에 걸맞게 학습량을 엄청나게 부과하며 깐깐하게 가르치고 평가하는 교수는 학생들로부터 기피될 뿐만 아니라 학교 행정부로부터 자제하도록 통제된다. "악화는 양화를 구축한다"라는 그레셤의 법칙(Gresham's law)은 대학에서도 그대로 적용되어 안일하게 수강할 수 있는 교과목들이 인기를 끌고 있다. 이러한 추세는 대학의 질적 수준에 불문하고 널리 퍼지고 있다. 대학의 성적 처리는 너무나 관대해지고 느슨해져 A 학점이 수강한 학생들의 절반에 육박하는 대학이 늘어나고 있다. 그래서 B 학점을 받은 학생들이 마치 실패한 것처럼 자책한다. 대학이 상대평가를 요구하면서 책정한 성적 비율을 적용하더라도 A 학점을 받는 학생들이 B 학점을 받는 학생들보다 많다. 교수들에게 절대 평가를 허락하면 교수들은 교무처에서 책정한 상대평가 비율보다 더 후하게 평가할 개연성이 있다. 교수들의 평가를 관대하게 만든 요소들 가운데 하나는 수강 기피에 대한 우려이며 다른 하나는 수업에 대한 학생들의 평가이다. 학생들이 수강을 기피하면 폐강이 되고, 학생들의 수업 평가가 낮게 나오면 교수는 자존심이 손상되고 승진에서 피해를 볼 수 있다.[20]

취업 가능성을 먼저 고려하여 대학교와 학과를 선택하면, 입학 후에 취업 준비 공부는 열심히 할는지 몰라도 학문 탐구에 열정을 쏟기는 어렵다. 마지못해 다니는 대학교와 학과라면 그곳에서 지적 열정과 학문적 탐구심을 발휘할 리 없다. 이러한 유형의 대학생들이 보편화된다면, 그들에게서 창조적 활동을 기대할 수 없다. 강의실에 출석하더라도 수업에 참여하지 않을 수 있으며, 수업에 참여하더라도 집중하지 않을 수 있다. 학점을 따기 위한 공부와 지적 호기심을 충족시키기 위한 탐구는 출발점부터 전혀 다르며, 시간이 갈수록 차이와 격차가 뚜렷하게 나타난다. 취업에 연연한다면 창조적 사고를 할 여지가 없다. 취업 준비 공부는 쫓기듯 할 수밖에 없지만, 학문의 탐구는 어렵더라도 즐기면서 할 수 있

19) 글쓰기를 싫어한다면 학문을 직업으로 삼지 않는 편이 낫다. 학문의 결과는 글로 표현되기 때문이다.
20) 학업에 소홀하고 성적이 좋지 않은 학생일수록 주관적이고 교수나 강사의 강의를 보복하듯 평가한다.

다. 취업 준비 공부는 타인들이 낸 문제들에 답을 맞혀야 하므로 주도적일 수 없다. 그러나 학문의 탐구는 자신이 문제를 제기하고 그에 답하는 형식이어서 주도적이어야만 지속할 수 있다.

대학을 졸업하면 교양이 충분히 갖추어져 있을 것으로 생각한다면 착각이다. 대학의 이수 과목 수가 축소되면서 가장 먼저 줄어든 영역이 교양 부분이다. 졸업하는 데 필요한 교양과목 수는 극도로 줄어들었을 뿐만 아니라 학생들의 호기심을 자극하는 현란한 명칭의 교과목들이 등장하면서 전통적인 교양과목들이 기피되고 있다. 교양을 넓히는 데 무엇보다 필요한 작업은 독서이므로 전통적 교양과목들은 부담스러울 정도로 독서과제를 부과한다. 그런데 오늘날 영상세대로 알려진 젊은이들은 글 읽기를 싫어하기 때문에 전통적 교양과목들을 선택하지 않는다. 그 결과, 교양과목들의 수업은 흥미 위주로 구성된 교과과정 아래 지식이나 정보를 전달하는 형식으로 전개된다. 대학에서 고전 읽기가 사라지고 있다.[21] 독서가 기피되는 현실이라면, 교양에 필수적인 작문이 활발할 리 없다. 작문은 논리와 수사를 익히는 데 가장 적합한 방법이다. 글쓰기를 좋아한다면 그 이전의 단계인 읽기를 싫어할 리 없다. 대학에서 인문학이 기피되면서 읽기와 쓰기가 사라지고 있다. 읽기와 쓰기가 뒷받침되지 않으면 수다스러울 수는 있어도 설명력과 설득력을 갖추어 표현할 수 없다. 한국에서는 토론이 전개되는 모임은 아주 적지만 수다스러운 모임은 너무 많다.

대학에서 가르치는 것과 배우는 것은 상당히 과장되어 있다. 세상에 알려진 것과는 다르게 학생들은 대학에서 아주 다양하게 그리고 엄청나게 많은 것을 배우지 않는다. 대학교수들의 가르침과 학생들의 배움이 모두 성공적으로 이루어지는 것도 아니다. 대학에 진학한다고 이해력이 급격히 상승하지도 않는다. 대학생들은 지적 능력에서 동질집단이 아니며 그들 간에는 격차가 뚜렷하게 나타난다. 대학취학률이 10퍼센트일 때의 대학생들과 60퍼센트일 때의 대학생들 간에는 지적 능력의 격차가 있다. 대학이 보편화되면서 탐구를 즐길 수 있을 정도로 능력을 갖춘 학생들은 많지 않으며 실제로 즐기는 학생들은 아주 적다. 대학생들의 학습량은 의외로 많지 않은데 그 이유는 학습에 투입하는 시간이 짧기 때문이다.

> 아이들은 나이가 들어 가면서 설득을 거부할 수 있고 강제에 저항할 수 있다. 부모나 교사의 설득과 강제가 효력을 발휘할 수 없을 때, 한국 학생들의 학업 성취는 급격히 하

---

21) 고등학생들은 고전 작품들이 대학입시에 나올 가능성에 대비하여 그 작품들의 축약본을 읽거나 그 작품들에 대한 예상 문제들을 풀어 본다. 입시 준비를 영업 아이템으로 삼은 기업들이나 개인들이 축약본과 예상 문제집을 만들어 팔고 있다. 그래서 읽지 않았는데도 고전에 대해 아는 사람들이 있다.

> 락할 수밖에 없다. 한국 대학생들의 학습 시간은, 자녀가 대학에 진학하면서 부모들의 쥐어짜기가 종료됨에 따라, 초 · 중 · 고등학생들의 학습 시간보다 길지 않다. (오욱환, 2014: 94)

실제로 수많은 대학생은 자신들이 왜 대학에 다니는지 숙지하지 못하고 있으며 캠퍼스 안에서보다 바깥에서 활기를 찾는다. 오늘날 상당수의 대학과 교수는 학생들의 성적을 올려 주기 위해 애를 쓰고 있다. 학생들은 이러한 호의에 대한 보답인 양 안일하게 진행되는 수업을 묵인하고 있다. 적지 않은 대학들이 학생들을 붙잡아 두기 위해 다양한 방법을 구사하고 있다. 대학이 내보내야 할 학생들, 심지어 나가려는 학생들을 붙잡는 이유는 학생에 대한 애정이나 연민보다 그들이 지불하는 등록금 때문이다. 미국에서는 수학이나 과학을 담당하는 교수들이 학생들을 가르치기가 너무 힘들어 이직하는 사례가 늘고 있다. 한국에서도 수학이나 과학을 담당하는 교수들이 곤욕을 치르고 있다. 한국에는 시험에 연연하고 학점에 집착하는 대학생들이 많다. 그러나 학문 탐구에 심취한 대학생들은 아주 적다.

오늘날 한국에서는 대학원 수업이 제대로 이루어지지 못하고 있다. 학부 과정에서 익혀야 할 지식을 대학원에서 보충해가며 가르치기 때문이다. 마찬가지 현상이 학부 수업에서도 일어나고 있다. 거의 상식에 속하는 내용까지 설명해 가며 수업을 진행하다 보면 처음 계획했던 내용을 대폭 줄이게 된다. 학생들의 지적 수준에 맞추다 보면 수업량을 점점 줄이게 된다. 수혜자 중심 교육을 추구하다 보면 학습량을 줄일 수밖에 없다. 그 이유는 수혜자들, 곧 학생들이 학구열에 불타서 학습량을 늘려 달라고 요구할 가능성이 전혀 없기 때문이다. 학생들은 쉽고 편하고 재미있게 배우기를 원하고 시험 부담은 적고 평가는 후하기를 기대한다. 교수들과 강사들이 사명감에 불타서 학생들을 가르치고 있지 않듯이, 학생들도 학구열에 불타서 배우고 있지 않다. 대학의 발전은 대학인들이 이 현실을 인정할 때 시도될 수 있다.

학교에 다닌다고 공부가 저절로 되는 것은 아니다. 대학 교육 기회의 확대는 성공적인 학업에 필요한 학구열과 학습능력이 부족한 젊은이들을 대학에 진학시키고 무의미하게 오랫동안 머무르게 하는 부작용을 가져온다. 엄청난 시간 동안 대학입시에 매달렸거나 시달렸기 때문인지 입학 후 신입생들은 집단 무기력증에 빠져서 좀처럼 헤어나지 못하고 있다. 이러한 상황은 준비 운동을 너무 심하게 하여 정식 경기에서는 맥을 못 추는 선수에 비유될 수 있다. 그리고 입시 준비에 매몰되었기 때문인지 교양 지식이 상당히 부족하며 생각하기, 말하기, 글쓰기를 싫어한다. 특히 글쓰기는 극도로 싫어한다.[22] 문장으로 된 책을 읽기 싫어하고 화면 보기를 선호한다. 책을 읽고 토론하는 수업을 외면하며 파워포인트로 정보를 소개하는 수업을 선호한다. 수많은 대학생이 정보를 지식으로 착각하고 있으며 자신들이 학문의 세계에 입문했음을 알지 못하고 있다. 이들은 입시 학원에 다니듯 대학에 다니고 있다.

학생들은 대학에 머무르는 시간을 최소화하기 위해 애를 쓴다. 금요일 수업은 물론이며 월요일 수업도 싫어한다. 금요일은 수업이 금지된 요일로 취급된다. 주중 이른 시간과 늦은 시간도 기피 대상이다. 학생들이 원하는 대로 수업시간표를 짜도록 허용한다면 대학 캠퍼스는 화요일부터 목요일까지 그리고 오전 10시부터 오후 4시까지만 이용될 것 같다. 여기에 아주 긴 여름 방학과 그만큼 긴 겨울 방학을 고려하면 대학 캠퍼스의 활용도는 놀랄 정도로 아주 낮다. 생산 공장이 대학처럼 가동된다면 파산은 불을 보듯 뻔하다. 각 단계의 학교들 가운데 대학이 공부를 가장 적게 하는 학교일 것 같다. 실제 평균 수업시간은 대학이 초등학교보다 적다. 대학생들이 열정적으로 학습하지 않는다면 실제 학습 시간도 초등학생들보다 적을 수 있다.

오늘날 한국에서는 모든 유형의 제도교육이 영합 게임의 경기장으로 변질되고 있다. 어린이집과 유치원까지 학교의 유형을 갖추면서 학벌 경쟁에 동참하고 있다(오욱환, 2017). 초등학생들의 학습 시간은 웬만한 대학생들의 학습 시간을 추월하고 있다. 초등학생들은 학업을 포기한 학생들이 드물기 때문에 학습 시간이 고르다. 그러나 대학생들 중에는 학업을 포기한 채 졸업장만 받으려는 비율이 상당히 높아 전체 평균 학습 시간이 길지 않다. 중학생들과 고등학생들은 부모들로부터 병영 생활을 하는 군인들보다 더 치밀하게 통제를 받기 때문에[23] 학습 시간이 상당히 길다. 초등학생부터 고등학생에 이르기까지 대학 이전의 학생들은 하루라도 빨리 대학생이 되어 공부로부터 탈출하기를 갈망하고 있다. 그 소원을 성취하려는 듯, 실제로 대학에 진학한 후 공부로부터 탈출하는 대학생들이 적지 않다.

대학의 수업일수는 초등학교, 중학교, 고등학교보다 상당히 적다. 대학이 방학한 후 상당한 시일이 지나야 초 · 중 · 고등학교가 방학에 들어간다. 대학의 하루 수업 시수는 초등학교 고학년보다 적다.[24] 대학의 한 학기는 16주로 두 학기를 합치면 32주가 된다. 1년

22) 스마트폰으로 메시지를 주고받으면서 제대로 된 문장을 작성할 기회가 오히려 줄어들고 있다.

23) 세계 최고 수준에 이른 한국의 정보통신 산업은 부모들이 자녀들의 시간과 공간을 거의 실시간으로 완벽하게 통제할 수 있도록 지원하고 있다.

24) 대학생들의 주당 수강 시간은 24시간 정도이다. 이 시간을 5일로 나누면 하루 수업시간이 5시간이 채 안 된다. 초등학교 학생들의 수업시간은 40분이지만 주당 수업은 1학년 23교시부터 6학년 29교시로 대학생의 수업시간과 비슷하다.

이 52주이므로 20주가 방학에 해당한다. 방학을 학업에 할당하지 않고 학기 중 주말, 곧 토요일과 일요일에 공부하지 않는다면 1년의 절반을 놀며 지내게 된다. 주중 야간에 정기적으로 공부하는 대학생들은 얼마나 될까? 의외로 많지 않으며 공부 시간도 상당히 짧다. 대학생들이 자율학습 시간을 적극적으로 늘리지 않으면 총 학습 시간은 초·중·고등학생들의 상대가 될 수 없을 정도로 적다. 수강 과목들을 몰아서 편성함으로써 자유 시간을 최대한 늘리려는 대학생들이 그 밖의 시간에 학업에 집중할 것으로 기대할 수 없다(오욱환, 2014: 675).

한국에서는 자녀들이 대학에 진학할 때까지 온 가족은 수험생처럼 생활해야 한다. 가족의 일정은 학생 자녀들에게 맞추어져 있다. 살벌해진 대학입시 때문에 한국에서는 어느 가정도 화목하기 어렵다. 화목할 수 있는 최소 조건인 '함께하는 시간' 자체가 없기 때문이다.[25] 한국에는 가족생활이 사라지고 있다. 초·중·고등학생 자녀들은 온갖 종류의 사교육을 받느라고 하교 후에도 집에 있는 시간이 거의 없다. 대학에 진학한 자녀들은 경제적으로 자립하지 못했음에도 불구하고 정신적으로는 독립한 것처럼 부모들과 심리적 거리를 둔다.[26] 자녀들이 대학에 입학하면 충분히 가질 것으로 기대한 가족 모임과 소통은 대학생 자녀들을 만나기조차 어려워지면서 물거품이 된다.

캠퍼스를 벗어나서 할 수 있는 활동은 다양하지만, 사교육을 받거나 아르바이트로 돈을 버는 경우를 제외하면 대학생들은 대부분의 시간을 빈둥거리거나 노는 데 할당한다. 오늘날 한국의 대학생들은 취업에 대한 불안감을 안고 있어도 그들의 일상생활은 이러한 불안과 어울리지 않게 안일하다. 소수의 예외적인 학생들을 제외하면, 한국의 대학생들은 부모들로부터 등록금과 생활비를 지원받으면서 고등학교 시절과는 비교되지 않을 정도로 안일하게 생활하고 있다. 수업계획안에 다음 수업을 위해서 독서과제를 명시해도 무시한다. 과제로 읽어오도록 부과한 책이나 논문을 읽지 않았음에도 불구하고 수업시간에 태연하게 앉아 있다.[27] 예습이 학습방법 가운데 가장 중요함을 인정하는 학생들은 많지 않다.

---

25) 최근 '저녁 있는 삶'을 위해서 주당 근무 시간을 52시간으로 규제하고 있다. 그런데 직장을 가진 부모는 저녁 시간을 확보할 수 있을지라도 그 자녀들은 집에서 저녁 시간을 보내기 쉽지 않다. 그리고 가족이 모여 저녁 식사를 할 경우에도 화목한 대화를 나누기 어렵다. 자녀들의 학업 성취에 예민한 부모들이 자녀들에게 공격적으로 질문하기 때문이다. 부모들이 공격적으로 질문하지 않더라도 자녀들은 이미 방어 태세를 갖추고 있다.

26) 분명한 사실인즉, 경제적으로 자립하지 못하면 정신적으로도 독립할 수 없다. 경제적으로 자립하지 못한 채 정신적으로 독립하려면 누군가를 착취해야 한다.

27) 수업시간에 맞추어 교실에 출석해 있는 대학생들의 모습은 상영되기 전 영화관에 앉아 있는 관객과 아주 비슷하다. 영화관 관객은 상영될 영화에 대해 아무런 준비가 필요하지 않기 때문에 태평스럽게 앉아 있다.

예습하지 않았으니 궁금한 것도 질문할 것도 없이 수업에 출석한다. 수업에서 최대 관심사는 시험에 나올 만한 내용을 포착하는 일이다.[28] 부모들이 대학생 자녀들의 실제 학습 시간을 정확하게 파악한다면[29] 교육비가 허비되고 있음을 부정하기 어려울 것이다.

한편, 대학 지원자들을 고객처럼 생각하는 대학들은 취업 가능성을 광고하기 위해서 학문적 분류와는 무관한 명칭의 학과를 주저하지 않고 신설한다. 이러한 상황이 전개되면서 대학의 상업화(commercialization)가 가속되고 대학은 학문의 전당으로서 명분도 기능도 상실한다. 지방의 대학들은 서울과의 거리에 따라 인기도가 결정되기도 한다. 서울 근교에 소재한 대학들은 정오를 기준으로 앞뒤 몇 시간과 학기 중에만 활기를 띨 뿐이다. 대도시에 있는 대학도 크게 다르지 않아 주말에는 폐점 휴업 상태이며 금요일 오후부터는 파장(罷場) 국면에 들어간다. 서울에서 상당히 멀리 떨어져 있는 대학들은 대학촌을 구상했을지 모르지만, 학생들은 결사코 통학을 고수한다. 이 때문에 학생들이 캠퍼스에 머무는 시간은 지독히도 짧다.

대학생들이 캠퍼스에 머무는 시간이 짧기는 서울을 비롯한 대도시 소재 대학들도 마찬가지이다. 캠퍼스에 머무는 시간이 짧음은 학생들이 지적 활동에 할애하는 시간이 적음을 의미한다. 캠퍼스에 오래 머무는 학생들은 주로 교실, 도서관, 실험실, 컴퓨터실 등을 많이 이용하며 학문과 학업과 관련된 활동을 하는 교수나 학우를 주로 만나게 된다. 그런데 교수들도 캠퍼스에 머무는 시간이 점점 짧아지고 있다. 지방 대학의 경우에는 그 지역에 거주하지 않는 교수들이 상당히 많아 캠퍼스의 공동화(空洞化)가 심각해지고 있다. 지방 대학의 책임자들은 교수들이 캠퍼스가 소재한 지역에 거주함으로써 학생들과 빈번하게 교류해 주기를 기대하지만 적지 않은 교수들이 학생들보다 더 먼 거리를 통근한다. 한국에서는 미국이나 유럽 국가들에서 볼 수 있는 캠퍼스 타운을 조성하기 어렵다. 누구라도 대학 캠퍼스를 벗어나면서 학업으로부터 상당히 자유로워진다.

어렵거나 불편한 교과목을 포기하거나 꺼리면서 학과를 선택하여 대학에 진학할 경우, 졸업은 할 수 있을지라도 학업에 전념하고 성공적으로 완수할 가능성은 상당히 낮다. 수학을 포기하면 선택할 수 있는 학과가 상당히 줄어들며 영어를 피하면 어떤 학과를 선택하

---

28) 교수가 수업 중 시험에 대해서 언급하면 졸고 있는 학생들이 바로 깨어난다.

29) 공부했다고 생각한 시간과 실제로 공부한 시간 사이에는 엄청난 격차가 있다. 도서관에 가면 공부했다고 생각하지만, 도서관에서 실제로 공부한 시간은 도서관을 떠난 시간에서 도서관에 도착한 시간을 뺀 시간이 아니다. 도서관에 도착한 후 학생들은 책보다 스마트폰을 먼저 꺼내서는 한참 동안 진지하게 검토한다. 심지어 스마트폰만 실컷 만지작거린 후 도서관을 떠나는 학생들도 적지 않다. 도서관을 수면실로 이용하는 학생들도 있다. 공부하다 잠든 학생들이 있지만, 처음부터 엎드려 또는 드러누워 자는 학생들도 있다.

든 높은 성취를 이룰 가능성은 거의 없다. 영어의 중요성을 언급할 때 회화를 강조하지만, 학문하는 데는 회화보다 독해력이 훨씬 중요하다. 영어를 읽어야만 광범위한 지식과 정보를 습득할 수 있기 때문이다.[30] 수학을 포기했음은 의지와 인내심의 부족을 반영하며 영어를 회피했음은 불편함을 극복하지 못했음을 의미한다. 의지와 인내심을 예측하는 데 학업성적이 이용되고 있다. 최근에는 성공의 결정적 요인으로 '열정적 끈기'(grit)가 주목받고 있다(Duckworth, 2016).

실패에 이르는 빠른 방법은 포기하는 것이며 그 중간 단계는 변명이다. "게으른 사람은 재치 있게 대답하는 사람 일곱보다 자기가 더 지혜롭다고 생각한다"(성경 잠언 26: 16). 대학이 보편화되면서 게으른 청년들도 대졸 학력에 힘입어 취업하려고 대학에 진학하고 있다. 대학 캠퍼스에는 스쳐 지나갈 청년들, 잠시 머무를 청년들, 붙박여 있는 청년들이 함께 있다. 대학이 보편화되면서 스쳐 지나거나 잠시 머무를 청년들이 많이 늘어났다. 그들이 캠퍼스를 어떻게 이용하든 졸업 후 곧바로 취업이라는 난제를 풀어야 한다. 취업으로 스트레스를 받을 수밖에 없지만 회피할 수도 없다. 취업해야만 자기 일에 책임을 질 수 있는 사람, 곧 어른이 될 수 있기 때문이다.

4. 인문학의 좁아지는 입지: 취업난의 부작용

인문학에 관한 관심의 격감은 세계 보편적인 현상으로 나타나고 있다. 그러나 한국에서는 인문학이 위기로 진단되고 있다. 인문학을 외면해 왔던 정부에서도 오늘날의 추세를 위기로 인식하고 대책을 강구하고 있다. 정부에서는 인문학을 살리기 위해 '인문사회연구역량강화사업', '대학인문역량강화사업' 등의 이름으로 상당한 자금을 투입하였다. 그리고 민간 기업에서도 인문학적 발상이 기업 이윤 창출에 도움이 된다며 어색한 몸짓을 하고 있다. 인문학계에서도 위기 현상에 대해 여러 각도로 설명하고 있다(김성우 · 최종덕, 2009; 김진석, 2006; 백낙청, 2014; 이도흠, 1999; 이동철, 1999; 이미정, 2007; 임성훈, 2006; 홍성욱, 2000). 그러나 인문학계는 인문학이 취업에서 불리해진 이유에 대해서는 심각하게 분석하고 있는 것 같지 않다. 인문학이 위기에 봉착했다면 그 이유 가운데 중요한 한 가지는 인문학계와 상당히 무관한 대학 교육의 보편화이다. 대학의 보편화로 인문학 과목 수는 늘어날지

30) 예컨대, 위키피디아에 '스티브 잡스'를 검색하고 Wikipedia에 'Steve Jobs'를 검색한 다음 비교해 보면 영어 독해의 필요성을 절감할 수 있다. DNA를 두 사이트에 각각 입력해 보면 충격을 받을 수도 있다.

언정 인문학 졸업생들의 취업 기회는 심각하게 줄어든다.

인문학 계열로 진학하는 젊은이들은 전통적으로 돈벌이에 집착하지 않는다. 이 젊은이들은 부자가 되는 데는 비교적 초연할지라도 생활이 될 정도로 소득이 있는 일자리를 갖기를 기대한다. 대학이 엘리트 과정이었을 때에는 인문학 전공자들도 그런 일자리를 가질 수 있었다. 고용주들은 업무에 적합한 학과 출신들을 채용할 수 없는 상황에서는 인문학 계열 출신들을 꺼리지 않고 선발하였다. 그러나 대학이 보편화되면서 상황이 아주 달라졌다. 대졸 청년들이 엄청나게 늘어나면서 고용주는 업무에 적합한 인력을 얼마든지 구할 수 있게 되자 인문계 출신들의 취업이 무척 어려워졌다. 다시 말해서, 고용주들이 업무와 일치하는 분야를 전공한 대졸 청년들을 채용하면서 업무와 어떻게 관련되는지를 애써 설명해야 하는 인문학 분야를 전공한 대졸 청년들을 외면하였다.

한국 사회에서 인문계열은 오랫동안 엘리트로 또는 지성인 코스로 인정을 받아 왔지만, 최근에는 인문계의 위기가 빠른 속도로 확산되고 있다. 인문학계에서는 이러한 현실을 극복하기 위해 애를 쓰고 있다. 그러나 그들은 이전의 호황을 다시는 기대할 수 없다. 인문계열을 전공한 대학졸업생들이 취업할 일자리가 극도로 줄어들었기 때문이다. 대학 교육의 보편화는 직무와 무관해 보이는 인문계열 전공자들의 취업을 극도로 불리하게 만들었다. 심지어 대학 사회에서도 인문계열 전공자에 대한 수요가 격감하였다.[31] 이러한 현실이 알려지면서 인문계 학과들의 인기가 급락하였다. 학부제[32]를 실시할 경우, 인문계 학생들이 취업에 예민해졌음을 분명히 알 수 있다. 인문계 학생들은 취업 가능성을 높이기 위해 부전공과 복수 전공에 적극적이다. 그러나 전공자가 남아도는 상황에서 부전공자를 선발할 가능성은 높지 않다.

대학 교육이 보편화되면서 취업에 유리한 계열을 전공하는 학생들이 엄청나게 늘어남으로써 취업에 불리한 계열을 전공하는 학생들에게 주어졌던 취업 기회가 거의 사라지고 있다. 인문계의 위기는 대학졸업자들이 엄청나게 양산되고 취업을 겨냥하여 전공을 선택한 학생들이 너무 많아진 데 따른 '의도하지 않은 결과'(unintended consequence)이다. 인문

31) 대학 교육의 보편화로 대졸 청년들의 취업이 어려워지면서 각 학과는 취업에 도움이 되는 교과목을 늘리기 위해 교양과목 이수 학점 수를 축소하였다. 이로 인해 교양과목을 담당하는 교수와 강사의 수요가 감소하면서 인문계 석·박사들의 일자리가 줄어들었다.

32) 학부제는 대학의 세분화된 전공 학과들을 통합하여 신입생을 선발한 후 일정 기간이 지난 후에 전공 학과를 선택하게 하는 제도를 일컫는다. 예컨대, 인문대학에 입학한 신입생들은 1년 동안 전공 학과들을 탐색한 후 2학년으로 올라가면서 인문대학에 소속된 학과들(철학과, 사학과, 국어국문학과, 영어영문학과 등) 가운데 자신이 전공할 학과를 선택한다.

계를 지망하는 학생들은 취업을 겨냥하여 전공을 선택하기보다는 인문계가 갖는 교양적 그리고 학문적 매력에 쏠리는 경향이 있다. 그러나 일상생활은 개인적 선호보다는 경제 조건에 의해 영향을 많이 받는다. 일상생활이 가능할 정도의 소득은 누구에게나 필수 조건이다. 대학 교육이 보편화 단계에 이른 한국의 현실에서 인문계열 학위는 이 조건을 충족시키는 데 불리하게 작용할 수밖에 없다.

산업화 이전 사회에서는 교양적 지식 또는 인문 지식으로 일자리를 구할 수 있었다. 그 일자리들은 생산과 직결되지 않았다. 대표적인 사례로 전통사회의 관료를 꼽을 수 있다. 조선 시대 관직은 인문 지식을 요구하였다. 조선에서는 실용적 지식들이 무시되어 모두 잡과(雜科)로 격하되었다.[33] 정치적 과제를 주고 정책 방향을 설득력 있게 제안하도록 요구하는 대과(大科)의 정책 관련 논술시험이었던 책문(册文)의 문제도 현실과 거리가 멀다. 이 전통이 지금까지 이어져 인문학은 지식인으로 자처하거나 인정받는 데 필수 조건처럼 인식되고 있다. 그러나 산업사회에서는 생산의 효율화가 절실하여 '인문학적 지식인들'(literati)보다는 업무 수행에 탁월한 전문가들(experts)이 요구된다. 시대의 변화로 인문학에 대한 평가가 사뭇 달라졌다.

> 조선 시대 지식이 생산성과 무관하였음은, 실용적 지식이 모두 잡과로 방치되었고 상공업이 비천한 직업으로 경시된 사실로서 증명되지만, 정통 지식인으로서 공인받는 시험인 과거(科擧) 문과 시험의 문제를 살펴보면 알 수 있다. 과거 시험이 사서삼경을 외우고 시문을 짓는 수준을 넘어 국정 이념을 확립하고 대안 정책을 마련하기 위한 의견 수렴의 역할도 있었지만, 과거에 대한 전체적인 평가는 생산성과는 거리가 있다는 결론에 이른다. (오욱환, 2000: 188)

대학생이 아주 적었던 시절에는 고용주들이 대학졸업생들을 엘리트로 인정하고 전공에 구애받지 않고 채용하였다. 그러나 전공이 분화되고 그에 맞추어 교과과정이 구성되어 업무에 곧바로 투입할 수 있는 인력이 충분히 양성되면, 고용주들은 현학적(衒學的) 자세를 은근히 취하는 인문학 출신의 채용을 꺼리게 된다. 예컨대, 회계 업무를 담당할 직원을 뽑으려는 고용주는 회계학 전공자를 곧바로 채용하면 되는데 폭넓은 교양의 중요성을 애써 강조하면서 어문학, 역사학, 철학 등의 전공자를 찾을 이유가 없다. 예전에는 엘리트 지식인이면 취업 조건으로 충분했지만, 이제는 세부 영역의 전문가를 필요로 한다. 업무의 효

33) 조선 시대에는 잡과 과목으로 역과(譯科), 의과(醫科), 율과(律科), 음양과(陰陽科)가 있었다.

율화를 추구하는 고용주는 교양인을 채용한 후 그가 업무에서 전문성을 갖추도록 기다리지 않으며 해당 업무의 전공자를 채용하여 곧바로 활용하려 한다. 피고용자들의 교양 수준은 고용주들의 일차 관심사가 아니다.

고용주들만큼 경쟁에 휘몰리고 있는 사람들도 별로 없다. 기업들 사이에 벌어지는 경쟁은 피고용자들의 경쟁보다 훨씬 치열하고 그 결과는 사활이 가려질 만큼 치명적이다. 고용주들은 지원자들의 설명을 듣고 직원을 선발할 수 있는 여유가 없다. 인문계열의 학과는 구체적인 업무와 직결되지 않는 지식과 기술을 가르친다. 이러한 지식과 기술은 산업화가 가속될 때에는 일치하는 일자리를 찾는 데 불리하게 작용한다. 대졸 학력을 소지한 청년들이 부족할 경우, 고용주들은 전공이 수행할 업무와 일치하지 않은 인문계열 출신 청년들을 폭넓은 교양, 자유로운 사고방식 등을 인정하며 채용한다. 그러나 전공이 업무와 일치하는 대졸 청년들이 남아도는 상황이 되면 고용주들은 인문학 전공자들을 직업교육 경시와 진로준비 부족을 이유로 삼아 배제한다.

대학도 정부도 인문학 계열의 졸업생들이 많이 배출되었으니 인문학 계열을 일정 비율로 선발해 달라고 고용주들에게 요청할 수 없다. 고용주들은 필요에 의해서만 직원을 채용하기 때문이다. 그리고 개인들은 대학에 진학할 때 전공을 자유롭게 선택할 수 있다. 자유롭게 선택할 수 있는 조건이 주어질 경우, 그 결과에 대한 책임은 선택한 사람이 져야 한다. 인력을 선발하는 고용주들은 생산성의 극대화에 일차적 관심을 쏟는다. 세상살이에서는 인문학이 필요하고 의미 있는 인생을 위해서도 필요하지만, 최소 투자로 최대 이익을 추구하는 고용주들이 인문학의 효용 가치를 인정할 가능성은 낮으며 더욱이 인문학 전공자를 직원으로 선발할 가능성은 더 낮다. 최근 경영학계 일각에서는 인문학 또는 인문학 정신이 경영에 유용할 수 있음을 주장하고 있지만 신입 사원을 선발하는 업무를 담당하는 직원들에게는 큰 의미가 없다. 자신도 피고용자들인 이들이 전공-업무 불일치로 평가를 받을 수 있는 신입 사원들을 선발하는 용기를 낼 이유가 없다. 기업 경영자들은 직원들이 인문학적 교양을 갖출 필요가 있다고 판단하면 외래 강사를 초청하여 인문학 강좌를 개최하는 수준 정도의 변화를 추진할 뿐이다.[34] 인문학의 경제적 가치를 강조하는 도서들이 출판되고 있지만, 그 도서들이 다루는 내용은 의외로 인문학과는 거리가 있다.[35]

---

34) 최고경영자들이 인문학에 관심을 가지려면 소위 인기 강사를 초빙하여 회사의 대강당에서 인문학 특강을 개최하는 것보다 대형 서점에서 소일하는 편이 낫다. 인문학은 주워들을 수 없기 때문이다. 대형 서점에서 엄청난 분량과 다양한 종류의 도서들을 흘낏 보는 것만으로도 겸손해지면서 인문학적 교양을 갖게 된다.

35) 인문학적 소양 여부는 지식의 축적보다는 지식에 대한 자세와 태도로 가려진다. 인문학은 잡학(雜學)이 아니다.

대학생이 아주 적었던 시절에는 대학의 교과과정은 상당히 획일적이었다. 그 시절에는 인문학을 전공한 학생들도 일자리를 구하는 데 어려움이 없었다. 대학생이 곧 엘리트임을 의미했을 뿐만 아니라 대학의 목적이 취업을 위한 훈련에 이끌리지 않았기 때문이었다. 그러나 이제는 대학의 전공 영역들이 직업뿐만 아니라 업무까지 파고들며 해당 분야의 일자리 수보다 훨씬 많은 학생을 배출하고 있다. 이러한 현실에서는 인문학 분야를 전공한 졸업생들이 일자리를 구하는 데 어려움이 따를 수밖에 없다. 인문학 분야의 노동시장은 너무 협소하여 대량으로 배출되는 졸업생들이 일자리를 구하는 데 한계가 있다. 이러한 현실이기에 인문학 계열 학생들은 취업 불안 때문에 인문학에 전념하기를 주저하고 있다. 인문학 계열의 교수들은 학생들의 주저함을 마냥 질책할 수도 없어 안타까워하고 있다.

인문학 전공자들이 많이 선택한 일자리들 가운데 하나는 교사직이었는데, 그 일자리가 사범대학 출신들에게도 제대로 돌아갈 수 없을 정도로 부족해지고 있다.[36] 그리고 인쇄문화의 쇠퇴도 인문학 출신들에게 불리하게 작용하고 있다. 인문학 출신자들이 박봉을 감수하며 자존심으로 버텨 왔던 문화 관련 일자리들이 점점 사라지고 있다. 현대 사회에서 여성의 취업은 당연시되고 있다. 특히 교육받은 여성들은 양성평등을 강력하게 요구한다. 양성평등은 묵시적으로 여성들에게 취업하도록 요구한다. 경제적으로 독립하지 못하면 평등을 주장하기 어렵기 때문이다. 미혼 여성들은 경제적 자립을 위해 취업해야 하며 기혼 여성들은 맞벌이하지 않으면 도시에서 가계를 꾸려 가기 어렵게 되었다. 인문학 계열의 여학생 비율은 다른 계열에 비해서 상당히 높다. 이 여학생들이 졸업 후 일자리를 원하게 되면서 이미 공급 과잉 상태가 된 인문학 분야의 노동시장이 더 각박해진다.

서비스 영역의 직업들에서 요구되는 기술들은 일반적으로 인문주의 교육 프로그램에서 제공되는 인지적 · 인문적 지식과 기술이다(Irizzarry, 1980: 348). 서비스 영역들 가운데 인건비가 많이 들어가는 일자리들이 자동화와 전산화로 급감할 때 인문계 대졸 청년들의 취업난은 이미 예견되었다. 취업 경쟁이 치열해질수록 대학은 학문의 탐구와는 거리가 멀어지는 교과과정을 구성하게 된다. 인문학 계열의 학과들이 취업과 직결되는 지식과 기술을 제공하는 데 부적합하므로 인문학의 취업효과는 높을 수 없다. 영리를 추구하는 민영 기업들이 일자리를 가장 많이 제공한다. 민영 기업은 이익을 창출하기 위해 전력을 다하고 고용주들은 그 맥락에서 피고용자들을 선발한다. 예를 들면, 고용주가 경영계열을 전공한 대졸 출신 20명을 선발하려는데 경영계열 전공자가 15명뿐이라면 고용주는 경영계열을

36) 인문학 전공 졸업자들을 노골적으로 외면하지 않는 일자리는 비록 제한적이지만 사교육 시장이 제공한다.

전공하지 않는 대졸 출신들, 예를 들어 인문계열 대졸자들 가운데 5명을 선발한다. 그러나 경영계열 전공자들 30명과 인문계열 20명이 지원했을 경우 고용주는 경영계열 전공자들 가운데 20명만 선발한다. 경영계열을 전공한 10명이 탈락하는 상황에서 인문계열 20명에게 기회가 주어질 가능성은 거의 없다.

1950년대 말 미국에서 발표된 연구(Gordon and Howell, 1959; Pierson, 1959)에 의하면, 고용주들은 경영대학이 없는 종합대학교의 인문대학 졸업생보다 경영대학이 있는 종합대학교의 인문대학 졸업생을 고용하기를 더 꺼린다. 경영대학이 없는 종합대학교의 인문대학 출신은 경영대학이 없어 인문대학을 선택했을 것이라고 이해될 수 있지만, 경영대학이 있음에도 인문대학을 선택한 졸업생은 경영학을 꺼리고 이익 추구 행위에 대해 부정적인 시각을 가진 것으로 판정된다. 고용주들은 입사 조건으로 조직에 대한 충성심을 강조하기 때문에 인문계열 졸업생들이 취업에 불리하다. 영리를 추구하는 기업의 고용주들은 인문계열 졸업생들에게 업무에 필요한 지식, 기술, 문화 등을 습득시키려면 경영계열 졸업생들보다 비용이 더 많이 소요된다고 생각한다. 그리고 고용주들은 인문계열 졸업생들이 경영계열 졸업생들보다 영리 추구에 소극적이거나 심지어 부정적일 수도 있다고 짐작한다. 취업 기간이 점차 짧아지는 추세에서는 고용주는 신입 사원이 업무에 필요한 지식과 기술을 익히고 보편적 지식의 경제적 효과가 나타날 때까지 기다려 줄 여유가 없다.

중국에 영업지점을 새로 설치하려는 자동차 회사에서 그 지점에서 영업을 담당할 신입 사원을 선발하는 경우를 가정해 보자. 이 조건에 적합하려면 중국어 구사 능력, 자동차에 대한 지식, 경영에 대한 지식 등이 필요하다. 최적의 사원이라면 중국어를 구사할 수 있고 자동차에 대한 지식이 있으며 영업에 필요한 기술을 갖춘 사람이지만 그 조건들을 모두 갖춘 적격자는 구하기 어려울 수 있다. 그렇다면 중어중문학과, 자동차 관련 학과, 경영학과 등 세 가지 학과 출신들 가운데 누가 선발될까? 아마도 중어중문학과 출신이 가장 유리할 것이다. 그러나 자동차 관련 학과나 경영학과 출신이 중국어를 어느 정도 구사할 수 있다면 상황은 전혀 달라진다. 경영학과 출신이 자동차에 대해 상당한 지식을 갖고 있고 중국어도 곧잘 할 수 있다면 그가 채용될 확률이 아주 높다. 한편, 중어중문학과 출신이 자동차에 대해 상당한 지식을 갖고 있고 경영학에 관심도 있다면 그도 유리하다. 자동차 관련 학과 출신이면서 중국어도 구사하고 경영학에도 관심이 있다면 그 역시 유리하다. 결국, 어느 한 분야만 고수해서는 다양한 능력을 요구하는 일자리에 취업할 수 없다는 결론에 이르게 된다. 자동차 관련 학과나 경영학과 출신은 취업을 최우선 목표로 삼기 때문에 취업에서 요구되는 조건들을 충족시키는 데 집중한다. 이에 비해 인문학 출신들은 인문학의 순수함을 고수하는 데 상당히 집착한다. 이러한 집착은 취업하는 데 매우 불리하게 작용한다.

인문학의 위기는 그 원인이 취업 기회의 부족에 있기 때문에 극복되기 어렵다. 대학 인구가 늘어나면 늘어날수록 대학 교육에 걸맞은 일자리가 상대적으로 줄어들기 때문에 치열한 경쟁을 치르기 위해 직업과 관련된 교육과 훈련을 받은 사람들이 취업 과정에서 선호된다. 인문학은 전문성보다는 보편성을 더 중요하게 다루기 때문에 인문계열 학과들은 소속 학생들에게 고용주의 관심을 끌 수 있는 조건들을 갖추어 주는 데 취약하다. 고용주들은 세계화와 정보화로 더욱 치열해지는 세계 시장 체제 때문에 잠재 능력이 발휘되는 시간을 기다려 주면서 직원들을 채용할 수 없다. 심지어 고용주가 인문학 전공자를 채용하고 싶어도 적합한 청년을 찾기 어렵다. 그 이유는 인문학을 아우를 수 있는 대졸 청년은 없으며 철학, 문학, 역사학 등을 전공한 청년들만 있기 때문이다. 이는 마치 사범대학을 졸업한 청년이 중 · 고등학교의 모든 교과목을 가르칠 수 없는 것과 마찬가지이다.

"인문학은 보편성을 추구한다"라는 인문학계의 주장은 반박의 여지가 있다. 인문학의 궁극적 목적은 보편성의 추구일지 모르지만, 인문학 계열 학과의 교과과정은 그러한 주장과는 거리가 있다. 예컨대, 어문학, 역사, 철학에 속한 학과의 교과과정은 그 학과의 명칭에 걸맞게 아주 세부적이다. 인문대학의 각 학과 교과목 명칭들을 살펴보면 충분히 알 수 있다. 인문대학에 소속되어 있더라도 자기 전공 이외의 인접 학과의 학문에 대해서는 애써 노력하지 않는 한 알 수 없다. 예컨대, 철학을 전공하더라도 문학이나 역사가 저절로 배워지는 것은 아니다. 인문학적 소양은 전공 학과의 선택 결과이기보다는 관심과 노력의 산물이다.

대학취학률이 10퍼센트라면 대학에 진학하지 않는 90퍼센트의 사람들이 교양을 높이기 위해 접하는 분야는 대부분 인문학 영역에 속한다. 다시 말해서, 고졸 이하 사람들이 교양을 쌓으려 할 때 가장 먼저 접하게 되는 분야는 인문학일 가능성이 아주 높다. 그러나 대학취학률이 70퍼센트에 육박할 정도로 높을 경우, 이들은 대학 학력에 걸맞은 일자리를 찾는 데 매진할 수밖에 없고 그 방향은 전공 관련 영역에 집중되고 여력은 스펙을 쌓는 데 할애될 수밖에 없다. 전공 영역은 말할 것도 없고 취업에서 돋보이거나 취약하지 않기 위해 쌓으려는 스펙은 영어 구사 능력처럼 도구적 분야로 제한된다. 당연한 결과로서 인문학적 소양을 갖추는 데 할애할 시간도 관심도 두기 어렵게 된다. 이러한 상황은 인문학의 시장이 좁아짐을 의미한다. 서점에 비치된 도서들을 일별하면 인문학의 판로가 좁아지고 있음을 확인할 수 있다. 서점에는 돈벌이, 자기계발, 취업 수험서, 외국어, 여행, 요리 등에 관한 책들이 서가와 가판대에 즐비하다. 그렇지만 문학, 철학, 역사 등에 관한 도서는 눈에 띄지 않는다. 인문학으로 분류된 도서들 가운데 상당수는 수필 형식을 띠고 있으며 정통 인문학 분야의 학술서는 찾기도 어렵다.[37]

인문학의 위기는 소비자 측면과 생산자 측면에서 살펴볼 필요가 있다. 소비자, 생산자 등의 개념들은 참으로 인문학과 어울리지 않지만, 인문학이 위기에 처한 이유를 설명하는 데 아주 유용하다. 인문학이 위기에 처하게 된 데에는 인문학 분야에서 출판되는 도서가 독자들을 잃어버리고 이로써 도서의 집필자와 출판업자들이 인문학계를 떠남으로써 발생한다. 인문학의 대표적 장르들 가운데 하나인 소설의 경우를 예로 들어 살펴보자. 오늘날 한국에서는 소설을 읽는 사람들이 급속도로 줄어들고 있다. 책을 읽기에 아주 좋은 지하철에서 서 있는 사람들은 말할 것도 없고 편안하게 앉아 있는 사람들도 대부분 게임을 하거나 쇼핑을 하거나 문자로 수다를 떨고 있을 뿐 소설을 읽는 사람은 거의 없다. 소설은 스마트폰에 담아서 언제든지 읽을 수 있다. 소설을 읽지 않는 이유는 소설책을 들고 다녀야 하는 불편함이 아니라 읽기를 싫어하기 때문이다.

영상 시대는 편리함을 내세우며 사람들을 게으르게 만든다. 소설이 읽히지 않기 때문에 소설 쓰기를 전업으로 삼는 작가들은 생존할 수 없다. 읽지 않고 쓰지 않음이 악순환함으로써 소설이라는 장르를 사라지게 만든다. 깊게 생각하기를 싫어하면 시를 읽을 수 없다. 문학이 이 지경이라면 역사와 철학에 대해서는 말할 필요가 없다. 한국인들은 학교를 졸업할 때 공부에서 탈출하며 읽기와 쓰기에서 해방되었다고 생각한다. 대학 교육의 보편화는 대학생들을 취업 준비에 매몰시킨다. 취업 후에는 출세에 집착하고 소비로 일상을 즐기려 한다. 텔레비전 채널이 아주 많아도 인문학을 진지하게 취급하는 프로그램은 어디에도 없다. 그러나 먹고, 마시고, 놀고, 돌아다니는 유흥 프로그램은 넘쳐난다. 유흥 문화가 곳곳으로 파고들면서 인문학 전공 청년들의 일자리가 없어지고 인문학의 입지가 급속도로 좁아지고 있다.

5. 대학 필수화에 의한 불평등의 재생산: 부모주의의 위력

조선의 붕괴, 일제에 의한 식민 피지배, 외세에 의한 해방, 동족 간에 벌어진 6.25 전쟁, 독재 권력의 장기 집권, 압축적 경제 성장, 배타적 정권 교체, 혁명적 도시화 등으로 이어진 한국의 현대사는 기득권에 의한 불평등 구조를 거의 붕괴시켰다. 이로써 한국 사회는

37) 인문학의 판로를 넓히기 위해 소비자의 기호에 맞추다 보면 인문학의 전통적 속성을 잃을 수 있다. 인문학의 전통적 속성에 집착하면 소비자의 호기심을 끌 수 없고 소비자의 호기심에 부응하면 인문학적 속성을 잃을 수 있다면 그야말로 딜레마 상황이다.

계층 이동이 활발하게 이루어질 수 있는 조건이 조성되었다. 구조적 변화가 동반된 격동의 현대사는 한국인들이 비교적 비슷한 출발선에서 생애 기회 경주를 시작하도록 만들었다. 한국인들은 거의 모두 가난해졌지만, 그로 인해 출발선이 비슷해졌다. 누구라도 자신의 노력과 의지로 생애 기회를 바꿀 수 있게 됨으로써 계층 상승 이동에 대한 열망이 확산되었다.

한국인들은 격동기를 거치면서 노력주의를 생활신조로 삼고 구체적으로 실천하였다. 부모들의 자녀교육관은 노력주의와 부모주의로 굳어졌다. 부모들은 자신들에 의해서 자녀들의 생애 기회가 바뀔 수 있고 노력으로 현실의 불리함을 극복할 수 있다고 확신하였다. 부모주의와 노력주의는 교육출세론으로 구체화하였다. 다시 말해서, 부모들은 자녀들의 학력을 높이고 학벌을 돋보이게 만들어 소득, 위세 그리고 권력에 유리한 일자리에 안착시킬 수 있다고 확신하고 실행하였다. 해방 이후 빈곤에서 벗어나지 못했을 시절에도 '치맛바람'[38]이라는 말이 유행했을 정도로 부모주의가 학교교육에 영향을 미쳤다.

한국인들은 계층 상승 이동에 대한 열망이 매우 높다. 한국 현대사는 교육을 통한 출세를 극명하게 보여 주었다. 한국 사회의 교육열은 '학교교육을 통한 출세'의 신화가 숱한 사례들로 충분히 증명된 데 기반을 두고 있다(오욱환, 2000). 한국 사회에서 학교교육이 사회문제로 부상하는 이유는 학교교육이 배움보다는 출세와 관련되어 추구되기 때문이다. 초등학교에 입학하는 어린이들은 배움을 즐기려 하지만, 그 부모들은 남보다 앞서기를 갈망한다. 자녀들의 출세에 집착하는 부모들은 자녀들이 어릴 때부터 학교교육을 출세를 위한 궤도로 삼는다. 그래서 이 부모들은 출세로 직결될 수 있도록 어린이집부터 대학교에 이르기까지 명문 학교로 학교 궤도를 구상한다. 부모주의에 투철하고 부유한 부모들은 각 학교 단계별로 명문 학교를 소상히 꿰뚫고 있으며 새로운 정보를 접수할 때마다 수시로 갱신한다. 이 유형의 부모들 가운데 적지 않은 이들은 명문 학교의 범위를 국내로만 국한하지 않는다.[39] 이 부모들은 조기유학도 주저하지 않고 감행한다(오욱환, 2008). 시샘한 부모들이 이 부모들을 따라 하면서 조기유학이 유행처럼 퍼져 나간다.[40]

---

38) 여기서는 자녀의 학교교육에 극성스럽게 개입하는 어머니의 행위를 은유한다.

39) 자녀들을 외국으로 유학 보낸 부모들은 자녀들이 유학하고 있는 국가가 어디든, 자녀들이 재학하고 있는 학교가 그 국가에서 어떤 수준에 있든, 자녀들의 학업 성취가 그 학교에서 어느 정도이든 마치 세계적인 초일류 명문 학교에서 탁월한 성적으로 공부하고 있는 것처럼 으스대듯 말한다(오욱환, 2008).

40) 초 · 중 · 고등학생 자녀들을 외국으로 유학 보낸 부모들은 그 자녀들이 세계적인 명문 학교에 재학하고 있는 듯이 자랑한다. 외국에 소재한다고 명문 학교가 되는 것은 아니다. 그리고 그 학교에 다니기 위해서 투입되는 비용은 실로 막대하며, 청소년 시절의 외국 생활은 정체성 혼돈을 초래할 수 있다.

부모주의는 기득권층에서만 퍼져 있는 현상이 아니다. 한국 부모들은 경제적 조건에 상관없이 모두 부모주의를 신봉한다. 가난한 부모들은 부모주의에 노력주의를 더하여 자녀들이 출세할 수 있도록 지원한다. 한국인들은 현실에 안주하지 않으며 더 나은 미래를 갈망한다. 이 때문에 한국인들이 좀처럼 행복을 느끼지 못한다. 한국인들은 일정 수준에 도달하는 것을 목표로 삼지 않으며 항상 비교 우위, 곧 출세를 추구한다. 비교 우위를 추구하면 아무리 높이 올라가도 그보다 더 높은 사람이 있으면 열등감을 느끼게 된다. 그래서 한국인들은 그 무엇보다 순위에 집착한다. 한국인들이 수석, 1등, 최고 등을 좋아하는 이유는 비교 우위가 확실하기 때문이다. 한국인들이 비교 우위에 얼마나 집착하는지는 자신이 상대적 우위에 있음이 드러날 때까지 비교의 범위를 좁힌다는 점으로 알 수 있다.

한국인들은 승산(勝算)이 낮은 경우에도 포기하지 않는다. 특히 자녀들의 생애 기회가 좌우될 경우, 부모들은 승산에 개의치 않고 경쟁에 참여한다. 이러한 경쟁의 전형(典型)이 학교교육 경쟁이다. 학교교육에 대한 국가의 지원은 상당히 제한되어 있다. 초등학교와 중학교가 의무교육 기간이지만 부모들은 완전한 무상교육으로 느끼지 못한다. 최근에는 부모들이 어린이집과 유치원을 학교로 간주하고 자녀들을 필사적으로 등원시키고 있는데 국가의 지원이 턱없이 모자라 이 기관들이 불평등의 묘판으로 작용하고 있다(오욱환, 2017). 가정의 자본력에서 열세인 부모들은 자녀들이 어린이집이나 유치원에 등원할 즈음부터 교육 경쟁에서의 불리함을 절감한다. 그러나 이 부모들은 자녀들이 대학에 진학할 때까지 교육 경쟁을 포기하지 않는다. 한국 부모들은 "개천에서 용 난다"라는 말을 수없이 들었으며 주변에서 목격했을 뿐만 아니라 스스로 체험하였다.[41] 그 결과, 가정의 자본력에 따라 유리함과 불리함이 분명하게 가려져 있더라도 모든 부모가 학교 단계를 올라가면서 학력 경쟁과 학벌 경쟁을 각오하고 참여한다.

대학 교육이 보편화되면서 모든 부모가 자녀들의 대학 진학을 필수 과정으로 받아들였다. 빠르면 어린이집부터 시작되어 대학까지 연속되는 장기간의 학교교육 경쟁에서 부유한 부모들은 교육비에 부담을 느끼지 않지만 가난한 부모들은 힘겹게 또는 희생하며 교육비를 마련해야 한다. 교육비 부담에서의 빈부 간 불평등은 그 교육으로 얻게 되는 경제적 보상에서 또 다른 불평등을 유발할 가능성이 높다. 대학 교육이 보편화되면 공급 과잉으

---

41) 비가 오지 않으면 바닥이 드러나는 개천처럼 척박한 환경에서도 뛰어난 인물이 나온다는 의미로 사용되는 '개천출용설'은 최빈국에서 선진국으로 도약한 한국에서는 신화가 아니라 사실에 가깝다. 옛날에 개천출용설이 널리 퍼질 수 있었던 까닭은 대부분의 사람이 '개천' 출신이기 때문에 출세하면 곧바로 '개천에서 난 용'에 적합한 사례가 되었다.

로 인해 대졸 학력의 취업효과는 격감한다. 이 경우, 부모의 경제자본과 사회자본이 취업에 결정적인 영향을 미치게 된다. 자본이 풍부한 부모들은 자녀들에게 높은 학력과 좋은 학벌을 부담을 느끼지 않고 제공할 수 있을 뿐만 아니라 취업 준비를 지원하는 것은 물론이며 심지어 취업에도 영향을 미칠 수 있다. 경제적 그리고 사회적 자본력을 갖춘 부모들은 인맥을 통해서 자녀들에게 일자리를 마련해 줄 수도 있다.[42]

자본력에 따라 한편에서는 부담스럽지 않은 비용을 지불하여 보상을 더 많이 받는데 다른 한편에서는 부담스러운 비용을 지불하면서도 보상을 적게 받는다. 부모가 자녀의 학교교육과 취업에 개입하는 정도가 높아질수록, 비용과 보상에서 한쪽은 이중으로 이익이고 다른 한쪽은 이중으로 불이익이어서 불평등은 더 악화된다. 대학 교육이 보편화되면 가난한 부모들은 승산이 낮은 경쟁일지라도 참여할 수밖에 없다. 자녀들에게 더 나은 생애 기회를 마련해 주려면 그 길밖에 없기 때문이다. 계층이 낮을수록 계층 상승 이동을 시도할 방법은 제한되며 학교교육이 거의 유일한 방법으로 이용된다. 계층 상승 이동에는 경제자본, 문화자본, 사회자본, 인적자본 등이 필요하다. 이 자본들 가운데 인적자본만이 그나마 계층적 불리함 속에서도 축적될 수 있다. 체험을 통해 이 사실을 이미 간파하고 있는 가난한 부모들은 희생을 각오하고 자녀들을 위해 학력과 학벌 경쟁에 참여한다. 한국 사회에 깊이 뿌리내린 부모주의와 노력주의는 모든 부모를 학교교육 경쟁에 끝까지 참여하게 만든다.

교육에 대한 낭만적이며 인습적인 인식은 "(학교)교육의 확대는 경제적 복지와 건강을 향상하고 불평등을 줄이며 정치적 민주화를 고취한다"로 요약될 수 있다. 학교교육의 확대가 민주화를 가져온다는 데 대해서는 논쟁이 많다(Hannum and Buchmann, 2005: 333). 그러나 실증적 증거에 의하면, 학교교육 기회의 확대와 평등화로 불평등이 줄어들지 않는다. 콜먼보고서는 학교교육이 불평등을 해소하는 데 무력하다는 사실을 명백하게 밝힘으로써 미국 사회에 충격을 주었다(Coleman, Campbell, Hobson, McPartland, Mood, Weinfeld, and York, 1966).[43]

> 콜먼보고서는 물적자본의 격차가 재학생들의 학업 성취에 미치는 효과가 실망스러울 정도로 낮음을 밝힘으로써 국가 수준에서 경제자본의 투입으로 학교교육의 효과를 균등

---

42) 기업을 소유한 부모들은 그 기업을 자녀들에게 물려준다.

43) '콜먼보고서'(Coleman report)의 제목은 「교육 기회의 균등」(*Equality of educational opportunity*)이다. 교육 기회 균등에 관한 도서들 가운데 가장 많이 인용되는 최고의 고전이다.

> 화하고 교육불평등을 해소해 보려는 발상을 접게 만들었다. …… 학교에 투입된 물적자본의 실망스러운 효과는 다른 선진 산업 국가들에서도 유사하게 나타남으로써 학교효과의 미약함이 보편적인 현상으로 이해되기도 하였다. 학생들이 학교에 등교한다고 가정의 영향이 차단되는 것이 아님이 분명하다. 학생이라고 호칭한다고 해서 그 학생들이 동질집단이 되지는 않는다. (오욱환, 2014: 397)

보상이 매우 불평등하게 분배되는 사회는 그 불평등을 정당화해야 하는 문제에 직면한다. 현대 사회에서는 학교교육이 불평등한 보상 문제의 해결책으로 이용된다(Karabel, 1972b: 40). 경제적 불평등은 학교교육 기회의 평등화를 통해 무마되거나 묵인될 수 있다. 학교교육 기회를 균등화하면서, 국가는 "누구든지 학교교육 기회를 이용하여 더 많은 경제적 보상을 받을 수 있다"는 메시지를 전파할 수 있다. 이 메시지 속에는 "학교교육 기회를 제대로 이용하지 못하면 상대적으로 적은 보상을 받을 수밖에 없다"라는 또 하나의 메시지가 숨겨져 있다. 이 메시지에는 업적주의와 신자유주의 이념이 내포되어 있으며 선택의 결과에 대해서는 각자가 책임져야 함을 함의하고 있다. 업적주의를 표방하는 사회는 등급, 학위, 시험점수와 같은 형식을 띤 증명을 요구하는 자격증명(credential)을 강력하게 요구한다(Karabel, 1972b: 42). 출발선에서 동시에 출발한다고 주자(走者)들의 조건이 균등해지는 것은 아니며 결승점에 동시에 도착하는 것은 더욱 아니다.[44]

학교교육의 의무화, 무상화, 보편화 등을 통해 보상을 획득할 수 있는 경쟁의 기회를 균등하게 하면 불평등하게 나타날 수밖에 없는 경쟁의 결과를 각자의 책임으로 돌릴 수 있다. 그러나 자녀들 간의 학교교육 경쟁은 그 부모들의 경제적 · 사회적 · 문화적 자본이 개입하기 때문에 정당하게 이루어질 수 없다. 현대 사회에서 부모의 사회경제적 지위는 부당하게 보이는 상속보다는 중립적으로 보이는 학교교육 체제를 통해 자연스럽게 재생산된다(Bowles and Gintis, 1976). 학교교육은 사적 이익을 위한 도구로 이용됨으로써 불평등한 사회구조를 정당화하는 기제로 작용한다. 부모세대의 계층이 자녀들의 학교교육에서의 우열을 거쳐 취업과 소득에서의 격차로 귀착되면, 세대 간 불평등이 순조롭게 이어진다. 그 이유는 학생들 사이에 나타나는 교육 성취 격차가 개별 학생들의 재능, 의지, 노력 등 개인적 속성의 산물로 이해되기 때문이다. 이로써 불평등을 유발하는 사회구조나 체제

---

44) 달리기 경주의 출발선에 선 아이들은 동질집단이 아니다. 끼니를 거르고 있는 아이, 부모의 사랑을 못 받는 아이, 운동화가 없는 아이, 장애가 있는 아이 등은 출발선에서 동시에 출발하더라도 종착점에 도착할 때는 뒤처질 수밖에 없다.

의 문제들은 은폐된다.

학교교육은 한편에서는 기회 균등과 업적주의라는 이념 아래 우열로 나뉜 인력을 양성하고 이들을 기능적으로 구조화된 노동시장에 공급함으로써 불평등을 재생산하는 데 기여한다. 다른 한편에서는 불리한 조건에서도 학업 성취에 성공하여 계층 상승을 도모할 수 있는 통로가 되기도 한다. 학교교육이 가진 순기능과 역기능은 각각 미화와 비판의 대상이 되고 있다. 한국은 전통적 계급문화가 여전히 작용하는 유럽 국가들이나 인종 차별이 일상에서도 일어나고 있는 미국처럼 계급, 인종, 언어, 종교 등에 의한 구조적 차별이 거의 없어 학교교육을 통한 계층 이동이 상대적으로 더 활발하게 일어날 수 있다. 상위 계층과 하위 계층은 학교교육을 각각 계층 유지와 계층 상승을 위한 도구로 이용한다. 계층이 비교적 덜 구조화된 국가일수록 학교교육의 계층 이동 효과는 더 높다. 최근 한국에서는 계층이 급속도로 구조화되고 있기 때문에 학교교육의 계층 이동 효과가 급락하고 있다. 교육출세론이 조부모 세대에서는 예삿일이었다면 부모세대에서는 이야기 소재가 되고 자녀세대에서는 신화처럼 멀어질 수 있다. 오늘날에는 학교교육보다는 부모의 위력이 자녀의 생애 기회에 점점 더 강력하게 영향을 미치고 있다.

학교교육 체제는 표준화(standardization)와 계층화(stratification)라는 두 가지 유형으로 크게 구별될 수 있다. 개인의 직업적 지위가 '계층화된 학교교육 체제'에서는 개인의 교육 성취에 의해 결정되지만, '표준화된 학교교육 체제'에서는 그가 받은 학교교육에 의해 결정되는 정도가 낮다(Allmendinger, 1989: 231). 미국 대학이 계층화 체제라면, 독일 대학은 표준화 체제를 고수하고 있다. 독일처럼 표준화 체제로 대학을 관리하는 노르웨이에는 1960년까지만 해도 대학이 하나뿐이었었다. 대학은 지역별로 분산되어 있더라도 그 체제는 표준 기준에 따라 운영된다. 제도들과 물질적 조건들에 의해 결정되는 집단 환경(collective environment)은 개인 행위자들에게 유인, 제약, 대안을 제공함으로써 그들의 선택과 행위를 좌우한다(Allmendinger, 1989: 231). 미군 점령 시대에 미국에는 없는 표준 국립대학이 설립되었지만, 한국의 대학 체제는 대체로 미국 대학을 모형으로 하여 형성되었다(오욱환 · 최정실, 1993). 한국의 대학들은 미국의 대학들처럼 매우 계층화되어 있다.

한국 부모들은 자녀들이 발달 과정에서 이점을 확보할 수 있도록 지원하는 데 매우 적극적이다. 이러한 적극성이, 의도하지는 않았더라도, 불평등을 조장하고 부정에 둔감하게 만든다. 일반인들은 말할 것도 없고 공정, 정당, 정의, 평등 등을 주장하며 사회운동에 적극적으로 참여하는 사람들까지도 자녀들의 생애 기회를 지원할 때에는 자신들의 가족 이기주의적 행위에 대해 관대해진다. 이러한 풍조가 사회에 널리 만연된 사회라면 부모주의가 지배하고 있다고 말할 수 있다. 부모주의가 강력한 신념으로 작용하고 있는 한국에서는 부모들이 청소년기 자녀들은 물론이며 청년기 자녀들까지도 어린아이처럼 양육하고 있다. 거의 모든 부모는 자녀들이 대학에 진학할 즈음 마치 자신이 수험생인 것처럼 나선다. 자녀들의 취업까지 앞장서서 구하고 있는 부모도 늘어나고 있다. 그로 인해 경제적으로는 물론이며 심리적으로도 독립 의지를 갖추지 못한 청년들이 학교를 떠나 사회로 진입하고 있다. 자녀 수가 줄어들면서 부모주의가 극성스러울 정도로 활성화되고 있다. 부모주의가 성과를 거둘수록 자녀들의 독립 의지와 자립 노력은 약화된다. 부모주의에 의해 대학에 진학한 청년들 가운데 상당수는 자신의 진로를 자유롭게 선택하고 그에 따른 책임을 져 본 경험이 거의 없다.

한국의 부모들은 자녀들의 교육 성취를 자신들의 중요한 업적으로 생각하며 타인들에게 공개적으로 또는 교묘하게 과시한다. 한국의 높은 교육열은 개별 한국인들의 속성이기보다는 한국 사회의 문화적 산물이다(오욱환, 2000). 부모들은 자녀들의 지적 능력을 냉정하고 객관적인 기준에 의해 평가하지 않으며 희망과 기대를 담아 부풀린다. 그리고 자녀의 학업성적이 하락하면 그 원인을 자녀 이외에서 찾는다.[45] 다시 말해서, 부모들은 자녀들이 지적 재능을 뒤늦게 발휘할 수 있다고 확신함으로써 자녀들의 학업성적이 부진한 경우에도 대학까지 밀어붙인다. 부모의 비현실적 기대 때문에 자녀들은 능력에 부치거나 재능에 맞지 않는 진로를 택할 수 있다. 이러한 현실은 '수레 밀어주기'에 비유될 수 있다. 모든 사람은 인생이라는 이름의 수레를 끌고 있다. 어떤 사람은 힘이 세고, 어떤 사람은 짐이 무거우며, 어떤 사람은 평탄한 길로 가고, 또 어떤 사람은 비탈길을 올라간다. 사람들은 누구나 어릴 때부터 나름의 '인생 수레'를 끌어야 한다. 초등학생, 중학생, 고등학생 그리고 대학생은 그 단계에 걸맞은 인생 수레가 있다.

부모는 자녀가 인생 수레를 끌고 갈 때 대신 끌어 줄 수 없다. 그렇게 한다면 부모는 자녀의 인생을 박탈하게 된다. 부모가 자녀의 인생 수레를 뒤에서 밀어 줄 수 있다면 참으로 다행이다. 대부분 그냥 지켜보아야 한다. 부모는 자녀의 인생 수레를 뒤에서 밀어 줄 때 두 가지는 반드시 지켜야 한다. 첫째, 자녀가 끌고 가는 속도보다 더 빠르게 밀어서는 안 된다. 자녀가 넘어지기 때문이다. 둘째, 자녀가 끌고 가는 방향을 뒤에서 틀어서는 안 된다. 자녀가 자빠지기 때문이다. 한국 사회에는 자신들의 인생 수레를 끌고 가는

45) 부모들은 자녀들이 공부를 잘 못할 경우 일차적 원인으로 학교의 교사들을 지목한다. 이러한 맥락에서 부모들은 가정교사를 동원하거나 자녀에게 맞는 학원 강사를 찾아 나선다. 부모들의 그다음 표적은 자녀의 친구들이 된다. 극성스러운 부모들은 자신들이 나서서 자녀들의 친구들을 골라 준다.

> 자녀들을 밀쳐내고 부모가 나서서 끌고 가는 사태가 적지 않게 발생하고 있으며, 자녀의 속도와 방향을 각각 넘어서려고 그리고 틀어 보려고 자녀를 넘어뜨리고 자빠뜨리는 부모는 그보다 훨씬 더 많다. (오욱환, 2015: 57-59)

한국에서도 대학 교육비를 감당하기 위해 대출이 늘어나고 있다. 학비 대출보다 더 광범위하게 일어나는 사태는 부모의 노후 대책 자금의 고갈이다. 한국의 부모들은 자녀들의 효심을 임의로 확신하며 자신들의 노후를 위한 경제적 준비에 소홀하다.[46] 이 두 가지가 부정적인 상태로 전개될 경우, 자녀교육을 위해 모든 재산을 투입한 부모가 늙어서 빈곤에서 벗어나지 못하는 사태가 벌어진다. 자녀의 교육 성취는 부모의 교육비에 영향을 받기는 하지만 결정되지는 않는다. 학습능력이 낮거나 학업에 대한 의지가 없이 대학에 진학하면, 졸업은 하더라도 취업이 어려워 돈으로 지불한 직접교육비와 대학 재학 기간으로 산출되는 기회비용을 회수하기가 어렵다. 자녀가 효심이 지극하더라도 실업 상태가 되면 부모를 경제적으로 지원할 수 없으며 하향취업 상태가 되면 소득이 낮아 지원할 수 있는 여력이 없다. 이로써 부모도 그 자녀도 빈곤에서 벗어나지 못하게 된다.

전통적으로 한국인들은 자신의 가치를 타인들과의 비교를 통해서 매긴다. 그래서 한국에서는 모든 인간관계가 수직적으로 설정된다. 따라서 직장에서의 공식적 모임은 말할 것도 없고 사적 모임에서도 우열 또는 서열을 정한다. 예를 들어, 동기동창생들이 친목을 위해 자발적으로 모였을 때도 은연중에 서열이 정해진다. 서열 정하기는 출세의 정도에 따른다. 출세를 과시하기 위해 자동차, 손목시계, 옷, 장신구, 신발 등이 물질적 증거로 이용되며 말투와 행동이 비물질적 증거로 사용된다. 그리고 대화를 나누면서 직업, 지위, 학벌, 거주 지역, 주택 유형 등 좀 더 구체적인 증거들이 제시된다. 자녀들의 성적, 학벌, 수상 등도 포함된다. 상대편에게 밀리는 것 같은 느낌이 들 때마다 새로운 항목이 추가된다. 모임이 끝날 때쯤에는 대략적인 서열이 매겨진다. 모임이 거듭될수록 허세가 사라지고 새로운 증거들이 추가되면서 서열이 재조정된다.

한편, 한국인들은 계층이나 서열에 좀처럼 승복하지 않으며 반전을 도모한다. 출세 경쟁에서 뒤처졌다고 생각하는 한국의 부모들은 자녀들을 통해서 계층 상승과 역전을 도모한다. 이로써 한국에는 부모의 한을 풀거나 체면을 만회하기 위해 대리전을 치르는 어린이들, 청소년들 그리고 청년들이 적지 않다. 이러한 성향 때문에 한국에서는 대학 교육이

46) 한국의 부모들은 자녀들을 뒷바라지하면 그 자녀들이 부모의 노후를 책임질 것으로 확신하는 경향이 있다. 이 때문에 적지 않은 부모들이 자신들의 노후를 대비하지 않고 자녀들을 전폭적으로 지원한다.

필수화되고 보편화되었으며, 노동시장의 수요를 초과함에 따라 수많은 대졸 청년이 실업 상태에 있으며, 그보다 훨씬 많은 대졸 청년이 하향취업을 감수하고 있다. 모든 한국인은 무한대로 높은 출세 사닥다리의 어느 지점에 자리 잡고 있다. 이처럼 모든 차이를 하나의 기준 아래 양적 격차로 환산한 '출세'라는 개념 때문에 한국인들은 아주 좁은 병목을 통과해야 한다.[47] 학력(學歷)과 학벌(學閥)은 가시적이어서 객관적 절차로 인정되는 병목이다.

47) 병목은 광범위한 기회를 차지하려면 반드시 통과해야 하는 좁은 통로를 상징한다(Fishkin, 2014: 1).

4장

대학 교육 보편화의 교육적 부작용:
하위 단계 학교의 붕괴

한국에서는 대학 교육이 생애 기회의 승부처로 굳어지면서 모든 하위 단계의 학교들이 고유의 목적을 상실한 채 대학 예비학교로 변질되고 있다. 대학 교육을 개인들은 필수 과정으로 받아들이고 국가는 무모하게 보편화함으로써, 한국에서 대학 교육이 의무교육처럼 인식되고 있다. 결과적으로 한국에서는 모든 학교교육 단계가 의무교육으로 인식되어 무한히 확대되고 있다. 어린이집과 유치원의 취원률(就園率)이 가장 낮았지만 빠른 속도로 상승하고 있다. 어린이집과 유치원은 공교육화를 거쳐 공립화될 가능성이 높다(오욱환, 2017). 초등학교와 중학교는 법률적으로 의무교육이기 때문에 그리고 고등학교는 실질적인 의무교육처럼 수용되어 완전 취학에 가깝다. 대졸 청년 실업이 확산되고 있지만, 대학 교육에 대한 사회적 압력은 더욱 강력하므로 대학 교육도 실제적인(de facto) 의무교육으로 규정할 수 있다. 대학 교육까지 의무화될 정도로 학교교육이 일상생활에 미치는 영향은 막중하지만 학교교육의 효과는 오히려 모호해지고 있다. 한국의 어린이들, 청소년들 그리고 청년들은 학교에 다니는 기간이 길어지면서 배움을 지겨워하고 있다. 대학은 보편화되면서 취업 예비학교로 격하되고 대학 이전의 모든 단계의 학교들은 대학 예비학교로만 기능함으로써 한국의 학교교육이 총체적 난국에 빠져들고 있다.

어린이집과 유치원에서부터 대학입시를 겨냥한 학습지 풀이가 시작된다. 대학입시 문제와 유사한 형식의 문제지에 유아들이 지겹도록 매달려 있는 안타까운 상황이 어린이집과 유치원에서 벌어지고 있다. 이 때문에 놀이 시간이 점차 줄어들고 있을 뿐만 아니라 공부와 놀이가 지겨움과 재미로 대비되고 있다. 한국에서는 유아기부터 공부가 지겨움으로 각인되고 있다. 물음을 달고 사는 유아들이 점차 물음을 잃고 대답을 재촉받고 있다. 아이들은 호기심을 풀어 감으로써 지식과 정보를 수집하고 해석하며 정리한다. 그러나 대답을 독촉하면 아이들의 호기심은 사라진다. 너무 어릴 때부터, 너무 많이, 너무 강력하게 가르침으로써 한국의 아이들은 유아기부터 배움의 즐거움을 잃는다. 대학입시를 아주 이른 시기에 시작하기 위해서 어린이집과 유치원이 놀이를 줄이고 있다. 유아들은 놀이를 통해서 즐겁게 그리고 진지하게 종합적으로 학습하는데도 불구하고 어린이집과 유치원은 언어, 수학 등으로 분리된 학습지를 풀게 함으로써 최적의 학습방법을 포기하고 최악의 학습방법을 채택하고 있다.

어린이집과 유치원에서 무모한 선행학습을 강행했기 때문에 초등학교에서는 교과과정을 예정대로 진행하기가 어려워진다.[1] 이후 이러한 상황이 대학 진학 직전까지 계속된다. 앞서 배우거나 먼저 배우는 선행학습을 마치 초월(超越) 학습처럼 오해하는 부모들에 의해 한국의 학교들은 심각하게 왜곡된 교과과정을 운영하게 된다. 선행학습으로 월반(越班)할 것도 아니면서 왜 교과과정에도 맞지 않는 학습을 강행하는지 이해하기 어렵다.[2] 선행학습이 그토록 중요하다면 선행학습이 절실하게 필요한 대학 단계에서 가장 활발하게 이루어져야 하지만 현실은 전혀 그렇지 않다. 대학생들은 교수가 효율적인 수업을 위해 부과한 독서과제(reading assignment)도 제대로 읽지 않고 수업에 출석한다. 한국의 대학생들이나 대학원생들이 초·중·고등학생들처럼 앞서 배우기를 열심히 한다면 창조교육은 이미 이루어지고 있을 것이다. 초·중·고등학생들이 선행학습에 매달리는 이유는 서열에서 앞서기 위해서이다. 선행학습으로 학교 수업을 방해하는 행위는 동일 출발선에서 동시에 출발해야 하는 경주에서 출발선 앞으로 발을 내밀거나 신호가 울리기 전에 출발하는 부정

1) 한국에서는 학교에서 배울 내용을 사교육을 통해 먼저 배우는 것을 선행학습이라고 표현하고 있다. 타인으로부터 미리 배우는 의미로 사용되는 선행학습은 학생이 학교에서 배울 내용을 스스로 미리 준비하는 학습, 곧 예습과 명백히 구분된다. 예습은 수업의 집중도를 높이는 데 최고의 방법이다. 예습한 학생들은 무엇을 모르는지를 분명히 인식하고 수업에 참여하기 때문에 진지하며 질문하는 데 적극적이다. 문제를 안고 온 학생들은 답을 찾는 데 적극적이지만 아무런 생각 없이 출석한 학생들은 강의를 받아 적는 수준을 넘을 수 없다. 그리고 미리 배운 학생들은 수업시간에 아는 척하느라고 수업에 집중하지 않는다.

2) 극성스러운 부모들에게 선행학습의 한계는 없다. 최근에는 선행학습이 수업 진도를 조금 앞서는 수준이 아니며 학년은 물론이며 다음 단계의 학교까지 넘어서고 있다. 유치원 유아들이 초등학교 교과과정을, 초등학생들이 중학교 교과과정을, 중학생이 고등학교 교과과정을 앞당겨 배우는 극단적인 사례들이 늘어나고 있다.

출발보다도 더 부당하다. 한국에서는 선행학습 때문에 학교의 교과과정이 제대로 진행되지 못하고 있다.

학교가 가정보다 문화적 환경이 나았을 때, 학교는 학생들에게 다양하고 수준 높은 문화를 제공했으며 교사들은 수업시간에는 물론이며 방과 후에도 학생들에게 지적·정서적 자극을 주었으며 역할 모델이 되었다. 학교의 음악실, 미술실, 도서실 그리고 운동장에서 학생들은 집에서는 접해 볼 수 없었던 피아노, 화구와 그림물감, 다양한 장르의 책들, 운동기구 등을 사용할 수 있었다. 그러나 대학입시가 절대적 과제로 부각하면서 이 모든 상황이 사라졌다. 음악 수업과 미술 수업은 입시 과목이 아니라는 이유로 배척되고 있다. 입시 예상 문제집들을 풀어 볼 시간도 모자라는 상황에 도서실에서 소설책이나 시집을 빌려 읽을 정도로 한가한 학생은 없다. 학생들은 고전(classics)에 속한 도서들에 대해서는 문제집을 통해 저자와 내용을 파악하며 일부 학생은 요약본으로 해치운다.

운동장에서 땀 흘리며 뛰노는 학생들이 있다면 교사들에 의해 제지될 개연성이 높다. 부모들이 자녀가 수업을 마친 후 곧바로 귀가하지 않거나 학원에 도착하지 않으면 학교로 전화하기 때문이다. 미술대학, 음악대학, 체육대학에 진학할 학생들은 각각 미술학원, 음악학원, 체육학원에 가서 학원 강사들로부터 예상 과제를 연습한다. 학교에서 시행하는 평가에서 자녀들을 앞서게 하려고 부모들이 사교육을 적극적으로 이용하면서 학교의 역할이 급격히 줄어들고 있다. 이러한 추세는 너무나 강력하여 개별 교사들로서는 저지할 수 없다. 한편, 정부는 이러한 흐름을 대책 없이 수용하고 있다. 한국의 어린이들과 청소년들은 학원에서도 배우고 학교에서 또 배우면서 배움을 지겨워한다.[3]

학교의 역할이 점차 희미해지면서 교사들은 무기력해지고 있다. 교사들 가운데 무시될 수 없는 소수는 학생들이 학원에서 배웠을 것으로 간주하고 대충 가르치기도 한다. 학업계열 고등학교 교사들 중에는 학원에서 입시 상담을 받도록 학부모들에게 권유하는 교사도 있다. 학업계열 고등학교의 설립 목적을 염두에 두면 교사들의 이러한 권유는 사실상 직무 유기에 해당한다. 영리를 추구하는 학원과 입시 관련 기업은 고객을 유치하지 못하면 생존의 위협을 받기 때문에 매우 전략적이어서 학교나 교사들이 상대하기에 버거울 수밖에 없다. 공교육이 아무리 내실화하더라도 사교육은 사라지지 않는다. 오히려 공교육이 내실화할수록 사교육은 더 활성화된다. 사교육을 받는 목적은 모르거나 부족한 부분을 보완하기 위해서가 아니라 다른 학생들보다 앞서는 데 있기 때문이다.[4] 학교에서 깐깐하게

---

3) 한국의 부모들은 자녀들에게 배움을 강요하지만, 자신들은 배움에 아주 소홀하다.

4) 일반계 학생보다 특목고 학생들이 학원에 다니는 비율이 더 높을 것 같다. 사립초등학교 학생들이 공립초등

가르치면 학습량이 늘어나서 다른 학생들을 제치려면 더 많이 공부해야 한다. 학습량이 많아 힘이 부치면 문제를 풀어 주고 예상 문제를 찍어 주는 도움을 요청하게 된다. 그러나 사교육에 의존하다 보면 자율 학습능력이 떨어진다. 이는 마치 이유식에 길들어진 아이가 음식을 씹고 소화하는 능력이 약해지는 것과 같다. 떠먹여 키워진 아이들은 젓가락질이 서툴 수밖에 없고 편식할 가능성도 높다.[5)]

중학교 무시험제와 고등학교 평준화는 청소년들을 입시의 중압에서 벗어나게 하는 데 목적이 있었지만, 시험 없이 진학할 수 있게 해 줌으로써 중학교와 고등학교의 취학률을 극도로 상승시켰다. 학업계열 고등학교 취학률이 아주 높아지면 대학입시에 대한 압박이 강화되기 마련이다. 대학 입학 정원을 늘리면 서열이 앞선 대학에 진학하기 위한 경쟁으로 바뀌어 더 치열해진다. 대학이 보편화되면 어떤 대학을 졸업하느냐에 따라 취업 가능성과 업무의 종류가 결정되기 때문에 인기 있는 대학과 학과를 두고 벌어지는 경쟁은 대학이 엘리트 과정일 때보다 훨씬 더 치열해진다. 대학입시 제도가 복잡해지면서 유치원에서부터 학벌 전쟁이 치러지고 있다. 복잡해진 입시제도 때문에 부모들의 경제자본, 사회자본, 문화자본에 의한 입시 전략이 자녀들의 대학 선택에 의미 있게 작용하고 있다. 수많은 어머니가 자녀들의 학교, 교사, 학원, 친구 등에 관한 정보를 수집 · 분석하고 전략을 구상 · 실행하는 데 온 힘을 다함으로써 자신들의 일상과 인생을 포기하고 있다. 이 어머니들은 보람을 느낄지 모르지만, 그 도움에 의존하는 자녀들은 자신들의 인생으로부터 점차 소외된다. 그 이유는 그 자녀들이 선택의 자유를 구사할 수 없기 때문이다.

오늘날 부모주의에 투철한 어머니들은 자녀들의 일상을 관리하는 매니저로 자처하고 있다. 이 어머니들은 개별적으로 그리고 때로는 집단을 구성하여 위력을 발휘하므로 학교는 물론이며 학원도 휘둘릴 수 있다. 이 어머니들이 적극적일수록 그 자녀들의 존재감과 정체성은 훼손되지만 이것이 명문 대학 입학과 출세라는 목표 아래 무시된다. 이 어머니들의 전략에 의해서인지는 알 수 없지만, 그 자녀들 가운데 명문 대학에 입학하고 졸업한 후 출세로 인정될 수 있는 직업을 갖는 청년들도 출현한다. 실패한 어머니들은 잊히고 성공한 어머니들만 드러남으로써 어머니의 극성이 자녀의 출세를 좌우하는 것으로 착각하는 현상이 나타난다. 어머니의 극성 때문에 삶의 의지를 상실한 청소년들의 사례가 많이

학교 학생들보다 학원에 더 많이 다닌다. 그 이유는 사립초등학교에서 앞서기가 더 어렵기 때문이다. 물론, 사립초등학교에 다니는 학생들의 부모들은 경제자본이 풍부해서 학원에 보내기 쉽다.

5) 떠먹여 키워진 아이들이 가장 먼저 배우는 말들 가운데 하나는 "싫어"이다. 젓가락을 사용할 줄 아는 아이들이 가장 먼저 배우는 행위는 '선택'이다.

있어도 성공 사례만큼 주목을 받지 못한다.[6] 자녀들을 출세 궤도에 진입시키는 데 성공한 어머니들은 부모주의의 실증 사례가 된다. 비슷한 성향의 어머니들은 성공 사례를 따라 함으로써 동일한 효과를 거두려고 애를 쓴다. 이러한 풍조가 널리 퍼져 나가면서 부모주의가 뿌리를 내리고 있다. 그러나 어머니의 도를 넘어선 극성 때문에 자녀들의 인생이 망가지는 사례도 적지 않다.

부모주의 효과를 확신하는 부모들이 늘어나면서 부모로부터 쫓기는 유아들, 아동들, 청소년들, 심지어 청년들이 급속도로 증가하고 있다. 오늘날 한국에서는 창조력으로 경제를 선도해야 할 젊은이들이 생각할 수 있는 시간과 여유를 전혀 갖지 못하고 있다. 이러한 이유로 한국에서 빌 게이츠(Bill Gates)나 스티브 잡스(Steve Jobs)와 같은 창업자가 출현할 가능성은 높지 않다. 이들은 각각 하버드대학교와 리드대학을 중퇴하고 각각 마이크로소프트(Microsoft)와 애플(Apple)을 창업하였다. 빌 게이츠와 스티브 잡스의 성공은 대학 입학의 효과일까 아니면 중퇴의 효과일까?[7] 한국의 젊은이들은 아주 어릴 때부터 청년이 될 때까지 부모들로부터 닦달을 받았기 때문에, 그들처럼 대학 자퇴(自退) 결단을 내릴 수 있는 용기를 갖고 있지 않으며 독창적인 아이디어를 개발할 수 있는 여유도 없다.

한국에서는 대학 교육이 의무교육처럼 받아들여짐에 따라 실질적인 의무교육 기간이 초등학교 6년, 중학교 3년, 고등학교 3년 그리고 대학교 4년이 더해져 무려 16년에 이른다. 여기에 조만간 실질적인 의무교육으로 전환될 유치원 3년을 더하면, 한국인들은 19년 동안 학교에 다녀야 한다. 한국의 학생들이 국가 간 학력을 비교하는 연구에서 두각을 나타내고 있지만, 배움을 싫어하는 점에서도 세계 최고 수준이다.[8] 한국의 아이들은 유아기, 아동기, 청소년기 그리고 청년기를 거치면서 19년 동안 지겨운 공부에 시달리게 된다. 이 사태가 더욱 안타까운 이유는 학교교육 기간이 늘어나면서 취업 기간은 오히려 줄어드는 사실과 겹치기 때문이다.

19년 동안 학교에 다녀도 제대로 된 일자리를 차지하지 못하는 현실은 그야말로 비극이다. 대졸 청년 실업자는 대학교만 졸업한 것이 아니므로 대졸 청년 실업은 사실인즉 초등

---

6) 부모들의 압박을 감당하지 못하는 청소년들은 우울증에 시달리고 자살 충동을 느끼며 때로는 자살을 감행한다.

7) 그들의 능력을 고려한다면 입학효과일 수 있지만, 창업 시점을 고려하면 중퇴효과로 해석될 수 있다. 만일 그들이 창업 시점을 대학 졸업 이후로 잡았다면 실패했을 가능성도 충분히 있다.

8) 한국의 학생들은 '학업 성취도 국제비교연구'(PISA)에서는 과학 · 수학 · 읽기에서 그리고 '수학 · 과학 성취도 국제비교연구'(TIMSS)에서는 수학 · 과학에서 높은 능력을 발휘하고 있다. 그러나 2012 OECD 학업 성취도 국제비교연구(PISA)에 의하면, 한국 학생들의 수학 학습 동기는 65개 국가 가운데 58위이며 수학의 가치를 느끼는 도구적 동기는 62위로 거의 최하위였다.

학교, 중학교, 고등학교 그리고 대학을 졸업한 청년의 실업이다. 누구나 가는 대학 때문에 대학에 가지 않아도 되는 청년들과 갈 필요가 없는 청년들까지 선택의 여지없이 대학에 가야 하는 현실은 비극이다. 학교에 다녀야 하는 기간은 늘어나지만, 오랫동안 다닌 학교교육이 노동시장에서 활용되는 기간은 오히려 줄어들고 있을 뿐만 아니라 활용 정도도 낮아지고 있다. 이처럼 비효율적인 학교교육이 계속되면 국가 경제는 침체할 수밖에 없고 붕괴위기를 모면할 수도 없다.

한국의 학교교육 체제는 대학에만 가치를 부여한다. 대학 이전 단계의 학교들은 대학에 진학하기 위해 통과해야 하는 절차에 지나지 않는다. 한국의 유아들, 어린이들, 청소년들, 청년들은 대학 진학 때문에 그리고 그 후에는 취업 때문에 지쳐 있다. 청년들은 실업 상태에서는 결혼을 생각조차 할 수 없고 취업한 후에는 오랫동안 쫓기느라 지쳐서 결혼을 주저하거나 꺼리며 결혼 후에는 출산을 망설인다.[9] 순위 경쟁만 치른 16년 동안의 학교생활로, 청년들의 열정과 에너지는 소진되고 소망은 사그라든다. 열정과 에너지가 소진되고 소망이 사그라졌다면 결혼과 출산에 과감하기 어렵다. 유자녀 기혼자들은 결혼과 출산에 용기와 소망이 필요함을 익히 알고 있다.

1. 어린이집과 유치원의 학교교육 편입: 놀이를 빼앗긴 아이들

자녀들을 실존적 존재로 인정하지 않고 자신들의 분신이나 소유물처럼 생각하는 부모들은 자신들이 설정한 목표와 기준에 자녀들을 맞춘다. 이러한 유형의 부모들은 자녀들이 그 목표와 기준에 맞게 행동할 때에는 칭찬하고 예뻐하지만, 그 목표와 기준에서 벗어나면 즉각 통제한다. 이러한 형식의 양육 방법 아래 자라는 유아들은 틀 속에 갇히게 된다. 유아들은 끊임없이 부모들의 인정과 사랑을 갈구한다. 유아들이 부모의 인정과 사랑을 받기 위해 구사하는 전략은 매우 다양하다. 유아들도 보육 환경을 변화시키기 위해 의도적인 행위를 한다. 아주 어린 아기들도 어머니를 자기 눈앞에 두기 위해 웃기, 자지러지기, 물쏟기, 오줌 싸기 등 온갖 짓을 다한다(Hoefle, [2012] 2014). 이러한 전략이 통하지 않으면 타협하기 시작하며 굴복하기도 한다.[10] 부모의 목적과 기준이 고착되어 있으면 유아들은 부모로부터 인정을 받기 위해 부모가 원하는 행동을 골라서 하게 된다. 이렇게 자란 아이들

---

9) 사려 깊은 부모들은 자녀들이 쫓기듯 살지 않게 하려고 애를 쓰지만 마땅한 대안이 없어 난감한 처지에 놓인다.
10) 적지 않은 부모들은 자녀들이 굴복하면 교육이 잘 되었다고 생각한다.

은 자신들의 내적 호기심과 욕구를 절제하는 데 익숙해지면서 정체성을 잃게 된다. 이 아이들은 성인이 되면 외부의 평판에 과도하게 민감해진다. 부모로부터 쫓기며 자란 아이들은 성인이 되면 스스로 닦달한다(Ashner and Meyerson, [1996] 2006; Elkind, 2007).

자신들이 설정한 목표와 기준에 자녀들을 맞추려는 부모들은 자녀들을 어린이집이나 유치원에 등원시키면서 학교에 입학시킨 것으로 착각한다. 유아교육학자들의 표현을 빌리면, 유아들은 유치원에 공부하러 가지 않는다. 유아교육학에서는 "아이는 놀면서 배운다", "유아에게 놀이는 최고의 학습이다"라는 말이 매우 강조된다. 미드(George Herbert Mead), 프뢰벨(Friedrich Fröbel), 듀이(John Dewey) 등의 저명한 학자들이 놀이의 교육적 가치를 강조했듯이, 유아들은 놀이를 통해서 생활과 노동을 주도적으로 설정하고 자율적으로 연습함으로써 자연스럽게 학습한다(King, 1979). 그러나 자녀를 어린이집이나 유치원에 보내는 부모들은 공부와 놀이가 상호 배타적인 환경에서 자랐기 때문에 이러한 주장에 동의하기 어렵다.

선행학습 효과를 맹신하는 부모들은 어린이집이나 유치원이 초등학교처럼 아이들을 공부시켜 주기를 기대하며 때로는 강력하게 제안한다. 적지 않은 부모들은 어린이집이나 유치원에서 자녀들의 나쁜 버릇도 고쳐 주고 훈육도 담당해 주기를 요청한다.[11] 이 부모들은 어린이집과 유치원을 학교와 다르지 않다고 생각할 뿐만 아니라 심지어 그 이상의 역할도 요구한다. 이 부모들은 어린이집과 유치원을 단기적으로는 초등학교의 예비학교로 그리고 장기적으로는 대학 예비학교로 생각한다. 그래서 많은 부모가 소위 명문 어린이집과 유치원을 애써 찾아내어 잔뜩 기대하고 상당한 비용을 각오하며 자녀들을 등원시킨다.

명품에 현혹된 부모들에 의해서 소위 명문 어린이집과 유치원이 만들어지고 있다. 명품이 반드시 고가이어야 하듯, 소위 명문임을 내세우는 어린이집들과 유치원들은 어지간한 대학의 등록금보다 더 고액의 교육비를 요구한다. 심지어 사립 대학교 의학전문대학원의 등록금에 육박하는 교육비를 요구하는 유치원도 있다. 유아교육 단계에서부터 부모의 사회계층에 따른 자녀교육의 차이가 분명하게 나타나기 시작한다. 사치품이 실용적이 아니듯이 비싼 유치원은 교육적이 아닐 가능성이 높다. 그 이유는 이러한 유치원들이 학부모들의 기대에 부응하여 참교육보다는 돋보이게 하는 데 더 치중하기 때문이다. 미국의 경우에도 아주 부유한 부모들이 자녀들에게 물질적 지원을 퍼부으면서 심리적 압박을 가하고 외부와 단절시키면서 불행하게 만든다(Levine, 2008). 한편, 물질적 지원의 부족에 심리

11) 이러한 기대는 어린이집과 유치원의 교사들을 힘들게 만든다. 태도와 훈육은 어린이집이나 유치원에 등원하기 훨씬 이전부터 가정에서 부모들이 가르쳐야 한다.

적 지원까지 소홀한 가정의 자녀들은 보육과 유아교육 단계에서부터 심각한 위기를 겪게 된다. 경제자본과 사회자본이 부족한 가정의 유아들은 어린이집과 유치원에 등원하지 못하거나 열악한 조건의 어린이집이나 유치원에 다녀야 한다. 보육 및 유아교육 단계에서의 경험 격차는 이후의 학교교육에서 격차를 유발하는 원인으로 작용할 수 있다. 묘포(苗圃)에서 자라는 어린나무들을 보면 앞으로 어떻게 자랄지 짐작할 수 있다.

유치원에서 학습지를 풀고 있는 유아들을 보면 참으로 안타깝다. 그 모습은 대학입시 학원에서 예상 문제들을 풀고 있는 대입 수험생과 아주 비슷하다. 어린 유아들도 한숨을 쉬며 지겨워한다. 대학입시가 곧 닥치는 대입 수험생들과는 다르게 유아들은 앞으로 오랜 세월 동안 문제를 지겹도록 풀어야 한다. 학습지를 풀게 하는 유치원들은 예외 없이 채점하고, 그 결과로 유아들을 공개적이든 비공개적이든 서열화한다.[12] 유치원에서 학습지 풀이가 시행됨을 아는 학부모들은 평가 결과에 대해 예민하게 반응한다. 유치원을 대상으로 수행한 연구에 의하면, 1990년대 후반에 이미 어머니들은 유아용 학습지의 종류와 진도 방법에 대해 잘 알고 있었다(현온강 · 공인숙 · 김영주 · 이완정, 1997). 이러한 상황에 이르면, 부모들은 자녀의 성적이 상대적으로 어떤 위치에 있는지 파악하게 된다. 이러한 절차를 거치면서 유아들은 아주 일찍부터 대학입시 준비에 돌입하게 된다. 유아들의 부모들은 자신들의 부모로부터 물려받은 부모주의와 노력주의를 어린 유아 자녀들에게 그대로 또는 그보다 더 강력하게 발휘한다. 이때부터 부모들은 자녀들을 닦달하기 시작한다. 극성스러운 어머니는 유치원에서 사용하는 학습지를 가정에서 먼저 풀게 한다. 이로써 유치원 단계에서도 선행학습이 시작되고 사교육이 활성화된다.

한국에는 적기(適期)보다 조기(早期), 적량(適量)보다 다량(多量)이 더 효과적이라는 사고방식이 지배하고 있다. 한국인들은 먼저 시작할수록 그리고 많으면 많을수록 좋다고 생각한다. 이 때문에 한국의 아이들은 너무 이른 시기부터 부모들로부터 쫓기며 공부하고 있다. 유아들은 공부로부터 쫓기면서 놀이로부터 멀어지게 된다. 한국에서는 아주 어릴 때부터 배움이 지겨운 것임을 체험한다. 학습지 문제를 지겹도록 풀어야 하는 유아들은 태어나면서부터 본능처럼 갖고 있었던 창조력, 응용력, 도전정신, 오류에 대한 당당함 등을 모조리 잃게 된다. 타인들이 출제한 문제들에 답을 맞히면서 창조력, 응용력, 도전정신을 유지할 수 없으며, 오답일 때 받았던 부정적 경험은 오류의 가능성을 최소화해야 한다는 불안을 떨쳐 버리지 못하게 만든다. 오류 또는 오답은 대학입시에서 치명적인 결과를 초

12) 학습지 풀이의 평가 결과가 상벌 또는 칭찬과 책망으로 이어지면 유아들이 오만해지거나 수치심을 느낄 수 있다.

래한다. 특히 최근에는 문제가 쉽게 출제됨에 따라 오답 하나로 순위가 급락할 수도 있다. 이 사실을 체험한 부모들은 자녀들에게 오류를 범할 수 있는 여유를 주지 않는다.

수많은 유치원이 조기 출발로 상대적 우위를 점유하려는 부모들의 요구를 수용한다는 이유를 내세우며 유아들을 비교육적으로 훈련하고 있다. 부모들은 자신들이 직장에서 그리고 사회에서 쫓기듯이 자녀들을 쫓고 있다. 한국의 부모들은 대부분 세대 간의 계층 상승 이동에 성공하였다. 이 때문에 그들은 세대 간의 계층 하강 이동의 위험성이 높아지고 있음을 절감하면서 자녀들을 더욱 닦달한다. 이 부모들은 자녀들이 유치원에서 놀이로 자연스럽게 배우기보다는 학습지 풀이로 확실하게 공부하기를 선호한다. 부모주의와 교육출세론이 지배하고 있는 한국에서 초·중·고등학교에 다니는 자녀가 있는 가정들은 거의 예외 없이 자녀의 학교 일정을 최우선으로 고려하여 생활한다. 어린이집과 유치원까지 학교로 인식되면서 학교교육에 종속되는 가정이 늘어나고 있다.

가정 소득 가운데 상당한 부분이 자녀들을 더 비싼 어린이집과 유치원에 등원시키는 데 투입된다. 경제력이 높은 부모들은 고액을 투입하여 소위 영어 유치원에 자녀들을 보내며 경제력이 낮은 부모들은 선행학습을 강조하고 학습지 풀이를 강조하는 유치원에 등원시킨다. 유아교육학계는 인지 발달과 사회성 발달에 미치는 놀이의 효과를 강도 높게 주장한다. 이들의 주장에 따르면, 유아기의 놀이는 아이들에게 애착, 배려, 신뢰, 애정, 사회적 유대감을 갖게 하며 사회 적응력을 높인다. 유아들은 놀이를 통해 참여·몰두·공유하며 상상력을 넓힌다. 유아들은 또래와 함께 하는 놀이를 통해서 협상, 타협, 양보 등을 터득한다. 놀이는 유아들에게 공감 의식을 심어 주며 사회적 인간으로 성숙하게 만든다(Rifkin, [2009] 2010: 117-120). 유아들은 놀이를 통해서 타인들과 함께 살아가는 데 필요한 지식과 기술을 연습하고 체험한다(놀이의 반란 제작팀, 2013; Chefel, 1991; Lillard, 1998; Rubin, Fein, and Vandenberg, 1983; Vigotsky, [1933] 1966; Zervigon-Hakes, 1984). 그러나 학습지 풀이는 지극히 고립된 작업일 뿐만 아니라 그 결과가 또래들과 비교됨으로써 경쟁 관계를 경험하게 만든다. 학습지 풀이의 결과는 절대다수의 유아들을 주눅 들게 만든다.

어린이집과 유치원은 유아교육의 수혜자가 부모들이 아니며 유아들임을 잊지 말아야 한다. 어린이집과 유치원의 교과과정과 교수-학습 활동은 유아들이 배움을 즐거워하도록 구성되어야 한다. 아주 어릴 때부터 배움을 지겨워하게 만든다면 그 배움의 양이 얼마이든 아무 소용이 없다. 어린이집과 유치원이 선행학습에 매달리면 유아기에 익혀야 하는 자세와 습관을 가르칠 수 없다.

오늘날 한국의 유치원이나 어린이집에서 대학입시준비생들의 전형적인 학습방법들

> 가운데 하나인 학습지 풀이가 심각할 정도로 성행하고 있다. 학습지 풀이를 강도 높게 하면 그와 유사한 형태의 시험에서 높은 점수를 받기 마련이다. 출제가 예상되는 문제들을 많이 풀어 보면 시험에서 유리해진다. 그러나 이 방법으로 지적 호기심이 신장되거나 창의성이 키워질 가능성은 전혀 없으며, 강요될 경우에는 학습에 대한 흥미를 상실한다. 유아기에는 지적 호기심을 키우고 창의성을 북돋울 수 있는 가장 좋은 시기이다. 유아들은 일상의 즐거움을 익힘으로써 긴 생애 동안 활용될 에너지를 축적해야 한다. 이 아이들을 강압적인 학습지 풀이로 내모는 교과과정은 삶의 고달픔을 아주 이른 시기부터 각인시키는 결과를 초래한다. 유아들에게 대입 수험생 따라 하기를 시키는 행위는 고문과 크게 다르지 않다. 유아기에는 즐거움을 터득해야 할 시기이지 괴로움을 연습해야 하는 시기는 분명 아니다. 아주 어릴 때부터 배움을 지겨워한다면 이후의 학교교육은 고통의 연속일 뿐이다. (오욱환, 2017: 306-307)

2. 초 · 중 · 고등학교의 고유성 상실: 대학의 예비학교로 전락

한국의 아동, 청소년, 청년의 체력은 급속도로 약해지고 있다. 비만은 중년층에서만 시작되는 현상이 아니다. 섭취한 영양은 넘쳐나는데 운동은커녕 걷기조차 싫어한다면 비만을 피할 수 없다. 영양실조를 걱정하던 과거보다 영양 과잉 상태인 현재에 국민들의 체력이 더 부실한 이유는 여러 가지이지만 아주 어린 나이에 시작한 대학입시 준비도 한몫하고 있다. 초등학생들의 학습량과 학습 시간은 웬만한 대학생들보다 많다. 자녀들이 어린이일수록 통제하기가 쉬우므로 부모들은 가능한 한 자녀들이 어릴 때부터 학습을 강도 높게 시작함으로써 조기에 유리한 고지를 선점하는 전략을 구사한다. 이러한 전략은 모든 부모가 구사하기 때문에 모든 아동이 어릴 때부터 학력과 학벌 경쟁에 돌입하게 된다. 그 결과, 아동들에게서 소아 성인병과 스트레스성 질병들이 퍼지고 있다. 아동들의 체력과 건강이 급속도로 나빠지고 있어 인적자본의 손실이 심각하지만, 부모도 정부도 이를 내버려 두고 있다. 건강하지 않으면 자신이 가진 재능을 제대로 그리고 충분히 발휘할 수 없다. 인적자본론에서는 건강이 중요한 인적자본임을 강조한다(Becker, 1964).

체력이 뒷받침되지 않으면 지적 능력을 충분히 발휘할 기회가 줄어든다. 한국 사람들은 천재들이 병약(病弱)하다고 오해하는 경향이 있다. 그러나 천재들은 아주 건강하다. 위대한 업적을 이루어야만 천재로 인정된다. 비상한 두뇌를 가졌다고 천재가 되는 것이 아니다. 위대한 업적을 남기려면 시행착오를 거듭할 수밖에 없으며, 시행착오를 거듭하려면 많은 세월이 필요하고 건강해야 한다.[13] 병약하면 업적을 남기는 데 필요한 시간이 부족해진다. 아이들은 뛰놀아야만 건강해지는데 한국에서는 공부만 시킨다. 오늘날 학교 운동장은 방과 후는 물론이며 수업시간 중에도 비어 있으며 학생들은 교실에서 벗어나지 않는다. 교실에서 벗어날 때는 화장실에 갈 때뿐이다. 고등학교 교실에서는 수업 중에도 엎드려 자는 학생들이 적지 않다.

학교의 부정적 측면을 부각하는 학자들은 학교를 수용소에 비유한다. 학생들의 역동성을 고려한다면 한국의 학교들은 이러한 비유에서 벗어날 수 없다. 부모주의에 투철한 부모들은 자녀의 일정을 꾀다 꿰고 있으며 최첨단 통신 매체를 이용하여 자녀들의 활동과 이동을 소상히 파악하고 철저히 통제한다. 자녀들은 자신들을 밀착하여 통제하는 부모들을 스토커(stalker)로 비유하기도 한다. 한국의 학생들은 부모의 통제에서 벗어나기 어렵다. 한국의 아동들과 청소년들은 부모들로부터 감시를 당하고 틀 속에 갇힘으로써 정체성이 모호해지고 독창성을 잃어가며 열정을 억제한다. 한국의 어린이들과 청소년들은 최첨단 통신장비를 갖춘 부모들에 의해서 실시간으로 추적당하고 있다.

한국 부모들의 부모주의에 대한 확신, 사교육에 대한 과도한 기대 그리고 소위 명문 대학 입학에의 열망은 학교를 무기력하게 만들고 있다. 학교에서 가르칠 내용을 사교육을 통해 미리 배운 학생들 때문에 교과과정이 심하게 왜곡되며 교사들은 수업을 계획대로 진행하기 어렵다. 자녀들의 대학 학력과 학벌에만 집착하는 부모들에 의해 학교의 공적 가치가 하락하고 있다. 부모들이 사교육을 이용할 뿐만 아니라 신뢰하면서 공교육이 위축되고 있다. 부모들이 사교육을 신뢰하는 데에는 지급되는 비용에 대한 기대와 선택의 용이함이 작용하고 있다.

중학교와 고등학교는 사춘기 청소년들의 질풍노도를 무방비 상태로 맞고 있다. 중학교와 고등학교는, 대학 진학에 필요한 서류를 화려하게 장식하기 위해 맞춤식 활동들을 마련해 둔 부모들 때문에, 고유의 과외활동이나 전인교육을 시도조차 할 수 없다. 교사들은 학부모들로부터 무시당하지 않기 위해 수업 이외의 교육활동을 극도로 자제하고 있다. 그래서 한국의 청소년들은 초 · 중 · 고등학교 시절에 '교실 밖 어른'이나 '존경하는 선생님'을 만날 기회를 봉쇄당하고 있다. 학생들이 교사들과 만나는 시간과 범위를 최소화하기 때문에 교사들은 학생들의 '의미 있는 타인'이 될 수 없고 멘토(mentor)도 될 수 없다. 교사들도 학생과 함께 하는 활동들을, 그 부모들로부터 호응을 받지 못할 뿐만 아

13) 최근에는 노벨 수상자들의 평균 나이가 점점 많아지고 있다.

니라 심지어 고소를 당할 수도 있으므로 아예 시도조차 하지 않는다. 교사들은 학생들에게 수업시간에 스쳐 지나가는 기성세대 이상의 의미가 없으며, 교사들은 학생들을 너무 가까이해서도 안 되고 너무 멀리해서도 안 되는 상대들로 인식하고 있다. …… 한편, 부모들은 교사들을 상대하기가 껄끄러워 만남을 가능한 피하며 그 대신 학원 강사들이나 진학 상담사들을 상대한다. 부모들이 강사들이나 상담사들을 선호하는 이유는 시장에서 물건을 사듯이 그들의 서비스를 자유롭게 선택하여 구매할 수 있기 때문이다. (오욱환, 2014: 576-577)

초등학교, 중학교, 학업계열 고등학교 과정은 대학에 진학하기 위한 예비학교들이 아니다. 이 단계들의 학교들은 학생들에게 사회인으로서뿐만 아니라 직업인으로서 갖추어야 할 기본적 소양과 능력을 제대로 가르쳐야 한다. 지금은 대학을 졸업해야만 학교교육이 완성되고 학생들이 성공할 수 있다고 생각하지만, 한국의 경이로운 경제 성장은 대학교 졸업생들보다는 대학에 진학하지 않은 초등학교 졸업생들, 중학교 졸업생들 그리고 고등학교 졸업생들에 의해 이루어졌다. 초등학교 학급당 학생 수가 60명을 훌쩍 넘고, 대도시 초등학교에서는 2부제 수업이 당연한 듯 시행되고, 중학교와 고등학교의 학급당 학생 수는 60명을 넘었으며, 교실 환경은 너무도 열악하여서 한겨울에만 조개탄 난로가 피워졌을 뿐 여름에는 찜통 같았던 시절에 학교교육은 개인들에게 희망을 주었고 국가의 공적 이익을 위해 공헌하였다. 조개탄 시절에는 고등교육 취학률이 10퍼센트에도 미치지 못했지만, 졸업 후 취업이 여의치 않았던 청년들은 창업을 시도하였다. 오늘날 고등교육 취학률은 70퍼센트도 넘어섰지만, 대학 교육의 공적 가치는 이처럼 높은 비율에 어울리지 않게 낮다. 인구 대비 대학졸업생의 비율을 마냥 높인다고 경제가 더 성장하고 사회가 더 발전하는 것이 아니다. 대졸 청년들이 동령집단의 30퍼센트를 넘어서면 학력에 걸맞은 취업의 가능성이 급격히 낮아지면서 개인적으로는 물론이며 국가적으로도 감당하기 어려운 문제들이 발생한다.

한국의 정부들은 해당 분야의 전문가 배출보다는 고학력자의 양산에 적합한 교육 정책을 펴 왔다. 최근 정부는 창조력을 갖춘 인재의 필요성을 역설하면서도 시험문제를 쉽게 내도록 명령하고 있다. 국민들의 창의성이 국가의 운명을 가를 만큼 중요해지고 있는데도 유치원에서부터 심지어 대학까지도 단순한 정보 수준에서 크게 벗어나지 않는 지식의 축적을 강조하고 있다. 사교육은 말할 것도 없고 공교육까지도 타인들이 출제한 문제에 답을 맞히는 능력을 키우고 요령을 터득하는 데 집중하고 있다. 스스로 문제를 제기하는 창의성과 그 문제를 열정과 끈기로 해결하는 능력이 요구되는 시대임에도 불구하고 한국의 공교육은 수혜자 중심이라는 이름 아래 가족이기주의적인 부모들의 요구를 전폭적으로 수용하고 있다. 이러한 공교육 정책은 정당의 구별 없이 정치권이 대중영합주의를 넘어서지 못한 결과이다.

오늘날 한국에서는 영어 구사력을 가장 절실한 교육목표로 삼음으로써 영어 교육이 과도하게 강조됨에 따라 수학과 과학 교육이 소홀해져 중학교 단계에서 이미 수학을 포기하는 학생들이 속출하고 있다. 수학이 소홀해지면서 덩달아 과학까지 방치되어 과학을 포기하는 학생도 증가하고 있다. 정부는 이러한 추세에 편승하듯 수학을 제대로 공부하지 않고도 자연과학과 공학을 전공할 수 있는 통로를 열어 주었다. 창의력은 영어 구사 능력보다는 수학적 사고 능력에 의해 더 배양된다. 한국 사회의 영어 열풍은 지금은 조금 수그러들었지만, 한동안 조기유학을 유행처럼 확산시켰다(오욱환, 2008). 학교의 교과목 중에서 영어 교과의 비중이 아주 높지만, 학생들의 영어 구사력은 한심한 수준을 벗어나지 못하고 있다. 영어의 중요성을 과도하게 강조하면서도 부적절한 교과과정과 교수법을 사용함으로써 역설적으로 영어 울렁증을 확산시키고 있다.[14] 모국어든 외국어든 모든 언어는 사용 정도에 따라 구사력이 결정된다. 영어를 언어로 연습하거나 사용하지 않고 시험 과목으로 대비하게 함으로써 틀릴까 두려워 최대한 절제하게 되었다. 그래서 영어를 사용해야 할 장면을 만나면 울렁증이 어김없이 재발한다.

대학은 모든 일자리에 필요한 지식과 기술을 충분히 가르치지 못한다. 진취적 기업가들은 대학졸업생들의 업무 수행능력에 대해 실망하고, 학구적인 교수들은 신입생들이 대학교육을 받을 준비가 부족하다고 걱정하며, 현실을 직시하는 부모들은 대학생 자녀들의 학업 시간이 너무 적음을 한탄하고 있다. 대학 교육이 기업가들, 교수들, 부모들 그리고 학생 자신들로부터 인정을 받으려면 대학은 누구나 가야 하는 곳이어서는 안 되며 누구나 갈 수 있는 곳이어서도 안 된다. 대학생들에게 공부하라고 닦달해야 할 정도라면, 대학은 성공할 가능성을 이미 상실하였다. 대학 진학에 신중해야 한다는 조언은 교육을 포기하라는 말이 아니다.

교육은 얼마든지 권장해도 좋지만 학교교육에는 합리적 판단에 의한 적정화가 필요하다. 국민들의 높은 학구열은 매우 바람직하고 국민들이 일정 단계의 학교교육을 받아야 하지만, 모두가 대학 교육까지 받을 필요는 없다. 국민들은 누구라도 초등학교를 졸업해야 한다는 데 동의하고 무상의무교육이 될 수 있도록 세금을 부담하며 중학교 단계까지 연

---

14) 비교적 최근까지만 해도 한국인들은 영어를 교과목으로 처음 접하였다. 한국인들은 영어를 구사해야 할 상황을 만나면 시험을 치는 것 같은 기분을 떨쳐 버리지 못하고 당황한다. 영어 울렁증은 이러한 상황을 표현한다.

장하는 정책을 지지한다. 한국의 부모들은 사적으로 교육비를 부담하면서 고등학교 교육도 의무교육처럼 생각하고 있다. 한국 부모의 자녀교육열은 여기에 머물지 않고 대학까지 부모에게 지워진 의무라고 생각하며 비싼 교육비를 부담하고 있다. 부모들은 자녀들의 대학 교육을 의무로 받아들이지만, 그 자녀들 가운데 상당수는 마지못해 대학에 진학한다.

한국의 학교 제도는 중학교 단계까지 일원화되어 있고 고등학교 단계도 실제로는 일원화에서 크게 벗어나지 않기 때문에 가정들 사이에 학교교육 경쟁이 치열하게 전개된다. 한국 부모들은 소위 명문 대학에 합격한 졸업생 수에 따라 고등학교들을 서열화하고, 우열로 평가된 고등학교에의 진학 정도로 중학교를 서열화한다. 부모들의 학교 서열화 집념은 초등학교는 물론이며 유치원에까지 작용하고 있다. 한국에서는 중학교와 고등학교 단계에서 각각 무시험과 평준화로 질적 격차를 없애는 정책이 시행되고 있다. 그렇지만 학교 간 격차는 지역별로, 특수목적 학교로, 해외 유학으로 벌어지고 있다. 고등학교는 학업계열과 직업계열로 계열화(tracking)되어 있다. 한국의 고등학교 교육 정책들 가운데 가장 획기적인 정책은 평준화 정책이다. 중학교 무시험 제도와 함께 고등학교 평준화 정책은 평등주의 이념으로 추진된 대표적인 교육 정책이다. 평준화 정책은 거주 지역별로 추첨을 통해 일반계 고등학생들을 해당 지역에 소재한 고등학교에 배정함으로써 일제 식민 시대부터 시작된 고등학교의 뿌리 깊은 서열을 없애 버렸다. 이 정책이 시행되기 이전에는 각 시·도별로 고등학교들이 뚜렷하게 순위가 매겨져 있었다.[15)]

1974년부터 시작된 고교평준화 제도는 고등학교들 사이에 형성된 학업 성취 격차를 줄이고 대도시의 일류 고등학교로 집중되는 현상을 저지하며 입시 위주의 암기 중심 주입식 교수-학습을 지양하여 중학생들에게 과중하게 부과된 학습 부담을 덜어 주는 데 목적을 두었다. 이 제도로 고등학교 단계에서의 학벌이 무력화되기 시작하였다. 명문 고등학교의 졸업생들은 선후배 간에 형성된 끈끈한 학맥(學脈)을 통해서 상당한 기득권을 행사하였다. 그러나 이 제도로 후배들이 사라짐으로써 더 이상 명문 학맥을 이을 수 없게 되었다. 그러나 고교평준화 정책은 획기적이었지만 후속 지원 정책이 미미하고 심지어 역행하는 정책들이 시행되면서 의미가 상당히 퇴색하였다. 평준화 제도는 학생들을 거주 지역 소재 고등학교에 배정하는 것으로 충분하지 않으며 적극적인 후속 조치들로 보완하고 지원해야만 성공할 수 있다. 거주 지역 사이에는 경제적·사회적·문화적 환경의 격차가 뚜렷하게 나타난다. 이 격차는 그 지역에 소재한 학교의 환경에 그대로 반영된다. 그 결과, 지역 간 격차가 지역 소재 고등학교 간 격차로 나타난다. 그 격차를 줄이려면 정부는 불리한 학

15) 예컨대, 서울에서는 경기고, 서울고, 경복고가 1, 2, 3위로 굳어져 있었다.

교일수록 더 앞서 그리고 더 적극적으로 지원해야 한다.

평준화 제도가 고등학교들의 질적 격차를 없애는 데 목적이 있다면 현실적으로 나타나는 지역 간 학교 격차를 줄이는 정책이 병행되어야 한다. 평등 정책이 성공하려면 지원 정책은 적극적 의미에서 불평등해야 한다. 평준화 제도가 시행된 이후의 정부들은 평준화 제도가 완성되도록 지원하는 데 매우 소홀하였다. 평준화 제도는 시행되고 있지만, 고등학교들은 평준화되어 있지 않다.[16] 평준화로 전통적 명문 고등학교들은 사라졌지만 소위 명문 학군이 출현함으로써 불평등은 유형만 바뀐 채 유지되고 있다. 평준화 제도는 특수목적 고등학교, 자율형 사립 고등학교 등을 신설하는 파괴적 재(再)계열화가 정부에 의해 추진됨으로써 실제로 거의 무너졌다. 보수 정부들은 수월성(excellence)을 내세우면서 평준화와 역행하는 정책을 폈다. 한편, 진보 정부들은 평준화 제도를 보강해야 할 필요성을 인식하지 못하였다. 결과적으로 평준화 제도 아래 차별적 우위를 지향하는 새로운 유형의 고등학교들이 신설되었다. 지배계층은 거주지를 실제로 또는 서류상으로 옮겨 인기 학군의 고등학교에, 치밀한 전략을 구사하여 특수목적 고등학교에 또는 거액의 외화를 투입하여 외국에 있는 고등학교에 자녀들을 안착시킴으로써 기득권을 고수하고 있다.

지배집단은 기득권을 유지하는 데 매우 적극적이다. 이들은 경제자본, 문화자본, 사회자본, 인적자본 등을 활용하여 기득권을 유지 · 강화한다. 이들은 평준화 제도 아래에서는 선호하는 학교들이 있는 학군에 거주함으로써 상대적으로 우위에 있는 학교들에 자녀들을 입학시켰다. 이들은 자녀들에게 사교육 기회를 충분히 제공함으로써 대학입시에서 이점을 극대화하였다. 부모의 경제적 자본력은 사교육의 양과 질을 결정하기 때문에 자녀들이 갖는 사교육의 기회는 사회계층이 높을수록 많고 좋을 수밖에 없다. 지배계층은 학군 선정과 사교육 기회에서의 이점에 만족하지 않고 공교육에서도 이점을 확보하기 위해 새로운 유형의 명문 고등학교 출현을 고대하였다. 지배집단은 고교평준화 제도가 유지되기를 원하지 않았다. 평준화 제도를 찬성하는 부모들은 목소리를 결집하지 않지만, 수월성을 추구하는 부모들은 비록 적은 수일지라도 목소리를 결집하여 강력한 메시지를 전할 수 있다. 그리고 그들 대부분은 사회적 영향력을 행사할 수 있는 직업과 직위를 갖고 있다. 선택의 자유를 보장하고 국가의 경쟁력을 높여야 한다는 명목 아래 특수목적의 고등학교들이 신설되면서 평준화 제도가 무너지고 학업계열 고등학교가 내부적으로 계열화되기 시작하였다. 이로써 새로운 유형의 명문 고등학교들이 속속 등장하였다.

---

16) 예컨대, 서울의 강남구, 부산의 해운대구, 대구의 수성구에 소재한 고등학교들과 각 시의 다른 구에 소재한 고등학교들 사이에는 상당한 격차가 있다.

새로운 명문 고등학교들은 평준화 이전의 명문 고등학교들보다 사회계층 측면에서 훨씬 더 폐쇄적이다. 새로운 명문 고등학교에 입학하려면 부모의 자본력이 좋아야 한다. 이러한 학교들에 입학하려면 이전 단계의 학교, 곧 초등학교와 중학교에서부터 준비해야 한다. 장기적으로 그리고 세심하게 준비하려면 부모들이 경제자본과 사회자본을 갖추고 있어야 한다. 사회계층이 구조화되고 계층이 높을수록 부모주의가 더 강력하고 더 전략적으로 발휘되면서 평준화 제도 아래 고등학교가 위계적으로 분화되고 있다. 사회가 양극화되고 있는 상황에서 학교가 평준화되려면 국가는 적극적으로 개입해야 한다. 평준화 제도가 시행된 이후의 정부들은 평준화 제도가 붕괴하도록 내버려 뒀거나 심지어 적극적으로 파괴하였다. 제도는 정부에 의해서 시행되고 유지되므로 어떤 제도가 무너지고 있음은 그 제도가 시행된 이후의 정부들이 책임을 져야 한다. 마이스터고를 제외한 특수목적 고등학교와 자율형 사립고등학교의 학생 171,880명(2018년의 경우, 48,588명 + 123,292명)은 학업계열 전체 학생 1,268,211명(48,588명 + 123,292명 + 1,096,331명) 가운데 13.6퍼센트인데도 불구하고 평준화를 붕괴시키고 있다(〈표 3〉 참조).

특수목적 고등학교, 자율형 사립 고등학교는 지배집단에게는 선택할 기회를 제공하지만 피지배집단에게는 선택할 수 있는 여지를 좁힌다. 평준화가 단순한 지역별 학교 배정 수준을 넘어 학교 간 격차를 줄이는 방향으로 추진되면 모든 고등학교의 질적 수준이 향상된다. 그래서 어떤 지역에 거주하든 상당히 좋은 학교에 다닐 수 있게 된다. 그러나 거주 지역에 소재한 학교에 배정하는 수준으로 제한될 경우, 지역에 거주하는 주민들의 사회계층에 따라 그 지역에 소재한 학교들의 학생 구성이 결정된다. 결과적으로 학교도 그 지역 주민들의 사회계층을 반영하게 된다. 사회계층이 낮을수록 사회경제적 불이익이 많다면 사회계층이 낮은 지역의 학교 역시 사회경제적 불이익을 피할 수 없다. 여기에 특수목적 고등학교, 자율형 사립 고등학교 등이 설립되면 학교들 사이에 질적 격차는 더욱 벌어진다.

특수목적 고등학교는 평준화 제도에 역행하지만, 공익을 명분으로 내세우며 설립이 추진되었다. 외국어고등학교는 외교와 국제 통상의 원활함에 그리고 과학고등학교는 자연과학과 공학의 발달에 이바지할 인재들을 배출해 주기를 기대하며 설립이 정당화되었다. 그러나 상당수의 외국어고등학교 출신과 과학고등학교 출신이 공익보다는 사익을 추구하는 데 더 적합한 직업을 연상시키는 전공 분야, 곧 각각 법학전문대학원과 의학전문대학원으로 진학함으로써 특수목적의 수행을 거부하고 있다. 이 전공 영역은 한국 사회에서 출세 직업으로 알려진 판사 · 검사 · 변호사 그리고 의사와 직결되어 있다. 이러한 유형의 고등학교 졸업생들은 지적 능력으로는 엘리트이지만, 그들 가운데 상당수는 공익을 외면하고 사익 추구에 몰두한다.

부모의 자본력에 따라 그 자녀들의 학교 선택 범위가 결정된다. 부모의 자본력이 극도로 제한되어 있으면 거주 지역의 고등학교에 진학할 수밖에 없다. 부모의 자본력이 높아지면 학교 선택의 폭도 넓어진다. 예컨대, 서울 강남으로 이주하여 8학군 학교에 다닐 수 있고, 멀리 떨어진 자율형 사립 고등학교에 통학할 수 있으며, 부모의 관리에 힘입어 특목고에 진학할 수 있을 뿐만 아니라 외국으로 유학을 갈 수도 있다. 학업계열 고등학교들은 외국어고등학교, 과학고등학교, 국제고등학교와 같은 특수목적 고등학교나 자율형 사립 고등학교처럼 수월성을 추구하는 고등학교들이 만들어져 학생들이 빠져나가면서 허술해졌다. 미국에서는 이러한 현상을 '크림 걷기'(cream out)로 은유한다. 크림 케이크에서 위에 있는 크림을 걷어내면 맛없는 빵만 남는다.

평준화가 무력화되면서 일반계열 고등학교들이 마치 크림이 걷어진 케이크의 빵처럼 부실해지고 있다. 평준화 제도는 후속 정부들로부터 지원을 받지 못하여 실패의 순서를 밟고 있다. 이러한 결과는 평준화 제도가 시행된 이후의 모든 정부가 책임을 져야 한다. 교육부는 이러한 문제들을 외면한 채 입시 제도에만 매달려 있다. 대학입시 제도가 개선되더라도 교육과 관련된 다른 문제들이 해결되지 않는다. 예컨대, 입시 제도가 획기적으로 개선되더라도 대졸 청년 실업과 하향취업은 줄어들지 않는다. 더욱이 입학시험은 영합 게임과 같아서 모두가 만족할 수 있는 입시 제도는 근본적으로 불가능하다. 어떤 입시 제도를 선택하든 유리한 사람들과 불리한 사람들로 나누어질 수밖에 없다. 그리고 입시 제도는 정교(精巧)해질수록 부모의 영향력이 더 많이 작용한다.

3. 직업계열 고등학교의 쇠퇴: 고졸 취업의 난망

학교교육에서는 비슷한 속성을 가진 학생들을 집단으로 구성하여 교육의 효과와 능률을 도모한다. 학교 현장에서 시행되는 집단화는 능력에 의한 집단화(grouping by ability)와 교과과정에 의한 집단화(grouping by curriculum)로 나누어진다(Rosenbaum, 1980). 능력별 집단화는 우열반 편성이 대표적 사례이며, 학업계열 고등학교와 직업계열 고등학교로 구별하는 제도는 교과과정별 집단화에 따른 것이다. 능력별 집단화는 학습능력이 비슷한 학생들로 집단을 구성함으로써 학습 효과를 높이려는 조치이다. 한편, 교과과정별 집단화는 교육 목적에 따라 집단을 구성함으로써 교과과정의 최적화를 도모한다. 능력별 집단화는 학생들의 학습능력을 기준으로 집단을 편성하는 점을 강조한다. 그렇지만 학급이 편성된 후에는 교과과정과 교수-학습 방법이 구별됨으로써 교과과정에 따른 집단화처럼 변질된다.

한편, 교과과정별 집단화는 수혜자인 학생들의 선택에 의한 구별임을 강조하지만 실제로는 사회적으로 선호되지 않는 계열에 귀속하는 학생들에게 주어지는 선택의 여지는 좁다.

대학 교육을 확대하는 데 주력한 정부들은 직업계열 고등학교를 폐교하거나 학업계열로 전환하는 정책을 결정하였다. 그 결과로 직업계열 고등학생이 급격히 감소하였다. 2018년도 직업계열인 특성화고와 마이스터고의 학생 수는 전체 고등학교 학생 수의 17.6퍼센트에 지나지 않는다([그림 5] 참조). 한국의 직업계열 고등학교는 명칭이 실업계 고등학교, 전문계 고등학교 그리고 특성화 고등학교로 바뀌었다. 오늘날에는 직업계열 고등학교를 특성화 고등학교로 통칭하고 있다. 그러나 특수목적을 가진 '산업 수요 맞춤형 고등학교', 곧 마이스터고가 외국어고, 국제고, 과학고, 예술 · 체육고 그리고 영재고처럼 특수목적고로 분류되어 있다. 하지만 학업계열과 직업계열로 먼저 분류하면, 마이스터고는 직업계열에 속한다.

교육부는 고등학교를 학업계열과 직업계열로 구분하지 않고 일반고, 특수목적고, 특성화고 그리고 자율고로 구분한다. 교육부에서 제공하는 '특성화고 · 마이스터고 포털 하이파이브'(http://www.hifive.go.kr/)는 마이스터고가 직업계열임을 명시하고 있다. 한편, 도제학교는 독립된 직업계열 학교가 아니며 특성화고 내 별도로 구성된 특별 학급이다. 한국의 도제학교는 특성화고에 '특별 학급' 형식으로 시행되며 기대한 효과를 거두기는커녕 도제학교를 운영하는 특성화고들, 프로젝트를 담당하는 교사들, 도제를 지원한 학생들 그리고 도제 학생들을 받은 기업들 모두가 불만을 토로하고 있다. 학생을 '도제'로 받는 기업

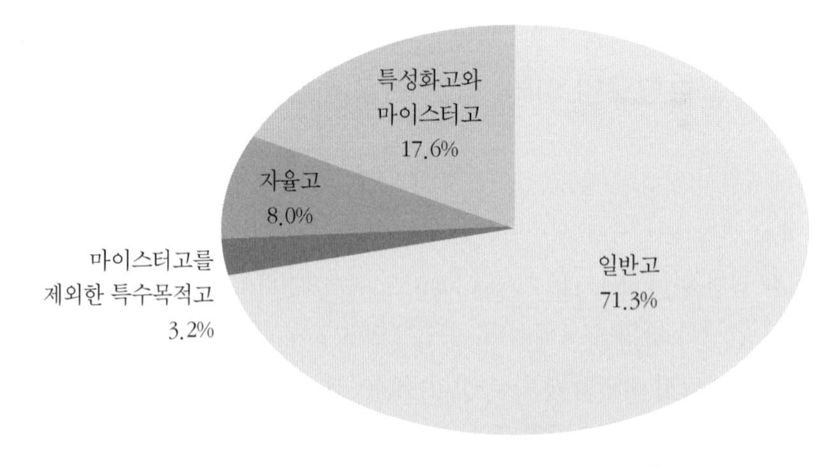

[그림 5] 2018년도 고등학교 유형별 학생 수의 비율[17]

17) 이 그림은 '〈표 3〉 2018년도 고등학교 과정의 학교 수, 학생 수, 교원 수'에서 발췌하여 작성되었다.

은 주로 중소기업 또는 강소기업이다. 도제학교는 독일의 견습생 제도를 연상시키지만, 도제를 의뢰하는 직업계열 학교, 도제를 받는 기업 그리고 이 제도를 주관하는 정부 기관 사이에 사회자본이 형성되어 있지 않아 부정적 결과가 속출하고 있다.

학업계열 고등학생들과 직업계열 고등학생들은 추구하는 목적이 다르므로 능력으로 비교할 수 없다. 그러나 학업계열 고등학생들은 대부분 대학에 진학하지만, 직업계열 고등학생들의 대학진학률은 그 수준에 미치지 못함을 근거로 직업계열 고등학교를 능력별 우열반 편성에서의 열등반처럼 깎아내리는 경향이 있다. 한국에서는 고등학교 단계가 학업과 직업을 각각 추구하는 교과과정별로 집단화되어 있어도 계열화 목적을 달성하지 못하고 있다. 직업계열 고등학교의 목적은 전문적 기술을 갖춘 기능인의 양성에 있다. 다시 말해서, 학생들을 대학에 진학시키는 과제는 직업계열 고등학교의 임무가 아니다. 직업계열 고등학교는 그 단계로 학교교육이 종료되므로 학생들을 취업시키는 데 목적을 두어야 한다. 그런데 한국에서는 직업계열 고등학교 졸업생들이 제대로 취업하지 못함으로써 대학 진학이 부추겨지고 있으며, 대학 진학이 보편화되면서 직업계열 고등학교들이 졸업생의 취업에 소홀해지고 있다. 이 두 가지 현상은 서로 맞물려 악순환이 되고 있다. 이러한 상황에서 대학 보편화 추세를 반기듯 수용한 정부들은 고등학교의 계열을 현실화하는 정책을 폄으로써 직업계열 고등학교의 붕괴를 재촉하였다.

> 실업계 고등학교를 폐교하는 정책은 학생들이 공부하지 않는다고 학교를 없애는 조치처럼 한심하다. 특히 실업교육 정책에 있어서, 1980년대 이후 정부들은 너무나 안일하고 무책임한 정책을 펴 왔다. '좋은' 정부는 시대의 풍조나 유행을 따라 정책을 결정하지 않는다. 만일 대학을 시류(時流)대로 개편한다면 다양한 단과대학들을 모두 없애 버리고 의학전문대학원, 법학전문대학원, 약학전문대학원, 경영대학원 등 몇 종류의 전문대학원만 두면 될 것 같다. (오욱환, 2014: 575)
>
> 미국의 경우 (고등학교의) 계열화가 폐지되고 종합학교(comprehensive institution)로 통합되었지만, 결과적으로는 대학 진학을 주류(主流)로 삼기 때문에 직업교육은 경시되거나 방치되고 있으며 심지어 실패로 단정되기도 한다. (오욱환, 2014: 616)

대학 교육이 보편화되면, 직업계열 고등학교가 존재해야 할 이유가 사라진다.[18] 1980년

18) 직업계열 고등학교는 1981년 전두환 정부가 졸업정원제라는 이름 아래 대학 교육 기회를 무모하게 확대하자 급격히 쇠퇴하였다.

대 이후의 정부들은 수요가 없다는 이유로 직업계열 고등학교를 줄여 왔다. 그러나 한국의 경제는 전적으로 산업화의 정도에 달려 있다. 한국은 제품을 외국에 많이 팔아야만 생존할 수 있다. 외국인들의 구매욕을 충족시키려면 가격과 품질에서 경쟁력이 있어야 한다. 그 경쟁력은 한국 노동자들의 기술 수준에 상당히 달려 있다. 직업계열 고등학교 지원자들이 줄어들고 있지만, 한국의 경제는 기술 수준이 높은 노동자들이 줄어들면 붕괴할 수 있다. 예컨대, 자동차는 최고의 기사(engineer)가 디자인했더라도 용접, 도장, 조립 등 관련 분야의 기능공들(technicians)에 의해 완성된다.

대졸 학력이 요구되는 일자리는 전체 일자리 가운데 고작 30퍼센트를 넘지 못한다. 나머지 일자리는 고등학교 이하 단계의 학력을 가진 사람들이 수행한다. 이들이 업무를 효율적으로 수행하려면 체계적인 직업교육과 직업훈련이 필요하다. 직업계열 고등학교는 학생들에게 직업교육과 직업훈련을 효율적으로 실시해야 하고 그들을 적합한 일자리에 취업시켜야 한다. 직업계열 고등학교의 교육 수준과 취업 주선 능력에 따라 해당 국가의 기술력이 결정된다. 세계 최고로 평가받는 독일의 제품들은 직업계열 고등학교와 생산 현장에서 기술을 습득한 견습생(apprentice) 출신 기능공들이 적소(適所)에 배치되어 전문성을 발휘한 성과이다.

독일은 체계적인 직업계열 고등학교를 통해 기술을 향상하고 노동시장의 수요와 공급을 조정하지만, 미국은 청소년들을 대학에 진학하도록 부추긴다. 두 국가 간의 기술 격차가 점점 벌어지고 있다. 독일의 청소년들이 학교와 직장이 연계된 견습생 제도로 기술을 연마하고 직장에 안착할 준비를 할 때[19] 미국의 청소년들은 어른이 될 생각을 접은 채 실현성 낮은 포부만 부풀리고 학습능력과 졸업 후 취업 가능성을 고려하지 않고 대학 진학을 당연한 듯 추진한다(Csikszentmihalyi and Schneider, [2000] 2003; Schneider and Stevenson, 1999). 예컨대, 독일의 직업계열 고등학생들이 자동차 공장에서 전문적 기술을 연마하고 경력을 쌓는다면, 미국의 고등학생들은 햄버거 식당에서 용돈을 번다. 독일의 직업계열 고등학생들이 현실을 직시하고 열망을 효율적으로 조절하고 있다면, 미국 학생들은 열망을 부풀리며 소비를 연습한다.

독일의 직업계열 고등학생들은 견습생 제도를 통해 시장성 높은 기술을 습득할 뿐만 아니라 열망을 조절하며 생애 기회를 최적화(optimization)하고 있다. 세계화 시대에서는 노동력의 공급원이 자국민(自國民)에 국한되지 않으며 생산 공장의 소재 지역도 자본가의 국

---

19) 그러나 독일의 직업교육 제도도 수공업과 제조업에 주력하고 있기에, 산업의 중심이 지식정보 쪽으로 바뀌면서 도전을 받고 있다.

적과 무관하다. 오늘날에는 고용주가 자국의 노동자들을 고용하는 데 집착할 수 없다. 노동자의 취업과 소득은 오직 보유한 기술에 의해서 좌우된다. 세계화 시대에는 애국심이 무력해진다. 예컨대, 소비자가 국산 자동차를 구매하지 않을 수 있듯이 자본가는 동족 노동자를 채용하지 않을 수 있다. 그러나 국산 자동차가 가격과 성능에서 수입차를 능가한다면 애국심에 호소할 필요가 전혀 없다. 마찬가지로 시장성이 높은 기술을 보유한 노동자는 취업을 호소할 필요가 없다. 세계화는 노사관계를 국경을 초월하게 했으며 아주 냉정한 교환관계로 만들었다.

중등교육 단계에서 직업계열로 학생들을 선발하여 직업교육을 시행하면, 대학 진학과 전문직으로의 진로가 제한될 수밖에 없어도 실업과 하향취업의 위험을 줄일 수 있다. 직업계열 고등학교는 졸업 후 취업을 목표로 하여 교과과정을 운영하기 때문에 학생들이 대학에 진학할 기회가 줄어들고(Vanfossen, Jones, and Spade, 1987), 소득과 위세에서 유리한 전문직으로 진출할 기회도 줄어든다(Grasso and Shea, 1979). 이 한계를 극복하기 위해 직업계열 고등학교에서 대학 진학에 도움이 되도록 교과과정을 구성하여 수업하면 직업교육이 소홀해질 수밖에 없다. 중등교육 단계에서의 직업교육은 생애 기회를 지원하는 제도인지 아니면 제한하는 제도인지 명확하게 가려지지 않는다(Arum and Shavit, 1995: 157).

정책은 모든 문제를 해결하는 만병통치약이기보다는 딜레마와 같은 영합 상태에서의 선택에 가깝다. 이상주의자들은 중등 직업교육을 생애 기회를 제한하는 부당한 제도로 비판하며, 현실주의자들은 생애 기회를 확대하는 현실적 대안임을 강조한다. 이상주의자들의 주장을 선호하는 미국에서는 청소년들이 대학에 진학하려 하며, 현실주의자들의 주장이 수용되는 독일에서는 소수의 청소년만 대학에 진학하고 다수는 직업교육과 견습생 과정을 밟는다. 극단적으로 높은 고등교육 취학률을 고려하면, 한국은 미국보다 이상주의 성향이 더 강하다고 볼 수 있다. 이러한 추론은 한국인들이 의지와 노력의 생애 기회 결정력을 일상적으로 표현한다는 사실에 근거하고 있다. 한국의 청소년들은 미국의 청소년들처럼 포부만 부풀리고 자신들의 학습능력과 졸업 후 취업 가능성을 따지지 않고 대학에 진학한다.

한 가지 교육 정책이 모든 문제를 해결할 수 없음은 명백한데도 불구하고, 한국에서는 모순된 목적들을 하나의 정책으로 모두 달성하려고 시도함으로써 실패로 귀결되는 사례가 자주 일어나고 있다. 직업계열 고등학교의 목적은 학생들에게 시장성이 높은 기술을 가르쳐 적합한 일자리에 취업시키는 데 있다. 직업계열 고등학교는 이 목표를 반드시 달성하기 위해서 학생들의 대학 진학지도를 포기해야 한다. 그 이유는 목표를 달성하려면 그 무엇보다 집중력이 필요하기 때문이다. 그런데 한국의 직업계열 고등학교들은 동일계

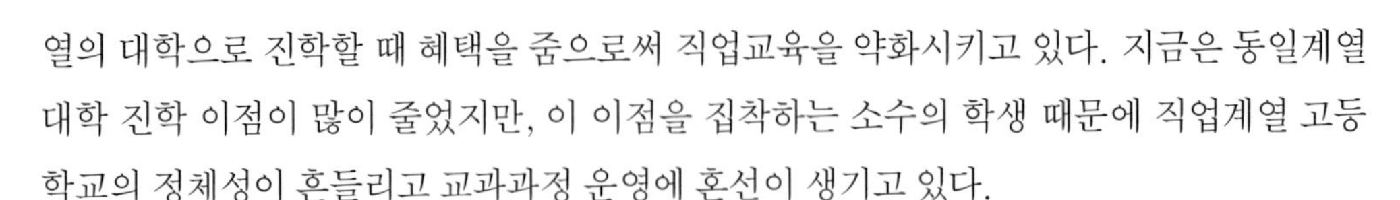

열의 대학으로 진학할 때 혜택을 줌으로써 직업교육을 약화시키고 있다. 지금은 동일계열 대학 진학 이점이 많이 줄었지만, 이 이점을 집착하는 소수의 학생 때문에 직업계열 고등학교의 정체성이 흔들리고 교과과정 운영에 혼선이 생기고 있다.

대학 교육이 보편화되고 있는 현실이기에 직업계열 고등학교는 취업에 더욱 집중함으로써 차별화를 고수해야 한다. 직업계열 고등학교는 동일계 전공으로 대학에 진학할 때 제공하는 가산점으로 학생들을 유치해서는 안 되며 졸업생들을 적합한 일자리에 취업시킴으로써 정체성을 확보하고 설립 목적을 구현해야 한다. 직업계열 고등학교에서 생산에 필요한 지식과 기술을 습득한 졸업생들이 그 지식과 기술이 현장에서 발휘될 수 있는 직장에 취업한 후 경력을 쌓다가 좀 더 높은 수준의 지식과 기술이 필요하여 동일계 대학으로 진학하는 과정은 시도될 만하다. 졸업 후 취업을 배제한 채 동일계 진학이라는 이점만 노리고 직업계열 고등학교로 진학하는 전략은 허용되지 말아야 한다. 직업계열 고등학교에서 진학지도는 자기모순(自己矛盾)이다.

독일의 견습생 제도는 편협한 맞춤식 직업교육이 아니며 일반교육(general education)으로도 손색이 없을 뿐만 아니라 교과과정이 현장 수습(修習)만으로 채워져 있는 것도 아니다. 생산 현장에서 업무와 관련하여 습득하는 지식, 기술, 지혜 등도 학교가 제공하는 교양교육에 전혀 뒤지지 않는다. 현장에 대한 이해와 경험은 학교교육의 효과를 높이는 데 중요하게 작용한다. 견습생들은 생산 현장에서 교사 이외의 성인들로부터 생산에 필요한 지식과 기술뿐만 아니라 생활에 필요한 일상적 지혜도 배울 수 있다. 어른이 되기 전에 부모나 교사 이외의 어른들을 만나고 그들의 일상생활을 접해 보는 경험은 어른으로 성숙하는 데 아주 유용하다(Csikszentmihalyi and Schneider, [2000] 2003). 독일의 견습생 제도는 고등학교의 직업교육이 효과를 높이려면 학생들로 하여금 생산 현장에서 실무를 경험케 할 필요가 있음을 강력하게 시사한다. 직업계열 고등학교의 교육효과는 학생들이 졸업 후 곧바로 취업에 성공함으로써 높아진다. 전문성은 여러 가지 목적을 추구함으로써 길러지지 않는다. 이는 명품을 취급하는 전문점이 잡화점처럼 다양한 제품과 상품을 취급하지 않음과 같다.

직업계열 고등학교들이 학생들의 학습능력을 과소평가하여 교과과정을 허술하게 구성하고 수업을 느슨하게 운영하면 학생들은 지적 자극을 받을 수 없고 안일해진다. 고용주는 학업성적이 낮으면 지적 능력뿐만 아니라 일상생활에서의 성실성까지 의심한다. 고용주들이 성적이 낮은 지원자들을 꺼리는 이유는 그들의 지적 능력과 성실성을 인정할 수 없기 때문이다(Meyer and Wise, 1982). 직업계열 고등학교는 교과과정별 집단화에 의해 분류되었다. 직업계열 고등학교는 느슨한 학사관리가 허용되는 학교가 아니다. 직업계열 고등학교의 교과과정은 직업과 직결된 지식, 기술, 생산 현장의 문화 등으로 구성됨으로써 대학 진학을 목표로 삼는 학업계열 고등학교 교과과정과 구별된다. 직업계열 고등학생들도 학교에서 제공되는 교과과정에서 학업 성취에 성공해야 한다. 모든 유형과 단계의 학교들은 학생들이 학업 성취에 성공하도록 교과과정을 체계화하고 교사들은 열정적으로 가르쳐야 한다. 어떤 유형의 학교도 학생들에게 게으름과 안일함을 연습시켜서는 안 된다.

학교의 유형과 학생집단의 특성이 어떠하든 느슨한 교과과정과 안일한 수업으로 좋은 교육이 이루어질 가능성은 전혀 없다. 독일의 직업계열 고등학교는 학사관리를 엄격히 하지만 미국의 고등학교들은 직업계열을 선택한 학생들에게 관심을 기울이지 않는다. 직업계열 고등학교는 학업계열 고등학교와는 교과과정이 달라야 하지만 학사관리에서는 격차가 없어야 한다. 학교가 적당히 가르치는데도 불구하고 학생들이 열심히 배울 가능성은 전혀 없다. 학교가 가르침에 소홀하면 학생들은 학업을 쉽게 포기한다. 엉성한 학습지도안으로 학생들에 대한 정보도 이해도 애정도 없이, 부적합한 교수 방법을 사용하여 가르치는 교사들로부터 학생들은 지식과 기술을 배우지 못하고 게으름과 이기심을 잠재적으로 배우고 터득한다(오욱환, 2006). 전문성이 낮고 열정이 없는 교사들에게 배우는 학생들이 학업에 성공할 가능성은 아주 낮다. 학습준비도와 학습 동기가 낮은 학생들을 가르치는 교사일수록 더 높은 전문성이 요구된다.[20]

고등교육 취학률이 70퍼센트를 오르내리고 대학 교육이 보편화된 현실에서 직업계열 고등학교에 진학한 학생들은 학교를 선택한 것으로 인정받지 못하고 무능이나 노력 부족으로 분류된다. 직업계열 고등학교에 대한 부정적 인식이 사라지지 않으면 이 학교가 성공적인 효과를 얻기 어렵다. 직업계열 고등학교는 졸업생들을 제대로 취업시켜야만 부정적 인식을 불식시킬 수 있고 목적을 달성할 수 있을 뿐만 아니라 사익을 지원할 수 있고 공익에 공헌할 수 있다. 정부는 지금과는 차원이 다른 적극적인 직업계열 고등학교 정책으로 이 과제를 수행해야 한다. 모두가 대학에 진학하는 시대적 추세에 호응하여 직업계열 고등학교를 폐교하거나 학업계열 고등학교로 전환하는 무책임한 정책을 펴는 한 직업계열 고등학교의 성공은 기대할 수 없으며 대졸 청년 실업 문제는 더욱 악화된다. 청소년들에게 대학 진학 이외의 진로가 없는데 그 진로는 절반 정도에게만 성공을 허락하기 때문이다.

---

20) 좋은 교사는 어떤 학교에 재직하든지 학생들을 잘 가르치고 있으면서도 스스로 부족하다고 생각하며 끊임없이 연구하고 실천하는 전문성을 갖춘 교사를 의미한다. 교직 경력, 학력, 학벌, 재직 학교의 지명도 등은 좋은 교사의 조건과 무관하다.

직업계열 고등학교는 선발, 교육 · 훈련 그리고 취업을 모두 교육과정으로 포함해야 한다. 그 교육과정이 성공하려면 정부가 반드시 적극적으로 개입해야 한다. 정부뿐만 아니라 지역사회와 민영 기업도 동업자처럼 참여해야 한다. 정부가 직업계열 고등학교에 졸업생들의 취업 과제를 전적으로 떠넘기면 직무유기에 해당한다. 직업계열 고등학교의 목표는 '우수한 기술 인력의 양성' 수준을 넘어서야 하며 반드시 '우수한 기술 인력을 양성하여 적합한 직장에 취업'이어야 한다. 더욱 적극적이라면 교육목표가 "창업과 경영의 기본을 교육하고 중간 수준의 전문성을 갖춘 사업가를 광범위하게 육성한다"처럼 표현되어야 한다(Brynjolfsson and McAfee, [2011] 2013: 133). 직업계열 고등학교가 이처럼 적극적인 교육목표를 설정하고 실현하려면 정부는 지금까지 적용했던 양적 확대 패러다임을 폐기하고 최적화 패러다임 아래 적극적으로 개입해야 한다.

직업계열 고등학교가 반드시 성공해야만 무모한 대학 진학이 사라지면서 학교교육이 정상화될 수 있고 한국 사회에 이미 드리워진 위기를 벗어날 수 있다. 지금처럼 대학 교육이 필수 과정이 되고 보편화되면 대졸 청년 실업, 대졸 청년 하향취업, 대학 부실화, 노동시장 붕괴, 가정 경제의 파산, 결혼 포기, 출산 억제, 초고령사회로의 급변, 국제경쟁력 급락, 국가 경제 위기 등의 사태들이 맞물려 가며 발생하게 된다. 실업에서 벗어나지 못하고 있는 대졸 청년들은 경제적 · 심리적 · 육체적 위험 상태에 있으며 이로 인해 그 가족들도 곤경에 처해 있다. 이 청년들은 결혼을 포기하고 있다. 하향취업으로 기대한 소득을 확보할 수 없는 청년들은 결혼을 미루며 결혼을 하더라도 출산을 미룬다. 이로써 출산율이 급락하여 고령화가 급격히 진행된다. 기혼 다자녀 부부의 감소와 고령 가족의 증가는 소비를 격감시켜 시장경제에 치명적인 영향을 미친다.

한국의 대학 교육 정책은 진학 희망자를 과감하게 줄이는 데 집중해야 한다. 대학취학률을 절반 이하로 낮추지 못하면 대졸 청년 실업과 하향취업 문제를 해결할 수 없다. 그 정책은 고등학교 단계에서 대학 진학 이외의 진로를 적극적으로 개발함으로써 성공할 수 있다. 현실적 대안은 직업계열 고등학교의 획기적인 부활이다. 대졸 청년 실업과 하향취업은 교육부와 노동부를 포함한 정부는 물론이며 국가까지 위기로 몰아갈 수 있다. 대학취학률을 급격하게 낮추지 못하면 체계적인 고학력 청년 실업과 하향취업은 한없이 악화된다. 대졸 청년 실업자와 하향취업자의 규모가 감당할 수 없을 정도로 엄청난데, 청소년들과 어린이들이 고등학교, 중학교 그리고 초등학교에서 그 과정을 밟으려고 대기하고 있다. 대학 이전에 시행되는 직업교육은 반드시 성공해야 한다. 정부는 대학 보편화 현상을 시대적 추세로 묵인해서는 안 되며 정책 실패로 인정해야 한다. 시대적 흐름만 따른다면 정부가 정책을 구상하고 집행해야 할 이유가 없으며 더 나아가 정부가 존재해야 할 이유도

없다. 정부의 존재 가치는 미래에 대한 대처 능력에 의해 결정된다.

한국의 학교교육은 드라마와 같은 화려한 성공의 역사를 가졌더라도 그때 적용했던 패러다임을 이제는 거두어야 한다(오욱환, 2014). 과거에 성공했던 패러다임에 대한 미련은 미래를 딜레마로 빠뜨린다. 학교교육을 적정화하는 정책을 강행해야 할 때 확대 패러다임을 적용하면 딜레마에 빠지게 된다. 이전의 성공 전략이 현재의 사태를 더욱 악화시키기 때문이다. 고등교육 취학률이 5퍼센트일 때에는 확대 패러다임을 적용해야 하지만, 취학률이 70퍼센트에 육박할 때에는 확대 패러다임을 적용해서는 안 된다. 고등교육 취학률이 30퍼센트에 육박하면 확대 패러다임이 최적 패러다임으로 전환되어야 한다. 한국은 전환 시점을 이미 놓쳤기 때문에 정상화는 매우 고통스러울 수밖에 없다.

직업 관련 학교교육 체제가 다양한 유럽 국가들의 비교 연구에 의하면, 중등 직업교육의 성패는 취업과의 연계가 얼마나 치밀하냐에 달려 있다(Levels, Van der Velden, and Di Stasio, 2014). 중등 직업교육과 관련된 질문은 이 교육이 "학생들과 그 부모들에게 이익을 제공하는가" 혹은 "사회적 배제를 위한 교묘한 장치인가"로 축약된다. 직업교육 프로그램은 대개 선택력(selectivity)이 낮고 고등학교 계열 가운데 선호도가 떨어지며 상급학교로 진학하는 데 불리하게 작용한다. 그렇지만 이 프로그램은 학생들에게 시장성 있는(marketable) 기술과 태도를 가르침으로써 그들이 기술직 일자리를 얻는 데 도움을 주고 실업이나 기술 수준이 낮은 저임금의 일자리로 제한되는 위험을 줄여 준다(Arum and Shavit, 1995: 188).

그러나 직업교육이 학생들의 사회경제적 성취를 제한한다는 주장에 따르면, 이 교육 제도는 학생들의 대학 진학 기회를 줄이고(Vanfossen, Jones, and Spade, 1987) 전문직과 위세 높은 직업을 얻을 기회를 제공할 수 없다(Grasso and Shea, 1979). 직업교육은 더 높은 이상을 추구하는 데 걸림돌이 될 수 있지만, 현실적 난관을 극복하는 데에는 디딤돌이 될 수 있다. 한국에서 직업계열 고등학교가 외면을 받는 이유는 한국인들의 의지주의, 한국 부모들의 부모주의, 한국 사회의 출세주의 등이 실현 가능성이 높은 대안의 실행보다 기대와 소원을 담은 이상에 집착하도록 부추기기 때문이다. 한국인들은 "꿈은 이루어진다"라는 말을 좋아하지만 "꿈을 실현하려면 꿈에서 깨어나야" 한다는 사실을 잊고 있다.

대학 교육을 받은 후 소득과 위세가 높은 일자리에 취업하는 것을 당연하게 생각하고 직업교육의 가치를 평가하면, 직업교육은 정상 궤도에서 벗어난 진로로 폄하될 수밖에 없다. 그러나 노동시장의 현실을 간파하고 직업교육을 평가한다면, 직업교육은 실업의 위험에서 벗어나고 기술을 요구하지 않는 저임금의 불안정한 일자리로 떨어지는 위험을 막아주는 안전망으로 인정된다. 학교교육은 높을수록 좋고 대학 교육을 받으면 그에 걸맞은 일자리를 가질 수 있다며 공급 측면에서 이상적 상황을 설정하여 학교교육의 가치를 기대하는 사람들은 직업교육을 부정적으로 평가한다. 그러나 대학 교육의 경제사회적 가치는 그 교육에 조응하는 일자리에 취업했을 경우에만 나타난다. 대학을 졸업하고 실업 상태에서 벗어나지 못하거나 하향취업 상태에 있다면 대학 교육은 무의미하다. 노동시장에서 학교교육의 가치는 오로지 생산성에 의해서만 판정된다. 취업과 소득을 배제하고 대학 교육의 가치를 주장할 수 있지만, 그 주장을 받아들이기엔 대학 교육을 위해 투입한 직접교육비와 기회비용이 너무 많다. 그리고 지식정보 산업이 발달한 오늘날에는 대학에서 제공하는 교양 교육 정도는 캠퍼스 바깥에서도 얼마든지 배울 수 있으며 직장 생활을 하면서도 충분히 배울 수 있다.[21] 대학 교육의 취업효과가 격감하면서 대학은 취업에 필요한 과목을 늘리기 위해서 교양과목들을 최대한 줄였다. 그래서 수강을 통해서 교양이 풍부해질 가능성은 높지 않다.

한국에서는 고등학생들은 물론이며 대학생들도 유급 노동 경험이 별로 없다. 한국에서 재학 중에 아르바이트를 하는 것은 가정 형편상 어쩔 수 없는 선택으로 알려져 있다. 한국의 부모들은 아르바이트의 교육적 효과를 기대하지 않으며 자녀들에게 학업에 전념하도록 요구한다. 한국의 부모들은 자녀들의 재학 중 취업이나 아르바이트는 물론이며 입시대비 공부 이외의 활동도 강력하게 차단한다. 그래서 학생들은 교사와 사교육 강사 이외의 성인들을 만날 기회가 거의 없다. 교사와 강사는 교수-학습 장면에서만 학생들을 상대하기 때문에 한국의 학생들은 대부분 노동현장을 체험할 수 없다. 그리고 한국의 부모들은 자신들의 직업이 무엇이든 상관없이 육체노동 직업을 폄하한다. 그 결과, 한국의 청소년들과 청년들은 육체노동 직업을 처음부터 3D업종으로 분류하고 기피한다.

한국의 부모들은 자녀들이 대학입시를 위한 학업에만 열중하도록 강요하며 학업 이외의 것들은 대학에 진학한 후에 할 수 있다고 설득한다. 부모들에게 설득된 젊은이들은 대학에 진학한 후 방대해진 학습량에 당황하며 학년이 올라가면서 압박해 오는 취업난에 초조해진다. 고등학교를 졸업하고 취업한 청년들은 생업을 통해서 일찍 성숙해지지만, 대학교육 기간에 노동으로부터 격리되었던 대졸 청년들은 소비에는 익숙해도 성숙해질 기회는 적다. 고졸 후 4년 동안 직장에서 일한 청년이 4년제 대학을 졸업한 청년보다 더 성숙할 가능성이 높다. 한국 사회는 대학 학력의 가치를 과도하게 높이 평가하는 경향이 있다.

---

21) 학교 바깥에서 시험에 쫓기지 않으면서 교양 교육을 받는다면 최적의 환경이라고 말할 수 있다. 교양에서는 지식의 축적보다 사고의 개방이 더 중요하기 때문이다.

4. 학교교육의 인본주의적 역할 상실: 시장처럼 변질되는 학교

학업계열 고등학교들은 소위 일류대학교에 합격한 졸업생들의 이름을 적은 아주 넓은 현수막을 오랫동안 걸어 둔다. 이 학교들은 일류대학 합격생을 배출했음을 공개적으로 자랑하려 했겠지만, 이 현수막은 명단에 포함되지 못한 졸업생들을 묵시적으로 실패자처럼 분류하였다. 이 현수막 명단에 포함되지 않은 대학교에 합격한 학생들과 대학 진학에 실패한 학생들은 잊힌 존재들이 된다. 극소수의 학생을 부각하기 위해 절대다수의 학생에게 열등감과 모욕감을 안기는 현수막을 그 어느 곳도 아닌 학교에서 게시하고 있는 현실이 안타깝다. 격려와 위로가 필요한 학생들에게 좌절을 안기고 있기 때문이다. 그 소수 합격생의 내신을 더 높여 주기 위해 다수의 학생을 희생시켰을 가능성도 있다. 우수반(優秀班)을 편성하면 우수반이 아닌 학급들은 명칭이 어떠하든 자동으로 열등반(劣等班)이 된다. 보통반에서 우수한 학생들을 빼면 남은 학생들은 보통반 학생들이 될 수 없으며 열등반이 될 수밖에 없다.[22] 우수반은 비교 우위임이 강조되기 때문에 비교되는 열등 집단이 있어야 돋보인다. 우열반(優劣班)이라는 표현을 사용하지 않더라도 우수반을 편성하는 순간부터 실제로는 우열반으로 구별된다.

한국에서는 학교가 악으로 물든 바깥세상으로부터 어린이들과 청소년들을 보호하고 성숙시키는 곳처럼 비유되고 있다. 그래서 학교교육 기간이 긴 사람이 짧은 사람보다 우수한 것처럼 오해되고 있다. 그러나 학교교육 기간이 길어지면 지식을 더 많이 접할 수 있겠지만 지혜까지 늘어나거나 도덕적으로 더 성숙해진다고 말할 수는 없다. 오히려 비도덕적이 될 가능성이 높아진다. 그 이유는 학교교육 기간이 늘어날수록 더 오랫동안 더 치열하게 경쟁할 수밖에 없기 때문이다. 오늘날 한국의 학교에서는 지식 전수 이외의 활동이 거의 없다. 전인교육을 포기한 지는 오래되었으며 공동체를 경험할 수 있는 프로그램도 거의 없다. 학교생활을 통해 경쟁심을 키우고 질투와 시기도 수시로 체험하고 있다. 학교생활이 길어지면 체력은 오히려 떨어지고 독립심을 잃게 된다. 학교교육 기간이 비자발적으로 길어질수록 스스로 배우고 익히는 능력은 퇴화하고 의존심이 증가한다.

---

22) 10, 9, 8, 7, 6, 5, 4, 3, 2, 1점을 받은 학생 10명이 한 반에 있으면 평균이 5.5인 보통반이 된다. 그러나 10, 9, 8, 7, 6점을 받은 학생 5명으로 편성한 우수반의 평균은 8점이 되지만 우수반에 편성되지 못한 5, 4, 3, 2, 1점을 받은 학생 5명으로 편성된 학급은 평균이 3점이 되므로 보통반으로 이름을 붙일 수는 있지만 실제로는 열등반이 될 수밖에 없다.

장기간의 학교교육을 통해 주어진 문제에 답을 맞히는 데 익숙해지면서, 학생들은 스스로 문제를 제기하고 답을 구해야 하는 상황을 적극적으로 피한다. 도움을 받는 데 과도하게 익숙해지면서 도움을 주는 데 인색해진다. 부모와 교사는 각각 자녀들과 학생들이 학업에 집중하는 시간을 늘린다는 이유로 사회성, 도덕성, 예의 등을 가르치기를 포기하고 있다. 그래서 사회성, 도덕성 그리고 예의를 모르는 어린이, 청소년, 청년이 늘어나고 그들이 나이를 먹으면서 사회 곳곳으로 무규범(anomie) 현상이 확산되고 있다. 한국은 세계 최고의 고학력 사회가 되었다. 그러나 범죄는 줄어들지 않고 지능과 지식이 동원되는 지능범죄(white collar crime)가 급속도로 늘어나고 있다.[23]

한국의 어린이들과 청소년들은 경쟁하러 학교에 간다. 학교는 수시로 학생들을 평가하고 서열화한다. 그 서열화 결과가 상급학교 진학에 결정적 변수로 작용하고 있다. 서열화는 학생들로 하여금 다른 학생들을 모두 경쟁자로 간주하게 만든다. 학교와 학급은 영합관계에 있는 경쟁자들을 직접 대면하게 만든다. 이러한 상황에서 우정을 나누기란 쉽지 않다. 한국의 초 · 중 · 고등학생들은 학교에 머무는 시간을 최소화한다. 학생들은 경쟁자들이 없는 곳에서 경쟁력을 키운다.[24] 그래서 학생들은 수업을 마치고 운동장에서 친구들과 웃고 떠들고 부딪히며 놀지 못한다. 학교의 환경은 이전과 비교할 수 없을 정도로 향상되고 있지만, 학교를 통제하는 정부의 정책과 학교를 상대하는 학부모들의 입시 전략은 학교를 각박하게 만들고 있다.

> 부모의 학력이 상승하고 가정의 문화적 환경이 좋아지면서 학교의 다양한 역할도 사라지기 시작하였다. 학생들이 새로움을 접할 수 있는 기회를 제공했던 학교는 학생, 학부모, 지역사회, 국가 모두로부터 문화공간으로 인정받지 못하고 도구적 절차로만 이용됨으로써 역할도 축소되고 의미도 약화되고 있다. …… 한국의 원로 음악가들, 화가들, 문학인들, 체육인들 중에는 학교의 시설과 기구를 자기 것처럼 활용한 사람들이 많다. 그러나 이제 학교는 외면을 받을 뿐만 아니라 무시되고 있다. 부모들은 수업 이외의 학교 과외활동을 철저히 배척하고 있다. 이전에는 학생들에게 가장 의미 있는 존재였던 교사들이었지만 이제는 무기력해지고 있으며 학생, 학부모, 교육 정책 기관, 사회로부터 감시되며 비판받고 있다. (오욱환, 2014: 564-565)

---

23) 지능범죄는 정신노동 직종을 가진 사람들이 주로 자행하는 범죄로 배임(背任), 횡령(橫領), 착복(着服), 유용(流用), 증회(贈賄), 수회(收賄) 등을 일컫는다.

24) 놀이터에서는 모이지만 경기장에서는 흩어진다. 놀이터에서는 함께 어울리지만, 경기장에서는 서로를 탐색한다. 한국의 학교들은 서열화를 강화하면서 경기장으로 변질하고 있다.

어릴 때 어른의 세계를 경험한 청소년들은 장래 설계에 신중하고 그 설계에 걸맞게 실행한다(Csikszentmihalyi and Schneider, [2000] 2003). 그러한 경험이 없는 청소년들은 실현 가능성이 없는 황당한 목표를 설정하고 열망만 높이기 때문에 난관에 봉착하면 쉽게 좌절한다(Schneider and Stevenson, 1999). 한국의 아동들과 청소년들은 어른의 세계를 경험할 기회를 원천적으로 봉쇄당하고 있다. 부모 이외의 어른을 만날 수 있는 곳은 학교와 학원을 제외하고는 교회와 성당이 거의 유일하다. 최근에는 그 기회마저도 점차 줄어들고 있다. 최근에는 교회와 성당에서 어린이들, 청소년들, 청년들의 활동이 줄어들고 있다. 성인들의 종교 활동이 줄어드는 데 더하여 부모들이 입시 준비 때문에 자녀들의 종교 활동을 제한하기 때문이다. 한국의 어린이들과 청소년들은 모든 종류의 노동으로부터 면제되어 있다. 한국의 부모들 가운데 상당수는 자녀들에게 소소한 집안일도 시키지 않는다. 이렇게 자란 아이들은 모든 종류의 노동으로부터 면제받으려 한다. 그래서 취업한 후 업무가 힘들거나 불편하면 견디지 못하고 직장을 그만둔다. 구직자들은 취업난을 호소하지만, 기업은 취업 후 조기 퇴사하는 직원들 때문에 채용에 따른 비용과 업무 중단으로 골머리를 앓고 있다.

학교는 빈곤에서 벗어나지 못한 시절에도 인문교육과 전인교육을 포기하지 않았다. 한국에서는 인문교육과 전인교육이 경제 성장과 더불어 점차 약화되었다. 가난했던 시절에 학교는 학생들에게 다양한 프로그램을 제공했을 뿐만 아니라 지역사회의 문화・스포츠센터로서 역할도 수행하였다. 교사들은 학생들에게 중요한 사회자본을 제공하였다. 학생들은 교사들이 제공하는 정보와 자문에 의해 진로를 설계하였다. 자원이 크게 부족하고 환경도 열악했어도 초등학교는 학예회와 운동회를 개최하였다. 중학교와 고등학교는 방과 후 활동에 아주 적극적이었고 동아리가 다양하였다.

가난했던 시절에도 대학생들은 입학 후 월부책 장사의 권유와 설득으로 세계고전전집을 구매하였다. 엄청난 분량의 세계고전전집을 독파하기란 사실상 불가능했어도 틈틈이 뒤적거림으로써 교양을 넓히고 관심을 집중할 수 있었다. 대학생들에게 인문학적 교양은 전공에 상관없이 필수 조건으로 간주되었다. 고등학생들은 입학시험의 부담을 안고 있음에도 불구하고 교양을 넓히기 위한 노력을 지속하였다. 대학입시에 몰입할 수밖에 없는 소위 일류 고등학교에서도 문학, 음악, 스포츠 등이 지원되었다. 그러나 이제는 입시 과목들만 살아남아 있다. 대학 이전의 모든 학교, 심지어 유치원까지도 대학입시 준비에 매달려 있다. 그런 과정을 거쳐 대학에 입학한 청년들은 취업 준비에 매달린다.

고학력화가 급격히 진행되기 이전, 교사들은 부모들보다 학력이 상대적으로 높았기 때문에 가정환경이 열악한 학생들에게 사회자본을 제공할 수 있었다. 학생들은 학교로부터 물적자본, 인적자본, 사회자본을 지원받음으로써 목표를 더 높이 설정하고 포부를 펼칠 수 있었다. 학생들은 교사들을 '의미 있는 타인'(significant others)으로 인정하였다. 학생들은 학교의 시설과 비치된 자료를 통해서 문학, 예술, 체육 등을 폭넓게 접할 수 있었다. 어려운 시절이었지만 교사들은 학생들이 매일 만날 수 있는 역할 모델이 되고 믿을 수 있는 조언자, 곧 멘토(mentor)가 되어 줌으로써 사제(師弟) 관계를 돈독히 할 수 있었다. 학생들은 부모들과 교사들로부터 쫓기지 않았기 때문에 생각할 수 있는 여유를 가질 수 있었다.

그러나 대학 교육이 보편화되면서 부모들과 교사들은 자녀들과 학생들을 닦달하기 시작하였다. 대학 교육이 보편화되면서 어린이들, 청소년들 그리고 청년들이 보편화 이전보다 더욱 쫓기게 되었다. 쫓기는 사람들은 여유가 없으며, 여유가 없는 사람들은 생각하거나 읽거나 쓸 수 없다. 유년기부터 청년기까지 쫓기면서 성장한 성인들은 그 이후에도 쫓기듯 살아간다. 이들은 부모가 되면, 부모로부터 배운 대로 자신들의 의지와 상관없이 습관처럼 자녀들을 닦달한다. 모두가 대학에 진학하고 그 가운데 절반 정도만 제대로 취업하는 현실이기에 부모들의 닦달이 시대적 추세가 되었다. 대부분의 부모는 닦달을 사랑이라고 확신한다.

오늘날 학교는 격전장으로 변하고 있다. 학교는 매사를 서열화하고 있다. 졸업생들에게 학교에 대한 기억은 시험, 순위, 차별적 대우 등으로 제한되고 있다. 학생들은 학원보다 학교에 대해 부정적인 기억이 더 많은데 그 이유는 학교에서는 수시로 평가받고 순위가 매겨졌기 때문이다. 학원에서의 평가는 그 결과가 상급학교에 진학할 때 아무런 영향이 없지만, 학교의 평가는 결정적으로 작용한다. 오늘날 교사들은 학생들에 대해 '부모와 같은 마음'을 갖지 않는다. 부모는 자녀의 교육에 대해 절대로 포기하지 않는다. 교사들도 학생들을 쉽게 포기하지 않았지만, 최근에는 처음부터 기대하지 않으려 한다. 학생들이 교사들에 대해 존경을 철회하자 이에 대한 반응으로 교사들도 학생들에 대한 애정을 절제한다. 교육은 기대에서 시작되므로 교사가 기대를 접어 버리는 순간부터 교육은 실종되고 오직 지식의 전달만 남게 된다. 그 결과로 학교가 '목적을 같이하는 공동체'에서 '지식을 거래하는 시장'으로 변질되고 있다.

학원의 강사들보다 학교의 교사들이 학생들에 대한 기대가 낮을 가능성도 있다. 학원 강사들은 영리 목적을 위해서라도 수강생들에 대한 기대를 쉽게 접지 않는다. 그러나 교사들은 학생들이 존경하기는커녕 무시하는 상황들을 겪으면서 기대를 접는다. 기대효과(expectation effect)가 나타날 수 있는 교사와 학생의 상호교섭이 원천적으로 봉쇄되고 있다. 그래서 학교가 마치 상인들과 고객들 사이에 흥정이 이루어지는 시장과 비슷해지고 있다. 어려운 시절에 학교에서는 의도한 '만남'이 있었지만, 오늘날 학교에서는 우연한 '스

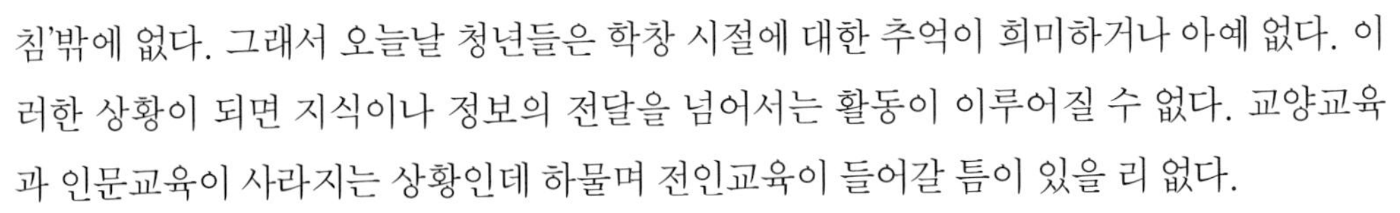

침'밖에 없다. 그래서 오늘날 청년들은 학창 시절에 대한 추억이 희미하거나 아예 없다. 이러한 상황이 되면 지식이나 정보의 전달을 넘어서는 활동이 이루어질 수 없다. 교양교육과 인문교육이 사라지는 상황인데 하물며 전인교육이 들어갈 틈이 있을 리 없다.

오늘날 한국의 학부모들은 자녀들이 학교에 있는 시간을 최소화하는 데 아주 적극적이다. 학부모들은 자녀들이 수업을 받는 시간 이외에는 학교에 머물도록 내버려 두지 않는다. 이러한 상황이기에 교사들은 학부모들을 설득해서 동의를 얻어야 하는 학생들과의 방과 후 활동을 시도하지 않는다. 교사들도 학생들과의 만남을 수업시간으로 한정한다. 지역에 따라 다소 차이는 있지만, 오늘날 한국의 어린이들과 청소년들은 무척 바쁘다. 도시에 거주하는 학생들은 학교 수업이 끝나면 곧바로 학원에 가야 한다. 유아들도 유치원 앞에 대기하고 있는 셔틀버스를 타고 학원에 곧바로 간다. 세계 최고 수준임을 자랑하는 한국의 정보통신 기술은 부모들이 자녀들의 일정과 이동을 소상히 관리할 수 있도록 '똑똑한' 전화(smartphone)를 제공하고 있다. 한국의 어린이들과 청소년들은 '부처님 손바닥에서 노는 손오공처럼' 부모들의 스마트폰에서 움직이고 있다.

한국의 어린이들과 청소년들은 한눈팔 수 있는 시간도 확보하기 어렵다. 자녀들에 대한 부모들의 세심한 관리는 자녀들이 상상력을 펼 기회를 모조리 앗아 간다. 한국에서 창조력이 발휘될 수 없는 이유가 여기에 있다. 한국의 부모들은 자녀들을 가능한 한 빨리 그리고 높이 출세시키기 위해서 자녀들에게 궤도 위로 달리도록 강요하고 있다. 그러나 고정된 길, 곧 궤도 위를 아무리 빨리 달려도 창조하거나 개척할 가능성은 전혀 없다. 한국의 어린이들과 청소년들에게 출세 궤도를 달리도록 촉구하는 한, 한국의 미래는 암울해질 수밖에 없다. 한국은 남들이 지나간 길을 열심히 따라가면서 경제 성장을 이루었지만, 이제는 '따라 하기'만으로는 경제가 성장할 수 없다. 한국의 경제 수준이 '따라 하기' 단계를 지났기 때문이다. 최근 3년 동안의 10대 수출품목들을 살펴보면 외국 기술을 복제하거나 변형하는 수준으로는 앞서기는커녕 도태될 수 있는 제품들뿐이다(〈표 6〉 참조). 추종(追從)은 노력으로 가능하지만, 선도(先導)는 창조력을 요구한다. 세계 굴지의 선도 기업들도 안일해지면 곧바로 도태된다.

한국의 교육부는 따라가기 또는 따라잡기 수준의 교육에만 몰두하였다. 극단적으로 표현하면 한국의 교육부는 입시 제도를 통해 부모들을 통제하였다. 자녀들의 대학입시에 집중하느라고 부모들은 학교교육이 심각한 위기에 처해 있음을 알지 못하고 있다. 한국의 부모들은 대학 교육의 보편화 정책이 교육받은 실업자를 양산하는 결과를 초래할 수밖에 없음과 입시 위주의 주입식 교육으로 어린이들, 청소년들, 청년들의 창의력이 말살되고 있는 현실을 외면하거나 간과한다. 한국 부모들은 오직 자녀들을 명문 대학에 진학시키는

〈표 6〉 한국의 10대 수출품목(2015년, 2016년, 2017년)

순위 \ 연도	2015년	2016년	2017년
1	반도체	반도체	반도체
2	자동차	자동차	선박해양구조물 및 부품
3	선박해양구조물 및 부품	선박해양구조물 및 부품	자동차
4	무선통신기기	무선통신기기	석유제품
5	석유제품	석유제품	평판디스플레이 및 센서
6	자동차부품	자동차부품	자동차부품
7	평판디스플레이 및 센서	합성수지	무선통신기기
8	합성수지	평판디스플레이 및 센서	합성수지
9	철강판	철강판	철강판
10	전자응용기기	플라스틱제품	컴퓨터

출처: 수출통관자료를 이용한 e-나라지표.[25]

데에만 관심을 집중하고 있다. 한국 부모들은 자녀들이 다니는 초·중·고등학교에 대해서는 신뢰하지 않으면서도 그 자녀들이 대학에 진학하면 모든 불신을 거두어들이고 대학에 전적으로 위임한다. 그러나 대학도 한국에 있는 학교일 뿐이다. 교수들은 개별 대학생들의 현재와 미래에 관해 관심을 기울이지 않는다. 교수와 학생 간의 만남은 수업시간으로 거의 제한된다.[26] 수업시간에도 교수와 학생 사이에 의사소통이 이루어지지 않는다.

대학은 보편화되고 있는데 대학에 대한 시민들의 인식은 대학이 상아탑으로 묘사되던 시절과 차이가 없다. 대학도 보편화되면 더 이상 엘리트 과정으로 인정받을 수 없다. 동령집단의 60퍼센트를 엘리트로 분류할 수 없기 때문이다. 학생들이 대학 재학 중에 배운 지식과 기술의 측면에서 보면 세계 최고 수준임을 자랑하는 미국의 명문 대학들도 양질의 대학으로 평가될 수 없다(Arum and Roksa, 2011; Golden, 2006; Hacker and Dreifus, 2010; Pope, [1996] 2006; Taylor, 2010). 미국의 사회비평가들은 미국 학부 교육의 부실을 신랄하게 비판하고 있다(Hacker and Dreifus, 2010). 미국에는 명문 대학들의 허상을 예리하게 파헤치는 도서들이 많지만, 미국 시민들은 명문 대학에 대한 집착을 버리지 못하고 있다. 그러나 한

25) http://www.index.go.kr/potal/main/EachDtlPageDetail.do?idx_cd=2455

26) 교수가 면담시간(office hour)을 정하여 고시하더라도 학생들은 이용하지 않는다. 학생들이 교수연구실을 찾아오는 경우, 그들은 시험점수에 대해 불만만 토로한다.

국에서는 대학에 대한 비판조차도 드물다.

취업 준비에 쫓기는 대학생들은 열정적으로 가르치는 수업을 싫어한다. 그런 수업들이 폐강 위기에 몰리고 있다. 수업의 질을 높이고 학생들이 학습 내용과 방법을 숙지하고 수강 신청하도록 돕기 위해 체계적으로 작성한 수업계획안 또는 강의계획서를 수강신청 기간에 앞서 학교 웹사이트나 개인 홈페이지를 통해 공개하면 폐강될 가능성이 상승한다. 학생들은 이러한 과목을 학점 따기가 어려운 소위 '빡빡한' 과목으로 낙인찍고 최대한 기피한다. 그래서 적당하게 가르치고 쉽게 출제하며 후하게 평가하는 과목들이 늘어나게 된다. 교수들은 학생들이 창의력, 비판력, 설명력, 설득력, 작문 능력, 토론 능력 등을 길러야 한다고 강조한다. 그러나 많은 교수가 이러한 강조와는 거리가 먼 수업을 진행하고 있다. '수혜자 중심 교육'이라는 이상적 모형이 교육학계와 교육계에 회자되고 있다. 수혜자 중심 교육론에 의하면, 학생은 수혜자이므로 자신에게 필요한 과목을 선택할 수 있어야 한다. 취업에 쫓기는 '수혜자' 학생들은 '빡빡한' 과목들을 최대한 기피한다.

학생들이 스스로 학업 목록을 작성하고 과목을 자유롭게 선택할 기회를 준다면, 대부분의 학생은 학습량은 적고 학점은 따기 쉬운 과목들을 선택할 것이다. "학생들은 학구열에 불타야 한다"는 말은 있지만 실제로 학구열에 불타는 학생들은 아주 적다. 부모들도 자신들의 학창 시절을 기억해 보면 동의할 수 있을 것이다. 사명감에 불타는 교수도 크게 줄어 열정적으로 가르치는 수업은 아주 적다. 취업에 내몰린 학생들은 수업에 열정을 쏟지 않는다. 이러한 사태가 지속되면 아마 전체 학문 체계가 왜곡될 것이다. 인문학은 이미 위기에 처했으며 사회과학과 자연과학도 기피되고 있다. 취업과 직결된 분야로 쏠리는 속도가 예상보다 훨씬 빠르다. 학생들은 필요한 길을 가기보다는 우선 쉬운 길을 택한다. 대학들은 학생들의 학업 성취보다 대학의 유지와 명성에 집착한다. 대학들과 교수들이 학생들의 학업 성취 향상에 소홀하고 관심을 두지 않는다면,[27] 비용을 지불하고 시간을 투입하는 학생들과 그들의 부모들이 질적 향상을 요구하고 통제해야 한다. 그러나 학부모들은 학교가 제대로 가르치기를 요구하는 데보다는 자신들의 자녀들이 성적이 높고 다른 학생들을 앞서기만을 더 갈망한다.

27) 강사들은 수강 학생들의 강의 평가가 다음 학기 강의 여부에 미치는 영향 때문에, 젊은 교수들은 승진과 정년 보장에 필수 조건인 연구 업적을 갖추기 위해 그리고 정년을 보장받은 교수들은 귀찮아서 학생들의 요구를 수용한다는 명분을 내세우며 수업을 소홀히 하는 경향이 있다.

5장

과잉학력의 국제 사례:
우려, 경계, 조정

국가 간 비교 연구는 공정한 기준으로 수행하기 어렵다. 특히 자국과 타국을 비교할 경우에는 편견과 오해가 개입되기 쉽다. 비교 교육 연구에서 외국의 교육 사례를 객관적으로 소개하는 경우는 거의 없다. 대부분의 비교 교육 연구에서, 외국의 교육 사례는 자국의 교육을 비판하는 준거로 사용되거나 교육 비전을 주장할 때 모범 사례로 제시되므로 실제보다 미화되기 쉽다. 외국의 교육은 성공하고 있는 사례들이 부분적으로 발췌되어 이상적 모형으로 소개된다. 그러나 어떤 국가에서도 학교교육은 완벽하게 시행되지 않는다. 어떤 국가이든지 학교교육 정책은 관련된 모든 문제를 해결하지 못할 뿐만 아니라 어떤 문제를 완화하면서 다른 문제를 악화시키기도 한다. 수월성을 추구하는 정책은 평등성을 제한하고 평등성을 추구하는 정책은 수월성을 제한한다. 분명한 사실인즉, 정책은 만병통치약이 아니며 보약도 아니다. 극대화 정책은 과잉 투약처럼 심각한 부작용을 수반한다. 대학 교육의 보편화 정책은 필연적으로 교육받은 실업자를 양산하게 된다.

오늘날 선진국들은 과잉학력을 심각한 문제로 인식하고 있다. 현대 사회에서 평등주의는 그 어떤 이념보다도 강력하게 작용해 왔다. 신분, 계급, 계층, 인종, 언어, 지역, 종교 등에 의해 조성된 불평등이 더 이상 정당화되지 못하기 때문이다. 불평등이 비판되고 평등화가 요구되더라도 결과의 평등화는 현실적으로 이루어지기 어렵다. 그렇지만 어떤 국가

권력도 평등화에 대한 국민의 요구를 무시할 수 없는데 그 이유는 정통성(legitimacy)을 인정받아야 하기 때문이다. 초·중등교육이 보편화된 국가들에서는 고등교육 기회의 확대 요구가 이미 예고되어 있었다. 고교취학률이 100퍼센트에 육박할 때는 대학취학률을 10퍼센트는 물론이며 30퍼센트도 유지하기 어렵다. 더욱이 대학 교육이 계층 상승의 디딤돌로 인식되면, 대학 교육 기회의 제한은 지배집단의 이익을 보호하려는 조치로 규탄될 수밖에 없다. 선진국들이 대학 교육 기회를 확대하고 있지만, 그 속도는 한국과는 비교될 수 없을 정도로 아주 느려 대졸 청년 실업과 하향취업이 심각한 문제로 부각되지 않는다.

급속도로 심각해지는 한국의 대졸 청년 실업과 하향취업 사태는 세계적으로 전례(前例)가 없으므로 독자적으로 해결책을 마련해야 한다. 그런데 청년들, 그 부모들 그리고 정부까지도 경기 불황만 탓하면서 사태의 심각성을 경시하고 있다. 제2차 세계대전 이후 모든 산업 국가에서 고등교육이 급속히 팽창하였다. 이 국가들은 1960년대 말까지 갑작스럽게 늘어난 대학생들을 관리하는 데 어려움을 겪었다. 그 문제들은 대학의 지배구조와 행정, 재정, 교과과정의 구성과 실행, 교수 채용과 훈련, 학생 선발, 연구 지원, 학생-교수 상호관계 등이었다(Trow, 1972: 61). 미국의 고등교육은 대중 교육(mass education)에서 보편 교육(universal education)으로 확대되었으며 유럽 국가들의 고등교육은 엘리트 교육(elite education)에서 대중 교육으로 변화하였다.

고등교육이 엘리트 교육에서 대중 교육으로 바뀌면 교과과정보다는 학생들의 특성이 확연하게 달라진다. 엘리트 고등교육과 비교할 때, 대중 고등교육에서는 이질적 배경을 가진 학생들, 정시제(part-time) 학생들, 학업 준비가 부족한 학생들이 늘어날 뿐만 아니라 중도 탈락률이 상승하고 수업의 집중도가 하락하며 학업 성취 기준이 낮게 설정된다(Trow, 1987: 269). 대학 교육에서 수월성(excellence)이 후퇴하고 평등성(equality)이 강조된다. 이러한 변화는 대중 교육에서 보편 교육으로 바뀔 시점에는 더욱 뚜렷하게 나타난다.

노동시장의 수요에 비해 과도하게 공급되는 고학력 인력의 추세에 관한 연구는 미국에서 1960년대부터 시작되었으며 1970년대를 거치면서 활발해졌다(연도별로 나열하면, Folger and Nam, 1964; Berg, [1970] 1971; Folger, Astin, and Bayer, 1970; Carnegie Commission on Higher Eduction, 1973; Freeman and Holloman, 1975; O'Toole, 1975a, 1975b; Berg, Freedman, and Freedman, 1978). 과잉교육은 1960년대에 주목되기 시작했지만, 1980년대 말 선진국에서 급속도로 상승하는 취학률이 노동시장 정책에 중요한 과제로 안기면서 화두로 등장하였다. 과잉교육은 비생산적인 학교교육에 국가 재정이 투입되게 하고, 기업의 생산성을 저하시키며, 개인들에게 학력에 어울리지 않게 낮은 소득을 감수하게 만든다(McGuinness, 2006: 387-388). 그리고 과잉교육은 고학력자들을 하향취업하게 만듦으로써 그들보다 상대적으로 낮은 학력이지만 일자리와 적절하게 조응했던 노동자들을 일자리에서 몰아낸다. 고학력자들의 하향취업으로 이전까지 적절한 학력으로 취업했던 노동자들이 졸지에 과소교육 또는 상향취업으로 분류된다.

1970년대 말부터 미국과 유럽 국가들에서는 과잉교육이 화두로 등장하였다. 과잉교육은 일시적으로 심각한 사회문제로 등장하고 점차 시들해졌다. 문제가 해결되지 않았지만 악화되지도 않았다. 그 이유는 유럽 국가들에서는 신분 사회와 계급 사회의 오래된 전통에 의해 계층 상승 이동에 대한 열망이 무한히 확산되지 않았기 때문이다. 그리고 대학 교육 기회도 일정 수준에서 자연스럽게 조정되었다. 한편, 미국에서는 계층 상승에 대한 열망이 청소년들 사이에 퍼져 있었지만, 대학생들이 4년제 대학과 2년제 지역전문대학(community college)에서 학습능력의 한계로 중도에서 대거 탈락했을 뿐만 아니라 고등학교에서도 탈락률이 상당히 높아 대학생이 무한히 증가하지 않았다. 열망의 조절이 미국과 유럽 국가들에서는 전통적 신분, 계급 그리고 인종 격차에 의해서 가능하였다. 그러나 이러한 조건들은 한국에는 적용되지 않는다. 한국의 현대사는 모든 국민은 비교적 동일 선상에서 출발할 수 있게 만들었고 부모주의, 교육출세론, 개천출용설 등이 구현되는 환경을 제공하였다. 한국의 부모들은 자녀들의 대학 졸업을 의무로 인식하고 집권 정부들은 이에 호응하기 위해 대학 교육의 보편화를 추진하였다.

오늘날 한국에서 일어나고 있는 대졸 청년 실업과 하향취업 사태는 서구 사회에서 비슷한 사례를 찾기 어렵다. 그러나 한국처럼 교육을 출세의 도구로 확신하는 동아시아권에서는 비슷한 사례가 출현하고 있다. 예컨대, 1986년과 1991년의 자료를 이용하여 홍콩의 과잉학력 현상을 조사한 연구에 의하면, 학력에 적합하게 취업한 사람이 절반에도 미치지 못했으며 과잉학력 취업자가 과소학력 취업자보다 월등히 많았다(Cohn and Ng, 2000: 165). 과잉교육의 국가별 격차는 해당 국가들의 일자리 수요와 인력 공급 간 조화의 정도에 좌우되며 순환적 경제 변동, 곧 경기의 호황 또는 불황이 중요한 요인이 아니다(Di Pietro, 2002; Groot and Maassen Van den Brink, 2002). 교육출세론과 부모주의가 강력하게 작용하는 문화를 가진 국가에서 대학취학률이 조정되지 않을 경우에는 대졸 청년 실업과 하향취업이 필연적 사태로 발생한다.

1. 세계 주요 국가들의 대학 교육: 전통과 합리에 의한 조정

경제 체제가 사회주의든 자본주의든 높은 학력을 갖춘 청년들이 급격히 증가하여 노동시장에서 제공되는 일자리 수를 과도하게 초과하면, 학력에 걸맞은 일자리를 찾을 수 없게 된 청년들은 실업 상태로 버티거나 어쩔 수 없이 하향취업해야 한다. 영국에서는 옥스퍼드대학교를 졸업한 청년이 전자회사의 영업사원을 감수해야 했고, 미국의 스탠퍼드대학교에서 철학박사 학위를 받은 청년에게는 노동부의 지역 사무소 중간 관리직이 취업할 수 있는 최상의 일자리였으며, 스웨덴에서 화학으로 학사 학위를 취득한 젊은 여성이 취업할 수 있는 일자리라고는 비서직뿐이었다. 폴란드의 대학졸업생은 국가산업체의 말단 사무직을 얻었다(O'Toole, 1975a: 26). 취업은 노동시장의 수요와 공급에 의해서 결정되는 아주 냉정한 거래일 뿐이다. 오늘날 한국 대졸 청년들의 취업 상황은 수요가 제한되어 있는데도 출하 시기를 조정하지 않은 채 과도하게 공급되는 농수산물 시장에서의 거래와 비슷하다. 이러한 상황에서 출하된 농수산물은 제값을 받기 어렵다.

모든 국가에서 젊은이들을 노동시장에 진입할 수 있도록 준비시키는 작업은 학교교육의 여러 가지 역할 가운데 하나였지만, 20세기에 접어든 후에는 이 역할이 학교교육을 지배하게 되었다. 학교는 이 역할을 수행하기 위해서 분류하고(classifying), 선발하며(selecting), 자격증을 교부한다(certifying). 이 작업을 통해서 학교는 젊은이들의 졸업 후 사회계층과 생애 기회에 매우 큰 영향을 미치게 되었다. 한편, 대부분의 선진국은 학교가 불평등을 재생산하는 도구로 전락하는 흐름을 막고 사회 평등화를 위한 장치로 전환하기 위해 노력해 왔다. 이 국가들이 선택한 정책들은 학교교육 기회의 확대를 통한 취업 기회의 평등화였다. 그 결과로 모든 선진국에서 국민의 학력(years of schooling)이 급속도로 상승하였다(O'Toole, 1975a: 26). 미국의 경우, 1952년 육체노동자들의 학력 중앙치(median)가 9.2년이었는데 1972년에는 무려 12.0년으로 상승하였다.[1)]

미국에서는 백인 남성 노동인구 가운데 상당수가 직장에서 실제로 요구되는 학력보다 더 높은 학력을 갖고 있다. 동일 직업을 가진 사람들의 평균 학력보다 1 표준편차(standard deviation) 높은 학력일 경우를 과잉교육으로 평가한 연구(Verdugo and Verdugo, 1989)는 백인 남성 종업원들 가운데 11퍼센트가 과잉교육이라고 발표했지만, 자기평가(self-assessment)로 과잉교육 여부를 판단한 다른 연구들(Duncan and Hoffman, 1981; Sicherman, 1991)은 그 비율을 40퍼센트로 산출하였다(Dolton and Vignoles, 2000: 179). 영국의 경우 1980년 자료에 의하면, 대학졸업자들 가운데 38퍼센트가 과잉교육으로 첫 직장에 취업했으며 30퍼센트는 6년 후(1986년)에도 여전히 과잉교육 상태였다(Dolton and Vignoles, 2000: 179). 이 연구는 과잉교육이 승진 또는 더 나은 직장으로의 이직으로 해소되지 않음을 증

1) 학교 연한 9.2년은 중학교 졸업 정도이며 12.0년은 고등학교 졸업에 해당한다.

명하였다. 고학력화는 일자리에서 요구되는 학력보다 더 높은 학력으로 취업하는 현상, 곧 과잉학력 또는 하향취업을 증가시킨다.

지난 수십 년 동안 서구 국가들에 나타난 가장 주목할 만한 현상은 국민들의 급격한 학력 상승이다. 놀라울 정도로 학력이 상승했음은 연령별 집단들의 학교교육 연한을 비교해 보면 분명히 알 수 있다. 1992년도의 경우, OECD 국가들의 55세부터 64세까지의 연령 집단은 38퍼센트가 고등학교 학력을 가졌지만 그들의 다음 세대, 곧 25세부터 34세까지의 연령 집단에서는 고등학교 학력자가 65퍼센트로 상승하였다. 그리고 30년 이내 최소한 70퍼센트에 이를 것으로 예측되었다(Groot and Maassen van den Brink, 2000: 149; OECD 1995).[2] 학력 상승에 대한 요구가 거세짐에 따라 학교제도가 자체 제어 능력을 상실하고 있는 듯하다. 학교교육 제도는 학생들을 교육 성취 정도에 따라 위계적으로 분류하고 사회적으로 공인된 교육자격을 부여한다. 학교교육 체제는 계층화(stratification), 표준화(standardization), 직업적 특수성(vocational specificity)의 세 가지 측면에서 구분된다(Kerckhoff, 2001: 4). 프랑스, 독일, 영국, 미국의 학교교육 체제는 계층화, 표준화, 직업적 특수성에서 차이가 있다.

계층화는 교과과정의 높고 낮음을 의미하며 중등교육 단계에서 뚜렷하게 나타난다. 독일의 학교교육 체제가 가장 뚜렷하게 계층화되어 있고[3] 영국의 교육 체제도 상당히 계층화되어 있으며, 프랑스와 미국의 교육 체제는 계층화되어 있지 않다(Kerckhoff, 2001: 5). 표준화는 교육의 질적 수준, 곧 교사의 훈련, 학교 재정, 교과과정, 졸업 시험의 균일성 등이 전국적으로 동일한 정도를 가리킨다. 중앙 정부가 통제하는 체제일수록 표준화 정도가 더 높다. 중앙 정부가 전국의 학교를 통제하는 프랑스는 표준화 정도가 매우 높다. 독일은 연방 정부와 지방 정부가 협조하여 학교를 운영하므로 표준화 정도가 중간 정도이다. 영국은 프랑스와 독일보다 표준화 정도가 낮지만, 미국처럼 아주 낮지는 않다(Kerckhoff, 2001: 5).

직업적 특수성은 직업교육의 체계화 정도를 의미한다. 독일은 아주 특이한 유형으로 직업교육을 시행하고 있다. 독일 학생들 가운데 절대다수는 10대 중반에 견습생(apprenticeship) 과정이 있는 이원 체제(dual system)에 진입한다. 견습생은 학교와 노동현장에서 직업과 직결된 기술을 익힌다.[4] 이 과정을 성공적으로 끝마치면 해당 직업에서 일

2) 1995년도에 25세였던 한국 청년들의 고등학교 취학률을 10년 이전인 1985년도 취학률로 추정해 보면 64.2퍼센트였다. 다시 말하면, 1990년대에 한국 국민의 학력은 서구 국가들에 견줄 수 있었다.

3) 독일의 중등교육은 크게 대학 예비학교인 김나지움과 직업학교인 레알슐레와 하우프트슐레로 명확하게 구분되어 있다.

할 수 있는 자격을 부여받는다. 영국은 중등학교 학생들에게 잠재적 고용주들이 관심을 가질 만한 기술을 가졌음을 증명해 주는 특화된 시험이 있지만, 독일의 견습생 제도와는 다르게 직업과 직결되지 않는다. 미국과 프랑스는 중등교육 과정에서 직업교육이 체계화되어 있지 않아 업무와 관련된 기술을 취업 후 직장에서 습득한다(Kerckhoff, 2001: 5-6).

미국, 영국, 프랑스 그리고 독일의 교육 체제를 계층화, 표준화, 직업적 특수성의 세 측면으로 나눈 후 정도에 따라 분류해 볼 수 있다. 양극단 유형을 취하는 국가를 제외한 국가(들)를 중간으로 분류하면 〈표 7〉처럼 정리해 볼 수 있다.

〈표 7〉 미국, 영국, 프랑스, 독일의 학교교육 체제 분류

분류 / 정도	계층화	표준화	직업적 특수성
높음	독일	프랑스	독일
중간	영국	영국, 독일	영국
낮음	미국, 프랑스	미국	미국, 프랑스

출처: Kerckhoff, 2001: 4-6에 근거하여 표로 구성함.

각국의 학교교육 체제는 구조와 선택을 양극단으로 하는 축에서 어떤 위치에 있다. 구조적일수록 선택의 폭은 좁으며, 선택의 폭이 넓을수록 비구조적이다. 여기서 구조적이라 함은 계열화 정도가 높음을 의미한다. 선진국에서는 의무교육의 종료부터 모든 학교교육이 완료되는 기간, 곧 16세에서 25세까지를 '학교에서 취업으로의 전환' 시점으로 삼고 있다.[5)]학교에서 취업으로의 전환 기간은 독일처럼 풍부한 사회자본의 바탕 위에 직업교육과 진로지도가 매우 조직적으로 이루어지는 국가일수록 짧으며 미국처럼 개인들의 자유로운 선택을 중시하고 중등교육 과정에서 직업교육이 유명무실한 국가에서는 매우 길다. 미국에서는 고등학교를 졸업하고 평균 7년이 지난 후에 안정된 직업을 갖는다(Arum and Hout, 1998). 학교에서 취업으로의 전환이 이른 시기에 이루어지면 진로가 분명해지고 일자리에 안착하는 대가로 일자리를 선택할 수 있는 여지는 줄어든다. 이와는 반대로 그 전환이 늦은 시기에 이루어지면 진로가 불분명해지는 대가로 일자리를 선택할 기회는 확대된다.

유럽에서는 1968년 기존 체제에 반기를 든 학생운동이 일어난 이후, 다양한 배경의 학생

4) 2000년에 발표된 논문에 의하면 견습생 훈련은 498가지 직업으로 세분되어 있다(Mortimer and Krüger, 2000: 479).

5) 한국의 경우, 남자는 병역 의무 기간을 더하여 16세에서 27세로 설정함이 적절할 것 같다.

들이 대학 진학을 강렬하게 요구하자 국가가 대학 교육 기회를 다소 확대하였다(Levin, 1976: 153). OECD가 밝힌 추정치에 의하면, 거의 모든 유럽 국가에서 해당 연령 집단의 25퍼센트 정도가 1970년에 각종 고등교육 기관에 취학하였다(OECD, 1974: 40). 스웨덴은 다소 높아 38퍼센트이지만, 전형적인 취학률은 15퍼센트에서 20퍼센트 범위에 속하였다. 1968년 학생운동 이후 서유럽 국가들은 입학생을 상대적으로 덜 엄격하게 선발하기 위해 새로운 유형의 대학들을 설립하기 시작하였다. 고등교육에 대한 강력한 요구에 부응하기 위해 선발 과정이 느슨한 새로운 유형의 대학들 중에는 영국의 개방대학(open university)처럼 통신과 텔레비전을 이용하는 대학들도 포함된다. 대학 교육 기회가 확대되더라도 상류층 자녀들은 이전과 다름없이 명문 대학들에 진학하며 하류층 자녀들은 정원을 늘린 인기 없는 저렴한 대학들이나 비전통적 유형의 더 저렴한 대학들에 진학한다(Levin, 1976: 155). 대학 학력에서 계층 간 격차가 좁혀지고 있었지만, 대학 학벌에서는 계층 간 격차가 변함없이 뚜렷하게 유지되었다. 하류층 자녀들은 대학 교육의 기회를 얻을 수 있었지만, 그 교육으로 기대한 경제적 보상을 얻는 데는 한계가 있었다.

유럽에서는 젊은이가 좋은 일자리를 확보하는 데 학교교육에의 투자가 전통적으로 가장 좋은 수단이었지만 1970년대 이후 학교 졸업자들이 노동시장에 적합한 기술을 갖추지 못하고 있음을 지적하며 공교육과 훈련 체제에 대해 신랄한 비판이 쏟아지고 있다(Brauns, Gangl, and Scherer, 1999: 1). 영국에서는 개인들이 노동시장의 조건에 합리적으로 대응하고 있기 때문에 일자리에서 요구되는 학력보다 더 높은 학력으로 취업하는 과잉교육을 주목하고 있다(Alpin, Shackleton, and Walsh, 1998: 17). 영국의 경우, 1979년부터 1989년까지 대학생 수가 두 배로 증가했는데, 이는 동령인구 가운데 13퍼센트에서 34퍼센트로 급증했음을 의미한다.[6] 이로써 1985년 생산가능 인구(working age) 가운데 대학 학력 소지자가 13퍼센트에서 20퍼센트로 증가하였다.

독일, 프랑스, 영국에 비슷하게 나타난 현상으로, 실업률은 의무교육으로 학교교육을 종료한 집단이 가장 높고 고등교육까지 마친 집단이 가장 낮다(Brauns, Gangl, and Scherer, 1999: 25). 세 국가에서 모두, 고등교육은 취업하는 데 이점이 있다. 세 국가에서 직업적 자격(vocational qualification)은 실업을 피하는 데 있어 일반교육(general education)보다 유리하다. 고용주들은 취업지원자들의 교육 성취(educational achievement) 수준을 그들이 이수한 학교교육의 위계(hierarchial level of education reached)와 교육의 직업적 전문성

6) 영국에서는 성별에 따른 차이 없이 모든 전공 영역에서 과잉교육 현상이 나타나고 있지만, 인문학 분야에서 더 빨리 진행되고 있다(McGuinness, 2006: 414).

(vocational speciality of one's education)이라는 두 가지 측면에서 가늠한다(Brauns, Gangl, and Scherer, 1999: 25). 독일과 비교할 때, 프랑스와 영국에서는, 전통적으로 그리고 직업교육이 체계화되어 있지 않기 때문에, 취업하는 데 있어 학교교육 수준이 상대적으로 더 중요하게 작용한다(Brauns, Gangl, and Scherer, 1999: 26). 프랑스의 경우, 신입 피고용자들은 일정 기간이 지나야 직장에 정착할 수 있다. 프랑스에서는 수많은 일자리가 임시직에 지나지 않는다(Brauns, Gangl, and Scherer, 1999: 28). 1990년대에 접어들면서 프랑스, 이탈리아, 스페인을 포함한 몇몇 유럽 국가에서는 대학의 양적 확대로 대학 교육을 받은 청년들의 실업률이 높아지고 있다(Crouch, Finegold, and Sako, 1999: 6).

독일을 대상으로 한 과잉학력의 결과에 대한 연구(Büchel, 2002)에 의하면, 낮은 기술의 일자리에 고용된 과잉학력자는 학력 수준에 적합하게 고용된 사람들보다 생산성이 높다. 이 결과는 미국의 연구 결과와 다르다. 미국의 연구에 의하면, 과잉교육자는 하향취업으로 인한 좌절감 때문에 생산성이 크게 떨어진다. 과잉교육과 업무 만족도에 관한 질문은 상이한 두 가지로 구분될 필요가 있다. "맥도널드 식당에서 일하는 사회학자는 연구소에서 일하는 사회학자보다 업무 만족도가 낮은가"라는 질문은 "맥도널드 식당에서 일하는 사회학자는 역시 맥도널드 식당에서 일하는 (학력) 자격을 갖추지 못한 사람보다 업무 만족도가 낮은가"라는 질문과는 구분되어야 한다(Büchel, 2002: 273). 전자는 전공과 직무가 불일치한 사람과 일치한 사람 간의 업무 만족도 비교이며, 후자는 동일 직업에 과잉교육으로 취업한 사람과 과소교육으로 취업한 사람 간의 업무 만족도 비교이다.

과잉학력 또는 하향취업의 후속 결과에 대해 낙관하는 학자들은 "과잉학력으로 하향취업한 사람은 직장 내에서 상대적으로 높은 생산성을 발휘하거나 발휘할 것으로 기대되어 현직훈련이나 승진의 기회를 더 많이 가질 수 있다"라고 가정하며 그에 적합한 자료를 수집한다. 과잉교육 또는 하향취업 문제의 심각성은 과장될 수 있다. 과잉교육은 일시적인 현상으로 그칠 가능성도 있다. 자신의 학력보다 낮은 일자리에 취업했더라도 취업 후 업무 관련 기술과 경험을 쌓으면서 능력을 발휘하여 적절한 보상을 받거나 승진할 수 있기 때문이다. 그러나 그러한 기회가 주어지지 않는 일자리에 취업했다면 과잉교육에 의한 손실은 만만치 않으며, 그 손실이 생애 동안 축적된다면 심각할 수밖에 없다. 하향취업한 직장은 승진 단계가 적은 직장일 가능성이 아주 높다.

과잉교육 또는 하향취업의 불이익은 충분히 인정되고 있지만 이와는 다른 결과를 발표한 연구도 있다. 미국의 사례 연구에 의하면, 과잉교육으로 하향취업한 사람은 소득에서 불이익을 받지만 밝은 승진 기회로 불이익을 만회한다(Sicherman, 1991; Sicherman and Galor, 1990). 이 연구 결과가 사실이라면, 과잉학력 취업은 취업 직후에 발생하는 단기간의 불일치(short-term mismatch)로서 그로 인한 불이익은 한시적일 뿐이다. 그러나 하향취업한 직장이 규모가 작아 현직훈련 기회가 거의 없거나 승진의 단계도 적다면 만회할 기회를 잡기 어렵다.[7] 더욱이 과잉학력에 대한 불만으로 직장을 자주 옮긴다면 경력을 쌓을 수 없게 된다. 하향취업한 과잉학력자는 같은 학력으로 적합하게 취업한 사람들과 비교할 때에는 예외 없이 불만족을 느낀다. 그러나 같은 일자리에 자신보다 낮은 학력으로 취업한 사람들보다 그 직장 내에서 상대적 우위로 유리해질 때는 불만족을 느끼지 않더라도 상대적 우위를 인정받지 못하여 유리할 수 없을 때는 불만족을 느끼게 된다.

독일 사회경제 패널(German Socio-Economic Panel) 자료를 이용한 연구(Büchel and Mertens, 2004)는 독일에서 과잉학력으로 취업한 사람들이 적합한 학력으로 취업한 사람들보다 상대적으로 뚜렷하게 낮은 임금을 받을 뿐만 아니라 공식적 및 비공식적 현직훈련 기회에서도 불리함을 증명하였다. 이 연구는 경력 상승 이동을 직업적 지위(occupational position) 상승뿐만 아니라 임금 증가(wage increases)로 측정하였다. 미국에서는 과잉학력으로 하향취업한 사람들이 경력 상승 이동을 통해 불리함을 만회할 수 있을지라도 독일에서는 그러한 기회가 주어지지 않는다. 독일 노동시장에서는 직업 견습생 훈련 프로그램(occupational apprenticeship training program)이 매우 체계적으로 운영되고 있다. 독일의 피고용자들 가운데 60퍼센트는 직업훈련 학위(vocational training degree)를 갖고 있다. 이와는 다르게, 과잉학력 취업자들은 대부분(90%) 직업 견습생 훈련 프로그램 과정을 거치지 않았다. 독일에서는 일자리에 적합한 학력으로 취업한 사람들은 견습생 과정을 통해 직장에서 필요로 하는 생산 기술[hard skills]과 인간관계 기술[soft skills]을 모두 갖추고 있다.[8] 독일에서는 적합한 교육으로 취업한 사람들이 과잉학력 취업자들보다 학력은 상대적으로 낮더라도 현장에서 사용되는 기술 측면에서 앞서 있다고 해석될 수 있다.

독일, 네덜란드, 벨기에, 오스트리아에서는 대학 교육이 신용증명으로 효과를 발휘하지 못한다. 네덜란드 고용주들은 엄격한 고용기준으로 채용하며 전공 영역과 업무의 불일치를 강력하게 규제한다. 영국과는 다르게, 네덜란드에서는 과잉교육이 직업에 필요한 훈련의 부족을 메우지 못한다. 네덜란드의 경우, 초과한 학력으로 전공한 영역이 업무와 일치하지 않으면 수평적 불일치(horizontal mismatch)로 평가되고 보상은커녕 불이익을 받기도

7) 미국의 패널 자료를 이용하여 과잉학력 취업자들의 경력 상승 이동을 다시 검증한 연구(Robst, 1995)에서는 모호한 결과를 얻었다.

8) 생산 기술은 제품을 생산하는 데 요구되는 기술이며, 인간관계 기술은 조직 내 상호교섭과 의사소통에 필요한 기술이다. 관계 기술을 갖추지 못한 직원은 집단으로부터 소외될 가능성이 높다.

한다(Di Stasio, 2017: 109-110, 119). 그 이유는 직업을 겨냥하여 쌓은 훈련과 경험이 대학에서의 교양교육보다 가치가 훨씬 높이 평가되기 때문이다. 학교교육에서 직업으로 전환되는 유형은 유럽 국가들 사이에서도 분명하게 구별된다. 오스트리아, 덴마크, 독일, 네덜란드에서는 학교교육 단계에서 직업훈련이 효율적으로 시행되며 산업 현장에 곧바로 적용될 수 있는 기술을 가진 졸업생들이 직업 노동시장 체제(systems of occupational labour markets: OLM)를 통해 직장으로 순조롭게 이전한다. 한편, 영국, 프랑스, 아일랜드, 벨기에는 학교교육 단계에서 체계적인 직업훈련 과정을 운영하지 않으며 기업에서 필요한 사람들을 선발하는 내부 노동시장 체제(systems of internal labour markets)가 작동한다(Gangl, 2001).

고학력화로 학력이 균등해지면 학벌이 계층화 효과를 발휘한다. 가난한 가정의 자녀들은 전통적인 대학에 진학하는 경우에도 지명도가 낮은 대학이나 학과에 편중된다. 사회복지 제도가 발달해 있고 서구 사회에서 학교교육이 가장 평등한 국가로 알려진 스웨덴의 경우를 예로 들면, 1972년에서 1973년 동안 스웨덴 고등교육 기관에 재학한 남학생들 가운데 25퍼센트는 노동자 가정 출신이고 15퍼센트는 아버지가 학위(academic degree)를 소지한 가정 출신이지만, 법학을 전공하는 비율은 각각 4.4퍼센트와 7.3퍼센트였으며 의학을 전공하는 비율은 각각 1.5퍼센트와 7.3퍼센트였다(Levin, 1976: 159). 다시 말하면, 경제·사회·문화자본이 풍부한 가정의 자녀들이 빈약한 가정의 자녀들보다 경제적 보상이 많고 위세가 높은 직업과 관련된 학과에 월등히 많이 진학한다. 학교교육이 경제 성장에 미치는 효과는 안일하게 단정되는 경향이 있다. 학력이 높을수록 경제 성장에 더 공헌할 것으로 기대하지만, 그 기대는 실증되지 않는다. 서유럽에서 고등교육 취학률이 5퍼센트에서 12퍼센트로 증가할 때 경제 성장률은 그 절반에도 미치지 못하였다(OECD, 1973: 32). 서유럽 국가들에서는 학교교육 기회가 분명히 평등해지고 있다. 그러나 학교교육 연한의 평등화가 소득의 평등화를 가져오는 것은 아님이 실증되었다(Levin, 1976: 160).

일자리 부족과는 다르게 일손 부족은 쉽게 해결된다. 기업은 유인체제를 이용하여 현직 노동자들을 훈련하고 상향 조정한다. 그러나 경제 성장이 고학력 노동자들의 증가를 흡수하지 못할 경우, 고소득 일자리에 취업함으로써 사회계층을 높이려는 사람들의 기대와 노동시장 수요 사이에 심각한 모순이 발생한다. 서유럽 국가들은 제2차 세계대전 이후 한동안 고학력 인력의 증가를 흡수할 수 있을 정도로 경제가 성장하였다. 그러나 1970년 초반 이후 경제 성장 속도는 낮아졌는데 중등 이후의 학교교육 증가 속도는 변함없이 높았다(Levin, 1976: 162). 고학력 노동자들의 기대는 현실 노동시장에서 좌절되었다. 기대와 현실의 깊은 괴리는 '교육받은 프롤레타리아'(educated proletariat)로 지칭될 수 있는 혁명적 청년들로 구성되는 노동계급을 출현하게 만들었다(Levin, 1976: 165). 1968년 프랑스에서 시작된 학생운동은 기대에 찬 대학생들이 현실의 벽을 절감하면서 확산되었다.

부모의 사회계층이 그 자녀들의 학업 성취에 미치는 영향을 학교교육 체제가 약화시킨다면, 학교교육의 평등화 효과가 발휘된다고 말할 수 있다. 그러나 서구 사회에서 학교교육 체제들은 출생 배경과 생애 기회의 고리를 끊지 못하였다. 하류 계층의 자녀들은 일반적으로 학력이 짧고, 질적 수준이 낮은 학교에 다니며, 학업 성취도 낮다. 대학에 진학할 경우, 그들은 경제적 보수와 사회적 위세가 낮은 경력으로 이어지는 전공 영역을 선택할 가능성이 높다(Levin, 1976: 158). 학교교육의 확대로 취학 기회가 어느 단계까지는 균등화될 수 있다. 그렇지만 고등교육 기회의 평등화는 이루어지기 어려우며, 이루어지더라도 학벌 격차를 없애지는 못한다.

중국은 1970년대 말부터 시작된 개혁과 개방 정책으로 경제가 비약적으로 성장하였다. 경제 성장은 고등교육을 양적으로 확대시켰다. 중국 정부는 1999년에 고등교육 확대를 전략적으로 결정하였다. 이 발표의 결과로 1년 사이에 대학 신입생 수가 40퍼센트 이상 증가하였다. 1998년부터 2005년까지 신입생 수가 4.7배 증가했으며 필연적인 결과로 대졸 실업자들이 급증하였다. 대졸 청년의 높은 실업률은 고등교육 확대 정책 때문이라고 비판되었다. 그러나 이에 대한 반론도 만만치 않다. 반론을 펴는 학자들은 높은 대졸청년실업률의 원인으로 고등교육 확대보다는 졸업생들의 낮은 능력과 높은 의중임금(reservation wage)을 지목한다.[9] 고등교육 확대는 고등학생들이 대학에 진학할 가능성을 높이지만 대학졸업자들의 실업률을 치솟게 한다(Bai, 2006; Li, Whalley, and Xing, 2014: 567). 대졸 학력에 조응하는 일자리는 대졸 청년들의 증가에 맞추어 늘어나지 않기 때문이다. 따라서 대졸 청년들이 실업 상태를 벗어나려면 하향취업을 감수해야 한다. 하향취업의 거부는 실업을 의미한다.

중국 정부는 계획경제 체제에서 고등교육에 엄청난 규모의 보조금을 지원했지만, 경제를 개혁한 후부터 "고등교육은 의무교육이 아니므로 학생들이 등록금을 지불해야 한다"며 보조금을 크게 줄였다. 고액의 등록금은 가계에 부담을 주었으며 가난한 부모는 자녀의 대학 진학을 포기하였다. 대학 교육 기회는 확대되었지만 가난한 가족들은 그 기회를 누릴 수 없었다(Li, Whalley, and Xing, 2014: 568). 기회의 확대는 기회의 실현이 아니며, 기회의 허용은 기회의 보장과는 거리가 멀다. 기회의 확대는 그 기회를 누릴 수 있는 능력을 갖

9) 의중임금(유보임금, 희망임금)은 노동자가 특정 일자리를 수용할 수 있는 최소 임금을 뜻한다. 의중임금을 높이 설정할수록 취업 가능성은 줄어든다. 개별 노동자는 자신의 학력에 맞추어 의중임금을 설정한다. 그러나 고용주들은 노동예비군들이 확보되어 있으면 개인들의 의중임금을 무시한다.

춘 사람들과 그러한 능력이 없는 사람들 간의 격차를 더 넓힌다. 중국의 경우, 개혁 정책에 의한 대학 교육의 확대로 가난한 사람들은 정부의 보조금을 받을 기회를 상실하게 되었지만 부유한 사람들은 대학에 진학할 기회를 더 많이 얻게 되었다.[10] 개혁 이후 중국의 고등교육 정책은 선택의 자유를 넓히고 비용을 부담시킴으로써 신자유주의 정책으로 분류될 수 있다. 한 국가의 정치 이념은 구호에서보다는 현실에 의해서 결정된다. 중국은 이제 전형적인 사회주의 국가가 아니며 그 이념은 국가자본주의(state capitalism)[11]에 접근하고 있어 학교교육이 불평등을 재생산할 가능성이 더욱 높아질 수밖에 없다.

중국 정부는 대학 보조금을 폐지하고 대학생 수를 늘리면서 대학졸업자들에게 일자리를 배정할 필요가 없어졌을 뿐만 아니라 배정할 수도 없게 되어 일자리 배정 정책을 철회하였다. 이로써 많이 증가한 대학졸업자들이 각자 일자리를 구해야 하는 상황이 됨으로써 취업 경쟁이 치열하게 전개될 것임을 확실히 예견할 수 있다. 실제로 대학 교육 기회의 확대로 실업률이 9퍼센트 상승하였다. 중국의 경제가 상당히 약진함에 따라 대학졸업자들의 고용 압력이 어느 정도는 완화되었지만(Li, Whalley, and Xing, 2014: 575), 대졸 청년들의 실업과 하향취업이 심각한 사태로 나타날 가능성은 아주 높다. 대학 교육 기회가 확대됨으로써 이전보다 더 많은 고등학생이 대학에 진학할 수 있게 된다. 그 결과로 지적 능력과 준비가 부족한 학생들도 대학에 진학하게 된다. 학사관리가 엄격하지 않다면 이 학생들은 대부분 학사 학위를 갖고 졸업한다. 대학은 실력이 부족한 학생들을 관대하게 졸업시킬지라도 고용주들은 실력이 부족한 대학졸업생들을 채용하지 않는다. 대학 교육의 수요에 비해 국내 공급이 여전히 제한되어 있어 수많은 중국 청년이 해외 유학을 결행하고 있다.

중국 부모들이 대학졸업자의 실업률이 높은데도 불구하고 자녀를 대학에 진학시키는 이유는 '대학 프리미엄'(college premium) 때문이다. 1990년대 이후 대학 프리미엄이 극적으로 상승하였다. 1990년대 말까지 대학 교육에 대한 보상은 30에서 50퍼센트에 이르렀다. 대학 확대 정책 때문에 2003년 이후 상승 추세는 멈추었어도 30퍼센트 수준은 여전히 유지되고 있다. 대학 졸업 후 나이가 들어도 대졸 학력은 그보다 낮은 학력에 비해 실업으로 내몰릴 가능성이 낮다. 이러한 현실은 대학 교육을 여전히 매력적인 투자로 인식하게 만든다(Li, Whalley, and Xing, 2014: 581). 그리고 중국의 노동시장은 학력에 따라 분절되어(segmented)[12] 있어 고등교육은 계층 상승할 기회를 더 많이 제공한다. 대졸 학력으로 좋

---

10) 수혜자 부담에 의한 대학 교육 기회의 개방은 기회의 불평등으로 귀결될 수 있다.

11) 국가가 정책을 통해 직접 관리하고 통제하는 자본주의적 경제 제도를 의미한다.

12) 노동시장에서 하위 집단들 간에 교류할 수 없을 때 분절되어 있다고 묘사된다. 분절의 요인은 성별, 인종, 종

은 노동시장[13]에 소속되면 소득, 사회적 위세, 복지 등에서 상대적으로 유리하다.

2. 미국의 대학 보편화 정책: 필연적 하향취업과 잊힌 절반

미국은 독립 이전부터 줄곧 고등교육의 가치를 확신하고 있었다. 경제학자들은 학교교육에 대한 투자가 경제 성장에 크게 공헌한다고 주장하였다. 부모들은 학교교육을 계층 상승 이동의 도구로 단정하였다. 정부 관리들은 학교교육이 민주주의 국가 발전에 공헌한다고 강력하게 주장하였다. 교사들과 교육행정가들은 학교교육이 더 나은 개인들을 만든다고 설득하였다. 학자들은 대학 진학이 소득과 위세가 높은 일자리를 얻는 데 가치 있는 선택임을 증명하였다(Rumberger, 1981a: 3). 그러나 1970년대에 접어들면서 이전과는 사뭇 대조적인 사건들이 일어났다. 신문들과 잡지들은 1970년대 이후의 대학졸업자들이 이전 시대의 대학졸업자들보다 지위와 소득이 낮은 일자리에 취업하고 있음을 밝혔다(Bird, 1975; Freeman, 1975, 1976, 1977; Gordon, 1974; Rumberger, 1981a, 1981b). 대학에 대한 환상이 깨어지고 현실이 드러나기 시작하였다.

미국의 고등교육 체제는 개인들에게 교육과 훈련을 통해서 높은 소득과 사회적 지위를 제공했으며 노동시장에 기술을 가진 전문가들과 정신노동자들을 공급하였다. 특히 1950년대와 1960년대에 노동시장은 대학졸업자들에게 제공할 수 있는 일자리를 충분히 확보하고 있었으며, 학교교육은 개인적으로는 사회경제적 계층 이동 그리고 국가적으로는 경제 성장의 수단이었다(Freeman and Hollomon, 1975: 24). 여기에 더하여 학교는 민주 시민을 양성하는 임무를 충실히 수행하였다. 고학력 인력의 공급과 수요가 기능적으로 조응함에 따라, 개인들은 "대학 교육이 높은 소득과 안정된 일자리를 보장한다"라고 확신하여 대학 진학을 추진하였다. 이러한 추세가 오랫동안 지속되면서 대졸 인력의 과잉 공급이 나타나기 시작되었다.

미국의 경우, 대학 교육의 과도한 확대에 대한 우려가 1940년대 즈음에 시작되었으며 상당히 심각하게 논의되었다(Conant, 1948; Harris, 1948, 1949; Kotschnig, 1937). 1949년

족, 종교, 학력, 지역 등 다양하다. 한국에서는 고졸 출신은 입사 때부터 대졸 출신과는 다른 경로로 취업한 후 소득, 승진, 업무 등에서 구별되는 계열에서 벗어나기 어렵다. 분절이라는 표현은 교차 이동의 가능성이 없음을 명시하기 위해서 사용된다(오욱환, 2014: 205).

13) '좋은 노동시장'은 이중(dual) 노동시장에서 1차적 구획(primary sector), 산업 종류에서 핵심 산업(core industry), 직종에서 화이트칼라를 포괄적으로 의미할 때 사용된다.

에 이미 "20년 후에는 대학졸업생의 과잉 사태가 도래한다"라고 예견한 글이 발표되었다(Harris, 1949: 64). 이 글은 부모들, 정책결정자들 그리고 학생들에게 "미국에서는 대학졸업자들이 당연한 듯 취업해 왔던 노동시장의 수요를 초과하여 양산되고 있으므로 앞으로 대학졸업자들은 이전처럼 높은 소득을 기대할 수 있는 일자리를 구하기 어렵게 된다"라고 경고하였다. 미국의 대학 교육 정책은 대학 설립을 권장했기 때문에 대학졸업자의 과다배출은 오래전부터 예견되었다(Trow, 1988: 16).[14]

미국에서는 1970년대 초반부터 학사 학위가 필요하지도 요구되지도 않은 일자리에 취업하는 대졸 청년들이 늘어나기 시작하였다. 노동통계국(The Bureau of Labor Statistics)은 이 현상을 학사 학위를 요구하는 일자리 수요보다 학위 취득자의 공급이 초과한 데 따른 결과로 해석하였다. 일자리와 구직자의 부조응이 분명하게 드러나고 있었지만, 1979년 이후 연구논문들, 신문들 그리고 잡지들은 대학졸업자들의 소득이 고교졸업자들의 소득과 비교할 때 급격히 상승하고 있음을 보고하고 있다. 이 현상(phenomenon)을 근거로 하여 대학 교육의 소득효과가 상승한 것으로 해석한다면 진상(truth)을 오해한 것이다. 대졸자와 고졸자의 소득 격차가 더 커진 원인은 고졸자들의 노동시장이 대졸자의 노동시장보다 더 악화된 데 따른 결과일 뿐이며 결코 대졸자의 임금이 상승한 결과가 아니다(Hecker, 1992: 3).[15] 대졸자의 소득은 대졸자의 공급이 과잉 상태가 되면 하락한다.

미국에서 과잉(학교)교육이 연구 주제로 등장한 시기는 경기가 호황이었던 1960년대를 지나 불황으로 접어든 1970년대이다(Rumberger, 1981b: 294). 1960년대의 호황기까지 노동시장은 대학 교육을 받은 인력의 공급을 충분히 감당할 수 있었다. 대학을 졸업하면 그에 걸맞은 일자리를 구할 수 있었기 때문에 대학취학률이 급격히 상승하였다. 그러나 1970년대에 접어들면서 경기 불황과 인플레이션이 닥치면서 대학 학력을 요구하는 일자리가 격감하였다. 대학졸업자들은 지속적으로 늘어났지만, 그들을 고용할 수 있는 일자리는 오히려 줄어들면서 과잉교육 현상이 뚜렷하게 나타났다. 과잉교육은 불경기에 접어들

14) 유럽 국가들의 고등교육 정책이 "최고가 아니면 없는 게 낫다"(nothing, if not the best)는 원칙에 따른다면, 미국의 고등교육 정책은 "없는 것보다 있는 게 낫다"(something is better than nothing)에 기반을 두었다(Trow, 1988: 16).

15) 예컨대, 대졸자가 공급 과잉 상태가 되면서 대졸자의 소득이 100에서 90으로 하락하더라도 고졸자의 소득이 90에서 70으로 하락하면, 대졸자와 고졸자의 소득 격차는 10(100−90)에서 20(90−70)으로 더 늘어난다. 여기에 더하여 대졸자들이 대거 하향취업하면 고졸자들이 차지해 왔던 일자리들 가운데 상대적으로 소득이 높은 일자리들이 하향취업 대졸자들에게 빼앗긴다. 그 결과로 고졸자들은 임금이 훨씬 더 낮은 일자리들로 내몰려 소득이 크게 줄어든다.

면 더욱 확연하게 나타나므로 과잉교육의 원인으로 노동시장의 수요와 공급의 불일치보다는 경기 불황이 쉽게 지목된다. 그러나 과잉교육의 결정적 원인은 '과잉'이라는 단어가 지적하듯이 고학력자의 '과도한 양산'이다. 경기가 호황으로 접어들더라도 고학력화의 결과로 노동시장에 가속적으로 유입되고 축적되는 대졸 청년들에게 학력에 어울리는 일자리를 제공할 수는 없다. 대졸 청년의 공급이 그 학력에 적합한 일자리의 수요를 초과하면 대졸 청년 실업은 구조적으로 발생한다. 그리고 경기는 항상 호황으로 지속하지 않으며 체감하는 경기는 호황보다 불황이 더 빈번하고 더 길다.

과잉교육은 금전적 보상의 감소, 실현되지 않은 기대, 교육적 기술의 과소 활용의 세 가지 측면에서 정의될 수 있다(Rumberger, 1981a: 8-18). 첫째, 과잉교육은 특정한 수준의 학교교육에 대한 금전적 보상이 이전보다 많이 하락하거나 다른 유형의 투자들에 비해 상대적으로 적을 때 나타난다. 둘째, 과잉교육은 학교교육에 투자함으로써 노동시장에서 회수할 것으로 기대한 이익이 실현되지 않을 때 나타난다. 셋째, 과잉교육은 학교교육으로 습득한 능력을 고용된 직장에서 충분히 발휘하지 못하는 개인들에게서 나타난다. 과잉교육에 대한 피고용자들의 반응은 태도(불만), 건강(정신적 · 육체적 저하), 행동(이직, 무단결근, 파업, 약물 남용, 태업), 업무 수행(낮은 생산성)의 네 가지 측면에서 파악될 수 있다. 이 네 가지 측면에서 일어나는 반응은 상호 영향을 미친다(Rumberger, 1981a: 102-103). 과잉학력의 피고용자들은 자신들이 더 많은 보수를 받고, 더 높은 위세의 업무를 할당받으며, 더 넓은 자율성을 누릴 자격이 있다고 생각한다.

미국에서는 1970년에 접어들면서 갑작스럽게 공학자의 부족에 관한 관심이 실업 상태의 공학자들에 대한 우려로 돌변하였다(Folger, 1972: 203). 인력의 부족에서 일자리의 부족으로 사태가 반전된 이유는 상황의 변화 때문이 아니며 미래에 대한 예측의 실패에 기인하였다. 예측이 실패한 원인은 네 가지 정도로 요약해 볼 수 있다. 첫째, 즉각적 또는 단기적 노동시장의 변화를 너무 예민하게 반영하여 추정하였다. 둘째, 이전(주로 10년 전)의 동향을 직선으로 투사하여 미래의 수요를 산출하고 그에 대한 공급을 장기적으로 예측하였다. 셋째, 사람들이 교육 · 훈련을 받은 분야와 그들이 취업하는 일자리를 실제보다 더 밀접하게 가정하였다. 이러한 접근은 인문학과 과학 분야의 학사 학위 졸업자들 대부분이 자신들이 받은 교육 · 훈련과 밀접하게 관련되지 않는 일자리에 취업한다는 사실을 무시하였다. 그리고 넷째, 미국의 경우, 교육 계획과 인력 수요 간에는 관련성이 거의 없었다. 지난 10년까지 미국의 교육 계획은 학생들의 요구를 반영하여 학교교육 기회를 확대하였다. 그 결과, 노동시장의 인력 수요에 관한 관심이 부족했으며 노동시장의 요구를 수용하지 않고 대학 교육을 확대하였다(Folger, 1972: 204-205). 정부의 정책 방향은 미래의 노동시장 수요

예측을 어렵게 하는 데 한몫을 톡톡히 한다(Folger, 1972: 209). 정부의 정책은 집권한 정당의 정치 이념에 따라 급격히 변화한다. 정권이 교체되면 정부 자체의 인력 수급과 정부의 정책을 반영해야 하는 민간 조직들의 인력 수급이 요동친다.

1970년대 초에 발표된 연구(Folger, 1972: 215)는 1980년대에 접어들면 전문직 대부분이 대학 학력을 요구하더라도 대학졸업생들 가운데 절반 이하만이 전문직에 취업할 수 있게 된다고 예측하였다. 이러한 예측은 대학취학률이 급격히 상승하고 기술공학의 발달로 전문직 일자리가 상당히 감소하고 있다는 사실에 근거하고 있다. 대학졸업자가 대량으로 배출되는데 그들이 취업하기를 기대하는 일자리는 인력을 대체하는 기계의 발명 때문에 줄어든다. 기술공학의 발달은 고임금 일자리를 줄이는 데 직접 작용한다. 전문직 노동시장의 수요에 비해 대학 졸업 인력이 과도하게 공급됨으로써 대졸 청년들 가운데 상당수는 기대하는 일자리에 취업할 수 없게 된다. 미국에서 대학 교육이 확대되면서 대졸 청년들의 하향취업이 늘어났다. 하향취업의 정도는 학자들(Berg, [1970] 1971; Berg, Freedman, and Freedman, 1978; Bisconti and Solmon, 1976; Duncan and Hoffman, 1978; Grandjean and Taylor, 1980; Norwood, 1979; Rumberger, 1981a; Staines and Quinn, 1979)에 따라서 약간의 차이가 있지만, 증가 추세에 대해서는 이견이 없다.

1969년부터 1980년까지 미국 노동력의 추이를 조사한 연구(Clogg and Shockey, 1984)에 의하면, 학교교육과 직업 간의 부조응이 뚜렷하게 상승하고 있음이 밝혀졌다. 학교교육과 직업의 부조응은 대체로 과잉교육 또는 하향취업을 의미하며 과소교육 또는 상향취업은 논외로 한다. 부조응은 1970년에 접어들면서 중요한 연구 주제로 부각되었지만(Berg, [1970] 1971; Freeman, 1976; Rumberger, 1981a) 그 이후에도 의미 있게 다루어져 왔다(Burris, 1983a, 1983b; Dore, 1976; Gordon, 1974; Solomon, Kent, Ochsner, and Hurwicz, 1981). 하향취업은 다양한 유형의 부작용을 일으킨다. 하향취업한 사람들은 업무에 만족하지 못하고(Baldi de Mandilovitch and Quinn, 1975; Berg, [1970] 1971; Bisconti and Solmon, 1976; Kalleberg and Sørensen, 1973; Rumberger, 1981a; Sheppard and Herrick, 1972; Solmon, Bisconti, and Ochsuer, 1977), 업무 참여도가 낮으며(Kalleberg and Sørensen, 1973), 이직률이 높다(Berg, [1970] 1971). 이러한 이유로 이들의 생산성은 낮을 수밖에 없다. 이들은 자아존중감이 낮을 뿐만 아니라 불안 증세를 갖고 있다(Baldi dc Mandilovitch, 1977).

하향취업은 개별적 선택의 결과이기보다는 구조적 강제이기 때문에 해당 개인들의 속성이나 능력을 원인으로 지적하며 설명될 수 없다. 사무직 종사자들은 교육으로 취득한 지적 기술을 사용할 수 없음보다 일을 통해 배우고 성장할 기회가 사라진 현실에 더 좌절하고 있다. 문제의 본질은 하향취업보다 학교교육을 과도하게 받은 데 있다(Burris, 1983a:

106). 학교교육을 필요 이상으로 과도하게 받은 청년들이 능력이 미치지 못해서가 아니라 일자리가 부족하여 어쩔 수 없이 하향취업하고 있다. 노동시장을 신자유주의 관점에서 접근하는 학자들(Freeman, 1976)은 고학력 노동자의 과잉을 노동시장의 일시적 불균형 상태로 해석하고 시간이 지나면서 조정된다고 낙관한다. 한편, 고용주의 채용 성향을 주목하는 학자들(Collins, 1971; Thurow, 1975)은 고용주들이 비용을 들이지 않고 편이하게 활용할 수 있는 준거로 지원자들의 학력을 이용함에 따라 이를 인지한 지원자들이 상대적 우위에 있음을 증명하기 위해 학력을 높일 수밖에 없어 과잉교육 현상이 지속된다고 주장한다.

미국의 경우, 대학졸업자들에게 노동시장이 마지막으로 좋은 시기였던 1969년부터 1975년 사이에도 남자 대학졸업자들의 첫 봉급이 실질적으로 하락했을 뿐만 아니라 저학력 노동자들과의 격차도 급작스럽게 좁혀졌다. 1969년에는 모든 일자리 가운데 24.0퍼센트가 전문 혹은 경영 분야였으며 1974년에는 그 비율이 24.8퍼센트로 변화가 거의 없었지만 그 일자리를 추구하는 대학졸업자들은 급증하였다. 1970년대 대학졸업자들의 실업 기간은 다른 학력 소지자들의 실업 기간을 뛰어넘었다. 1969년에서 1974년까지 대학졸업자의 소득과 취업 기회가 심각하게 하락하였다. 대학 교육 투자에 대한 수익률(rate of return to investing in college)은 1960년대 초에는 11퍼센트에서 12퍼센트 사이였지만 1970년대 초에는 8퍼센트로 줄어들었다.

봉급, 수익률, 일자리 기회가 악화된 노동시장의 수요에 대한 합리적 응답으로 대학 입학생이 줄어들기 시작하였다(Freeman, 1975: 309; Freeman and Hollomon, 1975: 25-28). 미국의 청소년들은 대학 진학 여부를 결정할 때 대학 학력의 경제적 보상 효과를 고려한다. 이 때문에 미국에서는 대학취학률이 급격히 그리고 계속해서 높아지지 않았다. '모두를 위한 대학'(college for all)이라는 용어가 등장했듯이 대학 교육 기회가 모두에게 개방되고 주정부와 연방 정부가 교육비를 지원하기 위한 정책을 펴고 학자금 대출을 쉽게 받을 수 있도록 조치했어도 대학취학률이 한국처럼 급격히 상승하지 않았다. 한국의 청소년들과 그 부모들은 대학 진학을 합리적 판단으로 결정하지 않으며 기대와 희망을 담아 의지로 결심한다. 다시 말해서, 한국의 청소년들과 그 부모들은 대학 진학 여부를 결정할 때 학업에 필요한 지적 능력과 의지, 졸업 후 취업 전망, 대학 교육의 보상 효과 등을 냉정하게 고려하지 않는다. 대학 진학을 앞둔 한국의 청년들과 그 부모들은 대졸 청년들 가운데 절반 이상이 실업이나 하향취업에 내몰리고 있어도 자신들과는 무관한 사태로 인식한다.

미국에서는 1970년대 중반에 이미 대졸 청년들의 하향취업이 불가피해질 것임이 경고되기 시작하였다. 1976년에 발표된 논문(Froomkin, 1976)은 10년 후인 1985년에는 대학졸업자들의 3분의 1 정도가 대학보다 낮은 학력을 가진 사람들이 해 왔던 일을 하게 될 것이며 대학중퇴자들의 3분의 2는 고등학교 학력자들로 충원되었던 일자리를 갖게 된다고 예측하였다. 그런데 대학은 이러한 예측에 개의치 않고 지원자들에게 전폭적으로 개방하기 시작하였다. 뉴욕시립대학교(City University of New York)는 지원자 전원 입학(open admission) 제도를 통해 평등주의 이념을 구현했으며 4년제 지역전문대학(community college)으로 변신하였다(Karabel, 1972b: 38). 지역전문대학은 미국의 고등교육이 급속도로 확대되는 데 결정적인 역할을 담당하였다. 최근에는 애리조나주(州) 템피시(市)에 있는 피닉스대학교(University of Phoenix)처럼 공개적으로 영리를 추구하는 사립 영리 목적 대학(private for-profit college)이 고등교육을 무분별하게 확대하고 있다.

대학 취학이 아무리 개방되더라도 대학 교육에는 지배집단의 영향력이 끊임없이 작용한다. 대학 진학은 전통적으로 사회계급이나 사회계층과 관련되어 있으며 그 상황은 오늘날에도 변함없이 지속되고 있다. 지배집단은 대학을 선택할 수 있는 능력이 상대적으로 더 많으므로 지명도가 높은 대학을 통해 취업효과를 더 많이 갖는다. 대학 문호가 아무리 넓어져도 전통적으로 유리한 고지를 점유하고 있던 지배집단은 배타적 우위를 고수하기 위해 대학의 학벌을 전략적으로 이용한다. 이들은 대학들 사이에 질적 격차를 만들 뿐만 아니라 그 이전 단계, 곧 초 · 중등교육에서도 질적 격차를 만들어 유리한 선택을 한다. 전원 입학제는 부자들에게는 아무런 의미도 없다. 부유한 학생들은 고등학교 성적이 어떠하든 언제나 대학에 진학할 수 있었으며(Karabel, 1972b: 40) 상당히 낮은 성적으로도 명문 대학에 입학할 수 있었다(Karabel, 2005). 전원 입학제는 기회의 균등을 강조했을 뿐 평등까지 추구하지 않았다. 기회 균등 정책은 결과의 평등을 지향하는 정책이 아니며 오히려 불평등을 정당화하기 위해 추진되기도 한다.

미국은 '모두를 위한 대학'이라는 구호가 상징하듯 완전 개방 정책을 채택하고 있다. 미국에서는 청소년들을 대학에 진학시키기 위해 주 정부와 연방 정부가 학자금을 편리하게 대출해 주고 있다. 정부의 대출금으로 경제력이 없는 사람들은 물론이며 대학 교과과정을 이수하는 데 필요한 학습능력을 갖추지 못한 사람들도 질적 수준이 낮고 설립 유형도 모호한 대학에 진학한다. 졸업과 그 후의 취업에 대한 기대에 부풀어 대학에 진학한 청년들 가운데 상당수는 중퇴한 다음에는 물론이며 졸업한 후에도 대책 없는 빚쟁이로 전락하고 있다(Bennett and Wilczol, [2013] 2014). 취업 현실을 직시하지 않고 무작정 대학에 진학한 학생들은 졸업하더라도 하향취업을 피할 수 없다.

학력이 충분히 활용될 수 없는(underutilized) 일자리에 채용된 대학졸업자가 1969년에는 10명 중 1명 정도였는데 1980년에는 5명 중 1명으로 늘어났다. 1980년부터 1990년까지 5분의 1 비율은 지속되었다(Hecker, 1992: 5-7). 1984년과 1986년에 학사 학위를 취득한 졸

업생들 가운데 40퍼센트가 졸업 후 1년 동안 구직하는 데 학위가 필요하지 않았다고 응답하였다. 1977년, 1980년, 1984년 그리고 1986년에 대학졸업자들을 대상으로 한 조사들에서 졸업생들 가운데 4분의 1이 소매업(retail sales), 행정 보조(administrative support), 저급서비스(low pay service), 육체노동 분야의 일자리들에 취업했거나 실직 상태였음이 밝혀졌다(Hecker, 1992: 7). 하향취업자들이 어떤 수준의 일자리까지 떨어질지는 알 수 없지만, 생존의 위협을 받으면 끝없이 추락할 수 있다.

고등교육 기회의 확대는 미국에서는 주로 지역전문대학을 통해서 이루어졌다. 고등교육 기회가 확대됨으로써 하류 계층 자녀들이 대학에 진학하게 되었지만, 그들은 대부분 재학 기간이 짧은 대학이나 비전통적이며 지명도가 낮은 대학에 할당되었다. 국가는 이러한 유형의 대학들을 통해 고등교육 기회를 낮은 비용으로 제공할 수 있었다(Levin, 1976: 159). 미국은 대학을 재학 연한, 지명도, 선택력, 교육비 등으로 다양하게 구조화함으로써 계층화를 유지하였다(Bowles, 1974; Clark, 1960; Karabel, 1972a; Pellegrin, 1974). 유럽과 미국에서 이류 시민들을 위해 마련된 이류 학교교육은 불리한 집단들의 기대 수준과 자존심을 낮추어 하찮은 직업들을 감수하게 하는 데 이용되었다(Brint, 2003; Brint and Karabel, 1989; Clark, 1960; O'Toole, 1975b: 28).

학교교육은 모든 학생을 부추겨 계층 상승 이동을 시도하게 하면서 다른 한편에서는 하류 계층의 학생들을 일정 수준에 머무르게 하는 역할도 한다. 미국의 지역전문대학은 하위 계층이나 소수민족 자녀들의 대학 교육에 대한 열망을 적절한 수준에서 냉각시키는(cooling out) 기능을 하고 있다(Clark, 1960). 미국의 2년제 지역전문대학은 고등교육을 통해 계층 상승 이동을 시도하는 수많은 학생에게 고등교육 기회를 주면서 동시에 높은 지위에는 부적합함을 스스로 인식하게 하여 능력에 적합한 일자리와 직위에 만족하게 하는 조정 역할을 담당한다. 전문대학의 냉각기능은 4년제 대학에게 선택력을 보장해 줌으로써 사회에서 요구하는 전문가들을 양성하는 데 도움을 주지만, 학생들이 모르게 이루어지기 때문에 비열할 수밖에 없다(Clark, 1960).

1982년 미국의 경우, 모든 일자리 가운데 3분의 2가 '고등학교 졸업 또는 그 이하'의 학교교육을 요구했으며 나머지 3분의 1만이 '1년에서 3년까지의 대학 교육' 또는 '4년 대학 교육 또는 그 이상'을 요구하였다(Levin and Rumberger, 1987: 341). 우리는 여기서 '4년 대학 교육 또는 그 이상'의 학교교육을 요구하는 일자리는 전체 일자리 가운데 30퍼센트에도 미치지 못함을 확인할 수 있다. 1982년으로부터 35년이 지난 오늘날에도 '4년 대학 교육 또는 그 이상'의 학교교육을 요구하는 일자리는 30퍼센트에 도달할 가능성은 높지 않다. 첨단 정보통신공학이 급속도로 발달하기 때문에 업무를 수행하는 데 요구되는 기술이 복잡해지므로 취업에 요구되는 학력도 상승한다고 예측한다면 정보통신공학의 제품들이 활용되는 현실에 대해 모르기 때문이다. 정보통신공학 제품들을 사용하는 데 요구되는 학력은 무시해도 좋을 정도이다. 학력이 낮아도 컴퓨터, 인터넷, 스마트폰 등을 원활하게 사용할 수 있다. 컴퓨터와 인터넷을 원활하게 사용하는 데 필요한 것은 학력이 아니라 오류를 개의치 않는 과감함이다. 그래서 학력이 높고 걱정과 염려가 습관화된 노인들보다 학력이 낮지만 과감한 어린이들이 훨씬 빨리 배우고 응용도 한다. 초등학생 자녀들은 대졸 어머니들보다 스마트폰을 더 다양하게 활용한다.

미국에서 전문직 이외의 직업들은 교육적 조건들을 요구하지 않기 때문에 취업지망자들은 취업하기까지 다양한 교육적 · 직업적 경로를 밟는다. 전문직 이외의 일자리를 찾기까지 명료한 제도적 절차가 없기 때문에 젊은이들은 학교에서 직장까지 자신들이 생각한 경로를 밟을 수밖에 없다. 이 때문에 미국의 젊은이들은 고등학교를 졸업하고 안정된 직장에 안착할 때까지 많은 시행착오를 겪게 된다(Mortimer and Krüger, 2000: 478). 그로 인해 평균 7년을 허송한다(Arum and Hout, 1998). 미국의 고교졸업자들은 직업으로 이어지는 공식적이면서 명시적인 과정이 없기 때문에 직장에서 요구할 것으로 생각되는 일반적 조건들을 갖추는 수준을 넘을 수 없다.[16] 이들은 직업과 연계되고 공인된 기술을 구비하지 않았기 때문에 취업하는 데 어려움이 많다. 이들은 낮은 수준의 서비스 업종이나 최저 임금을 지급하는 일자리들에 귀착할 가능성이 높다. 이러한 직장들은 그들이 고등학생 때 시간제로 근무했던 곳과 큰 차이가 없다(Mortimer and Krüger, 2000: 478).

모두를 대학에 진학시킨다는 정책의 결과 때문인지, 대학 과정을 이수하는 데 요구되는 학문적 능력을 갖춘 학생들은 20퍼센트를 넘지 않으며 더 현실적으로 평가하면 10퍼센트 정도이다(Murray, 2008a: 67).[17] 미국의 고등학교 3학년 학생들 가운데 90퍼센트는 대학 진학을 기대하고 70퍼센트는 전문직 일자리를 기대한다. 이러한 통계치는 미국 청소년들이 어긋난 포부를 품고 있음을 의미한다. 미국의 청소년들은 자신들의 교육 계획과 조응하지 않는 직업과 경력을 열망하고 있다(Murray, 2008b: 48). 미국의 경우, 1970년에 대학을 졸업한 청년은 고등학교만 졸업한 청년보다 주당 소득이 46퍼센트 더 많았다. 그러나 1979년에는 32퍼센트로 격감하였다. 학자들은 이러한 현상이 나타난 원인으로 대학 인구의 급증, 곧 과잉교육을 지적하였다. 노동통계국(The Bureau of Labor Statistics)은 1980년에 이르면 업무를 성공적으로 수행하기 위해서 대학 교육이 필요한 일자리가 모든 일자리

16) 독일의 견습생 제도와 비교하면 그 차이가 극명하게 드러난다.

17) Chapter 3. Too many people are going to college.

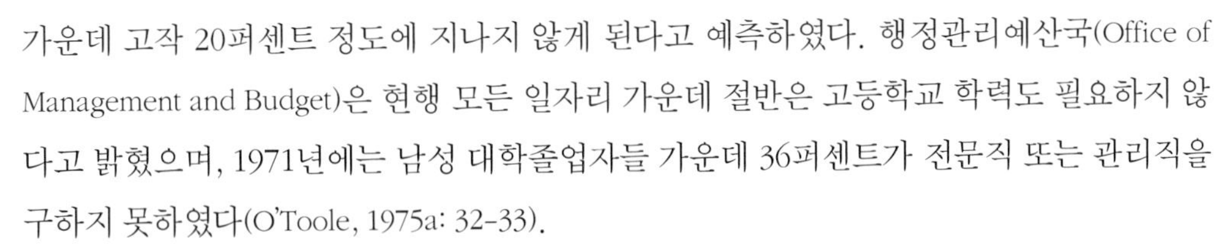

가운데 고작 20퍼센트 정도에 지나지 않게 된다고 예측하였다. 행정관리예산국(Office of Management and Budget)은 현행 모든 일자리 가운데 절반은 고등학교 학력도 필요하지 않다고 밝혔으며, 1971년에는 남성 대학졸업자들 가운데 36퍼센트가 전문직 또는 관리직을 구하지 못하였다(O'Toole, 1975a: 32-33).

미국에서 학교교육은 개인이 책임을 지고 착수한다. 고용주와 노동조합은 학교와 연계된 제도를 갖지 않는다(Arum and Hout, 1998: 473). 이러한 점에서 미국인들은 개별적으로 투자하듯 상급학교로 진학한다. 이 유형은 학교와 고용주가 협조 체제를 갖춘 독일 유형과 뚜렷하게 구별된다. 학교와 고용주가 강력하게 연계된 제도는 산업 현장에서 필요한 기술을 학생들로 하여금 습득하게 함으로써 고용주에게 도움을 주며 학생들은 취업에 유용한 기술을 취득함으로써 실업의 위기를 줄인다. 학교와 고용주가 단절된 미국의 경우, 학교는 산업 현장에서 필요한 기술을 가르치지 못하며, 이 현실을 익히 알고 있는 고용주들은 학교에서 배운 지식과 기술을 인정하지 않는다. 그 결과, 고등학교 졸업으로 학교교육을 종료한 젊은이들은 안정된 직장을 얻을 때까지 상당한 세월을 허비한다. 모두를 대학에 진학하도록 부추기는 미국에서 고용주들은 고졸 청년들의 성실성을 신뢰하지 않는다. 고용주들은 청소년기를 갓 벗어난 대학 미진학 청년들을 성인으로 간주하지 않는다. 고용주들은 그 청년들이 20대 중반에 이르렀을 때야 자신의 행위에 책임을 지는 성인으로 상대한다.

미국은 고등학교 직업교육이 아주 부실하여 성과를 기대할 수 없다고 알려졌지만, 여학생들을 위한 상업계열 프로그램과 남학생들을 위한 공업 관련 프로그램을 졸업한 학생들은 일반(general)계열과 학업(academic)계열의 프로그램을 택한 학생들보다 높은 임금을 받는다(Arum and Hout, 1998: 504). 준학사 학위를 취득한 지역전문대학 졸업생들은 이 대학이 4년제 대학으로 진학하는 디딤돌 역할을 하는 것으로 알려져 있기 때문에, 실패자라는 인상을 고용주에게 줄 수 있다. 그러나 놀랍게도, 2년제 대학 준학사와 4년제 대학 학사 간에는 초기 시간당 임금(initial hourly wage)에서 의미 있는 격차가 없다(Arum and Hout, 1998: 505). 그러나 생애 소득(lifelong earnings)에서는 의미 있는 차이가 발생할 가능성이 높다. 그 이유는 생애 소득에는 4년제 대학 출신에게 유리하게 작용하는 직종(occupation), 승진(promotion) 등이 관련되기 때문이다. 미국의 지역전문대학은 4년제 대학 진학을 갈망하는 젊은이들을 달래기 위한 교육 기관으로 은유되어 왔지만(Brint and Karabel, 1989; Clark, 1960), 2년 교육에 대한 준학사 학위는 걸맞은 경제적 보상을 받고 있으며 고등학교 졸업자와 대학졸업자 중간의 임금에 해당한다.

중등학교 단계에서 시행되는 직업교육이 학생들의 대학 진학 기회와 그 후 전문직과 위세 높은 직업을 얻을 기회를 제한하고 있음은 사실이다. 그러나 직업교육은 대학에 진학하지 않을 것 같은 졸업생들에게 안전망으로 작용하고 있음도 사실이다. 미국에서는 동령집단 가운데 절반 정도가 중등교육으로 학교교육을 종료한다. 이러한 젊은이들에게 중등직업교육은 취업 기회를 높여 주고 양질의 일자리에 취업하는 기회도 높여 줄 수 있다. 미국의 연방 정부와 주 정부는 직업교육 프로그램에 10년 이상 기금과 지원을 줄여 왔던 것과는 대조적으로 새삼스럽게 관심을 보이고 있다(Arum and Shavit, 1995: 201-202). 미국의 직업교육 프로그램은 효율적으로 구성되지도 운영되지도 않았기 때문에 직업교육이 체계적으로 구성되고 운영되는 독일, 스위스, 오스트리아 등의 국가에서 나타나는 효과를 기대할 수 없다. 그러함에도 불구하고 만족스럽지는 않지만 "효과가 있다"라는 보고가 있음은 고무적이라 할 수 있다.

직업교육은 이 과정을 자의적으로 선택하지 않은 학생들에게 시행될 경우 효과를 낙관하기 어렵다. 학생들의 자존심을 뭉개면서 시행되는 학교교육이 성공할 가능성은 전혀 없다. 그래서 미국에서는 고등학교에서 직업 교과과정을 선택한 학생들이 노동시장 기회에서 다른 학생들보다 더 유리하지도 않다(Rumberger and Daymont, 1984: 158-159). 직업교육이 제한된 몇 가지 직업에만 유용한 기술을 습득시키면 그 직업들 이외의 다른 직업을 얻는 데 상대적 이점이 없다. 직업교육이 기본 기술에 치중하면 특정 일자리에의 적합성이 낮아 이 프로그램을 선택한 졸업생들은 경제적 실리에서 일반 졸업생들보다 더 유리할 수 없다. 직업(vocational)과 학업(academic)으로 구분되는 고등학교 단계에서의 교과과정 계열화는 소득과 취업 기회에서 차이가 거의 없다. 그 이유는 고등학교 졸업생들이 대부분 기술 수준이 낮고 그에 따라 보상도 낮은 직업에 집중되기 때문이다. 대학 교육이 보편화되면 고등학교 과정은 대학 예비학교의 역할에만 집중한다. 모두를 대학에 진학하도록 부추기는 정책에 몰두하면 대학에 진학하지 않는 청소년들에게 관심을 기울일 여유가 없다. 미국에서는 대학 미진학 청소년들의 존재가 희미해지고 있다. 그들은 사회로부터 잊히고 있다.

미국의 10대 청소년들은 야심만만할 뿐 자신들의 포부를 실현하기 위해 거쳐야 하는 단계에 대해서는 잘 알지 못하고 알려고 애쓰지도 않는다. 대부분의 젊은이는 고등학교를 졸업한 후 상근직(full-time job)을 갖지 않는 대신 대학에 진학하여 4년 이상 그곳에 머문다(Schneider and Stevenson, 1999: 4-5). 미국에서는 청소년에서 성인으로 전환하는 데 걸리는 기간이 상당히 길어졌다. 고등학교 졸업으로 학업을 종료한 청년들은 소득이 높고 안정적이며 승진의 기회가 많은 일자리를 갖지 못한다. 이러한 상황은 대학 진학을 꿈꾸게 만든다. 그러나 1970년 미국 노동통계국은 모든 일자리 가운데 80퍼센트는 고등학교 교육으로

충분히 수행될 수 있다고 추산하였다(Flanders, 1970: 2). 기술공학이 발달하고 사회가 복잡해지면서 대학 교육이 필요한 일자리가 늘어나더라도[18] 전체 일자리 가운데 30퍼센트 이상으로 상승하지는 않는다. 대학 교육이 필요한 일자리는 많이 증가하지 않지만, 대학 학력을 가진 사람들이 취업하는 일자리는 급격히 증가하고 있다. 소위 학력이 인플레이션되고 있기 때문이다.

자신의 학력에 걸맞지 않게 낮은 일자리에 취업한 사람들은 업무에 만족하지 못해 불만을 쌓아가고(Berg, [1970] 1971; Baldi de Mandilovitch and Quinn, 1975), 이러한 현실의 원인으로 부조리한 사회구조를 지목하면서 집단적 불만 세력을 형성하며(Blumberg and Murtha, 1977), 급진적 변화를 요구한다(Bowles and Gintis, 1976). 이들의 집단적 요구는 정치적 위기를 초래할 수 있을(Carnegie Commission on Higher Education, 1973) 뿐만 아니라 새로운 유형의 노동계급(new working class)으로 결집할 수 있다(Gorz, 1967). 이후 미국에서 사회구조에 대한 불만은 쌓였을 터인데도 집단적으로는 너무나 오랫동안 움직임이 나타나지 않았기 때문에, 이러한 예측들은 점차 설득력을 상실하면서 시들해졌다. 그러나 소득 격차가 극도로 양극화되면서 2011년에는 젊은이들이 미국 뉴욕시 금융가를 점령하는 사건이 발생했으며 보수적 성향이 강한 경제학계에서도 구조적 불평등에 대한 신랄한 비판이 제기되기 시작하였다(Acemoglu and Robinson, 2012: Stiglitz, 2013; Wilkinson and Pickett, 2010).

미국에서는 1970년을 기점으로 과잉교육과 하향취업에 관하여 일련의 책과 논문이 출판되었다. 그러나 1986년에 발표된 논문(Smith, 1986: 85)은 미국에서 "대졸 청년들의 과잉교육과 과소고용이 사회문제가 될지는 불분명하다"라고 결론지었다. 2010년대 후반인 오늘날, 미국의 학계에서는 대졸 청년들의 과잉교육과 하향취업을 1970년대와 1980년대만큼 심각하게 다루지 않는다. 1970년대 대졸 청년들의 과잉교육은 베이비붐 세대의 대학 진학 시기와 겹치기도 하였다. 미국의 대학취학률은 지속적으로 상승했어도 중도 탈락률도 아주 높아 대학졸업자의 실질적인 증가는 폭발적이지는 않았다. 최근 미국에서는 과잉교육에 관해서 관심을 기울이지 않는다. 미국에서는 한국계, 중국계, 일본계 등 동아시아 민족들의 대학취학률은 아주 높지만(오욱환, 2011) 흑인들과 라틴계 민족들의 대학취학률과 대학졸업률은 높지 않다. 그리고 미국인들은 대학 교육의 보상 효과가 하락하면 대학 진학을 주저한다.

18) 기술공학의 발달은 탈기술화(deskilling)와 탈전문화(deprofessionalization)를 촉진함으로써 대학 교육이 필요한 일자리를 오히려 줄일 수 있다.

3. 독일의 직업교육과 대학 적정화: 견습생 제도를 통한 효율적 조정

누구라도 취업에 필요한 인적자본을 대학 이전 단계의 학교교육을 통해서도 축적해야 한다. 유치원에서 고등학교까지의 학교들도 직업적 업무를 효율적으로 수행하고 사회에서 원만하게 생활하는 데 필요한 능력들의 상당한 부분을 학생들에게 가르칠 수 있어야 한다. 각 단계의 학교들은 학생들의 성장과 발달에 맞추어 다양한 직업을 소개하고 개별 학생들에게 적합하고 실용적인 진로를 현실적 상황을 고려하여 지도해야 한다. 대학 진학을 유일한 도착점으로 설정하면, 그 이전 단계의 모든 학교가 대학 예비학교로 취급된다. 모두가 대학에 진학하면 대졸 청년 실업과 하향취업은 필연적으로 발생하지만, 대학 이전의 학교 단계에서 직업교육을 통한 취업이 활성화되면 사태가 얼마든지 호전될 수 있다. 대학 이전의 직업교육이 체계적으로 시행되는 독일에서는 대졸 청년 실업과 하향취업 사태가 발생하지 않는다. 그 이유는 고등학교가 직업교육과 진로지도 역할을 효율적으로 수행하기 때문이다.

미국과 독일은 고등학교 단계에서 이루어지는 직업교육과 진로지도의 차이를 극명하게 보여 준다. 두 국가의 고등학교 직업교육 체제는 각각 방치(negligence)와 체계화(systematization)로 표현해 볼 수 있다. 미국의 고등학교 단계에서의 직업교육은 성공은커녕 실패라고 극언할 수 있을 정도이다. 그 이유는 고등학교에서 직업교육을 받은 사실이 취업에 더 불리하게 작용할 수 있기 때문이다. 미국의 고등학생들이 아르바이트로 보조하는 작업과 독일의 고등학생들이 견습생으로 종사하는 작업에는 현격한 차이가 있다. 미국의 고등학생들은 아르바이트를 할 때도 어른이 되는 연습을 하지는 않지만, 독일의 견습생 고등학생들은 노동을 통해 어른들의 생업을 실습한다. 미국의 고등학생들이 자동차, 스테레오, 여행용 탑승권 등을 구매하기 위해 일하는 '표적 소득자들'(target earners)이라면 (Hamilton, 1990: 23), 독일의 직업계열 견습생들은 생활비를 안정되게 취득할 수 있는 일자리를 확보하기 위해 경력을 쌓는 '예비 직업인들'이다. 미국의 고등학생들이 패스트푸드 식당이나 주유소에서 아르바이트로 일함으로써 소비를 연습할 때 독일의 직업계열 고등학생들은 견습 과정을 이수하면서 일터에서 생업을 통한 소득을 체험한다. 독일의 견습생 출신 젊은이들은 18세 즈음에 성인의 일자리(adult job)를 취득한다.

독일에서는 견습생 제도를 통해 회사가 피고용자들의 일반기술 습득을 지원한다 (Acemoglu and Pischke, 1999: 567). 미국의 고등학생들은 아르바이트를 통해 학업과는 무관하게 노동현장을 경험하지만, 독일의 고등학생들은 견습생 제도를 통해 학업과 직결되고 자신들의 진로와 관련된 노동현장에서 실무를 연습한다. 미국의 아르바이트는 학업과 배타적이거나 조화되지 않아 대부분의 경험이 추후의 직업으로 연결되지 않지만, 독일의 견습은 학업과 통합적이며 노동시장 진입 이전 단계에서 경력을 쌓을 기회가 된다. 독일의 교육자들, 고용주들, 부모들 그리고 청소년들은 학교와 노동현장을 성인기에 갖게 될 직업에서 수행하게 될 역할을 준비하는 데 필수적인 과정으로 생각한다(Mortimer and Krüger, 2000: 477). 독일에서는 직업계열을 선택으로 인정하고 적절하게 지원하지만, 미국에서는 직업계열을 낙오처럼 깎아내리고 내버려 둔다. 미국에서는 "모두가 대학에 가야 한다"는 사고가 지배적이기 때문에 대학에 가지 않는 계열은 무시된다.

독일에서는 청소년들이 직업계열 학교를 졸업할 때 직업에 필요한 자격을 갖추고 있어 노동시장 진입이 순조롭게 이루어진다. 독일 청소년들은 학교와 직장의 이원 구조 아래 직업교육을 체계적으로 받아 실무에 곧바로 투입될 수 있는 기술을 갖춤으로써 마치 예매한 표로 입장하듯 학교에서 직장으로 자연스럽게 이전한다. 독일에서는 직업 기술이 낮을 경우에만 첫 일자리를 찾는 데 어려움을 겪는다. 한편, 프랑스와 영국에서는 교육적 자격과 일자리의 조응이 분명하지 않다. 그러나 학교교육 수준이 높으면 실업의 위험과 일자리 불안정을 더는 데 도움이 된다(Brauns, Gangl, and Scherer, 1999: abstract). 따라서 프랑스, 영국 그리고 미국에서는 실업의 위험을 줄이기 위해 학력을 최대한 높이고 있다. 대학 이전 단계의 학교에서는 일자리에 안착하는 데 필요한 지식과 기술을 가르치는 데 소홀하기 때문이다.

독일의 고졸 노동자들이 생산에 필요한 기술과 인간관계에 요구되는 기술을 상당히 갖추고 졸업과 동시에 취업하는 것과는 대조적으로, 미국의 고졸 노동자들은 평균 7년을 보내고도 생산과 인간관계에 관한 기술을 제대로 갖추지 못한 채 취업한다(Arum and Hout, 1998; Hamilton, 1990: 3). 두 국가 간에 벌어진 청년 노동자의 7년 세월은 생산성에서 뚜렷한 격차를 유발하고 있다. 미국 제품과 독일 제품의 격차는 생산노동자들의 인적자본 격차를 상당히 반영하고 있다. 예컨대, 독일에서는 고등학교 때 견습생으로 자동차 생산 공장에서 근무한 경력이 있는 노동자들이 졸업 후 곧바로 자동차 공장에 취업하여 자동차를 생산한다면, 미국에서는 고등학교 때 패스트푸드 식당에서 아르바이트로 일하고 졸업 후에는 한동안 여러 가지 직장을 거친 후 25세 때 자동차 공장에 취업한 노동자가 자동차를 생산한다. 25세 노동자를 대상으로 비교하면, 독일의 노동자는 자동차 생산 경력이 견습생 과정을 제외하고도 7년이나 되지만 미국의 노동자는 자동차 생산 경력이 없다.

미국의 고용주들은 고등학교 졸업자들이 읽기, 쓰기, 수학 등에서 기본 실력이 부족하기 때문에 좋은 일자리를 줄 수 없다고 변명한다. 고용주들은 고졸 청년들을 채용한 후에 기본 지식과 기술을 다시 가르칠 수밖에 없다고 하소연한다. 독일처럼 고등학교 단계에서 직업교육을 체계적으로 실시하는 국가들은 미국이 겪고 있는 청년들의 기술 부족을 원활하게 해결하고 있다. 미국의 18세 청년들과는 다르게 독일의 18세 청년들은 책임을 지는 일자리를 갖는다. 독일의 시스템은 낮은 청년 실업률, 청년들의 고용에 대비한 착실한 준비, 고용주들의 청년 노동력의 가치 인정 등을 구현하고 있다.

미국의 경우, 높은 청년 실업률에 대한 분석들은 지식과 기술 수준이 낮은 청년들 그리고 취업 기회를 제공하는 데 인색한 고용주들을 비난하는 데 쏠리고 있다(Rosembaum, 2001: 2-3). 미국의 정부와 고용주들은 희생자를 비난하면서 책임을 모면하지만, 독일은 정부와 기업 그리고 직업계열 고등학교가 상호 신뢰에 기초한 시스템을 통해 청년 실업 문제를 해결할 뿐만 아니라 높은 기술력으로 세계 산업을 선도하고 있다. 독일의 체계적인 직업교육을 기준으로 삼으면, 미국의 정부는 대학 미진학 청소년들을 외면하고 있는 정도를 넘어 망각하고 있다. 실제로 미국의 대학 미진학 청소년들은 '잊힌 절반'(the forgotten half)으로 표현되고 있다(Halperin, 1998; Rosenbaum, 2001; Whitman, 1989).

학교교육의 실용화나 청소년 취업에 관한 주제를 다룰 때, 독일의 고등학교 단계에서 시행되고 있는 견습생 제도는 마치 만병통치약처럼 제안된다. 독일 견습생 제도를 독일과 비슷한 문화를 가진 인접 국가들은 도입할 수 있을지라도 상당히 다른 문화를 가진 미국은 모방조차도 어렵다(Hamilton, 1990). 가장 먼저 떠올리게 되는 장벽은 미국의 고용주들이 견습기간이 끝난 후 다른 회사로 떠날 가능성이 있는 고등학생들을 자신들의 비용으로 훈련하고 비록 적은 금액일지라도 임금을 지급할 의사가 없다는 점이다(Harhoff and Kane, 1997). 미국에서는 이 문제를 해결하기 위해 훈련 경비를 세금으로 보완해 주는 방법이 제안되기도 한다. 독일이 견습생 제도를 성공적으로 지속할 수 있는 이유는 경비 부담을 극복할 수 있을 만큼 사회자본이 풍부하게 지원되고 있기 때문이다. 독일의 고용주들은 자신들의 이익을 위해서보다는 사회를 위해서 견습생의 훈련비용을 부담한다. 독일의 견습생 제도가 아무리 매력적이더라도 그 제도가 기반을 두고 있는 문화까지 도입하지 않으면 제도의 정착은 실패할 수밖에 없다. 미국에서는 독일과 같은 사회자본이 마련되어 있지 않다.

독일의 견습생 제도는 고등학교를 졸업하고 직업을 가져야 하는 후기 청소년들을 책임지고 도와주려는 직업계열 학교들과 고용주들이 튼튼한 하부구조로 받쳐 주기 때문에 효율적으로 작용하고 있다. 독일의 직업계열 고등학교들은 학생들이 직업인으로 적합한지를 평가하는 데 책임을 지기 때문에 고용주들은 학교의 평가를 신뢰한다(Rosembaum, 2001: 167). 독일의 견습생 제도가 효율적으로 기능하는 이유는 사회 전반적으로 신뢰가 깔려 있기 때문이다.[19] 신뢰는 사회자본이 형성되고 축적될 수 있는 기반이며(오욱환, 2013)

사회적 선(social virtues)으로 번영을 가져온다(Fukuyama, [1995] 1996). 독일의 견습생 제도는 소속 학교, 기업, 정부, 노동조합 등 관련된 조직들이 상호 신뢰를 통해 확보한 사회자본의 지원 아래 인적자본을 쌓기 때문에 성공적인 성과를 거두고 있다.

독일에서도 졸업한 견습생들의 약 70퍼센트가 훈련을 받은 회사를 5년 이내 떠난다(Harhoff and Kane, 1997: 172). 독일의 고용주들은 견습생들 중에 70퍼센트가 다른 회사로 떠난다는 사실을 알고 있고 회사의 중요한 기술이나 기밀이 유출될 가능성이 있음에도 불구하고 견습생들에게 임금을 지급하면서 기술을 진지하게 가르친다. 그리고 고용주들은 다른 회사에서 견습생 과정을 마친 노동자들을 채용할 때 그 회사도 견습생들을 진지하게 가르쳤을 것으로 확신하고 그들의 기술력을 신뢰한다. 모든 고용주가 견습생들을 진지하게 가르쳐야만 유능한 노동자들을 채용할 수 있다. 이 사실은 공유지가 상호 신뢰 아래 효율적으로 활용되면 모두에게 이익이 될 수 있음을 의미한다.[20] 사적 이익에 매몰되면 공유지의 비극을 피할 수 없지만, 사적 이익을 절제하면서 공동체를 구성하면 공익이 확대될 수 있다.

견습생 제도에서 가장 중요한 역할은 영역별 고용주 연합과 지역별 고용주 연합, 상공회의소, 수공업 회의소가 맡고 있다. 지방 정부는 직업학교 운영에 책임을 지는데 가장 중요한 과제가 고용주 연합과 노동조합의 밀접한 협조이다. 연방 정부는 견습생 제도에 관한 법률적 책임을 진다. 견습생 제도가 성공적으로 운영되고 있음은 독일의 사회자본이 얼마나 풍부하고 튼튼한지 짐작하게 한다. 고용주 연합과 노동조합의 밀접한 협조, 직업학교들과 견습생을 받아들인 기업들 간의 긴밀한 교류 등은 견습생 제도가 단순히 정부의 교육 정책이나 노동 정책의 결과가 아님을 의미한다.

견습생 제도를 운영하는 데 필요한 비용은 지방 정부, 견습생 그리고 견습생을 받는 회사가 부담한다. 지방 정부는 훈련의 공적 교육 부분에서 발생하는 비용을 책임진다. 견습생들은 견습 동안 낮은 보수를 수용함으로써 회사에 훈련비를 지불하는 형식을 취한다.[21] 회사는 현직훈련에 드는 경비를 모두 부담한다. 독일에서 회사들은 외부의 압력 때문에

19) 독일의 견습생 제도는 사회자본이 교육적으로 활용되는 최적의 사례이다(오욱환, 2013).

20) '공유지의 비극'은 공유지이기 때문에 발생하는 것이 아니라 그 공유지를 공유하고 있는 사람들이 사익의 극대화를 위해 무분별하게 이용한 결과일 뿐이다. 공유하고 있는 사람들이 서로 믿고 협조한다면 '공유지의 비극'과는 상반된 성과를 거둘 수 있다.

21) 견습생에게 지급되는 임금이 적절한지는 논란의 소지가 많다. 상호 신뢰하지 않을 경우, 견습생은 업무에 비해 임금이 적다고 고용주를 비난하고, 고용주는 훈련비용을 고려하면 손해라며 견습생을 질타한다. 그러나 상호 신뢰할 경우, 견습생은 시장성 있는 기술을 전수해 준 데 대해 감사하고, 고용주는 생산성 향상에 공헌해 준 데 대해 고마워한다. 신뢰사회에서는 '열정페이'와 같은 착취가 시도될 수 없다.

마지못해 견습생 제도를 감수하는 것이 아니며 자발적으로 참여한다. 견습생들은 훈련을 받은 회사를 떠나는 데 대해 거리낌이 없으며, 회사는 자사에서 근무한 견습생들을 고용해야 하는 부담도 없다(Soskice, 1994: 37). 한편, 젊은이들도 견습생 과정에 들어가야 할 의무가 없다.

독일 젊은이들 가운데 오직 3퍼센트에서 6퍼센트만이 아무런 자격증 없이 학교를 떠나며 5단계로 나누어진 일자리들 가운데 가장 낮은 단계에 고용된다. 나머지 네 단계의 일자리에 취업하려면 그에 걸맞은 공식적 자격을 갖추어야 한다. 직업교육과 훈련의 체제는 자격증을 취득하는 통로로서, 독일 젊은이들 가운데 70퍼센트를 수용한다. 훈련증명서(training certificates)를 가지고 498종의 질적 수준이 공인된 직업들에 취업할 수 있다. 1996년의 경우, 이 가운데 370종의 직업들은 견습생 경험을 요구했으며 128종은 학교단위 직업교육으로 자격이 충족되었다(Mortimer and Krüger, 2000: 479). 독일에서는 학교에서 직장으로의 진로가 매우 단계적이며 표준화되어 있다. 독일의 학교교육 체제는 자격소지자들을 수직적으로 그리고 수평적으로 구분된 노동시장에 진입시킨다. 학교와 직장이 밀접하게 연계되어 있기 때문에 독일 젊은이들은 청소년기부터 소득을 얻는 데 적극적이고 어른이 되는 연습을 충분히 하게 된다(Mortimer and Krüger, 2000: 481).

직업훈련은 다양하게 전개되고 있지만 (1) 일반학교에서의 훈련, (2) 직업학교에서의 훈련, (3) 회사에서의 연수 과정, (4) 현직훈련(on-the-job training)의 네 가지 유형으로 정리해 볼 수 있다(Allmendinger, 1989: 238)(〈표 8〉 참조). 계층화된 체제에서 교육받은 사람들의 직업적 지위는 교육 성취에 따라 강력하게 좌우된다. 비계층화된 또는 표준화된 학교교육 체제를 취하는 국가에서는 교육 성취와 직업적 지위 간의 관계가 긴밀하지 않다. 학교교육 체제는 경력 궤적을 바꿀 때, 특히 직업을 바꿀 때 영향을 미친다. 표준화된 학교교육 체제에서 교육받은 사람들은 계층화된 학교교육 체제에서 교육받은 사람들보다 일자리를 덜 바꾸는 경향이 있다(Allmendinger, 1989: 247). 계층화된 학교교육 체제에서 직업과 관련된 교육과 훈련을 받은 사람들은 시장성이 있는 지식과 기술을 갖추고 있을 가능성이 높다. 이들은 이 지식과 기술로 새로운 일자리를 구하는 데 유리하다.

〈표 8〉 직업훈련의 유형화

주체 / 지향	공교육	회사
표준화	일반학교 훈련	연수 과정
계층화	직업학교 훈련	현직훈련

 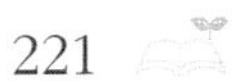

독일처럼 체계화된 직업교육 제도는 학생들이 산업 현장에 필요한 지식과 기술을 습득하여 적합한 일자리를 가질 수 있게 지원한다. 그러나 이 제도는 중등교육 단계에서 진로를 학업과 직업으로 계열화함으로써 생애 기회에서 격차를 유발할 수밖에 없다. 이 제도가 정착되려면 역기능보다 순기능에 의미가 더 많이 부여되어야 하고 직업에 따른 소득과 위세의 격차가 수용할 수 있을 정도로 적어야 한다. 불평등 해소에만 초점을 맞추면 중등교육 단계에서 계열화가 정착할 수 없다. 이 제도는 한국처럼 직업에 따라 출세 여부가 결정되는 사회에서는 불평등의 고착화 역할로 부각될 수 있어 적용하기 어렵다. 독일의 견습생 제도가 지극히 현실주의적 정책이라면, 미국의 '모두를 위한 대학'은 극단적인 이상주의 정책이다. 현실주의 정책이 안전을 지향하면서 소망을 절제한다면, 이상주의 정책은 소망을 지향하면서 안전을 유보한다. 그 결과로 독일의 고졸 청년들은 꿈에서 깨어나 일찍 정착하고, 미국의 고졸 청년들은 꿈을 찾아 오랫동안 방황한다.

독일에서는 각 동령집단에서 60퍼센트 이상은 견습생으로 들어가고, 약 30퍼센트는 고등교육 기관에 진학하며, 5퍼센트 정도는 이 두 가지 진로에서 탈락한다(Soskice, 1994: 26). 견습생은 고용주와 법적 계약을 맺고 16세에서 19세 사이에 시작하며 3년 또는 4년 동안 참여한다. 독일의 중등교육은 종료 교육인 직업계열(vocational track)과 예비 대학에 해당하는 학업계열(academic track)로 뚜렷하게 구분되어 있다. 직업계열은 16세에 견습생으로 입문하게 되는 레알슐레(Realschule)와 하우프트슐레(Hauptschule)가 해당되며 레알슐레가 하우프트슐레보다 학업 수준이 상대적으로 높다. 학업계열은 대학 진학을 목표로 삼는 학생들의 김나지움(Gymnasium)이 있다. 계열 간 이동은 현실적으로 거의 불가능하다. 레알슐레와 하우프트슐레를 통해 직업을 취득하는 학생들이 절대다수를 차지하기 때문에 독일에서는 미국이나 한국처럼 대학졸업자가 과도하게 배출되지 않는다.

독일에서는 많은 청년 노동자가 견습생으로 경력을 시작한다. 견습 기간은 현직에서의 훈련과 공립 직업학교에서의 수업으로 이루어지는 이중 체제로 구성되어 있다. 견습생 체제는 국가, 기업 조직 그리고 노동조합 간의 긴밀한 협력으로 유지된다. 기업 조직은 상공회의소, 산업 그리고 상업으로 구성된다. 국가, 기업 조직 그리고 노동조합은 견습 훈련 프로그램을 협력하여 설계하고, 가르쳐야 할 기술들에 대해 타협하며, 시험 절차를 결정할 뿐만 아니라 훈련 기회와 훈련된 노동자들의 요구를 충족시키려고 노력한다(Shavit and Müller, 2000: 441-442). 학교교육 체제가 매우 계층화된 독일에서는 학생들이 이른 시기에 교과과정이 아주 다른 계열들로 분리된다. 계층화가 엄격한 국가에서는 자격증이 취업지망자들의 교육 성취 수준을 구체적으로 알려 주기 때문에 자격증 유무가 취업에 결정적으로 작용한다. 그리고 견습 과정을 밟는 학생들이 학교와 견습 현장에서 받은 평가가 취업 여부에 직접 영향을 미친다. 견습생 과정에 입문한 청소년들은 학교와 견습 현장에서의 평가가 자신들의 생애 기회를 좌우할 수 있음을 익히 알고 있기 때문에 안일하지 않으며 게으름을 피우지 않는다.

견습생 제도는 이중 체제로 운영된다. 견습생들은 회사에서는 견습 직원으로 그리고 공립 직업학교에서는 학생으로 교육과 훈련을 받는다. 견습생들은 주당 하루 또는 이틀은 학교에서 이론적 측면이 강조된 수업을 받는다. 규모가 큰 회사는 회사에 부설된 훈련소에서 견습생들을 가르친다. 규모가 작은 회사는 여러 회사가 구성한 집단 훈련 센터에서 현장 훈련을 실시한다(Soskice, 1994: 27-28). 견습생 프로그램은 매우 구조적이며 견습 기간이 끝나면 이론과 실무에 관한 시험이 외부에서 부과된다. 견습생들은 이 시험을 통과해야만 기술 노동자 자격(skilled worker's certificate)을 획득할 수 있다. 응시자들 가운데 10퍼센트 정도가 탈락한다(Soskice, 1994: 28). 독일의 직업계열 고등학생들은 견습 현장에서는 물론이며 학교에서도 성실해야 한다. 그들은 고등학생 때 자신의 인생을 설계하고 책임짐으로써 다른 국가의 청소년들보다 비교적 이른 나이에 어른이 된다. 이와는 상반되게 대학 교육이 보편화된 국가의 청소년들은 성년기를 지난 후에도 어른으로 처신하려 하지 않는다.

견습 학생들은 견습 중에도 학업성적을 높이고 교사들로부터 좋은 평가를 받기 위해 열심히 공부한다. 학교 성적과 교사의 평가는 이후 취업하는 데 중요한 준거로 작용하기 때문이다. 독일에서 견습생 과정을 밟는 직업계열 학생들은 학교와 회사에서 열성을 다함으로써 학업계열을 통해 대학에 진학하려는 학생들 못지않게 자긍심이 높다.[22] 독일에서 고등학교 과정의 직업계열과 학업계열은 차이로 나뉘며 격차로 구별되거나 차별되지 않는다. 대학에 진학하지 않는 독일 학생들의 학업 성취는 영국과 미국의 기준으로 측정하면 상당히 높다. 이 사실은 국제 비교 연구와 영국-독일 비교 연구에서 밝혀졌다. 더욱이 영국과 미국의 수많은 학교에서 발생하는 훈육 문제들이 독일에서는 거의 일어나지 않는다. 견습생 체제에서는 유인 체제가 확고하게 마련되어 있어 독일 학생들은 학교에서 열심히 공부한다. 모두가 대학에 진학하도록 부추기는 미국에서 대학 미진학 청소년들은 묵시적으로 낙오자로 분류되지만, 직업계열 고등학교 진학이 선택으로 인정되는 독일에서 대학 미진학 청소년들은 대학 진학 청소년들과 구별될 뿐이다. 그리고 독일에서는 대학 미진학 청소년들이 안정된 일자리에 정착할 수 있도록 지식과 기술을 습득시키는 데 매우 적극적이다.

독일 견습생 제도는 국가경쟁력을 세계 최고 수준으로 이끄는 원동력이 되고 있다. 많

22) 자긍심은 어떤 일을 하느냐에 달려 있기보다는 자기 일에 얼마나 진지하냐에 달려 있다.

은 국가가 이 제도를 선망하고 도입하려 하지만 성공에 이르지 못하는 이유는 외형적으로 드러난 견습생 제도에만 주목했기 때문이다. 독일 견습생 제도는 외형적으로는 직업교육 제도처럼 보이지만 사실인즉 독일이 오랜 세월을 두고 풍부하고 확고하게 조성한 사회자본의 구현물이다. 독일에 버금갈 정도로 직업교육이 성공하고 있는 국가로는 일본을 들 수 있다. 일본 직업교육의 성공도 일본 사회가 조성한 사회자본에 기반을 두고 있다 (Rosenbaum and Kariya, 1989; Rosenbaum, Kariya, Setterstein, and Maier, 1990).[23] 독일과 일본처럼 직업학교와 장래의 직장이 밀접하게 교류할 경우, 직업계열 학생들은 학업과 직업훈련에 성실하게 참여한다. 학교에서의 성적과 활동이 장래 취업에 직접 영향을 미치기 때문이다. 이와는 반대로 미국의 고용주들은 고등학교를 졸업하고 취업하려는 지원자들의 고교 시절 학업성적에 관해 관심이 없다. 따라서 고등학교 졸업 후 취업 쪽으로 진로를 선택한 학생들은 학업에 소홀하다. 그 결과, 미국의 고등학교 단계에서의 직업교육은 유명무실하며 미국의 고졸 청년들은 오랫동안 방황한다.

경제가 성장하는 데 필요한 인적자본은 학교교육의 양, 질 그리고 유형에 의해 축적된다. 독일의 경우, 1875년부터 1938년까지는 중등교육의 양적 확대와 질적 향상이 경제 성장을 견인했지만 1950년부터 1972년까지는 고등교육과 자본의 형성이 경제 성장에 결정적으로 공헌하였다(Garnier and Hage, 1990: 25). 독일의 대학생들은 최적화되어 있기 때문에 교육비를 지원받으며 취업 불안 없이 학업에 매진할 수 있다. 독일은 고등학교 단계에서의 직업교육이 효율적으로 시행되고 졸업생들이 생산 현장에서 곧바로 적용될 수 있는 생산 기술과 문화를 익혀서 취업함에 따라 실업을 겪지 않는다. 고등학교에서 직장으로 순조롭게 이동하고 보유한 인적자본에 대한 보상을 적합하게 받기 때문에 대학 진학에 대한 압박을 받지 않는다. 고등학교 단계에서의 직업교육과 진로가 효율적으로 이루어짐에 따라 대학취학률이 적절하게 조정된다. 독일의 경우, 정부에서 대학 교육비를 지원할 수 있는 이유 가운데 하나는 학생 수가 많지 않다는 점이다.[24] 독일에서는 지적 능력을 상당

---

23) 일본의 고용주들은 일선 노동자들을 동료(partner)로 인정한다. 일본에서는 학생들은 학교에서 추천하는 직장에 지원하고 고용주들은 학교에서 추천한 학생들에서 선발한다. 일본의 경우, 학교와 직장은 상대로부터 신뢰를 잃지 않기 위해 고용주는 불경기 때에도 일정 수의 학생들을 채용하며 학교는 기업의 추천 요청이 있더라도 만족할 만한 수준에 도달하지 않은 학생들을 추천하지는 않는다. 이러한 과정을 거치면서 학교는 좋은 직장들과 신뢰 연결망을 더욱 굳건하게 한다(오욱환, 2014: 426).

24) 대학생이 동령인구의 절반을 넘어선 국가에서는 대학생들에게 교육비를 지원하는 데 한계가 있다. 앞서 언급한 대로 중국에서도 대학 교육을 크게 확대하면서 국가 지원을 중단하였다. 정부의 지원 정책은 대출을 알선하는 수준을 넘기 어렵다. 한국에서도 과도한 빚을 안고 대학을 졸업하는 학생들이 늘어나고 있다.

히 갖추어야만 대학에 진학할 수 있다. 독일 학생들은 고등학교 졸업 자격과 대학 입학 자격을 동시에 결정하는 시험, 곧 아비투어(Abitur)를 통과해야 대학에 진학할 수 있다.

독일의 대학생들은 취업하면 견습생 제도 아래 아주 체계적으로 교육받고 훈련된 숙련 노동자들과 함께 일해야 하므로 안일하게 공부할 수 없다. 대졸 청년 취업자는 직업계열 고등학교에서 견습생 훈련을 마치고 4년 동안 실무 경력을 쌓은 노동자들과 비교된다. 다시 말해서, 대졸 청년 신입 사원들은 고등학교 재학 중에 견습생 과정을 통과하고 졸업하면서 곧바로 취업한 후 현장에서 4년 경력을 쌓은 중견 노동자들을 동년배로 상대해야 한다. 교육계에서는 일자리를 구하는 데 학교교육의 중요성을 강조하지만, 일자리를 얻는 데 필요한 능력, 곧 인적자본은 학교 바깥에서도 습득될 수 있다. 업무를 수행하는 데 경험은 학교교육 못지않게 중요하다. 업무의 종류에 따라서 경험이 학교교육보다 더 긴요하게 활용되기도 한다. 그리고 학교교육 기간이 종료된 이후에만 경험이 쌓이는 것도 아니다. 독일의 견습생 제도는 학교교육과 실무 경험을 통합하는 프로그램을 운용함으로써 업무 능력을 극대화하고 있다.

학교와 직장의 관계를 어떻게 설정하느냐에 따라 학교교육의 유형이 상당히 좌우된다. 미국과 독일의 고등학교는 아주 다르다. 다소 극단적으로 비유하면, 미국의 고등학교가 학생들의 생애 기회를 넓혀 주는 대신에 취업 지도를 외면한다면, 독일의 고등학교는 학생들에게 취업을 알선하는 대신에 그들의 생애 기회를 제한한다. 굳이 구분한다면 한국의 고등학교는 직업계열 고등학교가 있음에도 불구하고 실제로는 미국형에 가깝다. 한국의 고등학교는 학업계열과 직업계열로 양분되어 각각 대학 진학과 취업을 지향하지만, 대학교육이 필수화되고 보편화 단계에 접어들면서 직업계열 고등학교가 제 기능을 못 하고 있다. 한국에서 직업계열 고등학교는 더는 종료 교육 기관이 아니며 그렇다고 대학 진학을 준비하는 고등학교도 아니어서 정체성 혼란을 겪고 있다. 그래서인지 직업계열 고등학생들은 재학 중에는 물론이며 졸업 후에도 오랫동안 방황한다.

6장

대학 학력의 과잉 사태:
발현과 악화

한국은 미군 점령 시대(1945년 8월부터 1948년 8월까지)부터 미국의 학교교육 체제를 모형으로 삼았으며 초등교육의 기회는 물론이며 고등교육 기회도 상당히 확대하였다(오욱환 · 최정실, 1993). 미국은 건국 초기부터 대학 교육의 대중화를 추구했으며(오욱환, 1999; Collins, 2002: 25), 오늘날에는 보편화를 목표로 삼고 있다. 한국에서 대학의 양적 확대는 미국을 모델로 삼음으로써 이미 예견되었다. 한국의 개별 국민들이 교육출세론에 매료되어 있었다면, 경제 성장 시대 한국 정부들은 발전교육론에 심취해 있었으며(정범모, 1966, 정범모 · 정원식, 1968; 차경수, 1976; Harbison and Myers, 1965) 미국을 최적의 모범 사례로 삼았다. 미국은 대학의 양적 확대가 경제 성장과 사회 발전을 이끌 수 있음을 실증하였다.

> 미국 고등교육의 가장 뚜렷한 특징은 규모와 다양성이다. 이 때문에 미국 고등교육 체제는 사회 각계각층의 수많은 요구를 수용할 수 있었으며 급격한 사회변화에 효율적으로 대처할 수 있었다. 미국은 건국 초기부터 고등교육을 야심 차게 출발시켰다. 당시 영국은 옥스퍼드와 케임브리지 두 대학으로 충분하다고 생각했지만, 미국은 경제적 여건이 훨씬 열악하고 인구도 적었음에도 불구하고 9개의 대학을 설립하였다. 고등교육에 대한 미국 사회의 집념은 1860년대 남북전쟁이 발발할 때까지 무려 250개의 대학으로

> 팽창된 데서도 잘 드러난다. 1910년, 미국은 거의 1,000개의 대학과 300,000명 이상의 학생을 갖고 있었다. 당시 프랑스에는 16개의 대학에 40,000명의 학생이 재학하고 있었다. 프랑스의 학생 수는 미국의 교수 수에 해당하는 규모였다. (오욱환, 1999: 9-10)

해방 이후 반세기 동안 한국에서는 학력과 학벌이 출세의 결정적 도구이며 국민들의 학력 상승이 경제 성장의 동력임을 확신하게 만드는 사례들이 충분히 출현하였다. 교육출세론과 발전교육론은 각각 부모들로 하여금 자녀들을 대학에 진학시키고 정부로 하여금 대학 교육 기회를 무한히 확대하게 하였다. 그러나 부모들은 자녀들을 대학에 진학시키고 졸업시킬 수는 있더라도 대학 학력에 어울리는 일자리에 취업시키는 데에는 한계가 있다. 정부도 대학의 입학 정원을 늘릴 수 있어도 대졸 청년들에게 일자리를 마련해 줄 수는 없다. 대학 이후의 진로는 부모들의 열정이나 정부들의 희망에 따라 결정되지 않는다. 정부는 대학 정원을 늘리듯이 대학졸업자에게 걸맞은 일자리를 늘릴 수 없다. 대학 정원을 과도하게 늘린 정책 때문에 대학 졸업 실업자와 하향취업자가 체계적으로 양산된다. 한국은 지금 대학졸업자들이 넘쳐나는 고학력 인력의 홍수와 범람 사태를 맞고 있다.

일자리는 노동시장의 수요에 의해 결정되며 고용주들의 철저한 영리지상주의의 영향을 받는다. 정부가 고용주들에게 일자리를 늘려 달라고 요구하는 것은 자본주의의 속성을 무시하는 낭만주의적 발상이다. 경영합리화는 자본주의 기업의 절대 명제이며 그 핵심은 인력의 최소화이다. 고용주들이 정부의 요구를 받아들인다면 정치적 압력을 두려워해서이지 의미 있는 대안이기 때문이 아니다. 최대의 고용주인 정부조차도 일자리를 마음대로 늘리지 못한다. 고용주들은 피고용자를 최소화함으로써 이익을 극대화하는 전략을 구사한다. 산업은 항상 생산에 필요한 인력을 줄이는 방향으로 발달해 왔다. 자동화(automation), 전산화(computerization), 인터넷 통신(internet connection) 등은 생산에 필요한 인력을 급속도로 줄이고 있으며 경영합리화로 좋은 일자리들이 줄어들 뿐만 아니라 직종 자체가 사라지고 있다.

오늘날 산업화된 국가들에서는 대학 학력을 가진 사람들은 늘어나고 그들을 고용하는 일자리는 줄어듦으로써 고학력 청년 실업이 공동의 문제가 되고 있다. 한국은 최단 기간에 대학취학률을 세계 최고 수준으로 상승시켰지만, 압축적으로 성장하던 경제가 이전의 속도를 내지 못하면서 대졸 청년들의 실업과 하향취업이 심각한 사태로 드러나고 있다. 이 사태는 앞으로 더욱 악화될 수밖에 없는데, 그 이유는 정책을 결정할 수 있는 사람들이 이 사태를 방관하고 있기 때문이다. 이들은 집권 또는 재집권의 욕망 때문에 득표에 불리한 대학 정원의 획기적 감축을 정책으로 결정하지 않는다. 노동시장이 대학 졸업 청년들

을 그 학력에 어울리는 일자리로 수용할 수 있으려면 대학취학률은 30퍼센트 이하로 낮추어야 한다. 이 비율은 현재의 대학 정원을 절반 이상 감축하는 것을 의미한다. 대학생들은 대학등록금을 절반으로 줄이라고 요구하지만, 한국 경제와 사회는 대학생을 절반으로 줄이라고 경고하고 있다.

오늘날 한국이 직면하고 있는 고학력 청년 실업과 하향취업 사태는 잦아들 기미가 전혀 없으며 오히려 악화될 조건들만 추가되고 있다. 한국에서는 이 사태가 극도로 심각해지고 있는데, 그 이유는 청소년들, 청년들, 그들의 부모들, 대학들, 노동시장, 정부, 국가 등 모두가 현실을 외면하고 경기회복이라는 낭만적 기대에 집착하고 있기 때문이다. 정부는 경기가 부양되어 일자리가 늘어나기를 고대하고 영리를 추구하는 민간 기업들에 일자리를 늘려 달라고 호소하는 한편, 공무원과 공기업 직원을 늘림으로써 사태를 모면하려 한다. 그러나 이러한 대책은 매년 대학졸업자들이 엄청나게 쏟아져 나오기 때문에 성과를 기대할 수 없다. 지금의 대학취학률을 그대로 유지하는 한, 노동시장의 수요를 아무리 늘리더라도 대졸 청년 실업과 하향취업 사태는 절대로 해결되지 않는다. 대학졸업자들이 원하는 일자리는 전문직이어서 정부의 노동 정책으로 늘리는 데에는 한계가 있다. 이미 범람하고 있는 댐에 유입되는 수량(水量)이 방류되는 수량보다 더 많다면 범람을 막을 수 없다.

정부가 대졸 청년 실업만 문제로 삼고 그들의 하향취업을 내버려 두고 있다면 사태를 정확하게 파악하지 못한 것이다. 대졸 청년들의 하향취업은 실업만큼 드러나지 않아도 실업 못지않게 심각하다. 하향취업은 유형이 아주 다양하다. 하향취업은 학교교육이 비효율적으로 활용되고 있음을 의미하며 생존을 위해서 실업 상태를 지속할 수 없는 '어쩔 수 없는 선택', 곧 강요된 결정임을 고려한다면 실업보다 덜 심각한 상황으로 볼 수 없다. 그리고 대졸 청년들의 하향취업은 학교교육 수준이 이보다 낮은 사람들의 생업 기회를 심각하게 침범한다. 하향취업한 사람들은, 의도하지 않았더라도, 자신들보다 더 불리한 처지에 있는 타인들의 생존권을 박탈할 가능성이 높다. 하향취업한 상위 학력자들은, 의도하지는 않았을지라도, 노동시장의 질서를 원천적으로 붕괴시키며 약육강식(弱肉强食) 또는 적자생존(適者生存)이라는 밀림의 법칙이 현대 민주사회에 통용되게 만든다.

1. 학력과 학벌의 출세효과: 체험으로 굳어진 교육출세론

한국의 현대사에서 교육은 언제나 국가의 필수 조건으로 등장하였다. 교육입국론(教育立國論), 발전교육론(發展教育論), 인적자본론(人的資本論) 등의 개념에서 알 수 있듯이 교육은 국가를 세우고 경제를 성장시키며 사회를 발전시키는 데 필요한 조건으로 강조되어 왔다. 이러한 이론들은 각각 국가가 국난의 위기를 극복하고 경제적으로 성장하며 획기적으로 발전할 때 등장함으로써 실증적으로 증명되었을 뿐만 아니라 인과적으로도 연결되었다. 한국에서 학교교육은 개인적으로는 빈곤에서 탈출하게 하는 데 필수 조건으로 작용했으며 국가적으로는 해방과 독립, 경제 성장, 사회 발전, 정치적 민주화 등을 이끈 원동력으로 인식되었다. 한국의 현대사에서 학교교육은 만병통치약처럼 인정받고 처방되었다.

경제 성장에 도움이 되는 학력 수준은 해당 국가의 경제 수준에 따라 다르다. 저개발국가에서는 초등교육과 중등교육이 고등교육보다 더 효율적으로 기여하지만, 경제가 발달한 국가에서는 고등교육의 효율성이 더 높다(Petrakis and Stamatakis, 2002). 한국은 반세기 만에 저개발국에서 선진국으로 도약함에 따라 학력의 상승과 경제의 성장이 동반되었다. 미군 점령 시대 초등교육이 의무화되면서 확보되었던 초등학교 졸업 학력을 가진 유휴 노동력은 노동집약적 경공업이 경제 성장을 주도할 때에는 산업 현장에 충분히 공급되었다. 주력 산업이 경공업에서 중공업으로 전환되었을 때에는 중등교육 학력을 가진 노동자들이 생산 현장의 일꾼으로서 경제 성장을 주도하였다.

한국에서는 국민들의 학력 상승과 주력 산업의 변화가 동반함에 따라 학교교육이 경제 성장을 이끄는 원동력으로 간주되었다. 경제가 성장하고 사회가 발전함에 따라 창출된 수많은 선망 일자리가 상대적으로 학력이 높거나 학벌이 좋은 사람들에게 돌아감으로써 교육출세론이 실증되는 효과가 발생하였다. 가난한 가정에서 태어났어도 학업 성취에서 탁월한 청년들이 누구나 소망하는 좋은 일자리에 취업하면서 개천출용설도 실증되었다. 경제가 급격히 성장하면서 출세로 인정되는 일자리들이 늘어나자 개천출용설이 신화가 아닌 법칙처럼 인정되었다. 한국에는 생애 기회가 생후의 노력으로 바뀔 수 있다는 노력주의가 널리 퍼져 있다.

학교교육의 경제효과는 경제 수준이 낮은 국가에서 초등교육이 확대되고 여성에게도 학교교육의 기회가 주어질 때 뚜렷하게 나타난다. 한국의 경우, 초등교육의 보편화로 문맹이 퇴치되면서 농업 생산에 필요한 정보와 기술이 농부들에게 효율적으로 파급되었다. 농촌의 노동자들이 기능적 문해에 도달함으로써 정부나 사회에서 제공하는 생산과 생활에 필요한 정보를 습득하고 성취동기를 높이면서 생산성을 크게 향상하였다. 학교교육의 확대로 새로운 지식과 정보가 전파되면서 농어촌 인구가 도시로 이동하기 시작하였다. 도시로 이주한 농민들은 저급 도시 노동자로 생활하면서도 농촌에 거주할 때보다 포부를 한층 더 높였다. 이들은 스스로 사회계층 상승 이동을 도모했을 뿐만 아니라 자녀들의 상승 이동을 지원하는 데 헌신적이었다.

도시로 이주한 사람들은 때마침 경공업 시대가 열리면서 노동집약적 산업에서 요구되는 인력의 수요를 충당하였다. 농어촌 사람들은 도시로 이주하면서 새로운 세상을 접하게 되었다. 도시로 이주한 사람들은 도시의 잉여 노동자 굴레에서 벗어나기 어려웠지만 새로운 세상을 접하면서 성취동기를 더 높일 기회를 얻게 되었다. 이주한 부모들과 그 자녀들은 농어촌에서 쉽게 볼 수 없는 중학교, 고등학교 그리고 대학교와 그 학교에 다니는 학생들을 수시로 보게 되면서 상급학교 진학을 열망하게 되었다.[1] 한국에서 급격하게 이루어진 도시화는 학교교육을 급속도로 확대하는 데 의미 있게 작용하였다. 도시 생활은 부모들이 자녀교육열을 더욱 높이도록 부추겼다. 이후 도시 빈민가에서는 학교교육을 통한 출세의 사례들이 빈번하게 출현하였다.

경공업에서 중공업으로 발전하고 해외 무역이 활발해지면서 출세로 인정될 수 있는 일자리가 다양하게 그리고 풍부하게 창출되었다. 그 결과로 교육출세론이 이전보다 더 많이 그리고 더 넓게 실증됨으로써 더욱 확고해지고 더 빨리 확산되었다. 특히 해외 무역의 확대는 대학 교육의 취업효과를 높이는 데 크게 기여하였다. 해외 무역은 외국어, 특히 영어 구사력의 취업효과를 돋보이게 하였다. 외국어 구사력은 학교교육의 연한과 밀접하게 관련된다. 이로써 대학 교육은 화려해 보였던 해외 진출을 위한 구름판(beat board)처럼 인식됨으로써 출세효과가 한층 더 부각되었다. 1960년대 이후 국가의 경제가 급격하게 성장하면서 대졸 청년들에 의한 공격적 성향을 띤 창업이 활발하게 이루어졌다.

한국에서 학교교육은 개인적으로는 물론이며 국가적으로도 신화를 창조하는 수단으로 인정받아 왔다. 학교교육의 확대와 경제의 성장이 맞물리면서 신화는 인과관계(causation)로 단정되기 시작하였다. 압축적이라는 단어로 수식될 만큼 경제가 급격히 성장하면서 보수가 많고 위세가 높은 일자리가 아주 많이 창출되었다. 경제가 획기적으로 성장하면서 대학 졸업장은 경제적 보상이 많은 일자리를 보장받는 증표처럼 착각하게 하였다. 한국의 기성세대는 학교교육을 통해 출세한 당사자들이거나 학교교육을 통해 크게 출세한 신화의 사례들을 친인척과 이웃에서 보고 들으면서 성장하였다. 이로써 교육출세론이 신화를 넘어 법칙처럼 인식되기 시작하였다. 교육출세론이 유사 법칙으로 전환될 때 한국은 국제적 최빈국에서 탈출했을 뿐만 아니라 무역 강국으로 성장하였다.

---

1) 그때는 중 · 고등학생들이 모두 교복을 입고 다녔다. 그 시절 교복은 아주 독특했기 때문에 쉽게 눈에 띄었다. 교복을 입고 학교에 가는 학생들은 희망의 상징이었다. 교복을 입고 다닌 대학생도 적지 않았다. 중 · 고등학교에 진학하지 못한 채 청소년기를 보낸 사람들은 학교교육에 대한 한(恨)을 갖게 되었다. 그들은 추후 그 한을 자녀교육열로 표출하였다.

한국에서는 척박한 자원과 거듭된 국난의 세월을 고려하면, 경제 성장의 동력으로 높은 교육열에 의한 학력 상승이 당연히 지목되어야 한다. 한국에서 학교교육은 개인적으로는 출세의 도구로 그리고 국가적으로는 경제 성장의 수단으로 인정받고 있다. 이 때문에 학력을 상승시킴으로써 출세하고 경제 성장을 지속하려는 패러다임이 각각 부모들과 정부들에 의해서 강력하게 적용됨에 따라 한국에서는 초·중등교육이 완전취학에 도달하였고 고등교육 취학률도 70퍼센트에 도달하고 있다. 그러나 학교교육의 출세효과는 학력 소지자들이 그 학력에 걸맞은 일자리보다 많지 않을 때만 발휘된다. 대부분의 일자리가 중졸 학력 이상을 요구하고 고졸 학력을 권장하기 때문에 고등학교까지 100퍼센트 수준으로 취학이 이루어지더라도 노동시장의 수요-공급 부조화가 크게 부각되지 않는다. 그러나 대졸 청년의 과잉공급은 곧바로 청년 실업과 하향취업 사태를 유발하여 개인들을 곤경에 빠뜨리고 국가를 위기에 처하게 만든다.

대학 교육의 출세효과는 경제가 급격히 성장할 때에는 뚜렷하게 나타났지만, 대졸 청년들이 대졸 학력 일자리를 초과하면서 사라지기 시작하였다. 오늘날에는 대졸 청년들이 대졸 학력 일자리보다 두 배나 많이 배출되면서 대졸 청년 실업과 하향취업이 심각한 문제가 되었다. 이 문제가 부모들의 현실 인식과 합리적 판단으로 해결될 가능성은 아주 낮다. 오늘날 대학 진학을 앞둔 자녀들을 가진 부모들은 교육출세론, 개천출용설 등이 실증되는 시절을 직접 겪은 세대이다. 그리고 이들은 대부분 세대 간의 계층 상승 이동에 성공한 사람들이다. 이들은 자녀들이 대학에 진학하지 않으면 세대 간의 계층 하강을 피할 수 없다고 확신하고 있다. 이들은 자녀가 1명 또는 2명뿐이기 때문에 자녀교육에 집중력을 충분히 발휘할 수 있다. 오늘날 한국에서 부모의 자녀교육열이 극성스럽게 표출되는 이유도 여기에 있다. 한국 부모들은 대학 교육의 취업효과와 소득효과를 의심하지 않기 때문에 대학을 졸업한 자녀들이 실업 상태를 벗어나지 못하거나 대졸 학력에 어울리지 않게 낮은 일자리에 취업해야 하는 상황에 당혹해하고 있다. 이들은 애써 불경기를 탓하지만, 이 사태는 대졸 학력자들의 공급 과잉에 의한 필연적 결과여서 매우 심각하다.

한국 부모들의 자녀교육열 그리고 그 결과로 나타난 한국 사회의 교육열은 경제 성장을 추진하는 데 필수 조건인 '교육받은 인력', 곧 인적자본을 충분히 확보하게 하였다. 1960년대부터 시작된 국가주도 경제개발계획이 성공한 데에는 그 이전에 확보된 인적자본의 원활한 공급이 결정적으로 작용하였다. 이러한 현상은 학교교육과 경제 성장을 원인과 결과로 연결하게 만드는 계기가 되었다. 교육과 출세 그리고 학교교육과 경제 성장이 깔끔하게 조응했기 때문에 한국 사회에는 교육출세론과 발전교육론이 각각 가정의 의사결정과 국가의 정책 결정에서 준거로 작용하였다. 교육출세론과 발전교육론은 각각 자녀의 출세를 기원하는 부모들과 경제의 지속적인 성장을 갈망하는 정부로 하여금 희망과 기대에 의지까지 더하게 했으나 현실을 직시하는 데에는 소홀하게 만들었다. 한국은 성공을 이끌었던 패러다임이 현실의 난관을 타개하고 미래를 설계하는 데 걸림돌이 되고 있다.

한국에서는 학교교육의 양적 확대와 경제의 양적 성장이 조응하고 부존자원(賦存資源)이 극도로 부족한 국제적 최빈국에서 국제 무역으로 선진국에 진입함에 따라 물량주의와 노력주의가 가정의 의사결정과 국가의 정책 결정에 절대적인 패러다임으로 작용하게 되었다.[2] 이 패러다임은 오랫동안 효율적으로 작용해 왔기 때문에, 한국인들은 이 패러다임에 강하게 집착한다. 부모들이 자녀들을 그리고 국가가 절대다수의 국민을 대학에 진학시키는 데 이 패러다임이 강력하게 작용해 왔다. 이 패러다임은 학교교육을 확대하는 데에는 더없이 효과적이었지만 대학졸업자들이 취업하기를 원하는 일자리를 그들이 원하는 만큼 늘리는 데에는 한계가 있을 뿐만 아니라 심지어 사태를 악화시키는 요인이 될 수 있다.

계층 상승 이동이 활발하게 일어나려면 높은 수준의 일자리가 계속 늘어나야 한다. 좋은 일자리 수가 고정되어 있으면, 지배집단이 우세한 경제 · 사회 · 문화적 자본력을 학교교육 경쟁에 투입하여 학력뿐만 아니라 학벌에서 격차를 벌리고 이를 통해 좋은 일자리들을 선점하기 때문에 피지배집단에게 돌아갈 일자리가 남지 않는다. 피지배집단은 학교교육 기회의 확대에 힘입어 학력을 상승시키더라도 좋은 일자리가 남아 있지 않으면 어쩔 수 없이 그보다 낮은 일자리에 취업하게 된다. 계층 상승 이동은 교육 기회가 늘어날 때보다 경제가 성장하고 일자리가 구조적으로 변화할 때 더 활발하게 일어난다. 한국의 경우, 1차 산업에서 2차 산업으로 변화하고 이에 따라 농촌에서 도시로의 이주가 민족이동처럼 전개될 때 계층 상승 이동이 가장 활발하였다. 그러나 교육출세론을 사실로 받아들이고 노력주의를 확신하면 인력 과잉에 따른 일자리 부족을 고려하지 않게 된다. 심지어 일자리 부족을 실감할 때에도 경기 불황에 따른 일시적 현상으로 해석하면서 구조적 원인을 외면한다. 현실을 외면하면 대책 마련에 소홀해져 사태는 더욱 악화된다.

오늘날 한국의 청소년들은 부모가 확신에 차서 물려준 '교육출세론'이라는 과거의 환상을 가지고 대학에 진학한다. 그러나 졸업이 임박해지면 그들은 대학 졸업장이 입사원서를 제출할 수 있는 자격만 겨우 충족시킨다는 사실을 확인하고 당황한다. 이 청년들은 대학 졸업 학력을 대수롭지 않게 여기는 냉정한 노동시장에 진입해야 하는 난감한 상황을 직면하게 된다. 취업에 필요한 개인적 조건들을 철저하게 갖추더라도 취업은 보장되지 않는

2) 물량주의와 노력주의는 일상생활에서 되뇌는 "많으면 많을수록 좋다", "하면 된다" 등의 표현에서 확인할 수 있다.

다. 취업은 그 무엇보다 먼저 일자리가 마련되어 있어야만 가능하기 때문이다. 대학졸업자들이 동령집단의 10퍼센트가 되지 않더라도 일자리가 없으면 취업할 수 없다. 1960년대 후반 한국의 고등교육 취학률은 10퍼센트에도 미치지 못했지만, 대졸 청년들은 일자리가 없어 실업자가 될 수밖에 없었다. 당시 학사 학위를 소지한 청년들이 전형적인 4D업종에 해당하는 서독 광부로 지원하게 된 이유도 국내에는 마땅한 일자리가 없었기 때문이었다. 그 후 경제가 급격히 성장하면서 괜찮은 일자리들이 대량으로 창출되자 대학 교육의 취업 효과는 발휘되었을 뿐만 아니라 낮은 학력으로 높은 일자리를 차지하는 상향취업 사례도 출현하게 되었다.

경제의 급속 성장으로 교육출세론이 사실로 검증되는 사례들이 늘어나면서 부모주의와 노력주의로 무장한 부모들에 의해서 자녀들의 학력이 급격히 상승하였다. 한국의 부모들은 자신들의 경제적 상황이 어떠하든 자녀들이 대학을 졸업해야만 부모로서 의무를 완수했다고 생각한다. 사회적으로 무시되는 직업을 가진 부모들도 자녀들을 모두 대학까지 졸업시킨 사실에 대해서는 자부심을 느낀다. 대학 교육이 의무교육처럼 인식됨에 따라 한국에는 대졸 청년들이 동령집단의 절반을 훌쩍 넘어섰다. 절대다수가 대학에 진학하면서 대학 진학은 선택 사항에서 필수 절차로 바뀌고 대학 진학에 대한 사회적 압력은 더욱 거세져 거부하기 어렵게 된다. 대학 미진학이 사회적 낙오를 의미하는 사회에서, 대학 진학 이외의 진로를 선택하려면 사회적 통념에 맞서야 한다. 차이를 인정하는 데 인색한 한국 사회에서 사회적 통념을 개의치 않고 살아가려면 숱한 어려움을 각오해야 한다.

출세를 추구하고 모든 것을 서열화하는 한국 사회에서 청소년들은 인생을 어떻게 설계하고 있을까? 오늘날 한국의 청소년들 가운데 상당수는 어른들로부터 "무엇이 되고 싶으냐"는 질문을 받을 때 "모른다", "아직 생각해 보지 않았다"라고 대답한다. 청소년들이 모르거나 생각해 보지 않은 이유는 솔직하게 대답했을 경우 그 후에 닥칠 문책성 질문들을 피할 수 없기 때문이다. 의사, 법관, 경영자 등이 되고 싶다고 대답하면, 어른들의 다음 질문은 "그런 직업을 가지려면 공부를 잘해야 하는데 너는 공부를 열심히 하고 있느냐"이다. 그 밖에 직업을 제시하면 "그 직업으로 성공할 수 있으며 먹고 살 수 있느냐"라고 묻는다. 만일 시인이나 화가가 되겠다고 대답하면 "굶어 죽으려고 하느냐"며 되묻는다. 한국에서는 출세 궤도가 만들어져 있다. 그 궤도의 종착지는 병원이거나 법률사무소이며, 출발지는 소위 명문 어린이집과 유치원이고, 중간 정류장은 사립초등학교, 인기 학군의 중학교, 특수목적 고등학교, 일류대학교의 의학전문대학원과 법학전문대학원이다. 이 궤도에 올라타 보았거나 종착지에 도착한 사람이 부모들 가운데 한 사람이라도 있으면 그 자녀들은 이 궤도를 벗어나서 자유롭게 살아가기 어렵다.

한국의 부모들은 대부분 출세를 위한 궤도를 설정해 놓고 있기 때문에, 이 궤도에서 벗어나려는 자녀들은 강력한 제재를 받을 것을 각오해야 한다. 한국에는 자신의 꿈을 이루기 위해 부모와 대립하는 청소년들은 그다지 많지 않다. 특수목적을 위해 인가받은 고등학교의 학생들도 대학에 진학할 때 그 목적에 부합하는 학과를 고수하려면 부모와의 불화를 각오해야 한다. 외국어고등학교와 과학고등학교는 공익에 헌신하는 특수목적을 달성하기 위해 평준화에 어긋남에도 불구하고 설립되었지만, 학생들 가운데 상당수는 그 목적에 적합하지 않은 학과로 진출하고 있다. 특수목적 고등학교는 한국 사회에서 최고의 출세 궤도에 해당한다.[3] 궤도 위를 달리면서 새로운 길을 찾을 수는 없다. 궤도 사회에서는 창의성 추구가 불가능하다.

오늘날 한국은 창조 패러다임으로 전환해야 경제 성장을 지속할 수 있고 사회를 발전시킬 수 있는 절박한 상황을 맞고 있다. 그런데 출세지상주의와 부모주의에 의해 어린이들, 청소년들, 청년들, 성인들 그 누구도 창조적으로 사고할 수 없고 도전할 수도 없다. 한국인들은 출세 궤도에 진입하도록 닦달을 받으며 살아가고 있다. 그 결정적인 증거는 학교의 교과과정보다 앞서 배우는 사교육에서의 선행학습이다. 미리 배움을 앞섬으로 착각하는 부모들에 의해서 선행학습이 강행됨으로써 학교의 정규 교과과정이 심각하게 왜곡되고 있다. 한국에는 학습에서 조숙(早熟)한 아동들과 청소년들은 많지만, 정신적으로 성숙(成熟)한 아동들과 청소년들은 아주 적다. 그 결과로 아이같이 행동하는 어른, 곧 '어른애들'이 늘어나고 있다.

부모세대보다 풍요로운 조건에서 성장한 오늘날의 자녀들은 자신들의 학력에 어울리지 않게 낮은 소득과 근무조건을 제시하는 일자리에 취업하려 하지 않는다. 그래서 이 세대에서는 자발적 실업이 상당히 많다. 대학취학률이 높지 않았던 시절에 성장한 부모세대는 대학 교육이 취업과 소득에 뚜렷한 효과가 있음을 생생하게 경험했기 때문에 자녀들의 대학 진학을 필수 과정으로 확신하고 밀어붙인다. 부모들은 대학 교육의 취업효과와 소득효과가 거의 모든 전공 분야에서 나타났던 시절을 경험했기 때문에, 자녀들이 대학에 진학할 시기에 이르면 취업에 유리한 전공을 가리다가도 자녀의 성적이 여의치 않으면 전공을 가리지 않고 입학 가능성만 따진다. 이러한 상황에서 대학 진학이 이루어지기 때문에 취업이 어렵거나 어려워지고 있는 전공 분야에도 학생들이 여전히 몰려들고 있다.[4] 대학 교육

3) 그러나 직업계열 고등학교인 마이스터고는 특수목적고등학교로 분류되어도 학업계열 특수목적고등학교인 외국어고, 과학고, 국제고 등과는 구별되며 출세하는 데 있어 이 학교들만큼 유리하지 않다.

4) 대학이나 학과를 평가할 때 취업률은 아주 중요하게 고려된다. 그래서 평가 대상 대학이나 학과는 취업률을

이 보편화 단계에 이르면 대학 학력은 취업에 필요한 조건이지만 결정력은 사라진다. 이 단계에서는 전공, 학벌 등의 결정력이 상승한다.

상위 계층은 경제자본, 사회자본, 문화자본 등 모든 유형의 자본에서 하위 계층보다 유리하므로 이러한 자본이 투입되는 학교교육 경쟁을 마다할 리 없다. 한편, 하위 계층은 자본력에서 불리하지만 다른 유형의 경쟁보다는 학교교육 경쟁이 그나마 해 볼 만하다고 생각하고 자녀들의 생애 기회가 좌우되기에 참여한다. 하위 계층의 부모들은 자신들이 희생하면 학교교육 경쟁에서 승산이 있다고 기대한다. 하위 계층 부모들은 자신들이 겪었던 하위 계층으로서의 수모를 자녀들에게 대물림하지 않을 수 있는 유일한 길이라고 생각하고 학교교육 경쟁에 온 힘을 쏟는다. 이 부모들은 자녀들이 학교교육 경쟁에서 승리하게 함으로써 세대 간의 계층 상승 이동을 이루고자 한다. 경제가 급속도로 성장하던 시절을 경험한 부모들은 학교교육의 출세효과에 대한 확신이 있다. 하위 계층에 속한 부모들도 경제 성장으로 가계 소득이 상승하고 자녀 수를 최소화함으로써 자녀들의 교육비를 지원할 수 있는 능력을 어느 정도 갖추게 되었다.

고학력화 시대에 성장하고 고등교육이 보편화될 때 대학에 다닌 부모들은 자녀들의 학력을 고등학교 졸업으로 만족할 가능성은 거의 없다. 세대 간의 계층 상승에 성공한 부모들은 자녀세대에서 일어날 것 같은 세대 간의 계층 하강 이동을 막기 위해 모든 수단과 방법을 동원하여 자녀의 학력과 학벌을 높이고 가다듬는다. 따라서 대학 교육이 보편화되면 다음 세대에서 대학 교육은 필수화될 수밖에 없고 부모들은 의무교육처럼 인식하게 되어 과잉교육으로 유발되는 실업과 하향취업이라는 개인적 곤경과 국가적 난제가 지속된다. 부모들은 자녀의 학력을 높이는 데에는 영향력을 충분히 발휘하고 성과를 거둘 수도 있다. 그러나 학벌을 돋보이게 하는 데에는 자녀의 학습능력이 결정적인 변수로 작용하므로, 부모는 경제적 지원과 심리적 압박 이외의 영향력을 행사하기 어렵다. 자녀들의 대학 진학을 당연한 절차로 받아들임에 따라 한국의 부모들은 자녀들을 소위 명문 대학에 입학시키기 위해 모든 방법을 동원한다. 그 방법들 가운데 하나가 대학입시 준비를 가능한 한 이른 시기에 시작하는 것이다.

오늘날 한국에서는 대학입시 준비가 어린이집이나 유치원에 등원할 시점부터 시작되고

높이기 위해 애를 쓴다. 이러한 과정에서 실제로는 취업으로 인정할 수 없는 '수치상 취업'이 늘어난다. 비슷한 방법이 청년실업률을 산출할 때에도 적용될 수 있다. 통계 수치는 객관적으로 보이더라도 산출 방식에는 주관이 얼마든지 개입할 수 있다. 통계는 수치로 표현되어 객관적인 사실처럼 발표되지만, 산출 방식에 따라 얼마든지 다른 결과를 도출할 수 있다. 통계 조작은 매우 유혹적이다.

있다. 부모들은 자녀들이 출세 경쟁에서 유리하게 출발할 수 있도록 소문난 어린이집이나 유치원에 자녀들을 등원시키기 위해 애를 쓴다. 그러나 선택의 향방은 부모들의 사회경제적 계층에 의해 상당히 좌우된다.

> 부모가 가난할수록 자녀들을 질적 수준이 상대적으로 낮은 센터나 돌보미에게 위탁할 가능성이 높다. 자신이 취업함으로써 가계 소득을 높이지 않으면 생계를 유지하기 어려운 어머니는 자녀들을 타인들에게 맡길 수밖에 없다. 이에 따른 비용은 또다시 가계에 부담이 되기 때문에 이러한 처지에 있는 부모들은 비용을 우선적으로 고려하여 보육·교육 서비스를 물색한다. 그 결과, 가난한 부모들이 자녀들을 위탁한 보육·교육 서비스는 부유한 부모들이 자녀들을 위해 선택한 보육·교육 서비스보다 질적 수준에서 낮기 마련이다. (오욱환, 2017: 264)
>
> 사회계층이 높은 부모들, 학력이 높은 부모들, 결혼생활이 온전한 부모들이 질적으로 높은 서비스를 제공하는 보육과 교육 유형과 시설을 이용할 가능성이 높다. 이러한 부모들에 의해 선택된 어린이집과 유치원은 지명도가 점차 높아짐으로써 질적 수준을 더 높일 수 있는 기회를 갖는다. 초·중·고등학교의 질적 수준이 재학생들의 계층에 의해 상당히 좌우되듯 어린이집과 유치원의 지명도 역시 소속 아이들의 계층에 영향을 받는다. (오욱환, 2017: 270-271)

한국 부모들은 자신들이 기대한 수준에 자녀들이 도달하지 못했을 때 노력의 부족을 지적하지만, 그 자녀들은 타고난 재능의 한계라고 변명한다. 한국의 부모들은 "노력은 성공의 어머니" 또는 더 세속적인 표현으로 "하면 된다"라는 신념을 갖고 있다. 실제로 한국의 현대사는 노력에 의한 성공으로 기록될 정도이다. 한국이 세계 최빈국에서 선진국에 이르기까지 소요된 기간은 반세기 정도에 불과하다. 먹을 것을 갈망하던 시대에서 먹는 것을 절제해야 하는 시대에 도달하는 데 가장 결정적으로 작용한 목표는 빈곤에서의 탈출이었으며 추진력은 노력과 의지뿐이었다. 노력과 의지로 가정을 이끌어 온 부모들은 경험으로 터득한 생활철학을 자녀들에게 전수하려는 강한 집념이 있다. 대학 교육을 받은 부모들은 대학 교육의 출세효과를 확신하지만, 그 교육을 받지 못한 부모들은 그 효과를 실제보다 훨씬 과장되게 기대한다. 대학 교육 기회를 얻지 못한 부모들은 자신들에게 그 기회가 주어졌더라면 엄청난 성공을 거두었을 것으로 생각한다.

한국의 부모들은 하나같이 대학 교육의 출세효과를 근거 없이 높게 그리고 넓게 기대한다. 이들은 대졸 청년 실업과 하향취업 사태가 자신들의 자녀들에게 도래할 가능성이 50퍼센트를 넘고 있는 현실을 외면한다. 한국의 부모들은, 자녀들에게 닥친 현실을 무시하고 기대에 부풀어 노력과 의지를 강조하기 때문에, 자녀들이 현실을 직시하고 미래를 설계하는 데 도움을 주기 어렵다. 이들은 자녀들이 대학을 졸업한 후 실업 상태를 벗어나지 못하고 있는 사태에서도 "그래도 대학은 나와야 된다"라고 단언한다. 부모가 대학 진학 이외의 진로를 인생 실패로 간주한다면 자녀들과 의견을 나누며 대화할 가능성은 없다. 그래서 수많은 청년이 부모의 강요로 마지못해 대학에 진학한 후 방황한다. 그 학생들 대부분은 공부를 효도로 생각하지만, 효도가 마음먹은 대로 실행되지 않듯, 학업에 집중하지 못한다.

자신의 진로를 스스로 선택하고 결정할 수 없었던 자녀들은 난관이 닥쳤을 때 돌파할 수 있는 의지와 능력이 부족하다. 부모주의에 의해 조종을 받으며 성장한 청년들은 선택해야 하는 상황을 기피하고 결정과 책임을 두려워한다. 다시 말해서, 이 청년들은 도전을 아주 싫어하고 독자적으로 선택해야 할 상황을 만들지 않는다. 그에 따른 당연한 결과로서 이 청년들은 실패할 확률이 낮은 일과 핑계를 댈 수 있는 일만 찾으므로 크게 성공할 가능성이 당연히 낮다. 이 청년들은 복종에 따른 책임 전가에 익숙해지면서 자신의 삶으로부터 점차 소외된다. 이 청년들은 핑계를 대는 데 능숙해지면서 난관에 봉착할 때마다 정면으로 돌파하지 않고 회피한다.

한국의 자녀들은 부모들이 구상한 대학 진학 계획 때문에 중학교에서 고등학교에 진학할 시점에 포부와 진로를 조정하는 기회를 얻지 못한다. 한국의 수많은 부모는 직업계열 고등학교로 진학하려는 자녀들을 의지가 약하고 노력이 부족하다고 꾸짖으며 학업계열 고등학교로 진학하도록 강요한다. 이 부모들은 고등학교 과정에서 성적을 높일 기회가 얼마든지 있다고 확신한다. 부모들은 "하면 된다"고 믿기 때문에 대학 진학 이외의 대안들을 모조리 포기로 단정한다. 부모에게 경제적으로 의존해 왔고 효도를 최고의 도덕으로 배워 온 한국의 청소년들은 부모의 집념 또는 소망을 거역하기 어렵다. 부모의 강요로 대학에 진학한 청년들은 캠퍼스 바깥에서 소일거리를 찾는다. 이들은 부모로부터 교육비 전액과 용돈까지 지원받으며 그럭저럭 지내면서 대학 과정을 밟고 마침내 졸업한다. 교육출세론과 노력주의를 신념화한 부모들이 자녀들에게 대학 진학을 유일한 진로로 강요하기 때문에 대학 교육은 개인적 필수 과정이 되고 사회적으로는 의무교육이 될 수밖에 없다.

"어쨌든 대학을 나와야 한다"는 사고방식은 한국 사회에서 독특하게 나타나는 학교교육의 경제 외적 효과에도 근거하고 있다. 한국에서는 사회적 위세를 높이는 데 학력이 중요한 변수로 작용한다. 재산이 아무리 많아도 학력이 변변치 않으면 사회적 위세가 낮고 품위는 없는 졸부로 폄하된다.[5] 품위를 구성하는 요소들 가운데 학력과 학벌이 빠지지 않는

다. 그러나 대학에 다닌다고 품위가 저절로 높아지지 않는다. 오늘날 한국의 대학에서는 품위와 관련된 교과과정이 구성되어 있지 않으며 품위를 높일 수 있는 활동을 할 기회도 거의 없다. 취업 준비에 쫓기면 교양을 높이는 데 할애할 시간이 없다. 그리고 교양과목이 품위를 높이는 데 도움이 되는지도 확신할 수 없는데 대학들이 그 비중을 크게 줄였기 때문에 효과를 기대하기 어렵다. 교수들은 평점에 예민하고 불만을 제기하는 학생들에 대처하기 위해 학생을 대면해야 하는 상황을 최소화한다.

그리고 학생들은 대부분 한 자녀 또는 두 자녀 가정에서 자랐기 때문에, 의도적이지는 않겠지만 타인들을 배려하지 않고 상당히 이기적으로 행동함으로써 돈독한 교우관계를 갖는 데 취약하다. 부모 이외의 어른들을 만날 기회가 제한되고 친구를 만들 기회조차 적다면, 청소년들과 청년들이 품위를 높일 방법은 거의 없다. 더욱이 컴퓨터, 인터넷, 스마트폰 등은 교양을 쌓고 품위를 높이는 데 꼭 필요한 책 읽기와 글쓰기를 극도로 제한한다. 책을 읽지 않고 글도 쓰지 않는다면 사색하고 숙고할 기회를 만들기 어렵다. 한국 대학생들이 독서를 기피하고 있음은 여러 차례의 실태조사에서 분명한 사실로 밝혀졌다(박정길, 2006). 대학은 취업과 출세를 위한 도구로만 철저히 이용될 뿐 교양을 쌓고 품위를 높이며 시민의식을 고취하는 데에는 아주 무력하다.

한국에서 대학은 상아탑(象牙塔)을 비꼬아 우골탑(牛骨塔)으로 은유해 왔다. 산업화 이전 한국에서는 자녀의 대학등록금을 마련하려면 가계가 휘청거렸다. 농촌 거주 부모들은 소를 팔거나 논밭을 팔아서 등록금을 마련하였다. 빈곤했던 시절에도 한국의 부모들은 자녀들이 너무 많아 교육비를 감당할 수 없을 때 장남 또는 공부를 잘하는 아들에게 교육비를 집중하기 위해 다른 자녀들의 학교교육 기회를 제한하였다. 부모들의 이러한 자녀교육 전략의 최대 피해자는 딸들이었다. 학교교육 기회를 박탈당했다고 생각해 온 딸들은 결혼 후 자녀 수를 최소화하면서 학교교육 기회를 극대화하는 전략을 구사하였다. 이러한 유형의 어머니들은 딸들의 교육에도 열정적이었다. 한국의 여성들이 선진국의 여성들에 비해 학력이 뒤지지 않는 데에는 어머니들의 집념이 작용하였다. 여성의 학력 상승은 남성의 학력을 더 높이는 촉매제로 작용한다. 한국에서는 남성우위 사상이 여전히 지배하고 있어 남자는 여자보다 학력이 더 높아야 한다는 통념이 작용하고 있다. 그래서 딸의 학력이 높아지면 아들의 학력은 더 높아지거나 최소한 같아야 한다.

한국 여성의 학력은 급속도로 상승하고 있어도 일자리는 상승하는 학력에 부응하지 않

---

5) 졸부는 벼락부자와 동의어로서 갑자기 된 부자를 가리킨다. 그러나 일상적으로는 재산은 많아도 품위가 낮은 사람을 가리킨다.

고 있다. 고학력 여성들은 가부장적 문화의 굳건한 토대 위에 성차별이 구조화되어 있는 노동시장에 진입하는 데 어려움을 겪고 있으며(오욱환, 1997) 취업 후에는 노골적으로 또는 교묘하게 여성을 차별하는 이중노동시장(dual labor market)에서 버티지 못하고 조기에 퇴직한다(이주희 · 전병유 · Jane Lee, 2004). 한 직장 내에서도 여성 직원들은 승진과 직무에서 불리한 별도의 노동시장에 소속된다. 이러한 차별이 없다고 자랑하는 조직에서도 실제로는 여성들은 승진할 수 없도록 만든 낮은 유리천장(glass ceiling)이 설치되어 있다.[6] 그러나 저임금 일자리들은 여성이 집중적으로 많으므로 취업 단계에서는 성차별이 상대적으로 덜하다. 그래서 저학력 어머니들은 취업을 통해 자녀들의 학비를 보충해 가며 학력 · 학벌 경쟁에 동참한다. 한편, 고학력 미취업 어머니들은 정체성을 확보하고 자존심을 고수하기 위해 자녀교육에 매진한다. 이 어머니들은 자녀들을 소위 명문 학교에 입학시킴으로써 자존심을 유지하고 출세시킴으로써 성취감을 느낀다. 결과적으로 한국에서는 모든 어머니가 자녀교육에 총력을 기울임에 따라 대학 교육도 의무교육처럼 보편화되고 있다.

병역 의무를 마치고 복학한 대학생들이나 등록금을 스스로 마련하는 대학생들은 부모에게 교육비와 생활비를 전부 지원받는 대학생들보다 수강신청에 더 신중하고 학업에 더 진지하다.[7] 이들은 어른들의 세계를 경험했거나 하고 있으며 등록금이 노동의 대가임을 알기 때문이다. 부모가 등록금을 내주는 학생들은 등록금의 가치와 기회비용의 의미를 알기 어렵다. 대학등록금을 공짜처럼 착각하는 학생들도 적지 않다. 등록금을 자신이 마련하는 학생들은 전체 대학생들 가운데 극소수에 지나지 않으며 거의 모든 대학생이 부모로부터 지원을 받고 있다. 심지어 부모들이 은행 지로(giro) 시스템을 통해 등록금을 납부하기 때문에 대학 재학을 위해 투입되는 금액을 실감하지 못하는 학생들도 많다.[8]

오늘날의 젊은 세대는 경제가 성장하고 자녀 수가 줄어드는 시점에서 양육됨에 따라 부모세대와 비교할 때 절제하는 데 취약하다. 부모들은 자녀들의 학력을 최대한 높이기 위

---

6) 유리천장은 '눈에 보이지 않고 깨뜨릴 수도 없는 장벽'이라는 의미로 사용되는 경제용어이다. 충분한 능력과 자질을 갖추었음에도 조직 내에 관행과 문화처럼 굳어진 부정적 인식으로 인해 고위직으로의 승진이 차단되는 상황을 비판적으로 표현한 말이다(네이버 지식백과).

7) 등록금을 스스로 마련하는 학생들은 학업에 대한 열정이 높아도 돈을 버느라 시간과 에너지를 너무 소모함으로써 학업에 투입하는 시간과 에너지가 부족해지는 딜레마에 빠진다.

8) 학생들이 부모로부터 등록금을 현금으로 받아서 대학교에 마련된 수납창구에 가서 돈을 세어 가며 납부하게 한다면 그 의미를 어느 정도 알 수 있을 것 같다. 기호품을 살 때 아버지의 신용카드(credit card), 자신의 직불카드(debit card), 현금(cash) 등 어떤 것을 사용하느냐에 따라 구매 행위가 아주 달라진다. 물건값을 현금으로 지불하는 방법은 신용카드로 사인하는 것과 상당히 다르다. 어린아이들은 돈이 없다고 말하면 은행에서 찾으라고 말한다.

해 많은 것을 포기하고 때로는 희생하지만 그 자녀들은 학력이 상승하면서 소비에 더욱 익숙해지고 있다.[9] 졸업 후 실업과 하향취업을 걱정하는 대학생들은 아주 많지만, 온 힘을 다해 미리 대처하는 대학생들은 걱정하는 대학생들만큼 많지 않다. 대학 교육이 의무교육처럼 확대되었음에도 대학은 학생들에게 엘리트 의식을 심어 주고 중상류층 문화를 사회화시키면서 기대소비 수준을 높이고 있다.

학력은 취업할 때 증명서로서 유용할 뿐만 아니라 사회계층의 준거로도 이용된다. 한국 사회에서는 학력이 높아야만 식자층(literati)이나 엘리트로 인정을 받을 수 있다. 사회계층은 경제적 재력, 사회문화적 위세, 정치적 권력 등으로 이루어지는데 사회문화적 위세는 학력과 학벌에 의해 가시화된다. 학력과 학벌은 결혼 시장에서 선호도를 결정하는 중요한 변수가 되어 왔다. 결혼이 사랑의 결실로만 미화되면, 아주 다른 사회경제적 배경을 가진 남녀의 결혼이 빈번하게 이루어지는 것처럼 오해된다. 그러나 결혼은 만남의 빈도와 밀도 때문에 주로 동질집단(homogeneous group) 내에서 이루어진다(오욱환, 1985). 대학 교육이 보편화되면 학력이 다른 남녀의 결혼이 더욱 줄어든다. 대학은 양적으로 크게 확대되면서 사회 엘리트 과정의 기능을 거의 잃어버렸지만, 예전만큼은 아닐지라도 사교(sociability)와 흥겹게 마시고 노는(carousing) 기능은 여전히 갖고 있다(Collins, 2002: 24). 이러한 맥락에서 대학 캠퍼스 부근에 유흥가가 형성된다.

한국의 대학가는 유흥가와 동의어로 사용되고 있다. 규모가 큰 대학교의 주변에는 예외 없이 술집과 맛집이 집단으로 형성되어 있다. 한 대학교만으로 유흥가가 형성되기 어려울 경우에는 마치 컨소시엄(consortium)을 구성하듯 인접한 여러 대학교가 연합되어 유흥가가 조성된다. 이러한 현상은 서울이나 부산처럼 대도시에만 국한되지 않으며 그 밖의 도시에서도 볼 수 있다. 대학 주변의 유흥가가 활기찰 때 대학 캠퍼스는 적막해진다. 유흥가의 불빛이 밝아지면 캠퍼스에 남아 있던 불빛은 거의 사라진다. 취업이 난망하기에 술과 유흥으로 스스로 위로하는 청년들이 늘어나고 있다. 한국의 청년들은 너무 늦게 어른이 되고 있다. 이루어야 할 꿈이 망상이 아니라면 꿈에서 깨어나 현실에 근거한 목표를 수립하고 실현을 위해서 온갖 노력을 다해야 한다. 청소년기에 접어들면 꿈을 구현하기 위해서 현실도 직시해야 한다. 하물며, 청년기에는 당연히 현실을 먼저 직시하고 취업계획을 세워야 한다.

---

9) 최근 대학생들 사이에 해외여행이나 명품 구매가 유행처럼 확산되고 있다. 그러나 그들의 부모들은 해외여행이나 명품 구매를 사치로 여겨 자제한다.

2. 1980년 이후 정부들의 대중영합주의: 대학 확대 정책의 지속

한국의 경우, 해방, 전쟁, 쿠데타 등을 거치면서 집권 정부들에 의해 학교교육이 급속도로 확대되었다. 격동 이후의 정부들은 정치적 정통성과 재집권을 위한 지지를 확보하기 위해서 대중영합주의 정책 또는 선심성 정책들을 거리낌 없이 집행하였다. 한국의 학교교육 기회가 경제 성장만큼이나 급속도로 확대된 이유는 해방 이후 거듭된 정치적 격동을 거치면서 집권 정부들이 국민들의 지지를 얻을 수 있는 정책을 집행했기 때문이다. 그 조건에 가장 부합한 정책이 학교교육 기회의 확대였다. 국민들은 학교교육을 출세의 지름길로 인식했기 때문에 정부의 학교교육 기회 확대 정책을 언제나 환영하였다. 국민들의 환영을 확인한 정부들은 학교교육 확대 정책을 과도하게 선전하며 더욱 과감하게, 때로는 무모하게 실행하였다. 초등교육 의무화 정책의 경우, 의무교육이면 마땅히 무상이어야 하지만 부모들은 상당한 금액의 교육비를 지불하면서 환영하였다.[10] 그리고 마침내 국민들은 교육비를 전적으로 부담해야 하는 대학 교육 보편화 정책을 수용하였다. 한국에서 대학 교육의 보편화는 역대 정부들의 대중영합주의 또는 선심성 교육 확대 정책과 그 정책에 대한 국민들의 지지와 호응으로 이루어졌다.

초등교육을 의무화하는 정책은 국민들의 기능적 문해를 위해서 반드시 시행되어야 하므로 완전 무상이 아니어도 정부의 의지가 인정됨으로써 허용될 수 있었다. 중등교육의 의무화도 같은 맥락에서 지지될 수 있다. 그러나 대학 교육의 보편화는, 대졸 청년 실업과 하향취업을 필연적으로 유발할 수밖에 없음에도 불구하고 시행되는 만큼, 전형적인 선심 정책에 해당한다. 고등교육의 무상의무화는 실현될 수 없을 뿐만 아니라 무의미하다. 국가 재정을 투입하여 절반 이상을 실업자와 하향취업자로 양성하기 때문이다. 대학 교육의 보편화는 부모들에게 의무로 부과하면서 비용을 부담시키는 형식으로 시행될 수밖에 없고 졸업 후 절대다수를 실업과 하향취업에 빠뜨리기 때문에 매우 무책임한 정책이다. 그 결과로 상당수의 국민은 곤경에 처하게 되고 국가의 공익은 치명적으로 손상된다.

박정희 정부(1961년부터 1979년까지)는 쿠데타로 집권함에 따라 초기에는 정통성 시비에 휩싸였으나 정부 주도 경제개혁을 성공시켜 빈곤에서 탈출하고 경제를 성장시킴으로써, 인권이 침해당하고 민주주의는 후퇴했지만, 정통성을 상당히 확보하였다. 박정희 정부는 경제 성장에 필요한 인력을 원활하게 공급하기 위해 학교교육을 경제계획과 연계하여 개

10) 초등학생 자녀를 둔 학부모들은 매월 일정 금액의 월사금(月謝金)을 납부하였다.

혁하고 통제하였다. 박정희 정부는 생산성 향상에 필요한 인력의 양성을 중시하여 직업계열 고등학교를 획기적으로 발전시켰으며 공과대학 지원에도 중점을 두었다. 그리고 대학 정원은 국가주도 계획경제의 맥락에서 조정되었기 때문에 노동시장에 진입하는 대졸 청년들이 과잉 공급 사태를 유발하지 않았다. 그리고 반정부 시위에 참여하는 대학생들을 통제해야 하는 정치적인 이유도 대학 정원을 증원하는 데 부정적으로 작용하였다. 박정희 정부의 18년 동안 대학생들은 반정부 민주화 운동을 끊임없이 전개하였다.

그러나 1979년 쿠데타로 정권을 장악한 전두환 정부는 정통성의 결여 때문에 그리고 그 후의 정부들은 재집권의 열망 때문에 선심 정치 또는 대중영합주의 정책을 펴는 데 적극적이었다.[11] 선심 정책들 가운데 대표적인 사례는 대학 정원의 과감한 확대였다. 1980년 이후 모든 정부는 대학 정원을 확대하는 데 적극적이었으며 그 결과로 한국의 고등교육 취학률이 한때 70퍼센트를 넘기도 하였다. 한국에서 대학 교육의 기회 확대를 저지하거나 재고하려는 정부는 물론이며 정당도 없었다. 정당의 이념이 어떠하든 모든 정당은 대학을 신설하는 데 적극적이었으며 지방자치단체장과 국회의원 출마자들은 연고지에 대학을 신설하거나 분교라도 유치하는 공약을 선거 전략으로 사용하였다. 이들이 출마 지역에 대학을 신설하고 분교를 유치하려는 이유는 지역 경제의 활성화였으며 인재의 양성은 명목이었다.

군사쿠데타로 집권한 전두환 정부와 그 정부를 승계한 노태우 정부가 강행한 정책들을 그 후의 김영삼, 김대중, 노무현, 이명박, 박근혜 그리고 문재인 정부로 이어지면서 보수와 진보가 교차했지만, 어느 정부도 전두환 정부가 졸업정원제를 내세우며 강행한 대학 정원 확대를 되돌리려고 시도하지 않았거나 않고 있다. 전두환 정부의 부정, 비리, 오류 등을 바로잡는다는 의미로 '5공청산'이라는 용어도 사용되었지만 무모하게 확대된 대학 정원은 이후의 정부들이 줄이지 못했으며 오히려 늘렸다. 그 결과, 동령인구 대비 70퍼센트를 오르내리는 경이로운 대학취학률이 지속되고 있다. 이 때문에 대졸 청년들 가운데 절반 이상이 실업과 하향취업을 모면할 수 없게 되었다.

한국에서 대졸 청년 실업과 하향취업이라는 사태의 발단과 직결된 정책은 전두환 정부 때 시행된 대학졸업정원제이다. 전두환 정부는 정통성이 극도로 취약했기 때문에 민심을 무마할 수 있는 정책이 절실히 필요하였다. 이러한 상황에서 전두환 정부는 졸업정원제라

11) 국가의 미래를 위한 정책들은 기피하면서 집권 동안의 이익에만 몰두하는 정치가들은 재임 동안 생색이 나는 정책을 펴고 생색이 나지 않는 정책을 미룬다. 이 두 가지 정책은 각각 PIMTOO(please in my term of office)와 NIMTOO(not in my term of office)로 약칭되고 있다.

는 이름 아래 대학 정원을 파격적으로 증원하였다. 이 정책은 대학생들을 학업에 집중하게 함으로써 시위를 막기 위한 꼼수라는 해석도 있지만, 경기장에 모여든 관중이 정치 집단화할 가능성이 있음에도 불구하고 프로야구를 출범시켰다는 사실에 비추어 보면 설득력이 떨어진다.[12] 그리고 졸업정원제로 대학생이 엄청나게 늘어나기 때문에, 시위를 우려했다면 동원될 수 있는 대학생 수를 늘리는 정책을 시행할 리 없다. 평점을 통해 재학 중 탈락시키기 때문에 대학생들이 학업에 전념해야 해서 시위에 참여하기 어렵다는 해석도 졸업정원제로 증가한 학생 수보다 탈락한 학생 수가 너무 적었기 때문에 설득력이 없다.

졸업정원제는 입학 정원을 대폭 개방함으로써 자녀들을 대학에 진학시키려는 부모들의 호응을 받는 데 일차적인 목적이 있었다. 다시 말해서, 졸업정원제는 대학 입학 정원을 획기적으로 늘림으로써 민심을 얻으려는 정치적 전략이었다. 졸업정원제는 "학과별 또는 계열별로 졸업할 때의 정원을 규정하되 입학할 때는 졸업 정원의 30퍼센트를 증원 모집하고 증원된 숫자에 해당되는 학생은 강제로 중도 탈락시키도록 규정하였다." 그러나 졸업정원제는 기존의 정원을 엄청나게 증원한 후 그 정원에서 추가로 30퍼센트를 더 선발하여 졸업 때까지 퇴출시키는 제도였다. 하지만 증원된 학생 수만큼 탈락시키지 못함으로써 대학 정원을 폭발적으로 늘리는 결과만 초래하였다. 대학 입학 정원이 늘어나면서 대학 진학이 쉬워진다고 판단되어 대학 진학 열망이 급격히 상승하였다. 이후의 정부들은 대학 정원을 졸업정원제 이전으로 되돌리기는커녕 하나같이 늘리는 데에만 집중함에 따라 대학 교육이 실질적인 의미에서 의무교육처럼 인식되었다.

졸업정원제 시행 이후 한국의 역대 정부들은 대학 교육 보편화를 적극적으로 추진하였다. 김영삼 정부 때 대학진학률이 38.4퍼센트에서 60.1퍼센트로 가장 급격하게 증가하였다. 김영삼 정부는 거세게 도전해 오는 세계화 물결에 대처하기 위한 전략으로 고학력 인력의 양성을 추진하였다. 1998년 이후 보수 정부에서 진보 정부(김대중 정부와 노무현 정부)로 바뀌었지만 60퍼센트를 넘어선 '대학진학률'은 계속 상승하여 김대중 정부와 노무현 정부 때 각각 74.2퍼센트와 82.8퍼센트에 이르렀다([그림 6] 참조). 1980년 이후 지금까지 역대 정부들은 대중영합주의 맥락에서 대학 교육 정책을 펴 왔다. 대학 졸업 청년들의 실업과 하향취업은 1980년대에 이미 씨앗이 뿌려지고 뿌리가 내리기 시작하였다. 직업계열 고

12) 정치에 관한 관심을 스포츠로 돌리기 위해서 프로야구를 출범시켰다는 주장도 있지만, 이 주장은 지역 연고를 기반으로 하는 팀을 그 지역 주민들로 운집된 관중들이 감성적으로 응원하다가 반정부 시위로 전개할 수 있음을 고려할 때 설득력이 떨어진다. 전두환 정부는 반정부운동에 극도로 예민했기 때문에 사람들이 모이는 상황을 만들지 않으려 했다.

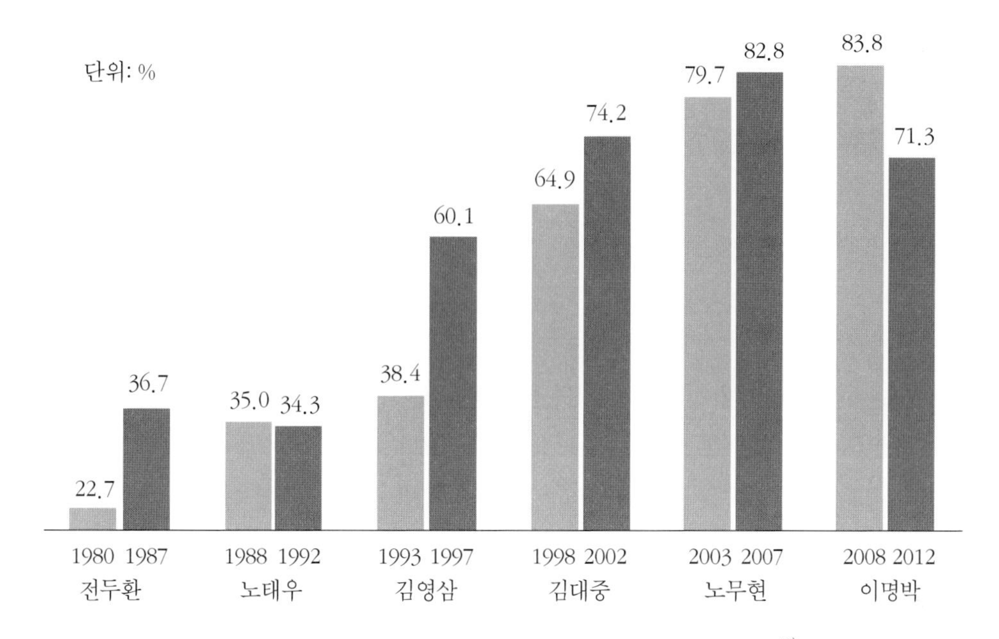

[그림 6] 1980년 이후 역대 대통령 임기 동안 대학진학률의 변화[13)]

등학교의 유명무실화도 이때부터 시작되었다.

대학 정원의 전폭적인 확대는 김영삼 정부 때 이루어졌다. 김영삼 정부는 매우 이질적이었던 민주정의당, 통일민주당 그리고 신민주공화당의 3당 합당이라는, 오직 집권을 위한 전략에 의해 출현했기 때문에 정통성이 취약했으며 민심을 달랠 수 있는 정책이 필요하였다. 대학 정원의 확대는 교육출세론을 신봉하는 국민들의 호응을 얻을 수 있었다. 그리고 김영삼 정부는 국제사회가 완전 개방 체제로 전환함에 따라 국가의 경쟁력을 갖추어야 하는 절박한 과제에 직면하였다. 한국은 경제 성장 속도가 빨랐지만, 선진국들과 경쟁하기에는 역부족이었다. 이러한 상황에서 김영삼 정부는 인적자본을 강화함으로써 경쟁력을 갖추는 방법을 선택하였다. 이 정부는 대학 정원을 대폭 늘림으로써 고급 인력을 양성하고 활용하여 세계화에 대처하고자 하였다. 그 결과, 대통령 재임 동안 대학진학률을 21.7퍼센트포인트(%p)나 증가시켜 60.1퍼센트에 이르게 하였다.

이처럼 폭발적인 증가는 세계화에 대비하기 위한 인력 양성으로만 설명되지 않는다. 고급 인력을 양성하는 데 필요한 대학의 교수진, 시설 등은 단기간에 갖추어질 수 없기 때문

13) 오욱환(2014)의 『한국 교육의 전환: 드라마에서 딜레마로』 184쪽에 있는 〈표 14〉를 그래프로 바꾸었다. 대학진학률은 고등학교 졸업생 중에서 대학에 진학하는 학생들의 비율이며, 동령집단에서 대학에 취학하는 사람들의 비율을 지칭하는 대학취학률과는 구별된다.

이다. 그러나 자녀들의 대학 진학을 갈망하는 부모들의 소원을 들어주는 데에는 대학 입학 정원의 증가만으로도 충분하다. 부모들은 자녀들이 대학에 입학하는 데 온 힘을 쏟을 뿐 진학한 대학의 교수진, 교과과정, 시설 등에는 관심이 없다. 다시 말해서, 21.7퍼센트포인트(%p)에 이르는 대학진학률 상승에는 대중영합주의가 작용할 수밖에 없다. 김대중 정부도 선심 정치에서 벗어날 수 없다. 그 이유는 이미 심각한 수준(64.9%)에 도달한 대학진학률을 낮추기는커녕 74.2퍼센트로 상승시켰기 때문이다. 노무현 정부는 대학진학률을 이전 정부만큼 상승시키지는 않았지만 79.7퍼센트에 이른 진학률을 낮추지 못하고 82.8퍼센트로 끌어올렸다. 이후의 정부인 이명박 정부와 박근혜 정부는 대학이 이미 충분히 개방되었기 때문에 별도의 개방 정책을 펼 필요가 없어졌다.

1980년 이후 한국 정부들은 정도에서 차이가 있었지만, 하나같이 대학 교육을 확대하는 정책에 적극적이었으며 당연한 결과로서 고등학교 단계에서의 직업교육에 대해서는 아주 소극적이었으며 방치했다고 말할 수 있을 정도였다. 이러한 대학 교육의 확대 정책과 그에 맞물린 고등학교 단계에서 직업교육의 경시 정책으로 대학 졸업 청년들 가운데 절반 이상이 실업 또는 하향취업으로 내몰리고 고등학교 졸업 청년들이 사회적 낙오자로 분류되는 사태는 1980년부터 이미 예정되어 있었다. 대학취학률이 60퍼센트를 넘어 70퍼센트에 이른다면 나머지 40퍼센트나 30퍼센트를 위한 학교교육이 주목을 받을 수 없다. 실제로 한국에서는 대학에 진학하지 않으면 교육 정책으로부터 배제될 뿐만 아니라 사회적으로도 소외된다. 대학이 유일한 진로로 인정됨으로써 수많은 청소년이 지적 능력을 갖추지 못하고 의지도 없이 대학에 진학하고 있으며 또 다른 수많은 청소년이 사회로부터 잊히고 있다. 결과적으로 한국에서는 상당수의 젊은이가 대학에 무의미하게 진학하며 또 다른 상당수의 젊은이가 사회로부터 무시당하고 있다. 이 두 유형의 젊은이들을 합하면 그 연령대의 절대다수가 된다. 이처럼 절대다수의 젊은이들이 무기력하거나 무시당하고 있으므로 한국의 장래는 밝을 수 없다.

초・중등교육을 완전 무상으로 지원하면서 의무화하려는 의지가 없는 정부는 무기력하거나 안일하거나 태만하며, 대학 교육을 보편화하려는 정부는 무책임하다. 정부의 무책임은 자금이 필요하다고 화폐를 무분별하게 찍어내는 데 비유할 수 있을 정도이다. 정부는 화폐발행고를 규제할 수 있듯이 대학 인구를 적정선에서 제한할 수 있다. 돈을 많이 찍어낸다고 경제가 잘 돌아가는 것이 아니듯 대학졸업자를 많이 배출한다고 국가경쟁력이 높아지지 않는다. 돈을 많이 찍어내면 화폐 가치가 떨어지듯 대학생들이 너무 많이 늘어나면 대졸 학력의 가치가 급락한다. 인플레이션은 경제에서만 일어나는 현상이 아니다. 학교교육에서도 인플레이션이 얼마든지 일어난다. 초・중등교육이 보편화하지 못하면 국가는 경제적으로 성장하거나 사회적으로 발전하기 어려우며, 대학 교육이 보편화하면 국가는 경제적으로 파산하고 사회적으로 위기에 봉착한다. 대졸 청년들 가운데 절반 이상이 실업자가 되거나 초·중등교육만으로 수행할 수 있는 일자리에 취업할 수밖에 없는데도 불구하고 대학 교육비와 대학 재학 기간이라는 기회비용을 투입하는 국가는 세계화 시대에 존립하기 어렵고 그 사회는 불안에서 벗어날 수 없다.

현실을 외면하거나 왜곡한 채 공공정책이 수립되고 집행되면 사태는 걷잡을 수 없이 악화된다. 집권 기간에만 유효한 결실을 거두려는 정부는 장기적인 정책을 수립하지 않으려 한다. 투표로 집권하는 정부의 정책책임자들은 임기 중에는 어려움만 겪어야 하고 임기 후에야 효과가 나타나는 정책을 배제하기 위해서 현실을 외면하고 왜곡하는 방법을 사용하기도 한다. 현실을 왜곡하는 방법들 속에는 통계의 조작과 대중매체를 이용한 선전이 포함된다. 이렇게 임기를 채우면 사태는 더욱 나빠져 차기 정권으로 넘어간다. 이후 집권한 정부는, 심각해진 사태를 수습할 수 있는 능력과 의지가 없으면, 이전 정부를 비난하면서 이전 정부처럼 현실을 외면하고 사태를 방관한다. 그런데 방치된 사태는 이전 상태로 유지되지 않으며 더욱 심각해진다. 대졸 청년 실업과 하향취업을 방치하면 해를 거듭할수록 대졸 청년들이 대거 유입됨으로써 사태가 걷잡을 수 없게 된다.

정책은 만병통치약과 같은 처방이 아닐 뿐만 아니라 상당히 괜찮은 해결책이 되기도 쉽지 않다. 정책에는 밝은 측면과 어두운 측면이 공존한다. 교육 기회의 확대는 '기회 확대'라는 개념이 풍기는 의미 때문에 항상 좋은 또는 바람직한 선택처럼 인식된다. 유아교육, 초등교육, 중등교육 등 기초 단계 또는 중간 단계 학교교육의 기회 확대는 항상 좋게 평가된다. 그러나 대학 교육과 같은 종료 교육의 기회 확대는 그 기회가 취업 기회로 이어지지 못하면 심각한 부작용을 유발한다. 취업과 무관하게 확대되는 대학 교육 기회는 속임수로 비칠 수 있다. 대학 교육 기회의 확대는 국민들로부터 지지를 받기 쉽다. 특히 한국에서 학교교육은 개인적으로는 빈곤 탈출과 출세의 도구로 그리고 국가 수준에서는 해방, 독립, 경제 성장, 사회 발전, 민주화 등의 원동력으로 인식되어 왔다. 따라서 대학 교육 기회의 확대는 인적자본의 축적과 활용, 세계적 경쟁력 향상을 위한 필요조건으로 받아들여졌으며 이로 인한 고학력 청년 실업과 하향취업이라는 낭패가 예측되지 않았다.

한국에서는 대학 교육이 학생들과 그 부모들의 강력한 요구를 정부들이 선심을 베풀 듯 수용함으로써 엄청나게 확대되었다. 한국의 대학생 규모는 포화 상태를 훨씬 넘어섰지만 적정 규모로 순조롭게 조정될 가능성은 없다. 사람들은 대학 교육이 다른 진로들보다 더 낫다는 확신을 철회하지 않을 것이고 어떤 정당도 대학 교육의 축소 구조조정으로 집권 가능성을 잃지 않을 것이기 때문이다. 집권한 후에도 정부 정책을 결정하는 정치권 사람들은 재집권의 욕망 때문에 득표에 도움은커녕 방해가 되는 대학 인구 축소 정책을 입안하고 시행할 가능성은 희박하다. 그들은 집권 기간에 인기를 끌 수 있는 정책에 더 집착한다. 그들에게서 국가의 미래를 위해 불이익을 감수한 정책, 곧 대학 인구의 과감한 축소가 발안되기를 기대하기는 어렵다. 이러한 이유로 국가를 위한 장기 교육 정책은 초(超)정당적 · 초(超)정부적 기구에서 입안되어야 한다.

대통령 임기를 넘어서는 장기 교육 정책을 구상하고 집행하여 성공으로 이끌어야 하는 과제를 정부 부처의 산하 기관이나 구색 갖추기 수준의 위원회는 절대로 감당할 수 없다.[14] 대학 정원을 구조적으로 조정해야 하는 사태는 역대 정부들의 실책 때문에 발단되었다. 그런데도 구조조정의 고통은 해당 대학들이 고스란히 떠안게 된다.[15] 대학 재정이 학생들의 등록금에 전적으로 의존하고 있는 대학들은 재정 압박 때문에 자발적 구조조정에 엄두를 낼 수 없다. 역설적으로, 부실한 대학들은 신입생 감축과 같은 구조조정 압박으로 더 부실해질 가능성이 높다.

공익은 사익과 대립될 수 있다. 공익은 사익을 침해할 수 있으며 사익도 공익을 침해할 수 있다. 공유지의 비극은 공유한 사람들이 사익을 무한히 추구함으로써 발생한다. 따라서 이 비극을 막으려면 공유한 사람들의 사익 추구가 적절하게 통제되어야 한다. 교육 기회의 균등화라는 절대적 가치가 "모두가 대학에 진학해야 한다"로 오해되고 있다. 기회 균등을 실현하는 가장 쉬운 방법은 모두에게 기회를 주는 방법, 곧 보편화이다. 의무교육 단계에서 기회 균등 문제가 제기되지 않는 이유는 보편화가 이미 이루어졌기 때문이다. 대학에 진학해야 할 자녀들을 둔 부모들은 대학 교육 정원의 축소 조정을 지지할 리 없으며 그 밖의 시민들은 포화 상태의 대학 인구가 유발하는 문제들의 심각성을 알지 못한다. 이는 마치 인구 감소 위기를 대하는 자세와 비슷하다. 출산과 직접 관련된 젊은이들은 출산을 기피하고 그 밖의 시민들은 문제의 심각성을 인지하지 못하며 인지하더라도 어쩔 도리가 없다. 그렇지만 고령화, 인구 감소 등으로 표출되는 인구문제는 성별과 연령에 관계없이 모든 국민에게 재앙으로 닥친다.[16]

---

14) 2017년 12월에 대통령 직속 자문기구로 출범한 '국가교육회의'는 국가의 미래를 위해 장기교육계획을 입안하고 추진하는 기구로 기대되었지만 발족하자마자 교육부로부터 대입제도 국민 여론을 수집하는 하청 과제를 수행하면서 신랄하게 비판받았다.

15) 무능한 지휘관은 병사들을 죽음으로 내몰고 무능한 정부는 국민에게 고통을 안긴다.

16) 다소 극단적으로 사태를 설명하면, 출산율의 급락은 수많은 산부인과 의원과 병원을 폐업시킨 후 소아과 의원과 병원을 폐업시킨다. 그리고 유아용품 시장을 위축시키며 초등학교를 급격히 줄인다. 그 여파는 약해지지 않은 채 더 넓게 퍼지며 높은 파도는 연이어 닥친다.

한국의 부모들은 어떠한 희생을 치르더라도 자녀들에게 최고의 학력을 갖게 하려는 불굴의 의지를 갖고 있다. 이러한 맥락에서 부모들이 대학 교육 기회의 확대를 갈망하고 있었다. 이 갈망은 대학취학률을 얼마든지 높일 수 있는 잠재력이었다. 1970년대까지 대학취학률이 높지 않았던 이유는 정부가 대학 입학 정원을 억제하고 있었기 때문이었다. 그런데 1980년 정통성이 취약한 정부가 출현하면서 지지를 얻기 위해 입학 정원을 폭발적으로 확대하는 정책을 강행하였다. 입학 정원이 엄청나게 증가했어도 입시경쟁률은 여전히 높았다. 이후에 집권한 정부들도 국민들의 지지를 얻고자 입학 정원을 늘리는 데 주저하지 않았다. 정부의 정책결정자들이 대학 확대를 주저하지 않았던 이유 가운데 하나는 고급 인력의 양성이 경제 성장과 사회 발전에 도움이 된다는 주장들이 국내외에 퍼져 있었으며, 또 하나의 이유는 자신들이 학교교육을 통해 출세한 산증인들이었기 때문이었다. 그들은 사익을 추구하는 국민들이 소원하는 정책을 추진하는 데 집중함으로써 그 정책들로 인해 공익이 침해됨을 알지 못하였다.

대학 교육 정책을 결정하는 권한을 가진 사람들은 노동시장이 공급되는 대졸 청년들의 수에 맞추어 일자리를 만들어 내는 능력이 없음을 알지 못하였다. 다시 말해서, 이들은 대학졸업자들이 기대하는 일자리들은 대학졸업자의 증가에 영향을 받지 않는다는 사실을 알지 못했거나 알았다면 무시하였다. 역대 정부들이 노동시장의 수요를 고려하지 않고 대학 입학 정원을 증원해 온 결과, 대졸 청년 실업과 하향취업이 피할 수 없는 절차로 초래되었다. 대학졸업자들의 초과잉 배출은 1980년 이후 역대 정부들의 치명적인 실책이다. 그런데 대학 정원을 무모하게 증원해 온 역대 정부들의 정책결정권자들은 실패한 정책에 대해 책임지기는커녕 자신들의 책임임을 인정하지도 않는다. 그들은 그런 정책을 구상하고 집행하면서 출세했을 뿐 그 결과에 대해서는 책임을 지지 않았으며 추후 반성하지도 않았다. 사익 극대화를 의미하는 출세가 지향되는 사회에서는 공직자들조차도 공익을 추구하지 않는다.

고등교육을 적정 수준으로 유지하려면 고등학교 단계에서 취업으로 연결되는 직업교육이 효율적으로 이루어져야 한다. 취학률이 90퍼센트에 도달한 고등학교 학생들이 대학 진학으로만 쏠리도록 내버려 두고서 대학을 개방하지 않는 정부는 국민들로부터 지지를 받기 어렵다. 그러나 좁은 문만 열어 놓고 소수만 출입을 허용하던 대학들에게 큰 문을 활짝 열도록 지시하는 정부는 국민들로부터 지지를 받는다. 대학 교육의 기회를 제공하는 데 그토록 강력했던 정부들은 대졸 청년들에게 일자리를 제공하는 데에는 무력했을 뿐만 아니라 심지어 무심하였다. 그 정부들은 생색을 내는 데에는 적극적이었지만 생업을 창출하는 데에는 취약하였다. 국익에 공헌하는 정부라면 가장 먼저 대중영합주의 또는 선심 정책에 대한 유혹을 뿌리쳐야 한다.

최대의 고용주인 정부조차도 대졸 청년들을 위해 일자리를 늘리는 데 한계가 있다. 어떤 유형의 정부가 들어서더라도 매년 쏟아져 나오는 대학졸업자들에게 그들이 기대한 일자리를 마련해 줄 수 없다. 세계 어떤 국가도 동령집단의 60퍼센트를 넘어선 대졸 청년들에게 그 학력에 걸맞은 일자리를 제공할 수 없다. 대졸 청년 실업과 하향취업 문제가 없거나 심각하지 않은 국가들은 대학취학률이 무모할 정도로 높지 않거나 '대학졸업률'이 높지 않다.[17] 이 국가들은 대졸 학력을 가진 청년들이 적합한 일자리 수를 과도하게 초과하지 않도록 대학 이전에 조정하거나 대학 재학 기간에 조정한다.[18] 대졸 청년 실업과 하향취업은 고등학교 단계에서 직업교육이 효율적으로 시행되고 취업이 원활해지지 않는 한 지속되고 점차 악화될 수밖에 없다.

대중영합주의를 극복하지 못하는 정부는 모든 단계의 학교교육에서 평등성(equality)과 수월성(excellence)을 함께 추구한다. 그 결과로 평등성이 상대적으로 더 강조되어야 하는 초등교육과 중등교육 그리고 수월성이 추구되어야 하는 고등교육이 모두 비정상적으로 운영되고 있다. 평등성은 기회의 보편화(universalization)와 규격의 표준화(standardization)로 추구된다. 다시 말해서, 학교교육의 평등성은 누구에게나 동질의 교육이 시행됨을 의미한다. 이 이념은 대학 이전 교육 정책의 목표로서 적합하지만, 대학 교육의 정책으로는 적합하지 않다. 표준화되고 규격화된 교육으로는 수월성을 구현할 수 없다. 대학은 국가에서 필요로 하는 인재들을 양성해야 하므로 수월성을 추구해야 한다. 국가의 경쟁력을 선도해야 하는 인재는 대학이 보편화됨으로써 양성되기보다는 적정화됨으로써 출현한다.

대졸 청년들이 넘쳐나면 대학생들이 취업 불안 때문에 학문 탐구에 몰입할 수 없다. 취업 준비에 집중할 수밖에 없는 대학생들에 의해서 지식경제와 창조경제가 실현될 가능성은 거의 없다. 창조력의 발휘와 취업 준비는 전혀 다른 작업이다. 고용주들의 성향을 중시한 취업 준비가 남이 낸 문제에 답을 맞히는 추적(trace)이라면, 창조력의 발휘는 자신이 문제를 제기하고 해결하는 탐험(exploration)이다. 탐험은 타인이 숨겨 놓은 보물을 찾는 게

17) 입학이 졸업을 의미한다면 재학 동안 질적 통제가 이루어지지 않는다는 뜻이다. 한국에서는 대학에 진학한 학생들이 학업 부진으로 중도에서 퇴출되는 사례가 거의 없다. 명목상으로는 성적 부진일 경우도 학업을 스스로 포기한 결과일 뿐이다. 열심히 공부하는데도 성적이 낮은 학생들은 대부분 구제된다. 그러나 학업성적이 일정 수준에 도달하지 못하면 자동으로 퇴출되는 제도가 시행되는 국가에서는 입학생들 가운데 상당수가 졸업하지 못한다. 미국의 경우, 대학취학률은 아주 높지만 대학을 졸업하는 비율, 곧 '대학졸업률'은 그보다 훨씬 낮다.

18) 예방은 치료보다 낫다(Prevention is better than cure).

임이 아니다. 세계 경제는 창조력을 갖춘 국가들에 의해서 주도되고 있다. 신제품을 개발하는 국가의 경쟁력을 하청받거나 유사품을 만드는 국가가 따라잡을 수 없다.

기존 지식과 기술의 전수와 새로운 지식과 기술의 창조는 동일한 과정으로 이루어지지 않는다. 고등교육이 초·중등교육으로부터 구별되는 이유는 전수 기능을 넘은 창조가 요구되기 때문이다. 초등학교, 중학교, 고등학교를 의무화하거나 보편화하는 정책을 대학에 적용할 수는 없다. 한국에서는 평등성이 구현되어야 하는 초·중등교육에서 이에 역행하는 정책이 추진되고 수월성이 추구되어야 하는 고등교육에서 평준화 방향의 정책이 늘어나고 있다. 고등교육이 제대로 기능하려면 수월성이 추구되어야 하고 자율성이 보장되어야 한다. 고등교육의 공적 가치는 평준화와 보편화로 실현될 수 없다. 오늘날에는 국가경쟁력이 고등교육의 역량에 상당히 좌우되는 만큼, 국가는 공익성을 극대화하기 위해 수월성에 무게를 둔 고등교육 정책을 시행해야 한다.

한국의 대학 교육은 보편화 단계에 들어섬으로써 수월성을 추구할 수 없게 되었다. 정부는 대학이 너무 많아 이를 지원하고 통제하는 데에도 역부족이다. 교육부는 대학입시관리로부터 헤어나지 못하고 있다. 교육부의 정책은 대학 입학시험의 일시·유형·출제, 선발 전형, 그와 관련된 초·중·고등학교의 교과과정과 평가, 역시 그와 관련된 사교육의 통제 등을 넘어서지 못하고 있다. 초·중등교육에 관한 업무는 각 시·도교육청에 대폭 이양되었지만, 대학 교육은 교육부가 전담하고 있다. 교육부가 입시관리에서 벗어나지 못하면 매년 쏟아져 나오는 대학졸업자들에 대한 대책에 무력할 수밖에 없다. 대학생을 선발하는 데에도 시행착오를 거듭하는 교육부가 대학졸업생들의 취업을 체계적으로 지원할 리 없다.

한국에서는 부모들의 고조된 자녀교육열과 경제적 부담 능력의 상승으로 대학 교육 수요가 늘어나자 정부는 이에 호응하여 대학 정원을 확대하였다. 그 결과로 급속히 증가한 대학졸업자들이 노동시장에 홍수처럼 대량으로 공급되는 데 비해 노동시장의 수요는 그 공급량에 턱없이 부족하다. 1980년 이후 한국의 역대 정부들은 노동시장 수요를 극도로 초과하는 대학졸업자들을 배출하는 체제로 만듦으로써 대학생들을 취업 준비에 매몰시켜 왔다. 국가 경제를 견인해야 하는 대졸 청년들이 개인적으로 출세하거나 웬만한 일자리에 안착하는 데에만 몰두함으로써 지식경제와 창조경제로 국가 간 경쟁이 치열해지고 있는 세계화 시대에 국제적 경쟁력을 갖추지 못하고 있다. 한국의 대학에서는 취업 시험을 준비하는 학생들은 많지만 탐구하고 창조하는 학생들은 아주 적다. 출세가 지상의 목표가 된 한국 사회에서는 대학도 다른 대학들을 상대로 순위 경쟁을 벌이고 있다. 서열에서 앞서려는 대학은 많아도 대학 본연의 목적인 지적 탐구에 열정적인 대학은 적다. 대학들은 외부의 평가 기관과 신입생들의 수능점수로 드러나는 순위에는 과민해도 지식경제와 창조경제를 선도할 인재를 양성하는 데에는 의외로 냉담하다.[19]

대졸 청년 실업과 하향취업에 대한 책임을 정부들이 져야 한다고 주장하는 이유는 자녀들을 대학에 진학시킨 부모들에게 책임을 지울 수 없기 때문이다. 부모들은 영향력 있는 집단으로 활동하는 데에는 한계가 있다. 개별 부모들은 아들 또는 딸을 대학에 진학시키려는 열망으로 다양한 전략을 구사할 뿐이다. 그러나 그 개별 행위들은 의도하지 않았더라도 대졸 청년 실업과 하향취업이라는 구조적 결과를 초래하고 있다. 구조적으로 초래되는 대졸 청년 실업과 하향취업 사태를 해결하기 위해 부모가 자녀의 대학 진학을 자제할 가능성은 거의 없다. 원하는 사람들을 모두 수용할 정도로 대학이 개방된 현실에서 부모가 자녀의 대학 진학을 막을 리 없다. 그러나 정부가 대학 입학 정원을 적정선으로 통제한다면 대학졸업자의 과잉 배출을 막을 수는 있다. 정부가 대졸 청년 실업과 하향취업 사태가 매우 심각함을 인정하더라도 대학 입학 정원을 적정선까지 줄이려면 엄청난 고통을 감내해야 한다. 그 이유는 대학취학률이 너무 높아져 있기 때문이다. 잘못된 정책으로 초래된 문제들을 수습하려면 심각한 부작용을 각오해야 한다.

적정한 대학취학률에 대한 의견은 다양하겠지만 30퍼센트를 넘어서지 않아야 한다. 이 수준의 취학률은 현재 대학생 수를 절반으로 줄여야 함을 의미한다. 대학 입학 정원을 절반으로 줄이는 작업을 한 정부의 임기 내에 완료하기는 불가능할 것 같다. 그러나 여러 정부가 이어 가며 조금씩 줄이는 장기적인 대학취학률 적정화 정책을 펴나간다면 성공할 수 있다. 대학취학률 장기 적정화 정책이 성공하려면 정부와 정당을 초월하는 기구가 정책을 구상하고 집행해야 한다. 그래야만 그 정책이 집권 정당이 바뀌어도 여러 정부가 이어 가며 효력을 발휘할 수 있다. 교육부의 산하 기구이거나 대통령 임기로 한정된 기구는 이러한 정책을 감당할 수 없다.

대졸 청년 실업과 하향취업은 국가를 위기에 빠뜨릴 수 있는 강력한 파괴력을 갖고 있다. 실업과 하향취업은 처음에는 자존심을 상하게 하고 점차 생활을 불편하게 만들며 최종적으로는 생존을 위협한다. 대졸 청년 실업자들과 하향취업자들이 개별적으로 소리를 점차 높여 가며 구원을 요청하지만 귀담아들어야 하는 사람들은 귀를 막아 듣지 않고 그 밖의 사람들은 마음이 닫혀 있어 알아듣지 못한다. 소리치는 사람들은 언젠가는 각자의 소리를 합하고 행동을 함께할 것이다. 생활이 어려워지면 불평하지만, 생존이 위협받으면 투쟁한

---

19) 학문의 전당으로 자처하는 대학에서도 출세에 집착하는 교수들이 적지 않다. 이들은 대학 내외에서 권력을 추구한다. 그리고 그들을 추종함으로써 이익을 얻으려는 대학원생들도 적지 않다.

다. 한국의 젊은이들은 집단운동에 아주 익숙하다. 스마트폰과 인터넷의 첨단화로 의사소통을 위한 연결망도 충분히 발달해 있으며 젊은이들은 능수능란하게 활용하고 있다.

한국인들은 고등교육이 사적 이익을 추구하는 데 필요한 도구만이 아님을 인식할 필요가 있다. 고등교육이 사적 이익의 극대화를 위해 과도하게 이용되면 모두가 곤경에 빠지고 국가가 위기에 처할 수 있다. 사적 이익의 극대화로 공멸을 초래하지 않으려면 국가가 적극적으로 개입해야 한다. 그 임무를 수행하지 않으면 무정부 상태로 전락할 수 있다. 국민들은 정부가 공익을 위해 권력을 행사하도록 허락하였다. 대졸 청년이 과도하게 양성되어 실업과 하향취업이 구조화된 데에는 집권 정부들의 직무유기가 상당 부분 작용하였다. 뒤늦었지만 초과잉 상태인 대학 인구를 적정선으로 조정하려면 혁명적이라고 생각될 정도의 강도 높은 고등교육 정책을 펴야 한다. 대학 교육을 요구하는 일자리는 매우 제한되어 있으며 줄어들 가능성도 높다. 일자리는 제한되어 있는데 그 일자리를 차지하려는 사람들이 노동시장에 과도하게 공급되면 체계적인 실업과 하향취업 사태가 발생할 수밖에 없다. 이 사태는 과잉 생산된 농산물이 덤핑 가격으로 판매되는 경우에 비유될 수 있다. 농산물은 저장해 볼 수도 있지만, 인력은 저장할 수도 없다.

국가의 재정은 무한하지 않기 때문에 우선순위를 정해야 하고 적정하게 분배해야 한다. 개발도상 국가는 국민들이 문맹에서 벗어나도록 초등교육을 의무화하는 데 주력해야 한다. 국가의 산업이 발달하고 초등교육이 보편화되면 중등교육의 기회를 확대하는 데 재정을 투입해야 한다. 그러나 중등교육이 보편화되더라도 고등교육은 보편화해야 할 필요가 없으며 가능하지도 않기 때문에 적정화를 지향해야 한다. 국가의 학교교육 정책은 평등성과 수월성을 추구해야 하지만, 두 가지 이념을 모두 충족시킬 수 없다. 학교의 단계에 따라 평등성과 수월성 가운데 한쪽에 무게를 더 두어야 한다. 수월성과 평등성은 정책으로 시행될 때 영합 관계를 극복할 수 없다. 그래서 국가의 교육 정책은 모두로부터 지지를 받지 못한다. 초·중등교육은 평등성을 지향해야 하지만, 고등교육은 수월성을 추구하는 것이 합리적이다. 고등교육의 수월성 정책이 국민들로부터 지지를 받거나 최소한 수용되려면 중등교육이 종료 교육으로서 원활하게 작용해야 한다. 다시 말해서, 고등학교를 졸업하더라도 취업할 수 있고 소득이 어느 정도 충족되어야 하며 상대적 박탈감을 느끼지 않아야 할 뿐만 아니라 차별도 당하지 않아야 한다.

한국의 대학이 고등교육 기관으로서 역할을 제대로 수행하려면 고등학교 단계에서 직업교육이 효율적으로 이루어져야 하고, 고등학교 직업교육이 성공하려면 중학교 단계에서 진로교육이 제대로 되어야 한다. 어린이들에게 동심을 잃지 않게 하는 것과 청소년들을 마냥 어린애로 취급하는 것은 전혀 다르다. 청소년기에 들어서면 어른이 되는 연습을 시작해야 한다. 대학 진학에 목숨을 건 청소년들이 전체 청소년들 가운데 대부분이라면 대학 정원을 30퍼센트로 조정하기 어렵다. 대학 진학 이외의 진로를 충분히 그리고 매력적으로 개발하여 대학 과정을 이수할 수 있는 지적 능력과 의지를 갖추지 못했거나 대학에 의미를 부여하지 않은 청소년들은 다른 진로를 선택할 수 있어야 한다. 모두 대학에 진학하게 하여 그들 가운데 절대다수를 실업과 하향취업으로 내몰리게 내버려 두는 정부는 무능할 뿐만 아니라 무책임하다.

대학 교육에의 과잉투자는 개인 및 국가가 돈을 허투루 쓴 정도를 넘어 돈을 들여서 문제를 일으킨 것과 같다. 고급 인력을 수용할 수 있는 노동시장이 마련되지도 않았음에도 불구하고 많은 돈과 시간이 투입되어 대학졸업자가 과도하게 양성되었다면 그에 대한 책임은 누가 져야 할까? 궁극적으로는 국가가 책임을 져야 하고 구체적으로는 집권한 정부들이 책임을 져야 한다. 더 집요하게 책임자들을 추적한다면, 이러한 사태가 체계적으로 초래될 수밖에 없는 교육 정책, 경제 정책 그리고 노동 정책을 구상하고 집행했던 사람들을 지목할 수밖에 없다.

> 역사적으로 세계 각국에서 교육 정책들과 교육 개혁들은 정치적, 군사적 그리고 종교적 세력에 의해 더 많이 추진되었다. 국가는 전쟁에 패한 후, 정치적 경쟁이 치열했을 때 또는 혁명적 정권 변화가 일어났을 때 교육 체제를 개혁하는 경향이 있다. 경제적 실패와 성공은 이러한 유형의 변화들보다 교육 정책과 교육 개혁에 덜 개입된다. 1957년 스푸트니크 위기(Sputnik Crisis)가 미국의 교육 개혁 노력을 촉발시켰지만, 이 사건은 경제적 측면보다는 군사적 그리고 정치적 측면에서 더 절박하게 위기로 규정되었다. (Ramirez, Luo, Schoffer, and Meyer, 2006: 1-2)

정부의 학교교육 정책을 대중영합주의로 비판할 수 있는 근거는 무모한 대학 확대 정책 이외에도 많다. 한국의 교육부는 학생들의 학업 부담을 덜어 주기 위해 무리한 정책을 펴왔다. 가장 적절한 사례가 수학과 과학의 중요성을 격하시킨 점이다. 성장률(growth rates)에서의 국가 간 격차에 대한 분석은 수학과 과학이 노동력과 관련된 인적자본의 중심 요소임을 밝히고 있다. 국민들의 수학 · 과학에 대한 지적 능력은 학교교육의 양이나 학교에 투입된 자원의 양으로 측정되지 않으며, 성장률은 연구와 개발을 통한 인적자본이 실현한 아이디어와 발명에 의해 결정된다(Hanushek and Kimko, 2000: 1184). 아이디어와 발명에 가장 직접적으로 동원되는 교과목은 수학과 과학이다. 수학과 과학을 경시한다면 지식경제와 창조경제를 포기하는 것과 같다. 인적자본으로서 수학과 과학 능력의 중요성이 강조되고

있는데도 한국에서는 수학과 과학이 점차 경시되고 있다. 대학졸업생이 무한히 증가한다고 국가의 인적자본이 상승하지 않는다. 더욱이 청소년들이 수학과 과학을 포기하도록 내버려 두는 정책으로는 인적자본이 강화될 가능성이 전혀 없다. 수학과 과학을 포기하도록 방치하는 정책은 학생들의 게으름을 묵인하고 안일함을 허용하는 결과를 가져온다.

한국의 학생들은 '학업 성취도 국제비교연구'(PISA)의 경우 과학 · 수학 · 읽기에서 그리고 '수학 · 과학 성취도 국제비교연구'(TIMSS)의 경우 수학 · 과학에서 세계 최고 수준의 학업 성취를 과시하였다.[20] '쑤셔 넣기'와 '노력주의'가 효과를 발휘했기 때문이다. 이러한 사실에도 불구하고 수학과 과학을 포기하는 학생이 급격히 늘어 가고 있다. 이러한 추세에 편승하여 정부는 학생들이 쉽게 답할 수 있도록 문제를 쉽게 내라고 강요하고 있다. 학생들이 쉬운 문제들을 많이 맞힌다고 실력이 향상될 리 없다. 어려운 문제도 포기하지 않고 끝까지 물고 늘어지도록 가르치는 데 더 치중해야 옳다.[21] 교육부는 수학을 면제해 줌으로써 수학을 소홀히 공부했거나 회피한 학생들도 공학, 의학 등의 분야에 진학할 수 있도록 배려하고 있다.

학교교육 정책은 학생들의 시험점수를 높이는 데보다는 학생들의 지적 능력과 열정적 끈기를 높이는 데 주력해야 한다. 시험점수를 높여 주기 위해 시험문제를 쉽게 내라고 강요하는 것 같은 교육 정책이 한국에서 거리낌 없이 실행되고 있다.[22] 일본의 학교에서는 어려운 수학 문제를 학생들이 스스로 풀어 보도록 요구하는데(Stigler and Hiebert, 1999), 한국의 학교에서는 문제 풀이 절차를 가르치고 있다. 한국의 학생들은 문제 풀이 절차와 방법을 익힐 뿐 문제를 푸는 능력을 기르지는 못하고 있다. 한국의 어린이들과 청소년들은 문제 풀이 절차를 학원에서 배우고 학교에서도 배운다. 이에 익숙해짐으로써 스스로 풀어야 할 상황을 가능한 한 피하려 한다. 그래서 문제를 접할 때마다 답해 줄 사람을 찾으며 난관에 부닥칠 때마다 해결해 줄 사람을 찾는다. 지식을 많이 축적하기 위해서 답을 외우는 공부가 학원에서뿐만 아니라 학교에서도 확산되고 있다.[23] 자신의 목소리를 내지 못하는 학교에서 창조력 향상이 가능하지 않으며 그런 학교들을 졸업한 청년들이 지식경제를 주도할 리 없다.[24]

---

20) PISA: Program for International Student Assessment, TIMSS: Trends in International Mathematics and Science Study

21) 포기는 가장 쉽게 실패하는 방법이며 자연스럽게 습관이 된다.

22) 이는 마치 성장한 어린이들과 청소년들에게 이유식을 먹이는 것에 비유될 수 있다. 죽을 먹고 자란 아이는 음식을 제대로 씹지 못하고 소화하지도 못한다.

23) 교사들은 적중률을 높이는 데 주력하고 학생들은 정답을 골라내는 데 집착한다.

한국에서 학교교육은 성장과 평등을 위한 절대적 수단이었다. 그래서 한국에서는 성장과 평등을 위해 학교교육 기회의 확대와 균등이 항상 함께 강조되었다. 역대 정부들은 수월성과 평등성을 각각 지향하는 정책을 펴면서도 평등성과 수월성을 저해하지 않는다는 모순된 설명을 덧붙였다. 결과적으로 역대 정부들의 교육 정책은 선심을 베풀거나 난제를 무마하는 수준을 넘지 않았다. 국가의 교육 정책은 미래를 지향해야 하지만 한국의 교육 정책은 현실 타협적이었기 때문에 문제는 더욱 왜곡되어 해결 가능성이 어려워지고 있다. 교육부는 학생 선발 방법에 매몰됨으로써 인력의 적합한 수급을 방치하고 있다. 지원자들을 모두 만족시킬 수 있는 완벽한 선발 방법은 없다. 그 이유는 각기 다른 상황에 부닥친 지원자들이 합격할 방법을 소원하기 때문이다. 완벽한 방법을 찾기 위해 시행착오를 반복하다 보면 신뢰를 잃게 되어 어떤 방법을 제시하더라도 시비 대상이 된다. 선발 방법이 까다로워질수록 부모의 영향력은 높아진다. 선발 과정을 세분화하고 정교화하면 그에 대처할 수 있는 능력을 갖춘 가정의 자녀들이 유리해진다.

한국에서는 대학 정원이 정부에 의해 통제되어 왔다. 대학 교육에 대한 국민들의 수요가 아무리 강력해도 정부가 대학 정원을 증원하지 않으면 대학 졸업 청년들이 과도하게 배출될 수 없다. 정부는 선진국들의 사례들을 제시하며 대학 정원을 적정 수준에서 통제할 수 있다. 대학 졸업 학력을 요구하는 일자리 수를 제시하면 설명력과 설득력을 더 높일 수 있다. 대졸 학력을 요구하는 일자리를 고려하여 대학취학률을 조정해야 한다. 한국의 역대 정부들은 제도화 이론이 강조하듯 정통성을 확보하는 수단으로써 학교교육 기회를 단계적으로 확대해 왔다. 중학교와 고등학교는 각각 무시험 제도와 평준화 제도를 통해 보편화되었다. 그리고 대학은 청소년들과 그 부모들이 필수 절차로 추진하고 정부들이 이에 호응함으로써 보편화되어 왔다.

한국에서는 고등학교 과정이 대학 진학 예비학교를 의미하는 학업계열과 졸업 후 취업을 목표로 하는 직업계열로 구분되었다. 그러나 직업계열 고등학교는 직업교육과 직업훈련이 부실하고 졸업생을 제대로 취업시키지 못함에 따라 종료 교육으로서 임무를 수행하지 못하고 있다. 그 결과, 직업계열을 선택한 학생들도 대학 진학을 추진하고 있다. 고등학교를 졸업하고 취업할 수 없다면 대학 진학은 유일한 대안으로 떠오르게 된다. 한국에서는 대학 진학을 계획하지 않은 청소년들이 정부와 사회로부터 잊혀 있는데 대학을 졸업하는 청년들 가운데 절반 이상도 잊히고 있다. 어쩔 수 없어 대학에 진학하는 학생들에게 무

24) 아인슈타인(Albert Einstein)은 "목소리를 내고 메아리가 되지 마라"(Be a voice, not an echo)고 경고하였다.

엇을 기대할 수 있을까? 그리고 그들은 대학 생활을 어떻게 할까? 불편한 질문이지만 대답해야 하고 대책을 마련해야 한다.

대학 졸업 청년들의 실업과 하향취업 문제를 담당하는 부처는 어디인가? 교육부, 고용노동부, 기획재정부 등을 먼저 떠올릴 수 있다. 대학졸업자들의 실업과 하향취업 문제를 교육부는 학생이 아니라는 이유로, 고용노동부는 취업한 노동자가 아니라는 이유로, 기획재정부는 국가 경제라는 더 중요한 과제를 다룬다는 이유로 외면할 것 같다. 한편, 사회는 대학까지 졸업했으면 자신이 알아서 해결해야 할 문제라는 이유로 외면하고 있다. 대부분의 부모는 대학에 진학시키고 졸업시키느라 이미 탈진 상태에 있고 용돈을 마련해 주기도 힘겨워하며 일자리를 구해 줄 능력은 없다.[25)]

오늘날 한국에서는 대학에 진학하지 않은 청년들은 사회적 낙오자처럼 취급되어 방치되고 있으며 대졸 청년 실업자들과 하향취업자들은 "대학까지 나온 성인은 자신의 진로에 책임을 져야 한다"는 당위론에 따라 외면되고 있다. 그리고 대졸 청년 취업자들은 경영합리화라는 이름 아래 인력 구조조정이 수시로 이루어짐에 따라 해고 불안을 안고 있으며 과로에 시달리고 있다. 이러한 현실을 모두 고려하면, "오늘날 한국에서 행복한 사람들은 누구일까"라는 의문이 생긴다. 오늘날 한국인들은 모두 쫓기고 있다. 그래서인지 가상세계(virtual world)로 잠입하는 사람들이 급증하고 있다. 그보다도 더 치명적인 증거는 세계 최고 수준의 자살률이다.

한국의 대졸 청년 실업과 하향취업은 일시적이거나 순환적인 현상이 아니며 장기적으로 지속될 현상이다. 이 사태는 경기 불황으로 유발되지 않았으며 대학 학력에 걸맞은 좋은 일자리를 기대할 뿐 노동시장의 수요를 전혀 고려하지 않고 대학 진학을 의지로 밀어붙인 데 따른 필연적 결과이다. 현재로서는 어떤 정당이 집권하든 대학생 수를 줄이는 정책을 펼 가능성이 거의 없고 대학 이전 단계의 학교에서 직업교육과 진로지도로 적합한 일자리를 마련해 줌으로써 대학취학률을 효율적이며 합리적으로 낮추는 개혁을 시도할 것 같지도 않다. 한국의 역대 정부들은 정책의 성패보다는 집권 동안의 부정부패 여부에 의해서 평가되고 있다. 그러나 정부는 부정부패 여부로만 평가되지 않는다. 무지, 무책임, 무능도 평가 대상이다. 대졸 청년 실업과 하향취업을 예견하지 못하고 대학 정원을 무모하게 증원한 정부들과 그 정책을 답습한 정부들은 무지, 무책임, 무능으로 평가되어야 한다. 이전 정부의 정책들에 대한 냉정한 평가가 이루어지지 않으면 다음 정부가 시행착오를 거듭

25) 최근에는 창업이 유행처럼 퍼져 나가면서 생뚱맞게 사업을 하겠다며 부모에게 사업자금을 요구하는 청년들이 늘어나고 있다.

할 가능성이 높아진다. 이는 마치 역사를 직시하는 민족은 멸망하지 않지만, 역사를 잊은 민족은 존속할 수 없는 것과 같다.

해방 이후 한국에서는 모든 영역이 급속도로 변화하였다. 학교교육의 변화 속도는 그 어떤 영역보다 더 빠르다. 대학 교육은 양적 팽창을 거듭하다가 급기야 초과잉 상태가 됨으로써 획기적으로 조정하지 않으면 개인, 가정 그리고 국가까지 위기에 봉착하게 될 절박한 상황이 초래되었다. 한국에서 고학력 청년 실업과 하향취업 사태는 대학졸업자들이 매년 쏟아져 나오기 때문에 이대로 두면 반드시 악화된다. 실업과 하향취업으로 소득이 없거나 낮은 청년들은 결혼할 엄두를 내지 못한다. 결혼한 부부들은 출산을 미루고 자녀를 최소화한다. 저출산은 사회를 필연적으로 고령화사회, 고령사회, 초고령사회로 급속도로 변화시킨다. 생산에 참여하는 인구가 감소하고 부양을 받아야 하는 인구가 늘어나면 국가는 경쟁력을 상실하게 되고 쇠퇴하게 된다. 오늘날 한국에서는 위기의 징후가 곳곳에서 나타나고 있다.

3. 대학 교육의 효과에 대한 맹신: 대학 교육의 무한 확대

학교교육의 경제 성장과 사회 발전에의 공헌은 1950년대 후반에 인적자본론에 의해 공식화되었다. 이즈음부터 경제학계에서는 지식, 기술 그리고 경험에 의해 생산이 증대됨을 주장하기 시작하였다(Becker, 1964; Mincer, 1958; Schultz, 1961). 인적자본론을 주창한 경제학자들은 토지, 노동, 자본을 지칭하는 생산의 세 가지 요소 외에 자본은 물론이며 노동과도 구별되는 또 하나의 요소로 인적자본을 추가하였다. 이들의 주장에 따르면, 인적자본이 늘어나면 생산성이 향상되고 그 결과로 생산이 증가한다. 이에 대한 보상으로 개인의 소득이 향상되고 국가의 경제가 성장한다. 인적자본론에서는 개념으로서 '교육'(education)이 측정하기가 모호하고 현직훈련과도 구분하기 어렵기 때문에 '학교교육 연한'(years of schooling)으로 교육량을 측정한다. 인적자본은 건강, 현직훈련, 학교교육, 성인교육, 이주(移住)의 다섯 가지로 구성된다(Schultz, 1961).

학교교육 기회의 확대는 제2차 세계대전 이후 국제적 공통 현상으로 나타났다. 국제기구들은 저개발 국가들에게 경제 성장을 위해 학교교육 기회를 확대하라고 강력하게 권고하였다.[26] 세계은행(World Bank)은 「모두를 위한 교육」(*Education for all*)이라는 문서에서

26) 저개발 국가들을 지원하는 국제기구들은 학교교육 기회의 확대를 강도 높게 요구하였다. 그 이유는 이러한

"교육은 빈곤과 불평등을 줄이고 경제 성장을 지속케 하며 건전한 정부와 효과적인 기관들을 정착시키는 데 기여하는 가장 강력한 기구들 중에 하나"라고 강조하였다. 국제연합교육과학문화기구(UNESCO), 유엔아동기금(UNICEF) 등도 비슷한 맥락에서 학교교육 지원 사업을 벌이고 있다(Hannum and Buchmann, 2005: 333-334).[27] 국제기구들은 개발도상국들의 경제 성장과 사회 발전을 위해서 학교교육을 만병통치약처럼 처방해 왔다. 성장과 발전을 위해 학교교육 확대 정책을 제안하는 것은 다음과 같은 다섯 가지 가정에 기반을 두고 있다.[28]

> 첫째, 더 나은 교육을 받은 시민들이 더 생산적이기 때문에, 축적된 인적자본은 국가 경제 발달에 가장 중요하다. 둘째, 교육 기회의 확대는 개인들로 하여금 자신들의 경제 환경을 개선하는 능력을 향상시킨다. 셋째, 교육 확대는 사회 배경에 구애받지 않고 능력에 따라 그에 적합한 지위를 취득할 수 있는 업적주의를 촉진함으로써 국가 내 사회적 불평등을 줄인다. 넷째, 더 나은 교육을 받은 시민들로 이루어진 국가들은 교육받은 개인들이 건강에 더 좋은 선택을 하고 더 오래 살며 건강한 소수의 자녀를 가지므로 더 건강하고 인구 증가 속도도 느리다. 다섯째, 교육을 더 많이 받은 인구를 가진 국가들은 그 시민들이 더 많은 정보를 가지고 정치적 결정을 하므로 더 민주적이다. (Hannum and Buchmann, 2005: 334)

인적자본은 대부분 생산적으로 이용되지만, 과도하게 축적된 인적자본은 활용할 곳이 없어 허비될 수 있다. 학교교육 기회가 무한히 확대되어 최고 수준의 학력을 갖추더라도 일자리를 구하지 못하면 교육에 투자한 자본을 환수할 수 없어 경제 상황이 오히려 악화될 수 있다. 과잉학력 사회에서는 교육의 취업효과와 소득효과가 제대로 나타나지 않으며 부모의 사회경제적 배경이 취업과 소득의 결정적 변수로 작용할 가능성이 커져 사회적 불평등이 오히려 심화될 수 있다. 교육 수준이 높아지면 자녀 수를 줄이기 때문에 인구 증가 속도가 느려진다. 과잉학력에 따른 취업과 소득 불안 때문에 결혼을 포기하거나 늦추고 결혼 후에는 자녀 수를 극도로 줄이면 인구가 감소하는 사태가 일어난다. 교육 수준이 높으

국가들은 학교교육 기회가 매우 제한되었기 때문이다.

27) UNESCO: United Nations Educational, Scientific and Cultural Organization, UNICEF: United Nations Children's Fund

28) 다음 인용문에서 교육은 학교교육을 의미한다. 교육을 학교교육으로 바꾸어 읽으면 메시지를 더욱 분명하게 파악할 수 있다.

면 다양한 정보와 많은 정보를 획득할 수 있지만, 이 정보들로 정치적 효능감을 오히려 잃게 되면 정치 참여도가 현저하게 낮아진다.[29] 선진국의 투표율이 놀라울 정도로 낮은 이유도 여기에 있다.

산업화된 국가들은 학교교육의 확대를 통해 경제 성장을 가속하려는 정책을 강력하게 추진하였다. 그러나 1970년대 중반에 이르러, 학교교육에 적극적으로 투자한 산업 국가들에서 경제 성장이 지속되지 않았고 사회경제적 불평등도 줄어들지 않았다. 이러한 현실임에도 불구하고 왜 교육기관들은 계속해서 증가하고, 더 많은 아이가 취학하며, 공적 및 사적 재원들이 투입되는가?(Fuller and Rubinson 1992: x) 이러한 상황에서 등장한 계급갈등론은 인적자본론이 현실을 왜곡한 허구이며 불평등 구조의 재생산을 돕는 이데올로기라고 비판하였다. 이 이론에 따르면, 학교교육의 확대는 기존의 불평등을 정당하게 지속하기 위해 지배계급이 펼친 전략의 산물이다.

지배계급은 공정함과 업적주의로 위장된 학교교육 체제를 통하여 자신들의 일자리들을 지키고 지배계급에 유리한 문화 유형을 고수한다. 학교교육이 확대되고 교육 기회가 균등해지더라도 지배계급과 피지배계급 간의 격차에는 의미 있는 변화가 일어나지 않는다. 갈등론자들의 주장대로 학교교육이 지배계급에 의해 불평등을 지속하는 전략으로 이용되더라도 피지배계급이 상승 이동을 모색할 방법이 학교교육의 이용뿐이라면, 피지배계급은 학교교육 기회의 확대를 강력하게 요구할 수밖에 없다. 학교교육은 문제 해결에 대한 기대 때문에 구원자(saviour)로 묘사되지만, 이러한 기대가 무너지면 곧바로 희생양(scapegoat)으로 취급된다. 학교는 구원자로 칭송받기보다는 희생양으로 매도된 적이 더 많다.

학교교육은 온갖 사회문제들을 해결하는 데 만병통치약처럼 처방됨으로써 동네북처럼 두들겨 맞는다. 교육을 모든 사회현상의 원인으로 설정하는 논리에는 무리가 따른다. 학교교육과 다른 현상을 인과관계로 설정하는 논리는 학교교육을 문제의 원인으로 지목하면서 학교교육으로 그 문제들을 해결하려는 순진한 기대로 이어진다. 이러한 논리와 기대 때문에 그 문제들이 해결되지 않을 때마다 학교교육은 비난의 표적이 된다. 미국의 경우, 1957년 소련이 인공위성을 발사했을 때 '스푸트니크 위기'라는 말로 심각성을 부각하면서 그 원인으로 미국 학교교육의 부실을 지적하였다. 그리고 1980년대에 접어들면서 미국의 국제경쟁력이 일본과 독일에 뒤처지는 조짐이 나타나자, 레이건(Reagan) 대통령은 '교육

29) 정치효능감은 개인이 정치참여를 통해서 정치에 변화를 가져올 수 있다고 믿는 정도를 의미한다. 정치효능감이 낮은 사람들은 "정치는 어차피 정치꾼들(politicians)의 의도대로 된다"고 말한다.

수월성을 위한 국가위원회'(National Commission on Excellence in Education)라는 특별위원회를 긴급하게 구성하였다. 이 위원회는 1983년에 '위기에 처한 국가'(National Commission on Excellence in Education, 1983)[30]라는 제목의 보고서를 출판하였다. 이 보고서는 또다시 "미국의 학교들은 실패하고 있다"라고 단정하면서 학교와 교사를 집중적으로 규탄하고 학교교육 개혁을 강력하게 요구하였다.

> 1990년대 말까지 미국 경제는 건전하고 지속적인 성장, 낮은 인플레이션, 연방 적자 예산의 감소 등으로 세계 경제에서 높은 경쟁력을 고수하였다. 교육개혁이 이러한 현실을 가져왔는가? 아마도 아닐 것이다. …… 학교는 미국에서 경제적 병폐의 희생양이지 경제적 성공의 원인으로 비쳐지지 않았다. …… 경제전문가들은 시험점수에 사로잡혀 있다. 노동의 생산성은 교사들, 학생들 그리고 학교들이 표준화 시험점수를 높임으로써 향상된다는 제안이 유행하고 있다. 그러나 시험점수가 소득에 미치는 영향은 미미하다.[31] …… 형편없이 교육된 노동력이 미국 경제에 장애가 되어 왔다는 시각은 지난 15년 동안 미국에 설립된 일본 자동차 공장들의 생산성이 일본 소재 자동차 공장들의 생산성에 필적한 사실에 의해 도전받고 있다. (Levin, 1998: 139-140)

학교교육이 경제 성장에 도움이 되려면 생산에 적합한 지식, 기술, 태도 등을 습득한 학생들이 생산 현장에서 일할 수 있어야 한다. 생산에 적합하지 않은 지식, 기술, 태도를 익힌 학생들은 생산 현장에 투입되어도 생산력을 발휘할 수 없으며 적합한 지식, 기술, 태도를 갖춘 학생일지라도 생산 현장에서 일할 기회를 얻지 못하면 경제 성장에 도움이 되지 않는다. 오늘날 한국에서는 학교교육이 생산에 적합한 지식, 기술, 태도 등을 가르치는 데 성공하지 못하고 있을 뿐만 아니라 높은 학력을 소지한 청년들이 그 학력에 걸맞은 일자리에서 일하지 못함에 따라 경제적 효과가 급락하고 있다. 고학력자들이 과잉 배출됨에 따라 그들에게 적합한 일자리가 부족해져 구직난(求職難)이 심각해지고 있다. 한편, 구직자들이 학력 상승으로 의중임금(reservation wage)을 높이고 근무조건을 까다롭게 따지면서 자발적 실업을 선택함에 따라 중소기업에서는 구인난(求人難)을 겪고 있다. 한국에서는 구

---

30) *A nation at risk: The imperative for educational reform.*

31) 홍콩, 한국, 싱가포르 그리고 타이완의 높은 시험점수가 그 국가들의 경제적 성공을 견인했다는 주장이 인기를 끌었지만, 실증적 증거들은 이 주장을 지지하지 않는다. 이 국가들의 인상적인 경제적 성공은 물적 자본과 노동력의 향상에 일차적 원인이 있다(Levin, 1998: 141).

직난과 구인난이 동시에 일어나고 있다.

오늘날 한국에서 벌어지고 있는 대학 교육의 보편화는 대학 교육뿐만 아니라 그 이전 단계의 학교교육까지도 부실하게 만들고 있다. 대학 교육이 보편화되면서 그 이전 단계의 학교가 하나같이 대학에 진학하기 위한 예비학교로 전락하였다. 대학 이전 단계의 학교들은 교과과정과 학교생활을 대학입시에 적합하도록 조정하고 있다. 가장 두드러지게 나타나는 현상들 가운데 하나는 대학입시와 관련되지 않은 과목들의 폐지, 축소 또는 부실이다. 오늘날 한국에서는 초등학교, 중학교, 고등학교를 막론하고 운동장에서 힘차게 뛰노는 학생들을 보기 어렵다. 학교 운동장은 지역의 조기축구회가 이른 아침에 이용하거나 일요일에 인접 교회에서 주차장으로 빌려 씀으로써 그나마 유용성을 살리고 있다. 한편, 대학은 졸업생의 공급 과잉으로 하락하는 취업률을 높이기 위해 교과과정을 취업에 맞추고 있다. 대학에서 지적 탐구는 사라지고 취업 준비만 가열되고 있다. 대학의 도서관은 취업 준비를 위한 공간과 학문을 탐구하는 공간으로 양분되어 있으며 각각 북적대고 한산하다.

대학생들은 취업이 너무 절박하므로 그에 대비하느라고 지적 호기심을 가질 수 없다. 대학생들은 취업지망자들 가운데 돋보이려고 평점을 관리하고 스펙을 갖추는 데 전력하고 있다. 대학에서는 부담 없이 수강하고 높은 평점을 받을 수 있는 허술한 수업들이 인기를 끌면서 학생들의 적극적인 수업 참여를 요구하는 탐구 형식의 수업들은 외면을 당하고 있다. 그 결과인 듯, 대학생들의 평점은 높아지고 있는데 대학의 교수–학습의 질적 수준은 빠른 속도로 하락하고 있다. 오늘날 한국에서는 탐구 수업 또는 토론 수업이 어디에서도 시행되지 않고 있다. 안타깝게도, 한국의 학교교육은 이전의 '노력 패러다임'을 고수하느라고 '창조 패러다임'을 방치하고 있다(오욱환, 2014).

쫓기는 상황에서는 창조적으로 사고할 수 없다. 한국의 학생들은 학교의 단계에 상관없이 모두 쫓기고 있다. 어린이집과 유치원의 원아들은 때 이른 대학입시 준비로 학습지 풀이에 쫓기고 있으며, 대학생들은 취업 시험에 출제되었던 문제들과 출제가 예상되는 문제들의 풀이에 쫓기고 있다. 한국의 어린이들, 청소년들, 청년들은 모두 문제 풀이에 매몰되고 있으며 수많은 문제를 풀고 있지만 정작 가장 중요한 생애 과제, 곧 '부모 없이 사는 방법'은 놓치고 있다. 정신적 독립과 경제적 자립은 아동기, 청소년기 그리고 청년기를 거치면서 시행착오를 거듭하더라도 선택하고 실행해야만 터득된다. 부모로부터 쫓기거나 닦달을 당하면 자신의 인생을 직시할 수 없고 숙고할 수도 없다.

경제가 성장하고 산업이 발달하면 노동시장에 공급되는 고급 인력을 많이 수용할 수 있으며 성장과 발달의 속도가 빠르면 일시적으로 고급 인력이 부족해지는 현상까지 나타날 수 있다. 이러한 상황에서 국가들은 대학 교육 기회를 급격히 확대하는 정책을 펴기 쉽다.

대학 교육을 긴급하게 그리고 획기적으로 확대하는 정책을 집행한 국가들은 고학력 인력의 인플레이션을 피할 수 없다. 경제의 성장은 지속되기 어려우며 성장할수록 성장률이 떨어지기 때문이다. 그리고 영리기업의 고용주들은 항상 고용 인력을 최소화함으로써 이익을 극대화하며, 산업이 발달하면 인력 최소화를 촉진시키는 기계, 도구, 경영전략 등이 개발된다.

인류가 경험한 모든 산업의 발전은 고용 인력을 줄이는 방향으로 진행되어 왔다. 1차, 2차, 3차 산업혁명은 고용 인력이 획기적으로 줄어든 시점을 일컬으며, 4차 산업혁명은 이전의 산업혁명들과는 비교할 수 없을 정도로 고용을 줄일 가능성이 높다. 거듭된 산업혁명에도 불구하고 고용이 급격히 감소하지 않은 이유는 산업혁명으로 줄어드는 일자리를 대체하는 일자리들이 산업혁명과는 무관하게 만들어졌기 때문이다. 대체 일자리의 창출은 국가가 주로 주도해 왔으며 새로운 영업 아이템을 개발한 사적 기업들이 지원하였다. 새로 창출되는 일자리들은 대부분 자동화나 전산화가 불가능하거나 그렇게 할 필요가 없는 저급 서비스직이다.

국제사회에 "학교교육은 국가의 경제력과 국제경쟁력을 결정한다"라는 상식이 널리 퍼져 있지만, 현실에서는 이러한 상식과는 사뭇 다른 현상이 일어나고 있다. 학교교육의 확대는 교육받은 인력을 배출하여 기존 일자리 구조에 배정하는 방법을 변화시키지만, 그 자체로 더 생산적인 일자리가 창출되지는 않는다(Rubinson and Fuller, 1992: 101-102). 일자리 경쟁론(Thurow, 1975)이나 신용증명론(Collins, 1979)을 주장하는 학자들에 의하면, 학교교육은 사람들을 고정된 일자리 구조에 배분하는 데에는 효과가 있지만, 더 생산적인 일자리를 창출하지 않기 때문에 경제 성장을 이끄는 효과는 없다. 한국에서는 공교육의 사익화(私益化)에 의하여 거대한 사교육 시장이 형성되었을 뿐이다. 한국에서 학교교육은 학력과 학벌로 구체화되어 출세 도구로 이용되고 있다. 학력과 학벌이 높을수록 생산보다는 소비를 먼저 연상시키는 직업들과 연결된다.

학교교육이 경제 성장에 도움이 되려면 어떤 조건이 충족되어야 하는가? 학교교육을 받은 사람이 취업하지 못하면 그 학교교육은 경제 성장에 도움이 될 수 없을 뿐만 아니라 방해가 될 수도 있다. 사람들이 자신들의 학력보다 낮은 학교교육만으로도 업무를 충분히 수행할 수 있는 일자리에 취업한다면 그들의 학교교육은 경제 성장이 큰 도움이 될 수 없다. 사람들이 학력에 어울리는 일자리에 취업한다면 그들의 학교교육은 경제 성장에 도움이 된다. 사람들이 질적으로 좋은 학교교육을 받고 그 학교교육에 적합한 일자리에 취업한다면 그 학교교육은 경제 성장에 큰 도움이 된다. 대학 교육을 받으려면 이전 단계의 학교들을 거쳐야 할 뿐만 아니라 상당한 금액의 직접교육비와 기회비용 그리고 상당한 열정을 투입해야 하므로 졸업 후 취업을 하지 못했을 때 발생하는 손해는 막심하다. 학교교육이 경제 성장에 도움이 되기 위한 최소 조건은 학력에 걸맞은 일자리에의 취업이다.

낮은 단계의 학교는 높은 단계의 학교에 진학하기 위해서 그리고 높은 단계의 학교는 오직 취업하기 위해서만 존재한다면, 그 학교들은 경제 성장에 큰 도움이 될 수 없다. 그러한 학교에서는 지적 탐구의 즐거움이나 창조의 기쁨이 있을 수 없으며 오직 상대적 우위를 위한 '쑤셔 넣기'식 훈련만 강요되기 때문이다. 기존의 일자리 구조에는 아무런 변화도 없이 그 구조 속에 배치되는 사람들이 달라진들 생산성이 향상될 가능성은 그다지 높지 않다. 일자리의 가치가 다른 일자리들과의 상대적 위치에 따라 매겨진다면 그 일에서 삶의 의미를 찾을 수 없고 그 일에 매진할 리 없으니 높은 생산성을 기대할 수도 없다.

학교교육의 경제적 효과는 획일적이지 않고 일관적이지도 않아서 국가, 학교교육 단계 그리고 시대에 따라서 아주 다양하다(Rubinson and Fuller, 1992: 105). 미국에서는 학교교육이 경제 성장을 견인했다면,[32] 영국에서는 경제 성장이 학교교육 기회를 확대하였다. 저개발국가에서는 초등교육의 의무화가 경제 성장에 도움이 된다면, 산업화를 추진하는 개발도상국에서는 중등교육의 직업교육화가 도움이 된다. 한국의 경우, 1960년대에는 초·중학교의 기능적 문해교육과 고등학교의 직업교육 강화가 경제개발계획을 추진하는 데 결정적인 공헌을 했다면, 2000년대 이후 대학 교육의 보편화는 경제 성장의 발목을 잡고 있다.

세계화, 기술공학의 급격한 발달, 효율적 경영에 대한 압박 등은 경제 성장에 공헌해 온 학교교육의 가치에 대해 의문을 갖게 하면서 과거에 발표된 학교교육과 경제 성장에 관한 연구들로 미래를 예측하기 어렵게 만든다. 더욱이 노동시장의 수요를 양적으로 과도하게 초과하고 질적으로 부적합하게 배출되는 대학졸업생들로 인해 경제는 성장은커녕 심각한 부담을 안고 지체된다. 이러한 현실은 학교교육의 경제 성장 효과에 대해 근본적으로 재고하도록 요구한다. 학교교육 기회가 매우 제한되었던 국가에 적용하였던 발전교육론 모형을 초·중등교육이 보편화되고 고등교육까지 대중화 수준을 넘어선 국가에 그대로 적용하여 대학 교육을 무한 확대함으로써 보편화에 이르게 하는 정책을 지속한다면 대졸 청년들의 실업과 하향취업이 걷잡을 수 없는 사태로 악화될 수밖에 없다.

---

32) 미국인들은 건국 초기부터 교회와 학교를 경제 성장과 사회 발전의 원동력으로 확신하였다. 그래서 마을이 조성되면 교회를 설립하고 그 교회에서 교육을 시행하였다. 미국은 대학에 자율성을 주고 책무성을 요구함으로써 자생력과 경쟁력을 키웠다. 미국의 대학들이 높은 경쟁력을 갖춘 이유는 경쟁력이 없는 대학들이 이미 도태되었기 때문이다(오욱환, 1999).

대학 교육의 보편화는 경제 성장에 부정적으로 작용한다. 수월성을 추구해야 하는 대학 교육은 반드시 최적화(optimization)되어야 한다. 정부가 대학 교육의 최적화를 위해 행사하는 통제권은 공익을 위해서 정당화될 수 있다. 어패류 자원을 보호하기 위해 금어기(禁漁期)를 발표하고 산림을 보호하기 위해 입산을 금지하는 정책이 정당하듯, 대졸 청년 실업과 하향취업을 해결하기 위해 대학 입학 정원을 축소하는 정책도 정당하다. 그 정책들이 공익을 보호하고 그 결과로 더 많은 사람의 사익도 보장할 수 있기 때문이다. 대학 교육이 보편화되어 대부분 대학생이 취업 공포증을 갖게 된 현실은 인재(人災)이며 경기 불황에 따른 일시적 현상이 아니다.

지금과 같은 출산율이 오래 계속되면, 한국은 총체적 위기를 직면할 수밖에 없다. 산아제한과 출산장려라는 상반된 인구정책의 교차는 적정화(rationalization)라는 개념의 적용을 요구한다. 대학 교육 취학률에도 적정화가 절실히 필요하다. 문제를 즉각 해결하려는 조치는 장기적으로 더 악화된 사태를 유발할 수 있다. 대학 교육 기회를 확대하기 위한 정책이 현실을 외면한 채 화려한 미래만 상상하여 구상되고 집행됨에 따라 인력 부족 문제를 해결하기보다는 인력의 과다 배출이라는 더 심각한 사태를 유발하였다. 한국에서는 현실을 직시하고 미래를 통찰한 장기정책이 왜 시행되지 못하는가? 그 이유는 정치권의 개인들은 물론이며 정당조차도 이기주의를 극복하지 못하기 때문이다. 장기정책은 정책결정자들에게 임기 중에는 어려움만 안기고 그들의 임기 후에 성과가 나타날 가능성이 높다. 이기주의를 극복하지 못하면 임기 내에 성과가 나타나는 선심성 정책에만 집착하게 된다. 그러한 정책들은 일시적으로 효과가 나타날 수 있어도 장기적으로는 엄청난 손실을 안겨줄 가능성이 높다.

고학력화는 출산율을 떨어뜨리는 데 결정적으로 작용한다. 학력이 높아지면 결혼 시기가 늦추어질 수밖에 없으며 이에 따라 가임(可妊) 기간이 줄어든다. 그리고 여성은 학력이 높아질수록 전업주부를 당연하게 받아들이지 않고 취업하기를 원한다. 여성에게 취업은 결혼을 늦추게 되는 중요한 이유가 되며, 결혼 이후에는 출산을 늦추고 자녀 수를 최소화하게 만든다. 여기에 고학력화는 자녀들의 학교교육 기간이 늘어남을 의미하므로 부모들은 자녀당 투입할 수 있는 교육비를 극대화하기 위해 자녀 수를 의도적으로 제한한다. 고학력화로 결혼이 늦어지면 출산도 늦어져 장년기를 지나 노년기에 접어든 후에도 자녀들을 뒷바라지해야 한다. 예컨대, 35세 동갑내기 부부의 첫 자녀가 아들일 경우 대학을 졸업시키고 병역 의무를 마칠 때까지 지원한다면 이 부부는 60세가 된다. 그 아들의 취업이 늦어지고 결혼도 늦어지면 지원해야 할 기간은 훨씬 더 길어진다. 그런데 일자리는 점점 더 불안해지고 있다. 명예퇴직이라는 우아한 이름 아래 해고가 수시로 일어나고 있다. 이러한 맥락에서 대졸 청년 실업과 하향취업은 재앙에 가깝다. 실업자가 되기 위해 대학에 진학하지는 않겠지만 현실은 그렇게 만들고 있다.

현실을 오판한 교육 정책은 치명적인 결과를 초래한다. 대학 교육의 확대는 실업률을 낮추는 데 이용될 수 있다. 고졸청년실업률이 상승할 때 대학 입학 정원을 늘리면 대학취학률이 높아지면서 고졸청년실업률은 낮아진다. 그러나 이러한 정책은 일시적 미봉책이며 교묘한 속임수에 지나지 않을 뿐만 아니라 곧바로 대졸 청년 실업 또는 하향취업이라는 더 심각한 문제를 유발한다. 이처럼 부당하고 기만적인 교육 정책을 여러 정부가 이어 왔기 때문에 대졸 청년 실업과 하향취업 사태가 걷잡을 수 없을 정도로 악화되었다. 사익에 몰두하는 약삭빠르고 기만적인 정치꾼들(canny and devious politicians) 때문에 국가는 위기에 빠져들지만, 공익에 헌신하는 양식 있는 정치가들(rational statesmen)이 출현하면 국가는 위기를 극복하고 후손에게 밝은 미래를 전수할 수 있다.

대학 교육 정책은 높은 실업 사태를 모면하려는 정부에게 매력적인 정책적 도구를 제공한다. 정부는 대학 정원을 늘림으로써 노동시장에 가해지는 압력을 덜 수 있다. 집권 정부는 대학 입학 정원을 늘리는 정책으로 노동시장에 공급되는 인력을 줄임으로써 실업률을 낮추고, 교육비를 수혜자가 지불하게 함으로써 재정 부담을 덜며, 대학 교육 기회를 넓혀 줌으로써 국민들로부터 폭넓은 지지를 받을 수 있다(Plümper and Schneider, 2007: 631).

> 독일의 경우, 실업률이 높은 주(州)들은 대학취학률이 높아도 학생당 투입되는 재원은 적다. 다시 말해서, 실업률이 높은 주들은 실업률을 낮추기 위해서 대학 진학을 유도하지만, 교육비까지 지원하지는 않음으로써 주 재정의 부담을 줄인다. 주 정부는 대학취학률을 높이는 기회주의적인 전략을 통해서 노동시장에 유입되는 젊은이들을 줄여 실업 사태를 무마한다. 실업 사태를 무마하기 위한 대학 정원의 증원은 상대적으로 비용이 적게 소요되는 사회과학과 문화 분야에 집중된다.[33]
>
> 재집권을 추구하는 정부는 유권자들의 지지를 받기 위해 상승하는 실업률을 낮추어야 한다. 이러한 절박함 때문에 정부는 단기적으로 실업률을 낮추기 위해서 장기적인 정책 목표를 희생한다. 단기적 이익에 집착한 근시안적 정책으로 장기적이며 거시적인 공익은 유보되거나 포기된다. 시민들이 장기적이며 더 중요한 공익을 외면하고 단기적인 정책을 수용하는 이유는 이들이 단기적인 정책이 장기적으로 초래될 (부정적) 결과에 대

33) 비용이 적게 소요되는 분야들은 증원하기는 쉬울지라도 일자리가 많지 않기 때문에 취업시키는 데에는 불리하다.

> 한 이해가 부족하거나 정부가 장기적인 목표를 손상하지 않으면서 실업 사태를 낮은 비용으로 해결할 방법을 찾지 못했기 때문이다. 대학 재정을 지원하지 않으면서 대학생 수를 늘려 실업률을 낮추는 전략을 사용하는 이유는 실업률 하락이라는 즉시적이며 가시적 효과를 거둘 수 있으며 양적 증가로 인한 대학의 질적 하락은 오랜 세월에 걸쳐 은밀하게 나타나기 때문이다.
>
> 대학은 비용이 많이 든다. 수업료가 없는 (독일과 같은) 국가에서는 대학생 1인당 지급되는 공적 비용이 실업자 1인당 지급되는 공적 비용보다 더 많다. 그렇지만 대학생을 증원하는 정책이 실업자의 수를 줄이는 데 있어 비효율적임이 잠재되어 있더라도, 정치가들은 100만 명의 대학생과 100만 명의 실업자로 구성되는 배합을 50만 명의 대학생과 150만 명의 실업자로 구성된 배합보다 더 선호한다. 독일의 주 정부들은 고등교육 비용을 증가시키지 않으면서 학생 수를 거의 두 배로 증원할 수 있으므로 고등교육 확대 정책을 선호한다. 독일의 주 정부들은 실업자 수를 의미 있게 줄이기 위해서 대학 체제의 질적 저하를 선택한다.
>
> 높은 실업률을 대학 교육 확대를 통해 낮추는 정책은 근본적인 문제를 한시적으로 무마하는 효과를 노린 속임수에 지나지 않는다. 국민들은 이 정책을 지지하며 낮은 계층은 더욱 적극적으로 지지한다. 그러나 투표권자들은 대학생의 증원 정책으로 초래될 장기적인 부정적인 대가에 대해서는 예측하지 못한다. 대학생 증원 정책을 집행한 정부는 대학 교육 기회 확대와 실업률 저하라는 기회주의적 선물을 제공함으로써 재집권에 성공한다.
>
> 독일 대학들은 한때 많은 국가의 이상적 모델이었지만, 오늘날에는 재정 압박을 받고 있으며 학생들이 너무 많아져 이전과 같지 않다. 독일 대학들은 세계 순위에서 뒤처지고 있다. (Plümper and Schneider, 2007: 문단별로 632, 634, 636, 638, 651쪽에서 인용)

한국처럼 대학 인구가 폭발적으로 증가하면 대학졸업자들의 지적 능력의 하락은 피할 수 없다. 고용주들은 지적 수준이 낮은 대학졸업자들을 채용하지 않는다. 대졸 청년 실업과 하향취업의 직접적 원인은 졸업생들의 질적 하락보다는 졸업생의 과도한 배출이다. 한국에서는 노동시장의 수요를 과도하게 초과한 대학 인구 때문에 대졸 청년 실업과 하향취업이 구조적으로 발생하고 이러한 추세가 변화될 가능성이 없기 때문에 점차 악화될 수밖에 없다. 더욱이 한국에서는 각 가정이 교육비를 부담하기 때문에, 비싼 대학 교육비, 긴 재학 기간과 졸업 후 추가된 취업 준비 기간이라는 기회비용의 투입에도 불구하고 필연적으로 초래되는 실업은 적지 않은 가정을 곤경에 빠뜨린다.

실업자가 된 대졸 청년들은 절망하고, 교육비를 거의 전적으로 부담한 가난한 부모들은 파산 지경에 이르며, 국가는 대학 교육을 위해 지원한 공적 투자를 회수하지 못한다. 물론, 대학 이전 단계의 학교교육을 위해 투입된 공적 자본들도 상당히 무의미해진다. 과잉학력 사회에서는 대학 교육을 통해 취업과 소득에서 많은 이익을 얻은 사람들과 대학 교육을 받고도 실업 상태에 있거나 낮은 학력에 적합한 일자리에 머무는 사람들과의 사회경제적 거리가 멀어지는 양극화 현상이 나타나고 집단 간 갈등이 심각해진다. 이 모든 현상을 종합하면 "국가가 위기에 처해 있다"라는 결론에 도달한다.

개인들은 학교교육을 통해서 출세하려 하고 국가는 학교교육을 통해서 경제를 성장시키고 사회를 발전시키려 한다. 실제로 어떤 개인들은 학교교육을 통해서 출세하고 어떤 국가에서는 학교교육이 경제 성장의 원동력이 되고 있다. 그러나 모든 개인이 학교교육을 통해서 출세할 수는 없고 모든 국가가 학교교육을 통해서 경제를 성장시킬 수 없다. 한 개인에게 있어서도 학교교육을 통해서 무한히 출세할 수 없으며, 한 국가에서도 학교교육을 통해 경제를 지속적으로 성장시킬 수 없다. 학교교육을 통해 출세하려는 사람들이 늘어날수록 학교교육의 출세효과는 줄어들 수밖에 없음은 출세의 자리가 제한되어 있고 출세하려고 학교교육 조건을 갖춘 사람들은 늘어나기 때문이다. 학교교육의 경제 성장 효과는 학교교육이 최적화를 넘어 과잉 상태가 되면 급격히 하락할 뿐만 아니라 경제 성장을 심각하게 저해하는 요인이 될 수 있다. 오늘날 한국은 학교교육의 부작용이 각 가정에 스며들고 있으며 국가의 경제 성장과 사회 발전에 걸림돌이 되고 있다. 이러한 사태가 유발된 일차적 원인은 1980년 이후 정부들이 펴 나간 무모한 대학 교육 확대 정책이다.

7장

대학 교육의 필수화와 보편화의 역기능: 재앙의 조짐

제2차 세계대전 이후 모든 산업 국가에서 고등교육이 급속도로 팽창하였다. 이로 인한 고학력 청년들의 실업과 하향취업이 사회문제로 부상하기 시작했으며 이에 관한 연구가 1970년을 기점으로 많이 증가하였다. 그런데 1980년에 접어들면서 이 주제를 다룬 연구가 줄어들기 시작했으며 최근에는 마치 문제가 해결된 것처럼 시들해졌다. 유럽 국가들에서 고등교육은 급격히 확대되었지만, 대중 교육 수준을 초과하지 않아서인지 문제가 심각해지지 않았다. 그리고 미국에서 고등교육은 대중 교육 수준에서 보편 교육으로 확대되었지만, 중도탈락률이 아주 높아 졸업생은 예상과는 다르게 크게 늘지 않아 문제가 완화되었다. 더욱이 미국 특유의 신자유주의는 개인이 선택하고 그에 대한 책임을 지게 함으로써, 자유로운 선택에 의한 결과들이 사회문제로 부각되지 않았다.

그러나 2011년 9월 11일 미국 뉴욕시 세계 최고의 금융 지역이 있는 주코티 공원(Zuccotti Park)에서 일어난 '월 스트리트 점령'(Occupy Wall Street: OWS)[1]은 청년 실업의 급진화와 계급화의 가능성을 충분히 예견하게 해 주었다.[2] 그렇다면 대졸 청년 실업과 하향취업이 미

1) 검색 사이트 Wikipedia에 들어가서 Occupy Wall Street를 입력하면 이 운동의 발단과 영향을 파악할 수 있다. 이 운동은 취업에 필요한 학력을 갖춘 20대의 실업자들에 의해서 촉발되었다.

국보다 더 심각한 한국에서는 왜 이와 같은 집단행동이 일어나지 않을까? 대졸 청년 실업이 사회문제로 부각하는데도 그 당사자들이 집단행동을 시도하지 않는 이유 가운데 하나는 부모들이 실업 상태의 자녀들에게 마치 실업수당처럼 필요한 비용을 지급하고 있기 때문이다. 대졸 청년 실업자들은 자존심이 상하고 생활에서 불편함과 어려움을 겪어도 생존위협을 느끼지는 않는다면 집단행동으로 표출하는 데 주저한다. 대졸 청년 실업자들이 실업을 개인적인 문제로 인식하고 스스로 해결하려 한다면 집단행동으로 표출되지 않는다. 대졸 청년 실업자들이 실업의 원인으로 경기 불황을 지목하면서 경기 호황을 기다린다면 집단행동으로 표출될 가능성은 거의 없다.

1960년대 유럽 국가들과 미국의 대학들이 직면한 대학 교육의 확대 문제들은 세월이 가면 해결될 수 있었지만, 2010년대 이후 한국에서 일어난 대학 교육의 보편화는 대학이 해결할 수 없고 세월이 흐를수록 더욱 악화되어 대졸 청년 실업과 하향취업이라는 딜레마를 유발하고 있다. 오늘날 한국에서 부모들은 물론이며 정부까지도 외면하려고 애쓰는 고학력 청년 실업과 하향취업 사태는 "교육은 누구에게나 언제나 중요하다"라거나 "교육은 출세의 지름길이다"로 단언되는 교육만능론과 교육출세론이 지배하는 한국 사회에서 의도하지는 않았을지라도 필연적으로 나타날 수밖에 없는 구조적 결과이어서 황당하고 해결책은 난망하다. 한국에서는 대학 교육이 한없이 확대될 가능성이 높은데, 그 이유는 학교교육이 본질적으로 중요하고 도구적으로 필요하다는 확신 때문이다. 한국에서는 학력이 초과잉 상태여서 다른 사람들의 학력에 뒤지지 않기 위해서 대학에 진학하다 보니 모두가 대학에 다녀야 하는 사태가 초래되었다. 너무 많은 사람이 너무 오랫동안 학교에 다니고 있다. 그래서 한국에는 학교생활에 진저리를 치는 사람들이 아주 많다. 한국 청년들은 대부분 학교를 졸업하면서 배움과 단절한다.

취업과 관련짓지 않고 배움의 과정으로만 선택할 수 있다면 대학 교육이 대중화 수준을 넘어 보편화하더라도 문제가 되지 않을 수 있다. 그러나 대학 교육은 학교교육 과정에서 최종 단계 또는 종료 단계로서 취업과 직결되어야 한다. 대학 교육까지 마치려면 초등학교 6년, 중학교 3년, 고등학교 3년 그리고 전문대학 2년 또는 4년제 대학 4년 동안 공부를 해야 한다.[3] 여기에 보육과 유아교육을 더하고 대학원 과정을 추가하면 그 길이는 16년

---

2) '월 스트리트 점령'은 '지도자 없는 운동'(leaderless movement)이었으며 사적 경험들을 정치적 쟁점으로 부각하였다. 월 스트리트 점령자들은 1960년대 여성운동의 구호였던 "개인적인 것은 정치적이다"(The personal is political)를 사용하였다.

3) 전문대학은 2년제였지만 최근에는 2/3/4년제로 바뀌었다. 학과에 따라서 수학 연한이 다르며 전공심화과정으로 둔 4년제는 학사 학위를 수여한다.

을 훌쩍 넘을 뿐만 아니라 20년을 넘길 수도 있다. 그때쯤이면 청소년기는 오래전에 지났고 청년 중기에 이르게 된다. 이때에는 경제적으로 독립해야 하며 결혼하고 가정도 꾸려야 한다. 그런데 오늘날 한국에서는 대학을 졸업했음에도 불구하고 실업자가 되거나 학력에 어울리지 않게 낮은 일자리에 겨우 취업하는 청년들이 급격히 증가하고 있다. 대학 교육의 필수화와 보편화로 국민들이 곤경에 처하고 국가가 위기를 맞고 있다면 이 과정은 함정, 늪 또는 덫과 같은 부정적인 용어로 비유되어야 적절하다. 한국 사회는 '대학 교육'이라는 매력적인 이름의 유혹에 깊숙이 빠져들고 있다.

1. 냉엄한 현실에 대한 감성적 대처: 부모주의의 맹점

한국의 청소년들과 그 부모들은 대학 진학을 합리성이나 경제성에 근거하여 결정하기보다는 출세, 체면 등을 내세우며 다분히 감성적으로 단행한다. 이러한 맥락에서 한국에서는 대학 교육의 경제적 보상 효과가 급락하더라도 취학률에 의미 있는 영향을 미치지 않으리라고 예측할 수 있다. 합리성이나 경제성을 고려했다면, 고작 30명이 입장할 수 있는데도 불구하고 70명이 입장권을 무모하게 사듯이 대학취학률이 치솟을 리 없다. 이처럼 높은 취학률은 한국 부모들의 의지와 희생의 결과이다. 한국 부모들이 아주 높은 자녀교육열을 표출할 수 있는 이유는 부모주의, 의지주의, 노력주의 그리고 교육출세론에 대한 맹신 때문이다. 한국 부모들은 자녀들을 위해서라면 일상의 행복은 물론이며 미래까지도 포기한다. 부모들이 자녀의 양육과 교육에 적용하는 준거는 자녀의 능력과 의지가 아니다. 부모들은 자녀들의 미래 직업들을 임의로 설정한 후 이 직업들 가운데 하나라도 갖는데 필요한 조건들을 갖추게 하려고 훈육(disciplining)하고 교화(indoctrinating)한다. 부모들은 자녀들에게 노력과 의지를 요구하듯 스스로 노력하고 의지를 다진다.

한국 부모들도 자녀들이 태어났을 때는 자녀들의 미래를 순수하게 소망한다. 한국 부모들은 어린 자녀들이 알아듣지 못할 때는 "건강하게만 자라다오"라고 속삭인다. 그러나 자녀들이 어린이집이나 유치원에 등원하면 부모들의 소망은 급속도로 변화한다. 부모들의 소박했던 소망이 급변하고 복잡해지는 이유는 자녀들에게 경쟁 상대들이 생겼기 때문이다. 부모들의 변화무쌍한 소망은 "다른 아이들보다 앞서라", "1등 해라", "뒤떨어지지 마라" 등으로 축약될 수 있다. 부모의 소망이 모두 이루어지려면 자녀들은 모든 것을 월등히 잘하는 슈퍼 아동(super child)이 되어야 한다. 한국의 자녀들은 부모를 어떻게 인식하고 있을까? 한국의 부모, 특히 어머니들은 부모의 온갖 소망을 모두 들어주는 상상 속의 '엄친아'

와 '엄친딸'을 친근한 사례로 제시하며 아들과 딸을 밀어붙인다.[4)]

한국의 아이들은 부모들로부터 쫓기고 있다. 어머니들은 자녀들을 도와준다며 자녀들의 책가방을 들어 준다. 그러나 책가방은 그 자녀들이 그 나이에 마땅히 감당해야 할 인생의 무게이다. 자녀들은 어머니에게 책가방을 넘기면서 공부까지 떠넘기려 한다. 책가방을 들어 주는 어머니는 자녀들이 책가방을 드는 힘을 아껴 공부하는 데 쏟기를 기대하더라도 자녀들은 책임을 회피하는 방법을 배운다. 그 자녀들은 조금만 어렵거나 싫증 나면 힘겨운 표정을 지으며 어머니의 지원을 갈구한다. 이러한 과정을 거치면서 부모로부터 정신적으로 독립하지 못하는 청소년들이 늘어나고 경제적으로 자립하지 못하는 청년들도 늘어난다. 정신적으로 독립하지 못한 청소년들은 자신들의 목적, 의지, 노력, 능력 등을 고려하지 않고 부모들이 소원하는 대로 대학에 진학하며, 경제적으로 자립하지 못한 청년들은 대학을 졸업한 후에도 부모들로부터 부양을 받는다.

최근 들어 한국 사회의 동력원으로 작용해 왔던 신념 체제가 흔들리고 있다. 한국인들은 국권 상실, 외세에 의존된 해방과 독립, 강대국들을 대리한 남한과 북한 간의 전쟁, 장기 독재와 탄압으로 이어진 극도의 빈곤과 절망적 현실에서도 노력주의, 업적주의 그리고 낙관주의로 버텨 왔다. 노력주의, 업적주의, 낙관주의 등으로 무장한 부모들은 자녀들의 미래가 자신들에게 달려 있다고 확신하였다. 자녀들의 미래에 대한 부모들의 결정론적 사고는 "자식의 미래는 부모하기 나름"으로 압축되며 '부모주의'로 개념화될 수 있다. 부모주의는 자녀의 양육에 온 힘을 쏟게 했으며 교육출세론으로 압축되어 자녀가 거쳐야 할 학교교육의 양과 질에 집착하게 하였다. 자신들의 처지가 어떠하든 한국의 부모들은 자녀들이 대학을 마쳐야 본분을 다했다고 생각한다. 이런 점을 부각하면, 자녀들의 대학 교육은 부모들에게 의무교육이 된다. 국방의 의무는 당사자에게 의무로 부과되지만, 의무교육의 의무는 교육당사자에게 지워지지 않고 보호자에게 부과된다.

모든 부모가 자녀의 대학 교육을 의무로 인식한다면 초등교육처럼 고등교육도 보편화된다. 초등교육은 의무이면서 무상이지만 대학 교육은 의무로 인식될 뿐 수혜자가 비용을 전적으로 부담해야 한다. 대학 교육의 수혜자는 청년기에 접어든 대학생들이지만 비용은 극소수의 예외를 제외하면 부모들이 부담한다. 한국에서는 부모들이 자녀들의 대학 졸업

---

4) 엄친아(딸)는 '엄마 친구 아들(딸)'을 줄인 말로 모든 면에서 완벽한 아들 또는 딸을 가리키지만, 반드시 한 사람을 지칭하지 않으며 실존 인물이 아닐 가능성도 아주 높다. 어머니들은 자신들의 기대를 저버리지 않기를 강조할 때 이 용어를 사용한다. 자녀들은 엄친아(딸)의 어머니가 어떤 사람인지 궁금하지만 물을 수 없다. 부모들은 자녀들에 대한 기대를 접지 못하지만, 자녀들은 부모들에 대한 기대를 부모들이 예상하는 시기보다 상당히 더 이른 나이에 접는다.

을 인륜적 의무로 받아들이고 비용을 전적으로 부담하고 있다. 정부는 비용에 대한 부담이 없기 때문에 대학 교육을 거침없이 확대해 왔다. 한편, 대학생들은 자신들의 소득에서 대학등록금, 책값, 학용품비 등, 곧 직접교육비를 지불하지 않기 때문에 비용에 대해 상당히 둔감하다. 심지어 대부분의 대학생은 자신들이 대학에 다니지 않고 일을 하면 벌 수 있는 소득, 곧 기회비용도 지불되고 있음을 모르는 것 같다. 그래서인지 게으름을 피우고 노는 듯이 대학에 다니는 학생들이 예상 외로 상당히 많다. 취업 준비에 본격적으로 돌입한 대학생들을 제외한 대학생들의 평균 학습 시간은 초등학생들, 중학생들, 고등학생들의 평균 학습 시간보다 길지 않을 것 같다.

부모주의는 자녀들의 성숙을 지연시킨다. 대졸 청년 실업이 실제로는 심각하게 주목되어야 함에도 의외로 잠잠한 이유는 부모들이 청년 실업자들을 부양하고 있기 때문이다. 비유적으로 표현하면, 부모들이 실업 청년 자녀들의 실업수당을 지급하고 있다. 거의 모든 부모가 실업 청년 자녀에게 기본적으로 숙식을 제공한다. 부모들의 형편에 따라 지급되는 용돈에는 격차가 있다. 부유한 부모들은 기죽지 말라며 유흥비까지 제공한다. 아주 부유한 부모들은 자녀들을 실업 상태로 두지 않으며 업무가 거의 없는 일자리를 제공하고 상당히 높은 지위까지 부여한다. 어떠한 유형이든 어떤 규모이든 부모가 지급하는 유사 '실업수당'은 외부로 드러나지 않기 때문에 실업 상태에서 벗어나려는 자녀들의 의지를 떨어뜨릴 수 있고 그로 인해 실업 기간이 길어질 수 있다. 부모들이 부양하지 않으면, 청년 실업자들은 생존하기 위해서 하향취업을 감행할 수밖에 없다. 결과적으로 하향취업은 늘어나더라도 실업률은 줄어든다. 디딤돌 이론에 의하면 하향취업이 실업보다 계층 상승 이동의 가능성을 더 높인다(Jovanovic and Nyarko, 1997; Topel and Ward, 1992). 하향취업으로 다른 세상을 접하게 되면 새로운 돌파구를 찾을 수 있으며 적합한 일자리에 취업하려는 의지와 노력이 강화될 수 있다.

자녀들은 대학에 진학하면 부모의 간섭에서 벗어날 수 있다고 자신하지만 교육비를 부모에게 전적으로 의존하는 한 그럴 가능성은 없다. 경제적으로 자립하지 못하면 정신적으로 독립할 수 없기 때문이다. 정보통신 기술공학의 발달로 거취가 실시간으로 밝혀짐으로써 부모의 자녀 통제력은 오히려 강화되고 있다. 대학 교육비가 상승하면서 자녀들의 부모 의존 정도는 점차 높아지고 있다. 심지어 졸업 후 취업까지 소요되는 시일이 늘어남에 따라 대졸 청년들도 부모 슬하에서 벗어나기가 쉽지 않다. 이러한 상태는 '청년 캥거루족'으로 비유되고 있다. 2015년 8월에 발표된 「캥거루족의 실태와 과제」(오호영, 2015)는 캥거루족 현상이 구조화되고 있고, 부모세대의 노후준비를 어렵게 만들며, 청년층의 노동시장 편입을 저해하여 국가경쟁력을 약화시킬 수 있음을 경고하였다. 이 보고서는 분석을 마무리하면서 "성적보다 취업을 고려하여 진로를 결정한 청년과 대학 졸업 전 분명한 취업목표를 가지고 있는 청년은 캥거루족이 될 확률이 낮아 초·중등교육뿐 아니라 대학 교육에서도 진로교육이 중요함"을 시사하였다.

실업 상태에 있는 대졸 자녀들을 경제적으로 지원하고 일상적으로 보살펴야 하는 한국의 부모들은 마치 성장한 자녀 캥거루를 작은 아기 주머니에 담아야 하는 어미 캥거루를 연상하게 만든다.[5] 대졸 청년 캥거루족 현상은 대학 교육의 취업효과와 소득효과를 맹신한 결과이기 때문에 사라질 가능성이 아주 낮다. 대학 교육의 필수화는 한국의 부모들로 하여금 자녀들의 대학 졸업을 의무로 받아들이게 하고 있다. 한국 부모들의 자의로 이루어지고 있는 대학 교육의 필수화는 대학 교육을 보편화시킴으로써 대졸 청년들을 노동시장이 감당할 수 없을 만큼 초과잉 상태로 배출한다. 대졸 청년 실업은 부모들의 노후를 위험하게 만들고 있으며, 대졸 청년 하향취업은 부모들이 오랫동안 간직한 자녀들에게 걸었던 꿈을 접게 만든다.

한국의 부모들은 자녀들을 대학에 보내기 위해 엄청난 금액의 공교육비와 사교육비를 지출한다. 그런데 대학을 졸업한 자녀들이 마땅한 일자리를 찾지 못할 경우, 그 부모들은 자녀들을 계속 돌보아야 한다. 오늘날 한국에서는 청년이 된 자녀들을 계속해서 뒷바라지하느라고 경제적 위기에 몰리고 정신적으로 핍박해지는 부모들이 늘어나고 있다. 경제력이 있는 부모들은 물론이며 취약한 부모들까지도 청년 자녀들이 직장을 구하는 동안 안전망(safety net) 역할을 감수한다. 그 자녀들이 부모 안전망을 과신하거나 악용할 때는 취업을 준비하는 데 소홀해지고 과도하게 높은 수준의 직장을 추구하면서 취업을 지연시킬 수 있다. 한국에는 경제 성장 시대를 거치면서 적은 자녀 수로 부를 축적한 부모들이 상당히 많다. 이들로부터 생활비를 지원받는 자녀들은 대학을 졸업하고 남자의 경우 병역 의무를 마쳤음에도 불구하고 취업에 소극적이기 쉽다.

청년 자녀들을 둔 한국의 부모들은 경제가 경이롭게 성장하면서 일자리가 급격하게 증가한 시대를 거치면서 학교교육의 취업효과를 확실하게 경험했으며 농부, 어부, 도시 노동자 또는 박봉의 회사원이었던 그들의 부모들보다 사회경제적 계층이 상승하였다. 세대 간의 계층 상승 이동에 성공한 부모들은 자녀들도 계층 상승 이동에 성공할 수 있도록 전폭적으로 지원한다. 이러한 유형의 부모들은 자녀들이 학교교육에서 차별적 우위를 차지할 수 있도록 다양한 전략을 구사한다. 이 부모들은 자녀들이 유치원에 등원할 때부터 시작하여 학교교육을 마칠 때까지 소위 명문을 찾는다. 이 유형의 극단에 속하는 부모들은 조

5) 청년 캥거루족 비율은 그리스와 스페인처럼 국가 경제가 위기에 처하면 극도로 높아진다.

기유학을 감행한다.

오늘날에는 경제 성장이 한계에 도달함에 따라 출세로 인정되는 일자리가 이전처럼 늘어나지 않을 뿐만 아니라 오히려 줄어들고 있다. 따라서 청년들은 부모보다 더 출세할 가능성이 낮으며 부모만큼 출세하기도 쉽지 않다. 한편, 부모들은 자신들보다 월등히 나은 지원을 받았음에도 불구하고 그럴듯한 일자리에 안착하지 못하는 자녀들을 이해하기 어렵다. 이 부모들이 가장 먼저 생각하는 원인은 불경기이며 그다음 원인은 자녀들의 노력 부족이다. 자녀에 관한 한 이성보다 감성이 앞서는 부모들 때문에 대졸 청년 실업과 하향취업에 대한 대책은 합리성으로부터 멀어진다.

50대 이상의 부모들은 교육출세론의 살아 있는 증인이며 자존심과 체면을 매우 중요하게 생각한다. 이들은 소득, 위세, 권력 등으로 상호 경쟁하며 자녀들의 학력과 직장을 견주어 가며 자존심과 체면 다툼을 벌인다. 이들은 자신들이 인정할 수 없는 낮은 일자리에 자녀들이 취업하려 할 경우, 체면 손상을 우려하여 적극적으로 저지하면서 대안으로 생활비를 지원하기도 한다. 이러한 이유로 한국에는 자발적 청년 실업자들이 상당히 많다. 여기에 더하여 비교적 풍요롭게 자란 청년들은 '더럽다'(dirty), '어렵다'(difficult), '위험하다'(dangerous) 등을 이유로 내세우며 웬만한 직장들까지도 기피하는 경향이 있다. 최근에는 거주지, 서울 또는 대도시로부터 '멀다'(distant)라는 이유도 추가되고 있다.[6] 선택 기준을 까다롭게 설정하면 기피하기가 쉬워진다. 구직자들이 일자리를 까다롭게 구함에 따라 중소기업들은 구인난에 봉착해 있다.

대졸 청년 실업과 하향취업 문제를 대수롭지 않게 여기는 사람들은 이 문제를 경기 불황에 따른 일시적 현상으로 해석한다. 이러한 해석은 실업과 하향취업 문제의 해결을 낙관할 수 있게 해 줄 뿐만 아니라 개인적 책임을 모면하게도 해 준다. 이렇게 해석하는 사람들은 청년 실업자들과 하향취업자들에게 "때가 되면 좋아질 것이므로 조금 참아라"라고 위로한다. 한편, 대졸 청년 실업과 하향취업 문제를 구조적으로 접근하는 사람들은 이 문제의 원인으로 대졸 청년들의 과잉 배출에 따른 노동시장의 수요와 공급의 불균형, 경영합리화에 따른 대졸 학력이 요구되는 노동시장의 축소, 전자통신 기술의 발달에 따른 화이트칼라 일자리의 감소, 세계화에 따른 일자리의 유출 등을 주목한다.

분명한 사실인즉, 대졸 청년들의 실업과 하향취업의 핵심 원인은 경기 불황이 아니며 일

6) 1960년대 초에는 취업이 어려워 대졸 청년들도 서독(West Germany)에 광부와 간호사로 일하러 갔다. 이들은 피땀 흘려가며 서럽게 번 돈을 한국에 있는 가족에게 송금하였다. 그 돈은 가족의 생계비와 형제자매들의 교육비로 사용되기도 하였다.

자리 수요를 고려하지 않고 과도하게 공급된 인력이다. 구조적으로 발생한 문제는 경기가 호황으로 접어들더라도 크게 개선되지 않는다. 그리고 경기가 호황으로 전환되더라도 고용주들은 높은 임금을 지급해야 하는 일자리를 늘리기보다는 대체 방안을 강구한다. 대졸 학력을 요구하고 그에 걸맞게 보상하는 일자리는 점차 줄어들지만, 임금이 낮음에도 불구하고 대졸 청년들로 채워지는 일자리는 늘어날 것이다. 학력 인플레이션으로 학력의 가치가 하락하면 취업하는 데 필요한 학력은 점차 높아진다. 현실을 직시하면 화이트칼라(white collar) 직종이 위기에 봉착해 있음을 확인할 수 있다. 현대 사회에서 "직장인들은 늘어만 가는 업무량과 근무 시간, 과도한 스트레스, 회사 측의 비현실적인 요구, 언제 쫓겨날지 모르는 불안, 경제적 불안정, 가족의 와해에 대해 걱정하고 있다. 회사에 대한 애착도 점차 사라져 가고 있다"(Fraser, [2001] 2004: 저자 서문).

평생직장은 이 용어가 만들어진 일본에서도 흔들리고 있다. 화이트칼라 일자리가 급속도로 줄어들고 그 자리를 지망하는 청년들은 한없이 늘어나고 있어도 한국 부모들은 거의 모두 자녀들이 '책상에 앉아서 펜을 사용하는 일자리'를 갖기를 원한다. 한국의 부모들이 자녀들을 의무교육 기관인 초등학교에 입학시키듯 고등교육 기관인 대학에 결사코 진학시키는 이유는 자녀가 최소한 화이트칼라가 되기를 바라기 때문이다. 한국 사회에서 블루칼라 부모들은 자녀들을 화이트칼라로 살게 하려는 강한 열망을 품고 있다. 따라서 화이트칼라의 몰락은 블루칼라 부모들의 희망을 앗아갈 수밖에 없으며 화이트칼라 부모들에게 세대 간 계층 하강이라는 비극적 사태를 예방해야 한다는 절박감을 안긴다. 한국인들은 극빈 시대에는 희망을 품고 활기찼는데 그때와는 비교될 수 없을 정도로 풍요해진 오늘날에는 불안을 예감하고 움츠러들고 있다.

오늘날 한국에서는 세대 간의 계층 하강 이동이 점차 늘어나고 있다. 해방 이후 특히 장기경제개발계획이 시행된 1960년대 이후 비교적 최근까지 한국에서는 부모보다 더 가난한 자녀들이 거의 출현하지 않는다. 경제 성장과 맞물려 일어난 산업화와 도시화는 농어촌의 청소년들을 최소한 도시 산업노동자로 전환시켰다. 도시 산업노동자의 소득은 어지간한 농부의 소득을 충분히 넘어섰기 때문에 농부인 부모들보다 공장노동자인 자녀들의 계층이 더 높아졌다.[7] 한국의 급격한 경제 성장은 부모세대보다 자녀세대에게 좋은 일자리를 더 많이 제공함으로써 세대 간의 계층 상승 이동이 보편적 현상이 될 수 있었다.[8] 그

7) 도시로 나가 나름대로 자리를 잡은 자녀들은 시골에 있는 부모들을 뵙기 위해 명절 때 선물을 많이 사서 귀향(歸鄕)한다. 민족대이동으로 은유되는 귀성(歸省) 행렬은 자신들의 성공을 자축하고 부모의 체면을 세우기 위한 순례의 길이다.

러나 경제 성장의 속도가 크게 둔화하고 탈기술화, 탈전문화, 세계화 등으로 좋은 일자리가 급격히 감소하면서 청년들이 부모의 직업보다 더 나은 직업을 가질 기회가 크게 줄었다. 자녀들은 부모보다 더 높은 학력을 갖추더라도, 선택할 수 있는 일자리가 줄어듦에 따라, 부모의 직업보다 더 높은 직업을 갖기가 쉽지 않아 세대 간의 계층 상승 이동이 점차 어려워지고 있다. 심지어 실업이나 하향취업으로 계층 하강 이동을 피하기도 쉽지 않다.

대학 학력의 보편화는 대졸 청년 실업과 하향취업을 악화시키고 있다. 사태가 더욱 심각하게 전개될 가능성이 높은데, 그 이유는 대졸 청년의 과잉 공급과는 역행해서 노동시장의 수요가 급격히 줄어들고 있기 때문이다. 과잉 공급에 과소 수요가 겹치면 최악의 사태가 벌어진다.[9]

> 새로운 노동환경에 직면한 근로자들은 남녀, 연령, 지위의 고하를 막론하고 모두 어려운 상황에 처해 있다. 20대는 더욱더 늘어나고 있는 임시직이나 끊임없는 구조조정으로 승진 전망이 없는 정규직 가운데 하나를 선택해야 하고 30대와 40대는 과중한 회사 업무와 자녀 양육 및 노부모 부양을 모두 감당하느라 허리가 휠 지경이 된다. 그리고 50대 이후에는 다년간의 근무에 따른 보상이 있으리라 기대하지만 높은 임금과 오랜 근무 기간 때문에 보상은커녕 오히려 정리해고의 위협에 직면하게 된다. 이들이 해고될 경우 자영업이나 비정규직 외에는 선택의 여지가 없게 된다. 월 스트리트나 하이테크 분야와 같은 곳에서는 40대에 해고의 칼날을 맞는 일이 보통이다. (Fraser, [2001] 2004: 19)

경제가 가파르게 성장할 때에는 분배가 불평등하더라도 개인들에게 할당되는 분량이 이전보다 더 많아지면 불만이 해소될 수 있다. 이와는 반대로 분배가 이전보다 덜 불평등하더라도 분배되는 양이 줄어들면 불만이 제기된다. 경제가 성장할 때에는 모두가 보상을 받을 수 있지만, 그 성장이 멈추게 되면 이전까지의 보상을 고수하는 사람들 때문에 누군가는 보상을 받을 수 없게 된다. 착취는 언제나 일어나지만, 호황일 때에는 의식하지 못하고 불황일 때는 절감하게 된다. 불황의 고통은 불리한 처지에 있는 사람들에게 먼저 그리고 가혹하게 닥친다. 경제 체제는 성장과 분배의 강조점에 따라 유형이 결정된다. 자본주

---

8) 산업화(industrialization)는 사회계층 이동을 크게 촉진한다. 이러한 현상은 산업주의 가설(industrialism hypothesis)로 개념화되고 있다.

9) 김장철에 배추가 과도하게 출하되고 있는데 김치의 선호도가 급락하면 배춧값은 생산비에도 미치지 못할 정도로 하락한다. 우리는 출하를 앞둔 배추가 밭에서 갈아엎어지는 사태를 가끔 목격하였다. 대졸 청년 실업은 이처럼 절박한 사태로 인식되어야 한다.

의가 성장에 무게를 둔다면, 사회주의는 분배를 더 강조한다. 자본주의에 대한 비판이 지나치면 평등으로 모든 문제가 해결될 것 같은 암시를 하게 된다. 극단적 자본주의에 의해 불평등이 극심해지면 사회가 위기에 봉착하지만(Acemoglu and Robinson, 2012; Gitlin, 2012; Stiglitz, 2013; Wilkinson and Pickett, 2010), 극단적 사회주의에 의해 생산력이 급락하여 빈곤만 공평해지면 체제가 붕괴할 수 있다(오욱환, 1992).

1980년대 초에 미국에서는 취업 기회가 양극화되고 있는 증거가 뚜렷하게 나타남에 따라 중류 계층의 사회로 알려진 미국의 미래를 우울하게 전망하는 글들이 발표되었다(Ehrenreich, 1989; Newman, 1989). 미국에서는 중류 계층의 몰락으로 수백만 명의 부모들이 자녀들의 계층 상승 이동에 대한 희망을 잃었고, 중류 계층의 소비에 의존하는 기업들은 존폐 위기에 처하게 되었으며, 시민들은 공정성과 사회적 조화에 관해 관심을 철회하였다(Kuttner, 1983: 60; Putnum, 2000).[10] 중류 계층의 몰락은 경제가 전통적 제조업에서 첨단 기술과 서비스 산업으로 전환되면서 중류 계층으로 살아가는 데 필요한 만큼의 보수를 지불할 수 있는 일자리가 줄어드는 데 따른 결과이다. 산업 경제는 임금이 상당히 높은 노동자를 많이 고용한다. 그러나 서비스 경제는 판매원, 웨이터, 비서, 출납원 등을 주로 고용하며 낮은 임금을 지급한다. 경제 구조의 변화는 좋은 일자리들을 줄이면서 남아 있는 일자리의 기술 수준을 낮추면서 임금을 떨어뜨린다. 좋은 일자리가 급격히 줄어들면, 그 일자리를 얻기 위한 경쟁이 치열해지면서 임금이 하락한다. 노동예비군이 충분히 확보되어 있으면 해고와 고용이 쉽게 이루어질 수 있기에 고용주들은 임금을 낮추고 통제를 강화한다.

고용주는 일자리에서 요구되는 기술 수준이 낮으면 피고용자들을 쉽게 해고하고 충원할 수 있으며, 대기하고 있는 노동예비군이 충분히 확보되어 있으면 임금을 낮출 수 있다. 기계가 노동자의 업무를 대체할 수 있게 되면, 기업가와 소비자는 이익을 얻어도 피고용자는 실업, 실직, 저임금 등으로 피해를 보게 된다.[11] 그런데 피고용자들은 다른 한편에서는 소비자들이기 때문에 그들의 실업과 저임금은 구매력을 떨어뜨린다. 실업 또는 임금 삭감으로 내몰린 피고용자들이 소비를 최대한 절제하면 경제가 구조적으로 침체한다. 첨단 기술의 발전은 생산성을 높이지만 고용을 늘리지는 않는다. 한 국가의 경제가 성장하더라도 그 국가의 분배 구조가 평등해지는 것은 아니다. 생산 자동화가 수많은 생산직 노동자를 실업으로 내몰았듯이 사무자동화는 수많은 사무직 일자리를 사라지게 한다.

10) 미국 중류 계층의 몰락은 '혼자서 볼링치기'(bowling alone)로 은유되고 있으며(Putnum, 2000) 사회자본이 상실되는 결과로 이어지고 있다.

11) 이러한 악순환은 경제공황의 원인이 된다.

자동화는 기계가 인간을 대체함을 의미하며 그로 인해 사람들은 여가를 더 가질 수 있다. 그러나 피고용자들은 여가를 더 많이 갖기보다는 일자리를 잃을 가능성이 더 높다. 실업은 '소득 없는 여가'로 조롱될 수 있다. 기계가 자동화될수록 자체에 진단 프로그램이 장착되어 있다. 고용주들은 자동화와 전산화로 노동자들을 효율적으로 통제하면서 피고용자 수를 최대한 줄인다. 수리보다 부품을 교환하는 경우가 많아지며, 심지어 새로 구입하는 비용이 수리비보다 낮은 경우도 늘어나고 있다.[12] 제품 생산은 자동화됨으로써 가격을 낮출 수 있지만, 수리는 자동화되기 어려워 인건비가 많이 들어간다. 현대 사회에서 사라지는 직종들 가운데 하나는 수리업이다. 자동차산업이 국가 경제에 중요한 역할을 하는 이유는 생산은 물론이며 정비(整備)도 일자리를 많이 만들기 때문이다. 선진국 중에는 일자리를 보호하기 위해서 자동화를 거부하는 국가도 있다.

기술의 발달은 일자리에 막대한 영향을 미친다. 컴퓨터, 로봇, 첨단 통신기기, 인터넷 등으로 새로운 일자리들이 만들어지고 있지만 이로 인해 기존의 일자리들이 사라지고 있다. 새로 등장하는 일자리보다 사라지는 일자리가 더 많다. 발달한 기술은 이익을 극대화하려는 자본가들에 의해 실용화된다. 자본가들은 기술 도입으로 피고용자를 줄여 비용을 절감하는 전략을 구사한다. 로봇은 생산직 인력을 줄이기 위해서 도입되고 전산화 장치와 사무자동화 기기는 전문직 및 사무직 인력을 줄이기 위해서 도입된다. 식자공, 속기사, 검표원, 타자수, 교환원 등이 사라졌듯이 현재 성업 중인 직업들 가운데 상당수가 사라진다고 예측되고 있다. 새로운 기술은 노동자들의 물리적 및 정신적 기술을 기계가 대체할 수 있게 함으로써 기술 수준이 더 낮은 노동자를 더 낮은 비용으로 채용할 수 있게 만든다(Levin and Rumberger, 1987: 334). 그다음 단계로 기계가 사람을 대체하게 된다.[13]

현재 인기를 끌고 있는 직업들은 지망자들이 늘어나면서 공급이 수요를 초과하여 이전처럼 높은 보상과 위세를 기대하기 어렵다. 한국에서는 의사와 변호사가 최고 인기 직업이지만 소득과 위세가 많이 떨어졌다. 의사의 경우에는 진료과목별로 격차가 뚜렷해지고 있으며, 변호사의 경우에는 어디에 소속되느냐에 따라 격차가 확연하게 드러나고 있다. 개인 병원이나 개인 변호사 사무실이 공급 과잉으로 폐업하는 사례도 점차 늘어나고 있

12) 최근에는 가전제품 수리를 의뢰할 경우, 신제품을 사는 편이 더 경제적이라는 말을 흔히 들을 수 있다. 한 예로, 컴퓨터 수리업은 컴퓨터가 경이로운 속도로 늘어나는 것과는 상반되게 오히려 사라지고 있다. 개인용 컴퓨터의 부품은 칩(chip) 형태로 제공되고 그 수도 점차 줄어 초보자도 쉽게 교체할 수 있다.

13) 컴퓨터는 수많은 일자리를 창출했지만, 하드웨어와 소프트웨어가 급격히 발달하면서 수많은 일자리가 사라졌다.

다.[14] 컴퓨터의 발명과 보급이 컴퓨터 관련 일자리를 엄청나게 많이 만들 것으로 예상했지만 실제로는 기대만큼 일자리가 늘어나지 않았다. 컴퓨터가 업무에 널리 이용된다고 해서 컴퓨터 관련 일자리가 증가하지는 않는다. 조금만 세심하게 들여다보면 컴퓨터는 개인의 업무 능력을 다변화하고 극대화할 수 있게 지원함으로써 수많은 직업과 일자리를 사라지게 하고 있음을 알 수 있다. 사람들은 과학기술(technology)이 경제 성장을 주도하고 높은 기술에 많이 보상하는 일자리를 늘리면서 낮은 기술에 적은 임금을 지급하는 일자리를 없애거나 줄인다고 자신 있게 말한다. 과학기술에 관한 토론회에서도 이러한 주장이 거침없이 제기되고 있다. 그러나 이러한 주장은 사실보다 당위에 가까우며 현실에 대한 보고보다는 미래에 대한 희망에 치우쳐 있다(Levin and Rumberger, 1987: 334).

학교교육에 의한 인력의 공급과 노동시장의 수요 간의 부조응은 다양한 유형으로 일어날 수 있다. 오늘날 한국에서 대학 교육에 대한 낭만적 기대와 인적자본의 경제 효과에 대한 과신으로 대학 교육이 보편화 수준에 도달함에 따라 노동시장이 이를 감당하지 못해 고학력 실업과 하향취업이 증가하고 있다. 이 사태는 대학 교육에 의해 배출되는 졸업생 수와 전공 영역이 노동시장에서 요구하는 일자리 수와 분야에 조응하지 않음으로써 발생했기 때문에 획기적인 조치가 없으면 개인들을 곤경에 처하게 하고 국가를 위기로 몰아갈 위험이 많다. 한국에서는 대학생이 너무 많이 배출될 뿐만 아니라 노동시장의 분야별 수요와 매우 동떨어져 있다. 인문학, 사회과학, 예술, 체육 분야 등은 노동시장의 수요를 고려하지 않고 전공 교수들과 대학 행정가들이 임의로 또는 관례대로 입학생 수를 결정하고 선발하고 있다. 교사 양성 대학은 교사 수요의 격감이 충분히 예측되었음에도 입학 정원을 그 예측에 맞게 조정하지 않았다. 대학교들, 단과대학들 그리고 전공별 학과들은 학생들을 가능한 한 많이 확보하여 위세를 높이거나 유지하려고 애를 쓴다. 의도하지는 않았더라도 이러한 관례는 졸업 후 실업 또는 전공 불일치 취업을 조장하는 결과를 초래한다.

2. 계층화된 사회 현실 무시: 신자유주의에 의한 불평등의 심화

대학등록금은 학생들에게 동일한 금액으로 부과하더라도 지불해야 하는 사람들의 재산과 소득에 따라 부담감은 극명하게 차이가 난다. 누구는 대학등록금을 부담 없이 지불할

14) 대도시 도심 네거리에 서서 주변을 둘러보면 병원과 의원이 얼마나 많은지 확인할 수 있으며, 법원 부근을 지나면서 건물에 붙어 있는 간판을 눈여겨보면 변호사 사무실이 얼마나 많은지 알 수 있다.

수 있지만 다른 사람은 그로 인해 가계가 파탄이 난다. 1년 소득이 10억 원, 1억 원, 5천만 원, 3천만 원 가정이 두 학기 등록금 1천만 원을 지불해야 할 때 갖는 부담은 전혀 다르다. 그 부담은 각각 1/100, 1/10, 1/5, 1/3이다. 그런 부담으로 지불한 교육비의 결과가 취업과 실업으로 귀결될 경우 사태는 심각해질 수밖에 없다. 대학 교육이 과잉 상태가 되면 학력 이외의 변수들이 취업에 영향을 미치기 시작한다. 가정의 경제자본 규모에 따라 학벌에 격차가 발생하고 그 학벌에 따라 취업 여부가 영향을 받으면 비용 대비 보상은 엄청나게 다른 결과를 초래한다. 취업이 어려워질수록 부모가 조성한 사회자본과 문화자본의 영향력도 강력해진다. 가난한 가정은 교육비를 힘겹게 지불하고 그에 대한 보상을 받을 가능성이 줄어들지만 부유한 가정은 교육비를 가볍게 지불하고 보상은 제대로 받을 가능성이 높아진다. 결과적으로 대학 교육 기회의 확대는 불평등을 더 심화시키는 부작용을 일으킨다.

지원되는 경제자본의 규모에 따라 학업 과정에서는 물론이며 취업 과정에서 질적 차이가 발생한다. 취업 준비, 좋은 직장 기다리기 등은 경제자본의 영향을 많이 받는다. 경제자본이 충분하면 좋은 학습 조건 아래 학업에만 열중할 수 있다.[15] 그러나 부족할 때에는 비용을 충당하기 위해 아르바이트를 해야 하며 그 결과로 학업 시간이 줄어들고 정신적 그리고 육체적 피로 때문에 집중력이 떨어진다. 스펙을 쌓으려면 대학 교육비에 맞먹거나 그보다 더 많은 비용이 필요하다. 스펙에서 핵심을 차지하는 영어 구사력은 비용과 상당히 밀접한 관계가 있다. 조기유학은 엄청난 비용을 투입해야만 가능하며 1년 정도의 영어연수도 상당한 금액과 기회비용을 지불해야 한다. 취업 준비에 필요한 학원 수강비도 만만치 않다. 서울에 있는 학원에서 수강하려면 지방 청년은 서울 체재비도 추가해야 한다.

선택의 자유를 최대한 허용하려는 신자유주의 정책은 기회를 확대해 줄지라도 평등을 실현하지는 못한다. 신자유주의는 기회를 허용하면서 그 결과에 대해서는 개인이 책임지도록 요구함으로써 불평등한 현실을 감수하게 만든다. 대학 교육 기회의 개방은 취업 기회의 평등화로 나타나지 않는다. 자신의 선택으로 대학에 진학하고 졸업했다면 그 결과에 대해서 책임을 져야 한다는 논리는 대졸 청년 실업과 하향취업이 초래된 원인이 자신에게 있음을 인정하도록 요구한다. 불평등한 결과의 원인을 개인들에게 귀결시키면 구조적 결함, 한계, 심지어 의도가 은폐된다. 학교교육은 불평등을 재생산하는 역할을 은밀하게 그러나 강력하게 수행한다.

15) 끼니를 걱정하며 공부하는 학생들과 보양식까지 먹으면서 공부하는 학생들의 학습 환경은 전혀 다르다. 의지와 노력도 체력이 받쳐 주어야만 충분히 발휘될 수 있다.

> [경제적 재생산론자들(Bowles and Gintis, 1976)은] 학교교육이 사회불평등을 해결하는 방법이 될 수 없음을 광범위한 자료에 근거하여 증명하고, 불평등의 근원은 자본주의 경제 체제의 구조적 모순이며, 학교는 이 모순을 유지하고 강화하려는 지배계급에 의해 조작되고 있는 사회적 기관에 지나지 않는다고 주장하였다. 이들의 주장에 따르면, 사회적 불평등을 해소하기 위해서 학교 체제가 바뀔 가능성은 기대하기 어려우며, 자본주의 경제 체제가 전면적으로 재구조화되지 않은 상태에서 교육 체제의 변화는 사회평등화에 도움이 되지 않는다. (오욱환, 2003: 143-144)

1960년대에 활발했던 현대화(modernization)와 산업화(industrialization) 관점을 따르는 학자들(Kerr, Dunlop, Harbinson, and Myers, 1960; Parsons, 1970; Treiman, 1970)은 고등교육의 거대한 확대가 교육적 상승 이동의 비율을 높임으로써 계층 격차를 좁힌다고 주장하였다. 그러나 같은 시대에서도 이미, 일부 학자는 고등교육 기회의 확대가 가져올 사회 평등화 전망에 대해 의문을 제기하였다. 비판적 시각을 가졌던 학자들(Jencks and Riesman, 1968: 154)은 "보편적 고등교육(universal higher education)과 학교의 혁명(academic revolution)이 평등하고 계급이 없는 사회의 도래에 공헌하지 못한다"고 단언하였다. 이러한 대립을 조정하려는 시도로 상류 계층이 고등교육을 충분히 확보할 때까지 교육 성취에서 계층 간 불평등은 지속될 것이라는 주장도 제기되었다(Raffery and Hout, 1993).

그러나 지배집단이 기득권을 포기할 리 없기 때문에 대학 교육 기회가 확대되더라도 사회경제적 불평등은 지속된다(Alon, 2009). 지배집단은 자신들이 불리해지지 않는 사회변화라면 수용한다. 지배집단은 대학 교육 기회의 확대로 불리해지지 않는다. 그들은 대학 교육이 양적으로 확대될 때에 대비하여 질적 우위를 고수해 왔다. 다시 말해서, 그들은 학력이 같아지면 학벌로 차별적 우위를 부각하는 전략을 사용한다. 미국에서는 대학 교육 기회가 개방되었지만, 하류 계층 자녀들이 아이비리그 대학교에 입학할 가능성이 상승하지는 않았다. 아이비리그 대학교들과 명문 사립 고등학교 간에는 내부거래와 같은 홍정이 이루어지고 있다(Karabel, 2005).

고등교육 기회 확대에 의한 평등사회 구현은 모두를 대학에 다닐 수 있게 만들려는 미국에서도 그리고 절대다수가 대학에 다니고 있는 오늘날의 한국에서도 실현되지 않았으며 앞으로도 실현될 가능성이 없다. 학력주의는 마음만 먹으면 대학에 취학할 수 있는 수준에 이르면 사라지겠지만 대학교, 단과대학, 전공, 학업 연한(4년제와 2년제) 등의 서열로 표출되는 학벌주의는 모두가 대학에 진학하더라도 사라지지 않으며 오히려 더 강화되기 때문이다. 여기에 더하여 대학 교육의 취업효과는 대학 교육이 보편화되더라도 가정의 사회경제적 배경에 따라 다르게 작용한다. 대학교, 단과대학, 학과, 전공까지 같더라도 부모가 제공하는 경제 · 사회 · 문화자본에 따라 그 자녀들은 취업 전략을 달리 구상한다. 자본이 풍부하면 좋은 일자리를 구하는 데 필요한 자금, 시간, 여유 등을 가질 수 있다. 그러나 대학 교육을 위해 빚을 졌을 뿐만 아니라 소득이 시급히 필요한 경우에는 좋은 일자리를 탐색할 여유가 없다. 좋은 일자리와 좋지 않은 일자리는 소득과 승진 기회에서 격차를 유발하며 이에 따라 생애 소득과 생애 기회 격차가 뚜렷하게 나타난다.

미국에서는 사회계층이 높은 부모들이 자녀들을 지명도가 높은 대학에 진학시킴으로써 학교교육을 계층 유지 전략으로 활용하고 있다(Karabel, 2005). 한국에서도 사회계층이 높은 부모들은 보유한 경제 · 사회 · 문화적 자본을 공교육, 사교육 그리고 입시 전략에 최대한 활용하고 있다.[16] 이 부모들의 영향력은 자녀들이 대학에 입학할 때, 재학할 때 그리고 졸업 후 취업할 때는 물론이며 그 이후에도 지속된다. 대학 교육이 보편화되면 학력은 균등해지더라도 질적 격차에 의한 서열화가 작동함으로써 보편화에 의한 평등화는 실현되지 않는다. 초 · 중 · 고등학교가 보편화되고 대학까지 보편화 단계에 도달하더라도 학교교육을 통한 사회 평등화는 실현되지 않는다.

모두가 대학에 갈 수 있게 되더라도 중상류 계층의 부모들은 학교 간 격차를 통해 자신들의 유리함을 자녀들에게 전수할 수 있다. 하류 계층 자녀들이 학교교육을 통해 계층 상승을 도모하려면 중 · 상류 계층 자녀들보다 훨씬 많은 노력과 강렬한 의지가 필요한 이유도 여기에 있다. 대학을 무한히 확대하는 미국보다 대학을 적정 규모로 제한하는 독일과 노르웨이가 더 평등하다는 사실을 주목할 필요가 있다. 대학이 늘어날수록 정부는 선택의 자유를 확대하면서 수혜자에게 비용을 부담시키는 신자유주의 정책을 펼 수밖에 없다. 경제력을 갖춘 집단이 신자유주의 정책에서 불리해지는 경우는 거의 없다. 대학 교육이 보편화되면 정부는 재정적으로 지원하고 질적 수준을 통제하기가 어려워진다.[17]

---

16) 예를 들면, 입학사정관제는 의도하지 않았더라도 자본력이 강력한 가정의 자녀들에게 유리하다. 입시 절차가 까다로울수록 그에 대비할 수 있는 집단이 유리해진다. 입학사정관은 지원자들이 제출한 서류를 가지고 당락을 결정한다. 따라서 지원 서류를 제대로 갖출 수 없는 지원자들은 불리할 수밖에 없다. 입학사정관 제도를 지지하는 사람들은 숨은 인재를 발굴할 수 있음을 강조한다. 그러나 방방곡곡을 다니면서 흙 속에 진주를 캘 수 있을 정도로 숙련된 그리고 많은 입학사정관을 보유한 대학은 한국에 없으며 입학사정관 제도가 아주 많이 발달한 미국에도 없다.

17) 중국의 경우, 1999년 대학을 급격히 확대하면서 사회주의를 포기하고 신자유주의를 선택하였다. 신자유주의 정책은 자유를 누릴 수 있는 경제적 조건을 갖춘 집단에 언제나 유리하게 작용한다. 중국에서도 부모의 경제자본이 자녀들의 학력과 학벌에 미치는 영향이 급속도로 높아지게 될 것이다.

사회계층 이동은 교육 체제에 의해서가 아니라 경제 체제에 의해서 결정된다. 제2차 세계대전 이후 선진국에서는 학력 이동(educational mobility)이 직업 이동(occupational mobility)보다 많았다(Boudon, 1974). 교육 기회의 확대로 교육 불평등은 많이 줄어들었지만, 소득의 격차는 변함없이 지속되었다. 교육 불평등이 줄어드는데 경제 불평등이 지속되면 교육을 통해 계층 상승 이동을 도모한 집단은 좌절할 수밖에 없다. 이들의 좌절이 사회구조에 대한 불만으로 바뀌면 사회갈등이 야기된다. 한국처럼 집단 저항으로 사회가 격변했던 역사가 있으면 개인적 불만과 좌절이 쉽게 집단화한다. 속도와 보급망에서 세계 최고 수준에 이른 인터넷은 개인들의 불만 사례들이 사회연결망(social network service)을 통해 집단 불만으로 형성되어 집단운동으로 발전하는 데 효율적으로 이용될 수 있다.

학교교육과 관련하여 개인의 합리적 판단에 의한 행위가 집단적 수준에서는 역설적인 결과를 초래한다(Boudon, 1974). 개인들이 경제적 보상을 기대하고 학교교육에 더 많이 투자하면 할수록 학교교육의 가치는 오히려 하락한다. 개인들이 하나같이 학교교육에 더 많이 투자하게 되면, 이전에는 학교교육에 적게 투자하고도 성취할 수 있었던 지위를 점점 더 많이 투자해야만 얻을 수 있게 된다. '집합역설'(aggregation paradox)로 개념화할 수 있는 이 현상은 다음과 같이 정리될 수 있다.

> (1) 산업사회의 지속적인 학교교육의 확대는 평균 취학률을 상당히 상승시켰고, 학교교육 인구의 계급별 구성에 의미 있는 변화를 가져왔으며, 교육 기회의 불평등을 느리게 줄이고 있다. (2) 교육 개혁이 교육 기회의 불평등 완화에 미치는 영향은 미미하다. (3) 교육 수준과 계층 이동 가능성의 관계는 아주 미약하다. (4) 계층 이동률의 변화는 적을 것이며 확실한 유형이 없어 불규칙할 것이다. (5) 사회적 기회의 불평등에 거의 아무런 변화도 없을 것이다. 사회적 지위가 가장 높은 사람들과 가장 낮은 사람들은 부모들의 지위를 그대로 물려받는다. (6) 불평등과 기회 불평등이 심한 산업사회에서도 상당히 많은 계층 상승 이동과 하강 이동이 계속될 것이다. (7) 상이한 사회들 간의 계층 이동률의 격차는 교육적 격차와 교육 기회의 격차에서 의미 있는 격차가 있음에도 불구하고 적을 것이다. (Boudon, 1974)

가장 곤혹스러운 쟁점들 가운데 하나는 사회 전반적인 교육 성취의 상승, 교육 기회의 균등화 향상 그리고 교육의 직업 결정력 실증이 출발점의 사회적 지위와 도착점의 사회적 지위 간의 상관관계에 영향을 미치지 않는다는 사실이다. 다른 사람들이 서 있는데 한 사람이 달린다면 그는 다른 사람들을 앞설 수 있다. 그러나 모든 사람이 같은 속도로 달린다면 누구도 다른 사람들을 앞설 수 없다. 소수만 학력을 높인다면 그들은 높아진 학력으로 좋은 일자리를 얻고 소득도 높아져 사회계층이 상승할 수 있다. 그러나 모두가 비슷하게 학력을 높인다면, 개인들이 상승시킨 학력은 차별적 우위가 드러나지 않아 이전보다 더 나은 일자리와 더 높은 소득을 얻을 수 없다. 오히려 학력을 상승시키지 못한 개인들은 계층이 하락한다. 그래서 고학력화 사회가 되면 계층 하락의 위기를 감지하는 사람들, 곧 모두에 의해 학력 높이기가 치열하게 전개된다. 관람석에서 앞에 앉은 사람들이 일어서면 뒤에 앉은 사람들은 일어서야만 무대를 볼 수 있다. 사회에서는 모두 앉아서 볼 수 있는데도 불구하고 모두 일어서서 보아야 하는 안타까운 사태가 흔히 일어난다.

개인들의 독자적인 개별 행동이 집단으로 일어나면 의도하지 않았던 결과(unintended consequence)가 발생한다. 적절한 예로 개인들의 예금 인출로 인한 은행 파산(bankruptcy)을 들 수 있다. "은행의 잔액이 모자란다"라는 소문이 퍼지면서 개별 예금주들이 너도나도 은행에서 예금을 인출할 뿐 입금하지 않으면 실제로 은행의 잔액이 바닥나서 파산하게 된다. 수많은 고객이 동시에 예금을 인출하면 은행 잔액이 바닥나서 지급불능 사태, 곧 파산에 이를 수 있다. 이러한 사태는 개별적 행위가 집단화할 때는 의도하지 않은 구조적 위기가 도래할 수 있음을 의미한다. 한 개인이 좋은 직장에 취업하기 위해 대학에 진학하는 행위는 타당하다. 그러나 모두가 똑같은 생각으로 좋은 직장에 취업하기 위해 대학에 진학한다면 대학 학력의 취업효과는 급락한다.[18] 대학을 졸업하더라도 그에 어울리는 일자리가 부족하면 실업 상태가 되거나 하향취업을 할 수밖에 없다. 그리고 학력의 가치가 하락한다.

한국의 기성세대 대부분은 경제가 급격히 성장했던 시대에 계층 상승을 이루었기 때문에, 경제 성장이 둔화되면서 엄습해 오는 좋은 일자리의 부족을 예감하면서 불안해지고 있다.[19] 이 세대의 부모들은 일자리 부족이 자녀들에게 위기로 다가옴을 어느 정도 감지하고 있다. 그래서 이들은 자녀들이 확실하게 차별적 우위를 고수할 수 있도록 지원하는 데 온 힘을 쏟게 된다. 구체적으로 이 부모들은 자녀들이 학력과 학벌을 최고 수준으로 상승시켜 취업 위기를 돌파하고 출세하게 하려고 열성을 다하고 있다. 이러한 시대적 절박함은 한국 사회에 전통적으로 이어져 온 '교육출세론'(오욱환, 2000)을 더욱 중요한 생활 원칙으로 삼게 하였다.

---

18) 고등학생들이 모두 대학에 진학하고 졸업하면 대학 졸업장의 취업효과는 이전의 고등학교 졸업장과 차이가 없다. 이러한 사태는 너무 극단적이어서 일어나지 않겠지만, 오늘날 한국에서는 그 극단에 접근하는 상황이 전개되고 있다.

19) 경제 성장이 둔화하면 일자리가 창출보다는 퇴직으로 공급된다.

누구나 대학 교육의 사회경제적 효과를 확신하기 때문에 대학 교육은 더 이상 선택이 아니며 필수 절차가 된다. 학교교육의 중요성을 강조하는 데 열중하다 보면, 학교교육 기회의 확대가 사회계층 상승 이동과 사회 불평등 해소에 의미 있게 작용한다고 추정하게 된다. 그러나 현실은 이처럼 당연시해 온 추정을 지지하지 않는다. 학교교육이 확대되어도 부모세대에 형성된 불평등 구조가 의미 있는 변화 없이 자녀세대에 반복된다. 물론, 학력을 높이고 학벌을 챙김으로써 계층 상승 이동에 성공하는 개인들은 있다. 그러나 개인들의 사례에도 불구하고 부모세대에 형성된 사회의 불평등 구조가 무너지지는 않는다.

학교교육(schooling)은 교육(education)으로 추상화되어 만병통치약처럼 처방되어 왔다. 개인들은 물론이며 정부까지도 수많은 문제를 교육을 통해서 해결하려 한다. 그 대표적 유형이 '평등을 위한 교육'(education for equality)이다. 교육을 통해 경제적 불평등을 해결하려는 시도는 어떤 수사로 표현되든, 실제로는 다음과 같은 사실들이 관련되어 이루어진다.

(1) 교육은 정책의 대상이 될 때 학교교육으로 구체화된다.
(2) 학교교육의 기회(opportunity)를 균등하게 제공할 수 있더라도 학교교육의 성취(attainment)를 균등하게 만들 수는 없다.
(3) 학교교육이 소득, 지위, 출세 등에 미치는 효과는 기회의 결과가 아닌 성취의 결과이다.
(4) 학교교육의 성취는 학교교육 이외의 요소들에 의해서 더 많이 결정된다.
(5) 학교교육의 균등화는 학교교육 기회의 균등화 수준을 넘지 못하기 때문에 학교교육은 균등해질 수 없다.
(6) 학교교육을 통한 사회경제적 평등은 학교교육에서 이미 불평등이 일어나기 때문에 이루어질 수 없다.
(7) 학교교육을 통한 평등은 허구에 지나지 않으며 기대나 희망의 표현일 뿐이다.
(8) 학교교육을 통해 사회문제들을 해결하려는 정책 또는 학교교육을 영약처럼 처방하는 정책은 실패할 수밖에 없다.

학력 인플레이션은 학교교육 기회의 균등화라는 이름 아래 불평등 구조가 재생산되는 과정을 정당화한다. 대학의 문호를 개방함으로써 누구나 대학에 진학할 수 있게 되더라도 대학 교육으로 얻게 될 사회경제적 보상은 여전히 기득권층에 유리하게 집중된다. 대학 교육이 보편화되면 누구라도 대학에 진학할 수 있다. 그러나 선택의 자유를 허용할 때에는 결과에 대한 승복을 항상 요구한다. 신자유주의는 결과에 대한 책임을 자유의지로 선택한 개인들에게 돌린다. 그래서 신자유주의는 '희생자 비난'(blame-the-victim) 논리로 이용된다. 신자유주의에 의한 최고의 학교교육 정책은 기회의 무한 개방이다. 미국의 경우, '모두를 위한 대학'이라는 구호 아래 대학 교육 기회가 개방되고 있다. 누구라도 마음만 먹으면 대학에 진학할 수 있게 4년제 대학, 2년제 대학, 사이버 대학 등 다양한 유형의 대학이 제공되고 있기 때문이다. 그러나 가정의 사회경제적 배경에 따라 진학하는 대학의 질적 수준과 전공하는 분야가 상당히 달라진다.

미국의 경우, 연방 정부와 주 정부는 학자금 대출을 쉽게 받을 수 있도록 지원함으로써 대학 진학을 결심하도록 유도하고 있다. 그 결과, 미국의 젊은이들은 대학에서의 학습능력과 대출금 상환 가능성을 심각하게 고려하지 않고 대학 진학을 결정한다. 그들 가운데 상당수는 대학을 졸업하지 못하거나 졸업 후 기대한 일자리에 취업하지 못하여 가난한 빚쟁이가 된다(Bennett and Wilezol, [2013] 2014). 이러한 사태는 정부의 무책임과 대학의 위선이 합작함으로써 발생한다. 미국 대학은 1970년에 이미 '강도'로 비유된 적이 있다. 오늘날에는 이 비유가 훨씬 정확하게 적용될 수 있으며 좀 더 적절하게 비판한다면 '사기'가 추가될 수 있다. 한국은 고등교육 취학률이 미국보다 더 높고 입학한 학생들은 거의 모두 졸업하기 때문에 '강도'나 '사기'로 비난받을 만한 충분한 조건을 갖추고 있다.

학교교육 격차는 주로 학교의 단계(school level)나 학교교육을 받은 연한(years of schooling)으로 측정되지만, 학교교육의 가치는 학교 간 상대적인 우열[20]에 의해 더 정확하게 포착된다. 고학력화로 대학 교육까지 보편화되면 학력의 격차가 거의 없어져 그 의미가 줄어들면서 동일 학력 내에서의 상대적 격차가 중요한 변수로 부각된다. 지원자들 간에 학력 격차가 없기 때문에 고용주들은 학교의 종류, 전공 분야와 취업 후 업무의 일치도, 학업성적의 집단 내 순위 등으로 지원자들을 서열화한다. 고용주들은 지원자들을 어떤 준거로든 서열화한 후 앞선 지원자부터 순서대로 채용한다(Thurow, 1975). 지원자들의 학력[amount of schooling]이 같다면 학벌[quality of schooling]이 결정력을 갖게 된다.

부모주의와 교육출세론에 매료되면 학교교육의 계층 상승 이동 효과를 과신하게 되어 사회계층의 견고성을 무시하게 된다. 그러나 불평등의 세대 간 재생산은 시대와 체제를 불문하고 모든 국가에서 이루어진다.[21] 학교교육을 준거로 삼으면, 일본에서도 사회적 배경에 따른 학교교육 기회의 불평등은 줄어들었으며 불리한 집단이 학교교육을 통해 사회경제적 이익을 많이 얻었다. 그러나 학교교육의 상대적 가치를 노동시장에서의 직업에 따

20) 소위 일류, 이류 등의 구분이나 명문 여부를 뜻한다.

21) 공산주의 국가였던 옛 소련에서도 자본주의 국가들 못지않게 학교교육을 매개로 하여 불평등의 세대 간 재생산이 이루어졌다(오욱환, 1992).

른 보상의 정도로 그리고 재학했던 학교를 질적 서열로 측정하면, 고졸 아버지의 자녀들과 대졸 아버지의 자녀들 사이에는 보상에 유리한 학교교육을 받는 기회의 격차, 곧 학벌 격차가 벌어지고 있음을 확인할 수 있다(Fujihara and Ishida, 2016: 25).

1980년대 후반 일본 문부성은 제2의 베이비붐 세대가 대학에 진학할 즈음 국민들의 요구를 받아들여 고등교육 기회를 확대하였다. 이로써 1990년에 507개교였던 대학이 2010년에는 778개교로 늘어났으며 2000년에는 대학취학률이 49퍼센트에 도달하였다(Fujihara and Ishida, 2016: 28). 새로 설립된 대학은 대부분 사립이었다. 청소년들이 선망하고 사회적 지명도가 높은 소위 일류대학들은 취업효과가 높다. 고등교육의 확대 또는 개방 정책에 의해 새로 출현하는 대학들은 능력에 따라 학생을 뽑을 수 없는 비(非)선택형 대학(non-selective institution)이 대부분이다. 비선택형 대학들은 고등교육이 확대될수록 상대적 가치가 하락한다(Fujihara and Ishida, 2016: 35). 사회경제적 보상이 많거나 상대적으로 서열이 앞선 대학에 입학하는 데 부모의 배경이 작용하므로 대학이 늘어나더라도 부모의 영향력 격차는 줄어들지 않는다. 대졸 부모의 자녀들이 그보다 낮은 학력을 가진 부모의 자녀들보다 지명도가 앞선 대학에 입학할 가능성이 높으며 이 자녀들은 대학을 졸업한 후 더 나은 일자리를 갖는다. 따라서 대학 교육 여부보다 진학한 대학의 상대적 우열이 학교교육 효과를 측정하는 데 더 적합하다(Fujihara and Ishida, 2016: 34).

학교교육 기회의 확대만으로는 사회 집단들 사이에 형성된 교육적 우열을 변화시키지 못한다. 지배집단은 더 높은 단계와 더 나은 수준의 학교교육으로 교육에서의 기득권을 유지한다. 한국의 지배집단은 자녀들이 교육에서 상대적 우위에 있도록 사교육에서 격차를 벌릴 뿐만 아니라 공교육 측면에서도 좋은 학군으로의 이주, 명문 학교 입학, 조기유학, 특수목적 고등학교 진학 등 모든 방법을 동원한다. 지배집단은 기득권을 유지하기 위해 선택의 자유가 민주주의의 기본임을 강조한다. 그러나 선택의 자유는 아주 모호한 개념이다. 선택의 자유를 주장하는 사람들은 누구라도 이 자유를 행사할 수 있는 듯이 말한다. 그러나 선택의 자유는 법적 허용 수준을 넘지 않는다. 선택의 자유를 행사하려면 그에 따른 비용을 부담할 수 있어야 한다. 예컨대, 누구라도 서울 강남 8학군 지역으로 이주하여 8학군의 학교에 입학할 수 있다. 그러나 그 지역으로 이사하는 데 따르는 비용을 감당할 수 없으면 허용된 기회를 활용할 수 없다. 조기유학이 허용되더라도 경비를 마련할 수 없으면 떠날 수 없다.

대학 교육 기회의 확대는 민영화를 통해서 이루어지고 있다. 신설되는 대학들은 대부분 사립이었다. 대학 교육의 민영화는 신자유주의 정책의 확산을 의미하며 불평등을 악화시킨다(Klees, 2008: 324). 민영화로 인해 가난한 가정의 자녀들이 양질의 대학 교육을 받을 수 있는 기회가 줄어든다. 한국 정부들은 대학 교육 기회를 확대하기 위해 사립대학 설립을 자유화하였다. 대학 교육 기회가 확대되더라도 대학 교육비용은 늘어난다. 한국은 해방 직후 국립대학을 통해 가난하지만 재능과 의지가 있는 청소년들에게 대학 교육 기회를 제공하는 데 공헌하였다. 그러나 대학 교육 기회를 확대하기 위해 사립대학 설립을 무한히 허용함으로써 대학 교육비용이 늘어나게 되었다. 공립으로 설립되는 독일의 대학 교육 체제는 대학 규모를 적정화하면 국가의 지원으로 대학 교육을 부담 없이 받게 할 수 있음을 시사한다.[22] 그러나 독일조차도 대학 교육 기회를 확대하기 위해 교육비를 수혜자에게 부담시키는 편법을 사용하였다(Plümper and Schneider, 2007). 한국처럼 대학취학률이 70퍼센트에 도달하면 국가에서 교육비를 전액은 물론이며 절반도 지원할 수 없다.

대학 인구가 지금처럼 엄청나게 많다면 국립대학의 명분도 사라진다. 국립대학은 해방 후 빈곤 시대에 가난한 엘리트들을 발굴한다는 명분 아래 국비를 지원하는 제도로 설립되었다. 지금은 상대적으로 더 부유한 가정의 자녀들이 국립대학에 더 많이 진학하고 그들이 졸업 후 사익보다 공익에 더 헌신한다고 볼 수도 없기 때문에 국고를 지원하면서 국립으로 유지해야 할 명분이 없다. 너무 많은 대학에 균등하게 지원하면 국가가 각 대학에 지원하는 금액은 보잘것없는 규모가 될 가능성이 높다. 대학생이 동령인구 집단의 절대다수인 상황에서는 국가가 엘리트 양성이라는 목적으로 등록금을 지원할 수 없다. 지금은 중학교도 완전무상화가 실현되고 있지 않을 뿐만 아니라 불평등의 묘판으로 작용하는 어린이집과 유치원도 대부분 사립이어서 교육 기회의 격차가 극심하다(오욱환, 2017).

사회 전반적으로 학력이 상승할수록 학교교육의 취업효과는 오히려 감소하며 부모가 보유한 경제자본과 사회자본의 영향력이 상승한다. 가난한 부모들이 힘겹게 투자하여 자녀들의 학력을 끌어올리면 그 학력은 고작 평균치에 도달할 정도여서 취업효과를 발휘하지 못한다. 대학취학률이 10퍼센트일 때 대학 졸업은 괜찮은 일자리를 얻는 데 충분조건이 될 수 있지만 60퍼센트에 이르면 그 효과는 사라지고 오직 필요조건만 충족하게 된다. 자녀들이 대학을 졸업할 수 있도록 일상생활을 희생한 가난한 부모들은 그 학력만으로는 좋은 일자리를 취득할 수 없는 현실에 좌절할 수밖에 없다. 빈곤은 경제적 보상과 사회적 위세가 높은 일자리를 제공하는 노동시장에 접근하는 데 심각할 정도로 불리하게 작용한다(Gordon, 1972; Reich, Gordon, and Edwards, 1973; Thurow, 1975). 취업 단계에 접어들면,

22) 한때 대학생들이 '등록금 절반화'를 강력하게 요구하였다. 대학생 수를 절반으로 줄이면 국가의 재정 지원이 소수에게 집중될 수 있어 등록금을 상당히 낮출 수 있다. 여기에 더하여 가정의 경제력에 따라 등록금을 차등화하면 가난한 학생들에게 실질적인 도움을 줄 수 있다.

가난한 부모들은 자신들이 가진 사회자본의 한계도 절감하게 된다.

일자리에서 요구하는 교육적 자격을 갖출 수 있는 학교교육 기회의 확대는 가정의 사회경제적 배경이 학업 성취에 미치는 영향을 줄이는가? 이 질문은 교육사회학의 고전적 주제들 가운데 하나이지만 결론이 나지 않은 채 여전히 다루어지고 있다. 이스라엘에서 수행된 연구에 의하면, 학교교육 기회의 확대로 교육 기회의 불평등은 절대적으로는 줄어들더라도 상대적으로는 변화하지 않으며 학교교육의 경제적 활용에서는 불평등이 오히려 심해진다(Rotman, Shavit, and Shalev, 2016). 그 이유는 사회경제적 조건이 더 좋은 부모들이 학교교육과 그 가치의 변화에 익숙하여 적절하게 대처하고 활용하기 때문이다.

계층이 미국의 학교교육에 미치는 영향은 프랑스와 영국의 경우와 비교하면 상대적으로 적다. 전통이 깊은 프랑스와 영국의 경우, 지배계급의 문화와 언어가 학교의 교과과정과 교수-학습에 깊이 스며들어 있다.[23] 미국에서는 정치 체제가 학교교육 정책을 결정할 때 계층의 집단적 이기주의가 작용하는 정도를 제한한다. 그렇지만 지배계층의 영향은 완전히 차단되지 않는다. 공교육은 영합 게임이어서 모두가 성공할 수 없으며 누군가는 실패해야 한다(Labaree, 2010). 학교들 간에 질적 격차가 형성되고 나면, 학교교육은 연한(year)보다는 유형(type)으로 사회경제적 계층화에 영향을 미치게 된다. 학교교육은 보편화되면서 사회계층 이동의 중요 기제로서의 영향력이 사라지기 때문에 노동계급은 학교교육 기회의 확대로 이익을 얻기 어렵다(Rubinson, 1986: 520-528).

계층론과 계급론에서는 동일 계층이나 계급에 속하는 사람들이 일사불란하게 행동할 수 있는 공동의식이 있음을 전제하지만, 현실 사회에서는 계층 또는 계급 내 공유된 의식이 분명하지 않다. 그리고 한 계층 또는 계급 내에서도 다양한 집단이 계급이나 계층으로 아울러지는 범위를 벗어난 행위를 하고, 한 집단 내에도 처한 상황이 다른 개인들은 처지에 따라 독특하게 행동한다. 개인들, 집단들, 계층들, 계급들이 다름에도 불구하고 똑같이 행동하는 때도 있다. 한국에서는 계층, 계급, 종족, 지역 등의 차이에도 불구하고 학교교육을 확대하는 데 반대하는 의견이 출현하지 않았다. 지배집단은 학교교육 확대를 반대할 경우 기득권을 고수하기 위해 폐쇄 전략으로 비판받게 된다. 민주주의 사회에서는 이러한

23) 프랑스의 역사와 사회문화를 고려하면 문화자본론을 쉽게 이해할 수 있다. 프랑스에서 지배계급은 자신들의 문화를 공식 문화로 공표하고 이 문화를 준거로 하여 교과과정을 구성하고 교수-학습 방법을 채택한다. 따라서 지배계급 자녀들은 가정에서 습관(habitus)처럼 익힌 문화를 학교에서 배우게 된다(Bourdieu, 1974; Bourdieu and Passeron, [1964] 1977). 영국의 학교에서는 지배계급의 언어가 공식 언어로 사용된다. 따라서 이 언어 코드(code)에 익숙해 있는 지배계급 자녀들이 학업 성취에서 상대적으로 유리하다(Bernstein, 1972).

행위는 비난의 대상이 되므로 지배집단은 공개적으로 학교교육 확대를 반대하지 않는다. 그리고 지배집단은 학교교육이 확대되더라도 학교교육의 질적 격차를 통해서 기득권을 고수할 수 있다고 자신한다. 한편, 피지배집단은 학교교육 기회의 확대를 학력 상승의 호기로 생각한다. 피지배집단은 학교교육을 계층 상승 이동의 유일한 통로로 간주한다.

학교교육 기회가 확대되면 기회 획득에 작용하는 사회적 배경의 영향력은 줄어든다. 학교교육 기회가 개방되면, 하류 계층이 상류 계층보다 취학률을 높이는 데 더 유리해짐으로써 교육 기회의 불평등이 상당히 줄어든다. 학교교육 기회가 확대될 경우, 상류 계층의 취학률이 이미 충분히 높아 더 이상 높아지지 않지만 하류 계층은 취학률을 마음껏 높일 수 있게 된다. 그러나 실증적 연구들에 의하면(미국의 경우, Featherman and Houser, 1978; 영국과 웨일스의 경우, Halsey, Heath, and Ridge, 1980), 사회계층 간의 학교교육 기회의 불평등은 사라지지 않고 지속된다. 그 이유는 취학률의 상승 속도는 하류 계층이 상류 계층보다 더 빠르나 계층 간의 절대적 격차는 더 벌어지기 때문이다. 여기에 학교교육의 질적 격차까지 고려하면, 학교교육 기회의 확대로 계층 간 학교교육의 불평등을 해소하려는 기대야말로 망상임을 확인할 수 있다.

학교교육 기회가 완전 취학 수준에 도달해도 계층 간의 학교교육 기회 격차는 좀처럼 사라지지 않는다. 완전 취학 단계에 이르면 학교교육의 양적 격차가 사라지지만 질적 격차가 교육효과의 불평등을 지속시킨다. 한국에서도 지배집단 부모들은 자녀들에게 차별적으로 우위에 있는 학교교육 기회를 제공하기 위해서 대학 단계에서는 물론이며 심지어 유치원 단계에서도 소위 명문을 찾는다. 이마저도 만족스럽지 못할 경우, 재력이 뒷받침되는 부모들은 자녀들의 나이를 고려하지 않고 해외 유학을 추진한다. 교육 기회의 평등화를 위한 교육 개혁을 강도 높게 주장하다 보면 사회주의 모형을 대안으로 모색하게 된다. 그러나 현실 사회에 등장했던 사회주의 국가 소련에서도 학교교육 기회는 평등해지지 않았다(오욱환, 1992).

우리는 학교교육 기회가 확대되어 교육의 결과가 평등해지고 이어서 생애 기회까지도 평등해지기를 기대한다. 그러나 기회의 확대, 기회의 평등, 결과의 평등은 전혀 다른 개념이며 하나가 다른 것들을 인과적으로 일으키지도 않는다. 학교교육 기회가 확대되면 집단 간 교육의 양적 격차는 다소 줄어들어도 질적 격차는 유지되거나 명료해진다. 지배집단은 학교교육의 보편화로 양적 격차가 줄어들면 질적 격차를 벌리는 데 주력한다. 지배집단은 학교교육의 양적 격차가 줄어들 때 질적 격차를 부각할 뿐만 아니라 학력 이외의 변수로 취업효과를 높인다. 동일한 대학과 학과를 졸업했음에도 불구하고 취업할 때 그 효과가 동일하게 나타나지 않았다면 사회경제적 배경이 작용했음을 의미한다. 오늘날 한국처럼 대학 교육이 보편화 정도에 이르렀을 때는 부모의 후광이 자녀들의 취업에 영향력을 미칠 가능성이 아주 높다.

3. 정부의 현실 회피성 대학 정책: 무지와 무모로 초래된 악몽

정부는 인력의 양성과 배치를 독점해서도 안 되고 강압적으로 통제해서도 안 되지만 조정을 위해서 개입해야 한다. 그 이유는 개인들이 국가적 맥락에서 또는 공익을 위해서 자신들의 진로를 결정하지 않기 때문이다. 공유지의 비극이 시사했듯이 사익이 극도로 추구되다 보면 공익이 침해당할 수 있다. 학교교육과 노동시장은 국가의 개입 범위에 포함되어야 한다. 사회주의 국가들은 학교교육과 노동시장을 철저히 장악하고 통제하였다. 이 국가들의 인력 수급 예측은 자주 빗나가 효율성이 떨어지면서 국가경쟁력이 하락하였다. 한편, 미국처럼 신자유주의 정책에 집착하면 학교교육은 노동시장 수요와 무관하게 무한히 확대되고 노동시장은 고용주인 자본가들의 인력 축소 정책에 의해 좌우된다. 그 결과로 고학력 실업과 하향취업이 필연적으로 출현하게 된다. 국가는 인력의 양성과 배치에 개입해야 하지만 개입 정도가 무한 개입이나 무한 방치처럼 극단으로 치우치지 않아야 하며 시점과 상황에 따라 유연해야 한다. 오늘날 한국에서는 학력이 급격히 상승하고 그 속도를 따라갈 수 없는 노동시장의 인력 수요 때문에 고학력 청년 실업이 개인들에게 곤경을 떠안기면서 국가경쟁력을 심각할 정도로 떨어뜨리고 있다.

한국 대학 교육의 현재 상황은 국가의 현명하고 장기적이며 지속적인 개입이 불가피함을 경고하는데, 집권한 정부들은 정당의 성향에 상관없이 한시적, 단기적, 대중영합주의 정책들을 입안하고 시행하고 있다. 정부는 대학을 졸업하고도 마땅한 일자리를 구하지 못한 청년들이 늘어나고 있는데도 입시 제도에 매달림으로써 신뢰를 잃고 있다. 절묘한 입시 제도를 마련하더라도 대졸 청년 실업과 하향취업 문제는 해결되지도 개선되지도 않는다. 대학 정원을 최적화한 국가의 대학생들이 학업에 열중함으로써 지식과 기술을 축적하고 창조한다면, 대학 정원이 초과잉 상태인 한국의 대학생들은 졸업 후 곧바로 닥칠 실업의 불안 때문에 학업을 제쳐두고 취업 준비에 몰두하고 있다. 취업에 마음을 졸이더라도 대학졸업생들 가운데 절반은 실업과 하향취업을 피하지 못한다.

1980년 이후 정부들이 시행한 대학 확대 정책으로 대학까지 졸업한 청년들이 실업과 하향취업에 내몰리는 역설적 사태가 발생하였다. 이러한 난감한 사태를 유발한 정부들은 무지(無知)와 무모(無謀)를 비판받아야 한다. 그렇다면 이 사태가 앞으로 계속된다면 누가 비판을 받아야 하고 왜 비판을 받아야 할까? 지금 집권하고 있는 정부가 비판의 대상이 될 수밖에 없고 비판은 더 신랄해질 것이다. 그 이유는 사태가 이미 벌어졌고 악화될 수밖에 없음을 직접 보고도 방치하고 있기 때문이다. 현재 집권 정부는 이전 정부들의 실책을 인수할 수밖에 없으며 이전 정부들의 실책이나 과오를 바로잡을 의무가 있다. 그 의무를 수행할 의지가 없으면 집권을 시도하지 말아야 한다. 이전 정부들은 자신들의 잘못을 바로잡을 수 있는 능력도 없고 권한도 없다. 현임 정부가 대졸 청년 실업과 하향취업 사태를 해결하거나 해결의 실마리를 찾을 수 있을까? 이에 관한 판단은 유보해야 하지만, 예감은 긍정적이지 않다. 그 이유는 주무 부처인 교육부가 책임을 지고 수행해야 하는 정책들을 내버려 두고 있으며 기대를 받고 출범한 국가교육회의도 목적과 정체성이 모호하기 때문이다.

국가는 대학 교육 기회를 개방하고 학비를 대출해 주는 정책을 폄으로써 대학졸업자들을 급격히 늘릴 수 있지만, 그들이 기대하는 일자리를 그만큼 그리고 그렇게 늘릴 수는 없다. 미국에서는 다양한 유형의 대학들이 설립되고 학비 대출이 쉬워지면서 대학생들이 급격히 늘어났다. 그러나 졸업 후 취업은 입학만큼 쉽지 않아 대졸 청년 실업자들과 하향취업자들이 속출하고 있다. 이들은 실업에 대출금 상환이 더해져 심각한 위기를 겪고 있다. 한국에서도 대학을 졸업했지만 일자리는 없고 대출금은 갚아야 하는 청년들이 늘어나고 있다. 자본주의 경제 체제에서는 자본가들이 일자리를 주도한다. 자본주의 국가에서 정부는 최대의 고용주이지만 일자리를 임의로 늘리거나 줄이지 못한다. 정부는 사회복지정책의 하나로 저임금 일자리를 어느 정도 늘릴 수 있어도 고임금 일자리를 창출하는 데에는 한계가 있다.[24] 그 이유는 일자리에 대한 경제적 보상이 국민들의 세금으로 지급되기 때문이다.

대학졸업자들이 기대하는 일자리는 경제적 보상과 사회적 지위가 높기 때문에 급속도로 늘어나는 대학졸업자들에 맞추어 늘릴 수 없다. 국가가 늘릴 수 있는 일자리는 극히 제한되어 있으며 대부분의 일자리는 민간 기업체에서 창출된다. 민간 기업체는 영리를 추구하므로 대학졸업자들이 기대하는 일자리, 곧 높은 임금을 지급해야 하는 일자리를 최소화하는 데 적극적이다. 고용주들의 숙원 과제인 경영합리화는 최소 인원으로 최대 효과를 추구한다. 경영합리화라는 말이 등장할 때마다 인력 구조조정이 뒤따르는 이유도 여기에 있다. 기업가들이 경비를 줄일 수 있는 항목들 가운데 인건비가 가장 뚜렷하게 드러난다. 기업가들은 인력을 감축하면서 인건비를 줄일 뿐만 아니라 통제력을 강화한다. 기업은 손

24) 사회주의 국가도 고급 일자리는 쉽게 늘리지 못한다.

실을 감수해 가며 피고용자를 늘리지 않는다. 따라서 민간 기업주들이 일자리를 창출하게 하려면 정부는 그들에게 호소하는 것보다 그들이 사업을 확대할 수 있는 여건을 마련해 주는 편이 낫다.

사회문제가 심각할 뿐만 아니라 점차 악화되고 있음에도 불구하고 그 현실을 외면하고 방치하는 정부는 사회문제를 일으켰던 정부들처럼 비판받아야 한다. 노동시장에서의 대졸 학력자의 수요를 전혀 고려하지 않고 대학 교육 기회를 무한히 개방해 왔던 정부들은 대학 학력을 소지한 청년 실업자의 양산과 축적을 조장했을 뿐만 아니라 고등학교 과정의 직업교육을 무기력하게 만들었다. 이러한 현실 아래 정권을 인수한 정부는 비극적 사태를 조장한 책임은 없을지라도 그 사태를 해결해야 하는 과제를 적극적으로 수행해야 한다. 이전 정부가 일으킨 문제라며 책임을 회피하거나 그 사태의 지속을 방치한다면 그에 따른 책임은 가중된다. 국민들이 정부를 교체하거나 정권을 교체하는 이유는 이전의 문제들이 해결되고 더 나은 사회가 도래하기를 갈망하기 때문이다. 이전의 문제들이 고스란히 지속된다면 교체된 정부나 정권은 긍정적으로 평가받기 어렵다.

출생률 저하로 인한 대학 취학 인구의 감소만을 고려한 대학 인구 조정 정책은 70퍼센트에 도달한 대학취학률을 낮추는 효과가 없다. 대졸 청년 실업과 하향취업은 대학취학률이 너무 높아졌기 때문에 발생한다. 대학생 수가 감소하더라도 취학률이 낮아지지 않는다면 문제는 해결될 수 없다. 대졸 청년들이 줄어들더라도 동령집단 대비 비율이 같다면 아무런 의미가 없다. 다시 말해서, 60명에서 54명으로 줄어들었더라도 모집단이 각각 100명에서 90명으로 줄었다면 비율은 60퍼센트로 똑같다. 인구 감소에 따른 대학생 수의 조정은 정부가 나서지 않아도 된다. 취학 인구가 줄어들면 자연스럽게 조정되기 때문이다. 대학의 홍보나 광고로 대학 진학을 결정하는 시절은 지나가고 있다. 대학광고판이 곳곳에 설치되어도 잠재 학생 인구가 줄어들면 실제 학생 수도 줄어든다. 한국에서는 출산율이 예상보다 더 빠르게 하락하고 있다.

> 2015년 출산율을 토대로 통계청이 작성한 장래인구추계는 2년도 안 돼 빗나갔다. …… 통계청은 작년(2017년) 41만 3,000명, 올해 41만 1,000명의 아기가 태어나고, 2029년부터 30만 명대로, 2048년부터 20만 명대로 떨어질 것으로 예측했다. 하지만 현실은 딴판이다. 작년(2017년)에 태어난 아기는 예상보다 훨씬 적은 35만 7,000명이었고, 올해(2018년)는 32만 명대로 떨어질 전망이다. …… 며칠 전 저출산고령사회위원회조차 "올해 출산율이 1명 이하로 떨어지고, 20만 명대로 떨어지는 시기도 통계청 예측보다 26년이나 앞당겨진 2022년 이전이 될 수 있다"고 밝혔다.[25)]

입학생을 모집하기 위해 아무리 적극적으로 광고하더라도 잠재 학생 인구를 늘릴 수 없다. 출산율이 급락하고 있는 현실을 고려하면 잠재 학생 인구는 예상보다 더 빠르게 줄어들 것 같다. 미국에서는 대학생으로서의 적령기를 지난 성인들을 대학으로 유인함으로써 잠재 학생 인구를 늘릴 수 있었다. 그러나 한국에서는 고등학교를 졸업할 때 군대에서 제대하듯 또는 수용소에서 탈출하듯 떠난 사람들이 공부하기 위해 학교로 돌아갈 가능성이 낮고 대학취학률이 아주 높기 때문에 대학 학력이 필요한 사람도 많이 남아 있지 않다. 재차 강조해서, 대학생으로 진입할 인구 집단이 줄어들더라도 대학취학률과 대학졸업률이 획기적으로 낮추어지지 않으면 대졸 청년 실업과 하향취업은 지속될 수밖에 없다. 문제가 되는 수치는 동령집단 내 대학생의 비율이다. 대졸 청년의 수가 줄어들더라도 그들이 동령집단에서 차지하는 비율이 높으면 대졸 청년 실업과 하향취업 문제는 지속된다. 전체 일자리들 가운데 70퍼센트 정도는 대학 학력이 필요하지 않다. 그 일들을 대졸 학력자가 맡을 수는 있지만, 대졸 학력에 어울리는 보상이 제공되지는 않는다.

국가는 학교교육 기회를 개방함으로써 교육 기회를 제공할 수 있지만, 학력에 어울리는 일자리까지 마련해 주지는 못한다. 국가가 학력에 걸맞은 일자리를 제공하려면 학교교육의 단계가 올라갈수록 교육 기회를 과감하게 줄여야 하고 일자리에 따른 소득과 위세도 제한해야 한다. 다시 말해서, 국가가 학교교육과 노동시장을 모두 완벽하게 통제할 수 있어야 하며 배급제의 형태를 취해야 한다. 이는 곧 자본주의는 물론이며 민주주의도 포기해야 함을 의미한다. 그러나 공산주의 체제를 강력하게 고수하던 소련도 학교교육 기회를 완벽하게 통제하지 못하였다(오욱환, 1992). 유럽의 자본주의 국가들은 대학 교육 기회를 무한히 확대하지 않았기 때문에 대졸 청년 실업 문제가 한국이나 미국과는 다르게 아주 심각하지 않다. 삶의 질은 기회의 확대만으로 향상되지 않는다. 기회가 확대되더라도 결과가 불평등하면 오히려 더 절망하게 된다. 기회의 허용은 기회의 보장이 아니기 때문이다.

대졸 학력에 걸맞은 일자리를 대졸 학력자 수에 어울리게 마련할 수 없다면 대학 입학 정원을 적정선에서 통제해야 한다. 수요가 제한되어 있다면 그 수요를 고려해서 생산해야 옳다. 소비자는 생산자를 배려하여 물건을 구입하지 않는다. 수요를 고려하지 않고 과잉 생산한 후 덤핑 판매하는 기업은 망한다. 대졸 청년에 대한 노동시장의 수요를 고려하지 않고 대졸 청년들을 과도하게 배출하는 국가는 경쟁력을 상실하여 국제사회에서 뒤처질 가능성이 아주 높다. 적합한 비율로 대학에 진학한 학생들이 취업 불안을 느끼지 않고 학업에 정진하는 국가와 과도한 비율로 대학에 진학한 학생들이 취업 불안 때문에 취업 준비

25) http://news.chosun.com/site/data/html_dir/2018/07/10/2018071004123.html

에만 몰두하는 국가 간의 경쟁력 격차는 점점 벌어진다. 오늘날 한국에서는 대학생들 가운데 절반 이상은 실업이나 하향취업을 각오해야 한다. 결과적으로 한국의 청년들 3분의 1은 대학 미진학자가 되어 사회로부터 외면되고, 3분의 1은 대학을 졸업하고도 실업자가 되거나 고졸 이하 청년들의 일자리를 빼앗아 차지하며, 나머지 3분의 1만이 대졸 학력에 조응하는 일자리를 갖지만 격무에 시달린다. 이러한 상황에 처한 국가는 경제 성장과 사회 발전의 동력을 어디에서 구할 수 있을까?

경제 문제를 쉽게 풀어 보려는 정부가 흔히 범하는 오류가 화폐의 무분별한 발행이듯이, 교육 문제를 쉽게 해결하려는 정부는 학교교육 기회의 확대를 선택한다. 과도한 화폐 발행으로 야기된 인플레이션이 정부의 책임이듯, 무모한 대학 교육 기회의 개방으로 직면하게 된 대졸 청년 실업과 하향취업도 정부의 책임이다. 국가의 경쟁력을 높이는 데 필요한 고급 인력은 대학 교육을 적정 규모에서 제한하고 적극적으로 지원함으로써 효율적으로 양성될 수 있다. 수월성은 보편적 확대로 이루어지지 않는다. 대학생을 무한히 늘리다 보면 그들 가운데 창조적 인력도 나오게 된다는 발상은 너무 안일하고 너무 무책임할 뿐만 아니라 너무 황당하다. 그 이유는 취업 불안을 떨쳐 버리지 못하는 대학생들이 창조력을 발휘할 가능성은 거의 없기 때문이다. 대학 교육을 받은 사람들은 그 학력에 어울리는 직업과 소득을 기대한다. 그러나 대학이 보편화되면 그 기대가 충족될 가능성은 급락한다.

정부가 대학의 문호를 확대하고 진학을 독려했을 뿐 그 졸업생들의 취업에 대해서는 실질적인 대책이 없었다면, 그 정부는 고학력 청년 실업을 양산한 책임을 피할 수 없다. 대학 교육 보편화 정책이 성공하면 필연적으로 고학력 실업자 또는 고학력 하향취업자가 체계적으로 양산된다. 졸업생들의 진로에 관해서 관심을 두지 않고 학교교육의 기회를 확대하는 데 초미의 관심을 두었던 정부라면, 어떤 이념을 지향하고 어떤 명분을 내세웠든 선택의 자유를 주면서 결과에 대한 책임을 각자에게 돌렸기 때문에 신자유주의 정부로 분류되어야 한다. 그리고 이 정부는 의도했든 하지 않았든, 결과적으로 불평등을 재생산하는 데 공헌하였다. 평등을 중시하는 정당이 집권했을 때에도 고위 관료들과 정치가들은 기득권을 쟁취하거나 고수하는 데 주저하지 않았다.[26] 정책은 구호로 평가되지 않으며 결과로 평가된다. 구호가 무엇이든 신자유주의로 판정된 정책에 의해, 가진 자들이 더 많이 갖고

---

26) 스스로 진보 성향임을 주장하는 정치인들도 신자유주의 교육 정책에 따라 설립된 특수목적 고등학교나 평준화를 파괴하면서 조성된 소위 명문 학군에 있는 학교에 자녀들을 입학시키기 위해 전략적으로 행동한다. 이에 대해 그들은 자녀들이 선택의 자유를 행사했다고 변명한다. 자신이 처한 상황에 따라서 선택의 자유를 다르게 해석하고 적용한다면 기회주의자로 분류되어야 한다.

가진 것을 후손에게 쉽게 물려준다. 기회의 평등은 결과의 평등이 아니다.

한 국가의 학교교육이 질적 측면에서 높은 수준에 도달하려면 초등학교, 중학교 그리고 학업계열 고등학교에서는 수학과 과학이, 직업계열 고등학교에서는 기술이 그리고 대학에서는 자연과학과 공학 분야가 강조되어야 한다(Ramirez, Luo, Schoffer, and Meyer, 2006: 6). 다시 말해서, 학교에서 생산과 직결되는 과학지향적인(science-oriented) 교과들을 다른 분야의 교과들보다 상대적으로 더 강조할 때 학교교육의 경제적 보상 효과가 더 크게 나타난다(Ramirez, Luo, Schoffer, and Meyer, 2006: 6). 그런데 최근 한국에서는 수학과 과학을 포기하려는 학생들을 배려하기 위해 교과과정과 시험문제의 난도(難度)를 낮추면서 역설적으로 수학과 과학이 경시되는 현상이 나타나고 있다. 국가의 교육 정책은 학생들의 시험점수를 높이는 데보다는 실력을 향상시키는 데 목적을 두어야 한다. 쉽게 출제된 시험문제에 높은 점수를 받는다고 실력이 향상되지 않는다. 심지어 답을 잘 맞힌다고 실력이 높은 것도 아니다.[27] 지적 능력은 어려운 문제들을 인내심을 갖고 끝까지 풀어 봄으로써 향상된다. 단순한 지식을 많이 쌓아도 지적 능력은 상승하지 않는다.[28]

학생들에게 학습 의지를 갖게 하면 어려운 교과를 가르칠 수 있다. 적절한 사례로 미국 로스앤젤레스 동부 빈민 지역에 소재한 가필드 고등학교(Garfield High School)에서 학업을 포기한 가난한 남미계 학생들에게 미적분을 성공적으로 가르친 볼리비아 출신의 이민 1세인 제이미 에스칼란테(Jaime Escalante) 교사의 실화(true story)를 들 수 있다.[29] 이 사례는 수학이나 과학을 포기하려는 학생들을 방치하는 한국의 학교교육에 매우 시사적이다. 수학 문제를 쉽게 낸다고 수학을 포기하려는 학생들이 마음을 고쳐먹는 것은 아니다. 수학 문제들을 풀 수 있는 능력을 키워 주어야만 포기하지 않는다.

수학 교사 하이메 에스칼란테는 남미 볼리비아의 라파즈에서 태어났다. 볼리비아에서 물리학과 수학을 14년간 가르쳤으며 1964년 미국에 이민을 왔다. 미국에서 영어, 전자공학, 수학 등을 배웠다. 1976년, 그는 마약, 갱(gang), 폭력이 일상화되어 있는 동부 로스앤젤레스에 있는 가필드 고등학교에서 교편을 잡았다. 이러한 악조건에서, 그는 가난하고 미래도 없으며 말썽만 일으키는 남미계 학생 18명에게 최고 권위의 미국교육평가원(ETS)[30] 고급 미적분 시험에 합격하게 하려고 독특한 방법으로 인내심을 갖고 가르

27) 답을 맞히는 요령을 터득하면 높은 점수를 받을 수도 있다. 선택형 문제일 경우 효과가 더 높다.
28) 창조경제는 어려운 과제를 스스로 만들고 풀어낸 사람들에 의해서 이루어진다.
29) 이 실화는 1988년 〈Stand and Deliver〉라는 영화로 제작되었으며 한국에서는 〈스탠드 업〉으로 개봉되었다.

쳤다. 마침내 이 학생들이 시험에 통과하였다. 그런데 ETS는 이 학생들의 시험답안이 일치하므로 시험부정이 의심된다며 재시험과 합격 무효 가운데 선택하라고 요구하였다. 이 요구는 최악의 상황에서 열심히 공부한 학생들과 이 학생들을 헌신적으로 가르친 에스칼란테 교사에게는 매우 모욕적인 처사였다.

14명의 학생들은 시험을 다시 쳤고 모두 합격했으며 다수의 학생은 오히려 더 높은 점수로 통과하였다. 이후 '에스칼란테 미적분 프로그램'이 각광을 받았으며, 가필드 고교의 다른 교과목 교사들도 역사, 영어, 생물학 등 고급 시험 대비 학급을 만들었다. 1987년, 이 학교는 최고의 학교들 가운데 하나로 알려지게 되었다. 에스칼란테의 교수법은 서반아어 'ganas', 곧 '성공하려는 의지'(the will to succeed)로 요약될 수 있다. 그는 학생들에게 동기를 불러일으켰고 자신들도 배울 수 있다는 확신을 하도록 몰아쳤다. 그는 배우려는 욕구만 있으면 어떤 아이들도 배울 수 있다고 확신했기 때문에 학생들이 배우려는 욕망(the desire to learn), 스스로 괜찮은 사람이 되려는 욕망(the desire to be Somebody)을 갖도록 적극적으로 부추겼다. 그는 학생들의 관심을 끌 수 있으면 어떤 행동도 마다하지 않았다. 그는 학생들이 포기하는 것을 허용치 않았다.

그의 주장에 의하면, 교사는 화산과 같은 에너지, 코끼리만 한 기억력, 대사(大使)와 같은 외교력을 가져야 한다. 그는 교사들이 사랑과 지식을 가져야 하며, 이를 결합한 열정을 가지고 목표한 일을 달성해야 한다고 주장하였다. (오욱환, 2005: 17-18의 재구성)

1990년대 초 공산주의 체제의 동유럽 국가들이 붕괴하면서 자본주의 국가들 사이에 경쟁이 치열해지고 있다. 세계가 무한 경쟁 상황으로 급변하면서 각국은 경쟁력을 높여야 하는 과제를 안게 되었다. 이러한 상황에서 김영삼 정부는 1994년 11월에 '세계화 구상'을 발표하였다. '세계화'는 경쟁이 치열해지는 세계 무역 시장에 적극적으로 대처하기 위한 김영삼 정부의 의지 표명이었지만 개념은 불분명하고 대책도 모호하였다. 이 정부는 교육 측면에서 국가경쟁력을 높이기 위해 고등교육을 획기적으로 확대하는 정책을 시행하였다. 그 결과, 김영삼 정부가 시작했을 때 38.4퍼센트였던 대학진학률이 끝났을 때는 무려 60.1퍼센트에 이르렀다. 김영삼 정부의 대학 정원 확대 정책은 인력을 늘리는 데에만 초점을 맞춤으로써 이후 대졸 청년 실업과 하향취업 사태가 악화되는 원인으로 작용하였다.

김영삼 정부는 '대학설립준칙제도'를 도입하여 일정한 기준만 충족되면 대학을 설립

30) 미국교육평가원(Educational Testing Service: ETS)은 SAT, TOEFL, TOEIC 등을 주관하는 미국에 소재한 세계 최대의 시험 및 평가를 담당하는 비영리 사립 조직이다.

할 수 있도록 허용하였다. 이를 계기로 삼아 특성화된 소규모 대학으로 설립된 대학들은 전문대학에서 대학으로 그리고 대학교로 학교 명칭을 바꾸면서 규모를 늘렸다. 한편, 기존의 전문대학들도 적극적으로 학생 수를 늘렸으며 4년제 종합대학교(university)처럼 인식하도록 학명을 변경하고 학교 대표 관리자를 4년제 종합대학교에서 사용하는 총장(president)으로 호칭하였다. 4년제 사립대학들도 재원 확보와 세력 과시를 위해 규모를 늘리는 데 적극적이었다. 양적 확대에 치중한 대학들은 질적 향상에는 관심을 두지 않았다. 대학생과 대학 총장이 급증하면서 역설적으로 대졸 청년 실업과 하향취업의 암운이 감돌았으며 곧바로 대졸 인력이 장대비처럼 쏟아졌으며 홍수가 났고 강물이 범람하였다.

오늘날 한국에서는 청년들에게 창업을 독려하거나 권장하는 메시지가 정부나 사회지도층에서 자주 발표되고 있다. 이들의 독려나 권장은 현실에 대한 이해가 너무 부족한 데 따른 순진한 낙관론의 범위를 넘지 않으며 때로는 청년 실업의 심각성을 희석하려는 의도가 아닌지 의심하게 만든다. 창업을 독려하는 정부 정책의 이면에는 '희생자 비난 논리'가 숨겨져 있다. 청년 창업을 독려하는 메시지는, 의도하지 않았더라도 청년 실업의 원인을 청년들에게 귀결시키는 암시를 하게 된다. 청년 창업은 청년 취업이 확보될 때 훨씬 활성화된다. 취업하여 그럭저럭 살 수 있음에도 불구하고 자신의 아이디어를 살려 가며 의지대로 살기 위해 창업해야만 성공할 가능성이 높아진다. 그 이유는 이 유형의 청년들이 확신과 전략을 갖고 창업하기 때문이다. 실업을 모면하기 위한 창업은 절박할지는 몰라도 확신과 준비가 부족할 개연성이 높다.

직업을 갖고 열심히 일하다 보면 창업 아이템이 떠오를 수 있다. 그러나 실업 상태에서 궁여지책으로 나온 창업 아이템으로 성공을 기대하기는 어렵다. 절박한 상황에서 창업을 시도한 청년들이 가장 많이 선택하는 업종이 요식업이어서 음식점과 카페가 넘쳐나고 있다. 새롭고 창조적인 아이템으로 창업해야 성공할 가능성이 높다. 청년 창업의 신화 같은 존재로 인정받는 사람들은 실업자들이 아니었다. 실업 상태에 있거나 빈곤에서 탈출하기 위해서 창업을 시도하면 조급한 계획에 따라 추진하거나 성공하더라도 생계유지 수준을 넘기 어렵다. 창업은 어쩔 수 없거나 마지못해 시도되어서는 성공할 수 없다. 정부는 실업 상태에 있는 청년들에게 창업을 독려하기에 앞서 취업을 먼저 도와야 한다. 취업은 창업의 디딤돌이 될 수도 있고 도약대가 될 수도 있다. 그러나 실업 상태에서 창업은 '맨땅에서 시작하기'처럼 어렵다.

학교교육의 확대와 학력 인플레이션이 끝없이 계속되면, 수위가 되는 데 박사 학위가 필요하고 가사도우미와 보모로 취업하려면 가정학과 보육학 분야의 석·박사 학위를 갖추어야 하는 상황이 올 수 있다. 그리고 학교에 다녀야 하는 기간이 늘어남에 따라 30대나 40대까지 학생에서 벗어나지 못할 수도 있다(Collins, 2002: 29-30). 이러한 추측은 황당하지 않다. 중국 송나라(960년에서 1279년까지)에서도 공직(公職)을 얻기 위해 과거 시험을 40대까지 준비하였다. 당시의 평균수명을 고려하면 "죽을 때까지 공부했다"라고 과장해서 말할 수 있다(Chaffee, [1985] 2001). 대학 교육을 받고 청소부나 보모로 일할 수도 있지만, 청소부나 보모가 되는 데 대학 교육 학력이 요구된다면 이치에 맞지 않으며 그보다 더한 낭비도 없다. 그러나 학력 인플레이션이 무한히 계속된다면 사태가 이 지경에 이를 수도 있다. 오늘날 한국에서는 하향취업이 늘어나고 있으며 하향의 정도도 점차 심해지고 있다. 낮은 학력자들이 주로 취업하는 일자리라도 갖기 위해 높은 학력을 속이는 사례가 속출하고 있다. 4년제 대학졸업자들이 취업이 잘 되는 2년제 전문대학의 특정 학과에 편입하는 사례도 늘어나고 있으며 2년제 대학을 중퇴하고 직업훈련을 받는 청년들도 적지 않다. 이러한 청년들이 처음부터 진로를 제대로 설정하고 그것에 맞게 준비했다면 대학 교육을 받는 데 투입한 돈과 시간을 절약했을 뿐만 아니라 직업에 필요한 경력도 더 많이 쌓을 수 있었으며 소득도 더 높았을 것이다.

청소년과 청년의 실업률이 높아지면 기회비용이 줄어들기 때문에 대학 교육비용이 줄어드는 효과가 나타나면서 대학 진학이 부추겨진다. 고등학교를 졸업하고 취업하여 월 200만 원 소득을 올리고 있던 청년이 직장을 그만두고 한 학기 등록금이 500만 원인 대학에 진학하면 실질 등록금은 500만 원에 1,200만 원(월 200만 원×6개월)이 더해져 1,700만 원이 된다. 여기에 대학 재학 때문에 단절된 경력도 추가된다. 그런데 실업률이 아주 높아지면 등록금 이외의 비용이 추가되지 않기 때문에 실질 등록금이 저렴해지는 효과가 나타난다. 고졸 청년의 실업률이 아주 높은데도 아무런 조치를 하지 않는 정부는 이를 의도하지는 않았더라도 대학등록금 부담을 엄청나게 덜어 주게 된다. 여기에 대학 미진학 청년들이 사회로부터 외면을 받도록 방치하는 정부는 대학 진학을 매력적인 선택으로 부각하는 효과를 거둔다. 학업이 부실하고 의지도 없는 대학생들을 퇴학시키는 제도를 무력하게 만든 정부는 의도한 것은 아닐지라도 대학생들에게 게으름을 연습하고 안일함을 실습하는 기회를 제공한다.

대학입시 제도를 복잡하게 만드는 정부는 의도하지는 않았겠지만 경제·사회·문화적 자본력이 강력한 부모의 자녀들이 선호하는 대학에 입학할 가능성을 높여 준다. 한국의 교육부는 대학의 질적 수준을 높이는 데에는 소홀했으며 대학졸업생들의 취업에 관해서는 관심을 두지 않았다. 교육부는 입시 제도를 자주 바꿈으로써 학생들과 부모들을 불안하게 만들었으며, 이것은 비의도적일지는 모르지만 그들을 통제하는 데 효과를 거두었다.[31] 개선을 시도한 입시 제도들은 현실을 무시하고 이상에만 치우침에 따라 공정성이 오히려 낮아졌다. 획기적 개선을 목표로 빈번하게 수정된 입시 제도들은 현실적 한계에 부닥쳐 평가의 주관성을 더 높였으며 경제 · 문화 · 사회자본이 상대적으로 풍부한 가정이 자녀의 대학입시에 다양한 전략을 구사할 수 있도록 도와주는 결과를 초래하였다. 교육부는 입시 제도를 자주 바꿈으로써 스스로 공신력을 상실하였다.

정부가 공개하기를 싫어하는 통계 수치들 가운데 하나는 상승하는 실업률이다. 그래서 세계적 사례들을 보면, 어떤 국가에서는 실업률이 상승할 때에는 공개하지 않다가 하락할 때는 과도하게 홍보한다. 어떤 정부는 실업률을 산출하는 방식을 왜곡하기도 한다. 통계수치는 아주 객관적인 것처럼 인식되고 있지만, 어떻게 산출하느냐에 따라 전혀 다른 결과를 도출할 수 있다. 대졸 청년 실업의 실상은 실업률처럼 드러난 수치보다 훨씬 심각하다. 이 심각성을 희석하는 요소가 의외로 많다. 앞에서 살펴보았듯이, 대졸 여성의 미취업, 남자 대학생들의 재학 중 또는 졸업 후 군 복무, 대학 졸업의 유예, 대학원 진학, 거대한 사교육 시장, 학력 인플레이션에 의한 대졸 일자리 증가,[32] 공기업의 민영화 거부 등은 대졸 청년들의 노동시장 유입을 지연시키거나 우회시키거나 교란함으로써 실업률을 낮추는 데 작용한다.

달리 표현하여, 만일 대졸 여성들이 남성들처럼 취업을 요구한다면, 병역이 남성들에게 의무가 아니라면, 대학 졸업을 지연시킬 수 없도록 규제된다면, 대학원 과정을 양적 그리고 질적으로 통제한다면, 공교육과 입시 제도의 개선으로 사교육이 필요하지 않게 된다면, 취업에 필요한 학력의 상한선을 강제로 설정한다면,[33] 공기업이 민영화되거나 공기업이 민간 기업처럼 경영합리화를 추진한다면 일자리를 요구하는 대졸 청년들은 엄청나게 늘어나고 적지 않은 대졸 취업자들이 실업자로 전락함으로써 실업률이 급격히 상승할 것이다. 이러한 가정들은 억지가 아니며 정부가 마땅히 추구해야 할 과제이다.

대졸 청년 실업 사태를 더욱 심각하게 만들 수 있는 변수들은 얼마든지 추가될 수 있다. 만일 부모들이 대졸 실업 자녀들을 부양하지 않거나 부양할 수 없게 된다면, 지금보다 더 심한 불경기가 닥친다면, 미국과 중국을 포함한 무역 상대국들과 마찰이 일어난다면, 수출 주도 대기업들이 경쟁력을 상실하거나 파산한다면, 대졸 청년 실업과 하향취업은 걷잡을 수 없을 정도로 악화될 것이다. 한국의 경제는 무역에 크게 의존하고 있다. 무역을 주도하는 품목들, 곧 반도체, 선박해양구조물 및 부품, 자동차, 석유제품, 평판디스플레이 및 센

---

31) 규칙을 자주 바꾸면 신뢰를 얻을 수 없다. 어느 누구도 일관성이 없는 사람을 신뢰하지 않는다.

32) 실제로는 고졸 학력에 적합한 일자리이지만 대졸 학력자들이 차지하면서 대졸 일자리처럼 인식된 일자리들을 일컫는다.

33) 예컨대, 고졸 학력이 적합한 일자리에 대졸 학력자가 지원하지 못하도록 하는 경우이다.

서, 자동차부품, 무선통신기기, 합성수지, 철강판, 컴퓨터 등은 창조력에 의해서만 경쟁력을 확보할 수 있다. 세계 굴지의 기업들도 생산성이 하락하여 경쟁력을 상실하면 순식간에 사라진다.[34] 오늘날 국제사회는 현상유지조차 허락하지 않는다.

4. 고급 인력의 낭비와 필요 인력의 부족: 국가경쟁력의 하락

범람은 큰물이 흘러넘침, 바람직하지 못한 것들이 마구 쏟아져 돌아다님, 제 분수에 넘침 등으로 풀이된다. 대학 교육의 필수화와 보편화는 고학력 청년들이 노동시장에 유입됨으로써 범람을 초래하고 있다. 이로 인해 개인은 곤경에 처하게 되고 국가는 총체적 난국을 맞고 있다. 비유하면, 제방이 터져 물이 사방으로 범람하고 있음에도 불구하고 상류에서는 물을 가두어 둘 엄두를 못 내고 있다. 강물이 범람하면 거주 지역의 높낮이에 따라 상당히 다른 상황으로 맞게 된다. 저지대 주민들에게는 재앙이 닥치더라도 고지대 주민들은 절박하지 않을 수 있다. 한국에서 발생한 대졸 청년 실업과 하향취업으로 하루라도 빨리 취업해야 하는 하류 계층은 낭패를 당하고 있지만, 취업을 보장받았거나 심지어 고용하는 위치에 있는 상류 계층은 이익을 볼 수도 있다. 취업하는 데 필요한 경쟁력을 완전히 갖추지 못한 중류 계층은 불안을 떨쳐 버릴 수 없다. 대졸 청년 실업과 하향취업 사태는 누구에게는 "강 건너 불구경"이지만 누구는 그 불 속에 있다.

대학졸업자들은, 대학 학력이 요구되는 일자리 수를 두 배 이상 초과하여 배출됨에 따라, 절반 이상이 그 학력에 조응하는 일자리를 가질 수 없게 되었다. 학력에 조응하는 일자리에 정착하지 못한 대학졸업자들은 어쩔 수 없이 그 학력보다 낮은 학력을 필요로 하는 일자리라도 구할 수밖에 없다. 강둑을 넘치도록 유입된 강물은 둑을 넘어 마을로, 논밭으로 그리고 도시로 흘러 들어간다. 그렇게 넘친 물은 삶의 터전을 침수시킨다. 강물이 무한히 유입되면 댐도 무너질 수 있다. 대학 교육도 과도하게 확대되어 대학 졸업 청년들이 노동시장 수요를 초과하여 양산되면서 홍수와 범람과 같은 사태가 발생한다. 과잉교육 사태는 홍수로 은유될 수 있지만 피해는 홍수 사태보다 훨씬 더 심각하다. 홍수는 비가 그치고 해가 나면 복구할 수 있고 그에 대한 대책도 상당히 마련되어 있다. 그러나 과잉교육 사태에 대해서는 개인들도 그리고 국가도 예견하지 못하였다. 역대 정부들은 사태에 대해 대책이 없었을 뿐만 아니라 직시하지도 않았으며 심지어 조장하였다.

---

34) 노키아, 소니, 코닥 등 세계 굴지의 기업들이 몰락한 전례가 있다.

대학 입학 정원이 엄청나게 늘어나서 정원을 채우지 못하는 대학이 속출하고 있는 현실이기에 한국에서도 실질적으로 전원 입학제가 시행되고 있다고 볼 수 있다. 전원 입학제는 기회의 무한 허용을 의미할 뿐이며 기회를 보장하지는 않는다. 대학에 입학하고 졸업하려면 등록금이 중심인 직접교육비를 부담해야 할 뿐만 아니라 재학 기간 일하면 얻을 수 있는 소득, 곧 기회비용도 지불해야 한다. 직접교육비와 기회비용을 힘겹게 마련해야 하는 대학생들과 그 부담으로부터 자유로운 대학생들 간의 학업 성취 경쟁은 평등하지 않다. 그럼에도 불구하고 그 경쟁에 의한 결과의 불평등은, 기회의 확대와 균등을 근거로 하여, 마치 재능과 노력에 의한 격차처럼 정당화되고 있으며 각자가 책임지도록 요구하고 있다. 대학 교육 기회가 아무리 확대되어도 더 나아가 전원 입학제가 시행되어도 불평등은 해소되지 않으며 오히려 심화될 가능성이 높다.

사회경제적 불평등은 대학 교육 진학 여부로 결정되지 않고 취업과 소득에 의해 나타난다. 사회경제적으로 불리한 부모들과 그들의 자녀들은 부유한 부모들과 그들의 자녀들에 비해 상대적으로 더 부담스러운 비용을 지불하면서 대학에 다녀야 하며 졸업 후에 취업할 때에도 여전히 불리할 수밖에 없다. 대졸 청년들이 노동시장의 수요를 과도하게 초과했을 경우에는 가난한 졸업생들의 불리함은 가중된다. 가난한 졸업생들은 소득이 절실히 필요하므로 여유를 갖고 좋은 직장을 구할 수 없어 하향취업할 가능성이 높다. 취업할 때 부모의 후광이 작용할 경우에는 불평등이 더욱 악화된다. 가난에서 탈출하기 위해 악조건들을 감수하며 대학에 진학하고 아르바이트에 할애된 시간을 만회하기 위해 밤잠을 줄여 가며 공부하여 졸업했지만, 취업이 가능한 일자리는 대학 학력이 필요하지 않은 직장뿐이라면 좌절할 수밖에 없다. 이러한 사례가 오늘날 한국에서 늘어나고 있다.

대학 교육의 과도한 확대로 취업효과와 소득효과가 실질적으로 하락하더라도 대학취학률이 낮아질 가능성은 아주 희박하다. 이렇게 단언할 수 있는 근거는 대학 진학이 투자 대비 보상을 합리적으로 계산하여 결정되기보다는 대학 교육 효과에 대한 확고한 기대 또는 맹신에 의해 결행되기 때문이다. 한국의 부모들은 자녀들의 대학 진학을 대학 교육의 취업 · 소득효과에 대한 실증적 증거를 도외시하고 신념화된 교육출세론에 의해서 결행한다. 미국의 경우, 일자리들 가운데 20퍼센트만이 고등학교 이상의 학교교육, 곧 대학 중퇴와 졸업을 포함한 학교교육 수준을 요구할 것이라는 1970년대 추정(Flanders, 1970)[35]은

35) 미국 노동통계국은 1970년대 동안 모든 일자리 가운데 80퍼센트는 고등학교 교육으로 충분히 수행될 수 있다고 추산하였다(Flanders, 1970: 2). 다시 말해서, 오직 20퍼센트의 일자리들만 고등학교 졸업 이상의 학력을 요구한다.

2010년 후반 지금 시점에서도 실증되고 있다. 기능론자들은 산업이 발달하면 업무를 수행하는 데 필요한 기술도 상승하므로 대학 교육이 요구되는 일자리가 늘어난다고 주장한다. 한편, 탈기술론자들은 산업의 발달은 업무에 필요한 기술 수준을 오히려 낮춘다며 반박한다.

산업이 발달하면 자본가들은 생산에 필요한 인력을 기계로 대체함으로써 비용과 인력을 줄인다. 실제로 산업은 획기적으로 발전했지만, 대학 교육이 필요한 일자리는 그 속도만큼 늘어나지 않았다. 어떤 산업 국가에서도 대학 교육이 필요한 일자리는 전체 일자리 가운데 30퍼센트를 넘지 않는다.

> 자본가들은 최소 투입과 최대 산출을 위해서 임금노동자를 줄이려고 심혈을 기울이고 있다. 이들의 노력은 생산과정을 효율화하는 데 집중되었으며 과학적 관리기법, 조립공정, 체인점시스템 등 다양한 방법이 도출되었다. 각 방법은 경영기법만으로 그치지 않았으며 테일러체제(Taylor system), 포드체제(Ford system), 맥도널드체제(McDonaldization) 등으로 불릴 만큼 이데올로기로 확대되었다. 이러한 일련의 과정들은 생산에 필요한 노동자들의 수를 줄였을 뿐만 아니라 동원되는 노동자들의 기술 수준도 낮추었다. 자본가들은 작업과정을 단순화, 관례화, 자동화, 무인화 등 갖은 방법을 동원하여 탈기술화시켜 왔다. 고용주들은 임금이 낮고, 쉽게 훈련시킬 수 있으며, 무리 없이 대체될 수 있는 피고용자들을 선호한다. 이러한 목적을 위해서 분업화, 세분화, 표준화, 관례화, 자동화 등이 추진된다. …… 이러한 현상이 산업체뿐만 아니라 일반 업무에도 확산됨에 따라 현대 자본주의 사회는 극소수의 고급 지식 · 기술 인력, 이전보다 훨씬 축소된 저급 노동자들 그리고 기술이 거의 필요하지 않은 수많은 '대인서비스업 종사자'(in-person server)로 구성되고 있다. ……
>
> 자본가들의 입장에서 보면 권한을 많이 부여한 자리일수록 통제가 어려울 수밖에 없기 때문에 상대적으로 단순한 일자리들보다 이들이 가진 권한을 회수하거나 박탈해야 할 필요성이 훨씬 절실해진다. 다만, 그 방법이 어려웠을 뿐이었는데 사무자동화, 특히 컴퓨터화와 인터넷화로 결정적인 전기가 마련되었다. …… 업무가 표준화, 자동화되고 통제가 용이해짐에 따라 정신노동자들은 이전만큼 승진의 기회를 가질 수 없게 되었다. 수직적이었던 조직의 구성이 수평적으로 바뀜에 따라 중간 단계의 직위들이 사라지고 있다. 다시 말해서, 현대 사회에서 두드러지게 나타난 소위 '중간층'(middle layers)도 독점자본주의 체제에서는 전통적 노동자계급의 특성을 그대로 갖게 된다. ……
>
> 컴퓨터와 인터넷의 발달은 사무 및 경영 작업을 급격히 단순화시키고 있으며 경영의

> 합리화와 과학화를 지원하기 위해 수많은 소프트웨어가 개발되어 업무 수행에 필요한 지식 및 기술의 수준을 낮춤으로써 필요한 인원을 쉽게 구할 수 있고 대체할 수 있게 되었다. 예컨대, 타자는 빠른 속도뿐만 아니라 편집 능력까지 요구되었기 때문에 상당한 기술이 필요하였고 경력이 업무 수행능력에 미치는 영향이 높았지만 컴퓨터 워드프로세서를 이용하면 누구라도 쉽게 자신들이 요구하는 문서를 작성할 수 있다. 이 밖에도 사무실에서 이루어지는 각종 업무를 지원하기 위해서 다양한 소프트웨어들이 판매되고 있으며 더 쉽게 이용할 수 있도록 고안된 제품들이 속속 출시되고 있다. 이 소프트웨어들은 요구될 만한 양식들을 미리 정교하게 구성하여 제공할 뿐만 아니라 언제든지 그리고 쉽게 수정할 수 있도록 하며 작성된 문건을 미리 볼 수 있도록 함으로써 효율성을 극대화하고 있다. (오욱환, 2004: 164-166)

고등학교 학력의 취업효과가 미미하면 대학 진학은 더욱 촉발된다. 고졸 학력으로는 안정된 일자리를 얻을 수 없고 실업자가 될 가능성이 아주 높으면 대학 진학이 유일한 진로로 부각된다. 대학이 유일한 목표가 될 때 대학에 대한 환상을 갖게 된다. 이러한 과정으로 대학취학률이 극도로 높아지면 대학 학력의 취업효과가 격감하여 대졸 실업과 하향취업이 급격히 증가한다. 이러한 이유로, 대학 학력의 취업효과가 높아지려면 고졸 학력의 취업효과가 먼저 높아져야 한다. 학교교육을 모든 질병에 통하는 만병통치약처럼 실업 문제에도 처방하려는 안일함을 버려야 한다. 학교교육을 영약처럼 처방하여 그 기간을 늘리면 감당할 수 없는 문제에 직면하게 된다.

삶이 팍팍해지면 의식도 과격해진다. 실업 또는 하향취업으로 내몰린 청년들은 문제의 원인을 한동안 자신에게서 찾겠지만 점차 사회와 국가로 돌리게 된다. 그 청년들이 고통스러운 경험을 공유하게 되면 집단행동과 사회운동을 시도하게 된다. 경제적 빈곤과 불평등 때문에 유발된 사회운동은 정치적 민주화를 위한 사회운동보다 더 심각하다. 경제적 사회운동에는 생존과 존재감이 걸려 있기 때문이다. 고등교육을 평등성 원칙에 따라 추구하면 과잉 대학 교육, 곧 대졸 청년 실업과 하향취업을 피할 수 없다. 대학 교육이 보편화되면 모든 직업에 학사 학위가 요구되며 학사 학위가 없는 사람은 사회적 낙오자가 된다. 대학 교육의 보편화는 대학의 기능을 극도로 무력화시키며 수월성을 무의미하게 만든다. 모두가 대학에 진학한다면 대학 단계에서 벌어지는 학벌 경쟁은 치열해지는 수준을 넘어 살벌해지게 된다.

대학 학위가 필요한 일자리의 수는 정확하게 측정될 수 없다. 직업분류시스템도 대학 학위가 요구되는 일자리들과 그 밖의 일자리들을 깔끔하게 구분하지 못한다. 그러나 경영

관리직, 전문직, 판매대표직, 기술공학직 등은 학사 학위가 필요하다고 인정한다. 이러한 업무를 수행하려면 특별한 기술들(예컨대, 공학적 업무나 회계 업무에 필요한 기술들) 또는 대학에서 전형적으로 배우는 일반적 분석과 소통 기술이 필요하다. 그러나 대졸 청년들의 실업과 하향취업의 문제가 심각해지면 대학 학력이 필요한 일자리가 새로 조정될 가능성이 높다. 다시 말하면, 대학 학력이 필요하지 않은 일자리들이 대학 학력이 요구되는 일자리로 분류될 수 있다. 대학 학력이 필요한 일자리의 하향 조정은 대학졸업자들의 하향취업이 늘어나면서 자연스러운 추세로 수용될 수 있다.

대학졸업자들이 하향취업한 일자리들이 세월이 가면서 대학 학력이 필요한 일자리들로 사실상(de facto) 인정될 수 있다. 그런 상태로 세월이 많이 지나가면 공식적으로(de jure) '대학 학력 필요 일자리'로 규정될 수 있다. 이렇게 되면 대졸 청년들의 하향취업이 대폭 줄어들면서 적정취업률이 상승한다. 그러나 이러한 변화가 자연스럽게 일어날 수는 있더라도 바람직하지 않으며 속임수에 가깝다. 이는 내용물은 그대로 둔 채 포장을 화려하게 하여 판매가를 올리는 야비한 상술에 비유될 수 있다. 국민의 지지도에만 예민한 정부는 지표를 통한 '좋은' 일자리 증가를 시도할 가능성이 있다. 대학 학위가 필요한 일자리를 구하지 못한 대학졸업자들에게 주어진 선택은 하향취업, 잠재적 실업, 실망실업, 영구 실업 등이 있다. 하향취업이 늘어나면 대학 교육이 필요하지 않은 직업들도 점차 대학 졸업 학력을 요구하게 된다. 다시 말해서, 대학 학력이 필요하지 않았던 일자리일지라도 대학졸업자들이 다수를 차지하게 되면 그 일자리의 최빈치 학력 또는 평균치 학력은 대학 졸업이 되어, 이후에 취업하려면 대학 학력을 갖추어야 한다. 이러한 변화는 대학 진학을 더욱 부추겨 무의미하고 비효율적인 고학력화를 가속시킨다. 그 결과로 모든 국민이 대학을 졸업하고 모든 직업이 대학 학위를 요구하는 사태가 점차 가까워진다.

이러한 사태의 예견이 황당하지 않은데, 그 이유를 몇 가지 나열해 본다면 다음과 같다. 한국에는 자녀들이 대학 학업 능력을 갖추지 못하면 대학에 보내지 않겠다는 부모가 거의 없다. 대학취학률을 낮추려는 정부가 등장할 가능성도 높지 않다. 대졸 청년 실업과 하향취업을 막는 데 필요한 '좋은 일자리 창출'은 실제로 불가능하다. 대졸 청년 실업과 하향취업을 일거에 해결해 줄 수 있을 정도의 경기 호황은 일어나지 않으며 경기 호황이 오더라도 장기간 지속되지 않는다. 대졸 청년 실업과 하향취업의 심각성을 직시하고 적극적으로 대처할 정부가 출현할 가능성이 아주 낮다. 대중영합주의를 극복하고 국가의 미래를 설계할 수 있는 초(超)정부적, 초(超)정당적 교육 기구가 정당들의 전폭적인 합의로 결성될 가능성이 현재로서는 거의 없다.

오늘날 대학 졸업을 입사 지원의 조건으로 고시하는 이유가 업무를 수행하는 데 대학 학력이 필요해서인지 아니면 대학졸업자들이 충분히 많기 때문에 일자리의 위세를 유지하거나 강화하려는 조치인지를 심층적으로 검토해 볼 필요가 있다. 대학 이하의 학력으로도 업무를 충분히 수행할 수 있음에도 불구하고 대학 이상의 학력을 요구하는 것은 생산성 향상과는 무관하다. 대졸 출신을 채용하기보다 고졸 출신을 선발한 후 4년 현직훈련을 추가하는 방법으로 생산성을 더 높일 수 있는 업종이 적지 않다. 오늘날 고도로 발달한 정보공학의 경우, 전통적인 대학 캠퍼스 못지않은 학습이 시간과 공간의 제약을 받지 않고 가능해졌다. 업무를 수행하면서 지식과 기술의 부족을 절감할 때 학습이 효율적으로 이루어질 수 있다.

교실에 출석한 학생이 무엇을 모르는지, 무엇을 알아야 하는지, 무엇이 절실한지를 파악하지 못했다면, 교수가 일방적으로 제공하는 수업을 통해서 효율적인 학습이 이루어지기 어렵다. 직장에서는 능력에 따라 지위와 업무가 뚜렷하게 달라진다. 직장에서 필요한 지식과 기술이 무엇인지를 사전에 체험한다면 이후의 학습에 적극적이고 진지할 수 있다. 현장 실습은 학생들에게만 필요한 과정이 아니다. 가르치는 사람들도 현장에 대해 이해가 절실히 필요하다.[36] 이러한 점들을 고려한다면, 독일의 견습생 제도가 생산성 향상에 얼마나 이바지할지 충분히 짐작할 수 있다. 숙련공이 부족해진다면 아무리 선진국일지라도 국제 경쟁에서 뒤처질 수밖에 없다. 독일과 일본의 강력한 국가경쟁력은 체계적으로 양성된 숙련공들의 공헌에 뿌리를 두고 있다.

고액의 등록금을 납부하며 대학에서 4년을 보내지 않아도 평균 이상의 보수를 받을 기회는 많이 있다. 학력의 높이에 따라 사적 생애 기회와 공적 공헌도가 자동으로 결정되는 것도 아니다. 서열화된 학력과 학벌은 역시 서열화된 일자리에 맞추어진다. 고용자 측은 나름대로 설정한 기준에 따라 지원자들에게 상대적으로 격차를 만들고 서열을 매긴다. 서열화는 초기에는 분류(categorization)하기도 하지만 최종적으로는 일렬로 순위(ranking)를 매긴다. 그리고 그 순위에 따라 채용 여부를 결정한다. 순위에 의한 선발 방법은 필요조건을 갖춘 사람들을 선발한 후 그들 중에서 무작위로 선발하는 방법과 명백하게 구별된다. 보상이 높은 일자리에 고용할 때 추첨 방식을 사용하는 경우는 거의 없다. 직업교육 체제가 발달하지 못하면 학교교육은 고작 상대적 위치를 가름해 주는 지위재로 작용할 뿐이다.[37] 상대적 우열을 가리는 데에만 사용된 학력과 학벌은 업무 수행능력과 조응하지 않

---

36) 예컨대, 교사양성기관의 교수와 강사들은 현장 경력을 갖고 있어야 한다. 경력이 없다면 취임 후에 현장 실습을 해야 한다.

37) 명품은 실용적 가치보다 차별적 우위를 과시할 수 있기 때문에 구매된다. 실용적 가치가 높으면 사치품으로서의 의미가 오히려 사라진다.

을 개연성이 높다.

학교교육은 인적자본 또는 지위재로 개념화될 수 있다. 이 두 가지 개념은 상호 배타적으로 해석되고 있지만, 달리 해석해 볼 수도 있다. 학교교육을 통해 인적자본이 축적됨을 부정할 수 없다. 그러나 그 축적된 인적자본이 노동시장에서 활용될 때에는 절대적 가치보다 상대적 위치에 따라 판가름 난다. 노동시장에서 인력을 구매하는 사람, 곧 고용주는 자신이 필요로 하는 최소 인원만 선발하기 위해서 지원자들을 서열화한다. 서열화 과정에서 지원자들이 가진 인적자본은 절대 가치를 인정받지 못하고 상대적 우열을 산출하는 데에만 이용된다. 결과적으로 학교교육의 양과 질은 공급 과정에서는 인적자본이지만 수요 과정에서는 지위재로 전락한다. 고용주들이 채용 여부를 결정할 때 학교교육의 양과 질을 중요한 기준으로 삼는 이유는 그것이 비용을 지불하지 않고 이용할 수 있는 정보이기 때문이다. 고용주가 가장 적합한 피고용자를 선발하려면 실제로 채용한 후 일정 기간을 두고 살펴보면 된다. 그러나 고용주들은 이 방법을 배제하는데, 그 이유는 비용이 너무 많이 들고 채용한 후 부적합으로 판정되어도 해고하기가 쉽지 않기 때문이다.

지위재로서 학교교육은 일자리를 기다리는 사람들의 줄을 의미하는 '일자리 서열'(job queue)이라는 개념에 의해서 자세하게 설명되었다(Thurow, 1972). 고용주는 취업지원자들을 서열화하고 상위 서열부터 채용한다. 따라서 서열이 빠를수록 채용 가능성이 높다. 예컨대, 10명을 채용하려는 데 100명이 지원했을 경우, 1위부터 10위까지는 채용되고 나머지 90명은 채용 조건을 충족시켰더라도 탈락한다. 채용된 사람들과 탈락한 사람들 간에는 인적자본에서 격차가 없더라도 채용 인원의 제한 때문에 10명만 선발된다. 선발 여부에 학력이 작용하면 지원자들은 차별적 우위를 위해서 학력을 높일 수밖에 없다. 구별효과를 위해 높아진 학력은 업무 수행에 효율성을 더하지 못한다. 학력으로 격차가 드러나지 않으면 학벌이 결정적 변수로 부각된다. 그래서 학력 경쟁은 항상 학벌 경쟁을 동반하게 된다. 입사 경쟁이 치열해지면 지원자들 사이에는 학력 격차가 없어지며 학벌 격차도 극도로 줄어들면서 판정의 객관성이 의심받는다. 고학력 사회에서는 취업자와 실업자 사이에 인적자본 격차가 좁아지면서 생애 기회를 실력보다는 행운의 결과로 해석하려는 풍조가 조성된다.

고용주들이 학력 조건을 갖춘 지원자 중에서 더 높은 학력을 가진 지원자를 선발하는 이유는 학력의 생산성에 대한 '막연한' 기대 때문이다.[38] 고용주들은 적정한 학력을 필요조

38) 이러한 심리는 "많으면 많을수록 좋다", '다다익선'(多多益善), "the more the better" 등 문화의 차이에 상관없이 보편적으로 퍼져 있다.

건으로 제시하고 그보다 더 높은 학력에 대해서는 규제하지 않을 뿐만 아니라 오히려 호의적이다. 이 때문에 하향취업은 쉽게 이루어지지만 요구된 학력보다 낮은 학력으로 취업하는 상향취업은 예외적으로만 이루어진다. 이러한 이유로 상위 학력자들이 하위 학력자의 일자리를 침범하기는 쉽지만, 하위 학력자들이 상위 학력자들의 일자리에 도전할 수는 없다. 대학 학력자는 고졸 학력자 채용 공고에 지원할 경우 이력서에 대학 학력을 기재할 수도 있고 기재하지 않을 수도 있다. 기재 여부는 그의 전략에 따라 결정된다. 그러나 고등학교 학력자가 대학 학력을 요구하는 일자리에 지원하려면 속임수를 쓸 수밖에 없다. 이러한 맥락에서 과잉학력 사태가 자연스럽게 발생하고 고학력화가 한없이 지속된다. 업무 수행에 적합한 학력이 있다면 상위 학력자들을 배제하는 것이 맞다. 적정 학력에 상한선은 없다.

한국에서 학교교육은 경제가 고속으로 성장하던 시대에서는 절대적 가치를 인정받아 취업과 소득에서 효과를 발휘하였다. 그러나 이 효과를 확신한 부모들에 의해서 추진된 자녀들의 고학력화는 경제 성장이 지체되고 한계에 도달한 시기와 맞물려 학교교육을 상대적 우열을 가리는 데 이용되는 지위재로서 작용하게 하였다. 학교교육이 상대적 우위를 과시하기 위해서 이용되면 그 교육으로 생산성이 향상되기를 기대할 수 없다. 학교교육을 출세의 도구로 삼으면 생애 진로가 점차 단순해지고 종국에는 하나가 된다. 진로가 단일해지면 필연적으로 병목(bottleneck) 현상이 일어난다. 학교교육이 확대될수록 교육의 지위재 기능은 강화되므로 대학 교육이 보편화된 한국에서 학교교육의 지위재 기능은 극단적일 수밖에 없다.

한국에서는 학생들이 학교에서 친구들과 어울리지 않고 경쟁자들을 제치려고 분투하고 있다. 대학입시에 사용되는 고등학교 내신 성적은 학생들을 전형적인 영합 관계에 내몰고 있다. 대학별 학과별 시험에 의한 선발은 동일 대학의 동일 학과를 선택한 지원자들끼리만 경쟁하므로 고등학교 학급의 급우들이 지원한 대학과 학과가 같지 않다면 서로 경쟁자로 상대할 필요가 없다. 그러나 내신 성적이 당락에 작용하면 학급의 급우들이 경쟁자가 될 수밖에 없다. 입학시험 이전의 학습 과정에서 영합 논리가 적용되는 경쟁이 치열하게 전개됨에 따라 급우들끼리 우정을 나누기 어렵다. 학생들이 학급에서 우정을 나누지 못하고 사교육 학원에서 우정을 나눌 수 있는 이유는 경쟁이 있고 없기 때문이다.

학교교육의 양적 팽창은 노동시장에서 교육의 기능을 변화시킨다. 학교교육이 확대되면 생산적 가치는 도외시되고 지위재로서의 가치가 부각된다. 노동시장은 학교교육이 확대되더라도 이에 상관하지 않고 지원자들 가운데 상대적으로 더 나아 보이는 사람을 선발하기 때문이다(Bol, 2015). 예컨대, 매년 10명의 대학졸업자를 선발해 온 회사는 대학졸업자가 두 배로 늘어나든 세 배로 늘어나든 10명만 선발하며 100명이 지원하든 300명이 지원하든 10명만 선발해 왔다. 이 회사는 100명일 때도 300명일 때도 1위부터 10위까지만 선발해 왔다. 이 회사가 채용하려는 인원의 수는 오직 이 회사의 경제적 상황에 따라 결정될 뿐이다. 고용주는 지원 조건을 갖춘 지원자의 수가 늘어난다고 채용 인원을 늘리지 않는다. 정부가 민간 기업에 채용 인원의 증가를 요청하는 행위는 영업 간섭이며 강제력을 행사한다면 월권이다. 민간 기업체가 정부에 특혜를 요청하는 행위가 부당하듯, 정부가 민간 기업체에 채용 인원의 증원을 요청하는 행위도 부당하다. 정부는 호소하는 수준을 넘을 수 없다. 정부가 일자리를 늘리려면 경기가 활성화될 수 있는 정책을 펴든가 아니면 노동시장 구조를 바꾸어야 한다. 그러나 노동시장 구조의 변화는 국가 체제의 변화로 이어질 수 있으므로 경계해야 한다.

대졸 청년들의 실업과 하향취업은 해당 청년들과 그들의 부모들에게는 물론이며 국가 경제에도 치명적인 피해를 준다. 대학 교육을 받는 데 소요된 직접교육비와 그동안에 상실된 기회비용은 실업과 하향취업으로 상당 부분 회수할 수 없기 때문이다. 대졸 청년의 실업과 하향취업은 사회계층이 낮을수록 피하기 어렵다. 지배집단은 자녀들이 학교교육에서 차별적 우위를 차지할 수 있도록 충분히 보유한 각종 자본을 적극적으로 활용한다. 한편, 자본력이 불리한 피지배집단은 가족의 헌신으로 맞선다. 피지배집단은 지배집단과 경쟁하기 위해 출혈 경쟁을 강행하므로 기대한 결과를 얻지 못했을 때 손실이 막대하다.

한국에서 청년 실업과 하향취업에 대한 개인적 수준에서의 대응 또는 저항은 미혼자들의 경우에는 결혼 거부 또는 보류로 나타나며 기혼자들의 경우에는 출산 거부 또는 자녀의 최소화로 나타나고 있다. 그 결과인 출생아 격감([그림 7] 참조), 고령화 가속, 인구 감소 등으로 국가가 동력원을 상실하면서 위기를 맞고 있다.

청년들의 불만이 아직은 집단적 그리고 급진적 대응으로 표출되고 있지 않지만, 개인적 수준에서의 현실적 판단과 합리적 실행만으로도 국가를 위기로 몰아가기에 충분하다. 청년들은 출산율을 결정할 수 있는 핵심 연령층이기 때문에 이들의 결혼 및 출산에 대한 선택 행위는 마치 집단 저항처럼 표출되어 곧바로 인구문제를 유발하고 있다. 한국의 고령화 속도는 너무 빨라 대처할 수 있는 시간적 여유가 없다. 한편, 고령화를 저지하기 위해 고령자를 줄일 수 없기 때문에 출산율을 높이는 방법이 유일한 인구 정책이지만 청년 실업과 하향취업 사태는 결혼과 출산을 철저히 저지하고 있다. 한국은 대학 교육의 필수화와 보편화로 야기된 대졸 청년 실업과 하향취업으로 국가가 총체적 위기에 빠져들고 있다.

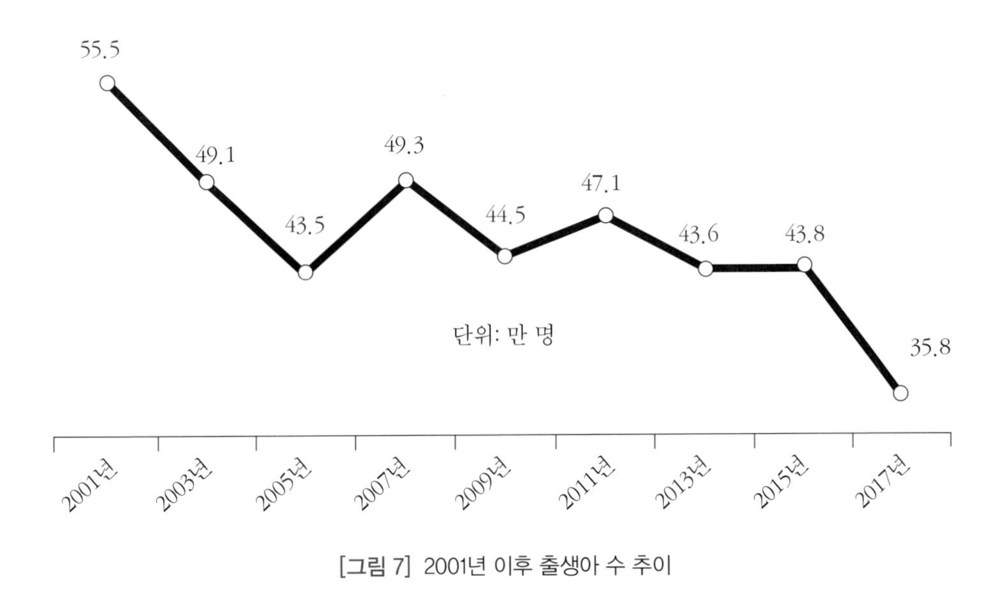

[그림 7] 2001년 이후 출생아 수 추이

5. 고학력 청년들의 좌절과 의식화: 국가 불안의 점증

한국의 학생들은 대학 진학만을 목표로 삼고 공부한다. 그래서 대학에서의 학업이 그 이전 단계의 학교생활과 밀접하게 관련되어 있음을 망각한다.[39] 학생들은 물론이며 그 부모들도 경계선(cutoff line)을 간신히 넘어 합격하면 마치 수지맞은 것처럼 생각한다. 심지어 실력이 부족한데도 합격하면 횡재를 한 것처럼 좋아한다. 그러나 합격은 학습 기회를 허용받았을 뿐이어서 대학생들은 지적 능력과 성향이 비슷한 사람들과 수월성 경쟁을 벌여야 한다. 모든 단계의 학교가 그러하듯, 대학에서도 학업을 게을리하면 쉽게 뒤처진다. 그리고 졸업장도 지적 능력이 탁월함을 증명해 주지 않는다. 더욱이 학사관리가 허술한 대학들의 졸업장과 성적표는 등록금을 제대로 지불했음을 확인해 주는 수준에서 크게 벗어나지 않는다. 대학 진학 시점에서의 학업 성취는 이후의 학업 성취에 많은 영향을 미치지만 그것을 결정할 정도는 아니다. 만일 결정한다면, 소위 일류대학에 진학한 학생들의 실력은 졸업할 때에도 일류여야만 한다. 그러나 현실은 그렇지 않아 일류대학에 진학한 후 학업을 게을리한 학생들은 지적 성취는 기대와는 다르게 보잘것없는 경우도 많다.[40]

---

39) 공부를 게을리하고 노는 데 열중하는 중 · 고등학생 자녀들의 학업을 독려하기 위해 적지 않은 부모들이 "지금 열심히 공부해라. 대학에 들어가면 얼마든지 놀 수 있다. 그때 실컷 놀아라"라고 조언한다. 실제로 이 조언을 실천하는 대학생들이 적지 않다.

더욱이 평생의 업적은 대학 진학 때의 성적순으로 좌우되지 않는다. 취업 후의 성취는 학벌의 수준에 의해서 전적으로 결정되지 않는다.

대학 학위를 장식으로 이용하는 사람이 적지 않다. 대학에 진학하는 이유가 학문 탐구나 교양 쌓기가 아니라면 유희, 장식 등을 추구할 뿐이다. 적지 않은 젊은이들이 결혼 시장(marriage market)에서 자신의 가치를 높이기 위해 대학 학위를 가지려 한다(오욱환, 1985, 1986; Chiappori, Iyigun, and Weiss, 2006; Murray, 2012). 대학의 수업시간은 중학교 수업시간과 비슷하고 고등학교 수업시간보다 적다. 따라서 대학생이 학습 시간을 늘리려면 의지를 갖고 자율적으로 공부해야 하는데 그렇게 하는 대학생들이 의외로 많지 않다. 부모가 대학생 자녀의 학습 시간을 냉정하게 산출해 본다면 대학 등록금이 얼마나 허망하게 사용되는지 놀랄 것이다. 우리는 주변에서 졸업 이외에는 아무런 전망도 없이 대학에 다니고 있는 청년들을 쉽게 볼 수 있다. 대학 내부에 있으면서 대학생들을 수시로 만나는 직업을 가진 사람들은 그런 유형의 청년들을 셀 수 없을 정도로 많이 본다. 이 청년들은 엄청난 금액의 등록금에 책값, 문방구 구입비, 하숙비, 유흥비, 간식비, 교통비 등을 덧붙여 지불하고 있을 뿐만 아니라 인생에서 가장 활기찬 청년기의 4년을 투입하고 있다. 그러면서도 불안한 미래를 은연중에 감지하면서 좌절에 익숙해지고 있다.

대학가에는 대학에 진학한 후 학점을 제대로 따지 못하는 학생들, 강의실과 도서관을 피해 캠퍼스 내외를 맴도는 학생들, 캠퍼스를 피해 대학촌을 순회하는 학생들, 학점을 쉽게 따기 위해 요령 관련 정보를 입수하고 편법도 사용하는 학생들, 음주와 유흥에 몰입하는 학생들, 졸업 이후가 두려워 졸업을 계속 미루는 학생들, 대학 수업을 따라가기 위해 과외수업을 받으려는 학생들, 오락과 잡기로 잠까지 설치는 학생들, 사회활동과 사회운동에 몰입함으로써 학업을 방치하는 학생들이 상당히 많다. 그리고 게으른 학생들과 안일한 교수들 사이에는 '불가침 협정'(non-aggression pact)이라고 표현되고 있는 타협이 이루어지고 있다. 교수들은 공부하기를 싫어하는 학생들의 요구에 부응하여 수업량을 줄여 주고 시험문제를 쉽게 출제할 뿐만 아니라 너그럽게 평가한다. 한편, 학생들은 교수들의 이러한 호의에 응답하여 빈약한 내용으로 느슨하게 진행된 수업일지라도 강의평가서에 후한 점수로 보답한다. 그 결과, 많은 학생이 학습능력에 걸맞지 않게 높은 점수를 받아 '학점 인플레이션'이 대학가에 널리 확산되고 있다. 공부하지 않아도 높은 점수를 받을 수 있으므로 노는 데 시간을 더 많이 할애하는 대학생이 급속도로 늘어났다.

---

40) 일류대학은 지적 자극이 많아 탐구할 풍토가 조정되어 있을 뿐이다. 그러한 환경 속에서도 지적 자극을 받지 않고 탐구하지 않으면 일류대학의 효과가 나타날 리 없다.

미국의 4년제 정규 대학생들은 1961년에는 일주일에 24시간 공부했지만, 오늘날(2010년쯤으로 추정)에는 고작 14시간만 공부하는 데 할애한다(Babcock and Marks, 2010). 오늘날 미국 대학생들은 50년 전 선배들이 공부한 시간의 절반만 공부하고 그 밖의 많은 시간을 노는 데 사용한다. 이러한 현상은 모든 인구의 하위 집단들에서 공통으로 일어나고 있다. 아르바이트 여부나 명문 대학 여부에 상관없이 모든 유형의 4년제 대학에서, 대학생들은 공부하지 않는 시간을 엄청나게 늘리고 있다. 평점 기준의 하향화가 이러한 사태를 일으킨 결정적 이유로 꼽히고 있다(Babcock and Marks, 2010). 비슷한 현상이 한국의 대학에서도 일어나고 있다. 오늘날 한국의 영상 대중 매체들은 먹고 놀고 즐기는 프로그램을 밤낮을 가리지 않고 충분히 제공하고 있다. 상당수의 대학생도 그러한 프로그램처럼 밤낮을 가리지 않고 먹고 놀고 마시고 즐기고 있다. 학기 중에 열심히 공부하지 않았음에도 불구하고 적지 않은 대학생들이 학업으로 쌓인 스트레스를 풀어야 한다면서 방학이 되면 해외여행을 떠난다.

대학이 보편화되면서 지적 능력이 낮은 대학생들이 많이 늘어났다. 컴퓨터와 인터넷의 발달로 지식과 정보에 접근하기가 쉬워지면서 검색과 탐구를 혼동하는 학생들도 부쩍 늘어나고 있다. 정보의 검색과 지적 탐구를 혼동하는 학생들은 공부를 게을리하면서도 많이 안다고 착각한다. 검색을 능사로 생각하는 학생들은 컴퓨터나 스마트폰으로 접속할 수 있는 지식과 정보를 자신의 지식과 정보로 오해한다. 이 유형에 속하는 학생들은 문제 해결 능력이 부족하다. 그 이유는 문제를 이해하고 간파하기 이전에 검색 사이트를 포함한 타인들로부터 답을 구하기 때문이다. 문제 해결 능력을 중요하게 생각하는 고용주들은 이러한 유형의 청년들을 채용하지 않는다. 이러한 유형의 청년들은 자신들이 유능하다고 확신하므로 취업에 어려움을 겪으면 심하게 좌절할 가능성이 높다. 그리고 취업한 후 업무가 어렵고 인간관계가 불편해지면 극복하려 하지 않고 자발적으로 퇴직한다.

학력이 상승하면 기대하는 소비 수준도 상승한다. 학력이 상승하면 그에 필요한 비용이 충당되어야 하므로 비용 대비 보상의 원칙에 따라 소득의 상승을 기대하게 된다. 그리고 학력이 상승할수록 소득 활동의 시작 시기가 늦어지고 소득 활동 기간이 짧아진다. 거의 모든 한국 부모는 자녀들이 학생일 때에는 학업에만 매진하게끔 소득 활동을 하지 못하도록 말린다. 절대다수의 부모들은 자녀들에게 사소한 가사노동도 면제해 준다. 이러한 보호 아래 대학까지 졸업한 청년들은 소득 활동은 물론이며 기초적인 생활노동도 꺼린다. 소득 활동을 면제받은 긴 세월은 역설적으로 소비에 익숙하게 만든다.

초등학교부터 시작하여 대학까지 16년 동안 소비에 몰두했기 때문에 대졸 청년들은 소비 충동을 자제하는 데 취약하다. 학력이 상승하면서 소비 규모도 늘어났기 때문에 대학을 졸업한 청년들이 기대하는 소비 수준은 상당히 높다. 그 기대소비 수준을 충족시키려면 보상이 좋은 일자리에 취업해야 한다. 그러나 좋은 일자리는 소수에게만 허용되므로 절대다수의 대졸 청년들은 그 자리에 취업할 수 없다. 기대소비 수준이 잔뜩 부풀려진 대졸 청년들은 의중임금이 상당히 높기 때문에 웬만한 일자리들을 하찮게 여기고 취업하지 않는다. 자발적 실업자들이 부모로부터 부양을 받으면서 기대소비를 충족시키면 실업 기간이 무한히 길어질 수 있다.

학부모들은 대학의 불합리한 현실과 대학생 자녀들의 게으름과 안일함을 잘 모르거나 묵인할지라도 고용주들은 이 현실을 정확하게 간파하고 있으며 신입 사원을 채용할 때 충분히 고려한다. 고용주들은 부모가 자녀들을 감싸듯 입사 지원자들을 상대하지 않는다. 고용주들은 신입 사원 응시서류에 교수 추천서를 요구하지 않는데, 그 이유는 추천서가 마치 신랑과 신부를 극도로 미화하는 주례사처럼 작성되어 왔기 때문이다. 대학의 학점과 평점도 고용주들의 관심에서 오래전에 벗어났다. 대학의 공신력이 하락함에 따라 고용주들은 지원자들 간의 격차와 차이를 판별하기 위해 별도의 방법들을 강구한다. 정부에서는 고용주들에게 가려 뽑지 말라고 요구하지만 고용주들은 사회의 정의보다 기업의 이익이 더 절박하고 더 중요하기 때문에 철저히 가려가며 뽑는다.

고용주들이 피고용자들을 쉽게 해고할 수 있다면 좀 더 유연하게 선발할 수 있을지 모른다. 그렇더라도 채용 업무에 투입되는 경비는 만만치 않다. 그리고 입사 후 짧은 시일 안에 퇴직하는 신입 사원이 상당히 많다. 이러한 사실을 고려한다면, 채용 절차의 까다로움은 상당 부분 이해될 수 있다. 대학이 보편화되면서 대학 학력은 지원 자격 조건이 될 뿐이며 선발의 충분조건이 될 수 없다. 좋은 학벌도 학생 수가 늘어나면서 많이 희석되었기 때문에 입사를 보장받기 쉽지 않다. 대학 교육의 보편화는 학벌에 따라 정도의 차이가 있지만, 대학생들은 취업 불안을 떨쳐 버리지 못한다. 취업 불안은 좌절과 분노로 표출될 가능성이 높다. 취업 불안이 실업으로 이어지면 청년기의 역동성은 고스란히 사라져 버린다.

조정 능력을 상실한 정부는 자유의 보장이라는 우아한 명분을 내세우며 신자유주의 정책을 선호한다. 신자유주의 정책은 개인들에게 선택권을 제공하면서 정부의 책임을 면제받는 데 적합하다. 이 정책은 실패의 원인을 해당 개인들에게 귀결시킨다. 대학을 졸업하고도 취업하지 못한 사람들은 의지, 노력, 실력 등 개인적 속성이 취업 조건에 미치지 못했다고 판정된다. 그러나 취업은 노동시장의 상황에 의해 이루어지며 노동시장의 상황은 수요와 공급에 의해 좌우된다. 수요가 공급을 초과하면 가격이 상승하고, 공급이 수요를 초과하면 가격이 하락한다. 수요와 공급이 각각 과도하게 초과하면 가격 급등과 급락이 초래된다. 대졸 청년들이 노동시장에 과도하게 공급되면 업무를 수행할 수 있도록 개인적 조건들이 갖추어져 있더라도 제공된 일자리가 부족하여 취업할 수 없다. 공급 과잉에 따른 실업은 구조적 결과로 유발된다. 실업과 하향취업으로 어려움을 겪는 대졸 청년들은 그 원인을 자신에게 돌리면서 자책하거나 사회구조로 귀결시키면서 분노하고 의식화한다.

신자유주의자들은 자유로운 선택이 최선의 결과를 가져온다고 주장한다(Friedman and Friedman, [1979] 2005). 그들은 "개인들에게 선택의 자유를 허용해 주면 그들은 최선의 선택을 한다"고 주장한다. 그들은 자유롭게 선택할 수 있는 상황을 '시장'(市場)으로 은유한다. 시장은 '보이지 않는 손'에 의해 수요와 공급의 균형이 이루어져 모두가 만족할 수 있게 된다. 그러나 '보이지 않는 손'은 보이지 않을 뿐 분명히 그 누군가의 손이다. 이보다 더 직접적으로 표현하면 그 손은 숨겨진 손이며 권력을 가진 사람들의 손이다. 밀스(Mills, 1959)는 그 손을 가진 사람들을 권력 엘리트(power elite)로 지목하였다. 최근에는 경제학자들이 보이지 않는 손의 존재를 드러내고 불평등의 원인으로 비판하고 있다(Acemoglu and Robinson, 2012; Stiglitz, 2013; Wilkinson and Pickett, 2010). 모든 불평등은 자연스러운 현상으로 설명되면서 정당화된다. 루소(Rousseau, [1775] 1974)는 「인간 불평등의 기원이 무엇인가 그리고 그것은 자연법에 의해 인정받을 수 있는가」[41]라는 긴 제목의 논문에서, 인간사회의 불평등은 자연 발생적 소산물이 아니며 인위적인 산물이며 부당하다고 비판하였다.

과잉교육으로 하향취업한 사람들의 불만, 의식 변화, 정치적 급진화, 노동계급화 등을 파악하기 위한 미국의 연구(Burris, 1983a)는 그러한 추세가 나타나지 않고 있다고 결론지었다. 그러나 오늘날 학비를 마련하기 위해 과도하게 대출받아 대학을 졸업했음에도 취업이 난망한 엄청난 규모의 미국 청년들을 연구 대상으로 했다면(Bennett and Wilezol, [2013] 2014), 이러한 결론이 성급한 것임을 확인할 수 있다. 2011년 9월 11일 뉴욕시 금융가 '월 스트리트'가 분노한 젊은이들에게 점령되었다. 월 스트리트를 점령한 젊은이들은 사적 경험들을 정치적 쟁점으로 부각시켰다. 여기에 참여한 사람들은 실업을 표적으로 삼고 "일자리가 없다면, 당신은 여기에 있어야 한다"[42]라고 적힌 팻말을 들었다.

미국의 대졸 청년 실업과 하향취업 문제는 한국만큼 심각하지 않다. 오늘날 한국에는 하향취업조차도 쉽지 않아 실업 상태를 벗어나지 못하고 있거나 구직 활동조차 포기한 대졸 청년들이 급속도로 늘어나고 있다. 이처럼 난망한 사태를 목격하면서도 별다른 대책이

41) '인간불평등기원론'으로 약칭되고 있다.

42) If you don't have a job, you should be here.

없이 대학을 졸업하는 청년들이 늘어나고 있다.[43] 과잉학교교육으로 한국에서는 개인, 가정 그리고 사회가 핍박해지고 있다. 그런데도 정부들은, 집권한 정당이 보수적이든 진보적이든 상관없이, 일관되게 대학생을 늘리는 정책만 고수해 왔다. 미래에 둔감하거나 변화 추세를 오판한 정부들의 교육 정책이 대졸 청년들의 실업과 하향취업을 체계적으로 유발하고 있지만, 한국에서는 대졸 실업 청년들에 의한 집단행동이 일어나지 않았다.

미국에서 1980년대 초에 발표된 연구에 의하면, 과잉교육이 직업 만족(job satisfaction), 정치적 좌파 성향(political leftism), 정치적 소외(political alienation), 계층화에 대한 이념(stratification ideology) 등에 미치는 영향은 적을 뿐만 아니라 그 영향도 교육의 과잉 정도가 아주 높은 사람들에게 집중적으로 나타났다(Burris, 1983b: 454). 1983년에 발표된 미국을 대상으로 수행한 이 연구의 결과로 2010년대 후반 한국 사회에 일어나고 있는 과잉교육의 영향을 추론하는 것은 적절하지 않다. 1983년 당시 미국의 과잉교육 정도는 오늘날 한국의 과잉교육 정도에 전혀 미치지 못하고 있다. 그리고 한국에서 대학 교육을 받은 청년들은 한국의 정치 민주화의 주역을 성공적으로 담당해 온 역사를 갖고 있다.

한국 현대사에서 대학 입학은 엘리트임을 인정받는 것이었다. 그리고 대학 교육의 경제·사회·문화적 보상 효과는 충분히 실증되었다. 이러한 역사를 가정과 학교에서 익히 들어온 청소년들은, 대학 교육의 보상 효과가 이전과 같지 않게 약화되고 있는 현실임에도 불구하고, 이를 애써 외면하고 의지를 북돋우면서 대학에 진학해 왔다. 그러나 최근에는 이들의 기대가 현실에 부닥치면서 무참하게 꺾이고 있다. 하향취업뿐만 아니라 심지어 실업으로 내몰리는 대졸 청년들의 불만이 거세지고 있으며 정치적 좌파 성향도 뚜렷하게 표출하고 있다. 그리고 대학을 졸업했지만 취업하지 않고 부모로부터 부양을 받으며 여유롭게 생활하는 '룸펜 부르주아'도 늘어나고 있다.

초과잉학력 사회에서는 승자와 패자, 곧 취업자와 실업자 간의 능력 격차가 뚜렷하지 않을 뿐만 아니라 무의미해진다. 따라서 패자들은 승패의 결과에 승복하기가 점차 어려워진다. 실패한 사람들이 그 원인을 개인적 속성의 부족에서 찾지 않고 운수나 사회의 구조적 결함에서 찾게 된다. 개인적으로 갖춘 조건들에서 격차가 없을 때는 부모의 배경이 고용 여부에 실제로, 잠재적으로 또는 은밀하게 작용할 가능성이 높아진다. 가정의 경제자본, 사회자본, 문화자본이 부족하면 취업 준비 과정에서 나타나는 조급함을 극복하기 어렵다. 이 자본들이 풍부한 취업지망자들은 여유가 있어 취업 기회를 포착하는 데 훨씬 유리

43) 그 뒤에는 대학에 재학하고 있는 청년들, 대학 진학을 준비하는 고등학생들 그리고 그 궤도에 이미 올라선 중학생들과 초등학생들이 있다.

하다. 그들은 좋은 일자리를 기다릴 수 있는 시간적 · 재정적 여유가 있을 뿐만 아니라 가족들이 보유하고 있는 인맥을 활용할 수 있어 유용한 취업 정보를 획득할 수 있다. 사회계층이 높은 가족일수록 교류하는 사람들이 가진 인적자본이 풍부하므로 인맥을 통해 형성한 사회자본의 가치도 높다(오욱환, 2013: 248-274).

대학졸업자들이 실업, 잠재실업, 하향취업 등으로 대학 교육의 소득효과, 취업효과, 위세효과 등이 줄어들거나 사라지게 되면, 이러한 곤경에 처한 청년들은 비슷한 상황에 처한 사람들과 교류함으로써 공감의 폭을 넓혀 사회에 대한 불만 세력으로 결집할 수 있다. 모든 사회운동의 출발은 개인적 경험에서 시작된다.[44] 비슷한 경험을 가진 개인들은 개별경험을 교류하고 공유하면서 집단경험으로 인식하며 대항 방법을 강구하면서 집단의식을 형성한다. 이들은 정치적 냉소주의 성향을 점차 강하게 갖게 되거나 적극적으로 구조적 변화를 모색하게 된다. 차별이나 착취를 당하는 개인이 역시 차별이나 착취를 당하는 다른 개인들을 만나 경험을 공유하면 차별이나 착취가 집단적으로 그리고 구조적으로 이루어지고 있음을 확인할 수 있게 된다. 그리고 차별을 받거나 착취를 당하는 사람들이 구조적 부당함을 인식하면 의식화되고, 개선을 요구하기 시작하면 사회운동으로 발전하며, 동지로 결성하여 급진적 변화를 모색하면서 혁명까지 시도된다.

미국 뉴욕시 부근에는 뉴욕시립대학교, 뉴욕대학교, 예일대학교, 컬럼비아대학교, 브랜다이스대학교 등 다양한 대학교의 졸업생들이 임시직으로 또는 정규직으로 택시운전사로 근무하고 있다. 이들은 관료화된 택시노동조합 내에서 비판적 사회주의 성향을 띤 '택시일반운전자연합'(Taxi Rank and File Coalition)으로 집합하였다. 대학 출신이 3분의 2를 차지한 이 조직은 월간 간행물 *The Hot Seat*을 통해 급진적이며 사회주의 성향의 메시지를 전파하였다(Blumberg and Murtha, 1977: 52-53). 누구라도 계층 상승을 위한 힘겨운 노력이 구조적으로 부당하게 봉쇄당하고 있음을 간파하면 진보적이거나 급진적인 정치 성향을 갖추게 된다(Geschwender, 1967; Goffman, 1957; Lenski, 1954). 1980년대 이전의 미국 현실을 다룬 연구들이지만 오늘날에도 여전히 적용되고 있다. 2018년 오늘의 한국에서는 이보다 더 심각한 움직임이 일어날 수 있는 조건들이 조성되고 있다.

개인적 불만은 비슷한 처지에 있는 사람들이 적지 않음을 확인하고 그들과 소통하고 공감하게 되면 집단적 불만으로 변화하여 집단의식이 조성될 수 있다. 최근 한국에서는 경

---

44) "개인적인 것은 정치적이다"(The personal is political) 또는 "사적인 것은 정치적이다"(The private is political)라는 구호는 1960년대 말 학생운동과 여권운동에서 활용되었다. 한국에서 일어난 '미투 운동'(Me Too movement)의 확산 과정과 파급 효과를 주목할 필요가 있다.

제적 측면에서 사회구조적 모순을 비판하는 청년들의 움직임이 나타나고 있다. 한편, 불만 청년들을 정치적 지원세력으로 이용하려는 정치권의 전략도 다양해지고 있다. 젊은 이들은 지배적인 자본주의 신념과 가치 체계에 충분히 통합되지 않았기 때문에 기성세대와 비교할 때 급진적 성향을 띨 가능성이 높다. 지배적인 경제 제도와 사회 제도를 근본적으로 반대하는 의식이 깔려 있다면, 그것은 사회변화를 위한 잠재적 조직으로 볼 수 있다(Gintis, 1970, 43-46). 경제적 저항은 생존을 유지하는 데 목적이 있기 때문에 삶의 질을 개선하는 데 목적이 있는 정치적 저항보다 훨씬 더 강렬하다.[45)]

2차 산업이 주도하는 사회에서는 노동자들이 사회변화의 동인으로 활약했다면, 3차 산업 사회에서는 지식과 정보를 다루는 직업에 관련된 사람들이 그 역할을 맡게 된다. 그 사람들 중에서 보상이 기대에 턱없이 못 미친다고 확신하는 사람들이 새로운 불만 세력으로 등장한다. 그 사람들은 좋은 일자리를 기대하며 최고 수준에 이르는 학교교육을 받았음에도 불구하고 실업 또는 하향취업이라는 현실에 직면하면서 낭패를 당하고 있다. 높은 학력의 실업자들과 하향취업자들은 그 학력에 대한 경제적 보상과 사회적 대우에 실망하고 대학생 시절에 습득한 비판의식을 최첨단 정보통신 매체를 이용하여 상호 교류하면서 개인적 좌절을 집단적 울분으로 소통하고 의식화한다. 높은 학교교육을 받은 실업자들과 하향취업자들이 계급적 속성을 가질 경우, 우리는 그들을 '고학력 급진 노동자들'이라는 개념으로 규정할 수 있다. 대학 교육이 과도하게 확대되면서 그들은 늘어났으며 앞으로 더 늘어날 것이다. 과거에는 대학생들과 대졸 청년들이 핍박받는 노동자들을 위해서 노동운동을 전개했지만, 이제는 대졸 청년들이 자신들의 생존을 위해 노동운동을 도모할 가능성이 높다.

오늘날 한국의 청년들은 어쩔 수 없는 가난을 경험하지 않았으며 욕구를 상당히 충족시키며 아동기와 청소년기를 보냈다. 이러한 상황에서 그들은 학력이 상승하면서 기대도 지속적으로 고조되었지만, 대학에 진학한 후에는 노동시장의 현실이 여의치 않음을 점차 깨닫게 되었다. 그들은 대학을 졸업하고 노동시장에 진입하면서 실업과 하향취업의 현실을 직면할 때 사태의 심각함을 절감하게 된다. 기대했던 일자리와 현실로 다가온 실업과 하향취업의 괴리는 대졸 청년들에게 충격을 주기에 충분할 만큼 아득하다. 이러한 상황은 대졸 청년 실업자들과 하향취업자들이 구조적 변화를 요구할 정도로 심각하다. 기대와 실현의 괴리는 혁명이 출현하는 이유와 시기를 가늠하게 한다(Davies, 1962). 혁명은 기대와

45) 혁명은 정치적 이유에서보다는 경제적 필요 때문에 촉발된다.

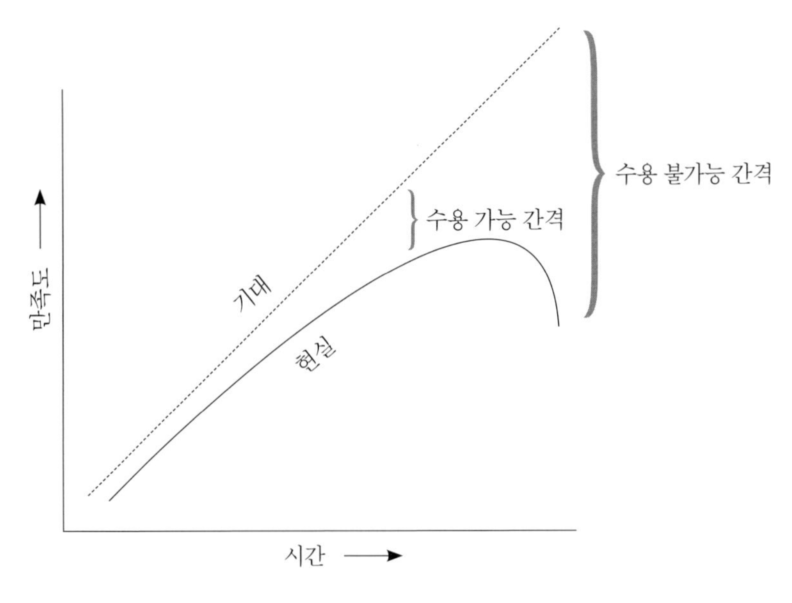

[그림 8] 데이비스(Davies)의 J 곡선

실현의 간격이 받아들일 수 없을 정도 또는 참을 수 없을 정도로 벌어질 때 시작된다([그림 8] 참조).[46)]

대학 진학은 기대 때문에 결심한 행위이어서 기대를 접지 않으면 지속된다. 한국 사회에는 교육출세론이라는 신념이 대학취학률을 높이는 데 결정적으로 작용해 왔다. 여기에 한국 사회 특유의 질투와 시기는 부모들이 자녀들의 대학 진학을 의무로 삼도록 압박한다. 출세를 위해서 그리고 타인들로부터 무시당하지 않기 위해서 대학 진학은 앞으로도 계속해서 강행될 것이다. 한편, 한국에서는 1960년대에 접어들면서 기적으로 묘사될 정도로 경제가 급격히 성장하였다. 이에 따라 대졸 학력에 걸맞은 일자리도 급증하여 대학 교육의 취업효과가 실증됨으로써 대학 진학이 더욱 부추겨졌다. 그 후 학력을 높여 출세하려는 기대는 일직선으로 상승했지만, 대졸 청년의 과잉 공급과 경제 성장의 둔화는 기대와 현실의 간격을 점차 벌어지게 했으며 정점에 도달한 다음에는 급락하기 시작하였다([그림 8] 참조). 대학졸업자는 계속해서 증가했지만, 그들이 취업하려는 일자리는 상대적으로 그리고 실질적으로 급격히 감소하였다. 대학졸업자의 증가와 대졸 학력에 적합한 일자리의 감소 그리고 대졸 청년들의 기대 소득과 그들의 실질 소득은 '데이비스의 J 곡선'과 비슷하

46) 이 그림은 데이비스(Davies, 1962)의 논문 6쪽에 실린 그림을 글랜츠(Glantz, 2003)가 단순화한 것이다. Glantz, M. H. (2003). Davies J-Curve Revisited. http://fragilecologies.com/archive/jun27_03.html

게 그려진다.

기대는 상승하는 직선으로 뻗어 나가지만 현실은 곡선으로 상승하다가 정점에 이른 후에는 하락한다. 그 정점에서 수용 불가능이 시작되고 이후 불만이 쌓이면서 폭발한다. 오늘날 한국에서 뚜렷하게 나타나고 있는 대졸 청년 실업과 하향취업 사태는 이미 수용 불가능 수준을 넘어섰지만 의외로 잠잠하다. 실업 청년들이 소득이 없어 생활이 어려워지고 생존까지 위협을 받고 있다면 잠잠할 수 없다. 실업 청년들이 견딜 수 있는 이유는 부모들이 실업 청년들을 부양하고 있기 때문이다. 부모들이 압축적 경제 성장 시대를 거치면서 축적한 재산으로 실업 청년 자녀들을 돌보고 있다. 그러나 이러한 부양은 부모가 퇴직하고 고령으로 인해 생활비가 증가하면 어려워지기 때문에 한시적일 수밖에 없다. 그리고 대졸 청년 실업 자녀들도 자존심이 허락하지 않아 늙어 가는 부모로부터 줄곧 부양을 받을 수도 없다. 이 자녀들도 언젠가는 하향취업을 결행하겠지만 사회구조에 대한 분노는 폭발할 지경에 이르게 된다.

대학 교육을 받고도 실업 또는 하향취업 상태에 처한 젊은이들이 현실에 대해 불만을 갖지 않는다면 오히려 이상하며, 이들이 자신들의 처지를 공유하면서 집단의식을 갖지 않는다면 그것 또한 비정상이다. 그들의 집단의식이 계급의식으로 발전하지 않는다면, 그 이유는 아마 자신이 처한 난관을 집단으로 해결하는 방법보다 개인적으로 돌파하는 방법을 선호하기 때문일 것 같다. 이러한 추리는 상당히 타당한데 이들이 가정과 학교에서 교육을 통해 개인적으로 출세하도록 강요되어 왔기 때문이다. 한국에서 교육은 사적 이익을 추구하는 수단으로 주입되고 있기 때문에 교육을 통한 공익의 추구는 매우 어색할 수밖에 없다.[47] 그러나 한국에서 청년들은 민주화를 이끈 주역이었다. 이들은 사회운동을 성공시킨 역사를 갖고 있으므로 청년 실업과 하향취업을 구조적 불합리에 의한 필연적 결과로 인식하면 사회운동을 시도할 수 있다. 이러한 맥락에서 전개될 사회운동은 민주화운동만큼 공적 명분이 뚜렷하지는 않아 주춤거릴 수 있지만, 사태가 악화되면 명분도 성립될 수 있다.

한국의 기성세대들은 청년들이 분노하면 집단으로 저항하고 더 나아가면 혁명을 시도할 수 있음을 망각하고 있다. 이러한 망각은 참으로 어이없는데, 그 이유는 기성세대들이 청년 시절에 분노하여 사회를 변화시킨 주역들이었기 때문이다. 기성세대는 젊었을 때 정치적 민주화를 위해 결집하고 저항했으며 투쟁하였다. 그러나 오늘날 젊은이들은 정치적

47) 한국의 가정과 학교는 자녀와 학생이 공부를 잘하면 출세하는 데 적합한 학과를 선택하도록 지도한다. 그 학과들은 돈을 많이 벌고 정년을 피할 수 있으며 위세를 떨칠 수 있는 직업들과 직결되어 있다.

민주화보다 훨씬 절박한 경제적 이유로 좌절하고 있다. 이들의 좌절과 절망이 언제 분노로 바뀌고 저항과 투쟁으로 이어질지 아직 모르지만, 그 조짐은 분명히 나타나고 있다. 이들은 '교육출세론'에 따라 유치원에서부터 대학에 이르기까지 16년 이상을 올곧이 투입하여 대학을 졸업한 후 곧바로 실업 또는 하향취업이라는 배타적인 노동시장의 현실을 직면하고 있다. 이미 심각한 지경에 이른 이 사태는 앞으로 더욱 악화될 수밖에 없는데 그 이유는 실업 또는 하향취업 상태에 있는 대졸 청년들이 해를 거듭할수록 더 늘어나기 때문이다. 대학 졸업 후 실업 또는 하향취업을 피하기 어려운 청소년들이 중학교와 고등학교에 다니고 있으며 그 뒤를 이을 어린이들은 초등학교에 다니고 있다.[48] 한국의 경제가 호황으로 바뀌고 경제가 획기적으로 성장하더라도 현재의 대학취학률이 지속된다면 암울한 미래는 필연적이다.

학교교육을 충분히 받았음에도 불구하고 직업인의 역할을 부여받지 못한 청년들이 학교교육 체제에 대해 의심하고 저항할 가능성은 높다. 마르크스 이론에 의하면, 노동자들은 자신의 생산으로부터 소외되고 작업과정으로부터 소외된다. 그렇다면 실업자는 생산과정에 참여하지 못하기 때문에, 모든 생산으로부터 소외되고 사회로부터도 소외된다. 교육받은 실업자는 생산과정에 참여할 수 있는 충분한 조건을 갖추었음에도 배제되었기 때문에, 모든 생산으로부터 소외될 뿐만 아니라 인생으로부터도 소외된다. 한편, 취업한 노동자는 생산과정 그 자체로부터 동기화될 수 없더라도 생산 활동으로부터 얻게 된 소득으로 소외를 해소할 수 있다. 노동자는 업무 수행에서 보람을 찾을 수 없더라도 그 일로 받은 임금으로 다른 의미를 애써 구할 수 있다.[49] 그러나 실업 상태에서는 그 어떤 것도 얻을 수 없으며, 하향취업으로는 보람을 느낄 가능성이 낮으며 소득도 기대에 크게 못 미친다.

1931년부터 1933년 사이에 독일에서는 4만 명에서 5만 명의 대학 졸업 실업자들이, 옛 제국(帝國) 군대의 중 · 소위 출신 실업자들과 함께, 국가 사회주의 운동(nationalist-socialist movement: Nazism)의 선봉에 섰다(Kotschnig, 1937). 아리스토텔레스(Aristoteles)는 "빈곤은 혁명과 범죄의 부모"[50]라고 말하였다. 상대적 박탈감(relative deprivation)은 좌절과 자책으로 시작하여 분노와 적개심으로 발전한다. 대학까지 졸업하고도 빈곤에서 벗어나지 못한다면 분노는 자명하다. 동일한 대학 학력을 가졌음에도 불구하고 취업과 실업으로 가려

48) 이러한 사태를 미리 감지한 젊은 부부들은 출산을 주저하고 미혼 젊은이들은 결혼을 주저한다. 결혼과 출산은 생애 절차였지만 이제는 모두 선택 사항이 되었다.

49) 직업적 활동에서 의미를 찾지 못하는 사람들은 그 직업으로 획득한 소득으로 의미를 구입하려 한다. 소비의 규모로 의미를 추구하다 보면 사치와 과시가 자연스럽게 뒤따른다.

50) Poverty is the parent of revolution and crime.

진다면, 대졸 실업자들은 국가 체제를 신뢰하지 않고 반발한다.

고등교육 기회의 확대는 청년들의 학력을 상승시킬 뿐만 아니라 높아진 학력만큼 생애 기회를 밝게 전망하도록 만든다. 그러나 대졸 청년들이 기대하는 일자리는 대학졸업자 수에 맞추어 늘어나지 않으며 이와는 무관한 노동시장에 의해 변동한다. 대학졸업자의 과잉 배출은 그들이 기대하는 일자리의 수는 변함이 없는데도 불구하고 턱없이 부족하게 만든다. 대학 교육의 보편화는 실업과 하향취업을 통해 정부 정책에 분노하는 청년들을 양성하게 된다. 오늘날 한국에는 분노한 청년들이 늘어나고 있으며 그들의 분노를 이해할 수 없는 중년들과 노인들도 늘어나고 있다. 그래서 세대 간 갈등이 심각해지고 있다.

학력이 상승하면 비판의식도 상승하기 때문에 대학졸업자들은 사회문제를 비판적으로 인식할 가능성이 높아진다. 이들은 대학을 졸업했지만 마땅한 일자리가 없어 실업 상태로 머물거나 학력에 어울리지 않게 낮은 일자리에 취업해야 하는 현실에 대해 불만을 가질 수밖에 없다. 이들은 그 불만을 비슷한 상황에 부닥친 젊은이들과 공유하면서 개인적 수준에서 시작된 의식화(concientization)를 집단적 수준으로 발전시킨다. 학력이 상당히 높은데도 그에 따른 보상은 보잘것없는 젊은이들이 형성한 집단화된 의식화는 새로운 유형의 계급의식으로 발전할 수 있다. 미국에서 일어난 월 스트리트 점령은 지도자가 없이 이루어짐에 따라 새로운 유형의 사회운동으로 주목을 받고 있다. 이 점령에 참여한 사람들은 "우리가 모두 지도자들이다"(We are all leaders)라고 주장함으로써 사회운동의 새로운 패러다임을 제시하였다. 오늘날에는 지도자 없는 사회운동이 소셜 네트워크 서비스(social network services/sites: SNS)의 활용과 확산으로 아주 쉬워지고 있다.

대학 교육이 초과잉 상태가 되면 각자가 처한 상황에 따라 다양한 유형의 청년들이 등장하게 된다. 대졸 청년 실업과 하향취업이 점차 확산되고 구조화되면 조만간 이 현실을 직면할 대학생들과 이미 이 현실에 부닥친 대졸 청년들은 가정의 경제 · 사회 · 문화적 자본, 재학(한) 대학의 질적 수준, 자신의 학업 성취, 기대한 직업, 취업 가능성 등 여러 가지 변인들에 성격, 의지력, 인내심, 열정 등 개인적 속성들이 더해져 다양하게 대처할 것이다. 출현이 가능한 유형들은 (1) 현실의 부당함을 의식하지 않고 수용하며 안주하는 현실타협형, (2) 아무런 목표도 설정하지 않고 되는 대로 사는 자포자기형, (3) 목표로 삼은 일자리에 취업하기 위해 끊임없이 시도하는 정면돌파형, (4) 뚜렷한 목적이 없고 추진력도 없어 목표가 수시로 바뀌는 시행착오형, (5) 현실이 싫거나 두려워 이로부터 탈출하려는 현실도피형, (6) 현재 사태의 원인으로 사회의 부조리를 지목하고 구조적 변화를 시도하는 구조개혁형 등 다양하다.

8장

학교교육의 구조적 혁신:
위기 극복을 위한 절박한 과제

한국에서 학력 과잉을 조장하거나 부추긴 요인들은 부모들의 신념화된 교육출세론, 정치권의 선심성 대학 교육 확대 정책, 노동시장 수요에 대한 무지, 인적자본론에 대한 학계의 순진한 매료 등 다양하게 나열될 수 있다. 외부적 요인들로는 세계 기구들의 학교교육 확대 권고, 세계적인 학교교육 확대 추세, 세계화에 의한 국제 경쟁 고조 등이 작용하였다. 그러나 초점을 맞춘다면, 대졸 청년들의 과잉 양성은 부모들의 사익 극대화 욕구에 정부들의 무지하고 무모한 정책이 호응한 결과에 기인한다. 모든 부모와 그 자녀들이 사익을 극대화하기 위해 학력 경쟁을 전개함에 따라, 한국에서는 모든 가정이 다른 모든 가정을 상대로 하여 소모전과 같은 무한 학력 경쟁을 벌이고 있다. 사적 이익을 극대화하기 위한 이 경쟁으로 한국의 가정은 일상의 행복을 포기하고 있으며 사회는 양극화되고 있다. 그에 따라 국익이 심각하게 손실되고 있어 미래는 암울할 수밖에 없다. 대학 교육의 필수화와 보편화로 한국의 가정은 핍박해지고 있으며 한국의 국력은 쇠퇴하고 있다.

오늘날 한국에서 국가를 위기로 내몰고 있는 대학 교육을 받은 사람들의 실업과 하향취업 사태는 해결될 가능성이 희박하다. 이렇게 단언할 수 있는 근거는 고학력화가 모든 국민들의 감성적 의지로 추진되고 있다는 사실이다. 부모들이 자녀들의 지적 능력과 학습 의지를 객관적으로 판단하고 대학입시를 앞둔 청소년들이 대학을 졸업한 청년들의 절반 이상이 실업 또는 하향취업하고 있는 현실을 직시한다면, 대학 진학이 필수적인 절차로 강행될 수 없다. 부모들이 현명한 소비자로서 객관적으로 그리고 합리적으로 판단한다면 자녀들이 대졸 청년 실업 사태의 희생자가 되는 것을 막을 수 있다. 그러나 한국의 부모들은 이성적 분석과 판단에 의해 자녀의 진로를 결정하지 않는다. 한국인들은 생애 기회가 생득적 재능보다 생후의 의지에 의해 결정된다는 강력한 믿음을 갖고 있다.[1] 한국의 부모들은 현실로 나타난 객관적 증거들보다는 감성적 의지와 소망을 담아 자녀들의 대학 진학을 거침없이 감행한다. 부모들의 의지와 소망을 익히 알고 있는 정치가들은 대학 정원을 절반으로 줄여야 하는 정책을 상상조차 할 수 없다.

1960대와 1970년대 초반까지 현대화 이론과 인적자본론에 기반을 두고 강력하게 주장되었던 경제성장론은 종속이론(dependence theory)과 세계체제론(world system theory)에 근거한 신마르크스주의 개념화에 의해 신랄하게 비판되었다. 이러한 흐름은 국가 발전에 미치는 교육의 효과에 대한 낙관이 비관으로 전환되고 있음을 의미하였다(Benevot, 1992: 117). 그러나 학교교육의 경제적 효과는 해당 국가의 시대적 상황에 따라 그리고 학교교육 기회의 정도에 따라서도 다르다. 하위 단계인 학교교육의 경우, 대중화와 보편화는 개발수준이 낮은 국가에서 경제 성장에 아주 긍정적인 효과가 있다. 그러나 저개발 국가의 경우, 고등교육은 비용이 많이 들고 경제적 보상은 적어 국가의 경제 성장에 미약한 영향을 미치거나 때로는 부정적 영향을 미친다.

대부분의 학자와 거의 모든 정책결정자는 학교교육 확대의 경제적 이익을 개인 수준의 변화를 통해 파악한다. 이들은 학교교육과 경제의 관계를 인과적으로 연결시킨다. 이들이 설정한 논리대로라면, 학교교육의 확대는 더 많은 젊은이에게 잠재 능력을 발휘할 기회를 제공하여 그들의 생산성을 높이며 그 결과로 국가의 생산성도 높아진다. 그러나 학교교육의 생산성 효과가 가장 높을 것으로 기대되는 대학 교육도 초과잉 상태가 되면 예상하지 못한 결과가 나타난다.[2] 이러한 상태에서는 학생들이 취업에서 유리한 고지를 차지하기 위하여 차별적 우위를 위한 학업에만 치중하므로 생산성을 높이지 못한다. 그리고 교육받은 인력이 노동시장의 수요를 크게 초과함으로써 적정한 일자리에 취업하지 못해 학교에서 습득한 지식과 기술을 제대로 활용할 수 없다.

한국에서는 가정, 학교, 사회 그리고 국가까지도 상급학교 진학을 부추길 뿐 현실을 파

---

1) 한국에서는 모든 부모는 우아하게 표현된 가훈이 있더라도, '하면 된다' 또는 '안 되면 되게 하라'와 같은 전투적 가훈을 자녀들에게 실제로 적용하고 있다(오욱환, 2014: 57).

2) 이를테면, 정량을 초과하여 복용하면 치료약도 독약이 될 수 있다.

악하고 진로를 지도하지 않는다. 모두가 학력 상승을 부추김으로써 한국에서는 고학력자들이 쏟아져 나오고 있다. 국가는 고학력 청년들의 실업과 하향취업 사태에 대해 학교교육 정책, 노동 정책 그리고 기본 경제 체제의 변화로 대처해야 한다. 이 사태를 해결할 수 있는 즉효(卽效) 정책도 영약(靈藥) 정책도 없다. 최고의 방법이라고 해도 "문제의 근본 원인들을 하나씩, 혹은 그 이상으로 풀어 나갈 수 있는 여러 가지 맞춤식 해법을 수립해야 한다"(Vogel, [2015] 2016: 27)는 제안 정도에 머문다. 그리고 최선의 정책조차도 국민들에게 고통과 인내를 오랫동안 요구하면서도 효과는 희미하게 나타날 수밖에 없다. 거의 유일한 방법은 일자리, 학교교육, 훈련의 재설계(redesign)를 포함하는 미미한 개선책 정도를 넘기 어렵다(O'Toole, 1975b: 27).

그럼에도 불구하고 정책이 효과를 거두려면 변화의 강도는 혁명적일 정도로 높아야 한다. 한국의 경우, 대학생 인구가 절반 이상으로 줄어야 한다. 현재 60퍼센트를 넘어선 대학취학률을 30퍼센트 수준으로 줄이지 않으면 대졸 청년 실업과 하향취업 문제는 영원히 해결되지 않는다. 대학취학률을 30퍼센트 수준으로 낮추려면 대학 이전 단계의 학교교육이 취업과 효율적으로 연계되어야 한다. 다시 말해서, 고등학교 졸업으로 학교교육을 종료하더라도 생활에 지장이 없는 임금을 지급하는 일자리를 구할 수 있고 사회적 차별은 물론이며 상대적 박탈감을 느끼지 않고 살 수 있어야 한다. 대졸 청년 실업과 하향취업 사태가 해결되려면 제도 개선 정도를 훨씬 넘어서야 하며 의식과 문화의 패러다임도 전환되어야 한다.

한국의 고등학교는 소위 명문 대학에 합격하는 졸업생 수를 늘리는 데 총력을 집중할 뿐 개별 학생들의 적성, 능력, 의지 등을 고려한 진로지도에는 관심도 없고 능력도 없다. 한편, 대학은 수능 점수가 높은 입학생을 선발하여 소위 일류대학으로 인정을 받는 데 몰두하지만 입학한 학생들을 잘 가르치는 데에는 그만한 열정을 보이지 않으며 졸업생들의 진로에 대해서는 책임을 느끼지 않는다(김호원, 2016; 오호영, 2016). 최근에서야 대학평가 항목에 졸업생의 취업률이 포함됨에 따라 그에 대비하고 있지만, 대학의 대응은 평가점수를 높일 수 있는 묘법을 찾는 수준에서 크게 벗어나지 않는다. 결과적으로 한국 사회의 고학력화는 한국인 모두를 힘들게 만들고 있다.

한국에서는 모두가 달리도록 강요받고 있다. 한국인들은 서로 쫓고 쫓기며 살고 있기 때문에 생각할 시간이 없으며 숙고할 시간은 더욱 없다. 누가 이처럼 무의미한 상호 닦달을 멈추게 할 수 있을까? 모두 하나같이 타인들이나 체제를 탓하기 때문에 해결 방법이 나올 수 없다. 결과적으로 개인들 수준에서 해결책은 무망하며 국가 수준에서 대책을 마련해야 한다. 집권에 연연하지 않고 국가의 미래를 우려하고 비전을 제시하며 장기적인 정책을 수립한 후 강력하게 추진할 수 있는 정부의 출현이 절실한 이유가 바로 여기에 있다. 역대 정부들은 전임 정부들을 비판하고 비난함으로써 정통성을 확보하려 했지만, 임기를 마친 후에는 예외 없이 후임 정부들로부터 비판받고 비난받았다. 그 이유는 미래에 대한 정책이 허술했기 때문이다. 국가의 교육 정책은 본질적으로 공익을 추구하고 미래를 지향해야 하므로 개별 국민들의 사익에 영합함으로써 집권 또는 재집권을 도모하는 선심성 교육 정책은 구상하는 시점에 이미 실패가 예정되어 있다.

취업은 인력의 공급량과 수요량에 의해서 좌우된다. 인력의 공급 과다와 수요 과소는 노동시장을 최악의 상황으로 몰아간다. 오늘날 한국의 대졸 인력이 직면하는 노동시장은 한국에서는 물론이며 외국에서도 비슷한 사례가 없을 정도로 암울하다. 대졸 청년들은 과도하게 배출되는데 그들이 원하는 일자리는 급속도로 줄어들고 있기 때문이다. 사태가 호전될 수 없음은 높은 대학취학률이 지속될 가능성이 높고 고용주들은 기업의 사활이 경영합리화에 달렸다고 생각하며 고용을 최소화하기 때문이다. 급속도로 지속되었던 경제 성장이 멈추고 있는데 선진국들과의 경쟁은 더욱 치열해지고 있다. 경제적 조건들의 악화와 고학력자들의 양산은 각각 고학력 노동자에 대한 수요 격감과 과다 공급을 유발하여 대졸 청년들을 실업 또는 하향취업의 위기로 내몰고 있다.

난감한 현실은 모두의 책임이지만 아무도 책임지려 하지 않기 때문에 악화될 수밖에 없다. 대학 교육을 무분별하게 확대한 역대 정부들의 정책결정자들에게 책임을 물어야 하지만, 대책은 현재 집권하고 있는 정부의 정책결정자들이 마련해야 한다. 이들마저 이 사태를 외면하거나 모면하려 한다면 한국은 총체적 위기를 피할 수 없다. 오늘날 한국이 직면한 대졸 청년 실업과 하향취업 사태는 한국 특유의 역사적 · 사회적 · 문화적 · 경제적 · 정치적 · 심리적 산물이어서 해결책을 마련하는 데 동원될 수 있는 외국의 사례가 없다. 한국은 미국과 일본을 벤치마킹(benchmarking)해 왔지만, 이 사태에서는 이 국가들의 경험이 도움이 될 수 없다. 이 국가들은 한국에서 일어난 대졸 청년 실업과 하향취업만큼 급박하고 심각한 사태를 경험하지 못했기 때문이다. 총체적 위기로 빠져들고 있는 국가를 구원하려면 학교교육의 구조적 개혁을 하루라도 빨리 그리고 적극적으로 시작해야 한다.

1. 교육과 학교교육의 구별: 각각 극대화와 최적화를 지향해야

교육(education)과 관련된 통설에는 "교육은 아무리 많이 받아도 부족하다", "교육은 누구에게나 필요하다", "누구로부터도 배울 것은 있다", "교육은 많이 받으면 받을수록 좋다", "교육은 성장, 발전, 평등 등을 가져온다" 등이 있다. 이러한 통념을 통해서 우리는 교육이 매우 추상적이며 낭만적인 개념임을 알 수 있다. 교육이 이러한 통념으로 인식되는 한 과잉교육(overeducation)은 있을 수 없다. 그렇다면 오늘날 한국에서 일어나고 있는 고학력 청년 실업 사태는 무엇을 의미하는가? 교육은 많이 받을수록 좋고 아무리 많이 받아도 부족하다면, 개인은 물론이며 국가도 감당하기 어려운 과잉교육 사태가 발생할 리 없다. 그런데 우리는 과잉교육 사태를 직면하고 있다. 이러한 모순을 해결하려면 교육이라는 개념에 대한 정리가 필요하다. 우리는 여기서 교육과 혼용되고 있는 학교교육이라는 개념을 부각시킬 필요가 있다. 교육(education)과 학교교육(schooling)은 흔히 통용되고 있지만 실제로는 상당히 다른 의미가 있다. 교육은 제도와 무관하지만 학교교육은 제도와 밀접하게 관련되어 있다. 학교교육은 교육이 제도적 유형으로 전개될 때 사용되어야 한다. 제도와 무관한 교육은 과잉 상태가 있을 수 없지만, 제도로 제공되는 학교교육은 과잉 상태가 발생한다.

"열심히 공부해야 한다"는 말과 "반드시 대학 교육을 받아야 한다"는 말은 전혀 다르다. 국민 모두가 열심히 배우면 바람직하지만 모든 국민이 대학에 진학하면 재앙 사태가 도래한다. 교육은 어떠한 상황에서도 가능하지만 학교교육은 필요한 조건들이 갖추어져야만 가능해진다. 공자는 세 사람이 동행하는 비유를 통해 배움은 언제, 어디서나, 누구로부터도 가능함을 설파했지만,[3] 학교교육은 시간과 공간의 제한을 받으며 가르치는 사람도 자격을 갖추어야 한다. 학교교육은 졸업장과 성적표로 과정의 완수와 성취 정도를 증명해준다. 다소 극단적인 비교이지만, 교육으로 앎의 즐거움을 추구한다면 학교교육으로 특정 과정을 마쳤음을 인증받을 수 있다. 졸업장이 발급되지 않는다면, 학교에 다닐 이유가 상당히 사라진다. 고용주는 피고용자들을 선발할 때 교육의 정도를 묻지 않으며 학교에서 발급하는 증표(credential)를 요구한다.

학교교육을 많이 받은 사람이 늘어나면 교육 이상향(edutopia)이 이루어질 수 있을까? 모든 국민이 학사 학위를 취득하면 국가의 경제가 성장하고 사회가 발전할까? 이 질문들에 '그렇다'라고 답하기 어렵다. 학교교육은 학생이 학교라는 시설에 가서 교사로부터 배우는 것을 의미한다. 학교교육을 받으려면 규정된 시간과 기간을 투입해야 하며 비용을 부담해야 한다. 그래서 학교교육에는 직접교육비와 기회비용이 포함된다. 그러나 교육은

---

3) 『논어』「술이(述而)편」에는 다음과 같은 글이 있다. "세 사람이 길을 가면 거기에는 반드시 나의 스승이 있으니, 그 선한 것은 찾아서 따르고 선하지 않은 것은 고친다"(三人行 必有我師焉 擇其善者而從之 其不善者而改之). 이기동 (역해) (2013). 『논어강설』. 서울: 성균관대학교 출판부. 307쪽.

학교를 통하지 않고서도 얼마든지 이루어질 수 있다. 경우와 내용에 따라서, 학교와 무관한 교육이 더 효율적이고 의미도 더 풍부할 수 있다. 배움은 누구라도 스스로 계획하고 실행할 수 있으며 규정된 시간과 기간에 구속될 필요도 없다. 학교교육은 지식(knowledge)과 기술(skill)을 전수하는 데 주력한다. 그러나 교육은 학교교육보다 폭이 훨씬 넓으므로 지식과 기술을 습득할 수 있을 뿐만 아니라 지혜(wisdom)까지도 깨칠 수 있다.

교육을 통해서는 터득(apprehension), 각성(awakening), 성찰(introspection) 등도 가능하지만, 학교교육을 통해서 이러한 경험을 할 가능성은 아주 낮다. 더욱이 경쟁이 치열해지면 학교교육은 양적 격차로 상대적 우위를 차지하는 데에만 집중한다. 교육에서는 평가가 무의미하지만, 학교교육에서는 평가가 최종 목적처럼 지배한다. 교육에서는 앎의 즐거움을 소중히 여기지만, 학교교육에서는 서열을 절대적 목적으로 삼는다. 교육과 학교교육은 분명히 다른 개념이며 교육이 학교교육을 포괄한다. 학교교육은 교육이 현실 사회에서 구체적 활동으로 구현될 때 사용되는 개념이다. 교육은 다양한 상황에서 일어날 수 있지만 학교교육은 반드시 학교라는 제도와 시설에서만 일어날 수 있다. 최근에는 사이버 학교가 등장했지만, 시설은 뚜렷하게 드러나지 않더라도 증표를 발급하는 장치는 있다. 사이버대학들은 웅장한 건물들로 상징되는 전통적 대학들과의 차별화를 시도하며 교수-학습 과정의 유연성을 부각하지만 취학효과는 동일하다고 강조한다. 다시 말해서, 사이버대학들은 전통적 대학들처럼 증표를 발급함으로써 존재 가치를 인정받으려 한다.

학교에 다니는 목적은 지식과 기술의 습득으로 축약되고 있지만, 그보다 더 절실한 목적은 지식과 기술을 습득하는 과정을 제대로 밟았음을 공증하는 졸업장과 성적표의 취득이다. 학교에 다니는 목적으로 배움을 내세우지만, 현실적 목표는 졸업장과 성적표의 사회경제적 효과이다. 가르침이 시원치 않더라도 대학에 다닐 사람은 얼마든지 있으며 수업을 면제해 주기를 기대하는 학생들도 적지 않다. 전통적 학교교육의 유형에서 벗어난 학교일수록 교육과정을 마쳤다는 증명서를 발급한다는 사실을 애써 강조한다. 교육이 이상(理想)이라면 학교교육은 현실(現實)이다. 이상으로 펼쳐지는 교육에는 과잉이 있을 수 없지만, 현실에서 추구되는 학교교육에는 과소도 있고 과잉도 있다. 오늘날 한국에서 심각한 사태로 등장한 대졸 청년 실업과 하향취업은 과잉교육으로 유발되지 않았으며 과잉학교교육의 필연적 결과이다.

어떤 국가든지 사회문제가 발생하면 '추상화된 교육'으로 해결하려 한다. 이때 교육은 만병통치약처럼 묘사된다. 그러다가 문제가 해결되지 않거나 악화되면 '제도적으로 구현된 학교교육'에 비난을 퍼붓는다. 미국의 경우, 1957년 소련이 인공위성 스푸트니크(Sputnik 1)를 먼저 발사하자 학교교육이 기술공학을 뒤처지게 했다면서 융단폭격을 하듯 학교교육을 비난하였다. 그리고 1980년대 국가의 경쟁력이 독일과 일본에 추월당하자 레이건 정부는 '수월성 교육을 위한 국가위원회'(National Commission on Excellence in Education)를 구성하고 『위기에 처한 국가』(*A nation at risk*)라는 정부간행물을 통해서 학교교육이 미국을 2등 국가로 만들었다며 맹렬하게 비난하였다. 교육은 영약처럼 처방되지만, 약효가 먹혀들지 않을 때면[4] 무수한 사람들로부터 동네북처럼 두들겨 맞는다. 국가 경제가 위기에 처하면, 기업가들이 앞서서 학교교육을 원인으로 지목하면서 비판하거나 비난하기 시작한다. 이어서 정부 인사들은 자신들이 구상하고 실행한 정책의 오류를 감춘 채 교사들을 비판하고 비난하면서 강력한 집행 의지를 표명한다.

학교교육을 교육으로 혼동하여 무한히 확대하면 문제가 발생한다. 열심히 공부하도록 독려하는 것과 학력을 최고로 높이도록 촉구하는 것은 다르다. 학업에 흥미, 적성, 재능이 없고 성과도 없는 청소년에게 "열심히 공부해서 대학에 진학하라"라는 조언은 교육적인가? 아니면 "가능한 한 일찍 직업을 구하고 그 일에 필요한 기술을 익혀라"라는 조언이 교육적인가? 우리는 "교육적이다"라는 말에 합의할 수 있는가? 배움은 학교 이외의 곳에서도 얼마든지 가능하며 생업(生業) 현장에서는 학교가 비교 대상이 될 수 없을 정도로 절실하고 효율적인 학습이 이루어진다. 곧바로 사용해야 하는 지식과 기술을 익히는 상황과 언제, 어디에, 어떻게 사용될지도 모른 채 지식과 기술을 익히는 상황 간에는 학습의 효율성에서 현격한 격차가 있다. 그리고 꿈을 꾸게 하는 것과 잠에서 깨어나 실행하게 하는 것 가운데 어느 편이 더 교육적인가? 한국 사회는 꿈을 너무 미화하고 있다. 그래서 심지어 허황한 꿈이나 황당한 꿈까지 수용하는 경향이 있다. 적지 않은 청소년들이 꿈을 자주 바꾸거나 실현 불가능한 목표를 꿈이라고 주장하면서 현실을 외면하고 도피한다.

교육에서는 평등성을 추구할 수 없다. 그 이유는 열심히 공부하여 지식과 지혜를 더하겠다는 개인의 선택을 막을 수 없기 때문이다. 그러나 학교교육 기회가 개인들이 처한 경제적 · 사회문화적 · 지리적 조건들로 평등할 수 없기 때문에, 국가의 정책으로 시행되는 학교교육은 공식적으로 평등성을 추구한다. 그리고 학교교육은 국가가 책임져야 하며 정부가 지원하고 통제해야 한다. 학교교육에서는 평등성과 수월성이 모두 추구되어야 한다. 그러나 학교 단계에 따라서 평등성 또는 수월성에 무게를 더 두어야 한다. 예컨대, 초등학교 교육은 부모들에게 의무로 책임을 지우고 무상으로 지원하는 것이 타당하지만 대학 교육을 그렇게 해야 할 이유가 없다. 대학 교육은 부모보다는 학생 자신의 선택에 의해 결정되어야 하며 수월성에 무게가 실려야 한다. 대학 교육을 보편화하기 위해 대학의 교과과

4) 만병통치약은 모든 병에 효과가 있다고 간주되기 때문에 약효가 먹혀들지 않을 때가 반드시 있다.

정을 누구나 이해할 수 있는 수준으로 낮추고 학습 결과를 관대하게 평가하도록 요청하거나 통제한다면 대학을 존속시킬 이유가 사라진다.

공식적 교육, 곧 학교교육이 경제 성장, 사회 발달 그리고 사적 행복에 중요한 요인임은 충분히 강조되었다. 그러나 개인들이 직접 노동시장에 사용하는 기술들 가운데 상당 부분은 학교교육으로 학습되기보다는 현장에서의 경력을 통해서 습득된다. 교육은 학교에서만 이루어지는 것이 아니며 학습은 졸업으로 중단되지도 종료되지도 않는다. 한국의 학교처럼 상급학교 진학이나 취업만 추구한다면 지식과 기술의 전수(傳受) 이상을 기대하기 어렵다. 학교교육은 교수(teaching)에 의한 학습(learning)으로 제한되지만, 교육은 교수 없이 학습만으로도 이루어질 수 있다. 가르침이 없어도 배움은 얼마든지 가능하기 때문이다. 창조교육은 가르침의 범위를 넘어서는 배움을 의미한다([그림 9] 참조).[5] 생산에 활용되는 지식은 학교에서보다는 직장에서 경력을 쌓으면서 능률적으로 체득(體得)된다. 일과 관련된 학습은 모든 노동시장 활동과 모든 공식적 교육을 통해서 이루어진다(Rosen, 1972: 326-327). 일상생활도 업무를 수행하는 데 필요한 지식, 기술, 요령, 지혜 등을 배우고 익히는 과정이다. 헛똑똑이나 백면서생(白面書生)이 놀림의 대상이 되고 있음은 학교에서 배운 것만으로는 생업과 생활에 필요한 지식, 정보, 기술, 지혜 등을 습득하는 데 한계가 있음을 시사한다.

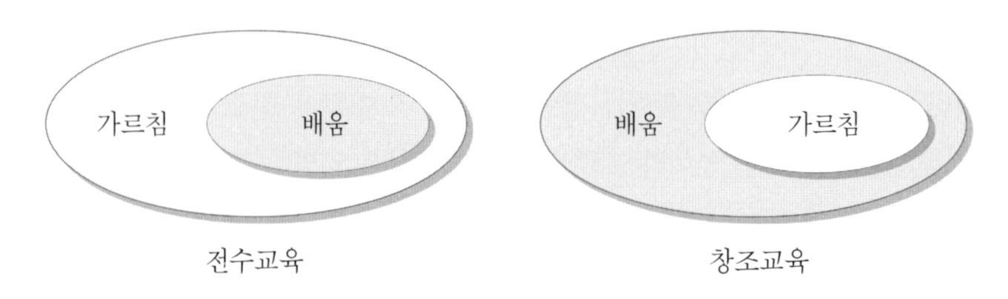

[그림 9] 가르침과 배움의 관계: 전수교육과 창조교육의 차이[6]

스스로 배우는 사람은 지식과 기술은 물론이며 교양과 지혜도 갖출 수 있다. 그러나 남들보다 앞서는 데 주력하는 학교교육을 받은 사람은 지식과 기술을 쌓을 수 있지만, 교양과 지혜까지 갖추기는 쉽지 않다. 그 이유는 학교에서 지식과 기술은 가르치지만, 교양과 지혜를 가르치지는 않기 때문이다. 더욱이 교사들과 교수들은 제한된 분야에 관한 지식

5) 가르침을 넘어서는 배움은 '창조교육'보다는 '창조학습'으로 표현되어야 적합하다.
6) 오욱환(2104)의『한국 교육의 전환: 드라마에서 딜레마로』115쪽에서 가져왔다.

과 기술을 갖고 있지만, 교양과 지혜를 가르칠 수 있는지는 확언할 수 없기 때문이다. 교양은 지식의 축적량으로 판정될 수 없다. 폭넓은 지식에 걸맞은 품위를 갖추지 못하면 교양인으로 인정받지 못한다. 한국에는 출세를 위해 학력을 높이고 지식을 엄청나게 쌓은 사람들이 많다. 그러나 교양인 또는 지성인으로 인정받는 사람들은 그만큼 많지 않다. 한국에는 높은 학력과 화려한 학벌을 갖추어 세속적인 출세를 한 후 거드름을 피우는 사람들은 많지만, 품위 있는 지성인은 고학력 사회임에도 불구하고 매우 적다.

의무교육 기간이 길어지고 거기에 학력 인플레이션을 고려하여 자발적으로 드높인 학교교육 기간까지 더해지면 사람들은 생애 중에서 역동적인 주기 가운데 상당한 부분을 학교 다니는 데 할애하게 된다. 그렇게 긴 세월을 투입하여 배운 지식과 기술이지만 업무를 수행할 때에는 부분적으로 활용될 뿐이다. 학교교육 기간이 종료된 이후에는 스스로 학습하여 필요한 지식과 기술을 습득해야 하며 교양도 쌓아야 한다. 학교교육은 학생들이 재학 중에는 물론이며 졸업 후에도 스스로 학습할 수 있도록 습관화시켜야만 성공할 수 있다. 학교교육 기간이 길어지면 그에 따른 비용은 더욱 늘어난다. 초등학교와 중등학교에 투입되는 직접교육비는 대학에 투입되는 직접교육비의 상대가 되지 않는다. 학교교육의 단계가 높아갈수록 기회비용도 더 상승한다. 그 이유는 대학에 다니는 학생은 고등학교 때까지 배운 지식과 기술로 취업하여 얻을 수 있는 소득을 포기해야 하지만, 고등학교에 다니는 학생은 중학교 때까지 배운 지식과 기술로 취업하면 얻을 수 있는 소득을 포기하기 때문이다.

모든 학교교육이 동일한 유형으로 국익과 공익에 이바지하는 것은 아니다. 초등학교는 보편화와 표준화가 되어야 하는데, 그 이유는 모든 국민이 기능적 문해 수준에 도달해야만 소통이 원활해지고 지식과 정보가 전파될 수 있기 때문이다. 그러나 중등교육은 보편화를 지향하면서도 기능적으로 분업화될 필요가 있다. 모든 국민이 중등교육의 기회를 얻도록 정책을 펴야 하지만 재능, 적성, 의지 등을 고려하여 적합한 교육 기회가 제공되는 정책이 개인적으로 그리고 국가적으로 이익이 된다. 대학 교육은 수월성이 정책의 기조이어야 하며 재능, 적성, 의지를 갖추었다면 가정의 경제적 불리함 때문에 대학 교육 기회가 제한되지 않도록 국가가 적극적으로 지원해야 한다. 교육 기회의 평등화를 위해서 모두를 대학에 진학시키려는 정책은 무모할 뿐만 아니라 개인들과 국가를 위기에 빠뜨린다. 그 이유는 모두를 대학에 진학시킬 수는 있을지라도 졸업생 모두를, 곧 거의 모든 국민을 대학 교육이 요구되는 일자리에 취업시킬 수 없기 때문이다. 모두를 대학에 진학시키면, 대학 교육 기회는 평등해지겠지만, 취업 기회의 불평등은 피할 수 없을 뿐만 아니라 그에 대한 불만은 아주 넓게 확산된다. 모두가 대학에 진학하면 그 결과로 수많은 사람이 실업 또는 하향취업 상태가 되어 대학 교육을 위해 투입한 교육비와 기회비용을 제대로 회수할 수 없다.

한국에서 대학 교육은 오랫동안 출세의 첩경으로 인식되었다. 한국에서 대학 교육은 조선 시대, 일제 식민 시대, 미군 점령 시대, 신생 독립 국가 시대, 경제개발 시대, 고소득 시대 등을 거치면서 출세를 보장해 왔다(오욱환, 2000: 169-308). 미국에서도 대학은 좋은 일자리를 얻어 주는 도깨비방망이[open sesame]로 인식되고 있다(Murray, 2008b: 46). 그래서 미국 대통령들은 청소년들에게 대학에 진학하도록 독려하였다. 발전 정도에 상관없이 모든 국가에서 학교교육은 사회문제의 해결책으로 수없이 채택되었으며 지금도 채택되고 있다. 학력과 소득의 상관관계가 높기 때문에 학교교육은 빈곤 문제의 해결책으로 이용되어 왔다.[7] 유네스코, 세계은행 등 국제기구는 아프리카의 가난한 국가들의 빈곤 해결책으로 학교교육 확대를 제시하였다. 그러나 일자리가 마련되지 않았는데도 대학 교육을 과도하게 확대하면 교육받은 실업자들이 대거 양성되어 사회가 불안에 휩싸이게 된다.

대학에 진학한다고 그에 걸맞은 직장이 보장되지 않는다. 대학은 좋은 직장을 얻을 가능성을 높여 주지만, 그 가능성은 대학에 진학하고 졸업하는 사람들이 많지 않을 때만 실현될 수 있다. 대학 학력을 가진 사람들이 늘어날수록 좋은 직장을 얻을 가능성은 줄어든다. 대학 교육이 보편화되면 대학 학력의 상대적 우위는 사라지지만 대학 학력을 갖지 못하면 노동시장에서는 물론이며 사회에서도 차별적 박대를 받게 된다. 대학 교육이 보편화되면 취업에서의 대학 학력 이점은 사라지고 대학 미진학의 불리함은 뚜렷해진다. 이러한 이유에서 대학취학률은 높아질수록 더욱 치솟게 되며 한번 높아진 후에는 대학에 대한 개인들의 관점이 획기적으로 변하거나 정부가 혁명적일 만큼 강력한 대학 구조조정 정책을 집행하지 않는 한 낮아질 가능성은 없다. 두 가지 해결책이 실현될 가능성이 너무 희박하므로 한국의 미래는 밝지 않다.

교육 체제의 질과 성향은 과잉학교교육의 국가 간 차이를 설명하는 데 중요하다. 학교교육 체제가 효율적으로 운영되고 교육 프로그램의 질적 수준이 높으면 과잉학교교육이 덜 유발된다. 직업과 직결된 특수한 프로그램(specific program)은 노동시장에 진입하는 데 효율적으로 작용하지만, 교양과 관련된 일반적 프로그램(general program)은 장기간에 걸쳐 성공적으로 경력을 쌓는 데 도움을 준다(Verhaest and Van der Velden, 2013: 643). 학교에서 특수한 지식과 기술을 습득한 개인들은 대부분 학력에 조응하는 일자리를 찾아 노동

---

7) 상관관계(correlation)는 인과관계(causation)가 아님에도 불구하고 사람들은 자신들의 필요에 따라 임의로 원인과 결과로 연결한다.

시장에 성공적으로 진입하지만 그 직장에서 직업적으로 상승 이동하는 데에는 한계가 있다(Verhaest and Van der Velden, 2013: 650). 특정 직업을 겨냥하고 업무에 맞추어 구성된 교육 프로그램은 취업에는 유리하게 작용하지만, 직업에서의 수평 이동과 상승 이동에는 제한을 받는다. 한국의 학교교육은 일반적 프로그램에 집중되어 있다. 일반적 프로그램은 상대적 우위에 있어야만 효과를 거둘 수 있기 때문에 경쟁을 의식한 학력 상승이 지속된다.

국가적 측면에서 교육과 관련된 질문들은 "'교육'은 경제를 성장시키는가"로 집중된다. 이 질문에 대한 대답은 매우 다양할 수 있는데, 그 이유는 교육이 정확하게 무엇을 의미하는지 알 수 없기 때문이다. 그러나 이 질문을 "'학교교육'은 경제를 성장시키는가"로 바꾸면 대답은 분명해진다. 학교교육을 학교 단계별로 구별하면 더욱 명료하게 답할 수 있다. 초등교육은 국민들을 기능적 문해 수준으로 끌어올리기 때문에 경제 성장에 필수 조건이다. 문맹률이 높은 국가에서는 문맹률을 낮추어야만 경제 성장을 위한 작업을 시도할 수 있다. 중등교육은 직업(vocational)계열과 학업(academic)계열이 어떻게 구분되어 있느냐에 따라 상당히 다른 결론이 도출된다. 직업교육 프로그램이 체계화된 중등교육은, 독일의 경우처럼, 경제 성장에 중요한 역할을 담당한다. 직업교육 프로그램이 체계화되어 있지 않은 중등교육은 경제 성장에 미치는 영향이 모호하다. 미국의 경우, 중등교육이 경제 성장에 미치는 영향은 매우 제한적이다.

결과적으로 "학교교육이 경제 성장에 영향을 미치는가"라는 질문은 고등교육이 경제 성장에 미치는 영향에 대한 질문으로 귀결된다. 이 질문에 답하려면 심층적 연구가 필요하지만, 오늘날 한국의 현실을 근거로 삼으면 곧바로 "절대다수의 대졸 청년들이 실업과 하향취업으로 내몰리는 대학 교육은 경제 성장에 전혀 도움이 되지 않을 뿐만 아니라 오히려 방해된다"라고 단언할 수 있다. 교육과 학교교육은 혼용되고 있지만, 의미가 상당히 다르므로 구별해서 사용해야 한다. 교육은 기대를 담아 극대화를 추구해도 좋지만, 학교교육은 국가가 처한 현실을 고려하여 최적화해야 한다. 모든 국가는 어떤 상황에 있든 국민들이 배움을 중단하지 않도록 고무해야 하지만 학교교육은 정부가 적극적으로 개입하여 최적화해야 한다. 국민들이 서로를 상대로 삼아 학교교육 경쟁을 소모전처럼 전개하는 국가의 미래는 암울할 수밖에 없다. 그 이유는 국가의 인력과 재력이 낭비되고 불평등이 악화되면서 갈등이 쌓이기 때문이다.

2. 대학 미진학 청소년들을 위한 직업교육: 교육에서 취업까지

대학을 졸업하고도 실업이나 하향취업을 피할 수 없는 상황은 대학 교육뿐만 아니라 고등학교 교육까지도 허망하게 만든다. 대학 교육에 걸맞은 일자리를 얻지 못하면 대학 교육은 허비되며 대학에 진학하기 위해 고등학교 때 선택한 학업계열 교육과 그 이전 단계에서 대학 진학을 위해 투입되었던 모든 노력이 허사가 된다.

> 한국의 청년들은 자신들의 인생을 설계하기 위해서 반드시 수집하고 검색하고 분석해야 할 정보를 너무 늦게 또는 무심하게 취급한다. …… 어릴 때 어른의 세계를 경험한 청소년들은 장래 설계에 신중하고 그 설계에 걸맞게 실행한다. …… 부모로부터 관리되어 온 한국의 청소년들은 자신의 인생을 설계해야 할 시절에 학업성적을 높이는 데에만 몰두할 뿐 자신이 어떠한 인생을 살아갈 것인지, 자신이 어떤 직업에 종사할 것인지에 대한 계획을 대학 진학 이후로 미룬다. 그런데 대학 진학은 학과와 전공이 결정된 이후여서 인생의 설계가 상당히 제한을 받을 수밖에 없다. 설계한 후에 시공해야 함에도 불구하고 한국의 청소년들은 시공한 후에 설계하려 한다. 다시 시작하거나 설계를 변경할 수밖에 없는 경우 불필요한 시행착오의 대가는 적지 않다. (오욱환, 2014: 343)

고졸 적합 일자리들을 고졸자들에게만 허용하는 정책은 대졸 청년 실업과 하향취업을 해결하기 위한 대책이 될 수 있다. 고등학교 졸업만으로도 업무를 충분히 수행할 수 있는 일자리라면 대졸자의 지원을 제한하는 것이 공정할 뿐만 아니라 경제적으로도 유익하다. 고졸자들이 대졸 적합 일자리에 지원할 수 없다면, 대졸자들이 고졸 적합 일자리에 지원할 수 없어야 공정하다. "정도를 지나침은 미치지 못함과 같다"라는 말이 맞는다면, 정도를 지나친 사람들을 제한하는 데에도 정도에 미치지 못한 사람들을 제한하는 논리를 적용해야 옳다. 대학졸업자들은 고등학교 졸업자들을 그들이 전통적으로 취업해 왔던 일자리들로부터 몰아내며 그 일자리들로부터 쫓겨난 고등학교 졸업자들은 중학교 졸업자들의 일자리들을 빼앗는다. 상위 학력자들이 하위 학력자들의 일자리를 침략하는 사태는 불리한 처지에 있는 사람들을 더욱 비참하게 만든다. 학력이 낮을수록 국가로부터 보호를 받을 가능성이 줄어든다. 이러한 이유로 약육강식(弱肉强食)이라는 밀림의 논리가 현대 민주사회에 작용하게 된다.

대졸자들의 실업 사태가 심각해지면 이들은 하향취업에도 물불을 가리지 않게 된다. 예컨대, 고졸자의 공직(公職) 진출을 확대하기 위해 공무원 시험에 고등학교 교과목을 포함하자 대졸 지망자들이 이 과목을 대거 선택하였다. 고교졸업자를 배려한 고교 과목 선택제가 고교졸업자의 9급 공무원 합격 비율을 낮추는 결과를 초래하였다(한국일보, 2017. 11. 30.).[8] 초과된 학력으로 하향취업한 피고용자들은 자신들의 능력을 과신하여 불만을 느끼기 쉬우며 이로써 이직할 가능성도 높다. 그리고 고졸 적합 일자리에 고졸자를 채용하면 대졸자를 채용하는 경우보다 최소 2년에서 4년까지 현직 경험을 쌓을 수 있는 시간을 확보할 수 있다. 고졸 적합 직업들은 현직에서의 경험을 통해 노하우를 쌓음으로써 생산성이 향상된다. 고등학교를 졸업하고 곧바로 취업하는 20세 미만의 젊은이들은 대학을 졸업하고 취업하는 24세의 젊은이들과 비교할 때 현장에서의 배움에 훨씬 적극성을 띤다. 고졸 적합 일자리들에 취업한 후 경력을 쌓은 고졸 상급자들은 하향취업한 대졸 신입자들을 가르치는 데 불편함을 느끼기 쉽고 대졸 신입자들은 배우는 데 소극적일 가능성도 높다.

직업계열 고등학교는 모두 국립으로 설립하거나 전환하여 국가의 지원 의지를 분명히 하고 평등화 정책의 하나로 삼아야 한다. 국립으로 설립된 직업계열 고등학교는 적극적인 무상교육을 지향해야 한다. 국립 직업계열 고등학교는 학생들의 졸업 후 취업을 학교목표로 삼아야 한다. 그러나 현실은 이러한 기대와 역행하고 있다. 직업계열 고등학교 내부에 '산업 수요 맞춤형 고등학교', 곧 마이스터고를 설립한 교육부의 정책은 고교평준화 정책 시행 이후 외국어고, 과학과, 국제고와 같은 특수목적 고등학교를 설립함으로써 평준화 정책을 파기한 오류와 짝을 이루고 있다. 교육부는 직업계열 고등학교 분야에서도 마이스터고를 특별히 설립하여 노동시장 내 특별히 관리되는 내부노동시장(inner labor market)처럼 '내부학교'(inner school)를 만듦으로써 기존의 직업계열 고등학교들을 심각할 정도로 무력화시켰다.

교육부는 '특성화고 · 마이스터고 포털 하이파이브'에서 마이스터고를 "유망분야의 특화된 산업 수요와 연계하여 예비 마이스터(Young Meister)를 양성하는 특수목적고등학교"로 규정했는데, 이는 그 외의 직업계열 고등학교들에 대해서는 특수한 목적을 두지 않음을 묵시적으로 인정한 것이다.[9] 교육부가 마이스터고를 "최고의 기술 중심 교육으로 예비 마이스터를 양성하는 학교로서 졸업 이후 우수기업 취업, 특기를 살린 군 복무, 직장 생활과 병행 가능한 대학 교육 기회 제공"을 특징으로 한다면, 교육부는 그 외의 직업계열 고등학교 학생들에게 그런 기회를 제공하지 않음을 천명한 것이다. 이러한 사실은 그 외의 직

---

8) 한국일보(2017. 11. 30.). "학력천정 깨려 공시에 고교 과목 넣었더니 대졸자만 우르르"

9) http://www.hifive.go.kr/

업계열 고등학교 재학생들이 대학 진학을 시도하는 이유가 된다. 이러한 시도는 직업계열 고등학교의 실패를 의미한다.

한편, 국립대학을 사립으로 전환할 필요도 있다. 해방 이후 가난한 가정의 자녀들에게 좋은 대학 교육 기회를 제공하기 위해 설립된 국립대학의 명분은 이제는 의미가 없기 때문에 국고에서 지원할 이유가 사라졌다. 국립대학은 국가의 존립과 발전에 필수적인 분야들과 사립대학에서 개설하기를 기피하는 전공 영역들을 중심으로 축소할 필요가 있다. 예컨대, 국방 분야, 치안 분야, 특수 외국어와 외국 문화 분야, 시설비와 유지비 때문에 사립대학에서 감당할 수 없는 자연과학, 공학, 의학 등의 특정 분야는 국립대학에서 설립할 필요가 있다. 그리고 인구 감소가 예상되기 때문에 인력을 효율적으로 양성해야 할 뿐만 아니라 적합하게 배치해야 한다. 인력의 양성과 배치가 효율적이고 적합하려면 직업에 따른 차별이 없어져야 한다. 대부분의 사람이 꺼리더라도 국가 차원에서 필요한 업무들을 수행할 인력을 양성하는 데에는 국비가 적극적으로 지원되어야 한다.

책임지는 어른이 되려면 어릴 때부터 어른의 세계를 들여다보아야 한다. 마냥 어린이나 청소년처럼 행동하면 성숙하고 자립한 어른이 될 수 없다(Csikszenmihalyi and Schneider, [2000] 2003; Schneider and Stevenson, 1999). 현실을 직시하지 않은 청소년들은 출세에 대한 열망만 계속 유지함으로써 생업에 필요한 기술을 습득하고 경력을 쌓을 기회를 잃어버린다. 미국에서는 이러한 유형의 젊은이들을 '열망 세대'(ambitious generation)로 지칭하고 있다(Schneider and Stevenson, 1999). 한국에도 허황한 꿈을 꾸거나 꿈조차도 갖지 않으면서 자신들의 미래를 근거 없이 낙관하는 젊은이들이 늘어나고 있다. 진로지도는 교수(teaching)이기보다 개별 학생들의 재능과 목표를 고려한 맞춤식 지도, 곧 코칭(coaching)에 더 가깝다. 목표를 달성하려면 현실을 직시하고 자신의 능력과 의지를 정확하게 파악해야 한다. 학업계열과 직업계열이 나누어지는 단계인 고등학교에 진학할 즈음에는 꿈에서 깨어나 현실을 직시해야 한다. 꿈을 핑계로 게으름을 피우고 있다면 미래는 비관적이다.

학업성적은 지적 성취의 표시로 인식되고 있지만, 성적에는 비인지적 학교 행동들(noncognitive school behaviors)도 묵시적으로 기록되어 있다. 고용주들은 고등학교의 성적을 하찮은 결과물로 간주하고 간과하더라도 학업성적에는 피고용자들이 갖추어 주기를 그토록 강조하는 근면성, 성실함, 책임감 등이 함의되어 있다. 모범 학생과 불량 학생이 각각 답답함과 분망함으로 대비되면서 모범 학생의 학업 성취가 졸업 후 직장 생활에 긍정적으로 작용하지 않는 것으로 해석하는 사례도 있다. 그러나 극히 예외적인 사례들을 제외하면, 학업성적이 좋은 학생들은 직장과 사회에서 적응력이 높다. 미국에서는 고용주들이 후기 청소년 피고용자들을 선발할 때 고등학교 때의 성적과 평가를 경시하기 때문에, 효율적인 생산을 위해 피고용자들이 갖추어야 하는 속성들이 고등학교 과정에서 소홀하게 취급됨으로써 습득될 기회가 사라진다(Rosembaum, 2001: 188). 독일에서는 이와는 상반된 현상이 일어나고 있다. 학생의 학업은 성인의 생업과 다르지 않다. 학업에 게을렀던 학생이 어른이 된 후 생업에 부지런해질 가능성은 높지 않다.

독일과 일본에서는 고등학교와 기업 사이에 신뢰로 형성된 사회자본은 성실한 청소년들이 좋은 일자리에 안착할 수 있도록 돕는다. 각 기업에 적합한 청소년을 추천하는 역할을 일본과 독일에서는 각각 고등학교 교사들과 국가 고용 기관이 담당한다(Rosembaum, 2001: 195). 독일과 일본에서는 '졸업 후 취업을 계획한'(work-bound) 고등학생들은 학교성적이 노동시장에서 보상받음을 알고 있으며 고용주들은 학생들의 생산성 가치를 학교에서 제공하는 평가를 통해서 파악한다. 이 과정이 작동하는 이유는 일본과 독일에서는 고용주들의 채용기준에 관한 정보가 학생들에게 상세하게 전달되고 학생들의 학업 성취에 관한 정보는 고용주들에게 충분히 전달되는 하부구조가 형성되어 있기 때문이다(Rosembaum, 2001: 242). 독일과 일본에서는 직업교육을 실시하는 고등학교와 그 학교 출신 학생들을 고용하는 기업 사이에 신뢰할 수 있는 연결망, 곧 사회자본이 조성되어 있다.

미국의 고등학교는 독일이나 일본의 직업계열 고등학교처럼 취업 지원 기능이 체계적이지도 활발하지도 않지만, 가끔 학생들의 취업을 돕는다.[10] 학교를 통해 취업한 경우는 개인적으로 취업한 경우보다 소득이 높으며 임금, 작업환경 그리고 승진에서 불리한 2차 노동시장(secondary labor market)[11]에서 벗어날 가능성도 높다(Rosembaum, 2001: 209). 최근에 졸업한 고등학생들을 채용하려 할 때, 고용주들이 가장 주시하는 것은 작업 습관이다.[12] 고용주들은 고졸 취업지망생들의 작업 습관을 파악할 방법이 없다고 하소연하며 면접을 대체 방법으로 사용한다. 그러나 면접으로 얻을 수 있는 정보는 매우 피상적이다. 고등학교 교사들, 특히 직업교육 담당 교사들이 학생들에 대해 가지고 있는 정보는 주로 실습실에서 학생들을 가까이 살펴보며 수집한 정보들이어서 고용주들이 원하는 작업 습관 정보에 근접한다. 미국의 직업교육 교사들은 대부분 산업체에서 근무한 경력을 가졌거나 산업체의 문화를 파악하고 있다. 그런데 미국의 고용주들은 고등학교에서 제공할 수 있는 학생들에

---

10) 미국의 고등학교 중 직업교육 프로그램을 운영하는 학교도 있다.

11) 2차 노동시장이란 그 시장을 구성하고 있는 직업들이 저임금, 단기적 고용, 열악한 근로 조건, 승진의 기회 부재 그리고 불합리한 노무 관계로 특징지어지는 추상적 노동시장을 말한다(실무노동용어사전).

12) 고용주들이 취업지망자들이 갖추어 주기를 기대하는 작업 습관은 성실성, 주도력, 지속력, 주의력, 협동심 등이다. 고용주들은 이러한 습관과 태도를 갖추지 못한 피고용자들을 가르치려고 애쓰지 않으며 해고한다. 연성 기술(soft skills)은 취업하기 전에 갖추어야 하는데, 학창 시절은 이러한 기술을 연마하는 데 적합하다.

대한 정보에 관심이 없다. 이 점은 독일의 경우와 크게 대비된다(Rosembaum, 2001: 223).

한국 정부의 청소년 정책은 취업 문제를 너무 좁게 파악하고 있다. 정부는 대학 진학에 치중함에 따라 고등학교를 졸업한 젊은이들의 취업을 경시하고 있다. 따라서 정부는 대학입시에 대해서는 정권의 사활이 걸린 듯 예민한데 고졸 청년 취업에 대해서는 둔감하다. 한국에서는 직업계열 고등학교조차도 대학 진학을 장려하거나 묵인하고 있다. 한국에서는 생업에서의 장인(匠人)들이 줄어들고 있다. 모두가 출세로 인정받는 직업들만 추구하기 때문이다. 국가 전체의 학력이 상승하면, 중학교를 졸업하고 생업에 전념하는 선택을 할 수 없게 만드는 풍토가 확고하게 조성된다. 이러한 사회에서는 직업계열 고등학교에 입학한 학생들도 대학 진학에 미련을 갖는다. 독일에서는 고등학교 과정에서 시작되는 생산 현장 실무 교육이 한국에서는 직업계열 고등학교에서 제대로 시행되지 못하고 있다. 학력이 사회계층을 측정하는 핵심 요인들 가운데 하나가 됨으로써 생업의 생산성을 저하하는 상급학교 진학이 제도화되었다.

학교교육의 효과는 학교에 다니는 것만으로 나타나지 않는다. 학교에 다닌다고 저절로 공부가 되는 게 아니다. 분명히 말해서, 학교교육 효과는 재학(attending) 효과가 아니라 학습(learning) 효과를 의미한다. 직업교육(vocational education)이 효과를 발휘하려면 학생들이 제대로 학습하고 연마해야 한다. 직업교육의 목표는 졸업생들이 좋은 직장에 취업하는 것이다. 한편, 학업교육(academic education)의 목표는 대학에 진학하는 것이다. 대학에서의 학업에 성공하려면 지적 탐구에 필요한 지식과 기술을 쌓아야 하듯, 직장에서 생산성을 높이려면 적합한 기술과 지식을 갖추어야 한다. 직업계열 고등학교의 효과를 언급하려면 무엇보다도 먼저 학생들에게 필요한 지식과 기술을 효율적으로 가르치고 있어야 한다. 가르침과 배움이 이루어지지 않는다면, 단계와 유형에 상관없이 학교는 성공할 수 없다. 가르침과 배움이 없는데도 학교는 존속할 수 있는데, 이러한 경우에 학교는 어린이들과 청소년들을 거리와 사회에서의 비행(delinquency)으로부터 격리하는 기능을 수행한다(Katz, 1968).[13]

청소년들이 대학 교육비용과 대학 재학 기간의 기회비용을 무의미하게 낭비하지 않고 학사 학위 없이 경쟁력을 갖추어 직장에 취업하려면, 자신들에게 적합한 수준과 유형의 학교에서 시장성 있는 지식과 기술을 습득해야 하며 타인들의 평판에 개의치 않고 냉정하게 진로를 결정해야 한다. 한국에서도 고등학교 단계에서 직업교육이 직장과 연계하여 체계

13) 초 · 중 · 고등학교가 없다고 상상해 보자. 엄청난 규모의 어린이들과 청소년들이 거리로 쏟아져 나와서 방황한다면 사회 질서를 유지하기가 쉽지 않을 것이다.

적이고 효율적으로 이루어진다면, 개인들은 대졸 실업 또는 하향취업이라는 황당한 사태를 사전에 막을 수 있으며 국가는 인력의 효율적인 양성과 배치로 경쟁력을 상승시킬 수 있다. 누군가는 대학에 진학하여 고도의 지식과 기술을 개발하고 확산시켜야 하지만, 모두가 대학에 진학함으로써 그 가운데 절대다수가 고등학교 졸업만으로도 충분히 수행할 수 있는 일을 할 수밖에 없거나 그 일을 거부하고 실업 상태로 지내야 하는 현실은 그야말로 비극이다. 이 비극적 사태는 대학에 진학한 개인들이 개별적으로는 의도하지 않겠지만 그 개인들이 이룬 집단에 의해 구조적으로 그리고 필연적으로 초래된다.

고등학교 졸업으로 학교교육을 종료하려는 독일의 청소년들은 취업에 필요한 직무 기술을 제대로 갖추고 일자리를 구한다. 이들은 대학을 졸업하고 하향취업하려는 청년들에게 자신들의 일자리를 빼앗기지 않는다. 고용주들이 직무 기술을 갖춘 고등학교 졸업생들을 더 선호하기 때문이다. 그러나 미국의 대학 미진학 고졸 또는 중퇴 청소년들은 포부만 높을 뿐 목표가 불분명하고 생산에 기여할 수 있는 기술이 없다(Schneider and Stevenson, 1999). 이 청소년들은 고등학교까지 의무화되어 있는 학교교육 단계를 밟았더라도 직업교육을 체계적으로 받지 않았기 때문에 직무에 필요한 기술을 습득하지 못한다.

미국은 대학의 보편화를 최고의 교육제도처럼 찬미하면서 중도에서 하차하면 실패자로 취급하고 있다(Rosenbaum, 2001). 고등학교가 종료 교육이 될 수 있음을 인정하지 않음으로써 체계적이며 실질적인 직업교육이 실시될 여지가 없다. 고등학교를 졸업하고 대학에 진학하지 않은 청소년들이 선택할 수 있는 일자리는 재학 시절에 아르바이트로 일했던 미숙련 노동직 이외에는 없다. 이 일자리들은 기술 축적에 의미를 부여하지 않으며 정규직으로 고용하지 않기 때문에 피고용자들은 경력을 쌓을 수 없고 승진 기회도 얻지 못한다. 그래서 이들은 취업과 실업을 번갈아 가며 청년이 된다. 이들은 직무 기술이 없기 때문에 하향취업하려는 대학 졸업 청년들과의 취업 경쟁에서 불리할 수밖에 없다.

대졸 청년 실업과 하향취업 문제를 해결하는 하나의 방편은 고등학교 과정에서 직업교육을 체계적으로 실시하고 생산 현장에서 적용될 기술과 지식을 갖추게 하여 적합한 일자리에 취업할 수 있는 제도를 마련하는 일이다. 그리고 그러한 직업을 가지고도 안정되게 살아갈 수 있는 정도의 소득을 보장해야 한다. 직업이나 직위로 차별받지 말아야 하며 상대적 박탈감을 느끼지 않아야 한다. 직업의 종류나 지위의 고하와 무관하게 성실한 생활로 존경을 받는 사람들이 많아져야 하며 직종이나 직위로 출세를 과시하는 사람들은 사라져야 한다. 대학 교육에 과잉 투자된 자본이 고등학교의 직업교육에 투자된다면 학생들에게 지금보다 훨씬 나은 기술과 지식을 습득시킬 수 있다. 여기에 직업교육을 받은 학생들을 채용할 민영 기업들과 공기업들이 사전 현직교육처럼 생각하여 고등학교 직업교육을 재정적으로 그리고 기술적으로 지원해 준다면 획기적인 발전도 충분히 가능하다.

만일 대학 교육을 받고 고등학교 수준의 일자리에 하향취업한 청년들이 고등학교 때부터 직업교육에 전념했더라면 대학 교육을 받는 데 투입된 직접교육비와 기회비용을 모두 절약할 수 있다. 이 청년들이 4년 등록금과 부수된 교육비를 절약했다면 결혼, 창업 등에 필요한 종잣돈 일부분이 마련되었을 것이며, 허망하게 보낸 4년을 고등학교 졸업 후 취업한 직장에서 보냈더라면 현직 경력이 4년 추가되었을 것이다. 대학의 양적 규모를 적정화하는 작업은 반드시 고등학교 과정에서 취업과 연계된 직업교육의 시행과 병행되어야 한다. 다시 말해서, 취업효과를 기대할 수 없는 대학 진학을 자제하게 하려면 고등학교 단계에서 취업효과가 분명한 직업교육과 진로지도가 이루어져야 한다. 대학 교육이 적절하게 그리고 고등학교 직업교육이 절묘하게 이루어지고 있는 국가로는 독일이 적합한 사례가 될 수 있다. 그러나 어떤 국가도 완벽한 모형이 될 수 없으며 나름대로 문제들을 갖고 있다.

타국의 교육 체제를 그대로 이식할 수 없음은 그 국민들이 먹는 대로 먹을 수 없음에 비유할 수 있다. 한 국가의 교육 체제는 전통과 문화에 기반을 두고 있으며 국민들의 의지가 담겨 있다. 도제(徒弟) 문화에 뿌리를 두고 아주 군건한 사회자본의 토대 위에 시행되고 있는 독일 고등학교의 견습생 제도(apprenticeship)는 매우 매력적으로 보이지만 그 모형을 적용하려면 교육제도의 변화만으로는 불가능하며 사회문화까지 바뀌어야 한다. 한국에서는 수많은 청소년이 대학에서 공부하는 데 필요한 실력과 의지를 갖추지 않았음에도 불구하고 자신의 자존심과 부모의 체면 때문에 대학 진학을 감행한다. 한국에서는 대학 교육이 사회적 지위와 위세를 상징한다. 이러한 상징을 얻기 위해 실용을 포기하는 사회에서는 고등학교가 종료 교육이 되기 어렵다.

미국에서는 고등학교에서 가르치는 기술수업(shop-class)이 1990년대 교육자들이 학생들을 지식 노동자(knowledge workers)로만 키우려 하고 대학 진학을 독려함에 따라 이름만 남기고 실제로는 사라져 버렸다. 모두가 지식과 기술의 결정판인 스마트폰을 소지하고 있더라도 누군가는 자동차를 수리해야 하고, 변기를 뚫어야 하며, 집을 지어야 한다(Crawford, 2009: 1). 4차 산업 시대가 되더라도 누군가는 1차 산업, 2차 산업, 3차 산업에 종사해야 한다. 4차 산업혁명이 완성되더라도 인공지능, 사물 인터넷, 클라우드 컴퓨팅, 빅데이터 모바일 등 지능정보기술을 활용하는 일자리를 갖는 사람의 수는 기대와는 사뭇 달라 그다지 많지 않다. 이 산업은 극도로 높은 효율성으로 운영되므로 인력의 수요가 많지 않다. 고도의 기술을 요구하는 직업일수록 그 직업에 종사하는 사람들은 의외로 적다. 스마트폰을 발명하거나 개발하는 사람들은 스마트폰을 조립하는 사람들이나 판매하는 사람들과는 비교 상대가 될 수 없을 정도로 아주 적다. 최첨단 제품인 스마트폰의 조립, 판매,

활용에 동원된 사람들의 평균 학력은 최고 수준이 아니다.

노동력의 공급 측면에서 보면, 직업지향성이 강력한 국가들(예컨대, 독일, 오스트리아, 스위스)에서는 고등학교 직업교육이 대학 교육을 효율적으로 대체하고 있다. 직업적 자격(vocational qualification)은 노동력 수요자들의 요구에 부응하는 교과과정으로 습득되고, 노동시장에서 표준화되어 널리 적용되며, 좋은 직장을 전망하게 한다. 이로써 직업교육은 실업을 피할 수 있는 안전망이 된다. 한편, 직업교육은 업무 영역으로 강력하게 분류되기 때문에 학생들을 학업계열과 위세 높은 직업들로부터 멀어지게 한다(Di Stasio, Bol, and Van de Werfhorst, 2017: 55-56). 고등학교 단계에서의 직업교육은 성공적으로 이루어지더라도 환상적인 생애 기회를 제공하지는 못한다. 그러나 독일의 견습생 출신의 고졸 기술직 노동자들처럼 자존심을 지키면서 행복하게 살 수 있게 해 준다.

직업지향성이 낮은 국가들, 곧 미국과 영국의 청년들은 취업 후 직장에서의 현직훈련을 통해서 일자리와 관련된 기술을 습득한다.[14] 이 국가들의 고용주들이 훈련가능성(trainability)을 채용 준거로 중요하게 고려하고 학력으로 그 가능성을 예측하기 때문에 취업지망자들로서는 학력을 최대한 높일 수밖에 없다.[15] 한편, 교육 체제가 직업교육을 지향하는 국가일수록 학교교육이 단계별로 적정화되어 있다. 학교교육 체제가 학생들에게 특정한 기술을 제공한 후 노동시장의 적합한 일자리에 배정할수록 학교교육이 위치재로서 기능하는 정도가 낮다. 직업교육 체제가 약한 국가들(예를 들면, 아일랜드, 에스토니아)은 강한 국가들(예컨대, 스위스, 체코 공화국, 독일)과 비교할 때 과잉학교교육 정도가 훨씬 심하다(Di Stasio, Bol, and Van de Werfhorst, 2017: 60-62).

한국에서 대학 교육이 무모하게 그리고 무의미하게 확대되고 대졸 청년 실업과 하향취업이 늘어나고 있는 사태는 대학 교육 이전에 직업교육이 매우 허술하게 시행되고 있기 때문이다. 학교교육 체제에서 미국과 독일의 차이는 고등학교 단계에서의 직업교육에서 뚜렷하게 드러난다. 미국이 모두가 대학에 진학할 수 있도록 대학 문호를 개방하고 비용을 대출해 주는 데 주력하고 있다면, 독일은 고등학교 단계에서 절대다수의 학생들에게 취업에 필요한 지식과 기술을 효율적으로 교육하고 취업을 체계적으로 알선함으로써 고등학교 단계에서 학교교육을 종료하도록 적극적으로 지원한다. 독일 젊은이들은 대부분 직업계열 고등학교에 진학하여 업무에 곧바로 활용될 수 있는 지식과 기술을 익혀 적합한 직장에 정착하며, 학업계열 고등학교 김나지움(Gymnasium)에 진학한 학생들은 대학입학

14) 최근 들어 영국은 직업교육의 중요성은 인정하고 도제훈련을 강화하고 있다.

15) 훈련가능성은 능력(ability), 동기(motivation), 배경(background) 등의 함수로 나타난다.

자격(Abitur) 시험을 거쳐 대학에 진학한다. 한편, 미국의 젊은이들 절반 이상은 다양한 유형(2년제, 4년제, 사이버 대학 등)의 대학에 진학하고 이들 중 상당수는 중퇴하며 절대다수는 졸업한다. 대학에 진학하지 않거나 못한 나머지 절반의 젊은이들은 국가와 사회로부터 잊힌 채 대략 7년 동안 방황한 후 직장에 정착한다.

대학취학률의 적정화는 대학 교육 기회를 좁히는 방향으로 추진될 수밖에 없기 때문에 다른 유형의 학교교육 기회를 확대함으로써 대처해야 한다. 과도하게 배출되는 대졸 청년들을 줄이려면 고등학교 단계에서 직업교육이 효율화되고 체계화되어야 한다. 이 방안은 대학 교육을 받은 청년들의 실업과 하향취업을 고등학교 직업교육을 받은 청년들의 적정 취업으로 전환하는 것이다. 이 방안이 성공하려면 고등학교 직업교육이 학교에서 효율적이어야 할 뿐만 아니라 취업으로 직결되어야 한다. 고등학교를 통해 실무에 적합한 기술을 익혀 적정한 일자리를 얻을 수 있다면, 입학에만 초미의 관심을 두는 대학에 진학하는 진로를 당연하게 생각하지 않게 된다. 고등학교 과정은 꿈만 꾸기에는 너무 절박한 시점이다. 고등학생들은 자신들의 생애를 스스로 책임져야 할 때가 아주 임박해 있음을 인지해야 한다. 고등학교 졸업 시점은 성년(成年)으로서 법률상 완전한 행위능력자(行爲能力者)로 인정되는 나이, 곧 만 19세와 일치한다. 완전한 행위능력자가 되려면 정신적으로 독립해야 하고 경제적으로 자립해야 한다. 성인이라면 한국의 노동시장 현실을 직시해야 하며 대학에 진학한다고 대학 학력에 걸맞은 일자리가 보장되지 않음을 숙지해야 한다.

직업계열 고등학교는 예상되는 일자리들을 목표로 삼아 학생들에게 맞춤형 인적자본을 제공해야 할 뿐만 아니라 그들의 취업을 위해서 고용주들이나 채용담당자들과의 사회자본 형성에도 적극적이어야 한다. 학생들에게 인적자본과 사회자본을 충분히 제공할 수 있도록 국가가 직업계열 고등학교들을 제도적으로 지원한다면 가정의 자본력이 상대적으로 취약한 학생들이 취업하는 데 큰 도움이 된다. 직업교육의 효과는 취업으로 이어질 때 성공할 수 있으며, 취업과 연계되지 못한 직업교육은 실패와 차이가 없다. 고등학교 단계에서 시행되는 직업교육이 취업으로 연계되어야만, 실무 능력과 무관한 대학 학력을 가진 사람들의 하향취업으로 고졸 학력 고유의 일자리가 침해되는 사태를 막을 수 있다. 직업계열 고등학교는 취업률이 높아지면 질적으로도 더 발전할 수 있다. 독일의 고등학교 과정에서 제공하는 견습생 제도는 성공하고 있지만, 미국의 종합고등학교(comprehensive high school)에서 시행되는 직업교육은 열등함을 공인하는 계열처럼 인식됨으로써 실패하고 있다.

독일과 미국의 고등학교 단계에서의 직업교육이 각각 성공과 실패로 귀결되는 데에는 정부 정책의 차이와 사회자본의 격차가 중요하게 작용하고 있다. 한국은 독일처럼 직업계열 고등학교가 별도로 분리되어 있음에도 불구하고 결과는 안타깝게도 미국형에 더 가깝다. 고등학교에서 시행되는 직업별로 구체화한 학교교육은 위기에 처한 학생들의 중도 탈락을 줄인다. 이러한 학교교육으로 습득한 기술을 가지고 취업한 졸업생들은 임금 상승을 기대할 수 있다. 그러나 미국에서는 습득한 기술과 관련된 일자리에 취업하는 학생들이 절반에도 미치지 못한다. 훈련이 풍부한 정보를 바탕으로 이루어지고, 노동력 수요가 많은 분야에 집중되며, 고용주들이 졸업생 인도(delivery)에 관여하고, 직업교육 담당 교사들이 학생들의 취업에 책임을 느끼면 훈련의 취업효과가 크게 상승한다. 그러나 직업훈련으로 획득한 기술과 관련된 일자리에 취업하지 못하면 그 훈련의 경제적 이득은 기대할 수 없다(Bishop, 1989: 1).

고등학교 단계에서 시행되는 직업교육은 반드시 취업과 연계되어야 한다. 그렇지 않을 경우, 직업교육은 경제적 보상은 얻지 못하면서 부정적으로 분류되고 명명되는 사회적 피해만 입게 된다. 직업교육이 체계적이고 효율적으로 시행되지 못하면 급변하는 산업사회에서 사용해 보기도 전에 한물간 기술만 전수하게 된다. 협소하게 실시된 직업교육으로 취득한 기술은 활용 범위가 좁아 고용주들이 선호하지 않을 수 있다. 고등학교 직업교육은 반드시 미래지향적으로 시행되어야 한다. 그렇게 하지 않으면 직업교육을 종료했을 때 목적으로 삼았던 직업이 사라질 수도 있다. 그럼에도 불구하고 직업교육은 기술의 전수에 급급하여 인문학적 소양을 가르치는 데 소홀해서는 안 된다. 어떤 직종에 종사하든 읽고, 쓰고, 계산해야 할 뿐만 아니라 다른 사람과 원활하게 소통할 수 있어야 한다.

직장에서 능력을 제대로 발휘하려면 생산 분야에서 적용할 지식과 기술을 갖추어야 하고 생활 분야에서 활용할 지식, 기술 그리고 지혜도 갖추어야 한다. 의사소통 능력은 반드시 갖추어야 하는데, 그 이유는 의사소통 능력에 따라 기술과 정보의 습득효과는 달라지며 삶의 수준도 상당히 좌우되기 때문이다. 직종(occupation), 산업(industry), 직위(position) 등이 어떠하든 누구나 생산에 필요한 지식, 정보, 요령뿐만 아니라 생활에 필요한 지식, 정보, 지혜도 갖추어야 한다. 직업교육은 학업 성취가 부진한 학생들을 위한 대안(alternative) 교육 또는 구제(remedy) 교육의 맥락에서 실시될 경우에는 성공할 가능성이 아주 낮다. 직업교육은 기술을 습득하고 생산에 활용하는 데 탁월한 인재를 양성하는 것을 목적으로 삼아야만 성공할 수 있다.

직업교육의 최종 목표는 좋은 일자리에의 취업을 넘어 행복한 인생이어야 한다. 직업교육 계열은 다른(different) 계열이어야 하며 부족한(deficit) 계열로 간주되거나 취급되어서는 안 된다. 직업계열 고등학교는 종료 교육으로서 학생들의 졸업 후 생애 기회에 관심을 집중해야 한다. 모든 학교의 교육효과는 능력이 높은 학생들을 선발하는 데서 발휘되지 않으며 재학 기간에 성취한 정도에 의해서 결정된다. 우수한 학생들을 선발하여 우수한 학생들로 졸업시키는 학교보다 우수하지 않은 학생들을 받아들여 우수한 학생들로 배출하는 학교가 교육적으로 더 효과적이다.[16] 직업계열 고등학교는 생산성 있는 지식과 기술로 자긍심을 높인 직장인을 배출하는 것을 목표로 삼아야 한다.

직업교육은 학생들을 순종적인 피고용 노동자로 배출할 때 실패하며 독립심, 자율성, 호기심, 존엄성, 자존심을 가진 기술자로 배출할 때 성공한다. 오늘날에는 창조력이 그 어떤 능력보다 더 절실하게 요구된다. 창조력은 어디서든 그리고 어떤 작업에서든 발휘될 수 있다. 인류 역사상 수많은 발명품과 탁월한 아이디어는 작업장에서 시작되었고 완성되었다. 이제는 지식과 정보가 대학이나 연구소에 의해 독점되지 않는다. 컴퓨터와 인터넷을 통해 누구나 지식과 정보를 검색, 수집, 활용할 수 있다. 다행스럽게도, 한국은 정보통신 서비스가 세계 최고의 수준에 도달해 있다. 지식과 정보를 습득하고 아이디어를 창출하는 데 방해가 되는 것이 있다면 게으름, 안일함 그리고 열등감뿐이다. 고용주는 직업계열 고등학교 졸업생을 채용하고 현직에서 기술과 노하우를 쌓음으로써 생산성을 더 높일 기회를 제공해야 한다. 생산성 향상 측면에서 현장 4년은 대학 4년에 뒤지지 않는다. 인류 역사상 위대한 발명은 대학에서보다는 현장에서 더 많이 개발되었다. 현장에서는 기술 개발이 생산성과 직결되므로 더 절실히 요구된다.

중등교육 체제는 학업계열과 직업계열로 구분되고 있다. 계열의 구체적인 차이는 국가마다 다를 수 있지만, 대부분의 국가에서 학업계열은 학생들을 대학에 진학하도록 권유하며 직업계열은 학생들이 졸업 후 곧바로 노동시장에 진출할 수 있도록 준비시킨다. 비판적 성향의 사회과학자들은 중등교육 단계에서 시작되는 계열화를 사회계층별로 생애 기회를 구별 짓는 중요한 과정으로 파악한다. 이들의 주장에 따르면, 중・상류 계층의 자녀들은 고등교육을 거쳐 전문직으로 이어지는 학업계열에 진학하며 하류 계층 자녀들은 대학 진학 기회가 줄어들고 노동시장에서 선호되는 일자리들에서 벗어나게 되는 직업계열로 진학한다. 이들의 주장은 직업계열을 생애 기회를 단절시키는 음흉한 제도처럼 느끼게 만든다.

비판적 사회과학자들 가운데 일부는 학교를 통해 직장에서 쉽게 습득할 수 있는 기술을 가르치는 직업계열이야말로 불평등을 재생산하고 정당화하는 장치라고 설명하면서 중등교육 단계에서 직업계열을 완전히 폐지하자고 주장한다. 그러나 이들은 직업교육이 졸업

---

16) 7의 능력을 가진 입학생을 9의 능력을 갖추게 하여 졸업시킨 학교보다 5의 능력을 갖춘 입학생을 8의 능력을 갖추게 하여 졸업시킨 학교가 더 교육적이다. 두 학교의 교육효과가 각각 2와 3으로 산출되기 때문이다.

생들에게 생애 기회를 더 좋은 방향으로 전개할 수 있도록 지원하는 긍정적 역할을 무시한다. 직업교육은 실업에서 벗어날 가능성을 높이고 열악한 일자리에 취업할 가능성을 줄일 수 있다(Shavit and Müller, 2000: 437). 고등학교 단계에서의 직업교육은 이상을 추구하는 최고의 방법이 아닐 수 있어도 실현성이 높은 차선책은 될 수 있다. 고등학교 직업계열을 통해 적합한 일자리에 취업한다면, 대학을 졸업하여 소망한 직장에 취업하는 것보다는 낫지 않겠지만, 대학에 진학하여 고액의 교육비와 청년기의 4년을 보내고 졸업 후 실업이나 하향취업에서 벗어나지 못하는 상황보다는 확실히 더 낫다.

누구나 대학에 진학하여 학업을 성공적으로 마칠 수 있고 대학 교육을 받은 사람들을 그 학력에 걸맞은 일자리를 제공하며 흔쾌히 받아들이는 노동시장이 확보되어 있다면, 고등학교 단계에서 직업교육을 권장할 이유가 없으며 직업계열을 만들 필요도 없다. 고등학교에서의 직업교육은 아무런 대책 없이 졸업한 후 실업 또는 잠재실업 상태에서 벗어나지 못할 가능성이 높은 청소년들이 생산성 있는 기술을 익혀 적합한 일자리에 취업함으로써 행복을 추구할 수 있게 하는 데 목적이 있다. 고등학교 단계에서의 직업교육이 생산에 필요한 지식과 기술을 효율적으로 가르치고 취업에까지 영향을 미친다면, 대학에서의 학업을 위한 준비도 없고 의지도 없이 진학하여 취업에 대한 걱정을 떨쳐 버리지 못한 채 졸업한 후 실업 또는 하향취업 상태에서 벗어나지 못하는 대졸 청년들의 양산을 막을 수 있다. 학교교육과 노동시장의 현실을 직시하면, 직업교육의 필요성을 인정할 수밖에 없다. 오늘날 한국에서 악화되고 있는 대졸 청년 실업과 하향취업 사태는 고등학교 단계에서의 직업교육의 필요성을 강력하게 실증하고 있다.

고등학교 단계에서 실행되고 있는 학업계열과 직업계열을 선택에 의한 구분으로 볼 수도 있고 우열에 의한 결과로 볼 수도 있다. 정부가 두 계열을 선택에 의한 구분으로 보면 평등 원칙 아래 두 계열을 지원할 가능성이 높다. 그러나 우열에 의한 결과로 볼 경우에는 열등한 계열에 관한 관심과 지원은 제한될 가능성이 높다. 독일은 선택으로 인정하고 정부와 사회가 적극적으로 지원한다. 미국의 경우, 직업계열은 존재조차 희미하며 이에 대한 정책적 배려는 거의 없다. 그래서 미국에서는 대학에 진학하지 않는 젊은이들을 '잊힌 절반'(the forgotten half)으로 묘사하기도 한다. 고등학교 단계에서의 직업계열을 선택으로 인정하는 정부는 직업계열 고등학교를 독립된 체제로 관리하고 지원한다. 한국에서 직업계열 고등학교는 독립된 체제로 유지되고 있지만, 국가의 지원이 줄어들고 사회적 인식이 부정적으로 변하면서 점차 사라지고 있다. 그 결과, 한국은 모두가 대학에 진학하는 사회로 변화하고 있으며 대학 이전 모든 단계의 학교가 대학입시 준비 기관으로 변질되고 있다.

직업이 귀천으로 나뉘고 차별이 일어난다면 대학 단계 이전에서 이루어지는 직업교육이 성공적으로 정착될 가능성은 거의 없다. 여기에 직업의 종류에 미치는 학력의 영향력이 강조됨으로써 학력의 높낮이로 사람의 가치가 판정된다면, 대학 진학은 실업이나 하향 취업을 각오하면서 계층 상승을 위해 추진될 수밖에 없다. 한국 사회에 널리 퍼져 있는 근거 없는 대학필수론, 곧 "그래도 대학은 나와야 한다"라는 말 속에는 대학 교육의 사회적 가치가 스며들어 있다. 그러나 직업이 오직 차이로만 구별되고 직업의 종류에 상관없이 맡은 업무를 성실하게 수행하는 사람이 존중받는다면 직업교육은 성공할 가능성이 아주 높다. 직업교육이 성공적으로 정착하려면 엄격하게 계층화된 체제로 운영되면서 그에 따라 보상되어야 한다. 다시 말해서, 직업계열 고등학교가 설립 목적을 달성하려면 기술교육에 전념함으로써 학생들이 경쟁력 있는 기술을 습득하여 생산 현장에서 차별적 우위를 과시할 수 있어야 한다. 직업계열 고등학교에서 습득한 자격증은 그 분야에 취업하는 데 유리하게 작용해야 한다.

정부는 직업계열 고등학교 정책을 균형 있는 학력 인구구조를 만들고 중산층을 두껍게 만드는 과제로 추진해야 한다. 직업계열 고등학교 교육 정책은 종료 교육의 목적을 지향할 수밖에 없기 때문에 '실현하기 어려운 원대한 소원'보다는 '실현 가능한 구체적 기대'를 선택해야 한다. 직업교육이 성공하려면 학생들에게 노동시장에서 요구하는 기술들과 태도를 갖추게 하여 기술직에 취업하게 함으로써 실업이나 저임금 비(非)기술직의 불안정한 고용에서 벗어나게 해야 한다. 어린아이들은 어떤 꿈을 꾸더라도 허용되어야 하지만 청소년들이 너무 다양하고 황당한 꿈들만 꾼다면 문제가 된다. 청년기에 접어들면서도 실현 가능성이 없는 꿈을 고수한다면, 아무리 "꿈은 이루어진다"라면서 꿈을 예찬하는 사회일지라도 심각한 문제가 된다. 더욱이 가족, 사회, 국가까지 청년들이 허황한 꿈에서 헤매도록 내버려 둔다면 그 개인, 가족, 사회 그리고 국가까지 위기에 직면한다.

청년기는 꿈을 이루기 위해서 꿈에서 깨어나 실천에 매진해야 할 때이다. 허황한 꿈을 고수하는 것보다 그 꿈을 접고 실현 가능한 새 꿈을 설계하고 그에 따라 실천하는 편이 용기 있고 현명하다. 인생을 허비하는 사람들은 꿈이 없기보다는 꿈이 황당하거나, 너무 많거나, 자주 바꿈으로써 실현에 집중하지 않는다. 성공적인 삶에 요구되는 요소들은 많다. 현실 직시는 성공의 필수 조건이다. 꿈을 꾸는 사람보다 잠자리를 박차고 일어나서 실행하는 사람이 성공할 가능성이 더 높다. '열정적 끈기'(grit)는 결정적으로 중요함에도 불구하고 주목받지 못했지만 최근 부각되고 있다(Duckworth, 2016). 열정이 없으면 집중할 수 없고 끈기가 없으면 완성할 수 없다. 성장하는 데에는 나이(age)가 필요하지만 성숙하는 데에는 숙고(deliberation)가 필요하다.

어른들은 청소년들이 꿈을 잃지 않도록 격려해야 하지만 이루어질 수 없는 꿈에 사로잡혀 있는 상태를 방치한다면 무책임하다. 오늘날 한국에서는 수많은 청소년이 자신들의 학업과 조율되지 않은 공허한 열망을 고수하거나 미래에 대한 두려움 때문에 희망과 기대를 접고 열망을 극도로 자제하며 현실로부터 도피하고 있다. 대학 교육을 받은 청년들의 실업과 하향취업 문제를 다루는 연구들도 대부분 너무 늦은 시점에 해결책을 구하고 있다. 경기 회복, 일자리 창출, 대학 교육의 실용화, 노동시장 구조 개편 등은 시기적으로 늦었거나 실현 가능성이 희박하여 해결책이 되기 어렵다. 대졸 청년들의 실업과 하향취업이 해결되거나 해소되려면, 무엇보다 먼저 이 사태가 개인적으로는 물론이며 국가적으로도 심각한 문제로 인정되어야 한다. 그리고 그 해결책은 대학 이전의 단계에서 찾아야 한다. 고등학교 졸업생들이 거의 모두 유일한 진로로 대학 진학을 결정하고 있다면 대졸 청년 실업과 하향취업은 영원히 해결될 수 없을 뿐만 아니라 더욱 심각해져 개인, 가정, 국가를 위기로 치닫게 만든다.

대학 학위를 요구하지 않는 광범위한 직종들에 고용된 최고 수준의 기술을 가진 노동자들의 소득은 대학 학위를 요구하는 직종들에 고용된 화이트칼라들의 평균 소득보다 더 높다. 생산 공장의 단조로운 조립공정에 투입되는 노동자에 대한 수요는 감소하지만, 기술 수준이 높은 노동자에 대한 수요는 늘어나고 있다. 오늘날 미국에서 일류 변호사와 의사는 쉽게 찾을 수 있지만, 일류 기술을 가진 노동자를 찾기는 쉽지 않다(Murray, 2008b: 47). 한국에서도 의사와 변호사의 지위와 소득이 예전과 같지 않다. 박사 학위를 취득했지만 적합한 일자리를 구하지 못한 채 기약 없는 기다림에 지쳐가는 비정규직 고급 화이트칼라들이 늘어 가고 있다. 학교 단계별 최적화는, 사회를 계층화하는 데 이용될 수 있지만, 현실을 직시하게 하고 그에 적합한 생애 계획을 세울 수 있게 한다. 취업이 기대한 대로 이루어지는 세상이라면, 대학이 필수화되고 보편화되어도 좋다. 그러나 노동시장이 취업지망자들의 이상과 기대를 전혀 고려하지 않고 계층화되어 있다면, 학교교육은 노동시장 구조에 맞추어 단계별로 최적화되어야 한다.

인류 역사상 출현한 모든 사회의 노동시장 구조는 삼각형 모양에서 크게 벗어나지 않았다. 그런데 학교교육 기회가 확대되면서 학력 인구구조는 역삼각형으로 급변하고 있다. 역삼각형을 삼각형에 맞추어야 하는 지극히 어려운 과제가 코앞에 놓여 있다. 삼각형이 고정되어 있다면, 역삼각형을 돌려서 삼각형에 맞출 수밖에 없다([그림 10] 참조). 역삼각형 퍼즐 조각을 삼각형 고정판에 맞추려면 역삼각형 조각을 아래와 위가 바뀌도록 뒤집어야 한다. 이처럼 지극히 단순한 논리가 한국의 대학 교육 정책에 적용되어야 한다. 고정된 삼각형을 뒤집으려는 시도는 무모할 뿐만 아니라 재앙을 초래한다. 한국에서는 유아들도 쉽

[그림 10] 역삼각형 학력 인구를 삼각형 노동시장에 맞추려면?

게 할 수 있는 지극히 간단한 도형 맞추기를 정부는 시도조차 못 하고 있다. 대중영합주의에 사로잡혀 있으면 단순한 현상을 복잡하게 해석하고 각색하게 된다. 따라서 대중영합주의를 극복하면 문제는 단순해지고 그에 대한 대책도 분명해진다.

3. 노동시장 현실의 직시: 대학 최적화를 통한 사익과 공익의 추구

경쟁력을 갖춘 고용주들은 자신들이 필요한 인력만 채용한다. 현명한 주부들은 시장에 가서 찬거리를 살 때 돈이 아무리 많아도 필요하지 않은 농산물이나 수산물을 사지 않는다. 그래서 풍년이 들어 농산물이 과잉 생산되면 농민들은 판로를 걱정한다. 그들이 온갖 방법을 동원하더라도 남아도는 농산물은 제값을 받지 못할 뿐만 아니라 폐기해야 하는 상황도 발생한다. 물고기가 많이 잡힌다고 어부들은 마냥 좋아할 수 없다. 판매되지 않으면 폐기 처분되기 때문이다. 냉동처리, 통조림 등으로 처리하는 방법이 있지만 계속해서 과잉 생산되면 폐기해야 하는 사태에까지 이를 수 있다. 노동시장도 일반 시장처럼 수요와 공급에 따라 변동되기 때문에, 과도하게 유입된 대졸 청년들은 제대로 취업할 수 없다. 대학 교육의 수월성이 유지되려면 대학생 수가 노동시장 수요에 적합해야 하며 대학 진학이 부모의 사회·경제·문화적 자본력에 의해 결정되지 않아야 한다.

국립대학에 대한 차별적 우대 지원도 이제는 다시 생각해 볼 필요가 있다. 국립대학은 조선 시대에도 있었지만, 현대적 국립대학은 일제의 식민 지배를 받던 시대에 강화되었다. 미군 점령 시대에 미군정청은 미국의 교육제도를 모형으로 삼아 한국의 교육제도를 지도하고 자문했음에도 불구하고 유독 대학 제도만 국립대학과 표준대학을 두지 않은 미국의 모형을 따르지 않고 국립대학 설립을 관철하였다(오욱환·최정실, 1993).

> 미국에는 모든 대학이 모형으로 삼아야 하는 표준 국립대학이 없다. 이 사실은 역사적 산물로서, 초대부터 5대 대통령까지 국립대학의 설립을 적극적으로 시도하였지만 실패

> 하였다. 이후, 미국은 더 이상 국립대학의 설립에 집착하지 않았다. 다른 선진국들의 경우, 국립대학들은 다른 대학들의 모형으로 제시되기 때문에 고등교육 전반에 심대한 영향을 미친다. 그리고 그 영향은 중등교육에까지 파급되고 있다. 미국의 경우에는 국가에서 표준 국립대학을 설립하지 못함에 따라, 어떤 다른 기관이나 개인도 표준형 대학을 시도할 수 없었다. 모형 국립대학이 없는 미국에서는 각 대학들이 상당한 자율성을 갖게 되었고 결과적으로 다양한 대학이 자리를 잡을 수 있었다. (오욱환, 1999: 10)

1946년 당시 '국립 서울대학교 설립 계획안'(국대안)에는 신생 독립국에 필요한 인재를 효율적으로 발굴하여 양성한다는 명분도 있었다. 그때는 그렇게 할 필요가 있었더라도 그로부터 70년이나 지났을 뿐만 아니라 경제는 비교할 수 없을 정도로 성장한 이 시점에서 그 명분으로 국립대학들을 먼저 그리고 차별적으로 지원하는 것은 부당하다. 국립대학 졸업생들이 사립대학 졸업생들보다 국익에 더 많이 공헌한다고 말할 수 없다면, 국가는 설립 유형을 가리지 말고 균등하게 지원해야 정당하다. 사립대학교가 아주 많으므로 국립대학교가 공익에 더 크게 공헌하지 않는다면 존재 이유는 사라진다. 국립대학의 설립 목적들 가운데 하나는 재능은 있어도 가정이 가난하여 대학에 진학할 수 없는 청소년들을 지원하는 것이었다. 오늘날 국립대학에 진학하는 학생들은 사립대학에 진학하는 학생들보다 가난하지 않다. 따라서 국비(國費)가 국립대학에 더 많이 지원되는 체제는 불평등하며 정당하지도 않다.

학교에서 배우기를 싫어하고 교실에서 아예 자려고 드는 청소년기 학생들이 늘어나고 있다. 이 학생들의 행위가 일시적이 아니고 상습적이라면 학교는 물론이며 국가도 조치해야 한다. 그 조치들 가운데 하나는 학교가 그러한 학생들을 거부하는 것이다. 국가가 그 학생을 위해 상당한 금액을 국민 세금으로 지원하고 있으므로 조치를 할 수 있는 권리를 갖고 있다. 학생들도 어울리지 않는 곳에서 불편한 행위를, 눈치를 보거나 적대감을 안고 계속해야 할 이유가 없다. 고등학교 단계는 의무교육이 아니므로 학생들은 학교교육을 거부할 수 있는 권리가 있다. 수업시간에 잠만 잔 학생들에게 졸업장을 준다면 너무 이상하다. 학교에 간다고 저절로 배워지지 않는다. 교실에 앉아 있다고 배우는 것도 아니다. 배움이 실현되려면 학업에 집중해야 한다. 학교에 다니면서 배움을 싫어하고 교사에게 적대감을 쌓도록 내버려 두는 것보다는 학교 이외의 곳에서 다른 유형의 지식과 기술을 익히는 편이 낫다. 생업에 필요한 지식과 기술은 학교를 통해서만 배울 수 있는 것도 아니다. 학생들이 학교에서의 배움을 거부하는 이유는 그 배움이 자신에게 의미가 없다고 생각하기 때문이다.[17] 그렇다면 학교는 그러한 학생들에 대한 미련을 버림으로써 그 학생들이 자신에게 의미 있는 배움을 선택할 수 있도록 기회를 주어야 한다.

한국에서 과잉교육 비판은 기피하는 주제가 되고 있다. 대학등록금이 비싸다며 반으로 깎자는 주장이 강력하게 제기되고 상당한 호응을 받았지만, 대학생 수가 너무 많다며 절반으로 줄이자는 제안이 제기된 적은 없는 것 같다.[18] 대학등록금이 비싸다지만 대학에 진학하는 학생들은 줄지 않고 있다. 그러나 대학생 수가 절반으로 줄어들고 국가에서 대학에 지원하는 각종 지원금을 효율적으로 활용하면 등록금을 크게 인하할 수 있다. 독일에서는 이러한 방향으로 대학 정책이 집행되고 있다. 독일의 대학 교육비는 거의 무료에 가깝지만, 대학취학률은 한국의 절반 정도에 머물고 있다. 대졸 학력에 어울리는 일자리 수를 참작하면 대학생 수를 절반으로 줄여야 한다. '대학생 수 절반화' 과제는 누가 주도해야 하는가? 주도할 주체가 없다면 그대로 두어야 하는가? 대졸 청년 실업과 하향취업 사태는 해당되는 개인들과 그 가족들에게 낭패감을 안길 뿐만 아니라 대졸 청년들의 절반 이상이 적정 취업에 실패함에 따른 손실 그리고 대학 교육이 취업 준비에 쏠림으로써 불가피해진 질적 하락은 국가경쟁력을 크게 떨어뜨린다. 실업과 하향취업 상태로 몰린 청년들이 결혼과 출산을 기피하거나 미룸에 따라 급락한 출산율로 인해 한국은 고령사회에 이미 접어들었으며 초고령사회로 급진하고 있다.

노동시장 인구구조는 학력 인구구조의 영향을 받지 않는다. 노동시장 인구구조에 미치는 국가의 영향력은, 국가가 이념을 바꾸는 수준에 이르지 않는 한, 상당히 제한되어 있다. 국가가 자본주의 체제를 포기하고 사회주의 체제로 전환한다면 노동시장 인구구조는 획기적으로 바뀔 수 있다. 그러나 공산주의 체제가 붕괴했거나 변질되고 있는 시대적 흐름을 고려하면 이러한 가정은 공허할 뿐이다. 노동 인력의 공급과 수요의 조화를 확립하려면 인력의 공급을 주시하고 필요하면 조정해야 한다. 국가 전체적으로 인력의 공급을 조정하는 역할은 정부가 담당해 왔다. 정부는 일자리의 창출이 절실히 필요할 때 공무원과 준공무원을 늘리는 직접적 조치를 먼저 고려한다. 이 방법은 손쉬워 보이지만 국민에게 세금을 더 부과할 수밖에 없으므로 심각한 부작용이 뒤따른다. 한편, 정부가 자본가들에게 고용을 늘리도록 강요하거나 묵시적으로 요구하는 방법을 택하면 자본주의 체제가 손상되고 기업의 경쟁력이 하락할 수 있다. 이러한 추측은 세계화 시대에서는 곧바로 현실로 나타난다.

---

17) 누구든지 자신이 의미를 부여하고 중요하게 생각하는 일에는 집중하고 정성을 쏟는다.

18) 나는 1986년에 출판한 「한국 대학 교육 확대의 사회학적 해석」이라는 제목의 논문에서 대학 교육의 양적 확대가 가져올 문제를 논의하였다(오욱환, 1986).

독일 사람들 가운데 97퍼센트가 고등학교 졸업장을 갖고 있지만, 이들 가운데 오직 33퍼센트만 대학에 진학하며 오스트리아, 덴마크, 핀란드, 네덜란드, 노르웨이, 스위스 등의 국가에서는 학생들 중 40퍼센트에서 70퍼센트가 교실 수업과 직업훈련이 통합된 프로그램을 선택한다(Bennett and Wilezol, [2013] 2014: 88-89). 한국에서는 동령집단의 65퍼센트 정도가 대학에 취학하고 거의 대부분 졸업한다. 대졸 청년들이 과잉 배출될수록 그들의 평균 소득은 하락한다. 제대로 취업한 대졸 청년들도 노동예비군이 충분히 확보되어 있기 때문에 임금 협상에서 불리할 수밖에 없다. 노동시장에서도 수요를 초과하여 공급되면 농수산물 시장에서처럼 가격이 하락한다. 노동시장에서도 가격은 수요와 공급에 의해 결정된다.

명품으로 알려져 있더라도 수요가 없으면 가격은 하락하며 덤핑될 수도 있다. 미국의 경우, 하버드대학교 철학과 졸업생들의 생애 소득은 콜로라도 광업대학(Colorado School of Mines) 졸업생들의 생애 소득에 훨씬 뒤진다. 2012년 9월 페이스케일(PayScale)의 보고에 의하면, 사우스다코타 광업공과대학(South Dakota School of Mines and Technology) 졸업생들의 1년 소득은 56,700달러로 이는 하버드대학교 졸업생들의 평균 소득 54,100달러보다 더 높다(Bennett and Wilezol, [2013] 2014: 105-106).[19] 한국의 경우에도 유사한 사례를 얼마든지 찾을 수 있다. 좋은 직업계열 고등학교의 졸업장의 소득효과보다 훨씬 낮은 효과밖에 없는 학사 학위를 수여하는 대학도 적지 않다.

'어떤 대학에 가느냐'보다 '왜 대학에 가느냐'에 대해 먼저 깊이 생각해야 한다. 한국 학생들과 그 부모들은 왜 대학에 진학하며 무슨 공부를 할 것인지에 대해서보다는 세칭 일류대학교를 목표로 삼으며 학과보다 대학교를 먼저 선정하는 경향이 있다. 진학지도에 신중하고 세심해야 하는 고등학교조차도 세칭 일류대학의 합격자를 늘리기 위해 학생의 적성과 의사를 무시하고 일류대학들 가운데 선호도가 낮은 학과를 지망하도록 유도하기도 한다. 그렇게 진학하면 자신에게 맞지 않는 분야를 마지못해 공부해야 하고, 원하지 않은 직장에서 불편하게 지내야 하며, 뒤늦게 후회하며 노후를 보내야 한다. 진학 후 학과를 바꾸어야 할 경우에는 아주 복잡하고 힘겨운 과정을 거쳐야 한다.

청년기에 접어들면 성공 가능성을 고려하여 계획을 수립해야 한다. 성년이 되었다면, 실현 가능성이 없는 황당한 계획을 세우고 한가하게 지낼 때가 아니다. 오늘날 대학생들은 옷이나 신발을 살 때, 영화를 보러 갈 때 그리고 회식을 할 때 가격 대비 성능비(가성비)

19) 콜로라도(Colorado)와 사우스다코다(South Dakota)가 어디에 있는지 구글 지도를 통해 확인해 보고, 콜로라도 광업대학(Colorado School of Mines)과 사우스다코다 광업공과대학(South Dakota School of Mines and Technology)의 웹사이트에 접속해 보면 직업에 대해 의미 있는 메시지를 얻을 수도 있다.

를 꼼꼼하게 따진다. 이들은 가성비를 높이기 위해 인터넷, 신문, 방송, 입소문 등 온갖 매체를 이용하여 차이를 비교한다. 한국의 청소년들과 청년들이 이 정도의 노력을 대학 진학 여부, 학과 선택, 수강신청, 중퇴 여부 등에 적용했거나 한다면 개인들, 가족들 그리고 국가까지 감당하지 못하는 대졸 청년 실업과 하향취업 문제가 지금보다는 조금이라도 덜 심각할 것 같다.

대졸 청년 실업 문제를 해결하려면 대학졸업자를 줄이든지 아니면 일자리를 늘려야 한다. 최고의 해결책은 대학졸업자를 줄이면서 일자리를 늘리는 것이다. 국가가 정책으로 이 문제를 해결하려 할 경우 일자리를 늘리는 데보다 대학졸업자를 줄이는 데 더 주력해야 한다. 현대 자본주의 사회에서 국가가 일자리를 늘리는 데에는 한계가 있다. 그러나 대학졸업자 줄이기는 일자리 늘리기에 비해서 상대적으로 덜 어려울 뿐만 아니라 정당하다. 대학졸업자를 줄이려면 무엇보다 먼저 대학취학률을 낮추어야 한다. 대학취학률을 낮추기 위해서 국가는 대학 정원을 줄이는 방법과 대학 진학 이외의 진로로 유인하는 방법을 시도할 수 있다. 타당하고 현명한 정책은 대학 이전에 직업교육을 통해서 직무에 필요한 기술과 지식을 습득하게 하고 그에 적합한 일자리까지 알선하는 것이다. 무모하고 무책임한 정책은 대학 교육 기회를 모두에게 제공한다면서 대학 진학을 부추겨 대학졸업자를 더 많이 양산하면서 그에 부합하는 일자리 창출을 약속하는 것이다. 한국이 고학력 청년 실업과 하향취업으로 국가적 위기에 직면하게 된 까닭은 역대 정부들이 무모하고 무책임하게 대학 확대 정책을 펴 왔기 때문이다.

고등교육 진학률[20]은 2000년대에 접어들면서 급격히 상승하여 후반기에는 70퍼센트를 넘어 80퍼센트에 육박하였다. 이처럼 높은 수치가 나온 이유는 고등학교 단계에서 직업교육과 진로지도가 제대로 시행되지 않고 종료 교육으로서 기능하지 못함을 의미한다. 다시 말해서, 대학 교육이 개인적으로는 필수 과정으로 굳어져 왔고 국가 수준에서는 보편화되어 왔다. 한국의 대학취학률은 세계 최고 수준이다. 한국에는 4년제 대학, 2년제 대학, 사이버 대학 등이 모두 있으며 초거대도시, 대도시, 중소도시, 심지어 읍면 소재지에도 대학이 있다. 대학생이 너무 많기 때문에 절반 이상의 졸업생들이 기대한 일자리를 구하지 못하고 그들 가운데 상당수는 실업자로 전락하고 있다. 이러한 현실이지만 부모들은 대학 교육을 필수 과정으로 확신하고 정부는 선심을 베풀 듯 대학 교육 기회를 개방하고 있기 때문에 청소년들은 물론이며 유아들도 똑같은 과정을 밟을 수밖에 없다. 1970년의 미국 대

20) 진학률은 [(당해 연도 졸업자 중 진학자 ÷ 당해 연도 졸업자) × 100]으로 산출되며, 취학률은 [(취학 적령 재적 학생 수 ÷ 취학 적령 인구 수) × 100]으로 산출된다.

학 현실은 오늘날의 한국 대학 현실과는 비교가 안 될 정도로 양호했음에도 불구하고 강도질로 비유되었다(Berg, [1970] 1971). 심각성의 정도를 고려하면, 한국의 대학 현실은 강도, 사기(fraud) 등으로 비난해도 무리가 없다. 이러한 비난을 받지 않으려면 대학의 양적 확대를 중단하는 수준을 훨씬 넘어 대학을 획기적으로 축소해야 한다. '혁명적'이라는 형용사로 수식될 만큼 대학졸업생을 줄여야만 대학 교육이 적정화되어 수월성이 추구될 수 있다.

인구 감소에 맞추는 대학생 줄이기 정도로는 지금의 사태가 중단되지 않고 완화되지도 않는다. 인구 증감에 따른 대학 인구 조정은 대학 축소와 무관하다. 대졸 청년 실업과 하향취업 문제가 발생하지 않게 하려면 동령집단의 30퍼센트 정도만 대학에 취학해야 한다. 그 규모에 맞추려면 지금의 대학생 수를 절반 넘게 줄여야 한다. 이 축소 규모를 제안하면 '말도 안 되는 소리'라거나 '미쳤다'라고 반박할 것으로 예상된다. 그러나 노동시장은 이 규모 이상의 대학졸업생을 수용할 수 없으니 이 규모로 축소해야 사리에 맞다. 대학생 절반으로 줄이기가 언어도단이거나 '미친 짓'으로 비난될 수 있지만, 대학취학률보다 조금 더 높게 나오는 대학진학률이 1980년에는 22.7퍼센트였으며 1993년까지만 해도 38.4퍼센트였다.[21] 그러나 2003년에 이미 80퍼센트에 육박했으며 2008년에는 83.8퍼센트에 이르렀다. 그때 합리적으로 판단하여 적합한 정책이 집행되었다면, 지금 대학생 절반화가 제안될 리 없다.

한국에서는 20퍼센트 정도였던 대학진학률이 고작 20년 만에 80퍼센트에 육박하게 되었다. 이처럼 급속도로 이루어진 대학 인구 확대야말로 '미친 짓'이었다. 대학 교육이 '미친 듯'이 확대될 때에는 환영하고 그로 인해 발생한 위기를 극복하기 위해 축소하려 하면 '미친 짓'이라고 비난한다면 문제 해결은 난망하다. 무모하게 확대된 대학의 규모를 정상으로 되돌리는 과제가 얼마나 어려울지는 상상이 되지 않는다. 잘못 시행된 교육 정책은 이전 상태로 되돌릴 수 없기에 치명적이다. 대학 진학 시점은 평등성을 추구할 때가 아니다. 18세는 학업에 대한 준비와 능력에서 차이와 격차가 뚜렷해진 시기여서 능력과 의지가 부족한 학생들에게 대학 진학을 유인하는 정책은 공정하지도 않고 생산적이지도 않다(Fishkin, 2014: 254). 생애주기에서 기회를 완전히 균등하게 만들 수 있는 단계는 없다.

대학 진학이 국민 모두의 병목이 되어 있다면 기회 균등은 실현될 가능성이 전혀 없다. 모든 국민이 대학 교육을 받는다면 대학 교육 기회는 균등해질지 모르지만, 그다음 단계인

---

21) 대학진학률은 고등학교 졸업생들 가운데서 대학에 들어가는 학생들의 비율이다. 1980년도에는 고등학생이 지금처럼 많지 않았기 때문에 22.7퍼센트의 대학진학률은 동령집단 내 대학생 수, 곧 대학취학률은 그보다 훨씬 낮았음을 의미한다. 학교교육 단계가 높아질수록 취학률이 진학률보다 낮아진다.

취업의 기회 균등을 기대할 수 없을 뿐만 아니라 치명적인 불평등이 초래된다. 대학 교육을 통해 좋은 일자리에 취업한 사람들과 대학 교육을 받고도 실업 상태에서 벗어나지 못하거나 하향취업을 감수해야 하는 사람들의 사회경제적 격차는 세월이 갈수록 심각하게 벌어진다. 사회경제적 양극화가 가속됨에 따라, 대졸 학력을 갖고 실업 또는 하향취업한 청년들은 같은 학력으로 적합한 일자리에 취업한 청년들이 승자독식(winner-take-all) 형식의 생애 기회를 누리는 현실을 지켜볼 수밖에 없어 상대적 박탈감을 떨쳐 버릴 수 없다.

학교교육은 어느 정도 확대된 후에는 자동추진(self-propelling)된다. 낮은 단계의 학교교육이 확대되면 다음 단계의 학교교육 확대는 이미 시작된 것과 마찬가지이다. 초등학교 교육이 보편화되었다면 중학교 취학률은 높아질 수밖에 없고, 중학교 교육이 대중화를 거쳐 보편화되면 고등학교 취학률 역시 높아지기 마련이다. 고등학교 교육이 보편화되면 대학 교육의 보편화 압력은 거세진다. 그러나 대학 교육이 수월성을 추구하려면 대학의 선택력이 강화되어야 하며 지적 능력을 갖추고 학문 탐구의 의지가 있는 학생들이 선발되어야 한다. 선발이 불가피하더라도 배제된 사람들을 도태시키면 안 된다. 선발이 타당해지려면 선발되지 못한 사람들이 다른 진로를 선택할 수 있어야 한다. 이러한 유인체제가 잘 갖추어지면 대학 진학은 여러 가지 선택 가운데 하나로 인식된다.

고등학교 단계에서 학교와 직장이 협조하여 학생들에게 체계적으로 생산 현장에서 요구되는 지식과 기술을 가르치고 취업으로 연결해 준다면 대학 진학이 유일한 선택이 될 수 없다. 그러나 모두가 대학에 진학하려 하고 대학은 모두를 수용한다면 대학 단계에서 배제는 일어나지 않지만, 취업 단계에서 배제는 피할 수 없다. 고용주들은 적임자를 선발하기 위해 배제하는 데 아무런 거리낌도 없다. 고용주들은 비용 절감 원칙에 철저하므로 선발 과정에서 지원자들을 배려하지 않는다. 그들은 지원자가 너무 많아 감당하기 어려워지면 1차 과정 통과자를 최소화한다. 이 단계에서 지원자들이 제출한 입사지원서는 그야말로 자료에 지나지 않는다. 이 단계에서 선발담당자들은 입사지원서를 제출한 지원자들을 인간적으로 배려하지 않는다. 그들은 배제 준거들을 늘림으로써 이 작업을 효율적으로 처리한다.

오늘날 한국은 출산율이 너무 낮아 인구 감소의 위기에 직면해 있다. 출산율이 낮기 때문에 앞으로 대학 인구가 줄어들어 대졸 청년 실업 문제가 저절로 해결될 수 있을 것으로 예측한다면 사태를 너무 안일하게 인식했을 뿐만 아니라 문제의 원인을 잘못 파악하였다. 오늘날 한국에서 일어나고 있는 대졸 청년의 실업과 하향취업은 대졸자가 많아서보다는 동령집단 내 대졸자 비율이 너무 높아서 일어나고 있다. 대졸 학력이 요구되는 일자리는 최대로 추산하더라도 동령집단의 30퍼센트를 넘지 않는다면, 인구가 줄어들 때 그에 따라

대졸 학력 일자리도 그 비율로 줄어든다. 동령집단이 40만 명에서 30만 명으로 줄어들면 대졸 학력 일자리도 12만 개에서 9만 개로 줄어든다. 다시 말해서, 동령집단이 40만 명에서 30만 명으로 줄어들면 대졸 학력 일자리도 그 비율에 맞추기 위해 3만 개가 사라진다. 예컨대, 인구가 줄어들면 그 인구를 고객으로 삼는 의사나 변호사와 같은 전문 서비스직도 줄어든다. 교사의 감소는 더 뚜렷하게 나타난다.[22] 전문 직종에서도 자동화, 전산화 등에 의해서 일자리가 줄어들고 있다. 사람이 할 수밖에 없는 일이나 기계로 대체하는 비용이 오히려 더 비싼 일자리들은 줄어들지 않는다. 그 일자리들은 대부분 선호도가 낮은 서비스직이기 때문에 대졸 청년들은 관심을 갖지 않는다.

대학 인구 적정화는 대학 교육 기회를 제한하는 유형으로 나타날 수밖에 없다. 대학 인구를 적정하게 조정하려면, 상당히 많은 대학을 폐교해야 하고 학과를 폐과해야 하며 정원을 축소해야 한다. 다시 말해서, 엄청난 수의 청소년들이 대학 진학을 포기해야 한다. 이러한 결과는 너무나 끔찍하여 상상하기도 싫겠지만, 대졸 청년들의 실업 및 하향취업에서 유발되는 사태들은 더욱 끔찍한 결과로 나타난다. 동령집단 가운데 60퍼센트 이상이 대학에 취학하지만 대학 교육을 필요로 하는 일자리가 그 절반에도 미치지 못하기 때문에 대졸 청년들은 실업 또는 하향취업이라는 공포에서 벗어나지 못한다. 오늘날 한국에는 대학을 졸업하면 쉽게 취업할 수 있는 전공 영역이 크게 줄어들었다.

졸업 후 취업이 당연했거나 자연스러웠던 전공 영역들의 경우에도 전공 졸업자들이 급격히 늘어남에 따라 취업은 할 수 있을지언정 높은 수익과 안정을 확보하기 어렵다. 교사가 되려면 사범대학과 교육대학 졸업 외에도 힘겨운 과정을 통과해야 하며 약사가 되어도 개업이나 취업이 이전처럼 용이하지 않다. 대도시의 도심 사거리에는 병원과 의원이 즐비하며 법원 부근에는 건물의 각층에 변호사 사무실이 있다. 변호사와 의사가 과잉 공급됨에 따라 의사들과 변호사들이 고객을 몹시 기다리고 있다.[23] 인문학, 사회과학, 예체능 계열 학과의 경우, 신입생들은 학과 오리엔테이션 때 취업 전망이 밝지 않음을 감지한다.

대학생을 적정 수준으로 대폭 줄이면 국가는 대학생들에게 지원하는 학자금을 늘릴 수 있다. 전체 대학생 수를 줄이고 가난한 엘리트 대학생들에게 국가가 집중적으로 지원하는 정책이 수혜자가 교육비를 전액 부담하는 제도로 대학생을 무한히 늘리는 정책보다 더 정당하다. 자비로 대학 교육비를 부담하게 하면서 대학 문호를 개방하면 부유한 가정의 자

---

22) 교사 수를 줄이지 않기 위해 학급당 학생 수를 줄이는 방법도 한계가 있다. 교사 1인당 학생 수는 이미 충분히 줄였기 때문이다. 학급당 학생 수를 줄일수록 국민들과 학부모가 부담해야 하는 비용이 증가한다.

23) 과잉진료와 소송의 증가는 각각 의사와 변호사의 과잉 공급과 무관하지 않다.

녀들이 가난한 가정의 자녀들보다 대학 교육 기회를 훨씬 쉽게 얻게 된다. 이러한 제도에서는 부유한 가정에서 풍요하게 자라지만 학습능력은 낮고 의지도 약한 청소년들이 가난한 가정에서 어렵게 학자금을 조달하지만 지적 능력은 탁월하고 학습 의욕도 높은 청소년들보다 대학에 진학하고 졸업할 가능성과 졸업 후에는 좋은 일자리에 취업할 가능성이 더 높아진다.

평등과 정당성을 중시하는 정부라면 경제적으로 불리한 조건임에도 불구하고 학구적이고 의지가 강한 청소년들에게 학자금을 적극적으로 지원하여 그들을 국가에 필요한 인재로 양성해야 한다. 그리고 평등과 정당성을 추구하는 정부라면 부모의 재력에 의존하여 대학 교육 기회를 쉽게 쟁취하고 졸업 후에는 부모의 후광에 힘입어 좋은 일자리에 안착하는 무임승차형 대학생을 최소화해야 한다. 국민의 복지와 행복을 집권의 목표로 삼는 정부라면 고등학교 단계에서 직업교육을 강화함으로써 생업에 필요한 지식, 기술 그리고 인성을 갖춘 젊은이들을 배출하여 일상생활이 가능한 임금을 지급하고 근무조건도 좋은 일자리에 취업하게 함으로써 행복할 수 있도록 지원해야 한다.

국민의 행복과 복지에 관심을 두기보다는 집권과 재집권에만 집착하는 정치인들은 대학 진학, 졸업, 전문직 취업 등이 차례로 이어진다며 청소년들과 그들의 부모들에게 대학 진학을 부추기고 이에 따른 조치로써 대학 교육 기회를 과도하게 확대하여 대학 교육을 보편화시킨다. 이러한 정치인들로 구성된 정부들은 대졸 청년 실업과 하향취업을 예견하지 못했거나 아예 생각하지 않았으며 이 사태를 직면하고서도 이전 정부의 실책임을 부각하며 책임을 모면하려 할 뿐 해결책을 마련하지 않는다. 결과적으로 이 유형의 정부들은 임기 동안 아무런 조치를 하지 않거나 생색용 위원회를 만들고 탁상공론을 펼치면서 사태를 오히려 악화시킨다. 그리고 더 악화된 사태를 다음 정부에 인계한다. 임기 중 자기평가에 엄격하지 않은 정부는 실패의 수순을 밟고 있는 것과 같다.

무책임한 정부들은 사태가 자연스럽게 소멸하기를 기다리거나 임기 중에 악화되지 않기를 기원한다. 이 유형의 정부들은 대졸 청년 실업과 하향취업이 경기 불황에 따른 일시적 현상이라고 애써 변명한다. 출산율 저하로 시간이 지나면 대학 인구가 줄어든다고 낙관하는 정부라면, 대졸 청년들이 취업하고자 하는 일자리가 전체 일자리들 가운데 30퍼센트를 웃돌 수 없다는 사실을 모르기 때문에 무책임할 뿐 아니라 무능하다. 출산율이 낮아질수록 대학취학률은 오히려 높아질 것이다. 그 이유는 각 가정의 자녀 수가 줄어들면 부모들이 자녀교육에 투입할 수 있는 경제력과 시간이 늘어나기 때문이다. 대졸 청년 실업과 하향취업이 심각해질 때 가장 먼저 떠오르는 해결책은 일자리 늘리기이지만 실현 가능성은 아주 낮다. 대졸 청년들에게 걸맞은 일자리를 정부가 공무원, 공기업 직원, 정부 출연

기관 직원을 증원함으로써 일시적으로 늘릴 수 있더라도 그 증가가 지속적으로 과잉 배출되고 있는 대학졸업자들을 수용할 정도에 도달할 수 없다. 그리고 그 정책은 증세라는 또 다른 문제를 유발한다. 파산 사태에 처한 국가들은 하나같이 공직(公職)을 과도하게 증가시켰다.

노동시장의 추세를 고려하면 대졸 청년들이 원하는 일자리는 줄어들 가능성이 상당히 높다. 노동시장에 과잉 공급되는 대졸 청년들을 줄이는 방법이 그나마 가장 실질적인 해결책이다. 공급 조절은 개별적 선택과 국가적 정책에 의해서 시도될 수 있다. 상품이 시장에 과잉 공급됨으로써 가격이 하락하면 생산자들은 출하를 미루면서 가격이 상승하기를 기다린다. 대학생들도 취업 가능성을 높이기 위해 졸업을 유예하는 전략을 펴기도 한다. 그러나 이들은 졸업을 마냥 미룰 수 없으며 고작 1년 정도 유예하며 2년을 넘기기 어렵다. 그리고 졸업을 유예하면 후배들과 경쟁해야 하므로 취업 경쟁자가 줄어들기는커녕 더 많아질 수 있다. 예컨대, 남자 대학생들이 입대, 졸업 유예 등으로 취업 시기를 조절하는 전략을 구사하더라도 노동시장의 호황을 맞을 기회는 거의 없으며 취업의 초조함을 더할 뿐이다.

4. 국익을 위한 인력 정책: 대중영합주의의 종식

대중영합주의 또는 선심 공약을 제안하거나 그런 정책을 펴는 정당과 정부는 마땅히 퇴출당해야 하지만 그 방법은 참으로 막연하다. 대중영합주의 정당과 정부는 눈앞의 이익을 미끼로 국민들의 득표와 지지를 쟁취할 뿐 국가를 위해 밝은 전망을 제시하지도 않고 정책에 대해서도 책임을 지지 않는다. 대중영합주의 정책의 피해는 국민들에게 고스란히 돌아가지만, 그 피해가 나타나는 시기는 정책을 집행한 정당과 정부가 집권 임기를 종료한 다음일 가능성이 높다. 대중영합주의 정책은 국민들의 거부에 의해서만 확실히 저지될 수 있다. 대중영합주의 정치 또는 더 정확하게 표현하여 선심 정치를 펴는 정당과 정부를 저지하려면 국민들이 그 정당과 정부의 정책들이 가진 숨겨진 의도를 간파하고 그 정책들로 인해 닥칠 난관이나 비극적 사태를 예견하여 투표로 집권 또는 재집권을 막아야 한다.

그러나 모든 정당과 정치인들이 선심 정책을 공약으로 내걸면 참으로 난망해진다. 이 경우에는 상대적으로 덜 나쁜 것을 선택할 수밖에 없는데 나쁜 것들 가운데 덜 나쁜 것들을 가려내기는 몹시 어렵다. 국민들의 정치적 지식, 의식 그리고 정치효능감이 높으면 대중영합주의 정책과 전략이 먹혀들 수 없다. 그러나 이 대처법이 작동하지 못하는 이유는 집권 또는 재집권의 의욕만 가진 정치꾼들의 술수가 투표권자들의 지식과 지혜의 수준을 능가하기 때문이다. 그리고 개별 국민들의 이기주의 및 가족이기주의가 국익이나 공익보다 항상 그리고 훨씬 더 현실적이고 절실하기 때문이다.

개별 국민들이 공익을 제쳐두고 사익만 챙기면, 의도하지 않았을지라도 모두가 공멸하는 사태를 피할 수 없다. 한국 부모들은 자녀들의 대학 진학을 그 무엇보다 중요하게 생각하기 때문에 정부와 정당의 대학 정원 확대 정책을 지지할 뿐만 아니라 환영하였다. 그 결과로 한국에서는 모든 부모가 등록금만 마련하면 자녀들을 학습능력이나 학업 의지와 상관없이 대학에 진학시킬 수 있을 정도로 대학 정원이 확대되었지만 이에 따른 필연으로 구조적이며 거대한 규모로 대졸 청년 실업과 하향취업 사태가 초래되었다. 이 사태는 해당 청년들과 그들의 가족들에게 심각한 곤경일 뿐만 아니라 국가의 경쟁력을 치명적일 정도로 하락시킨다. 취업이 어려워짐에 따라 대학은 취업 준비 기관으로 전락하면서 학문 탐구는 뒷전으로 밀린다. 이러한 상황에서는 발명이나 발견이 가능하지 않기 때문에 대학은 창조경제와 지식경제의 동인(動因)이 될 수 없다. 이 사태는 심지어 대졸 학력에 조응하는 일자리에 취업한 청년들에게도 피해를 준다. 고용주들이 대졸 청년 실업자들과 하향취업자들을 노동예비군으로 간주하기 때문에 제대로 취업한 청년들은 높은 임금을 요구하거나 강도 높은 업무에 항의하기 어려우며 해고의 불안을 떨쳐 버릴 수 없다.

대학 정원이 늘어날수록 수월성은 하락하고 형평성이 강조된다. 대학이 늘어날수록 정부는 수월성 원칙에 따라 소수의 대학을 집중적으로 지원할 수 없게 된다. 정부 정책에는 집권 정당의 재집권 의지가 스며들기 마련이다. 집권하는 데 중요한 요소는 여론에서의 우위이고, 구체적으로는 투표권을 가진 성인들의 지지를 받는 것이며, 더 구체적으로는 실제로 투표하는 사람들로부터 득표하는 것이다. 득표하는 데에는 수월성을 추구하기 위해 소수의 대학생에게 집중적으로 지원하는 방법보다 형평성을 고수하기 위해 모든 대학생에게 골고루 지원하는 방법이 훨씬 유리하다. 수월성을 추구하면 많은 사람을 배제할 수밖에 없지만, 형평성을 추구하면 모든 사람을 포괄할 수 있기 때문이다. 그래서 정치가들은 평등을 구현하기 위한 차등화 정책보다 형평성을 주장하면서 모두에게 골고루 배분되는 균일화 정책을 선호한다. 균일화 정책으로 평등이 구현될 가능성은 없다.[24)]

대학을 엘리트화에서 대중화로 그리고 더 나아가 보편화로 변화시키기는 쉬워도 대학

24) 사과를 각각 3개, 5개, 8개 가진 세 아이에게 사과 2개씩 균일하게 나누어 주면 세 아이가 각각 5개, 7개, 10개를 갖게 되어 평등해질 수 없다. 그러나 각 아이에게 3개, 2개, 1개씩 차등하게 나누어 주면 6개, 7개, 9개를 갖게 되어 이전보다 평등해진다.

을 보편화시킨 이후에 수월성을 추구하기란 사실상 불가능하다. 그런데 분명한 사실인즉, 국제사회에서 국가별 대학경쟁력은 각 국가의 대학생 수에 의해 결정되지 않는다. 고등교육 취학률로 대학경쟁력을 측정한다면 한국은 세계 최고이겠지만, 대학에서 생산되는 지식과 기술로 측정한다면 선진국들보다 한참 뒤떨어진다. 초 · 중등교육은 평등성을 지향해야 하지만, 고등교육에서 평등성을 추구하면 수월성이 사라질 뿐만 아니라 실질적으로는 불평등이 심화된다. 대학이 보편화될수록 가족의 경제 · 사회 · 문화자본이 대학 진학, 대학과 학과 선택 그리고 취업에 더 많이 작용하기 때문이다.

교육출세론이 학교교육을 통해 사적 이익의 극대화를 추구하는 개인적 전략을 의미한다면, 교육발전론은 학교교육을 통해 공적 이익의 극대화를 추구해야 함을 강조한다. 경제 성장에 미치는 학교교육의 효과는 양적 팽창보다 질적 향상에 의해 더 분명하게 그리고 더 강력하게 나타난다. 대학 교육으로 국가의 경쟁력을 높이려면, 그 교육은 적정 규모로 질적 향상을 강도 높게 추구해야 한다. 대학생의 과도한 증가는 국가경쟁력 향상에 도움이 되기보다는 오히려 방해될 수 있다. 대학 교육이 보편화되면 학생들의 지적 능력과 학습 의욕이 이전보다 낮아진다. 이 현실을 반영하면, 교과과정이 허술하게 구성되고 수업도 느슨해진다. 대학 단계에서까지 학생들의 어려움을 덜어 주기 위해 교과과정이 구성되고 수업이 진행된다면, 국가의 인적자본은 빈약해질 수밖에 없다.

경제 성장은 어려움을 타개할 때 가능하므로 느슨하고 한가한 교수-학습으로는 경제 성장을 견인할 수 있는 인재나 인력이 양성될 수 없다. 3D업종이나 4D업종과 같은 신조어를 만들어 내면서 어려움을 기피하는 풍조가 확산된다면 경제가 성장할 수 없다. 게으름이 몸에 붙어 있고 안일함이 머리에 박혀 있으면 학업도 3D업종이나 4D업종보다 더 기피된다. 집중력과 인내심이 요구되는 수학과 과학을 경시하면서 확대된 학교교육은 경제 발전에 기여하는 데 한계가 있다. 수학을 포기하면 과학을 포기하기 쉽다. 수학과 과학을 포기한 학생들은 그 과목들의 학습에 할당해야 할 시간을 영어나 국어의 학습에 투입할 리 없으므로 영어와 국어도 포기할 가능성이 높다. 결과적으로 포기하지 않는 과목들은 소위 '벼락치기' 공부로 시험에 대비할 수 있는 암기 과목들만 남는다.[25] 그런데 그 과목들의 성적이 아무리 좋아도 포기한 과목들 때문에 전체 성적은 낮을 수밖에 없다.[26]

25) 교과목 중에 암기 과목은 없다. 게으른 학생들이 이해해야 할 내용을 외워서 답안을 작성하면서 만든 별칭(別稱)일 뿐이다. 게으른 학생들은 수학까지도 암기 과목처럼 해치우려 한다.

26) 어떤 교과목이 싫더라도 포기해서는 안 된다. 청소년기에 포기하기 시작하면 성인이 되었을 때 모든 것을 포기할 수 있기 때문이다. 어려운 과정을 오랫동안 거쳐야만 좋아하거나 즐길 수 있는 단계에 도달할 수 있다.

특정 교과목의 학습을 포기하는 것은 그 과목의 어려움보다는 학생 자신들의 안일함과 게으름에서 시작된다. 부모들은 자녀들이 안일함과 게으름을 교묘한 방법으로 늘리면서 습관으로 굳히는 전략을 반드시 사전에 막아야 한다. 안일함과 게으름은 모든 일을 포기하게 만든다. 안일하고 게으르면 모든 교과목과 모든 직업이 적성에 맞지 않게 된다. 안일하지 않고 게으르지 않다면 학업 이외의 진로로 생애 기회를 넓힐 수 있고 높일 수 있다. 이러한 이유로, 고등학교 단계에서 학업과 직업으로 계열을 나눈다. 학업계열이 열정과 끈기를 요구하듯이 직업계열도 열정과 끈기를 요구한다.

미국의 공신력 있는 기관의 조사에 의하면, 미국 제조업 경영진의 67퍼센트가 기술력 있는 노동자(skilled workers)의 부족이 점차 심각해져 가고 있다고 경고하였다(Bennett and Wilezol, [2013] 2014: 80). 이 경고는 한국에도 그대로 적용된다. 제조업에 종사하는 기술력을 갖춘 노동자들이 한국의 경제 성장과 발전에 공헌한 정도는 그 어떤 전문 직업을 가진 사람들보다도 높다.[27] 그러나 이제는 오랜 세월 동안 경험에 의해 축적된 기술이 차세대의 기피로 인해 이어지지 못하여 단절되는 현상이 뚜렷하게 나타나고 있다. 숙련 노동자의 부족은 한국에서도 이미 심각한 문제로 부각되고 있다. 숙련직의 고령화는 대학 취학이 필수화되고 보편화되면서 피할 수 없는 추세가 되었다. 최근 한국의 젊은이들은 여러 가지 이유를 내세우며 취업을 기피하고 있다. 취업은 기호품 구매와 명백히 다른데도 불구하고 청년들이 기피하는 이유는 어처구니없게도 "마음에 들지 않는다"로 수렴된다. 이로써 숙련공을 필요로 하는 고용주들은 구인난을 호소하고 있다. 한국에서는 대졸 출신들이 구직난을 겪고 있지만, 생산 현장에서는 구인난이 심각하다.

대학에서만 지식과 기술이 가르쳐지는 게 아니다. 생산 현장에서도 그에 적합한 지식과 기술이 무한히 필요하다. 직업에서 요구하는 능력은 지식, 기술, 경험, 지혜 등으로 갖추어진다. 정부와 기업이 애써 일자리를 만들어 내더라도 구직자들이 외면하고 기피할 가능성은 상당히 높다. 이러한 추정은 지금 현재 채워지지 않은 일자리들이 많이 있다는 사실에 근거하고 있다. '일자리 만들기' 정책 못지않게 '일자리 채우기' 정책도 구상되고 시행되어야 한다. 직업에는 귀천이 없듯이 중요성의 격차도 없다. 청년들에게 기피되는 일자리들이 청년들이 선호하는 일자리들보다 사회의 유지와 발전에 더 긴요할 수 있다. 경제 성장과 사회 발전의 필요성 측면에서 육체노동은 정신노동에 절대 뒤지지 않는다.

27) 한국의 경우, 생산직 육체노동자들이 외화를 벌어들이고 고급 정신노동자들은 그 외화로 외유를 즐긴다. 최근에는 대학생들도 해외여행을 당연하게 생각하고 실행한다. 소득을 쉽게 획득하는 사람일수록 해외여행을 더 자주, 더 길게 그리고 더 멀리 가는 것 같다.

더럽고 어렵고 위험한 일자리를 제외하면 남아 있는 일자리가 아주 적다. 정신노동 일자리도 생각하기에 따라서 더럽고 어렵고 위험하다. 예를 들면, 병원의 외과 수술실은 그 어떤 육체노동 작업장보다도 더 더럽고, 더 어렵고, 더 위험하다. 법원의 재판 과정은 승부에 따라 결과가 극명하게 달라지기 때문에, 그 어떤 육체노동 일자리보다 더 치사하고, 더 어렵고, 더 위험하다. 교수직은 학자로서 정체성을 고수하려 할 경우, 그 어떤 육체노동보다 더럽고, 어렵고, 위험하다.[28] 거대 기업의 회장들도 자신의 업무를 더럽고 어렵고 위험하다고 생각한다.[29] 기업이 망하면 수많은 사람이 일자리를 잃고 그들의 가족들은 경제적 위기에 직면하게 된다. 깨끗하고 쉽고 안전한 일자리는 없다.[30] 그런 일자리만 구하려 하면 실업을 벗어날 수 없다. 역설적으로, 실업 상태에서는 더럽거나 어렵거나 위험한 상황을 만나지 않을 수 있다.

대학에는 수업을 감당하지 못하는 학생들이 많이 있다. 그 이유는 수업을 이해할 수 없거나 이해하려 하지 않기 때문이다. 모든 수업시간을 고역으로 느끼고 있는 학생들은 학교에서 벗어나도록 배려하는 편이 낫다. 학교는 교도소나 수용소에 비유되기도 하는데 이 유형의 학생들에게는 비유를 넘어서 현실이다. 이런 학생들을, 수업료를 받고 수시로 모욕감을 느끼게 하면서, 교실과 학교에 붙잡아 두는 것은 해당 학생들에게는 부당하며 국가적으로는 손실이다. 이 학생들도 곧 성인이 되고 일해서 소득을 올려야 하므로 생업에 필요한 지식과 기술을 익혀야 한다. 청소년기는 그러한 지식과 기술을 익힐 수 있는 가장 좋은 시기이다. 공부하기가 싫어서 인터넷을 통해 밑줄 친 헌책을 애써 구하는 학생도 있다. 강의를 준비하기 싫어서 파워포인트가 부록으로 제공되는 책만을 교과서로 채택하는 교수와 강사도 있다.[31] 학생들의 학습능력을 배려하여 수업계획안을 작성하다 보면 수업 분량이 매년 현저하게 줄어들고 있음을 확인할 수 있다. 수혜자 중심 교육이 학생들의 기호와 편리함에 맞추는 교육이라면 이보다 더 심한 오해도 없다.

오늘날 한국의 대학에서는 쉽게 공부하려는 학생들과 편하게 가르치려는 교수들의 상호 배려 때문에 수업량이 급격히 줄어들고 있다. 여기에 졸업 이수 학점까지 축소되고 평점 인플레이션이 확산하면서 학생들의 학습량은 많이 줄어들었다. 오늘날 한국에는 가격

---

28) 교수직의 경우, 연구비를 따기 위해 제안서를 작성할 때와 연구비를 정산할 때 더럽다는 생각이 떠나지 않는다. 자신에게 엄격한 학자들은 논문이나 학술서를 집필하면서 애태우고 머리를 쥐어뜯는다.

29) 기업 소유주들이 자살하는 이유를 생각해 볼 필요가 있다.

30) 전통 국가의 왕들도 항상 시해의 위험을 안고 살았다. 그들은 독살당할까 두려워 편안하게 식사할 수 없었다.

31) 책에 파워포인트가 부록으로 제공되면, 교수와 강사는 수업을 준비해야 하는 부담을 덜 수 있고 학생들은 필기할 필요가 없어진다.

표대로 돈을 지불하면서 불량품을 골라가듯 수강신청을 하는 학생들이 적지 않다. 한국의 대학에서는 금요일 수업이 급속도로 사라지고 있다. 목요일 오후부터 주말이 시작되기 때문이다. 심지어 월요일 수업도 줄어들고 있다. 대학 캠퍼스는 토요일과 일요일에는 강의실은 물론이며 도서관도 거의 개점휴업 상태가 된다. 긴 여름 방학과 겨울 방학 동안에는 휴업 상태에 가깝다. 오늘날 한국의 대학 도서관은 딜레마에 빠져들고 있다. 효율성을 추구하면 도서관 개관 시간을 대폭 단축하여 인건비를 줄이고 장서 수도 과감하게 줄여 도서 구매비를 절약해야 하지만 그렇게 하다 보면 도서관을 폐관해야 하는 지경에 이를 수 있다. 중간시험과 기말시험 준비와 취업 준비를 위한 독서실을 별도로 설치한다면 엄청난 장서를 갖춰야 하는 도서관을 폐관하더라도 문제가 되지 않을 대학들이 많다.

고도의 능력이 요구되는 일자리일지라도 고도의 학력을 가져야만 수행되는 것은 아니다. 능력은 학력에 의해서만 갖추어지는 것이 아니기 때문이다. 어떤 일자리는 직무 능력이 실제 경험을 통해서 가장 효율적으로 갖추어질 수 있다. 이러한 일자리는 최소 학력에 오랜 경력을 쌓은 사람이 적합하다. 이러한 일자리에 불필요하게 높은 학력을 요구하면 경험을 쌓을 기회를 잃게 된다. 독일의 기술직은 적합한 학력에 풍부한 경험을 가진 사람들이 차지하고 있다. 한편, 미국의 기술직은 학력 쌓기로 세월을 허비함에 따라 직무 경험이 적은 사람들에 의해 충원된다. 독일과 미국의 기술력의 격차는 이러한 학교교육 제도와 인력 양성 제도의 차이에 의해서 필연적으로 나타난다. 과잉교육은 생산성 하락(unproductiveness)뿐만 아니라 반생산적인(counter productive) 결과를 초래할 수 있다.

과잉교육 또는 하향취업은 주로 고학력자들에게서 일어나기 때문에 개인과 국가의 비용이 의무교육 단계에서는 물론이며 그 이후의 장기적 학교교육 기간 동안 상당히 투입된다. 이러한 이유로 과잉교육은 이미 반생산적 결과를 안고 있다. 여기에 더하여 과잉교육의 결과인 하향취업과 실업은 개인적 자괴 수준을 넘어 학교교육 구조, 노동시장 구조, 정부 정책 등에 대한 비판으로 이어지면서 정치적 불안을 유발한다. 대중영합주의 정책으로 배출된 대졸 청년들은 실업과 하향취업을 겪으면서 반정부 의식을 갖게 된다. 한국에는 직업에 따른 격차와 직위에 따른 차별이 확연하게 조성되어 왔다. 한국인들은 개인적 불만을 구조의 결함으로 귀결시키는 성향을 갖고 있으며 집단으로 결집하여 의도한 변화를 가져온 경험이 많다.

대졸 청년들의 실업과 하향취업이 일시적 현상이 아니고 점차 악화될 수밖에 없으므로 이로 인한 정치적 불안을 피할 수 없다. 이에 대한 정부의 대책은 경기 회복, 민영 기업에의 일자리 부탁, 공무원과 공기업 직원 늘리기, 청년 실업수당 지급 등 기원(祈願), 청탁(請託), 무마(撫摩) 등으로 표현될 수 있는 미봉책(彌縫策)에 그치고 있다. 이 가운데 어느 하나도 대학 진입 이전에 적용되는 정책은 없다. 대졸 청년 실업과 하향취업에 대한 일차적인 대책은 고등학교와 그 이전 단계의 학교교육에 집중해야 한다. 예방은 치료보다 항상 더 효율적이다. 모두가 대학에 진학한다면 3분의 2 정도는 하향취업과 실업에서 벗어날 수 없다. 대학은 모두에게 필요한 지식과 기술을 가르치는 기초 교육 기관이 아니며 교양을 갖춘 식자층을 양성하는 곳도 아니다.

카네기 고등교육 위원회는 대학 교육의 증가가 영원히 계속되지는 않겠지만 해당 인구 중 3분의 2까지 도달할 것으로 예측하였다(Carnegie Commission on Higher Education, 1973: 7). 이 위원회는 2000년에 이를 때까지 대학 교육에 수많은 일이 일어나겠지만 많은 유형의 조정도 시도될 것으로 예상하였다. 오늘날 미국의 대학 교육은 급격히 확대되었고 수많은 졸업생이 학비 대출금을 갚지 못해 빚쟁이가 되었으며 취업이 여의치 않아 빚 독촉에 시달리고 있다(Bennett and Wilezol, [2013] 2014; Delbanco, [2012] 2016). 사태가 이러함에도 불구하고 미국의 형편은 한국보다 훨씬 낫다. 미국은 세계 최고의 고급 인력 노동시장이 확보되어 있고 영어 사용 국가의 이점으로 외국에서 일자리를 구할 수도 있다.

미국의 청년들은 하향취업에 대한 거부감이 한국 청년들처럼 강하지 않아 실업을 감수하기보다는 취업을 선택한다. 그러나 한국은 노동시장이 점차 쪼그라들고 있으며 기업들은 해외로 빠져나가고(outsourcing) 있는데 한국 청년들은 3D업종의 종류와 범위를 넓힐 뿐만 아니라 불편한 지역이 포함된 4D업종을 추가하며 자발적 실업을 선택하고 있다. 미국 카네기 고등교육 위원회의 예측대로 한국에서는 2005년에 고등교육취학률이 65.2퍼센트에 도달하였다. 그러나 이 위원회의 또 하나의 예측, 곧 '많은 유형의 조정'은 한국에서 시도되지 않았다. 한국 정부들은 대학 인구를 늘리는 데 아주 적극적이었지만 조정하는 데에는 너무 소극적이었다. 이러한 추세는 앞으로도 이어질 것 같다.

학교교육 기회의 확대는 상대적으로 불리한 처지에 있는 집단들에게 기회가 주어지는 효과가 있으므로 정당하고 공정한 조치로 인식된다. 이 때문에 대학 인구를 축소하려는 시도는 불평등을 고착시키기 위한 부당한 조치로 오해될 수 있다. 그래서 초과잉 상태의 대학 인구를 줄이려면 이러한 오해를 불식시키는 조치가 동시에 시행되어야 한다. 대학졸업자들 가운데 일부만이 제대로 취업할 수 있는 현재 상태가 지속되면서 대학 인구가 늘어난다면, 사회 · 경제 · 문화적 자본이 열세인 사람들은 등록금과 학업 기간이 같더라도 실제로는 훨씬 부담스러운 비용과 시간을 투입하면서도 그에 대한 경제적 보상은 덜 받게 되어 불리함이 오히려 가중된다. 좀 더 극단적으로 표현하면, 가난한 사람들은 힘겹게 대학 교육을 받으면서도 부유한 사람들의 기득권 유지와 강화 전략에 들러리를 서게 된다.

사회경제적으로 불리한 사람들에게 대학 교육 기회를 공정하게 제공하면서 대학생을 줄이는 정책이 시행되어야 한다. 국가는 지적 능력과 학문 탐구 의지를 갖춘 가난한 청소년들의 대학 진학과 학업을 최대한 지원해야 하며 부모의 사회경제적 기득권이 자녀의 대학 진학에 부당하게 작용할 수 없도록 대책을 세워야 한다. 불리한 집단이 더욱 불리하지 않게 하고 유리한 집단이 더욱 유리하지 않게 하며 불리한 부모 때문에 그 자녀들이 더욱 불리하지 않고 유리한 부모 때문에 그 자녀들이 더욱 유리하지 않게 하려면, 국가는 외면상으로는 불평등해 보일지라도 실제로는 평등이 실현될 수 있는 정책을 집행해야 한다. 가난할수록 장학금을 더 많이 지급하고 등록금을 적게 부과하는 차등화 정책이 적극적으로 시행되어야 한다. 사회복지 정책은 '적극적 의미의 불평등 정책'이다. 모두에게 균일하게 지원한다면 이전의 불평등이 그대로 지속된다.

업무의 중요성과 난이도에 따라 보상에 격차가 있어야 함은 인정되지만, 그 격차가 너무 과도하거나 격차의 준거가 기득권을 가진 사람들에게 유리하도록 설정되었다면 부당하다. 미국의 경우, 그 격차가 너무 커서 국가가 위기에 처하고 있다는 비판이 강력하게 제기되고 있다. 상위 10퍼센트의 사람들은 너무 많이 가지고 있으며 상위 1퍼센트는 상상을 초월할 정도로 많이 가지고 있다. 상위 10퍼센트나 상위 1퍼센트의 탐욕은 가난한 사람들을 착취한 결과이기에 부당하다. 이처럼 극심하고 구조적인 불평등은 국가를 위기에 빠뜨릴 수 있다(Acemoglu and Robinson, 2012; Gitlin, 2012; Stiglitz, 2013; Wilkinson and Pickett, 2010). 부의 극심한 불평등은 공동체 의식을 사라지게 만들고 부의 심각한 편중은 이질감을 키우며 계급의식을 잉태시킨다. 극심한 빈부 격차에 따른 이질감은 쉽게 적대감으로 변환되며 그 단계에 이르면 국가는 총체적 위기에 직면하게 된다. 경제 성장이 멈추기 시작하면서 한국에서는 부의 편중과 불평등의 구조화가 뚜렷하게 나타나고 있다. 한편, 계층이 낮을수록 대학 교육의 취업효과와 소득효과를 거두지 못할 가능성이 높아지면서 계층 간 격차가 더욱 벌어지고 있다.

한국에서는 새로 출범하는 정부는 예외 없이 도덕성, 정당성 그리고 효율성을 들어 이전 정부들의 정책들을 비판하고 비난해 왔다. 한국의 역대 정부들은 상대적 우위와 혁신을 주장하며 등장했지만, 정권을 이양한 후에는 다음 정부로부터 부당함과 무능함을 비판받았다. 그런데 대학 교육의 양적 확대 정책은 정부가 바뀌어도 순조롭게 인수인계되어 왔다. 집권 정당이 바뀌면 의미 있는 변화가 일어나지만, 양적으로 무한히 확대된 대학 인구를 줄이는 정책은 시도된 적이 없다. 1980년 이후의 정부들은 대학생 수를 줄이는 정책을 구상하지 않기 때문에 직업계열 고등학교를 주목할 필요가 없었다. 대학생 수를 줄이기 위한 정책을 구상하면 고등학교를 종료 교육으로 발전시키는 정책을 동시에 구상하게 된다. 다시 말해서, 모든 청소년을 대학이라는 통로로만 몰아넣지 않으려면 다른 통로를 마련해 주어야 한다. 그 통로는 고등학교 단계에서 생산 현장에 필요한 지식과 기술을 갖추게 하여 적합한 직장에 취업하게 하는 길이다. 다른 통로를 마련해 주지 않은 채 대학 교육 기회를 줄이는 정책을 펴는 정부는 국민들로부터 거센 저항에 부딪힐 것이며 집권 연장은 기대조차 할 수 없을 것이다.

명문, 일류, 특수목적 등 여러 가지 단어로 수식하면서 차별적 우위를 내세우는 학교들이 건재하고 있는 현실에서, 직업교육의 중요성을 강조하면 학교교육의 계층화 또는 양극화에 동조하는 것으로 오해될 소지가 많다. 그럼에도 불구하고 대학 이전 단계에서 취업과 직결된 직업교육의 필요성을 강력하게 주장할 수밖에 없는 이유는 그것이 대졸 청년들의 실업과 하향취업을 줄이고 개인, 가정 그리고 국가에 도래하게 될 비극을 막을 수 있는 거의 유일한 방안이기 때문이다. 국가는 부모의 경제 · 사회 · 문화적 자본력에 의해 그 자녀들의 학교교육 기회가 결정되지 않도록 적극적으로 개입해야 한다. 부모의 자본력에 의해 자녀의 학교교육 기회가 결정되지 않도록 하려면 국가는 학교교육이 시작되기 훨씬 이전부터 교육에 개입해야 한다.[32] 부모의 자본력이 자녀교육에 미치는 영향력은 자녀가 어릴수록 강력하다(오욱환, 2017).

정부는 대학 입학 정원을 대폭 줄임으로써 대졸 청년들의 공급량을 조절하는 정책을 시행할 수 있다. 그러나 이 정책은 기회 균등 시비에 휘말릴 가능성이 높다. 대학을 졸업하는 청년들의 일자리를 구해 주기 위해 대학입시를 준비하고 있는 고등학생들, 중학생들, 초등학생들의 대학 교육 기회를 축소하는 정책을 펴기는 쉽지 않을 것이다. 그래서 대학 인구의 축소 정책을 구상하더라도 집행은 어려울 수밖에 없다. 이처럼 필요하지만 불편한 정책들을 다음 정부에 넘기는 전략, 속칭 '폭탄 돌리기 게임'이 정부들 사이에도 일어나고 있다. 국가의 미래를 위해서 대학 최적화는 반드시 성공적으로 이루어져야 한다. 대학 교육의 출세효과를 맹신하고 너도나도 대학에 진학하면 공유지의 비극과 같은 사태가 필연적으로 도래하기 때문이다. 대중영합주의 성향의 정부들은 이 사태를 해결할 수 없다. 이러한 정부들은 이 사태를 인지하지 못하거나 외면하기 때문이다. 국가발전을 위해서 대중영합주의를 거부하고 좋은 정책을 구상하고 강력하게 집행하는 정부의 출현이 절실해지고 있다. 국가의 미래가 밝으려면 국민들이 이러한 정부를 지지할 정도로 지식과 지혜를 갖추어야 한다.

포퓰리즘(populism)은 우아하게 '대중영합주의'로 번역되기도 하지만 정치가들에 의해

32) 국가가 적극적으로 개입하더라도 자녀교육에 미치는 부모의 자본력을 완전히 차단할 수는 없다. 더욱이 초기에 개입하지 않으면 나중에는 어떠한 정책으로도 효과를 거두기 어렵다.

실행되는 상황을 염두에 두면 선심 정치로 번역되는 편이 정확하다. 부패한 정부만이 청산의 대상이 아니다. 무능한 정부와 무책임한 정부도 극복의 대상이 되어야 한다. 대중영합주의에서 벗어나지 못한 정부는 부패할 가능성이 상당히 높지만 유능할 가능성은 거의 없다. 국가 정책으로 선심을 베푼다면 이미 부패했음을 의미한다. 대중영합주의 정부는 재집권에 성공할지는 몰라도 국가의 미래를 암울하게 만든다. 그 이유는 이러한 유형의 정부는 대통령의 임기를 초월하는 장기적인 정책을 구상하고 집행하는 데 관심이 없기 때문이다. 이러한 정부는 효과가 즉시 그리고 가시적으로 나타나는 정책들을 선호하며 그 결과를 득표 전략으로 철저히 이용한다. 이러한 정부는 심지어 임기 중에는 효과가 나타나고 그 기간이 지난 후에는 심각한 부작용이 뒤따르는 정책조차도 거침없이 결정할 가능성이 있다.

대중영합주의든 선심 정치든 그 행위는 일종의 우민정치이며 기만정치에서 벗어나지 않는다. 선심 정치의 뿌리를 찾아가다 보면 투표권을 가진 사람들에게 막걸리와 고무신을 주면서 표를 매수한 원시적 사례까지 들추게 된다. 선거 때만 되면 천국을 약속하며 표를 요구하는 정치가들이 모든 정당에서 등장한다. 그러나 천국은 타인들에 의해서 주어지는 것이 아니다(이청준, 1976).[33] 대중영합주의 정책 또는 선심 정책은 정치가들의 자성에 의해서 종식되는 편이 가장 바람직하지만, 실현 가능성은 높지 않다. 또 하나의 방법은 국민들이 정치 지식과 정치 지혜로 현실을 간파하여 정치가들의 권모술수에 현혹되지 않고 사익 추구를 자제하면서 공익을 먼저 고려하는 것이다. 국민들은 사익에 집착하지 않음으로써 선심 정책과 국익 정책을 식별할 수 있다. 선심 정책 여부를 파악하는 또 하나의 방법은 그 정책의 결과가 그 정책을 펴는 사람들의 임기 중에, 임기 후에 그리고 10년, 20년, 30년, 40년 후 그리고 먼 장래에 어떻게 나타날지를 통찰력으로 상상해 보는 것이다.[34] 1980년대 초에 시행된 졸업정원제는 대학 정원을 무모하게 확대함으로써 2010년대에 접어들면서 대졸 청년 실업과 하향취업이라는 난망한 사태를 초래한 결정적 원인이었다.

5. 교육출세론과 대학만능론의 함정: 패러다임 전환의 긴박

한국에서는 진정한 의미의 학습이 어디서 이루어지는가? 가정, 학교, 학원, 도서관 등

33) 천국은 타인으로부터 주어지는 것이 아니며 스스로 건설하면서 느끼는 것이다. 천국을 만들어 주겠다는 사람들은 강압적 통제를 정당화한다.

34) 학자들은 국민들이 쉽게 통찰할 수 있도록 학술활동을 통해 적극적으로 지원해야 한다.

그 어느 곳에서도 이루어지지 않는다. 그 이유는 물음이 선행되지 않았기 때문이다. 한국의 학생들은 정해진 답을 맞히는 데에만 집중할 뿐이다. 인간의 지적 발달은 질문으로부터 시작된다. 어린아이들은 그 어떤 어른들도 감당할 수 없을 정도로 물어댄다. 그 탐욕적인 물음은 어른들의 묵살과 진도에 쫓기는 교과과정에 의해 사라진다. 한국의 학생들은 물음과 답을 패키지로 학습한다. 그들은 "어떤 질문에 어떻게 답해야 하는지"를 배울 뿐이며 가르치지 않으면 배우지 않는다. 학생들은 의문과 물음이 없이 등교하기 때문에 수업시간에 수동적일 수밖에 없다. 묻지 않았는데도 답이 쏟아지는 수업에서 학생들은 즐거움을 느낄 수 없다.

학생들의 질문과 대답은 중학교에 진학하면서 급격히 사라지며 이후 대학 학부까지 설교 형식의 수업으로 일관한다. 대학원 수업에서도 질문이 먼저 제기되지 않는다. 교수가 의지를 갖고 질의응답 형식의 토론 수업을 시도할 수 있지만, 질문을 구걸하는 듯이 느껴져 계속하기가 몹시 어렵다. 교실은 예배당처럼 조용하고 교사는 목사가 설교하듯 설명하며 학생들은 교인들처럼 말없이 경청하면서 졸음과 싸운다. 학생들로부터 질문이 제기되지 않음을 익히 알고 있는 교사들은 수업을 준비할 필요를 느끼지 못한다. 그래서 수업은 청중이 없거나 가상 청중만 있는 텔레비전 방송처럼 진행된다. 한국의 학교에서 실제로 이루어지는 수업은 전산 프로그램화가 아주 쉬울 것 같다. 수업 과정이 모두 예상되고 교사의 일방적인 진행만으로 충분하기 때문이다.

질문은 학생들이 수업의 주체가 되도록 돕는다. 의문은 탐구의 시작이며 질문하는 순간부터 지적 탐구의 세계로 들어간다. 그러나 질문 없이 설명이나 풀이를 듣기만 하면 의미 없는 지식의 낱알들이 쌓이기만 한다. 지식의 축적과 지적 탐구는 판이하다. 축적된 지식으로 창조하기는 어렵지만, 지적 탐구는 그 자체가 창조에 해당한다. 사교육이 널리 확산됨에 따라 한국의 학생들은 학교에서 배울 내용들을 사교육을 통해 미리 배운다. 스스로 공부하는 풍토가 아니므로 학생들은 예습하지 않는다. 예습하면 질문 거리가 생길 수밖에 없다. 예습한 학생들은 아주 적고 사교육으로 미리 배운 학생들은 많기 때문에 수업시간에는 질문하는 학생들은 적고 정답을 준비한 학생들은 많다. 학교에서는 타인이 제시한 질문에 답하는 형식으로 교수-학습이 이루어진다. 한국인들은 졸업 후에는 공부를 강요받지 않기 때문에 배움에 아주 소홀해진다. 그래서 한국에서는 자신들이 배우는 모습을 자녀들에게 보여 줄 수 있는 부모들은 적지만 닦달하는 부모는 아주 많다.

인생살이에는 지식뿐만 아니라 지혜도 필요하다. 비유해서 말하면, 지식이 가속하는 데 필요하다면 지혜는 제어하는 데 필요하다. 학교교육으로 지식을 전수받을 수 있다면, 교육으로는 지식과 더불어 지혜도 습득할 수 있다. 학교교육으로 학력을 높이고 학벌을 빛

낼 수 있지만, 교육으로는 앎을 즐기고 삶을 풍부하게 만들 수 있다. 학교교육은 졸업장과 성적표를 발급함으로써 취업 조건을 갖추게 해 주고 출세의 도구도 되지만 제도의 형식을 갖추어야 하므로 장소와 시간의 제약을 받는다. 학교교육은 학교에서만 이루어지며, 자격을 갖춘 교사이어야만 가르칠 수 있고 조건을 갖춘 학생이어야만 수업을 받을 수 있다. 그러나 교육은 어디에서나 그리고 언제나 가능하며 어떤 조건도 요구하지 않는다. 교실, 교사, 교재 등 학교교육에서 필요한 것들이 전혀 없어도 교육은 가능하다. 아무것도 없이 교육 장면에 들어갈 때 오히려 최고의 배움을 의미하는 성찰, 통찰 등이 가능해진다.

누구라도 자신의 인생을 살 권리가 있다. 자신의 목표를 스스로 설정하지 못했다면 그 인생은 이미 소외되었다. 한국에서는 수많은 부모가 자신들이 자녀들의 목표를 설정하고 자녀들에게 통보한다. 이 유형의 부모들은 자녀들이 이 목표에 도달하도록 닦달하고 사생결단하듯 전폭적으로 지원한다. 자녀들은 부모들이 학교 단계마다 설정한 높은 기대에 항상 미치지 못하여 쫓기게 된다. 한국 부모들이 자녀들을 대신하여 설정한 목표는 출세로 축약될 수 있다. 한국 사회에서 출세는 자산, 위세 그리고 권력을 모두 포괄하며 일상에서는 비교되는 타인들보다 상대적 우위에 있음을 의미한다. 교육출세론을 확신하는 부모들은 자녀들이 출세할 수 있도록 유치원에서부터 대학에 이르기까지 모든 단계의 학교에 중간 목표를 설정한다. 이 부모들이 학교 단계별로 지목한 소위 일류 학교들을 순서대로 엮으면 출세 궤도가 만들어진다.

한국의 부모들은 항상 상대적 우위를 지향하기 때문에 자녀들이 부모의 소원을 충족시키려면 비교되는 상대가 없는 수준, 곧 1등을 해야 한다. 한편, 한국의 부모들은 자녀들이 어떤 상황에도 뒤처지지 않도록 밀어붙인다. 이 부모들은 남만큼은 해야 한다고 생각하며 자녀들을 지원한다. 결과적으로 한국에서는 모든 부모가 다른 모든 부모를 상대로 소모전 유형의 자녀교육 경쟁을 벌이고 있다. 자녀들을 위한 교육비를 상류 계층 부모들은 축적해 둔 자본으로 가볍게 치르고, 중류 계층 부모들은 일상의 행복을 유예하면서 적립해 온 예금으로 지불하며, 하류 계층 부모들은 현재는 물론이며 미래까지 담보하여 빌린 대출금으로 투자하고 있다. 그러나 안타깝게도 계층이 높을수록 그에 따른 보상을 더 많이 받을 가능성이 높다.

한국은 교육출세론이 인상적으로 실증된 역사를 갖고 있다. 조선 시대 교육은 출세의 도구로 인식되었지만, 양반 신분에게만 국한되었기 때문에 영향력은 제한되었다. 그러나 해방 후 학력은 출세하는 데 매우 유용하였다. 미군정청은 일본인들이 비워 놓고 떠난 공직에 한국인들을 임명할 때 학력을 기준으로 삼았다. 미 군정이 종료된 1948년 8월 이후에 출현한 높은 지위의 공직들 그리고 1960년대 이후 경제 성장과 함께 창출된 고임금의 일자리들이 학력과 학벌을 기준으로 채워지면서 교육출세론이 법칙처럼 굳어졌다. 이와 함께 대졸 학력이 취업하는 데 충분조건처럼 작용함에 따라 대학만능론이 추가되었다. 대학교육이 출세를 보장하는 도구처럼 인식되면서 부모들은 자녀들이 대학을 마쳐야만 부모로서 마땅히 해야 할 도리를 다한 것으로 생각하였다. 자신들의 직업을 스스로 깎아내리는 가난한 부모들도 "이 일로 아들 · 딸을 대학 공부시켰다"라며 자부심을 표출한다. 교육출세론이 실증되는 역사를 겪은 한국의 부모들은 대학 교육을 필수 과정으로 생각하며, 대중영합주의 정부들은 이러한 부모의 마음을 득표 전략에 이용하기 위하여 대학 교육을 보편화시켰다.

부모주의, 교육출세론, 대학만능론 등은 어린이들과 청소년들이 자신들의 미래를 설계하는 능력을 키우는 기회를 박탈하고 있다. 한국의 어린이들, 청소년들, 심지어 청년들까지도 자율적으로 학습하려 하지 않고 타인들의 도움으로 지식을 축적하려 한다. 대학 교육이 보편화됨에 따라 어린이들과 청소년들은 자신들의 미래를 위한 계획을 대학 진학 이후로 미루고 있다. 청소년들은 대학 진학 여부는 결정할 사항이 아니라고 생각한다. 수많은 청소년이 "대학에 들어가면 어떻게 되겠지"라고 생각하며 자신들의 인생을 주도하지 않는다. 한편, 대학은 진학한 학생들의 개인별 미래에 관해 관심을 기울이지 않는다.

대학에 진학했을 때에는 전공 학과가 이미 정해졌기 때문에 진로는 상당히 좁혀진다. 고등학교 이전에 진로를 고민하기 시작해야 하지만, 한국의 부모들은 자녀들의 대학 진학을 당연하게 여기므로 자녀들이 중학교에 다닐 때는 진로를 주제로 삼지 않는다. 자녀들이 자신들의 진로를 심각하게 생각할 때는 진로가 상당히 진행되었을 때이다. 한국에서는 부모들이 자신들의 선호나 의지를 자녀들의 진로에 너무 개입시키기 때문에, 자녀들은 자신들의 앞날에 대한 결정권을 갖지 못하고 있다. 한국 부모들의 과도한 부모주의는 자녀들의 홀로서기를 심각할 정도로 방해하고 있다. 부모의 과도한 간섭으로 한국의 자녀들은 '부모 없이 사는 방법'을 제대로 배우지 못한 채 어른이 된다. 한편, 한국의 부모들은 자녀들에 대한 집착이 너무 강하여 '자녀 없이 사는 방법'을 터득하지 못한 채 노인이 된다.

성인으로서 세상을 살아가려면 생활비를 벌 수 있는 생업을 반드시 가져야 한다. 생업을 갖는 데 필요한 요소들은 매우 다양하다. 생업을 가지려면 생산력의 핵심 요소로 간주되는 지식과 기술뿐만 아니라 소프트 기술로 분류되는 사회성, 사교성, 적응력, 지구력, 의지력 등도 필요하며 자신에 대한 이해, 곧 지혜도 요구된다. 이처럼 다양한 요소 가운데 학교에서 공식적 교과과정으로 가르치는 것은 지식과 기술에 국한된다. 어떤 직업은 학교에서 가르치는 고도의 지식을 요구하지만, 다른 직업은 경험에 의해 축적되는 기술을 더 필요로 한다. 우리는 학력이 상승하면 그에 비례하여 직업에서의 생산력이 상승한다고 단정하지만, 학력의 상승이 생산력을 감소시키는 결정적 요인이 될 수도 있다. 그 이유는 학력을 상승시키려면 생업 현장에서 실질적인 하드 기술과 소프트 기술을 배울 기회를 원천적으로 박탈하기 때문이다.

고도의 지식이 요구되지 않는 직종을 생업으로 삼는다면 일정 수준 이상의 학력 상승은 무의미할 뿐만 아니라 금전적 비용과 기회비용을 낭비하게 만든다. 어떤 직업을 갖든 현대 사회에서 생활하는 데 필요한 최소한의 지적 능력을 갖추어야 한다. 기능적 문해로 지칭되는 이 수준은 최소한 초등학교 3학년 과정을 이해하는 정도로 규정하고 있다. 그러나 국가가 정한 의무교육 수준은 대체로 이보다 높다. 한국은 중학교 과정까지 의무로 강제하고 있다. 이 과정 이후의 학교교육은 선택이다. 그러나 사회적 압력은 더 높은 수준의 학력, 곧 고등학교 졸업을 넘어 대학 졸업까지 작용하고 있다. 이러한 압력이 너무나 강렬하므로 한국에서는 대학 진학이 자신의 생업에 도움이 되기는커녕 지장을 초래할 경우에도 강행해야 한다. 한국의 청소년들과 청년들 대부분은 육체노동으로 살아가는 사람들의 세계를 접해 볼 기회를 갖지 못하기 때문에 대학 교육 이외의 진로를 택하여 자신도 만족하고 사회에도 공헌하며 살아가는 사람들의 인생을 알지 못한다. 한국인들은 하나같이 출세라는 이름의 궤도 위를 달리고 있다. 그 궤도에는 대학이라는 반드시 거쳐야 할 중간역이 있다.

중 · 고등학교 단계에서 생산적인 지식과 기술을 습득하여 적합한 일자리에 취업하여 수긍할 수 있는 소득으로 차별을 당하지 않으면서 살아갈 수 있다면 실업과 하향취업을 예감하며 대학에 진학할 이유가 없다. 국가적 차원에서도 누군가는 대학에 진학해야 하지만 모두가 대학에 진학해야 할 필요는 없으며 동령집단의 30퍼센트 정도만으로도 충분하다. 취업 전망이 어두운데도 불구하고 대학에 진학하여 공부하지 않을 이유만 애써 찾아 실행하고 후한 평가의 도움을 받아 졸업한다면 좋은 또는 괜찮은 일자리를 구할 가능성은 아주 낮다.[35] 대학에는 공부하는 학생들이 많지만 공부하지 않는 학생들도 그에 못지않게 많다. 오늘날 한국에는 학기마다 등록금을 지불하면 졸업시켜 주는 대학이 상당히 많다. 학생이라고 해서 학구열에 불타는 것도 아니다.

대학은 명목상으로는 학문 탐구를 돕기 위해 설립되지만 실제로는 학문 탐구에 관심이 없는 대학이 많다. 어떤 목적으로든 설립된 대학은 존속하기 위해 다양한 전략으로 학생들을 모집한다. 대학에는 공부하려는 학생들, 졸업장을 받으려는 학생들 그리고 대학생임

35) 운이 좋아 그런 일자리를 얻더라도 학창 시절에 게으름이 습관화되었기 때문에 업무를 수행할 수 없다.

을 즐기는 학생들이 있다. 이들을 상대하는 교수들도 학생들처럼 다양하게 분류될 수 있다.[36] 한국의 대학에는 연구하지 않는 교수들과 공부하지 않는 학생들이 상당히 많이 있다. 대학이 보편화되면 이러한 유형의 교수들과 학생들이 늘어난다. 학문의 전당으로 알려진 대학이지만 반학문적인 풍토(anti-academic climate)도 만만치 않게 퍼져 있다.

대학 교육이 유일한 병목으로 작용하지 않게 하려면 성공의 다양화가 절실히 필요하다. 성공의 개념이 다원화되면 기회가 다변화되고 병목도 사라진다. 오늘날 한국 사회에서 어느 곳에서나 벌어지는 상대적 우열 따지기는 성공 개념이 일원화되어 있음을 의미한다. 한국에서 성공은 출세로 축약된다. 출세는 상대적으로 상위에 있음을 의미한다. 출세 개념이 적용되는 사회에서는 '차이'는 인정되지 않고 '격차'만 주목되며 '차별'이 일상화된다.

> 우리는 어디에서나 경쟁 구도로 타인들을 상대하고 있다. 우리는 그렇게 하도록 길러졌으며 자녀들도 그렇게 기르고 있다. 우리는 "무엇을 할 수 있느냐"보다 "누구보다 앞섰느냐"를 더 중요하게 고려한다. 상대적 위치에 따라 우열을 가리기 때문에, 한국인들은 자족(自足)하기가 어려우며 여유를 가질 수도 없다. 한국인들은 가진 것만으로도 충분히 행복할 수 있을 때도 못 가진 것들을 곱씹으며 불행을 자초한다. 출세라는 개념에 옥조이고 있기 때문이다. 출세는 어느 수준에 도달하는 것을 의미하지 않으며 상대적 우위에 의해서만 확인된다. 그래서 하찮은 직업을 가진 사람도 그보다 더 낮은 직업을 가진 사람들 속에서는 출세한 사람이 될 수 있지만, 아무리 높은 지위에 있더라도 그보다 더 높은 지위를 가진 사람들 앞에서는 출세한 사람이 될 수 없다. 출세는 탐욕적 소비와 사치로 과시됨으로써 시기와 질투를 유발한다. (오욱환, 2014: 75-76)

모두를 힘들게 하는 병목을 없애려면 다양한 진로가 개발되어야 하고 진로 간 격차가 없어야 한다. 고등학교 단계에서 여러 가지 진로가 개발되면 대학이 병목으로 작용하지 않는다. 이렇게 되기 위해서는 직업과 직위에 따른 차별이 없어야 한다. 그러한 차별이 없어지려면 아주 어릴 때부터 다양성이 강조되어야 하고 타인들의 인생을 인정하는 문화가 조성되어야 한다. 그런데 한국에서는 유아기에서부터 학교교육 개념이 작용하면서 학교교육의 기회가 구조적으로 불평등해지고 있다(오욱환, 2017). 한국의 어린이들, 청소년들 그

---

36) 나는『배움을 지겨워하는 교육만능주의 사회』(오욱환, 2015)라는 제목의 산문집에서 "실행에 의거한 교수 분류"라는 제목 아래 교수를 학자형, 보직용, 홍보용, 대외활동용, 백해무익형의 다섯 가지 유형으로 분류하였다.

리고 청년들은 학교에서 오직 하나의 준거에 의해 철저히 서열화되면서 성장하기 때문에 다양성과 차이의 개념이 없으며 격차와 차별에만 익숙해져 있다.

격차와 차별에 익숙해짐으로써 한국의 학교에는 따돌림과 폭력이 늘어나고 있으며 사회에는 대단한 권력을 가진 사람들은 물론이며 보잘것없는 권력을 가진 사람들도 상대적 우위를 이용한 '갑질'로 타인들을 괴롭힌다. 한국 사회가 다양성을 인정하는 데 인색함은 유행의 속도로 짐작할 수 있다. 한국인들은 유행에 아주 민감한데, 그 이유는 뒤처지지 않기 위해서라기보다는 동조하지 않으면 따돌린다고 생각하기 때문이다. 1등 또는 선두를 최고로 여기면서 유행, 곧 '따라 하기'에 그토록 열정을 쏟는 현상은 역설이다. 차이를 인정하지 않으면 동조를 강요하면서 물리적 또는 심리적 폭력이 행사된다.

기회 일원 모형(unitary model of opportunity)을 통해 우리는 기회의 제한에 대해 근본적으로 다시 생각해 볼 수 있다. '큰 시험'(big test) 제도가 있는 국가에서는 모든 사람이 하나의 기회에 몰입하게 된다(Fishkin, 2014: 13). 큰 시험은 합격자들 또는 서열이 앞선 사람들로 하여금 열망을 갖게 하지만 불합격자들 또는 서열이 뒤처진 사람들을 절망하게 만든다. 이러한 유형의 시험은, 공정하게 시행됨을 강조하면서, 합격과 불합격 또는 서열의 결과를 수용하도록 요구한다. 과거(科擧) 시험이 조선 시대의 큰 시험이었다면, 현대 한국 사회에서는 대학 입학시험이 여기에 해당한다. 한국에서 가장 긴장되는 하루를 선정한다면 아마 대학수학능력시험을 치르는 날이 될 것 같다.

> 대입 수학 능력 시험이 있는 날이면 국가가 비상사태에 돌입한다. 수능시험 일인 줄 모르는 외국인들은 요란스러운 사태들로 전쟁이나 테러를 떠올리게 될 것이다. 교통이 통제되고, 사이렌도 울리고, 경찰차들이 질주하며, 비행기의 이·착륙이 금지되는 등 심각한 조치들은 비상사태로 인식하기에 충분하다. (오욱환, 2014: 130)

대학수학능력시험의 결과에 따라 청소년기와 청년기에 걸쳐 있는 한국의 모든 젊은이의 생애 기회가 결정적으로 갈라진다. "행복은 성적순이 아니다"라는 항변과는 다르게, 이 시험의 결과는 출세할 기회를 상당히 좌우함으로써 행복에 영향을 미친다. 한편, 기회 다원주의(opportunity pluralism)는 네 가지 원칙으로 구성된다. 첫째, 사회에는 여러 가지 가치와 목표가 공존해야 한다. 둘째, 그 가치들은 지위재가 아니어야 하고 가치 추구는 경쟁적으로 벌어지지 않아야 한다. 셋째, 이러한 가치들을 여러 가지 통로로 추구될 수 있어야 하며 병목 원칙이 적용되지 말아야 한다. 넷째, 권위의 원천이 다양해야 한다. 그래서 각기 다른 통로를 선택하고 추구하는 사람들이 인정을 받을 수 있어야 한다(Fishkin, 2014: 131-132).

기회 균등은 누구나 지지하는 사회적 이상(理想)이다. 그러나 기회 균등에 관한 토론들은 대부분 유별나게 논쟁적이다. 그 이유는 기회 균등에 관한 토론이 영합(zero-sum) 상황의 기회 분배를 두고 대결하기 때문이다(Fishkin, 2014: 256). 기회 구조를 병목으로 연상할 수 있다면 영합적인 경쟁은 피할 수 없다. 기회를 다변화한다면 모든 사람이 하나의 병목을 통과하지 않아도 된다.

노동시장의 현실을 직시한 대졸 청년들은 "실업 상태로 적합한 일자리 찾기와 하향취업 상태로 적합한 일자리 찾기 가운데 어느 것이 더 나은가"라는 물음에서 벗어나기 어렵다. 이 질문에 대해 학계는 상식과 다름없는 '함정'(trap)과 '디딤돌'(stepping stone)로 은유하여 장단점을 비교하였다(Voßemer and Schuck, 2016: 252). 함정론과 디딤돌론의 차이는 분명하지만, 어느 편이 일방적으로 더 낫다고 말하기는 쉽지 않다. 함정론에 의하면, 적합한 일자리에 정착하려면 과잉교육 상태의 취업 제안을 거부하는 편이 낫다. 하향취업은 자신에게 부적합한데도 세월을 보내면 안주하게 되어 정착할 가능성을 높이기 때문이다. 자신의 학력에 어울리지 않은 일자리에 주저앉게 되면, 늪에서 빠져나오지 못하듯 학력에 걸맞은 일자리를 찾을 수 없게 된다.

한편, 디딤돌론은 과잉교육으로 하향취업한 사람들이 쉽게 재취업할 뿐만 아니라 장기적으로 적합한 일자리에 취업할 가능성이 높다고 주장한다. 이 주장에 따르면, 과잉교육 상태로 취업하는 편이 실업 상태로 있는 것보다 장래의 고용주들에게 더 긍정적으로 평가된다. 일자리를 찾은 사람들은 일반적 동기, 취업 능력, 생산성 등이 실업을 고수하는 사람들보다 높은 것으로 비치기 때문이다. 그리고 장기적인 실업은 낙인을 피하기 어렵다. 사회연결망(social networking) 이론을 적용하면 디딤돌론이 더 타당하다. 그 이유는 직장을 갖고 다른 일자리를 구하는 방법이 실업 상태에서 구하는 방법보다 더 다양하고 더 넓은 사회연결망을 이용할 수 있어 효율적이기 때문이다. 그리고 일자리에서 쌓은 경험은 일자리 정보를 수집·검색·활용하는 데 유용하고 적합한 일자리임을 판단하는 데 도움이 된다.

한국처럼 출세라는 개념으로 모든 사람을 어떤 상황에서든 서열화하는 사회에서는 하나뿐인 기회 구조 아래 모두가 병목을 통과해야 한다. 극도로 제한된 소수의 엘리트 자리, 승자독식의 보상 체제, 군림과 모멸로 결판나는 승자와 패자, 생애 기회를 좌우하는 시험 등이 있는 사회에서 기회의 균등화는 구현되기 어렵다. 이러한 사회에서 기회의 균등화는 배제 전략을 구사하는 지배집단과 권리침해 운동을 불사하는 피지배집단 사이에 벌어지는 투쟁의 형식을 피할 수 없다.

> 배제는 한 집단이 다른 집단을 예속화 과정을 통해 희생시킴으로써 특권을 고수하는 행위를 의미한다. 배제에는 한 집단이 다른 집단을 부적격으로 판정하는 절차가 필요하므로, 판정 기준이 주목을 받게 되고 쉽게 쟁점으로 부각된다. 유리한 위치에 있는 집단은 불리한 처지에 있는 집단이 갖출 수 없는 조건들을 판정 기준으로 제시한다. 한편, 권리침해는 배제를 당한 사람들이 지배집단에게 돌아간 재원이나 이익을 잠식하여 부분적으로 재분배하거나 완전히 몰수하려는 목적으로 추진한다. 권리침해의 전형은 노동조합이 고용주인 자본가들을 상대로 하여 전개하는 투쟁이다. 권리침해를 시도하는 집단들은 인본주의, 평등주의, 정의의 실현 등을 강조한다. 권리침해는 집단구성원들이나 지지자들이 동원되는 대중운동—동맹파업, 시위, 연좌항의, 행진, 피켓팅(picketing) 등—에 크게 의존한다. (오욱환, 2010: 227, 236)

어떤 직종이든 병목이 있음은 합격, 승진, 입상 등이 일상적으로 일어남을 통해서 알 수 있다. 그러나 모두를 하나의 병목만 통과하게 할 필요는 없다. 차이를 인정하면 비교 준거를 정할 수 없기 때문에 우열이 가려질 수 없다. 차이를 인정하는 사회에서는 누구로부터도 배움이 가능하다. 한국에서는 차이가 뚜렷하게 나타나는 때에도 구태여 우위를 가리려고 애를 쓴다. 한국에서는 모든 대학교의 모든 학과가 서열로 구분되고 있다. 한국에서는 어디에서나 누구에게나 서열 짓기가 적용되기 때문에 한국인들은 모두가 모두를 경쟁 상대로 간주하고 경계한다. 친목을 도모하기 위한 모임에서도 애써 서열을 가리면서 시기(猜忌)와 반목(反目)이 조장된다.

모양이 다른 병이 가진 나름대로의 가치를 인정하면 병목을 넓히는 효과에 근접할 수 있다. 조선 시대에는 과거를 통한 공직 이외의 직업은 물려받았으며 성취의 대상이 아니었다. 이 시기에는 사회계층 상승 이동을 도모하려는 사람들은 과거 시험에 매달릴 수밖에 없었다. 일제 강점 시대, 미군 점령 시대, 6.25 전쟁을 차례로 거치면서 한국에는 다양한 직업이 출현했으며 공직 이외의 직업들 가운데 선망되는 직업이 생기기 시작하였다. 1960년대 이후 경제가 성장하고 사회가 발전하면서 직업이 다양화되었을 뿐만 아니라 선망 직업도 많이 늘어났다.[37] 이러한 현실임에도 불구하고 한국인들은 여전히 하나의 병목을 상정하고 있다. 그 병목은 출세라는 개념으로 대체될 수 있다. 한국에서 법관, 의사, 교수, 사

---

37) 공직은 공식적으로 능력과 자격이 검증되어야 하므로 공식적인 학교교육 수준을 매우 중요하게 요구한다. 공직 이외의 직업들도 경제적 보상과 사회적 위세를 인정받게 됨으로써 학교교육의 영향력은 다소 줄어들었다.

장, 화가, 음악가 등은 출세했다고 볼 수 있다. 그렇지만 이들이 동기동창으로 한자리에 모이면 그중에서 누가 더 출세했는지를 반드시 가린다.[38] 한국에서는 아직도 권력의 행사를 가장 영향력 있는 출세의 준거로 삼고 있다. 그래서 판 · 검 · 변호사, 의사, 교수, 사장, 기업가, 방송인 등 모두 정계(政界)와 관계(官界) 진출을 공개적으로 시도하거나 은근히 기대하고 그에 맞추어 행동한다. 이러한 풍토에서는 병목을 넓히거나 다양화할 수 없다.

출세지향 사회에서는 고등학교 단계에서 직업교육을 통해 취업하도록 권장하는 방법은 낙인을 찍는 것과 별로 다르지 않으며 불평등을 공식적으로 구조화하는 것과 같다. 출세라는 개념이 사라지려면 직업이 귀천으로 차별되지 말아야 하며 빈곤 수준에서 벗어날 수 있는 소득이 확보되어야 한다. 승자독식의 보상 체제가 유지되면 병목 현상은 사라지지 않는다. 학교교육을 통해 양성하고자 하는 사람은 직업이 없는 교양인, 생업에 소홀한 교양인, 업무에 매몰된 교양 없는 직업인, 부귀영화만 추구하는 천박한 시민이 아니다. 학교교육의 본질적 목적은 특정 직업과 기술에서 능력을 발휘하고 자유로운 시민으로서 교양있게 행동하고 책임을 다하는 사람을 양성하는 것이다. 그렇다면 학교교육을 직업교육과 교양교육으로 양분하는 작업은 무의미하다. 학교교육은 어떤 단계에서든 교양교육과 직업교육을 통합하여 실시해야 한다. 학교교육이 정상화되려면 학생들을 서열로 구별 짓지 말고 차이로 독특함이 인정되어야 한다.

생애 기회는 상대적 우열로 판정되는 출세에 대한 집착을 버리면 얼마든지 확대될 수 있다. 출세 궤도로부터 이탈과 일탈을 부정적으로 낙인찍는 사회에서는 발명이나 발견이 시도되기 어렵다. 궤도 위로 주행하면 빨리 갈 수는 있을지라도 새로운 길을 갈 수는 없다. 급속과 창조는 같은 행위로 이루어지지 않는다. 초등학교부터 대학까지 이어진 단선 궤도로 학교교육이 구성됨에 따라 한국에는 대졸 청년들이 매년 쏟아져 나온다. 매년 배출되는 대학졸업자들이 노동시장 수요를 두 배 이상 초과하므로 대학생들은 취업에 몰두할 수밖에 없다. 사회가 양극화되고 노동시장도 이중으로 구조화되고 있기 때문에 대학생들은 적합한 일자리와 좋은 일자리를 구하는 데 집착하게 된다. 이러한 상황에서는 창조적 탐구가 시도될 수 없다. 한국의 어린이들과 청소년들은 학업에 쫓기고 대학에 진학한 청년들은 취업에 쫓기고 있다. 학업에 쫓기는 어린이들과 청소년들에게 탐구학습을 요구할 수 없으며 취업에 쫓기는 청년들에게 지식경제와 창조경제를 기대할 수 없다. 쫓기는 사람들

38) 동기동창회는 출발선이 같았기 때문에 서열 짓기가 가장 치열하게 일어난다. 학창 시절을 회상하며 즐겁게 담소해야 하지만 누가 더 출세했는지를 가리느라 불꽃 튀기는 신경전이 펼쳐진다. 서열 짓기에는 현재의 직업, 직위, 거주지, 소유한 자동차의 가치, 심지어 자녀들의 학교와 성적까지 동원된다.

이 늘어나면서 한국에는 문학, 미술, 음악 분야의 작가들이 사라지고 있다. 대형 서점에는 취업, 이재(理財), 여행, 맛집 등에 관한 책만 늘려 있다.

한국은 세계 최고의 교육열 국가로 알려지고 있다. 고등교육 취학률은 세계 최고 수준이다. 유치원생부터 고등학생까지 학습 시간도 세계 최고 수준일 것 같다. 학교교육 측면에서 한국은 세계적 모범 사례가 될 수 있다. 핀란드를 학교교육의 모델로 생각하는 사람들은 핀란드 학교를 마치 성지 순례하듯 방문한다. 그러나 핀란드는 인구 550만의 작은 국가이기 때문에 모델로 삼기에는 한계가 있다. 이러한 한계를 넘어서는 모범 사례로서 5,000만 인구의 한국이 부각되기도 한다. 그러나 외국에서 한국의 교육을 어떻게 평가하든, 한국 학교교육은 심각한 위기에 직면해 있다. 한국의 학교교육은 그 자체는 물론이며 경제 성장에의 공헌 측면에서 드라마와 같은 성공을 이루었다. 그러나 지금은 그 드라마와 같은 성공을 이끈 패러다임 때문에 딜레마에 빠져들고 있다(오욱환, 2014). 창조적 파괴(constructive destruction)가 절실한 시점임에도 불구하고 성공 시대에 대한 미련 때문에 과거에서 벗어나지 못하고 있다.

한국에서 성공을 이끌어 온 학교교육 패러다임은 '양적 확대'였다. 한국은 빈곤에서 벗어나지 못했을 때도 양적 확대 패러다임에 의해 학교교육을 경제 수준보다 훨씬 앞질러 확대하였다. 그로 인해 한국에서는 학교교육을 받은 인적자본이 충분히 확보되어 있었다. 경제가 압축적 속도로 성장할 때도 인적자원이 과도하게 양성되어 있었기 때문에 얼마든지 투입될 수 있었다. 학교교육이 필요한 인력을 적절하게 공급할 때까지 학교교육은 경제 성장을 견인하였다. 그러나 그 후 대학 교육이 노동시장을 고려하지 않고 독주함으로써 고학력 인력이 노동시장 수요를 과도하게 초과하고 있다. 양적 확대(expansion) 패러다임을 폐기해야 할 때가 오래전에 지났다. 지금은 학교교육의 단계별 최적화(optimization)와 질적 향상(qualitative improvement)이 절실히 필요하다.

한국 부모들의 무모하리만큼 과열된 자녀교육열은 교육 재정이 부족한 국가로 하여금 고학력화를 추진하도록 압박하였다. 양적 최대화로 지칭될 수 있는 학교교육 패러다임은 세계 최빈국에서 선진국으로 도약하는 데 필요한 인적자원을 적절하게 지원하였다. 이로써 한국에서는 교육출세론이 하나의 철칙처럼 굳어졌다. 가난한 가정의 자녀들이 학교교육의 성공적 성취를 통해 그 부모들의 사회계층보다 훨씬 높은 계층으로 이동한 사례들이 속출하였다. 개천출용설과 교육출세론이 결합하여 모두가 더 높은 학력을 추구함에 따라 이제는 모두가 대학에 진학하는 사태가 벌어지고 있다. 이로써 대학 진학이 출세의 지름길이었던 시절도 지나갔다.

대졸 학력자들이 동령집단의 절반을 훌쩍 넘어섰지만, 대졸 학력에 조응하는 일자리는

그 절반의 절반 정도에도 미치지 못한다. 결과적으로 대졸 청년 실업과 하향취업이 필연적 현상으로 나타나고 있다. 성공을 이끈 패러다임도 항상 성공을 이끌지는 못한다. 가뭄에 성공적으로 대처한 치수(治水) 정책을 이미 홍수가 나고 강물이 범람하고 있을 때 적용할 수는 없다. 패러다임의 과감한 전환이 조속히 그리고 철저하게 이루어져야 할 시점이다. 한국에서 대학 교육의 필수화와 보편화로 개인들은 낭패를 당하고 있으며 국가는 깊은 늪에 빠져들고 있다.

참고문헌

한국 문헌

김성우 · 최종덕 (2009). 대학 교양교육의 위기와 인문학의 미래. 『시대와 철학』, 20(1), 11-42.

김유빈 (2016). 청년 고용의 실태와 문제, 그리고 정책적 시사점. 『한국의 청년 고용』, 류장수 · 박철우 · 이영민 (편). 서울: 푸른사상사.

김지경 · 이상호 (2016). 『대학생 졸업유예 실태 및 지원 방안 연구』. 세종: 한국청소년정책연구원.

김진석 (2006). 인문학, 솔직하게 위기를 받아들여라. 『인물과 사상』, 통권103호, 190-203.

김호원 (2016). 청년 고용 확대를 위해 대학도 나서야 한다. 『한국의 청년 고용』, 류장수 · 박철우 · 이영민 (편). 서울: 푸른사상사.

남재량 · 김태기 (2000). 비정규직, 가교(bridge)인가 함정(trap)인가? 『노동경제논집』, 23(2), 81-106.

놀이의 반란 제작팀 (2013). 『놀이의 반란』. 서울: 지식너머.

박범신 (2013). 『소금』. 서울: 한겨레출판사.

박세일 (1982). 고등교육확대가 노동시장에 미치는 영향 (I). 『한국개발연구』, 4(4), 149-170.

박정길 (2006). 대학생 독서부진 해결방안에 대한 연구. 『한국도서관 · 정보학회지』, 37(4), 3-22.

백낙청 (2014). 인문학의 새로움을 어디서 오나. 『창작과 비평』, 42(2), 334-357.

세계일보 (2018. 2. 12.). "빚내 대학 갔다 부모 노후까지 발목… 日 '청년파산' 눈덩이"

오욱환 (1985). 학교교육, 여성, 그리고 계층: 그 딜레마의 관계에 대한 이론적 접근. 『교육학연구』, 23(2), 65-77.

오욱환 (1986). 한국 대학 교육 확대의 사회학적 해석. 이화여자대학교 한국문화원, 『논총』, 50집, 129-150.

오욱환 (1992). 사회주의 국가에서 교육 불평등과 사회경제적 불평등의 정치경제학적 관계: 고르바쵸프 시대 이전 소련을 중심으로. 『교육사회학연구』, 2(1), 5-21.

오욱환 (1997). 한국 여성고등교육의 분석과 해석−4년제 대학을 중심으로−. 양영회, 『양영학술논문집』, 제5회, 150-216.[1]

오욱환 (1999). 미국 고등교육 경쟁력의 배경. 『비교교육연구』, 9(2), 1-37.

1) 다음 도서에도 게재되어 있다. 오욱환 ([1997] 2005). 한국 여성고등교육의 분석과 해석. 『사회변화를 위한 교육: 교육사회학 논문묶음 III』, (pp. 229-284) 오욱환 (편저). 서울: 교육과학사.

오욱환 (2000). 『한국사회의 교육열: 기원과 심화』. 서울: 교육과학사.
오욱환 (2003). 『교육사회학의 이해와 탐구』. 서울: 교육과학사.
오욱환 (2004). 현대 자본주의사회의 업무 탈기술화와 과잉교육의 역설적 관계에 대한 탐구. 『교육사회학연구』, 14(3), 157-182.
오욱환 (2005). 『교사전문성: 교육전문가로서의 교사에 대한 논의』. 서울: 교육과학사.
오욱환 (2006). 수업장면에서의 교사에 대한 가치부가적 유형화. 『교육학연구』, 44(4), 57-84.
오욱환 (2008). 『조기유학, 유토피아를 향한 출국: 조기유학의 복합적 기능과 역기능』. 파주: 교육과학사.
오욱환 (2010). 『베버 패러다임 교육사회학의 구상』. 서울: 이화여자대학교출판부.
오욱환 (2011). 한국계 미국인에게 교육출세론의 의미: 결사적 동기로서 역설적 신화. 『교육학연구』, 49(4), 1-24.
오욱환 (2013). 『사회자본의 교육적 해석과 활용: 콜먼으로부터 그리고 그를 넘어서』. 파주: 교육과학사.
오욱환 (2014). 『한국 교육의 전환: 드라마에서 딜레마로』. 파주: 교육과학사
오욱환 (2015). 『배움을 지겨워하는 교육만능주의 사회』. 파주: 교육과학사.
오욱환 (2017). 『유아교육과 보육, 불평등의 묘판』. 파주: 교육과학사.
오욱환 · 최정실 (1993). 『미군 점령시대의 한국 교육: 사실과 해석』. 서울: 지식산업사.
오천석 (1963). 『민족중흥과 교육』. 서울: 현대교육총서출판사.
오호영 (2015). 캥거루족의 실태와 과제. 한국직업능력개발원, *KRIVET Issue Brief*, 2015 81호.
오호영 (2016). 대학, 청년의 취업 역량을 키워라. 『한국의 청년 고용』, 류장수 · 박철우 · 이영민 (편). 서울: 푸른사상사.
우석훈 · 박권일 (2007). 『88만원세대: 절망의 세대에 쓰는 희망의 경제학』. 서울: 레디앙미디어.
이도흠 (1999). 한국 인문학의 위기, 지식인에게도 책임 있다. 『인물과 사상』, 통권15호, 169-179.
이동철 (1999). 위기와 모색—세기말 인문학의 위상과 전망—. 『사회비평』, 22호, 102-112.
이미정 (2007). 인문학 위기 담론과 대안에 관한 지형 연구—학문적 차원과 산업적 차원을 중심으로—. 『언어와 문화』, 3(1), 67-86.
이주희 · 전병유 · Jane Lee (2004). 『유리천장 깨뜨리기: 관리직 여성의 일과 삶』. 파주: 한울아카데미.
이청준 (1976). 『당신들의 천국』. 서울: 문학과지성사.
이청준 (2012). 『눈길』. 서울: 문학과 지성사.
이혜정 (2014). 『서울대에서는 누가 A+를 받는가: 서울대생 1100명을 심층조사한 교육 탐사 프로젝트』. 파주: 다산에듀.
임성훈 (2006). 인문학과 대중화. 『인물과 사상』, 통권103호, 204-215.
임진국 · 추정남 · 채진솔 · 김나영 · 김현아 (2013). 『에듀푸어: 자녀 교육에 등골 휘는 부모들의 자화상』. 서울: 북오션.

정범모 (1966). 『발전의 서장: 교육개혁을 위한 수상』. 서울: 배영사.

정범모 · 정원식 (1968). 『교육과 국가발전』. 서울: 교육출판사.

정상근 (2011). 『나는 이 세상에 없는 청춘이다: 대한민국 청춘의 생태 복원을 위한 보고서』. 서울: 시대의창.

차경수 (1976). 발전교육론의 업적과 과제. 『교육학연구』, 14(3), 169-180.

현온강 · 공인숙 · 김영주 · 이완정 (1997). 유아용 학습지의 현황 및 학습지에 대한 인식도. 『아동학회지』, 18(2), 213-228.

홍성욱 (2000). 인문학적 사유의 창조성과 '실용성': 인문학의 위기 극복을 위한 한 가지 제안. 『동향과 전망』, 통권44호, 212-231.

EBS '왜 우리는 대학에 가는가' 제작팀 (2015). 『왜 우리는 대학에 가는가』. 서울: 해냄출판사.

Lim, A. Y., S-H. Lee, Y. Jeon, R. Yoo, and H-Y. Jung (2018). Job-seeking stress, mental health problems, and the role of perceived social support in university graduates in Korea. *Journal of Korean Medical Science*, 33(19).[2)]

번역 문헌

Ashner, L. and N. Meyerson ([1996] 2006). 『사람은 왜 만족을 모르는가?』(*When is enough, enough? What you can do if you never feel satisfied*). 조영희 (역). 서울: 에코의서재.[3)]

Bennett, W. J. and D. Wilezol ([2013] 2014). 『대학은 가치가 있는가』(*Is college worth it?*). 이순영 (역). 서울: 문예출판사.

Blanchard, K., T. Lacinak, C. Tompkin, and J. Ballard ([2002] 2003). 『칭찬은 고래도 춤추게 한다』(*Whale done!: The power of positive relationships*). 조천제 (역). 서울: 북21.

Brynjolfsson, E. and A. McAfee ([2011] 2013). 『기계와의 경쟁』(*Race against the machine*). 정지훈 · 류현정 (역). 서울: 티움출판.

Chaffee, J. W. ([1985] 2001). 『송대 중국인의 과거생활: 배움의 가시밭』(*The thorny gates of learning in Sung China: A social history of examination*). 양종국 (역). 서울: 신서원.

Crouch, C. ([2011] 2012). 『왜 신자유주의는 죽지 않는가』(*The strange non-death of neoliberalism*). 유강은 (역). 서울: 책읽는수요일.

Csikszenmihalyi, M. and B. Schneider ([2000] 2003). 『어른이 된다는 것은』(*Becoming adult*). 이희재 (역). 서울: 해냄.

---

2) https://www.jkms.org/Synapse/Data/PDFData/0063JKMS/jkms-33-e149.pdf
*Journal of Korean Medical Science*는 대한의학회에서 발간하는 영문학회지로서 누구나 이용할 수 있도록 개방되어 있다.

3) 번역본에서 대괄호 묶음표 안의 연도(예컨대, [1996])는 원본의 출판연도를 의미한다.

Delbanco, A. ([2012] 2016). 『왜 대학에 가는가』(*College: What it was, is, and should be*). 이재희 (역). 파주: 문학동네.

Duckworth, A. (2016 [2016]). 『그릿』(*Grit: The power of passion and perseverance*). 김미정 (역). 서울: 비즈니스북스.

Fraser, J. A. ([2001] 2004). 『화이트칼라의 위기』(*White-collar sweatshop: The deterioration of work and its rewards in corporate America*). 심재관 (역). 서울: 한스미디어.

Friedman, M. and R. Friedman ([1979] 2005). 『선택할 자유』(*Free to choose: A personal statement*). 민병균 · 서재명 · 한홍순 (역). 서울: 자유기업원.

Fukuyama, F. ([1995] 1996). 『트러스트: 사회도덕과 번영의 창조』(*Trust: The social virtues and the creation of prosperity*). 구승회 (역). 서울: 한국경제신문.

Hoefl, V. ([2012] 2014). 『부모의 5가지 덫』(*Duct tape parenting: A less is more approach to raising respectful, responsible, and resilient kids*). 도희진 (역). 고양: 위즈덤하우스.

Rifkin, J. ([1995] 1996). 『노동의 종말』(*The end of work: The decline of the global labor force and the dawn of the post-market era*). 이영호 (역). 서울: 민음사.

Rifkin, J. ([2009] 2010). 『공감의 시대』(*The emphatic civilization: The race to global consciousness in a world in crisis*). 이경남 (역). 서울: 민음사.

Rousseau, J. J. ([1775] 1974). 『인간불평등기원론』(*Discours sur l'origine et les fondements de l'inégalité parmi les hommes*). 최현 (역). 서울: 집문당.

Vogel, P. ([2015] 2016). 『청년실업 미래보고서』(*Generation jobless?*). 배충효 (역). 서울: 원더박스.

외국 문헌

Acemoglu, D. and J. A. Robinson (2012). *Why nations fail: The origins of power, prosperity, and poverty*. New York: Crown Business.

Acemoglu, D. and J-S. Pischke (1999). The structure of wages and investment in general training. *Journal of Political Economy*, 107(3), 539-572.

Allen, J. and R. Van der Verden (2001). Educational mismatches versus skill mismatches: Effects on wages, job satisfaction, and on-the-job search. *Oxford Economic Papers*, 53(3), 434-452.

Allen, M. (1988). *The goals of universities*. Milton Keynes, [UK]: The Society for Research into Higher Education & Open University Press.

Allmendinger, J. (1989). Educational systems and labor market outcomes. *European Sociological Review*, 5(3), 231-250.

Alon, S. (2009). The evolution of class inequality in higher education: Competition, exclusion, and adaptation. *American Sociological Review*, 74(5), 731-755.

Alpin, C., J. R. Shackleton, and S. Walsh (1998). Over and under-education in the UK graduate labour market. *Studies in Higher Education*, 23(1), 17-34.

Apple, M. (ed.) (1982). *Education and power*. London, [UK]: Routledge and Kegan Paul.

Archer, M. S. (ed.) (1982). *The sociology of educational expansion: Take-off, growth and inflation in educational system*. Beverly Hills, CA: Sage.

Arum, R. and J. Roksa (2011). *Academically adrift: Limited learning on college campuses*. Chicago, IL: The University of Chicago Press.

Arum, R. and M. Hout (1998). The early returns: The transition from school to work in the United States. In *From school to work*, edited by Y. Shavit and W. Müller. Oxford, [UK]: Clarendon Press.

Arum, R. and Y. Shavit (1995). Secondary vocational education and the transition from school to work. *Sociology of Education*, 68(3), 187-204.

Babcock, P. and M. Marks (2010). Leisure college, USA.[4]

Bai, L. (2006). Graduate unemployment: Dilemmas and challenges in China's move to mass higher education. *The China Quarterly*, 185, 128-144.

Baldi de Mandilovitch, M. S. (1977). Workers' attitudes toward work, self, and life: The effects of work and education. Unpublished Ph.D. dissertation, Teachers College, Columbia University.

Baldi de Mandilovitch, M. S. and R. P. Quinn (1975). *Education and job satisfaction: A questionable payoff*. Ann Arbor, MI: Survey Research Center, University of Michigan.

Battu, H. and P. J. Sloane (2000). Overeducation and crowding out in Britain. In *The overeducated worker? The economics of skill utilization*, edited by L. Borghans and A. de Grip. Cheltenham, [UK]: Edward Elgar.

Battu, H., C. R. Belfield, and P. J. Sloane (2000). How well can we measure graduate over-education and its effects? *National Institute Economic Review*, 171(1), 82-93.

Becker, G. S. (1964). *Human capital*. New York: Columbia University Press.

Benevot, A. (1992). Educational expansion and economic growth in the modern world, 1913-1985. In *The political construction of education: The state, school expansion, and economic change*, edited by B. Fuller and R. Rubinson. New York: Praeger.

Bennett, W. J. and D. Wilezol (2013). *Is college worth it?* Nashville, TN: Thomas Nelson.[5]

Berg, I. ([1970] 1971). *Education and jobs: The great training robbery*. Boston, MA: Beacon.[6]

---

4) https://escholarship.org/uc/item/1zd0q0vn (2017. 11. 30.)

5) 『대학은 가치가 있는가』라는 제목으로 번역 출판되었다.

6) 1970년도와 1971년도에 각각 Preager와 Beacon에서 출판되었다. 이 글에서는 1971년도판을 참조하였다.

Berg, I. and J. Shack-Marquez (1985). Current conceptions of structural unemployment: Some logical and empirical difficulties. In *Research in the sociology of work*, edited by R. L. Simpson and I. H. Simpson. Greenwich, CT: JAL.

Berg, I. and M. Freedman (1977). The American workplace: Illusions and realities. *Change: The Magazine of Higher Learning*, 9(11), 24-30, 62.

Berg, I., M. K. Freedman, and M. A. Freedman (1978). *Managers and work reform: A limited engagement*. New York: The Free Press.

Berger, P. L. and T. Luckmann (1967). *The social construction of reality: A treatise in the sociology of knowledge*. Garden City, NY: Anchor Books.

Bernstein, B. (1972). Social class, language, and socialization. In *Language and social context: Selected readings*, edited by P. P. Giglioli. Harmondsworth, [UK]: Penguin.

Bills, D. B. (1988). Educational credentials and hiring decisions: What employers look for in entry level employees. *Research in Social Stratification and Mobility*, Volume 7, 71-97.

Bills, D. B. (2003). Credentials, signals, and screens: Explaining the relationship between schooling and job assignment. *Review of Educational Research*, 73(4), 441-469.

Bills, D. B. (2016). Congested credentials: The material and positional economies of schooling. *Research in Social Stratification and Mobility*, Volume 43, 65-70.

Bils, M. and P. J. Klenow (2000). Does schooling cause growth? *American Economic Review*, 90(5), 1160-1183.

Bird, C. (1975). *The case against college*. New York: David McKay.

Bisconti, A. S. and L. C. Solmon (1976). *College education on the job: The graduates's viewpoint*. Bethlehem, PA: The CPC Foundation.

Bishop, J. (1989). Occupational training in high school: When does it pay off? *Economic of Education Review*, 8(1), 1-15.

Blanchard, K., T. Lacinak, C. Tompkin and J. Ballard (2002). *Whale done!: The power of positive relationships*. New York: The Free Press.

Blaug, M., R. Layard, and M. Woodhall (1969) *The causes of graduate unemployment in India*. London, [UK]: Allen Lane.

Blumberg, P. and J. M. Murtha (1977). College graduates and the American dream. *Dissent*, 24(1), 45-53.

Bol, T. (2015). Has education become more positional? Educational expansion and labour market outcomes, 1985-2007. *Acta Sociologica*, 58(2), 105-120.

Boli, J., F. O. Ramirez, and J. W. Meyer (1985). Explaining the origins and expansion of mass education. *Comparative Education Review*, 29(2), 145-170.

Boudon, R. (1974). *Education, opportunity, and social inequality*. New York: John Wiley and Son.

Bourdieu, P. (1973). Cultural reproduction and social reproduction. In *Knowledge, education, and cultural change*, edited by R. Brown. London, [UK]: Tavistock.

Bourdieu, P. (1974). School as a conservative force: Scholastic and cultural inequalities. In *Contemporary research in the sociology of education*, edited by J. Eggleston. London, [UK]: Methuen.

Bourdieu, P. and J-C. Passeron ([1964] 1977). *Reproduction in education, society, and culture*. translated by R. Nice. London and Beverley Hills, CA: SAGE Publications.[7)]

Bowles, S. (1974). The integration of higher education into the wage labor system. *Review of Radical Political Economics*, 6(1), 100-123.

Bowles, S. and H. Gintis (1976). *Schooling in capitalist America: Educational reform and the contradictions of economic life*. New York: Basic.

Brauns, H., M. Gangl, and S. Scherer (1999). Education and unemployment: Patterns of labour market entry in France, the United Kingdom and West Germany. Working Papers Nr. 6. of Mannheimer Zentrum für Europäische Sozialforschung.

Braverman, H. ([1974] 1998). *Labor and monopoly capital: The degradation of work in the twentieth century*. 25th anniversary edition. New York: Monthly Review Press.[8)]

Brint, S. (2003). Few remaining dreams: Community colleges since 1985. *Annals of the American Academy of Political and Social Sciences*, 586(1), 16-37.

Brint, S. and J. Karabel (1989). *The diverted dream: Community colleges and the promise of educational opportunity in America, 1900-1985*. New York: Oxford University Press.

Brown, D. K. (1995). *Degrees of control: A sociology of educational expansion and occupational credentialism*. New York: Teachers College Press.

Brown, D. K. (2001). The social sources of educational credentialism: Status cultures, labor markets, and organization. *Sociology of Education*, 74(Extra Issue), 19-34.

Brown, P. (1990). The 'Third Wave': Education and the ideology of parentocracy. *British Journal of Sociology of Education*, 11(1), 65-88.

Brynjolfsson, E. and A. McAfee (2012). *Race against the machine: How the digital revolution is accelerating innovation, driving productivity, and irreversibly transforming employment and the economy*. Lexington, MA: Digital Frontier Press.

Burris, B. H. (1983a). The human effects of underemployment. *Social Problems*, 31(1), 96-110.

7) 불어판은 1964년에 출판되었다.

8) 초판은 1974년에 출판되었다.

Burris, B. H. (1983b). *No room at the top: Underemployment and alienation in the corporation*. New York: Praeger.

Burris, V. (1983). The social and political consequences of overeducation. *American Sociological Review*, 48(4), 454-467.

Büchel, F. (2002). The effects of overeducation on productivity in Germany—the firms' viewpoint. *Economics of Education Review*, 21(3), 263-275.

Büchel, F. and A. Mertens (2004). Overeducation, undereducation, and the theory of career mobility. *Applied Economics*, 36(8), 803-816.

Carnegie Commission on Higher Education (1973). *College graduates and jobs: Adjusting to a new labor market situation*. New York: McGraw-Hill.

Chefel, J. A. (1991). The play of children: Developmental processes and policy implications. *Child and Youth Care Forum*, 20(2), 115-132.

Chiappori, P-A, M. Iyigun, and Y. Weiss (2006). Investment in schooling and the marriage market, IZA Discussion Papers, No. 2454, Institute for the Study of Labor (IZA), Bonn.[9)]

Clark, B. R. (1960). The cooling-out function in higher education. *American Journal of Sociology*, 65(6), 569-576.

Clark, B. R. and G. R. Neave (eds.) (1992). *The encyclopedia of higher education: National systems of higher education* (vol. 1). Oxford and New York: Pergamon Press.

Clogg, C. C. and J. W. Shockey (1984). Mismatch between occupation and schooling: A prevalence measure, recent trends and demographic analysis. *Demography*, 21(2), 235-257.

Cohn, E. and S. P. Khan (1995). The wage effects of overschooling revisited. *Labour Economics*, 2(1), 67-76.

Cohn, E. and Y. C. Ng (2000). Incidence and wage effects of overschooling and underschooling in Hong Kong. *Economics of Education Review*, 19(2), 159-168.

Coleman, J. S., E. Q. Campbell, C. J. Hobson, J. McPartland, A. M. Mood, F. D. Weinfeld, and R. L York (1966). *Equality of educational opportunity*. Washington, DC: U.S. Government Printing Office.

Collins, R. (1971). Functional and conflict theories of educational stratification. *American Sociological Review*, 36(6), 1002-1019.

Collins, R. (1979). *The credential society: An historical sociology of education and stratification*. New York: Academic Press.

Collins, R. (2002). Credential inflation and the future of universities. In *The future of the city of*

---

9) http://nbn-resolving.de/urn:nbn:de:101:1-20080702262

intellect: The changing American university, edited by S. G. Brint. Stanford, CA: Stanford University Press.

Conant, J. B. (1948). *Education in a divided world: The function of the public schools in our unique society*. Cambridge, MA: Harvard University Press.

Cottle, T. J. (2001). *Hardest times: The trauma of long-term unemployment*. Amherst and Boston, MA: University of Massachusetts Press.

Crawford, M. B. (2009). The case for working with your hands. *The New York Times Magazine*. May 21.

Crouch, C., D. Finegold, and M. Sako (1999). *Are skills the answer? The political economy of skill creation in advanced industrial countries*. Oxford, [UK]: Oxford University Press.

Crowley, M. F. (1972). Professional manpower: The job market turnaround. *Monthly Labor Review*, 95(10), 9-15.

Davies, J. C. (1962). Toward a theory of revolution. *American Sociological Review*, 27(1), 5-19.

Delbanco, A. (2012). *College: What it was, is, and should be*. Princeton, NJ: Princeton University Press.[10]

Di Pietro, G. (2002). Technological change, labor markets, and 'low-skill, low-technology traps'. *Technological Forecasting and Social Change*, 69(9), 885-895.

Di Stasio, V. (2017). Who is ahead in the labor queue? Institutions' and employers' perspective on overeducation, undereducation, and horizontal mismatches. *Sociology of Education*, 90(2), 109-126.

Di Stasio, V., T. Bol, and H. G. Van de Werfhorst (2017). What makes education positional? Institutions, overeducation and the competition for jobs. *Research in Social Stratification and Mobility*, Volume 43, 53-63.

Dolton, P. and A. Vignoles (2000). The incidence and effects of overeducation in the U.K. graduate labour market. *Economics of Education Review*, 19(2), 179-198.

Dore, R. P. (1976). *The diploma disease: Education, qualification and development*. Berkeley, CA: University of California Press.

Dresch, S. P. (1975). Demography, technology, and higher education: Toward a formal model of educational adaptation. *Journal of Political Economy*, 83(3), 535-569.

Duckworth, A. (2016). *Grit: The power of passion and perseverance*. New York: Scribner.[11]

Duncan, G. and S. Hoffman (1978). The economic value of surplus education. In *Five thousand*

10) 『왜 대학에 가는가』라는 제목으로 번역 출판되었다.

11) 『그릿』이라는 제목으로 번역 출판되었다.

American families: Patterns of economic progress, edited by G. J. Duncan and J. N. Morgan. Ann Arbor, MI: Survey Research Center, University of Michigan.

Duncan, G. J. and R. J. Murnane (2014). *Restoring opportunity: The crisis of inequality and the challenge for American education*. Cambridge, MA: Harvard Education Press.

Duncan, G. J. and S. D. Hoffman (1981). The incidence and wage effects of overeducation. *Economics of Education Review*, 1(1), 75-86.

Ehrenreich, B (1989). *Fear of falling: The inner life of the middle class*. New York: Pantheon.

Elkind, D. (2007). *The hurried child: Growing up too fast to soon*. Cambridge, MA: Da Capo Press.

Farkas, G. and P. England (eds.) (1988). *Industries, firms, and jobs: Sociological and economic approaches*. New York: Plenum.

Featherman, D. L. and R. M. Houser (1978). *Opportunity and change*. New York: Academic Press.

Fishkin, J. (2014). *Bottlenecks: A new theory of equal opportunity*. New York: Oxford University Press.

Flanders, R. B. (1970). Employment patterns for the 1970s. *Occupational Outlook Quarterly*, 14(2), 2-17.

Folger, J. K. (1972). The job market for college graduates. *Journal of Higher Education*, 43(3), 203-222.

Folger, J. K. and C. B. Nam (1964). Trends in education in relation to the occupational structure. *Sociology of Education*, 38(1), 19-33.

Folger, J. K., H. S. Astin, and A. E. Bayer (1970). *Human resources and higher education: Staff report of the Commission on Human Resources and Advanced Education*. New York: Russell Sage Foundation.

Freeman, R. B. (1971). *The market for college trained manpower: A study in the economics of career choice*. Cambridge, MA: Harvard University Press.

Freeman, R. B. (1975). Overinvestment in college training? *Journal of Human Resources*, 10(3), 287-311.

Freeman, R. B. (1976). *The overeducated American*. New York: Academic Press.

Freeman, R. B. (1977). The decline in economic rewards to college education. *Review of Economics and Statistics*, 59(1), 18-29.

Freeman, R. and J. H. Hollomon (1975). The declining value of college going. *Change: The Magazine of Higher Education*, 7(7), 24-31, 62.

Frey, C. B. and M. A. Osborne (2013). The future of employment: How susceptible are jobs to computerisation?[12)]

Froomkin, J. (1976). *Supply and demand for persons with postsecondary education*. Washington, DC: Educational Policy Research Center for Higher Education and Society/Froomkin (Joseph) Inc, DC.

Fujihara, S. and H. Ishida (2016). The absolute and relative values of education and the inequality of educational opportunity: Trends in access to education in postwar Japan. *Research in Social Stratification and Mobility*, Volume 43, 25-37.

Fuller, B. and R. Rubinson (1992). Preface. In *The political construction of education: The state, school expansion, and economic change*, edited by B. Fuller and R. Rubinson. New York: Praeger.

Gambetta, D. (1987). *Were they pushed or did they jump? Individual decision mechanisms in education*. New York: Cambridge University Press.

Gangl, M. (2001). European patterns of labour market entry: A dichotomy of occupationalized vs. non-occupationalized systems? *European Societies*, 3(4), 471-494.

Garnier, M. A. and J. Hage (1990). Education and economic growth in Germany. In *Research in Sociology of Education and Socialization: A Research Annual*, 9, Greenwich, CT: JAI Press.

Garson, B. (1988). *The electronic sweatshop: How computers are transforming the office of the future into the factory of the past*. New York: Simon and Schuster.

Geschwender, J. A. (1967). Continuities in theories of status consistency and cognitive dissonance. *Social Forces*, 46(2), 160-171.

Gintis, H. (1970). New working class and revolutionary youth: A theoretical synthesis and a program for the future. *Review of Radical Political Economics*, 2(2), 43-73.

Gitlin, T. (2012). *Occupy nation: The roots, the spirit, and the promise of Occupy Wall Street*. New York: It Books.

Goffman, I. W. (1957). Status inconsistency and preference for change in power distribution. *American Sociological Review*, 22(3), 275-281.

Golden, D. (2006). *The price of admission: How America's ruling class buys its way into elite colleges—and who gets left outside the gates*. New York: Three Rivers Press.

Goldin, C. and L. F. Katz (2008). *The race between education and technology*. Cambridge, MA: Harvard University Press.

Good, T. L. and J. E. Brophy ([1973] 1997). *Looking in classrooms*. Seventh edition. New York: Longman.[13]

---

12) https://www.oxfordmartin.ox.ac.uk/downloads/academic/The_Future_of_Employment.pdf

13) 초판은 1973년에 발간되었지만, 이 글에서는 1997년에 출판된 7판을 참고하였다.

Gordon, D. M. (1972). *Theories of poverty and underemployment*. Lexington, MA: Lexington Books.

Gordon, M. S. (ed.) (1974). *Higher education and the labor market*. New York: McGraw-Hill.

Gordon, R. A. and J. E. Howell (1959). *Higher education for business*. New York: Columbia University Press.

Gorz, A. (1967). *Strategy for labor*. Boston, MA: Beacon Press.

Grandjean, B. D. and P. A. Taylor (1980). Job satisfaction among female clerical workers: 'Status panic' or the opportunity structure of office work? *Work and Occupations*, 7(1), 33-53.

Granovetter, M. S. (1981). Toward a sociological theory of income differences. In *Sociological perspectives on labor market*, edited by I. Berg. New York: Academic Press.

Granovetter, M. S. (1995). *Getting a job: A study of contacts and careers*, Second edition. Chicago, IL: The University of Chicago Press.

Grasso, J. T. and J. R. Shea (1979). *Vocational education and training: Impact on youth*. Berkeley, CA: Carnegie Foundation for the Advanced of Teaching.

Groot W. and H. Maassen Van den Brink (2000). Overeducation in the labor market: A meta-analysis. *Economics of Education Review*, 19(2), 149-158.

Hacker, A. and C. Dreifus (2010). *Higher education? How colleges are wasting our money and failing our kids—and what we can do about it*. New York: Times Book, Henry Holt and Company.

Halperin, S. (ed) (1998). *The forgotten half revisited: American youth and young families, 1988-2008*. Washington, DC: American Youth Policy Forum.

Halsey, A. H., A. Heath, and J. M. Ridge (1980). *Origins and destinations: Family, class, and educational in modern Britain*. New York: Oxford University Press.

Hamilton, S. F. (1990). *Apprenticeship for adulthood: Preparing youth to the future*. New York: The Free Press.

Hanf, T., K. Ammann, P. V. Dias, M. Fremerey, and H. Weiland (1975). Education: An obstacle to development? Some remarks about the political functions of education in Asia and Africa. *Comparative Education Review*, 19(1), 68-87.

Hannum, E. and C. Buchmann (2005). Global educational expansion and socio-economic development: An assessment of findings from the social sciences. *World Development*, 33(3), 333-354.

Hanushek, E. A. and D. D. Kimko (2000). Schooling, labor-force quality, and the growth of nations. *American Economic Review*, 90(5), 1184-1208.

Harbison, F. and C. A. Myers (1965). *Manpower and education: Country studies in economic development*. New York: McGraw-Hill.

Hardin, G. (1968). The tragedy of the commons. *Science*, 162(3859), 1243-1248.

Harhoff, D. and T. Kane (1997). Is the German apprenticeship system a panacea for the U.S. labor market? *Journal of Population Economy*, 10(2), 171-196.

Harris, S, E. (1948). *How shall we pay for education? Approaches to the economics of education*. New York: Harper.

Harris, S. E. (1949). *The market for college graduates: And related aspects of education and income*. Cambridge, MA: Harvard University Press.

Hartog, J. (2000). Over-education and earnings: Where are we, where should we go? *Economics of Education Review*, 19(2), 131-147.

Hartog, J. and H. Oosterbeek (1988). Education, allocation and earnings in the Netherlands: Overschooling? *Economics of Education Review*, 7(2), 185-194.

Hecker, D. E. (1992). Reconciling conflicting data on jobs for college graduates. *Monthly Labor Review*, 115(7), 3-12.

Hersch, J. (1991). Education match and job match. *The Review of Economics and Statistics*, 73(1), 140-144.

Hout, M. (2012). Social and economic returns to college education in the United States. *Annual Review of Sociology*, 38, 379-400.

Hurn, C. (1978). *The limits and possibilities of schooling: An introduction to the sociology of education*. Boston, MA: Allyn and Bacon.

Irizzarry, R. L. (1980). Overeducation and unemployment in third world: The paradoxes of dependent industrialization. *Comparative Education Review*, 24(3), 338-352.

Jaspers, K. (1959). *The idea of the university*. edited by Karl W. Deutsch and translated by H. A. T. Reiche and H. F. Vanderschmidt. Boston, MA: Beacon Press.

Jencks, C. and D. Riesman (1968). *The academic revolution*. Garden City, NY: Doubleday.

Jovanovic, B. and Y. Nyarko (1997). Stepping-stone mobility. *Carnegie-Rochester Conference Series on Public Policy*, Volume 46, 289-325.

Kalleberg, A. L. and A. B. Sørensen (1973). The measurement of the effects of overtraining on job attitudes. *Sociological Methods and Research*, 2(2), 215-238.

Kalleberg, A. L. and I. Berg (1987). *Work and industry: Structure, markets, and processes*. New York: Plenum.

Karabel, J. (1972a). Community college and social stratification. *Harvard Educational Review*, 42(4), 521-562.

Karabel, J. (1972b). Open admissions: Toward meritocracy or democracy? *Change*, 4(4), 38-43.

Karabel, J. (2005). *The chosen: The hidden history of admission and exclusion at Harvard, Yale, and Princeton*. Boston, MA: Mariner Books.

Katz, M. B. (1968). *The irony of early school reform: Educational innovation in mid-nineteenth century Massachusetts*. Boston, MA: Beacon.

Kerckhoff, A. C. (2001). Education and social stratification processes in comparative perspective. *Sociology of Education*, 74(Extra Issue), 3-18.

Kerr, C. (1963). *The uses of the university*. Cambridge, MA: Harvard University Press.

Kerr, C., J. T. Dunlop, F. H. Harbison, and C. A. Myers (1960). *Industrialism and industrial man*. Cambridge, MA: Harvard University Press.

King, N. R. (1979). Play: The kindergartners' perspective. *The Elementary School Journal*, 80(2), 80-87.

Klees, S. J. (2008). A quarter century of neoliberal thinking in education: Misleading analyses and failed policies. *Globalisation, Societies and Education*, 6(4), 311-348.

Koch, R. (1998). *The 80/20 principle: The secret of achieving more with less*. New York: Currency.

Kotschnig, W. M. (1937). *Unemployment in the learned professions, an international study of occupational and educational planning*. London, [UK]: Humphrey Milford.

Kuttner, R. (1983). The declining middle. *The Atlantic Monthly*, July, 60-72.

Labaree, D. F. (1997). *How to succeed in school without really learning: The credentials race in American education*. New Haven, CT: Yale University Press.

Labaree, D. F. (2000). No exit: Public education as an inescapable public good. In *Reconstructing the common good in education: Coping with intractable American dilemmas*, edited by L. Cuban and D. Shipps. Stanford, CA: Stanford University Press.

Labaree, D. F. (2010). *Some has to fail: The zero-sum game of public schooling*. Cambridge, MA: Harvard University Press.

Lenski, G. E. (1954). Status crystalization: A non-vertical dimension of social status. *American Sociological Review*, 19(4), 405-413.

Levels, M., R. van der Velden, and V. Di Stasio (2014). From school to fitting work: How education-to-job matching of European school leavers is related to educational system characteristics. *Acta Sociologica*, 57(4), 341-361.

Levin, H. M. (1976). Educational opportunity and social inequality in western Europe. *Social Problems*, 24(2), 148-172.

Levin, H. M. (1987). Education as a public and private good. *Journal of Policy Analysis and Management*, 64(4), 628-641.

Levin, H. M. (1998). Schools—Scapegoats or saviours? *New Political Economy*, 3(1), 139-143.

Levin, H. M. and R. W. Rumberger (1987). Educational requirements for new technologies: Visions, possibilities, and current realities. *Educational Policy*, 1(3), 333-354.

Levine, M. (2008). *The price of privilege: How parental pressure and material advantage are creating a generation of disconnected and unhappy kids*. New York: Harper.

Levy, R. and R. J. Murname (2004). *The new division of labor: How computers are creating the next job market*. New York: Russell Sage Foundation.

Lewin, T. (Aprial 11, 2011). Burden of college loans on graduates grow. *New York Times*,

Li, S., J. Whalley, and C. Xing (2014). China's higher education expansion and unemployment of college graduates. *China Economic Review*, Volume 30, 567-582.

Lillard, A. S. (1998). Playing with theory of mind. In *Multiple perspectives on play in early childhood education*, edited by O. N. Saracho and B. Spodek. Albany, NY: State University of New York Press.

Mason, G. (1996). Graduate utilisation in British industry: The initial impact of mass higher eduction. *National Institute Economic Review*, 156(1), 93-103.

McGuinness, S. (2006). Overeducation in the labour market. *Journal of Economic Surveys*, 20(3), 387-418.

McMahon, W. W. (1992). The economics of school expansion and decline. In *The political construction of education: The state, school expansion, and economic change*, edited by B. Fuller and R. Rubinson. New York: Praeger.

Meyer, J. W. (1972). The effects of the institutionalization of colleges in society. In *College and student: Selected readings in the social psychology of higher education*, edited by K. A. Feldman. New York: Pergamon Press.

Meyer, J. W. (1977). The effect of education as an institution. *American Journal of Sociology*, 83(1), 55-77.

Meyer, J. W. and B. Rowan (1977). Institutionalized organizations: Formal structure as myth and ceremony. *American Journal of Sociology*, 83(2), 340-363.

Meyer, R. H. and D. A. Wise (1982) High school preparation and early labor force experience. In *The youth labor market problem: Its nature, causes, and consequences*, edited by R. B. Freeman and D. A. Wise. Chicago, IL: University of Chicago Press.

Mills, C. W. (1959). *The sociological imagination*. New York: Oxford University Press.

Mincer, J. (1958). Investment in human capital and personal income distribution. *Journal of Political Economy*, 66(4), 281-302.

Mincer, J. (1991). Education and unemployment. Working Paper No. 3838. Cambridge, MA: National Bureau of Economic Research.

Mingjie, C. (2010). *Diary of a taxi driver: True stories from Singapore's most educated cabdriver*. Singapore: Aktive Learning.

Mortimer, J. T. and H. Krüger (2000). Pathways from school to work in Germany and the United States. In *Handbook of the sociology of education*, edited by M. T. Hallinan. New York: Kluwer Academic.

Murphy, K. and F. Welch (1989). Wage premiums for college graduates recent growth and possible explanations. *Educational Researcher*, 18(4), 17-26.

Murray, C. (2008a). *Real education: Four simple truths for bringing America's schools back to reality*. New York: Crown Forum.

Murray, C. (2008b). Too many people are going to college. *American*, 2(5), 40-49.

Murray, C. A. (2012). *Coming apart: The state of white America, 1960-2010*. New York: Crown Forum.

National Commission on Excellence in Education (1983). *A nation at risk: The imperative for educational reform*. Washington, DC: US Government Printing Office.

Newman, J. H. ([1852] 1959). *The idea of a university*. Garden City, NY: Image Books.[14)]

Newman, K. S. (1989). *Falling from grace: The experience of downward mobility in the American middle class*. New York: The Free Press.

Norwood, J. L. (1979). The job outlook for college graduates through 1990. *Occupational Outlook Quarterly*, 23(4), 2-7.

OECD (1974). *Educational statistics yearbook*, 1, International Tables. Paris, [France]: OECD.

O, O. W. (1983). Education and personal earnings determination: A synthetic approach. unpublished Ph.D. dissertation, University of Illinois at Urbana-Champaign.

O'Toole, J. (1975a). The reserve army of the underemployed: I—The world of work. *Change: The Magazine of Higher Learning*, 7(4), 26-33, 60.

O'Toole, J. (1975b). The reserve army of the underemployed II—The role of education. *Change: The Magazine of Higher Learning*, 7(5), 26-33, 60-63.

Oakes, J. (1985). *Keeping track: How schools structure inequality*. New Haven, CT: Yale University Press.

OECD (1973). *Educational statistics yearbook, 1,* International Tables. Paris, [France]: OECD.

OECD (1995). *Education at a glance*. Paris, [France]: CERI, Organisation for Economic Co-operation and Development(OECD).

Ortega y Gasset, J. ([1930] 1946). *Mission of the university*. London, [UK]: Routledge and Kegan

14) 1852년에 초판이 출판되었다.

Paul.[15]

Parkin, F. (1979). *Marxism and class theory: A bourgeois critique*. London, [UK]: Tavistock Publications.

Parsons, T. (1970). Equality and inequality in modern society, or social stratification revisited. In *Social stratification: Research and theory for the 1970s*, edited by E. Laumann. Indianapolis, IN: Bobbs-Merrill.

Pellegrin, J-P. (1974). Admission policies in post-secondary education. In *Toward mass higher eduction: Issues and dilemmas*. Paris, [France]: OECD.

Petrakis, P. E. and D. Stamatakis (2002). Growth and education levels: A comparative analysis. *Economics of Education Review*, 21(5), 513-521.

Pierson, F. C. (1959). *The education of American businessmen: A study of university-college programs in business administration*. New York: McGraw-Hill.

Piketty, T. (2014). *Capital in the twenty-first century*. translated by A. Goldhammer. Cambridge, MA: The Belknap Press of Harvard University Press.

Plümper, T. and C. J. Schneider (2007). Too much to die, too little to live: Unemployment, higher education policies and university budgets in Germany. *Journal of European Public Policy*, 14(4), 631-653.

Pope, L. ([1996] 2006). *Colleges that change lives: 40 schools that will change the way you think about colleges*. New York: Penguin Books.

Putnum, R. D. (2000). *Bowling alone: The collapse and revival of American community*. New York: Simon and Schuster.

Raftery, A. E. and M. Hout (1993). Maximally maintained inequality: Expansion, reform and opportunity in Irish Education, 1921-75. *Sociology of Education*, 66(1), 41-62.

Ramirez, F. O., W. Luo, E. Schoffer, and J. W. Meyer (2006). Student achievement and national growth. *American Journal of Education*, 113(1), 1-29.

Rampell, C. (2014). The college degree has become the new high school degree. *The Washington Post*, September 9, 2014.

Reich, M., D. M. Gordon, and R. C. Edwards (1973). A theory of labor market segmentation, *American Economics Review*, 63(2), 359-365.

Reich, R. B. (1991). *The work of nations: Preparing ourselves for 21st century capitalism*. New York: Vintage Books.

Rhodes, F. H. T. (2001). *The creation of the future: The role of the American university*. Ithaca, NY:

15) 1946년에 영문판이 출판되었다.

Cornell University Press.

Riddle, W. C. and X. Song (2011). The impact of education on unemployment indidence and re-employment success: Evidence from the U.S. labour market. *Labour Economics*, 18(4), 453-463.

Rifkin, J. (1995). *The end of work: The decline of the global labor force and the dawn of the post-market era*. New York: G. P. Putnam.

Robertson, B. J. (2015). *Holacracy: The new management system for a rapidly changing world*. New York: Henry Holt and Company.

Robst, J. (1995) Career mobility, job match, and overeducation. *Eastern Economic Journal*, 21(4), 539-550.

Rosen, S. (1972). Learning and experience in the labor market. *The Journal of Human Resources*, 7(3), 326-342.

Rosenbaum, J. E. (1980). Social implications of educational grouping. In *Review of Research in Education*, 8, edited by D. C. Berliner. Washington, DC: American Educational Research Association.

Rosenbaum, J. E. (2001). *Beyond college for all: Career paths for the forgotten half*. New York: Russell Sage Foundation.

Rosenbaum, J. E. and T. Kariya (1989). From high school to work: Market and institutional mechanisms in Japan. *American Journal of Sociology*, 94(6), 1334-1365.

Rosenbaum, J. E., S. R. Miller, and M. S. Krei (1996). Gatekeeping in an era of more open gates: High school counselors' views of their influence on students' college plans. *American Journal of Education*, 104(4), 257-279.

Rosenbaum, J. E., T. Kariya, R. Setterstein, and T. Maier (1990). Market and network theories of the transition from high school to work: Their application to industrialized societies. *Annual Review of Sociology*, 16, 263-299.

Rotman, A., Y. Shavit, and M. Shalev (2016). Nominal and positional perspectives on educational stratification in Israel. *Research in Social Stratification and Mobility*, Volume 43, 17-24.

Rubin, K., G. Fein, and B. Vandenberg (1983). Play. In *Socialization, personality, and social development*, edited by E. M. Hetherington. New York: Wiley.

Rubinson, R. (1986). Class formation, politics, and institutions: Schooling in the United States. *American Journal of Sociology*, 92(3), 519-548.

Rubinson, R. and B. Fuller (1992). Specifying the effects of education on national growth. In *The political construction of education: The state, school expansion, and economic change*, edited by B. Fuller and R. Rubinson. New York: Praeger.

Rumberger, R. W. (1981a). *Overeducation in the U.S. labor market*. New York: Praeger.

Rumberger, R. W. (1981b). The rising incidence of overeducation in the U.S. labor market. *Economics of Education Review*, 1(3), 293-314.

Rumberger, R. W. and T. N. Daymont (1984). The economic value of academic and vocational training acquired in high school. In *Youth and the labor market: Ananyses of the national logitudinal survey*, edited by M. E. Borus. Kalamazoo, MI: W. E. Upjohn Institute for Employment Research

Schneider, B. (2002). Social capital: A ubiquitous emerging conception. In *Education and sociology: An encyclopedia*, edited by D. L. Levinson, P. W. Cookson, Jr., and A. R. Sadovnik. New York and London: RoutledgeFalmer.

Schneider, B. and D. Stevenson (1999). *The ambitious generation: America's teenagers, motivated but directionless*. New Haven, CT: Yale University Press.

Schofer, E. and J. W. Meyer (2005). The worldwide expansion of higher education in the twentieth century. *American Sociological Review*, 70(6), 898-920.

Schultz, T. (1961). Investment in human capital. *American Economic Review*, 51(1), 1-17.

Sewell, W. H. (1971). Inequality of opportunity for higher education. *American Sociological Review*, 36(5), 793-809.

Shavit, Y. and H. O. Blossfeld (eds.) (1993). *Persistent inequalities: Changing educational attainment in thirteen countries*. Boulder, CO: Westview Press.

Shavit, Y. and W. Müller (2000). Vocational secondary education, tracking, and social stratification. In *Handbook of the sociology of education*, edited by M. T. Hallinan. New York: Kluwer Academic.

Sheppard, H. and N. Herrick (1972). *Where have all the robots gone? Worker dissatisfaction in the 70's*. New York: The Free Press.

Sicherman, N. (1991). "Overeducation" in the labor market. *Journal of Labor Economics*, 9(2), 101-122.

Sicherman, N. and O. Galor (1990). A theory of career mobility. *Journal of Political Economy*, 98(1), 169-192.

Smith, H. L. (1986). Overeducation and underemployment: An agonistic review. *Sociology of Education*, 59(2), 85-99.

Solmon, L., A. Bisconti, and N. Ochsuer (1977). *College as a training ground for jobs*. New York: Praeger.

Solomon, L. C., L. Kent, N. L. Ochsner, and M. Hurwicz (1981). *Underemployed Ph.D.'s*. Lexington, MA: Lexington Books.

Soskice, D. (1994). Reconciling markets and institutions: The German apprenticeship system. In *Training and the private sector: International comparison*, edited by L. Lynch. Chicago, IL: University of Chicago Press.

Spence, M. (1973). Job market signaling. *Quarterly Journal of Economics*, 87(3), 355-374.

Squire, G. (1979). *Education and jobs: The imbalancing of the social machinery*. New Brunswick, NJ: Transaction Books.

Staines, G. and R. Quinn (1979). American workers evaluate the quality of their jobs. *Monthly Labor Review*, 102(1), 3-12.

Stigler, J. W. and J. Hiebert (1999). *The teaching gap: Best ideas from the world's teachers for improving education in the classroom*. New York: The Free Press.

Stiglitz, J. E. (2013). *The price of inequality*. New York: W. W. Norton.

Sullivan, T. (1978). *Marginal workers, marginal jobs: The underutilization of American workers*. Austin, TX: University of Texas Press.

Taylor, M. C. (2010). *Crisis on campus: A bold plan for reforming our colleges and universities*. New York: Alfred A. Knopf.

Thomas, W. I. and D. S. Thomas (1928). *The child in America: Behavior problems and programs*. New York; Knopf.

Thurow, L. C. (1972). Education and economic equality. *The Public Interest,* 28(Summer), 66-81.

Thurow, L. C. (1975). *Generating inequality: Mechanisms of distribution in the U.S. economy*. New York: Basic Books.

Thurow, L. C. (1980). *The zero-sum society: Distribution and the possibilities for economic change*. New York: Basic Books.

Topel, R. H. and M. P. Ward (1992). Job mobility and the careers of young men. *Quarterly Journal of Economics*, 107(2), 439-479.

Treiman, D. (1970). Industrialization and social stratification. In *Social stratification: Research and theory for the 1970s*, edited by E. 0. Laumann. Indianapolis, IN: Bobbs-Merrill.

Trow, M. (1972). The expansion and transformation of higher education. *International Review of Education*, 18(1), 61-84.

Trow, M. (1973). Problems in the transition from elite to mass higher education. Carnegie Commission on Higher Education Berkeley, California.[16]

Trow, M. (1987). Academic standards and mass higher education. *Higher Education Quarterly*, 41(3), 268-292.

16) https://files.eric.ed.gov/fulltext/ED091983.pdf (2018. 9. 20.)

Trow, M. (1988). American higher education: Past, present, and future. *Educational Researcher*, 17(3), 13-23.

Tsang, M. C. and H. M. Levin (1985). The economics of overeducation. *Economic of Education Review*, 4(2), 93-104.

van Smoorenburg, M. S. M. and R. K. W. van der Velden (2000). The training of school-leavers: Complementarity or substitution? *Economics of Education Review*, 19(2), 207-217.

Vanfossen, B. E., J. D. Jones, and J. Z. Spade (1987). Curriculum tracking and status maintenance. *Sociology of Education*, 60(2), 104-122.

Verdugo, R. R. and N. T. Verdugo (1989). The impact of surplus schooling on earnings: Some additional findings. *The Journal of Human Resources*, 24(4), 629-643.

Verhaest, D. and R. Van der Velden (2013). Cross-country differences in graduate overeducation. *European Sociological Review*, 29(3), 642-653.

Vigotsky, L. ([1933] 1966). Play and its role in the mental development of the child.[17)]

Voßemer, J. and B. Schuck (2016). Better overeducated than unemployed? The short- and long-term effects of an overeducated labour market re-entry. *European Sociological Review*, 32(2), 251-265.

Whitman, D. (1989). The forgotten half. *U.S. News & World Report*, 106(25), 44-48, 49, 53.

Wilkinson, R. and K. Pickett (2010). *The spirit level: Why equality is better for everyone*. New York: Penguin Books.

Zervigon-Hakes, A. (1984). Materials mastery and symbolic development in construction play: Stages of development. *Early Child Development and Care*, 17(1), 37-48.

17) https://www.marxists.org/archive/vygotsky/works/1933/play.htm (2016. 10. 11.)

찾아보기

인명

내용

ㅈ

ㅊ

저자 소개

오욱환(吳旭煥, Oh, Ook Whan)(http://home.ewha.ac.kr/~oookwhan)

오욱환은 1971년 서울대학교 교육학과를 졸업하고, 1973년 학군사관(ROTC)으로 병역을 마쳤으며, 1976년 서울대학교 대학원에서 교육행정학으로 석사 학위를 받았다. 1979년 가을학기부터 1983년 여름까지 미국 일리노이대학교(University of Illinois at Urbana-Champaign: UIUC)에서 교육사회학을 전공하고 박사 학위를 취득하였다. 1984년 3월부터 2013년 8월까지 이화여자대학교 교육학과 교수로 재직하였다.

그는 교육학을 종합학문과 실천학문으로 규정하고 교육학의 통합을 주장하고 있다. 그는 "교육학이 종합적 속성을 되찾으려면 하위 영역 사이에 인위적으로 만들어진 경계를 허물어야 하며 실천적 속성을 잃지 않으려면 교육현장에 더 많은 관심을 기울여야 한다"라고 역설하고 있다. 이러한 주장과 확신에 스스로 충실하기 위해, 교육학 하위 영역들의 접목과 교육현상에 대한 통합적 접근을 시도해 왔다.

그는 2004년도에 이화여자대학교에서 강의우수교수로 선정되었다. 그의 홈페이지에는 교수로 재직할 때 담당했던 과목들의 수업계획안과 기고문들이 실려 있다. 같은 해 한국교육학회로부터 『한국사회의 교육열: 기원과 심화』로 한국교육학회 '학술상'을 수상하였다. 2010년에는 이화여자대학교가 수여하는 '이화학술상'을 수상하였다. 그는 논문과 논저의 출판에 학자로서의 자존심을 걸고 있다. 그의 주요 저서는 다음과 같으며, 홈페이지에는 그동안 출판된 도서들과 논문들이 소개되어 있다.

『유아교육과 보육, 불평등의 묘판』(교육과학사, 2017). 2017년도 대한민국학술원 '우수학술도서'로 선정

『한국 교육의 전환: 드라마에서 딜레마로』(교육과학사, 2014). 2015년도 한국출판문화산업진흥원 '세종도서 학술부문'에 선정

『사회자본의 교육적 해석과 활용: 콜먼으로부터 그리고 그를 넘어서』(교육과학사, 2013). 2013년도 문화체육관광부 '우수학술도서'로 선정

『베버 패러다임 교육사회학의 구상』(이화여자대학교출판부, 2010). 2011년도 문화체육관광부 '우수학술도서'로 선정

『조기유학, 유토피아를 향한 출국』(교육과학사, 2008)

『교사전문성: 교육전문가로서의 교사에 대한 논의』(교육과학사, 2005). 2006년도 대한민국학술원 기초학문육성 '우수학술도서'로 선정

『교육사회학의 이해와 탐구』(교육과학사, 2003)

『한국사회의 교육열: 기원과 심화』(교육과학사, 2000). 2004년 한국교육학회 '학술상' 수상

『미군 점령시대의 한국 교육: 사실과 해석』(2인 공저, 지식산업사, 1993)

대학 교육 필수화와 보편화의 함정

대졸 청년 실업과 하향취업의 역설

The trap of indispensability and universalization of college education in korea

2019년 1월 15일 1판 1쇄 발행
2020년 2월 20일 1판 2쇄 발행

지은이 • 오 욱 환
펴낸이 • 김 진 환
펴낸곳 • (주) 학지사
04031 서울특별시 마포구 양화로 15길 20 마인드월드빌딩 5층
대표전화 • 02) 330-5114 팩스 • 02) 324-2345
등록번호 • 제313-2006-000265호
홈페이지 • http://www.hakjisa.co.kr
페이스북 • https://www.facebook.com/hakjisabook

ISBN 978-89-997-1726-0 93370

정가 25,000원

이 도서의 국립중앙도서관 출판시도서목록(CIP)은 서지정보유통지원시스템 홈페이지(http://seoji.nl.go.kr)와 국가자료공동목록시스템(http://www.nl.go.kr/kolisnet)에서 이용하실 수 있습니다.
(CIP제어번호: CIP2018041878)